"信毅教材大系"编委会

主　　任	卢福财
副 主 任	邓　辉　王秋石　刘子馨
秘 书 长	廖国琼
副秘书长	宋朝阳
编　　委	刘满凤　杨　慧　袁红林　胡宇辰　李春根
	章卫东　吴朝阳　张利国　汪　洋　罗世华
	毛小兵　邹勇文　杨德敏　白耀辉　叶卫华
	尹忠海　包礼祥　郑志强　陈始发
联络秘书	方毅超　刘素卿

信毅教材大系·通识系列

法学通论（第二版）

General Theory of Jurisprudence

熊进光　易有禄　主编

复旦大学出版社

总 序

世界高等教育的起源可以追溯到1088年意大利建立的博洛尼亚大学,它运用社会化组织成批量培养社会所需要的人才,改变了知识、技能主要在师徒间、个体间传授的教育方式,满足了大家获取知识的需要,史称"博洛尼亚传统"。

19世纪初期,德国教育家洪堡提出"教学与研究相统一"和"学术自由"的原则,并指出大学的主要职能是追求真理,学术研究在大学应当具有第一位的重要性,即"洪堡理念",强调大学对学术研究人才的培养。

在洪堡理念广为传播和接受之际,英国教育家纽曼发表了《大学的理想》的著名演说,旗帜鲜明地指出"从本质上讲,大学是教育的场所","我们不能借口履行大学的使命职责,而把它引向不属于它本身的目标"。强调培养人才是大学的唯一职能。纽曼关于"大学的理想"的演说让人们重新审视和思考大学为何而设、为谁而设的问题。

19世纪后期到20世纪初,美国威斯康星大学查尔斯·范海斯校长提出"大学必须为社会发展服务"的办学理念,更加关注大学与社会需求的结合,从而使大学走出了象牙塔。

2011年4月24日,胡锦涛总书记在清华大学百年校庆庆典上指出,高等教育是优秀文化传承的重要载体和思想文化创新的重要源泉,强调要充分发挥大学文化育人和文化传承创新的职能。

总而言之,随着社会的进步与变革,高等教育不断发展,大学的功能不断扩展,但始终都在围绕着人才培养这一大学的根本使命,致力于不断提高人才培养的质量和水平。

对大学而言,优秀人才的培养,离不开一些必要的物质条件保障,但更重要的是高效的执行体系。高效的执行体系应该体现在三个方面:一是科学合理的学科专业结构;二是能洞悉学科前沿的优秀的师资队伍;三是作为知识载体和传播媒介的优秀教材。教材是体现教学内容与教学方法的知识载体,是进行教学的基本工具,也是深化教育教学改革,提高人才培养质量的重要保证。

一本好的教材，要能反映该学科领域的学术水平和科研成就，能引导学生沿着正确的学术方向步入所向往的科学殿堂。因此，加强高校教材建设，对于提高教育质量、稳定教学秩序、实现高等教育人才培养目标起着重要的作用。正是基于这样的考虑，江西财经大学与复旦大学出版社达成共识，准备通过编写出版一套高质量的教材系列，以期进一步锻炼学校教师队伍，提高教师素质和教学水平，最终将学校的学科、师资等优势转化为人才培养优势，提升人才培养质量。为凸显江财特色，我们取校训"信敏廉毅"中一前一尾两个字，将这个系列的教材命名为"信毅教材大系"。

"信毅教材大系"将分期分批出版问世，江西财经大学教师将积极参与这一具有重大意义的学术事业，精益求精地不断提高写作质量，力争将"信毅教材大系"打造成业内有影响力的高端品牌。"信毅教材大系"的出版，得到了复旦大学出版社的大力支持，没有他们的卓越视野和精心组织，就不可能有这套系列教材的问世。作为"信毅教材大系"的合作方和复旦大学出版社的一位多年的合作者，对他们的敬业精神和远见卓识，我感到由衷的钦佩。

王 乔

2012年9月19日

前　言
（第二版）

　　正如世界知名法学家哈罗德·伯尔曼所言"没有信仰的法律将退化成为僵死的教条"，法治的精髓在于信仰。然信仰又需借各项法律精神的陶冶、法律制度的执行以最终实现法治。基于此，为了普及法学基础知识及我国现行法律制度，增强学生知法、守法意识，培养学生的法治信仰，诸著者秉着严谨、科学的写作态度密切合作，共同完成本书。

　　《法学通论》自出版以来，凭借着严谨、全面的知识体系，通俗、易懂的表达方式等优点，在教学过程中深受广大师生的欢迎。然而，随着我国法制建设的不断推进，如《宪法修正案》《刑法修正案十一》等新法律法规的出台，特别是《民法典》的施行，我国法律制度尤其是民商事法律制度、刑事法律制度均已发生较大变化。基于此，为体现本书时代性，满足实践教学需要，本书著者重新对本书进行修订、完善，将我国现行最新法律制度与原有法律制度进行融合，现推出《法学通论》第二版，以助读者更清晰、更深入掌握我国最新各项法律制度。

著　者

2021 年 1 月

前　言

　　以群体方式存在的人类，必然会相互交往。而在人们相互交往的过程中，各自的价值取向和利益并非完全一致，因此，在相互交往的人们之间往往会产生各种冲突、争议和纠纷。为将这些冲突、争议和纠纷控制在正常秩序的范围之内，以更大限度地实现人们的整体利益，需要有相应的社会规范来引导，甚至约束人们的行为，调整人们在相互交往中产生的各种社会关系。起初，这种职能主要是由传统习俗、道德准则、宗教戒规等来承担的。随着人类社会的发展，在具备特定条件的前提下，法律作为协调冲突，解决纷争，实现社会秩序和正义的重要制度便应运而生。

　　法律产生后，因其所具有的规范性、普遍性、权威性、体系性、程序性、专门性等特点而使之在社会规范体系中脱颖而出，并随着现代法治国家的形成而成为占主导地位的社会调控手段，使人们对法律的信任和尊崇成为一种行为习惯。今日之中国，法律也正以前所未有的方式深入到国家和社会生活的方方面面。大至国与国之间的领土争端，小到普通百姓之间的邻里纠纷，当事各方越来越倾向于法律途径的解决。法律与人们的生活已是如此息息相关，因此，知法、懂法和守法不再仅仅是国家和社会对公民的单方面的要求，而是每个人均应积极达至的状态。只有当每个人的内心确立起对法律的认同和守护，并自觉以法律捍卫自我时，才能真正构建起法治的社会。

　　作为社会成员之一的当代大学生要做到知法、懂法和守法，首先必须习法。然而，在中国特色社会主义法律体系业已形成、法学研究长足发展之当下，法律条文浩如烟海，法学论著卷帙浩繁，该从何学起，学些什么，以及如何学习呢？这正是我们开设法学通论课程并编写本教材，以引导非法学专业的学生学习法律的问题点所在。

　　我们认为，初学法律之人，首先应当了解法是什么、法有何用、法从何来等有关法的本体知识与历史知识,掌握立法、执法、司法等有关法的运行的知识以及法治的内涵、源流、特征等有关法治国家的知识。只有从静态和动态两个方面对法律现象有了一个基本的把握之后,部门法知识的研习和法治理念的养成方有可能。有鉴于此,本教材上篇安排了上述内容并冠之以"法律入门"。在此基础上,本教材下篇"诸法纵览"对有"诸法之母"之称的宪法和中国特色社会主义法律体系的几大部门法的知识进行了介绍与阐释。

非法学专业的同学并非以法律职业生涯为目的而学习法律,专门学习法律的时间也非常有限,因此,其学习法律当以培育和弘扬法治理念为第一要务。如果认为学习法律就是要记住几个条文,甚至认为法学就是一门记忆性的学科,那显然是对法学学科特点的过于浅显的认知!实际上,法学在一定意义上可以说是保存和发展人类理想的学问,是最关注人类的精神境界的为数不多的几个学科之一。就此而言,非法学专业的同学在学习法律的过程中固然要掌握相关知识要点和法律规定,但更重要的是应借此培育和弘扬法治理念。

为实现上述目的,本教材不仅在上篇以专章对法治国家的基本知识做了介绍与阐释,而且在全书的其他章节也非常重视对法治理念具体内涵进行论证和诠释。特别要予以强调的是,作为本教材下篇的"诸法纵览"部分,虽然从形式上看主要是对宪法和我国法律体系的几个主要部门法知识的介绍与阐释,但其中蕴含的法治理念却同样是不容忽视的。而且,我们认为,在具体法律制度的学习中领悟法治理念是更为直观、真切和具体的。例如,通过对"诸法之母""行政法制"和"刑事法制"三章的讲解与学习,"宪法至上""人权保障""公权制约""依法行政""罪刑法定"等理念将在学习者的心中生根发芽,而经由"民事法制""商事法制""经济法制""程序法制"等章的讲解与学习,"私权神圣""私法自治""商事自由""社会本位""司法公正""程序正义"等理念又将对学习者产生深远的影响。

因此,对于本教材的读者来说,自始至终,更为重要的并不是记住些什么,而是领悟到什么。要知道,法律貌似冷酷无情,但其中却充盈着天理人情。只有领悟到蕴藏于法律、法学之中的天理人情,其中的强烈的家国之忧、激越的社会使命感、体大思精(博大精深)的人生哲理,尤其是其中的深刻的人文关怀,法治理念才会真正在内心落地生根!特别是在网络信息、网络舆论盛行与泛化的时代,如何从法律和法治的广阔视野来认识与理解社会的变革和发展,并进而以法治的力量推动社会的进步,这将是每个公民应尽的义务与责任。

本教材由熊进光教授和易有禄教授主编,参与编写工作的,是活跃在高校法学理论界和部门法学界的一些青年学者,他们大多具有法学博士学位和高级职称。编写本教材的具体分工如下:

熊进光,法学博士,江西财经大学法学院教授、博士生导师,江西省高校中青年学科带头人,负责写作提纲的拟定、全书统稿及第七章第一节至第六节的撰写;

易有禄,法学博士,江西财经大学法学院教授、博士生导师,负责写作提纲的拟定、全书统稿及第二章和第四章的撰写;

刘国,法学博士,西南财经大学法学院教授、博士生导师,负责第一章和第五章的撰写;

陈运生,法学博士,江西财经大学法学院教授,负责第三章的撰写;

朱丘祥,法学博士,江西财经大学法学院副教授,负责第六章的撰写;

吴萍,法学硕士,江西财经大学法学院教授,负责第七章第七节的撰写;

张怡超,法学博士,江西财经大学法学院讲师,负责第八章的撰写;

王柱国,法学博士,江西财经大学法学院教授,负责第九章的撰写;

喻晓玲,法学硕士,江西财经大学法学院教授,负责第十章的撰写;

杨德敏,法学博士,江西财经大学法学院教授、博士生导师,负责第十一章的撰写;

马德才,法学博士,江西财经大学法学院教授,负责第十二章的撰写;

易虹,法学硕士,江西财经大学法学院教授,负责第十三章第一、三节的撰写;

李忠民,法学博士,江西财经大学法学院副教授,负责第十三章第二、四节的撰写。

著者
2012 年 5 月

目 录

上篇　法律入门

第一章　法的概念 …………………………………………… 003
    第一节　法的定义 ………………………………………… 003
    第二节　法的要素 ………………………………………… 009
    第三节　法的效力 ………………………………………… 020

第二章　法的作用 …………………………………………… 030
    第一节　法的作用概述 …………………………………… 030
    第二节　法的规范作用 …………………………………… 032
    第三节　法的社会作用 …………………………………… 035

第三章　法的演进 …………………………………………… 041
    第一节　法的起源 ………………………………………… 041
    第二节　法的发展 ………………………………………… 049
    第三节　法律全球化 ……………………………………… 058

第四章　法的运行 …………………………………………… 068
    第一节　立　法 …………………………………………… 068
    第二节　执　法 …………………………………………… 080
    第三节　司　法 …………………………………………… 087

第五章　法治国家 …………………………………………… 096
    第一节　法治的含义和源流 ……………………………… 096
    第二节　法治国家的基本特征 …………………………… 104
    第三节　当代中国的法治国家建设 ……………………… 109

下篇　诸法纵览

第六章　诸法之母 …………………………………………… 123
    第一节　宪法概说 ………………………………………… 123

第二节　公民的基本权利和义务 …………………………………… 131
　　第三节　国家的基本制度 ……………………………………………… 138
　　第四节　国家机构 ……………………………………………………… 145

第七章　民事法制 ……………………………………………………… 153
　　第一节　民法概说 ……………………………………………………… 153
　　第二节　民事主体 ……………………………………………………… 158
　　第三节　民事法律行为 ………………………………………………… 166
　　第四节　民事权利 ……………………………………………………… 173
　　第五节　民事责任 ……………………………………………………… 178
　　第六节　诉讼时效 ……………………………………………………… 182
　　第七节　婚姻、家庭与继承 …………………………………………… 184

第八章　商事法制 ……………………………………………………… 199
　　第一节　商法概说 ……………………………………………………… 199
　　第二节　商事主体 ……………………………………………………… 210
　　第三节　商事行为 ……………………………………………………… 220

第九章　行政法制 ……………………………………………………… 230
　　第一节　行政法一般理论 ……………………………………………… 230
　　第二节　行政处罚法 …………………………………………………… 232
　　第三节　行政许可法 …………………………………………………… 238
　　第四节　行政强制法 …………………………………………………… 242
　　第五节　国家赔偿法 …………………………………………………… 250

第十章　刑事法制 ……………………………………………………… 258
　　第一节　刑法概说 ……………………………………………………… 258
　　第二节　犯罪行为 ……………………………………………………… 266
　　第三节　刑罚制度 ……………………………………………………… 278
　　第四节　破坏社会主义市场经济秩序罪 ……………………………… 289

第十一章　经济法制 …………………………………………………… 301
　　第一节　经济法概说 …………………………………………………… 301
　　第二节　市场规制法律制度 …………………………………………… 306
　　第三节　宏观调控法律制度 …………………………………………… 314
　　第四节　社会保障法律制度 …………………………………………… 320

第十二章　国际法制 …… 329
第一节　国际公法 …… 329
第二节　国际私法 …… 339
第三节　国际经济法 …… 348

第十三章　程序法制 …… 358
第一节　民事诉讼法 …… 358
第二节　刑事诉讼法 …… 371
第三节　行政诉讼法 …… 383
第四节　非诉讼程序法 …… 402

上篇　法律入门

第一章 法的概念

学习目标

- 理解法的西语词源和中文词源的区别
- 掌握法律专业人士对法的理解
- 掌握法的定义
- 掌握法的要素的三个部分的内容
- 掌握法的效力的类型

第一节 法的定义

一、"法"的词源分析

法哲学或法律理论的一个核心问题就是,探究法概念的性质与普遍意义上"法"的词义。尽管法律在现代社会生活中几乎无所不在,但并不存在一个关于法概念的一致认识。人们可以用许多方式来对法下定义,不同的定义方式自身无所谓对与错,只是人们看待问题的思路不同罢了,并源自于不同的实践目的的需要。考察法概念的词源,是把握法概念的出发点。探索法的词源对于理解法的词义具有非常重要的意义,我们也只能从法的词源及其词义的历史变迁这一角度去透视法这一社会现象本身的历史与本质。

(一)"法"的西语词源

由于语言文化和法律传统的不同,在西文语系中,"法"的词源存在着两种语义脉络,即欧洲大陆各民族语言和英语。首先,就欧洲大陆民族语言来说,拉丁语汇中能够译作"法"的词非常之多,其中典型的有两个,即 jus 和 lex。jus 的基本含义有两种:一种为法;另一种为权利。罗马法学家塞尔苏斯对法的著名定义是:法乃善与正义之科学(jus est ars boni et aequi),就是从第一种含义而来的;拉丁格言:错误不能产生权利(jus ex injuria non oritur),就是从第二种含义而来的。此外,jus 同时还有公平、正义等富有道德意味的含义。相比之下,lex 的含义较为简单,它的原义是指罗马王政时期国王制定的法律和共和国时期各立法机构通过的法律。一般来说,lex 是具体而确定的规则,用于纯粹的司法领域,可以指任何一项立法。而 jus 只具有抽象的性质。[①] 由此可见,法在西文词源中的含义主要分为两个部

---

① 梁治平:《法辨》,中国政法大学出版社 2002 年版,第 63 页。

分:一是指抽象的正义原则和道德律令,它们是永恒的和普遍有效的,其特点是抽象、含混、富有哲学意味;二是指由国家制定的具体规则,其特点是明确、具体、技术性强。

其次,"法"在英文中的词义。从词源上分析,law 作为法来理解时,它并不含有权利的意思。law 一词源自北欧,大约公元 1000 年传入英格兰,但我们同样清楚源自罗马法的私法精神与权利意识是它们共同的基础。因此,英文中存在与 jus 意义接近的还有 right 一词,它的基本含义是权利,但也可以指作为一切权利基础的抽象意义上的法。

(二)"法"的中文词源

汉语中"法"的古体写法是"灋",许慎所著《说文解字》对该字的注释是:"灋,刑也,平之如水,从水;廌,所以触不直者去之,从去。"①"廌"又名"解豸"或"獬豸",是传说中的一种独角兽,其生性悍直,能区分是非曲直。现在人们对于许慎这一解释的一般理解有三:一是"灋"与"刑"这两个字在中国古代是相通的;二是"灋"的基本含义是公平、正义;三是惩罚之意。按照这种理解,似乎中国的"法"与西方语系中的"法"的含义是一致的。不过这种观点受到了质疑,蔡枢衡先生在《中国刑法史》中对"法"进行考证后认为,"平之如水"四字乃是后世浅人所妄增,不可轻信。他认为水的含义在"灋"中不应是象征性的,而是功能性的,它指将有罪的人置于水上,使其随水漂去,即现在所谓的驱逐。② 从他这种观点来看,不能从"平之如水"中联想为中国古体字"灋"中含有与西方语系中"法"字所指称的正义一样的含义。

通过对汉语中"法"的词源考察,表明:①"灋"自古音废,钟鼎文灋借为废,因此,废字的含义就渐渐成为法字的含义。依《周礼·天官大宰》注:"废,犹遏也。"《尔雅·释言》注:"遏,止也","废,止也。"《战国策·齐策》注:"止,禁也。"《国语·郑语》注:"废,禁也。"从这些注释中,我们可以发现,法在词源上其实具有禁止的含义。②法与逼是双声,逼变为法。《释名·释典艺》注:"法,逼也。人莫不欲从其志,逼正使有所限也。"这也是法具有禁的含义的例证。而《左传·襄公二年》注:"逼,夺其权势。"《尔雅·释言》注:"逼,迫也。"这又说明,法具有命令的意思。③古音法、伐相近,法借为砍伐。伐者攻也,击也。这里法就有了刑罚的意思。《管子·心术》:"杀戮禁诛谓之法。"《盐铁论·诏圣》:"法者,刑罚也,所以禁强暴也。"这些解释都可以佐证法的确有刑罚之义。③ 如此理解法的词源,我们不难发现蔡枢衡先生强调了中文里法的词源在文化上的独特性,从功能上讲它主要指禁止与命令,从实现这种功能的手段上讲它主要指刑罚。

梁治平先生对上述观点作了进一步发挥。他指出,中国古代文献中,刑、法与律可以互训。如《尔雅·释诂》:"刑,法也","律,法也。"《说文解字》:"法,刑也。"《唐律疏议·名例》:"法,亦律也。"而从时间顺序上来看,我们今天称为古代法的,在三代是刑,在春秋战国是法,秦汉以后则是律。这三者之间的关系尽管并非并列而无偏重,但它们的核心语义是统一的,都是指刑罚的刑。它们之间绝无像西方语系中法所指称的不同层次的意思,比如作为规则的法与作为正义与权利的法。因此,中国的"法"字从词源上讲与刑法关系密切,这的确是中国传统法律文化与西方法律文化具有明显歧异的地方。可见,仅从词源的角度而言,单独用"法"来对译西文语系中法所指的丰富内容是有一定难度的。④

---

① 许慎:《说文解字》,中华书局 1963 年版。
② 蔡枢衡:《中国刑法史》,广西人民出版社 1983 年版,第 170 页。
③ 蔡枢衡:《中国刑法史》,广西人民出版社 1983 年版,第 5、6、41 页。
④ 梁治平:《法辨》,中国政法大学出版社 2002 年版,第 66 页。

二、法的日常理解与专业理解

（一）法的日常理解

日常生活之中，人们经常提到"法"或"法律"这样的字眼，但我们并不一定清楚地意识到在各种具体情景下我们口中所说的"法"的真实含义是什么。那么，各种情形中所说的法的意思是一样的还是有所区别呢？

试比较下面两句话中的"法"有什么不同：

A1："张三的行为是违法行为。"
B1："全国人民代表大会和全国人民代表大会常务委员会行使国家立法权。"

再比较我国宪法第五条规定中的"法律"一词所指是否相同：

A2："一切国家机关和武装力量、各政党和各社会团体、各企业事业组织都必须遵守宪法和法律。一切违反宪法和法律的行为，必须予以追究。"
B2："一切法律、行政法规和地方性法规都不得同宪法相抵触。"

上述例句中，句子 A1 中的"法"和 A2 中的"法律"有同一个层面的意思，而句子 B1 中的"法"和 B2 中的"法律"又是另一个层面的意思。其中前者的范围比后者的范围更为广阔，前者包括一切中央和地方国家机关颁布的有效的规范性法律文件，而后者仅指全国人民代表大会和全国人民代表大会常务委员会颁布的规范性法律文件。

可见，法这个字，有广义和狭义两层含义，它在不同的地方和不同语境中的意思是不一样的。

（二）法律专业人士对法的理解

事实上，关于法的上述理解只是人们在生活中的一个比较感性的了解，若要深刻认识法的内涵，也就是要对法作一个更为理性的认识，则会因人们的价值观的不同而更加具有多样性色彩，可谓人言人殊，想要获得一个广为认同的法的概念实非易事。正如所谓"旁观者清、当局者迷"，人们在不同的位置去看待一件事情会得出不同的结论。上述句子中的法或法律尽管包含的范围有大小的不同，但它们具有共同的特征，即都是由特定的国家机关颁布出来，在一定范围内统一实施，任何人或组织都必须遵守，否则将会受到制裁。我们都知道，国家机关是行使国家权力一种组织，上述法是由国家以一种组织的名义制定并发布的。而国家机关是由人组成的，国家权力是由国家工作人员来行使的，那么，国家工作人员能否以个人的名义制定或发布法律呢？请看下面一些说法：

甲：霍姆斯是美国的一位大法官。他认为，法院事实上将做什么的预言就是我所说的法。他说："如果一个特殊的社会中法官们由于他们自己的原因而决定225"，那么在这个特殊的地方的法就是 5 是答案，即使数学家和立法者不同意这个结论。①

---

① O. W. Holmes, *The Path of the Law*（X）, Harvard Law Review, 1898, p457.

乙：弗兰克，美国的另一位大法官。他将法律事务称为预测的艺术，当一个人同他的律师商量关于一件事的法律的时候，就是要估计法院将来大概会如何判决，律师对他的回答事实上就是对司法判决的预测。他认为，就任何具体的情况而言，法或者是：(1)实际的法律，即关于这一情况的一个已有的判决；(2)大概的法律，即一个未来判决的预测。①

以上甲乙二人都是美国联邦最高法院的大法官，他们从自己的立场出发，认为法院的判决就是法律。持这种观点的另一位学者卢埃林认为，法官实际不是凭感情而是凭判断、凭预感而不是凭推理进行判决的，法官一顿不愉快的早餐也足以对法官的判决产生决定性影响，这就是法官的消化功能判决的笑话。总之，持这种观点的人认为，人们关心的不是国家机关颁布出来的规范性法律文件，由于法院的判决直接关系到人们的切身利益，因而人们更为关心的是法院判决书的内容，而法律规定的内容并不重要，只有法院的判决才是真正有效的法律。

(三) 非法律专业人士对法的理解

在对待法的概念问题上，专门从事法律工作的人（我们姑且称之为法律人）和并非专门从事法律工作的人（我们姑且称之为非法律人）对法的理解是不一致的。上述我们所看到的都是从法律人的角度来认识法的含义，法律人是从法的内部即法本身来理解法的内涵。但并非所有人都这么看，事实上，非法律人从法的外部去理解法的内涵，他们认为法律人理解的只是法的一部分内容而已，即国家法（或政府法）的部分，法除了包括国家法之外，还有非国家法（或非政府法）。

请阅读下面两则材料：

材料一：美国社会学家马考利认为，现代社会生活的一个日益明显的现象是，私人的社会组织与公共的政府组织之间的界限越来越模糊，很难在它们之间划一条明确的界限。通过对一些私人社会组织如大学生田径协会、仲裁协会、社区居民委员会等的考察，他认为，政府一词的英文是"government"，其词根"govern"的意思是管理。人们一般把管理理解为制定规则、解释规则，并把规则运用到具体案件之中。而具有这种功能的不仅有作为政府的公共组织，上述非政府的私人组织也具有这样的功能。这些私人组织都制定有自己的日常活动规则，并派专人将这些规则适用到具体的事件中去。因此，马考利认为，私人组织制定的规则也是法，作为国家的公共组织制定的是"公共政府的法"，而私人的社会组织制定的就是"私人政府的法"。

材料二：这是一起"退婚纠纷"案。一对青年男女经人介绍相识，并按照当地习俗订婚，不久就"结婚"。但由于"结婚"时女方只有17岁，不符合我国《民法典》规定的结婚年龄，只是按照当地习俗举办了婚礼。"结婚"后，女方发现男方家比较穷，于是想只退还订婚时男方给女方的彩礼18 000元的一半后退婚。男方不同意退婚，双方产生了争执。后经村委会干部反复做调解工作，女方不再坚持退婚，纠纷终于得以平息下来，双方的"婚姻"关系继续维持。这一案例中，女方只有17岁，没有达到法定婚龄，双方没有履行结婚登记手续，但由于已举办了婚礼，他们婚姻关系得到当地人们的认可，并得到村委会干部的支持。这种"礼仪婚姻"与《民法典》规定的"法定婚姻"显然不相一致，但

---

① J. Frank, *Lwa and Moodern Mind*, 1930, p50-51.

在我国许多地方都还存在,尤其是在偏远农村地区。因此,有学者认为,这种现实生活中存在的类似"婚礼"这样的规则即习俗也是法,它们在维持社会秩序方面与国家颁布的法一样也是有效的。

上述关于法的概念是从法的外部去理解的。这些非法律人理解法的概念与法律人理解法的概念不一样,由于他们是从局外人的眼光去认识法,因此他们往往比法律人有更为宽阔的视野,能提出比法律人所提出的更为独到的见解。其中材料一认为具有与国家颁布的法律规则的功能相类似的其他社会组织制定的规则也是法;材料二认为风俗习惯也是法,因为它们与国家颁布的法一样也能有效地影响当地人们的行为。

三、法的定义

(一)法是具有普遍约束力的行为规则

前面我们从不同角度考察了不同的人对法的理解,由此我们可以初步看出,法是一个具有多重含义的概念。尽管人们对法的理解有所不同,但我们仍然能看出它们的共同之处,那就是,人们都认为:法是调整人的行为的一种规则。俗话说,无规矩不成方圆。所谓规矩,就是人们所应当遵循的、行为应当受到约束的各种活动准则。众所周知,规则有多种,大体上可以分为自然规则和社会规则两大类,我们这里探讨的只是社会规则。社会规则的种类又可分为诸如道德规则、宗教规则、习惯规则、社会团体规则、企事业组织规则,等等。

我们可以说法是一种社会规则,但能否反过来说社会规则就是法呢?如果答案是肯定的话,那么对于同一事件一个国家就会存在不同的法。例如:如果说企业组织规则是法,一个国家有许许多多的企业组织,有多少个企业组织就有多少个关于企业组织的法,这样一来就可能造成人们无所适从的情况。因为每个企业组织都要遵守自己的"法",当两个企业组织在交易活动中要签订合同的时候,如果要遵守自己的"法",就会违反对方的"法";而如果遵守对方的"法",就会违反自己的"法"。可见,如果说社会规则就是法,就会由于法的内容相互冲突而使人们无法可依,使人们的行为失去了活动的指南。因此,只有当规则能够为人们所共同遵守的时候,人们才能以这个规则作为行动的指南去进行活动,这样的规则才能成为法。也就是说,社会规则要成为法,必须具有普遍的约束力。

按照这样的思路来理解法,前述关于法的理解中,专业人士关于法的概念的理解就是错误的了。因为他们所说的法院判决并不具有普遍的约束力,因为法院判决只对与案件有关的人和组织有约束力,对案件之外的其他人和组织并不具有约束力。

(二)法是由国家强制力保障的行为规则

那么,是否凡是具有普遍约束力的社会规则就是法呢?我们也先假设答案是肯定的。如果是这样的话,所有的道德规则和习惯规则都是法,因为一定范围内的人都以它们作为行动的准则,它们是具有普遍约束力的社会规则。我们知道,违法的人会受到法的惩罚和制裁,所谓"天网恢恢、疏而不漏"就是这个意思。事实上,我们知道,生活中有这样的人,当他违反道德规则或习惯规则的时候,周围的人会对他说三道四、另眼相看,使他受到舆论上的谴责。但这种谴责对于一个恶习难改、厚颜无耻的人来说几乎是无关痛痒的,他甚至还可以继续从事那些违反规则的行为,对于人们的指责视而不见、听而不闻。试想,如果说这样的规则是法的话,那么法的存在还有意义吗?可见,要使法的存在具有意义,它必须对人们施加某种强有力的手段,使人们产生一种威慑感,使人们不敢去违反它,使那些过去违了法的人以后不敢再去违法了,这样才能保证它的内容得到实现。也就是说,一种社会规则要成为法,除了具有普遍约束力外,还必须具有强制力。并且这种强制不仅仅是舆论或心理上的强制,而是以武力为后盾的强制,只有这样的强制才能产生实际效果,才能使规则内容的实现具有切实可靠的保障。

也许有人会问:是不是具有普遍约束力并且具有强制力的规则就可以成为法了呢?如果是这样的话,那就只要赋予各种具有普遍约束力的规则以强制性去保障它的实现,这些规则就是法了。例如我们可以对那些违反道德规则的人采取强制手段以保证道德内容的实现,道德就成为法了。事实上这是不可能的。为什么呢?主要的原因是涉及由谁去采取这个强制手段的问题?如果任何人都能采取强制手段的话,那就意味着违反道德的人自己也同样可以采取强制手段去对抗那些对他采取强制的人。可想而知,这必将会导致一个混乱的局面,社会的秩序和安全将会失去保障。另外,如果道德被赋予强制力的话,道德的性质就发生了变化,它实际上已经不再属于道德的范畴了,因为道德本身就是通过舆论和心理而不是通过强制去维持的。所以,为了保证社会秩序的稳定与和谐,维持一个安全的人类生存环境,只能由一个统一组织去采取强制手段,这个组织应当是社会公认的、有威信的组织,能得到大多数人的信服和认同。在现代社会里,这样的组织就是通过选举产生的、行使公共权力的政府组织,它们是国家权力的掌握者和行使者。也就是说,只有国家才能采取强制手段去保证那些具有普遍约束力的规则得到实现,使其成为不同于其他社会规则的法。

这样一来,前述材料一和材料二中非法律专业人士对法的理解就是错误的。因为私人的社会组织规则和习俗虽然在一定范围内具有普遍约束力,但私人的社会组织规则是依靠各个私人社会组织内部的约束机制去保证实施,习俗只是通过心理作用、依靠人们自觉遵守实现的,它们都不是依靠统一的国家强制力去保证实施的。

(三) 法是具有国家意志的行为规则

国家为什么会用强制手段去保障某些社会规则的实施,而不去用同样的手段去保障其他社会规则呢?其原因是多方面的。其中有的社会规则只适宜通过其他手段而不适宜通过国家强制手段去保障实施,因为如果运用国家强制手段去保障这些社会规则实施的话,一方面会因需要管理的事太多而管理不过来,如家庭事务纠纷,所谓"清官难断家务事";另一方面也没有必要通过国家强制手段去保证这些社会规则的实施,如恋爱这类适宜通过道德规则去调整的问题。因此,国家只能根据人力、物力和财力的实际情况,选取那些对人们生活来说重要的、对维持良好的社会秩序不可缺少的方面进行管理和规范,将它们纳入国家的调整范围之内,使其成为法律规则的规范内容。

德国法学大师拉德布鲁赫曾说:"法律的设置必须服务于一种意志"。① 一些行为规则之所以会得到国家强制力的保障,除了考虑到国家人、财、物的实际情况和该类规则对于社会秩序的重要性程度外,最主要的原因是这类规则反映了国家的意志。所谓国家意志,就是以国家名义反映和表现出来的社会上占优势地位者的利益和愿望。那些在社会上各方面占优势地位的人成为国家的统治者,他们为了维护自己的利益、实现自己的愿望,通过制定并

---

① [德]拉德布鲁赫:《法学导论》,米健、朱林译,中国大百科全书出版社1997年版,第20页。

颁布新的规则或通过承认以前就存在的其他社会规则的方式,使它们成为法,并依靠权威性的国家强制力量来保障它们的内容得以贯彻落实。因此,法都是为一定的范围的人的利益服务的,都是人的利益和意志的一种体现和反映。由于体现在法中的利益和意志是社会上占优势地位者的利益和意志,他们的优势地位使得他们在社会事务各个方面具有发言权和决定权,国家的权力实际上就掌握在他们手中,所以,法是一种具有国家意志的行为规则。

到此为止,我们可以将法的定义表述为:法是体现国家意志的、由国家强制力保障实施的一种具有普遍约束力的行为规则。

四、"法"与"法律"的区别

虽然法的词义在中、西方法律文化中具有相当不同的含义,但它们都具有规范性和描述性这两种向度的理解进路。规范性进路是从应然的价值角度把握法的概念,分析法与自由、公平、秩序、道德诸价值的互动关系,探求"法应该是怎样的"。描述性进路则是从实然的事实角度考察法的概念,分析法的具体存在形态、运行规律以及在社会生活中的实际作用与地位,观察"法实际上是怎样的"。

当我们在规范意义上谈论法的概念或者法律精神时,法通常指抽象的正义原则和道德律令。若在描述性意义上谈论法的概念或法的形态,则通常指国家制定和颁布的具体规范,即法律。最早将法与法律相区别的,是古希腊崇尚自然的自然法学家,他们认为,法是自然形成的自然现象,自然法就是与自然相一致的生活准则,而法律则是人们自主规定并可变更的成文法律和典章制度。近代自然法学认为,自然法与自然权利根源于人的自然性与理性,自然法是先于并高于人定法而存在的。在应然和实然的基础上区分法与法律,并强调高于法律、法统领法律,是西方法律传统的一个显著特征。

中国古代的思想家也曾从"道"和"器"、"体"和"用"的角度分析法与法律的区别。元代的苏天爵指出:"法者,天下之公,所以辅乎治也;律者,历代之典,所以行乎法也。古自昔国家为治者,必立一代之法,立法者必制一定之律。"在此,"律"是指成文法规,是"行乎法",即以"法"为内容。这显然也是一种"法"和"法律"的二元观念,只是这种观点并没有引起人们足够的重视,也没有成为中国传统法律文化的主流。

法与法律的区别,也可以从外延的角度进行区分。在现代汉语中,"法律"有广、狭两义,广义的法律是指包括宪法、法律、行政法规、地方性法规、规章等在内的一切规范性法律文件;狭义的法律是指全国人大及其常务委员会制定的基本法律以及基本法律之外的法律。为了区别起见,通常将广义的法律成为法,在学理上,除广义的法律外,"法"一词还可以指涉及一切具有外在约束力的行为规范,如习惯法(乡规民约)、教会法和国际条约等。

第二节 法 的 要 素

法作为一种社会规范,是由一些要素构成的,法的要素就是指法的构成成分。前面我们已经探讨了法的概念等问题,为了更清楚地掌握法是什么,我们还应当知道它是由哪些要素组成的?

关于法的要素这个问题,与对法概念的理解有关,对法概念的理解不同就会导致对其要素有不同的答案。有人认为法是由国家制定的行为规则,那么法就是由国家颁布的各种规范构成的。如英国法学家哈特认为,法律是由规则构成的,法律规则包括第一性规则和第二性规则。其中第一性规则是设定义务的规则,第二性规则是授予权利的规则。① 有人认为法不只是由规则构成,还是由原则和政策构成的。② 原则是指那些尊重和保障个人或群体的政治决定,如平等原则;政策是促进和保护社会集体目标的政治决定,如刑事政策等。有人认为,法是"依照一批司法和行政过程中使用的权威性法令来实施的高度专门形式的社会控制"。③ 法是由律令、技术和理想构成的。其中律令又包括规则、原则、概念和标准,技术是解释和适用法的方法和在权威性资料中寻找审理案件的根据的方法,理想是特定条件下社会秩序的理想图景。从法社会学者的观点来看,法是由书本上的法和行动中的法构成的。书本上的法就是那些以文件形式存在的法,而这些法往往有许多空白、模糊或难以执行之处,这就为法律官员的自由裁量、当事人的交易留下了余地,这种自由裁量和交易就是行动中的法。④ 从法人类性的观点来看,法是由国家制定的行为规则和习惯构成的。一些法人类学家指出,法这种现象无论在西方那样的文明社会,还是非西方的野蛮社会都存在,在未开化社会里,调整人们行为、解决纠纷的习惯规则发挥着文明社会里国家制定的规则同样的功能,这些习惯规则也是法。如美国学者鲍哈纳认为,法是由专门处理法律问题的社会机构再创造的习惯。⑤

对于法的构成要素这个问题,我们要站在对法概念的理解的基础上去回答。社会科学不同于自然科学,自然科学可以通过实验或推理得出一个唯一正确的答案,而社会科学是一种涉及价值的文化现象,可以从不同立场、不同视角去进行评价。正如德国法学家拉德布鲁赫所说:"对于法律,或者对任何一个个别的法律现象的无视价值的思考是不能成立的。"⑥因此,对于法的要素这种社会科学知识,由于每个人的价值观不同,可以根据不同的理解去作出不同的回答。我们这里按照前面对法概念的理解进行分析。根据前面关于法的概念的理解,我们认为,法的要素包括以下几个部分:法律概念、法律规则、法律原则。

一、法律概念

法律概念是法的基本构成成分。我们这里说的法律概念不是指法的概念,而是指组成法的基本要素,法就是由许许多多法律概念术语结合在一起的系统。概念是人们从日常生活实践和法律实践中归纳总结出来的对事物进行概括描述的用语,它是构成语言的基本单元。"概念是法律思想的基本要素,并是我们将杂乱无章的具体事项进行重新整理归类的基础。"⑦如合同、侵权、犯罪、责任,等等。

---

① [英]哈特:《法律的概念》,张文显等译,中国大百科全书出版社1996年版,第83页。
② [美]德沃金:《认真对待权利》,信春鹰、吴玉章译,中国大百科全书出版社1998年版,第40页。
③ [美]庞德:《通过法律的社会控制》,沈宗灵等译,商务印书馆1984年版,第22页。
④ 朱景文:《法社会学》,中国人民大学出版社2005年版,第15—16页。
⑤ P. Bohannan, *Law and Warfare*, New York: National Historical Press, 1967, p.16.
⑥ [德]古斯塔夫·拉德布鲁赫:《法哲学》,王朴译,法律出版社2005年版,第2页。
⑦ [英]沃克:《牛津法律大辞典》,北京社会与科技发展研究所译,光明日报出版社1988年版,第533页。

(一) 法律概念的分类

法律中涉及的概念有很多,根据不同的标准可以作不同的分类。

(1) 根据法律部门进行分类,法律概念可分为宪法概念、民法概念、刑法概念、行政法概念、诉讼法概念等等。宪法概念如国籍、公民、选举权、游行、集会,等等。民法概念如合同、要约、承诺、担保、过失、侵权,等等。刑法概念如犯罪、惩罚、强奸、既遂、未遂、盗窃,等等。行政法概念如公务员、国家工作人员、行政处罚、行政拘留,等等。诉讼法概念如起诉、上诉、传唤、撤诉、裁定、判决,等等。此外还有经济法概念、社会法概念、国际法概念等。

(2) 根据法律概念所涉及的对象进行分类,法律概念可分为涉人概念、涉事概念、涉物概念。涉人概念是关于法律上的人的概念,如自然人、法人、原告、被告、犯罪嫌疑人、代理人、辩护人、债权人、债务人,等等。涉事概念是关于法律上的事件和行为的概念,如正当防卫、回避、代理、自首、违约、留置,等等。涉物概念是关于法律上的物的概念,如标的、票据、定金、动产、违约金、票据,等等。

(3) 根据法律概念涵盖面大小,法律概念可分为一般法律概念和部门法概念。一般法律概念是适用于所有法律领域的概念,如权利、义务、责任,等等。部门法概念是只适用于某一法律领域的概念,如前述各种宪法概念、民法概念、刑法概念、行政法概念,等等。

(二) 法律概念的作用

正是法律概念使立法者的立法思想得以通过法律条文的形式完整准确地表达出来,人们也可以通过对法律概念的把握来理解立法意图,进而准确理解法律条文的含义。因此,博登海默认为,没有法律概念,我们便无法将我们对法律的思考转变为语言,也无法以一种易懂明了的方式把这种思考传达给他人。而如果我们试图完全摈弃概念,那么整个法律大厦就会瓦解。① 可见,法律概念的作用非同小可。

请阅读以下材料:

《中华人民共和国著作权法》是为保护文学、艺术和科学作品作者的著作权,以及与著作权有关的权益而制定的一部法律。该法明确指出其所称的作品,包括文学、艺术和自然科学、社会科学、工程技术等作品。同时该法第五条规定:本法不适用于法律、法规、时事新闻、通用数表和公式等,也就是说,法律、法规、时事新闻、通用数表和公式不受该著作权法的保护。广西发生了一件案子,被告《广西煤炭工人报》未经原告同意,从原告的报纸摘登一周电视节目预告表。按照国家版权局和新闻出版署的规定和已形成的行业惯例,一般报纸可以无偿摘登广播电视报所刊载的两天的节目预告,如需摘登整周的节目预告,应当与广播电视报协商。在这个案件中,被告无偿摘登原告一周的电视节目,因此原告向法院起诉,要求判决被告停止侵权行为并赔偿损失。一审法院审理后判决原告败诉,理由是,电视节目预告表属于时事新闻,因此任何人都可以使用,不受限制。原告不服提起上诉,二审法院经过审理作出判决:撤销一审判决,改判原告胜诉。其理由是,电视节目预告表不属于时事新闻,应受著作权法保护。

为什么一审法院和二审法院对这个案件作出了截然相反的判决呢?我们看到,其主要

---

① E. Bodenheimer, *Jurisprudence*, Harvard University Press, 1974, p.382.

原因是两级法院对电视节目预告表是否是著作权法中所说的"时事新闻"的理解不同造成的,一审法院认为电视节目预告表属于"时事新闻",而二审法院则认为电视节目预告表不属于时事新闻。可见,对于"时事新闻"这个法律概念的理解是影响该案判决的关键性因素。二审法院认为,所谓时事新闻是报社、通讯社、广播电台、电视台等新闻机构对最近期间国内外发生的事件所作的报道,而电视节目预告表本身是电视台安排节目播放的一个计划表,计划表不是报道,所以电视节目预告表不是时事新闻。

通过对这个案件的介绍和分析,我们可以发现法律概念具有重要的作用。

1. 法律概念是法律表达的重要工具

不可想象,没有法律概念人们会怎样将他们的法律思想表达出来传达给别人。立法者通过法律概念将他们的立法意图以法律条文的方式表达出来,法律概念是立法者表达立法意图不可或缺的重要工具。同时,在法律适用过程中,无论是原告书写诉状、被告书写答辩状、法官书写判决书等法律文件,都离不开法律概念。上述材料中,我们看到"时事新闻"这一概念在立法过程及其适用过程中这方面的作用。

2. 法律概念是正确适用法律的前提

由于法律概念是人们在法律实践过程抽象概括出来的,它具有专业性、抽象性和概括性的特点。一个完整的法律条文是通过数个法律概念来表达的,只有正确认识该条文中各个法律概念的含义,才能准确理解和认识这个法律条文的真实含义,否则就会导致误解甚至歪曲立法者的立法意图,不能正确适用法律。如在上述材料中,一审法院由于错误理解"时事新闻"而对案件作出了错误的判决。

3. 法律概念是完善法律的重要方法

法律概念既是制定法律时必须使用的重要工具,同时也是法律在适用过程中不断得到完善的重要方法。正如人无完人一样,制定得再好的法律也会有缺陷,如法律语言的模糊不清、由各种原因导致的法律漏洞,等等。对于这些问题,我们可以通过运用法律概念来提高法律的科学化程度,使法律自身存在的问题得到不断改进。比如,我们可以用一些更为清晰易懂的法律概念来界定那些模糊的法律语言,可以在法律解释中用专业化的法律概念去弥补法律漏洞。

二、法律规则

法律规则是法的最主要的构成部分。所谓规则,用英文表达就是"rule",它是关于人们行为的准则、标准,日常生活中称之为规矩。从广义上说,规则与规范同义,规范这个词来自拉丁词"norma",其最初的意思是"角尺"或"重垂线",也就是用来使制造的工件符合尺寸的手工器械。应用到人的行为上,规范就成为了调整人们行为的工具和检验标准。

(一) 法律规则的概念和特征

1. 法律规则的概念

自从人类社会产生以来,规则就是维系人类生存繁衍的基本因素之一,凡是有社会的地方就必定有与这个社会相适应的某种规则存在。人们常说"无规矩不成方圆",这句话就道出了规则对于人类生活有序化的重要性。人类生活之中存在着各种各样的规则,比如:人与人交往当中的礼仪规则、生活中形成并为人们共同遵守的道德规则、宗教活动中的宗教规则、各种组织和团体的活动规则等等。所有这些规则结合在一起,形成了一种维护社会稳定发展的重要力量,他们相互补充、相互配合,构成一个有机的规则系统,共同维护着社会秩序的安定,保证人类的存在和发展。

法律规则是各种规则中的一种重要社会规则。相对于其他各种规则而言,法律规则具有最高的权威和最终的效力,当其他规则与法律规则相矛盾而产生冲突的时候,应以法律规则为准。法律规则是规定法律上的权利和义务、职权和职责的准则,也是赋予某种事实状态以法律意义的标准。

2. 法律规则的特征

法律规则作为一种有权威和效力的准则、标准,它是任何组织和个人行动的指南,违反了它就要承担应有的法律后果,甚至受到相应的法律制裁。可见,法律规则具有一般性、强制性的特征,它是一种特殊的社会规则。

(1) 法律规则的一般性特征。法律规则的一般性也就是法律规则的普遍性,这是指法律规则是针对一般的人,而不是针对特定或具体的人。如法律规定"驾驶机动车,应当依法取得机动车驾驶证"(《中华人民共和国道路交通安全法》第十九条)。正因为法不是为某个人制定的,使其具有普遍适用性的特点,所以亚里士多德说:"法律始终是一种一般性的陈述。"[1]同时,由于法律规则的一般性特征而导致法律规则具有可以反复适用特征,意思是法律规则不是只适用一次以后就不再适用了,无论何人,只要符合法律规则的适用条件,在该规则未失效之前,在其被适用之后都可以再次被适用。

(2) 法律规则的强制性特征。作为法的主要构成部分,法律规则具有法所具有的特征,即强制性。法的强制性实际上主要是通过法律规则体现出来的,所以法律规则的强制性特征是使其不同于其他规则的关键之处。法律规则的强制性表现在当出现了与法律规则内容不相符合的行为的时候,就会产生相应的法律后果,受到制裁,这种制裁是以国家武力为后盾的,由国家强制力做保障。

(3) 法律规则的应然性特征。规则有自然规则与社会规则之分,法律规则属于社会规则。自然规则是自然科学研究得出的结论或命题,是描述现存世界的实然规则,如"万有引力定律""生物进化论"。自然规则是对自然现象的描述,有"真"与"假"的区分,只有与自然事实相符合的规则才是真实的,否则就是假的,就会被真实的规则驳倒。然而社会规则不一样。社会规则是经验性的社会研究对事实所做的一种判断,然后将这种判断形成一种规范,这种规则只是表明判断者本人或其代表的社会大多数人的判断。如果有人违反了这种规则,那也只表明他的行为是不符合规则所要求的行为,但行为本身没有"真"与"假"之分。

> 行政诉讼法第四十三条规定:"被告应当在收到起诉状副本之日起十日内向人民法院提交作出具体行政行为的有关材料,并提出答辩状。"

如果被告没有在十日内提交作出具体行政行为的有关材料,并不意味着被告真的没有相关材料,事实上可能有材料,只是由于某种原因未能提供而已。但即使被告有材料却未在十日内提交给法院,法院也视为被告没有材料,并判决被告承担相应的法律后果。

所以法律规则只是对人们行为提出的一种应然性的要求,即人们应该按照法律规则规

---

[1] [美]博登海默:《法理学:法律哲学与法律方法》,邓正来译,中国政法大学出版社1999年版,第235页。

定的内容去从事相应的行为,如果人们的行为不符合法律规则的内容,即使其行为是客观真实的,也要承当一定的法律后果,因为只要满足法定的构成要件,某一行为就会产生特定的法律效果。

另外,法律规则还具有可操作性和确定性的特征。法律规则的可操作性是指裁判机构可以直接以法律规则为依据明断是非,对有关纠纷作出相应裁判,从而使法律规则成为法院判决的根据。确定性是指法律规则的内容是明确具体的,而不是抽象模糊的,人们可以根据法律规则的内容预测行为的法律后果。当然,法律规则的确定性是相对而言的,即在一定条件下来说某规则是确定的,但在另一条件下该规则却有可能变得不确定而产生歧义。如"在高速公路上行使的汽车车速不得超过 110 公里/小时",在这一规则中,"高速公路"和"110 公里/小时"都是确定的,但当警察追捕逃犯时,警车的车速能否超过 110 公里/小时,就变得不确定了。可见,法律的确定性是一种相对的确定性,而不是绝对的确定性,这是由法律语言的特点决定了的。对于这个问题,需要通过法律解释加以解决。

(三) 法律规则的类型

法是以权利义务为核心的行为规范。因此,权利义务规范就构成法律的主要内容,由此,我们可以首先把法律规则分为授权性规则和义务性规则,也有少数规则既授予权利又设定义务,即权义复合性规则。在现代社会里,保护权利是法律的精神和首要目的所在,法律设定义务也是为了权利的实现,义务的履行是为权利的实现服务的。如果没有去履行义务,就无法实现权利,所以法律设定义务是实现权利的前提条件。哈特称设定义务的规则为"第一性规则",授予权利的规则为"第二性规则"。①

1. 授权性规则

法律以保护人们的权利为核心,授予权利是实现法律的精神和目的的最直接的手段和方法。授权规则就是授予人们以行为的选择自由的法律规则,根据这种授权,权利人不仅自己可以从事或不从事某种行为,还可以要求他人从事一定行为或不从事一定行为。这类规则一般使用"有权""可以""有……权利""有……自由"等词语来表述。例如:

《中华人民共和国民法典》第三百九十四条规定:"为担保债务的履行,债务人或者第三人不转移财产的占有,将该财产抵押给债权人的,债务人不履行到期债务或者发生当事人约定的实现抵押权的情形,债权人有权就该财产优先受偿约定或者依照法律的规定履行义务。"

《中华人民共和国宪法》第四十一条规定:"由于国家机关和国家工作人员侵犯公民权利而受到损失的人,有依照法律规定取得赔偿的权利。"

根据这条规则,法律授予债权人以选择的自由。他可以向债务人提出追偿,也可以不向债务人提出追偿。他可以要求债务人偿还债务,也可以不要求债务人偿还债务。是否向债务人提出追偿和是否要求债务人偿还债务,都由债权人自由选择决定,并且他的选择都会得到法律的保护。如果他不愿意向债务人提出追偿,法律不能强制他去进行追偿,更不能因此而对他施加惩罚。反过来,如果他要求债务人偿还债务,法律也不能阻止他,并且债务人必

---

① [英]哈特:《法律的概念》,张文显等译,中国大百科全书出版社 1996 年版,第 83 页。

须偿还债务,否则就要受到法律的制裁,因为债权人的债权是受法律强制保护的。可见,授权性规则虽然对权利人来说有选择的自由,但对义务人来说却是强制性的,一旦权利人行使权利,义务人就必须履行义务。

2. 义务性规则

权利与义务二者的关系是目的与手段的关系,权利的实现是目的,义务只是实现权利的手段。尽管如此,并不意味着义务不重要,哈特之所以称义务规则是"第一性规则",就是由于要是离开了义务,任何权利都会化为乌有,法律必须以设定义务来规范人们的行为,对人们的行为提出要求,不管人们愿意与否。所以,虽然权利保障是法律的核心,但义务须臾也不可轻视,义务规则是法律的首要规则。

义务性规则就是规定人们不得作出一定行为或者必须作出一定行为的法律规则。相对于授权性规则而言,义务性规则对行为人来说没有选择的自由。法律上的"不得"、"必须"这样的字眼都是带有强制性的规定,违反了这些规定就要受到相应的惩罚。根据义务规则的内容不同,可以把义务性规则分为禁止性规则和命令性规则。禁止性规则就是不允许人们作一定行为的法律规则,也就是对人们设定了一个消极地不作出某种行为的义务。这类规则一般使用"禁止""不得""严禁"等词语来表述。如:

《中华人民共和国民法典》第一千零四十二条规定:"禁止包办、买卖婚姻和其他干涉婚姻自由的行为。禁止借婚姻索取财物。禁止重婚。禁止有配偶者与他人同居。禁止家庭暴力。禁止家庭成员间的虐待和遗弃。"

《中华人民共和国刑事诉讼法》第三十条规定:"审判人员、检察人员、侦查人员不得接受当事人及其委托的人的请客送礼,不得违反规定会见当事人及其委托的人。"

命令性规则就是要求人们作出一定行为的规律规则,也就是对人们设定了一个积极的作出某种行为的义务。这类规则一般使用"应当""应该""必须""有……义务"等词语来表叙述。如:

《中华人民共和国道路交通安全法》第三十八条规定:"车辆、行人应当按照交通信号通行;遇有交通警察现场指挥时,应当按照交通警察的指挥通行;在没有交通信号的道路上,应当在确保安全、畅通的原则下通行。"

《中华人民共和国刑事诉讼法》第九十四条规定:"人民法院、人民检察院对于各自决定逮捕的人,公安机关对于经人民检察院批准逮捕的人,都必须在逮捕后的二十四小时以内进行讯问。在发现不应当逮捕的时候,必须立即释放,发给释放证明。"

授权性规则和义务性规则构成了法律规则的绝大部分,另外还有少部分权义复合性规则,即既授予权利又设定义务的法律规则。这类规则兼具有授权性规则和义务性规则的双重性质。之所以会出现这种情况,是由于看问题的角度不同。从一个角度来看,它授予当事人以某种权利,当事人有从事或不从事某种行为的自由,也有要求他人从事一定行为或不从事一定行为的自由。但从另一个角度来看,它又不允许当事人进行选择,是一种必须作出某种行为或不得作出某种行为的义务。如:

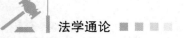

《中华人民共和国宪法》第四十二条规定:"中华人民共和国公民有劳动的权利和义务。"第四十六条规定:"中华人民共和国公民有受教育的权利和义务。"

同类的规定还有关于国家机关及其工作人员的职权的规定,这种规定既授予国家机关及其工作人员从事某种职权的权利,即获得授权的国家机关及其工作人员可以作出一定行为或要求他人作出一定行为;同时,这种规定也是一种职责,是一种必须履行的义务,如果国家机关及其工作人员怠于履行这种职责或不适当地履行职责,就构成了违反法定义务的行为,要承担相应的法律责任。请看以下材料:

2001年6月26日,最高人民法院审判委员会第1182次会议通过了《最高人民法院关于公安机关不履行法定行政职责是否承担行政赔偿责任问题的批复》(以下简称《批复》),该《批复》于2001年7月17日公布,自2001年7月22日起施行。《批复》全文如下:

四川省高级人民法院:

你院川高法〔2000〕198号《关于公安机关不履行法定职责是否承担行政赔偿责任的问题的请示》收悉。经研究,答复如下:

由于公安机关不履行法定行政职责,致使公民、法人和其他组织的合法权益遭受损害的,应当承担行政赔偿责任。在确定赔偿的数额时,应当考虑该不履行法定职责的行为在损害发生过程和结果中所起的作用等因素。此复。

上述法律规则的分类是从法律规则的行为模式的角度来分的。另外,如果从法律规则的效力角度来分,可以把法律规则分为任意性规则和强行性规则,这种分类与前面的所谈到的分类实际上没有什么区别,只不过角度不同而已。任意性规则相当于前述权利性规则,强行性规则相当于前述义务性规则。因此,这里不再赘述了。

三、法律原则

法律的构成要素中,法律规则是大量和主要的要素,但法律原则并不因其数量少于法律规则而变得不重要,法律原则是构成法律要素的重要组成部分。

(一)法律原则的含义及其识别

1. 法律原则的含义

任何事物的构成既包括具体的要素或成分,也包括组成该事物并统领各具体要素的基础性要素,这种基础性要素对于事物的形成具有指导和决定性的意义。前述法律规则是构成法的大量和具体的要素,但这些规则之所以能结合在一起形成一个完整的法律文件,是由于它们有着共同的基础和指导思想,将这些共同的基础和指导思想用文字加以表述,就成了一种法律原则。

法律原则是法律的基础性原理,是法律规则存在的前提性法律规范。如《刑法》中规定的"罪行法定""法律面前人人平等原则",《民法典》中规定的"公平原则""自愿原则""诚信原则""公序良俗原则"等。我们在日常生活中有句话,即"做事情要讲原则"。此话中的隐含之意就是原则是行动的指南,是必须遵守和坚持的基本准则,意味着放弃原则就会犯错误。法律原则作为法律的基础性原理,也是一切法律行为所必须坚持的准则。沃克认为,法律原则是法律推理所依赖的前提,不断地、正当地适用于比较特别和具体的规则解决不了的或不能充分、明确解决的待决案件的一般原则。① 可见,法律原则的意义是十分重大的。每一部法律一般都会在其总则中规定该法的基本原则,然后再根据这些原则去制定其他具体的法律规则。

"原则"二字在法学中应用非常普遍。包括宪法在内其他各个部门法都有各种各样的原则。然而在语言使用上,"原则"概念并不十分清楚,有时原则指构成法律秩序的中心原理或是基本结构,比如宪法的基本原则,此时原则就与具体化该原则的各种详细与具体的规定成为对比,如相对于"权力分立原则",就有行政、立法、司法的三权分立与制衡形态,这些形态皆由更具体的宪法条文来做进一步的规定。有时原则指内容上抽象程度较高的法律规定,此时原则就与内容比较具体的规则成为对比,比如"诚实信用原则",相对于其他的民法规定,该原则的内容比较抽象,也可说比较空泛,单从该原则很难得出具体案例的判断标准。②

2. 法律原则的识别

法律原则有很多,各个部门法都有其相应的原则,如宪法中有"权力分立原则""法治原则""人民主权原则";民法中有"契约自由原则""诚实信用原则""公平原则";刑法中有"无罪推定原则""罪行法定原则";等等。这些林林总总的原则,其性质并非完全相同,有的原则可以直接适用于司法过程中,成为法官裁判案件的直接依据,如"罪行法定原则";而有的则只是法律秩序的一般原理和精神内核的抽象概括,其本身不能直接适用于司法过程之中,只具有指导性意义,如"法治原则"。另外,并不是所有法律原则都明文规定在法律条文之中。虽然大多数法律原则都是明文规定在法律条文中的,但有的法律原则是从法律的精神和宗旨概括总结出来的,如"任何人不能从自己的错误行为中获利"的原则。所以,法律原则有"明示原则"和"默示原则"之分,前者就是明确规定在法律条文中的原则,后者是根据某些法律精神或理念得出来的。

可见,法律原则的功能和存在是不一样的,后面我们将对此进行详细阐述。这里我们先谈谈如何识别法律原则,识别法律原则的判准有三个:规范向度、客观道德基础、融通既往法制。这三个向度分别指示了法律原则存在的场所,即规范体系;承载道德诉求的法律价值观、法律理念,即法律内部所持的价值评价与外部社会道德观念之接壤地带;作为规范-事实结合体的既有判例,历史传承的法律格言,以及沿袭已久的社会道德习惯。③ 法律原则的存在场所如此广阔,这既给法律原则提供了大量的生存空间,又为我们识别法律原则带来了一定的困难。

同时,人类语言具有抽象和不确定的特点,加达默尔说过:"没有一种人类语词能以完善的方式表达我们的精神。"④法律语言的表述有时是模糊不清的,带有许多的不确定性,如"显失公平""善良风俗""正当法律秩序"等。这些术语的含义都是不固定的,不同的人对它

---

① [英]沃克:《牛津法律大辞典》,北京社会与科技发展研究所译,光明日报出版社1989年版,第717页。
② 刘国:《宪法解释方法的变革——宪法解释的法理分析》,中国政法大学出版社2008年版,第152页。
③ 陈林林:《裁判的进路与方法——司法论证理论导论》,中国政法大学出版社2007年版,第152页。
④ [德]加达默尔:《真理与方法——哲学诠释学的基本特征》,洪汉鼎译,上海译文出版社2004年7月版,第551页。

们可能有不同的理解，因而容易产生歧义。有时它们与法律原则相类似，有时却又被当做一种规则适用。要识别一个法律原则首先要从法律条文的字面去寻找，一般来说，大多数法律原则都可以从法律的字里行间找到，对于这种法律原则，我们都较容易识别。对于那些存在于法律价值观念和社会道德习惯中的法律原则，相对来说就难以识别了。对于这种情况，要求我们具有较深的法学理论功底，只有在深刻领会和把握法律的精神实质的前提下，才能找到答案。

(二) 法律原则的特点

从前述对法律原则的概念的分析可以看出，法律原则有着不同于法律规则的特点。

1. 法律原则的高度抽象性

与法律规则相比，法律原则是一种十分抽象的法律规范。由于法律原则是对法律精神的提炼和概括，是用高度精练和概括的语言来描述和表达的，所以法律原则都是十分抽象的。正因为法律原则的抽象性特点，它没有具体的法律规则那样的可操作性，其直接适用性也比法律规则要弱得多，法律原则一般都是提出具有宏观意义的指导，而不是微观层面的具体运用。

2. 法律原则的广泛适用性

与前一特征相联系，正因为法律原则的抽象性，使其具有广泛的适用性。因为法律原则是对社会关系的高度抽象和概括，它比法律规则能容纳的具体事项更为广泛，其适用范围也远远超过法律规则。由于法律规则的明确性和具体性特点，它只适用于那些符合其要件的特定事件和行为，这就把法律规则的适用范围局限在一个狭小的空间之内，而现实生活中发生的事件每天都会不一样，那些不符合该规则要件的事件和行为就被排除在其适用范围之外。相反，法律原则使用的是高度抽象和概括的语言，是对某一类事件和行为的类型化，其适用范围就像一个大框，覆盖面广，能包容属于该类型的各种具体事件和行为，这就大大增强了其适用的范围。

3. 法律原则的相对稳定性

法律原则的高度抽象性和广泛适用性，使其能适应各种不断变化了的情况，即使社会情势与以前发生了显著的变化，它也能以其广泛的包容力和适应性去应对新的情况，而不必要对法律原则加以修改。而法律规则的明确性和具体性就缺乏这样的特点，面对新的情况，在作出修改之前，就显得无法适应。所以，法律原则较强的适应性就决定了它具有相对于法律规则更大的稳定性。

(三) 法律原则的功能

1. 法律原则的弥补功能

法律原则的弥补功能，即法律原则可以弥补法律规则的不足。法律原则的这种弥补功能是由法律原则相对于法律规则的上述特点决定的，这些特点也是法律原则相对于法律规则的优越性。法律原则的抽象性和概括性使它具有比法律规则更为广泛的覆盖面和灵活的适应能力，当某一特定案件因法律规则的具体性而找不到可以适用的恰当规则时，可以用涵盖这一规则的法律原则去适用，从而弥补了法律规则的局限性。生活事实每天都是变化着的，而法律又具有相对的稳定性，再加上立法者在制定法律时受主客观因素的影响，这都会不可避免地出现需要法律解决却找不到与之相应的法律规则的情形，这就出现了法律漏洞。因此，立法不是一种一劳永逸的事情，裁判案件的法官无法始终都可以直接从法律文件中找到解决问题的现存答案,当出现法律漏洞的时候,就需要法官灵活主动地运用法律原则去弥补法律规则的缺陷,否则他就无法完成一个司法者应当完成的使命。

2. 法律原则的导向功能

法律原则的导向功能表现在三个方面,一是当法律的含义有多种解释而出现分歧时,法律原则对于确定法律的含义具有指导意义。一个法律条文有多种解释的情况主要是由于法律语言的模糊性引起的,这就可能导致每个人对它的理解不一样而产生分歧;同时由于每个人的价值观和法哲学态度不一样,对同一词汇即使表面上看来意义是明确的也可能得出不同的解释结论。如"公园内禁止车辆通行"的规则,对于该规则中"车辆"的解释可能人言人殊,有人说"车辆"是指一切带轮子的器具,包括除草车、儿童手推车和玩具车;也有人说"车辆"仅指的是一切机动车;还有人说"车辆"指的是汽车和卡车等机动车,不包括救护车、自行车、儿童手推车和玩具车。对于这种情况引起的争议,可以通过法律原则的适用解决分歧,在具体情况下作何解释不能一概而论。二是当一个案件出现有几种判决结果可能性的时候,法律原则对于确定最终的判决结果具有指导作用。三是在执法、司法等法律实践过程中,法律原则可以确保法律的准确适用。因为法律原则体现了法律的精神实质,在法律适用过程中深刻领悟了法律原则的内涵,就能提高具体情况下适用法律的准确性。

3. 法律原则的裁判功能

法官裁判案件一般是以法律规则为依据的,但在特殊情况下,法律原则却成了法官裁判案件的重要依据。法律原则的裁判功能就是在缺乏法律规则或运用法律规则会导致不公正的结果的情况下,运用法律原则去裁决案件的功能。法律原则的裁判功能体现在两个方面:

第一个方面体现在缺乏法律规则的情况下,即法律对特定案件没有明文规定或规定模糊不清,出现了疑难案件(hard case),这时可以用法律原则解决案件。

19世纪80年代美国发生了这样一个案件,黑格斯诉帕尔默案。纽约州一位16岁的男孩帕尔默为了更快地继承其祖父的财产,毒死了他的祖父,因为他祖父立下遗嘱后又再婚了,他担心祖父再婚后变更遗嘱使他得不到财产。当时纽约州法对于遗嘱继承人杀死立遗嘱人是否还能继承遗产未作规定。帕尔默的辩护律师认为,由于遗嘱内容没有违反纽约州的遗嘱法,那么这份遗嘱是有效的,被一份有效的遗嘱确定的继承人有权继承遗嘱中确定的遗产,因此,帕尔默应当有继承其祖父遗产的权利。但审理该案的法官认为,立法者具有一种普遍和广泛的尊重传统正义原则的意图,在任何地方,法律都尊重下述原则,即任何人不得从其错误行为中获得利益。因此,遗嘱法应被理解为否认以杀人来获得遗产的继承权。① 于是,法院运用"任何人不得从其错误行为中获利"这一原则,解决了当时法律对继承人杀死立遗嘱人是否能继承遗产未作规定的疑难案件。

法律原则的裁判功能的第二个方面体现在,当运用法律规则裁判案件会产生不公正的结果时,可以运用法律原则进行裁判以确保法的正义精神得以实现。最典型的情况就是二战后对纳粹战犯的审判。二战期间,一名纳粹士兵在执行搜捕犹太人的命令的时候,发现了

---

① [美]德沃金:《法律帝国》,李常青译,中国大百科全书出版社1996年版,第14—19页。

一对犹太人夫妇,犹太人丈夫看见士兵向他走来,惊恐地逃跑,于是士兵开枪将其杀死。二战结束后,其妻子起诉这个士兵,士兵辩论说他开枪射杀她丈夫是在执行法律,因为根据当时希特勒颁布的法律,他有权对正在逃跑的犹太人开枪射杀。审理案件的法官根据"拉德布鲁赫公式",即凡是正义根本不被追求的地方,凡是构成正义的核心——平等在实在法制定过程中有意不被承认的地方,法律不仅仅是不正确的法,甚至根本就缺乏法的性质。判定纳粹士兵执行的所谓法律不具有法的性质,根本就不是法,因为那法律是违背正义的,执行那样的法律将会导致不公正的结果。于是,法官根据法的正义原则,判决士兵有罪。二战后至今,"拉德布鲁赫公式"一直被德国法院援用,也成为海牙国际法院审理战争和种族犯罪的法理依据。

第三节 法的效力

法律是人类为了维持一定的社会秩序,用以调整人与人之间关系的一种社会规范。法律要达到其所希望的目的,就必须得到其管辖范围内的人们的服从和遵守,否则它就起不了任何作用。也就是说,法律要达到调整人与人之间的关系、维持一定社会秩序的目的,就必须使人们遵守它,使人们都按照法律的指引去从事相应的行为和安排自己的生活。这就涉及法的效力的问题。法的效力首先涉及的是它的含义和表现形态,以及法的效力类型。

▶ 一、法的效力的含义及其表现形态

社会生活中存在着各种各样的社会规范,每一种社会规范都对其成员具有相应的效力。法律规范作为区别于其他社会规范的一种特殊规范,其效力也与其他社会规范不同。

(一) 法的效力的含义

先阅读以下一则案例:

> 瑶山哈尼上寨是云南省金平县铜长乡比较偏僻的自然村。2001年,哈尼上寨要修人畜饮水工程。村民卢进法拒不交纳筹集款并殴打村民小组长李祥。2月2日,哈尼上寨村民小组召集群众会议以不参加公益事业为由将卢进发等7户卢姓村民开除村籍。4月8日,被开除村籍的卢进发女儿出嫁,该村罗家福等18户去帮忙,群众大会当即决定对这18户人家每户处以66元的罚款,并于6月前交清,否则也作开除村籍处理。18户村民表示是自己错了,自觉交清了罚款。

从字面来看,规范的效力就是指规范的约束力或拘束力。作为人类社会发展过程中出现的一种社会现象,社会规范都是为了调整人们的行为以维持一定的社会秩序。为此,任何社会规范都对其成员具有一定程度的约束力,但不同性质的社会规范约束力的含义是不一样的。道德规范的约束力是通过舆论的力量对人的内心造成一定影响从而产生一种约束力,违反道德的人不会受到人身或财产上的损失;宗教规范的约束力是通过宗教戒律对其成员施加一种影响力,这种影响力有时可能对人身造成一定的影响;大多数习惯规范的约束力

也主要是一种舆论和心理上的影响,但有的地方的习惯规范有时可能会对人身和财产带来影响,如上述案例中的习惯规范就涉及财产。但法的约束力与上述社会规范的约束力是不一样的,这是由法的性质和特点所决定的。

法的效力就是法的约束力或拘束力。"如果人们说一条法律规范是有效的,这就意味着这条法律规范对于它所指向的那些人具有约束力。"①法具有效力就意味着法对一定范围的人或组织在一定时间之内具有拘束力。从法生效之后到失效之前这段时间内,属于法管辖范围内的个人和组织都必须遵守和服从法律。个人和组织必须遵守和服从法律又意味着法对个人和组织具有强制性的力量,要求个人和组织必须按照法的内容活动,即按照法的规定去享有权利或按照法的规定去履行义务,合法的行为会得到法的肯定或受到法的保护,违法的行为就会得到法的否定或受到法的制裁。

可见,法的效力指的是法律上特有的一种约束力,即法所具有的国家强制性的作用力和影响力。

(二)法的效力的表现形态

一般情况下,法的效力所具有的国家强制性的作用力或影响力只是一种潜在的力量。也就是说,法的这种潜在的力量并不一定每时每刻都发生,只有具备一定条件的时候它才会正式体现出来。比如现行《刑法》是有效的,其中规定犯抢劫罪要被判处刑罚,人们应当遵守它,否则就会受到刑事制裁。但刑法的这种强制性的力量只是作为一种备用的威慑力存在,在没有人实施抢劫行为的时候,人们并不会看到它的威慑力在何处,只有在某人因犯了抢劫罪而受到刑事制裁的时候,它的强制性力量才体现出来。因此,在具体案件发生之前,法的效力是作为一种潜在力量存在的,当具体案件发生的时候它就体现为一种现实的力量。

当我们说具体案件发生的时候法的强制性力量才体现出来,并不意味着当人们遵守法律而没有发生具体案件、法的强制性力量没有体现出来的时候,法就没有效力。人们由于遵守法律而不会受到法律制裁的情况下,法也是有效力的,只不过这种情况下法体现的是一种静态的效力。当人们由于违反法律的而受到法的制裁的时候,法体现的是一种能动的效力。由于守法是多数的和经常的,因而法的静态效力是法的效力的常态,而违法是少数和偶然的,因而法的能动效力是法的效力的非常态。

法的效力表现形态的不同反映了从书本上的法到行动中的法的变化。书本上的法指的是将有可能得到执行和实施的法;行动中的法指的是被应用在具体案件中而被实际执行的法。法的效力从静止状态到能动状态的变化过程就是一个从书本上的法到行动中的法的转化过程。促进这种转化的正是具体案件的发生,如果没有发生具体的案件,那么法的效力就只能作为一种潜在的力量存在着。

书本上的法与行动中的法并非存在固定的界限,而是在不断变化着的。马考利教授认为,书本上的法按其效果排列可以分为三种:从来没有得到执行的法,有时得到执行有时又没有得到执行的法,从来都没有得到执行的法。即使是一个很少被执行或从未被执行的法律,也是一个潜在的法律,因为当环境改变时,以前一个没有被执行或没有被充分执行的法律也可能被作为法律资源加以利用。② 可见,书本上的法随时都有可能被转化为行动中的

---

① [美]博登海默:《法理学:法律哲学与法律方法》,邓正来译,中国政法大学出版社1999年版,第332页。
② 朱景文、[美]马考利:《关于比较法社会学的对话》,《比较法研究》1998年第1期,第49页。

法。这就意味着,法的效力也是随时都有可能从静止状态转变为能动状态,从潜在的法转化为现实的法。

当法从潜在的法转化为现实的法时,法的效力就从静止状态转变为能动状态。这时法的强制性作用力和影响力就得以发挥出来。法的效力的这种转变都是法的拘束力的不同表现形式。大多数情况下人们都是按照法律的规定从事活动,即依法享有权利和承担义务,这是法的拘束力的一种表现形式;那些违反法律的人,即没有依法履行法律的强制性规定的人,就会受到法律的惩罚和制裁,这是法的拘束力的另一种表现形式。当法得到人们的遵循和当违法行为受到法的制裁时,法的内容就得到了落实,我们将这种情况称为法的实现。

法的效力与法的实现之间存在着一种因果关系,即法的效力是法的实现的原因,法的实现是法的效力的结果。由于法的效力而使法具有拘束力,它要求人们应当按照法的要求去从事相应的行为。如果某人摆脱法的拘束去从事法所禁止的行为,就有可能侵害他人或社会受法律保护的权利,给他人或社会带来损害,违法者就要承担一定的法律责任。当违法者因违法而承担法律责任时,就是法的实现。而违法者之所以要承担法律责任,是因为他摆脱法的拘束力去从事违法行为,给他人或社会的合法权利带来了损害。可见,法的效力是原因,法的实现是结果。

我们都知道,法的内容事实上并不一定能得到完全的实现,因为社会上总存在违法的现象,如果社会上根本不会发生违法现象就没有必要制定法律了。只要有违法行为发生,合法的权利就可能受到侵犯,法所希望维持的秩序就会被打破;另外,那些实施违法行为的人也未必会受到惩罚和制裁,总会有个别违法者由于种种原因而逍遥法外的情况发生。这些情况都是一种客观的社会事实,我们把这种情况称为法的实效,即法在客观上得到遵守或被违反的实际效果。法的实效是法的效力表现形式,法的效力是法的实效存在前提,只有现行有效的法才会发生法律上的实际效果,已经失去效力的法律和尚未生效的法律都是不会发生法律上的效果的。

二、法的效力的类型

法的效力要通过对人们的行为发挥作用力和影响力才能得以发挥出来。法律是作为一种社会规范,其有效性植根于社会现实之中。如果一项有效的法律设定了义务或禁令,那么就要求人们服从它;如果它授予人们以权利或其他组织以权力,那么这些权利和权力就应当得到尊重与保护。无论是设定义务还是授予权利或权力,都是法的效力对人们行为提出了一定的要求。而人的行为发生在一定的时间和空间之内,所以法的效力也就发生在一定的时间和空间中。法的效力问题具体就是在什么时间、什么空间、对什么人有效的问题,由此,我们可以将法的效力分为以下几类:法的对象效力,法的时间效力,法的空间效力。

(一)法的对象效力

前面已经谈到,法通过调整人与人之间的相互关系以便达到维持一定社会秩序的目的,这就说明了法所针对的是人的行为。尽管法要调整人与人之间的相互关系,但人们之间的关系是通过一定的行为表现出来的,因此,法首先所针对的就是人的行为。马克思曾指出:"对于法律来说,除了我的行为以外,我是根本不存在的,我根本不是法律的对象。"而人的行为是通过人实施的,因此,我们这里讨论法的对象效力就是指法对哪些人有效的问题。当然,法学上说讲的人不仅包括基于出生而具有生命的个体,即自然人,还包括法人或其他组织。

请阅读以下一则案例:

  2003年9月16日,288名日本游客到达中国珠海市,入住珠海国际会议中心大酒店。在此期间,日本游客在该酒店连续进行了大规模的集体嫖娼,由于事发之日恰好是中国的"九一八"纪念日,因此引起了中国民间和政府的极度愤慨。2003年12月12日,珠海市中级人民法院开庭审理了该案,两名组织卖淫的中国籍被告被判处了刑罚。此外,中国警方还对涉案的3名日本人发出通缉令,表示要将他们绳之以法。中国公安机关经过调查,已经掌握了3名日本人涉嫌组织卖淫罪的确凿证据。检察机关已经对这3个人作出批准逮捕决定,国际刑警组织中国国家中心局也于当年11月26日通过国际刑警组织对这3个人发出了红色通缉令。与此同时,中国外交部向日方提出交涉,要求日方配合中国公安机关的缉捕工作。

该案是发生在中国的一个刑事案件,涉及的人物不但有中国人,还有外国人。这就涉及我国刑法的对象效力的问题。

由于各个国家考虑问题的侧重有所不同,因此各个国家在法的对象效力问题上采取了不同的做法。有的国家认为,本国制定的法律对本国所有人都有效,即只要是本国公民或组织,无论是在本国领域内还是在本国领域外,本国的法都对他们有效。这种做法是以国籍为标准的,因此,我们把这种做法称为属人原则。按照这种原则,本国的法律只对本国人或组织有效,而对外国人或外国组织就无效了。但是,当遇到外国人侵犯本国国家利益或个人利益的时候,像上述案例中的情形,本国法就不能适用于他们,这显然不利于保护本国的利益。

因此,有的国家不采用这种做法,认为只要在本国领域之内,无论是本国人还是外国人,本国法都对他们有效。这种做法是以地域为标准的,因此,我们把这种做法称为属地原则。但是,按照这种原则,只有发生在本国领域内的违法行为,才能适用本国的法律,如果有人在本国领域之外侵害本国国家利益或个人利益,那么本国法就不能适用了,即使是本国的人,如果在本国领域外违反了本国的法律,本国法也不适用于他们。这显然也不利于保护本国的利益。

于是,有的国家采取另外的做法,认为只要是侵害了本国国家利益或其他个人或组织的利益,无论实施侵害者是本国人还是外国人,无论在本国领域内还是在本国领域外实施的违法行为,本国法都对他们有效。这种做法是以保护本国利益为标准的,因此,我们把这种做法称为保护原则。按照这种做法,不管是具有哪个国家国籍的人,也不管违法行为发生在什么地方,只要违反了本国的法律,侵害了本国的利益,本国法律都可以适用。但是,这种做法实施起来有时可能发生比较难办的情况,在特殊情况下完全采取这种做法有可能导致诸如外交冲突等问题。比如按照国际惯例,享有外交特权和豁免权的人不受外国法律的约束,如果一个国家要强行对享有外交特权和豁免权的人适用本国法律,有违国际惯例,就可能发生外交上的矛盾和冲突。

所以,有的国家综合以上几种做法,采取折中的做法,我们称为折中原则。这种做法一般是以属地原则为基础的,即在本国领域内,无论是本国人还是外国人,一般都适用本国法,然后在这个基础上，遇到特殊情况就进行特殊处理。如有关婚姻、家庭等特殊问题，使用行为者本国的法律，即以国籍为标准而不以地域为标准；另外，对于享有外交特权和豁免权的人，按照国际条约和国家惯例，适用他们自己国家的法律，而不适用本国的法律。

中国现在也是适用折中原则。按照这种原则，一般来说，在中国领域内的中国人和外国人都要适用中国法，但对于中国人和外国人又有所不同。对于中国人而言，他们在中国领域内都一律适用中国法，在中国领域外仍然受中国法的保护，履行中国法设定的义务，如纳税的义务等，同时也要遵守所在国的法律。如中国人在国外犯我国刑法规定之罪，我国刑法对其有效，我国《刑法》第七条规定："中华人民共和国公民在中华人民共和国领域外犯本法规定之罪的，适用本法，但是按本法规定的最高刑为三年以下有期徒刑的，可以不予追究。"如果其所在国法律已经对其追究了法律责任，我们法律仍然对其有效，但根据我国刑法规定，这种情况下可以免除或减轻处罚。如果中国人在中国领域外时，出现了中国法与其所在国法律出现不一致的情况，由于涉及国家主权单位问题，这时要按照国家之间签订的国际条约或国家惯例处理，既要维护中国的国家主权，同时又要尊重所在国的国家主权。

对于外国人而言，根据其是在中国领域内还是在中国领域外分为两种情况：一是外国人在中国领域内的情况，这时一般都要适用中国法。但是有些中国法所规定的权利外国人不能享有，如选举权，有些中国法所设定的义务外国人也不需承担，如服兵役的义务。另外，如果是享有外交特权和豁免权的外国人，他们的刑事责任一般不通过法律途径而是通过外交途径解决。二是外国人在中国领域外的情况，中国领域外的外国人对中国国家或其他公民、组织犯罪的，按照我国刑法规定的最低刑为三年以上有期徒刑的，可以适用中国刑法，但按照犯罪地法律不受处罚的除外。这意味着只有同时满足我国刑法规定最低刑为三年以上、同时外国法也认为是犯罪这两个条件，才能适用中国法，否则就不能适用中国刑法。

（二）法的时间效力

法的时间效力是指法在什么时间期限内有效的问题。具体来说，法的时间效力分为法什么时间开始生效、什么时间失去效力、法颁布实施之后对其生效之前的事件和行为是否有效这样三个方面的内容。

法什么时间开始生效即法的生效时间，指的是法从何时开始发生约束力的问题。一般可分为如下几种情况：一是法自公布之日起开始生效；二是法公布之日并不立即生效，而是依照法所明文规定的具体时间为生效时间。这是为了在法颁布后给社会上的个人或其他组织学习、了解法的内容的机会，在做好法实施所需要的各种准备工作后才开始生效。三是法公布后到达一定期限生效，即法公布时确定了一个时间段，该时间段届满后该法就开始生效。

法什么时间失去效力即法的失效时间，又称为法的废止，指的是法从何时不再具有约束力的问题。通常有明文废止和默视废止两种形式，具体而言，一般可分为以下几种情况：一是新法公布实施后，原内容相同的旧法即自行废止；二是新法制定时明文规定了其有效期限，期限届满时，该法即行废止；三是新法中明文宣布与该新法内容相同的旧法失去效力；四是由有权国家机关颁布决定、命令等宣布某法失效。

法颁布实施之后对其生效之前所发生的事件和行为是否适用的问题就是法的溯及力。众所周知，法对人的行为具有指引作用，但法只有在其颁布实施后方为人们知晓，也只有在人们知晓法的内容后才能使其起到指引人的行为的作用，在法尚未颁布实施的情况下，人们根本无从知道法的内容是什么,也就谈不上要求人们按照尚未颁布实施的法去从事相应的行为。因此,一般而言,法只对其颁布实施之后发生的事件和行为才有约束力,对其颁布实施之前发生的事件和行为不应该有约束力。但这只是法的溯及力的一般原则,这个原则并不是绝对的,现实中法的溯及力一般有以下几种情况:一是从旧原则,新法没有溯及力;二是从新原则,新法有溯及力;三是从轻原则,比较新旧法,按照处罚较轻的法处理;四是从新兼从轻原则,新法原则上有溯及力,但如果旧法处罚较轻则按旧法处理;五是从旧兼从轻原则,新法原则上没有溯及力,但如果新法不认为是犯罪或对行为处罚较轻时,适用新法。当代中国法的溯及力也适用从旧兼从轻原则,在特殊情况下法也可以溯及既往。

法的溯及力一般涉及的是实体法,不溯及既往是一般原则,溯及既往只能是个别特例,必须由法律作出特别规定,不能由执法者或司法者自行定夺。就程序法而言,则不受不溯及既往的限制。

请阅读以下一则有关法的溯及力的案例:

劳动者彭某于2007年11月27日到北京西城某公司工作。次日,双方签订了为期两年的劳动合同,试用期从2007年11月28日起至2008年1月27日止。双方还约定,试用期月工资为1000元,转正后月工资为1200元。2008年2月27日,公司人事部经理向彭某发出了"劳动合同终止通知书"(以下简称"通知书"),内容大致为:您与本单位2007年11月28日签订的固定期限劳动合同,现由于不胜任工作岗位,并不接受岗位调整的原因,于2008年2月27日终止(解除)劳动合同。彭某接到该通知书后要求公司支付经济补偿金遭到拒绝,为此,他向公司所在地的劳动争议仲裁委员会提出申诉。

2008年6月3日,仲裁委依照《中华人民共和国劳动争议调解仲裁法》(以下简称《调解仲裁法》)第四十二条第四款、《中华人民共和国劳动合同法》第四十条、第四十六条之规定,作出1148号裁决:一、北京西城某公司应在本裁决生效后3日内支付彭某解除劳动合同的经济补偿金1600元,额外经济补偿金800元;二、北京西城某公司应在本裁决生效后3日内额外支付彭某一个月工资1200元;三、北京西城某公司应在本裁决生效后3日内支付彭某试用期工资与转正后工资的差额200元并支付其25%的经济补偿金50元。

公司不服1148号裁决,向法院提出申请撤销该仲裁裁决,称1148号裁决适用法律不当。仲裁委于2008年3月27日受理彭某的仲裁申请,于2008年5月12日开庭审理本争议,于2008年6月3日作出1148号裁决。本争议发生在2008年5月1日即《调解仲裁法》实施前,仲裁委应该依照该法实施之前的《企业劳动争议处理条例》的规定审理本争议。目前,没有相关司法解释明文规定本案应当直接适用《调解仲裁法》,故仲裁委在适用《调解仲裁法》方面存在错误。

法院经审理认为,《调解仲裁法》属程序法,其程序性规范调整的是劳动争议案件的各项审理活动,而不是双方之间发生的劳动争议这一事实本身。虽然西城某公司与彭某之间的劳动争议这一事实发生在《调解仲裁法》实施之前,但该劳动争议的审理和裁决是在《调解仲裁法》实施后进行的,所以,仲裁委适用《调解仲裁法》审理并裁决双方之间的劳动争议是正确的。

本案是《调解仲裁法》实施后北京法院首次裁定劳动仲裁委作出的仲裁裁决的案件,因此,从法理的层次探讨该案所涉及的法律问题,具有非常重要的理论和现实意义。

本案申请人提出,劳动争议发生在2008年5月1日即《调解仲裁法》实施前,仲裁委应该依照《企业劳动争议处理条例》的规定审理本争议,而不应适用《调解仲裁法》。该问题的实质是《调解仲裁法》的时间效力问题,具体就是其溯及力问题。就本案而言,如果《调解仲裁法》有溯及力,则本案劳动争议即使发生在《调解仲裁法》实施前,仍然可以适用《调解仲裁法》;如果《调解仲裁法》不具有溯及力,则本案劳动争议就不能适用《调解仲裁法》,而只能适用当时的《企业劳动争议处理条例》。

关于法的溯及力问题,因程序法和实体法的不同而有所不同。一般认为,实体法原则上不溯及既往,而程序法原则上具有溯及力,在新程序法生效时尚未处理的案件,均应采取程序从新原则,依照新程序法处理。也就是说,程序法溯及既往的对象必须是审理中的案件,即程序性的事件和行为,而不是所审理案件涉及的实体事件和行为。从规范构成上看,除有关仲裁时效这样的实体性规范外,《调解仲裁法》中绝大部分的规范属于调整程序事项的程序性规范。具体而言,《调解仲裁法》中的程序性规范调整的是劳动争议案件在调解、仲裁及法院撤销仲裁裁决过程中的各项审理活动,而不是双方劳动争议中的实体权利义务关系。因此,《调解仲裁法》在总体上属程序法,在原则上具有溯及力。所以,从《调解仲裁法》实施之日起,属于其调整范围内的劳动争议案件的各项审理活动都应该依据该法进行,即使这些劳动争议案件是在《调解仲裁法》实施之前就已经受理。

这一观点在现行司法解释中也能得到佐证。在《最高人民法院关于审理当事人申请撤销仲裁裁决案件几个具体问题的批复》第一条中,最高人民法院指出,原依照有关规定设立的仲裁机构在《中华人民共和国仲裁法》实施前受理、实施后审理的案件,原则上应当适用仲裁法的有关规定。同理,在《调解仲裁法》实施前受理、实施后审理的案件,原则上也应当适用《调解仲裁法》的有关规定。

本案中,虽然公司与彭某之间的劳动争议这一事实发生在《调解仲裁法》实施之前,但该劳动争议的审理和裁决是在《调解仲裁法》实施后进行的,所以,仲裁委适用《调解仲裁法》审理并裁决双方之间的劳动争议是正确的。事实上,公司向法院申请撤销1148号裁决,也是依据了《调解仲裁法》的规定而实施的诉讼行为。其行为也已经证明,公司在本案中已接受了《调解仲裁法》对本案的解决程序的调整。所以,申请人提出的此项撤销理由,不能得到支持。

(三)法的空间效力

法的空间效力是指法在哪些地方有效的问题,就是法在什么区域范围内有拘束力的问题。法总是在一定的领域范围内发生作用的,作为国家主权的体现,法的空间效力是以国家主权范围为标准的,所以法应当在一国主权范围之内具有效力。

但根据法的制定主体的不同,法的空间效力具体有以下几种情况:

1. 法在一国主权范围内的任何地方都有效

包括国家主权所及的全部领域,即全部领陆、领空、领水和底土,也包括延伸意义上的领域,即该国驻外使馆和在境外飞行的飞行器或停泊在境外的船舶。这样的法是那些由中央国家机关制定的法,在我国,包括全国人民代表大会制定的宪法和法律、全国人民代表大会常务委员会制定或修改的法律、国务院制定的行政法规和国务院各部委制定的规章。需要注意的是,并非所有中央国家机关制定的规范性文件都一定在全国范围有效,有些中央国家机关专门针对某个地方制定的法律就只在该地方有效,在其他地方就无效,如全国人民代表大会制定的香港和澳门特别行政区基本法就分别只在香港和澳门特别行政区有效,在其他地方就不发生效力,同时,在内地实施的《刑法》《民法典》等法律在香港和澳门特别行政区也不发生效力。

2. 法在一国局部地区有效

这种局部地区有效的法律有的是由中央国家机关制定的,有的是由地方国家机关制定的。中央国家机关制定的如前述的特别行政区法,此外还有民族区域自治法,戒严法也只是在实行戒严的地方才生效。地方国家机关制定的法规和规则都只在本地方有效,在其他地方都不发生效力,这主要是指有地方立法权的各省、自治区、直辖市人民代表大会及其常务委员会制定的地方性法规、地方规章、自治条例、单行条例等。

3. 法在一国主权范围之外具有域外效力

这种法主要是那些涉及民事、贸易和婚姻家庭方面的法律。一国法的域外效力一般由该国法加以明文规定,或由国家之间签订的条约加以确定。我国《刑法》第八条规定:"外国人在中华人民共和国领域外对中华人民共和国国家或者公民犯罪,而按本法规定的最低刑为三年以上有期徒刑的,可以适用本法,但是按照犯罪地的法律不受处罚的除外。"法之所有具有域外效力主要有两个方面的原因:一是为了维护国家主权的需要;二是按照国际惯例,某些方面的法以国籍为标准,即使该国公民到了域外,仍然适用其本国的法律。

本 章 小 结

"法"这个字在西语和在中文中的含义有所不同,而且人们日常生活中理解的法与法律专业人士理解法也有所差别。法是体现国家意志的、由国家强制力保障实施的一种具有普遍约束力的行为规则。法作为一种社会规范,其要素包括法律概念、法律规则、法律原则三个部分。法的效力指的是法律上特有的一种约束力,即法所具有的国家强制性的作用力和影响力,法的效力类型包括法的对象效力、空间效力和时间效力。

本 章 关 键 词

法　法的要素　法律概念　法律规则　法律原则　法的效力　对象效力　空间效力　时间效力　法的溯及力

案 例 评 析

【基本案情】

2006年4月27日,张某向某银行借款5万元,借款期限为1年,即2006年4月27日起至2007年4月26日止,杨某以其所有的房屋一套为该借款提供抵押担保,并分别签订了借款合同及抵押合同。由于该银行怠于催收,借款到期后张某一直未还款付息。2010年8月26日,该银行向法院提起诉讼要求被告张某归还借款及利息,并要求杨某承担抵押担保责任,在诉讼过程中,被告张某、杨某分别以主债权和担保物权超过诉讼时效为由要求驳回原告诉求。

对于认定该案主债权已过诉讼时效并无争议,但对认定该案的担保物权是否已过诉讼时效却有以下三种不同意见：

第一种意见认为：担保物权已超过诉讼时效，应驳回原告诉求。因为《中华人民共和国物权法》(以下简称《物权法》)系在2007年10月1日颁布实施，《物权法》对担保物权的诉讼时效作出了重新规定，原告应在《物权法》颁布实施后依照《物权法》的规定及时行使诉权，而原告在2010年8月才提起诉讼，依照《物权法》的规定该担保物权已超过两年诉讼时效，原告已经丧失了胜诉权。故应驳回原告要求被告杨某承担抵押担保清偿责任的诉讼请求。

第二种意见认为：担保物权已超过诉讼时效，应驳回原告诉求。诉讼时效问题系程序问题，法院在审理案件中对程序问题的处理应适用审理案件时的法律即物权法的规定，原告起诉要求被告杨某承担抵押担保清偿责任的诉讼请求已超过两年的诉讼时效，故应驳回原告要求被告杨某承担抵押担保清偿责任的诉讼请求。

第三种意见认为：担保物权未过诉讼时效，物权法在该案中并无溯及力，应适用《中华人民共和国担保法》(以下简称《担保法》)或《最高人民法院关于适用〈中华人民共和国担保法〉若干问题的解释》(以下简称《担保法解释》)，担保人杨某应以抵押财产承担清偿责任。

【法律分析】

被告张某向原告某银行借款5万元，被告杨某以一处房产为该借款提供抵押担保并办理了抵押登记，双方分别签订了借款合同和抵押合同，双方形成了合法有效的金融借款合同关系以及抵押合同关系。被告张某在借款到期后从未还本付息，违反合同约定。但由于合同约定该笔借款的还款期限为2007年4月26日，因原告怠于向被告张某主张该债权，至原告起诉之日即2010年8月26日该债权已超过两年的诉讼时效，故对原告要求被告张某归还借款本金及利息的诉讼请求不予支持。

该案主要的争议在于担保物权的诉讼时效适用法律问题，即应该适用签订合同时的法律还是现行法律问题。首先诉讼时效问题并不是对案件判决结果没有实质影响的程序性问题，诸如中止审理、延期审理、回避制度等，诉讼时效的适用将直接关系到案件当事人能否胜诉，属于实体问题。其次被告杨某以其所有的一处房产为该借款提供抵押担保，因该抵押担保行为系在2006年4月27日形成，此时该担保法律关系即成立，抵押合同的相关权利、义务也因此确定。而《物权法》系2007年10月1日才开始实施，既不是合同订立的时间也不是合同的履行期间，原、被告在实施民事行为时也不可能预知将来的法律如何规定，只能根据当时的法律订立合同才能预测法律行为的后果。所以，综上所述，根据法不溯及既往原则，对涉及当事人的具体实体权利、义务的诉讼时效问题应适用订立合同时的法律或司法解释即《担保法》及《担保法解释》而非之后颁布实施的《物权法》。根据《担保法解释》第十二条规定："担保物权所担保的债权的诉讼时效结束后，担保权人在诉讼时效结束后的二年内行使担保物权的，人民法院予以支持"，故该担保物权的诉讼时效应计算至2011年4月26日止，原告某银行要求被告杨某承担抵押担保责任的诉讼请求符合法律规定，应予以支持，被告杨某应以抵押房产承担清偿责任。

复习思考题

1. 请分析西语中的"法"和中文中的"法"有何不同？
2. 法的定义是什么？
3. 法的要素包括哪几个方面？

4. 简述法律规则的特征和类型。
5. 法律原则的功能是什么?
6. 法的效力包括哪几个方面?
7. 各国在法的对象效力问题上有哪几种原则?
8. 法的空间效力包括具体哪几种情况?

第二章 法的作用

学 习 目 标

- 掌握法的作用的含义
- 掌握法的规范作用的具体表现
- 掌握法的社会作用的具体表现
- 正确认识和评价法的作用

第一节 法的作用概述

一、法的作用的含义

法律作为一种重要的社会调控手段,它对人们的行为和社会关系有何影响?这就涉及法的作用问题。因此,所谓法的作用,即法律对人们的行为和社会生活产生的影响力。

法有哪些作用及如何发挥这些作用,是历代思想家和法学家们研究的重要课题。例如,古希腊的伊壁鸠鲁认为,法作为一种约定的规则,应该发挥保证人们之间平等互利的作用。再如,《管子·七臣七主》指出:"夫法者,所以兴功惧暴也。律者,所以定分止争也。令者,所以令人知事也。法律政令者,吏民规矩绳墨也。"而在近现代社会中,法的作用经常被概括为实现社会控制、建立社会秩序、保护和扩大自由、促进社会正义等。

二、法的作用的分类

法的作用的具体表现形式是多样的,因此,依不同标准对法的作用可作不同的划分。根据一般与特殊的逻辑关系可将法的作用分为一般作用和具体作用;根据法的系统与法的子系统或要素各自的作用范围,可将法的作用分为整体作用和局部作用;根据法作用于人们的行为和关系的途径可分为直接作用和间接作用;根据人们的法律期待与法的实际效果间的差别可将法的作用分为预期作用和实际作用;根据法的社会意义可将法的作用分为积极作用和消极作用;根据法作用于人们的行为和社会关系的形式与内容间的区别可将法的作用分为规范作用和社会作用。

在上述诸多分类上,目前我国学术界对法的作用的最通行的分类是对法的"规范作用"和"社会作用"的分类,即将法的作用概括为两大方面:其一是法对于人的行为的作用;其二是法对于社会关系的作用。具而言之,法的规范作用指法作为一种特殊的行为规则,直接作用于人的行为所产生的影响;法的社会作用指法作为社会关系调整器对社会所产生的影响。二者的区别主要表现在以下几个方面:

(1) 考察基点不同。法的规范作用是基于法的规范性特性进行考察的,即根据法是一种调整人的行为的规范这一基本事实;法的社会作用是基于法的本质、目的和实效进行考察的。

(2) 作用对象不同。法的规范作用的对象是人的行为,这里的"人"是指一切社会关系的参加者,包括自然人和社会组织;法的社会作用的对象是社会关系,即人与人的关系及社会化了的人与自然的关系。

(3) 存在的方式不同。法的规范作用是一切法所共有的,而法的社会作用则因不同类型、不同国家以及同一国家的不同时期而存在差异。

(4) 所处的层面不同。这是由两者的考察基点不同所决定的,法的规范作用是法的社会作用的手段,法的社会作用则是法的规范作用的目的,法的规范作用具有形式性和表象性,而法的社会作用则具有内容性和本质性。

(5) 发挥作用的前提不同。实现法的规范作用的前提是制定和颁布法律,而实现法的社会作用的前提是法律被运用、被实施,它要通过人们的法律行为或产生一定的法律关系。

三、正确认识法的作用

法的作用是不容低估的。法以其独特的方式对人类生活发生着重要的影响:首先,自从有了国家之后,法律在人类社会中扮演的角色愈来愈重要,逐渐代替了宗教、道德、习俗等社会规范在调整人们的行为和社会关系中原有的影响力,成为最主要的社会调整手段。其次,法律是社会运动和发展的最重要的稳定和平衡的工具,它以其稳定性和可预测性为激烈变动的社会生活确立了相对稳固的规范基础。

然而,长期以来,认为"法律无用论"者大有人在,这种观念无视法的作用和法的正向功能:要么完全否认法的作用,甚至认为法是限制主观能动性的障碍,因而主张人治,反对法治;要么对法律采取实用主义态度,将法律视为一种"招之即来,挥之即去"的东西,当法律对其有利时,则作为其工具和手段加以运用;当法律对其不利时,则无视法律的存在。其行为不是由法律来指引,而是以利益为核心。根据自己的需要而随意取舍,甚至违反法律也在所不惜。

在法的作用问题上,"法律无用论"固不可取,同样要注意的是,无限夸大法的作用的"法律万能论"也是错误的。这种观念强调法律无所不能,无所不在,似乎只要有了法律,就可以解决人类社会所面对的一切问题。因此,既要认识到法的有用性,又要看到法的作用的有限性,即局限性。对此,美国法学家博登海默的话值得我们深思,他说道:"尽管法律是一种必不可少的具有高度助益的社会生活制度,它像其它大多数人定制度一样也存在一些弊端。如果我们对这些弊端不给予足够的重视或者完全视而不见,那么它们就会发展成严重的操作困难。"[①]具体而言,法的作用的局限性主要表现在以下几个方面:

(1) 在社会的调控模式中,法律只是调整社会关系的一种手段。法律是用以调整社会关系的重要手段,但并不是唯一的方法。在调整社会关系的手段中,除法律之外,还有政策、

---

① [美]博登海默:《法理学:法律哲学与法律方法》,邓正来译,中国政法大学出版社1999年版,第402页。

纪律、道德、宗教、乡规民约及其他社会规范。虽然在当今社会，在建立和维护整个社会秩序、实现社会控制方面，法律是主要的方法或手段，但这是就整体而言，在某些社会关系和社会生活领域，法律并不是主要的控制、调整方法或手段。而且在各种社会规范的调整方法中，法律有时也不是成本最低的方法。

（2）法律调整的范围不是无限的，而是有限的。法律仅调整一定范围内的社会关系，在有些社会生活中，对有些社会关系或社会问题，法律是不适宜介入的。例如，有关人们的私生活问题，在其不触犯法律的情况下，法律是不应当对其进行调整的。如果强制的使用外在力量去解决内在问题，不仅无效，反而会产生副作用。正因如此，对于某些行为，虽然本身具有社会危害性，但考虑亲情、感情、隐私等因素，法律仍然不予干涉。例如刑法中就虐待、遗弃等行为规定的"告诉才处理"即是。

（3）法律自身所具有的局限性。法律具有主观意志性，法律本身并不等于客观规律。法律是由人制定的，由于人的认识能力的局限，法律在制定出来时总是存在某种不合理的地方。同时，法律是对人们行为的一种抽象的概括，而现实生活中的问题却是具体的、多变的，法律不可能适应整个社会实践。总之，"立法既不能预见人类事态的所有变化和发展，也不能为所有的变化和发展提供解决的办法"。① 同时，法律必须具有稳定性，不能朝令夕改、频繁改变，但矛盾在于，社会生活是不停发展的，将相对稳定的法律适用于发展着的社会实践时，就可能出现法律落后实践的地方。因此，法律本身存在缺陷，或者说，法律存在漏洞、空隙是难以避免的。

（4）法律的实施受到各方面条件的制约。"徒善不足以为政，徒法不足以自行。"法律作为国家制定或认可的社会规范体系，其实现必须借助于人来完成，还依赖于一定的精神及物质条件，即法要发挥作用往往需要借助相关的人员条件、精神条件和物质条件。从人的方面来讲，如果不具备良好的法律素质和职业道德的专业队伍，如果一定社会中主体缺乏相应的权利义务观念、法治观念、民主意识等，社会缺乏一定的精神支撑和文化氛围，再多再好的法律也难以起到预期的作用。从物质条件上看，保证法的作用得以充分发挥需要具备坚实的物质基础，需要相应的物质设施及相应的经费等。如相对完备的侦查、检察、审判组织及物质的附属物。如果这些条件得不到满足，法的作用的实现同样会遭遇障碍。

第二节　法的规范作用

法的规范作用通常被概括为指引、评价、预测、强制、教育五个方面。以下分述之。

一、法的指引作用

法的指引作用是指法所具有的，能够为人们的行为提供一个既定的模式，从而引导人们在法所允许的范围内从事社会活动的功用和效能。指引作用是法的规范作用中最首要的作用。这是因为，法律的首要目的并不在于要制裁违法行为，而在于引导人们正确地行为，正

---

① ［美］伯曼：《美国法律讲话》，陈若桓译，三联书店1988年版，第15页。

确地从事社会活动,使人们少违法,甚至不违法。使人们能在广泛的社会生活中随心所欲而不逾矩。这正是法的指引作用所追求的。

法的指引作用主要是通过法律规范对人们权利和义务的规定来实现的。它提供了三种模式:一是授权性指引,即允许人们可以这样行为的指引,而人们是否这样行为,则允许自由选择,从而保护和鼓励人们从事法律所提倡或至少是允许的行为;二是禁止性指引,即运用禁止性法律规范,告诉人们不得做什么;三是义务性指引,即运用义务性法律规范,告诉人们应当或必须做什么。

从法的指引作用的接受主体来看,其指引方式有个别指引和一般指引。个别指引,又称个别调整,是指通过一个具体的指示就具体的人和情况的指引;一般指引,又称规范性指引,是指通过一般或普遍的法律对一般或普遍的社会活动主体的行为进行的指引。在规范意义上讲的法律指引,多是一般指引;在具体适用法的法律文件意义上讲的指引,多是个别指引。

二、法的评价作用

法的评价作用是指法所具有的,能够衡量、评价人们行为的法律意义的功用和效能。法律的制定,严格来说就是将社会上公认的价值准则纳入法律的内容之中,因而人们可以据此对他人的行为进行评价。由此可见,评价的客体是法律上的人(包括自然人、拟制人及国家)所进行的行为。在法治社会中,任何人的行为都必须接受法律的约束,因此,任何人所进行的具有法律意义的行为都应当是法律评价的对象。

在评价标准上,法律评价主要有合法和违法之分。当一个行为合乎法律规定时,我们就称之为"合法行为"。反之,当一个行为违反了法律规定时,我们就称之为"违法行为"。在特定场合,如果人们没有按照法律的要求作出当为的行为,也视为"违法"而给予负面的评价,例如行政机关不按照法律规定发给人们许可证和执照。当然,这一评价标准能否完全实现,又取决于法律规定的完善程度。有时,为了弥补合法性评价的不足,法律的评价还可以通过"合理性"来进行。与合法性的评价基础不同,合理性评价主要是指对行为的正当性进行分析。例如,司法机关所作出的有罪判决,虽然在法律规定的幅度范围内进行,但是,涉及处罚的轻重,就必须使用合理性评价标准。

在现实生活中,作为行为的评价标准除了法律以外,还有道德、纪律等其他社会规范。在一定情况下,它们与法律可以同时使用,例如民法上规定的"诚实信用""善良风俗"等,即可视为是道德评价。但应当注意的是,不能将它们互换使用,即不能用法律评价来取代道德评价等社会规范的评价,也不能用道德评价来代替法律评价,否则就会混淆法与其他社会规范的区别。

三、法的预测作用

法的预测作用是指根据法对人们某种行为的肯定或否定的评价及其必然导致的法律后果,人们可以预先估计到自己行为的后果,从而决定自己行为的取舍和方向的功用和效能。预测作用对于法的遵守具有极其重要的意义。根据法律规定,人们可以预先知道法律对待自己已经作出和即将作出的态度以及所必然导致的法律后果，这样，人们就可以自觉、自主地调整自己的行为，从而获得满意的法律后果。通过法的预测作用，人们还可以判断他人的行为，对他人合法的行为可予以道义上的支持、帮助，对他人的违法行为自觉予以抵制、抗争，从而提高全社会的法律意识水平。

预测作用对于法律的适用也具有重要的意义。如司法官员或执法官员可以根据自己的预测，对相应的案件采取必要的、分别的法律措施。法律服务者为当事人提供法律上的预测服务，对法律关系的发展变化作出明智地判断，正确处理问题、解决纠纷，及时、合法、有效地维护当事人的权益。人们常说，一个高明的律师也就是一个能合理预测法官将作出何种判决的律师。

> 1897年，美国奥利弗·温德尔·霍姆斯大法官在他著名的演讲《法律的道路》中说道：
>
> "人们之所以付费给律师为其提供辩护或法律咨询的原因，乃是因为在某些情形下，我们的社会把公共权力的行使托付给法官，且如果必要，国家的全部权力都被用来执行他们的判决。人们总想知道：在何种情形并在何种程度上，他们要冒风险去得罪于这种比他们自身强大得多的权力。因此，弄清楚这种风险在什么时候应使人望而却步变成了一种职业。我们研究法律的目的就是预测——预测借助于法院所实现的公共权力发生作用的几率。
>
> "如果你们仅想知道法律而不是别的，那么你们就必须从一个坏人而不是好人的角度来看法律；坏人只关心法律知识允许他预测的物质后果，而好人却从更为模糊的良知命令去寻找其行为的理由——不论在法律之内或之外。
>
> "我所指的法律，就是对法院实际会做什么的预测，而不是任何更为做作的东西。"

法的预测作用的对象是人们相互的行为，包括国家机关的行为。法的这种预测功能对维护社会的正常运作是必不可少的，通过相互预测对方的行为以及国家机关对这种行为的反应，人们可以建立一种基本的信任，加强对自己的行为和合法权益的安全感。正是人与人之间的这种基本的信任，降低了社会运作的成本，提高社会运作的效率。当然也要指出，法的预测作用是建立在法的确定性和稳定性、连续性的基础上的，正是法的这种确定性和稳定性、连续性为人们进行行为的预测提供了可能，这也就决定了法除了必须明确人们的权利和义务外，还不能朝令夕改，任意变更和废除，新法未公布生效前，旧法不能中止效力，否则，人们就无法进行相互行为的预测。

四、法的强制作用

法的强制作用是指法能运用国家强制力保障自己得以充分实现的功用和效能。法的强制作用是法的不可缺少的重要作用，它是其他作用的保障。没有强制作用，法的指引作用就会降低，评价作用就会在很大程度上失去意义，预测作用就会被怀疑，教育作用的效用就会受到严重的影响。

法的强制的主体是国家、社会成员与社会组织。国家是强制的主动主体，社会成员和社会组织是被动主体。法的强制手段,即是国家强制力,包括警察、法庭、监狱等。法的强制的内容,在于保障法律权利的充分享有和法律义务的正确履行。强制的目的在于实现法律权利和法律义务,即实现法律,确保法律的应有权威,维护社会正义,维护良好的社会秩序。

法的强制的被动主体是广泛的,包括国家本身,当然也包括国家机关、国家机关工作人员、社会成员和社会团体等。没有人可以不受法律的约束。只是对于未违法者来说,法的强制力是一种未加之于其身上的一种可能性。这种强制力加之于其身上的可能性,正是迫使一些人免于违法犯罪的外在力量。法没有强制力,法律义务难以实现。法对于义务者来说,是一种强制约束,对于权利者来说是一种强制保护。

五、法的教育作用

法的教育作用是指法所具有的,通过其规定和实施,影响人们的思想,培养和提高人们的法律意识,引导人们依法行为的功用和效能。

法的教育作用的实现主要有三种形式:一是通过人们对法律的学习和了解,发挥法的教育作用;二是通过对各种违法犯罪行为的制裁,使违法犯罪者和其他社会成员受到教育,在自己以后的行为中自觉服从法律,依法办事;三是通过对各种先进人物、模范行为的嘉奖与鼓励,为人们树立良好的法律上的行为模式,发挥法的教育作用。法的指引作用、评价作用、预测作用及强制作用都有一定的教育意义,法的教育作用是普遍存在的,也可以通过多个方面和多种形式得以实现和体现。

法的教育作用是一种独特的作用,在法的作用中具有独特的意义。因为任何没有教育作用的法律,是十分可悲的。一部法律能否发挥教育作用,并不是源于国家强制力所产生的威慑的效应,关键是取决于法律本身的规定能否真正属于"良法"的范畴。当法律规定本身就是违反人性的时候,它不仅不会发挥相应的教育作用,更有可能成为人们反抗暴政的导火线。这正如恩格斯所指出的,守法绝不是不惜任何代价的守法,"如果有人企图借助新的非常法,或者借助非法判决和帝国法院的非法行为,借助警察的专横或者行政当局的任何其他的非法侵犯而重新把我们的党实际上置于普通法之外,那么这就使德国社会民主党不得不重新走上它还能走得通的唯一的一条道路,即不合法的道路。……即使是在英国人这个酷爱法律的民族那里,人民遵守法律的首要条件也是其他权力因素同样不越出法律的范围;否则,按照英国的法律观点,起义就成为公民的首要义务"。[①]

第三节 法的社会作用

作为一种社会调控方式,法具有多种社会作用。我国法学界一般将法的社会作用概括为两个方面:法律维护阶级统治的作用和法律执行社会公共事务的作用。

---

① 《马克思恩格斯选集》(第4卷),人民出版社2012年版,第285页。

一、法在维护阶级统治方面的作用

在阶级对立的社会中,社会的基本矛盾是对立阶级之间的冲突和斗争。为了维护自己的统治,掌握政权的阶级(统治阶级)必然把阶级冲突和斗争控制在一定的秩序范围内,他们利用国家制定和实施的法律,使自己在社会生活中的统治地位合法化,使阶级冲突和矛盾保持在统治阶级的根本利益所允许的界限之内,建立有利于统治阶级的社会关系和社会秩序。其具体表现如下:

(1) 法确认国家制度,为国家政权的存在、国家机构的运行提供法律依据。国家制度包括国家的国体和政体,是其他各项制度的根据和出发点,支配着整个国家的政治生活。首先,"要立国,须立法",即法律对于国家制度具有重要意义,将国家制度载入法律之中,才能使制度本身获得法律的崇高地位。在国内法上,合法性首先表现为合宪性。如 1949 年 9 月 29 日通过的《中国人民政治协商会议共同纲领》(以下简称《共同纲领》)为 10 月 1 日中华人民共和国的成立提供了宪法基础。《共同纲领》明确规定了中华人民共和国的国体和政体,规定了国家政权的结构组织和工作原则,规定了公民的基本权利和义务,是新中国建立和发展的法律基础。其次,法律是国家结构设立和运行获得合法性的依据。国家机构是机关体系的总称。世界各国尽管国家机构的组织形式和构成部分存在差异,但其国家机构的设立无不以宪法和法律作为设立根据。

(2) 法确认和维护国家政权赖以存在的经济基础。经济基础既包括物质财富的生产,也包括经济制度。任何社会的立法者都把维护国家政权的经济基础作为重要任务。法对经济基础的作用主要表现在:①确认经济制度。经济制度是一国一定阶段生产关系的总和。经济制度对法有基础作用,法对经济基础有反作用,这种反作用主要表现为经济制度的法律化,即法律通过设定权利和责任,鼓励、支持符合法定经济制度的行为,惩治违反和破坏法定经济制度的行为,使经济制度获得法律的制度保障和法律的实施保护。同时可通过立法方式,调整与经济制度相关的社会关系,改变旧的制度,引导建立符合生产力发展要求的新的经济制度。②调整经济关系。经济关系是社会关系的重要组成部分。法律通过确认、保护、限制或禁止等方式,使经济关系上升为法律关系,以各种经济关系获得预期的法律后果,保障正常经济秩序的实现。③促进经济发展。为真正发挥法律对促进经济发展的重要作用,各国法律都把促进经济发展作为基本原则确立下来,并将一些经济政策法律化,使其获得合法性和社会的普遍认同。同时,法对经济发展的促进作用还表现为在经济发展遇到障碍时,法律为其化解矛盾,排除干扰。

(3) 确认和调整统治阶级内部关系和与同盟者之间的关系。统治阶级内部不同群体、不同阶层和不同成员的意志和利益是有差异的。把这些差异统一到统治阶级整体利益之下,规定他们的权利和义务,确定共同的行为准则,使个别利益服从整体利益,个别主张服从统一意志,以维护统治阶级整体的政治统治和经济利益。统治阶级与其同盟者的关系也需要以法律形式加以确定。

二、法在执行社会公共事务方面的作用

所谓社会公共事务,是指由一定的社会性质所决定的具有普遍社会意义的事务。管理

好公共事务,是各个社会存在和发展的必要条件。法的社会公共事务作用,是法基于其社会性和共同性,而对社会公共事务所具有的管理能力。正如恩格斯所指出的:"政治统治到处都是以执行某种社会职能为基础,而且政治统治只有在它执行了它的这种社会职能时才能持续下去。"[①]

法律执行社会公共事务的功能主要表现在以下几个方面:①维护人类社会基本生活条件、保证社会劳动力的生息繁衍,如制定有关人口控制、自然资源、环境保护、交通通讯、人权保障法规以及其他基本社会秩序的法律;②维护生产和交换条件以及有关生产力和科学技术,如确定生产管理的基本形式,规定基本劳动条件等;③确定使用设备、执行工艺的技术规程,规定产品、服务质量和标准,对易燃、易爆、高空、高压进行严格管理,保障生产和生活安全,防止事故,保护消费者利益;④促进教育、科学和文化的发展,如制定专利法、商标法、科技进步法、教育法、教师法、义务教育法等;⑤预防社会冲突,解决社会问题,保全社会结构;⑥对不测事件的受难者予以救济和各种形式的社会保险。如,对地震、水灾等自然灾害以及贫困者、失业者予以救济和各种形式的保险。

当然,由于生产力发展水平和社会性质的差异,在社会发展的不同阶段,社会公共事务的内容和范围会有所不同,但可以肯定,随着社会生产的发展和社会制度的变革,执行社会公共事务的法律也必然会日益复杂和增多,其在一国的法律体系中所占的比重会越来越大,地位也会越来越重要。

三、法的两方面社会作用的关系

在阶级对立的社会中,法的作用总的来说可以分为维护阶级统治与执行社会公共事务两个方面。这两个方面的作用是并行不悖、不可偏废的。但就具体的法律而论,有的明显地体现了前一方面的作用,有的明显地体现了后一方面的作用。但也存在两种作用交错并存的法律,或者是某一方面作用占主导地位,另一方面作用占次要地位的法律。在研究法的作用问题时,必须将法的维护阶级统治职能与执行社会公共事务职能结合起来,将法的两种职能看做法的作用的矛盾统一体,它们表现着法的本质的两个不同的方面。

法的维护阶级统治职能和执行社会公共事务职能这两个方面的法之间也存在着明显的区别。主要表现在以下四方面:

(1) 两者保护的直接对象不同。维护阶级统治职能的法的对象集中在阶级统治;而执行社会公共事务职能的法的对象是阶级统治以外的事务,当中包括技术规范的内容,是技术规范的法律化。

(2) 体现的意志和保护的利益不同。维护阶级统治职能的法只体现统治阶级的意志,保护统治阶级的利益;执行社会公共事务职能的法既维护统治阶级的利益,也考虑了包括被统治阶级在内的全社会共同需要。

(3) 实施的后果不同。实施维护统治阶级职能的法只有利于统治阶级,而不利于被统治阶级;而执行社会公共事务职能的法不仅有利于统治阶级,客观上也会给被统治阶级带来一定的好处,有利于整个社会。

---

① 《马克思恩格斯选集》(第3卷),人民出版社2012年版,第559页。

(4) 借鉴的程度不同。维护阶级统治职能的法具有强烈的阶级性,比较难于为其他国家或者新的统治阶级学习和借鉴;执行社会公共事务职能的法的阶级性不强,相对易于为其他国家学习和借鉴,甚至移植,也易于被新的统治阶级继承。

本 章 小 结

法的作用,是指法律对人们的行为和社会生活产生的影响力。根据法作用于人们的行为和社会关系的形式与内容间的区别可将法的作用分为规范作用和社会作用。正确认识法的作用既要反对"法律无用论",又要反对"法律万能论"。法的规范作用具体包括指引、评价、预测、强制、教育五个方面,而法的社会作用主要包括法维护阶级统治的作用和法执行社会公共事务的作用。

本 章 关 键 词

法的作用　法的规范作用　法的社会作用　法的指引作用　法的评价作用　法的预测作用　法的强制作用　法的教育作用　法维护阶级统治的作用　法执行社会公共事务的作用

案 例 评 析

(一)

【基本案情】

1919 年,美国国会通过第 18 条宪法修正案"禁止在合众国及其管辖的所有领土内酿造、出售和运送作为饮料的致醉酒类;禁止此类酒类输入或输出合众国及其管辖下的所有领土。"在美国政治史上,禁酒问题长期以来一直是争论的焦点。19 世纪中期啤酒、烈酒消费量猛增,纽约、旧金山等地每 200 户居民就有酒馆一家。1869 年,美国成立禁酒改良党,进行禁酒宣传。1872 年该党推出总统候选人,参加美国总统选举。其他支持禁酒的团体还包括基督教妇女禁酒会、反酒馆联名等。他们宣传,"禁酒不仅是个人道德问题,而且是维护清教主义理想在美国的唯一可行的办法"。20 世纪初,禁酒运动大有进展,法学家、社会学家都将此视为犯罪和贫穷的根源。有的还称为"魔鬼的甜酒"。1900 年,全国有 5 个州自行规定禁酒。1913 年,美国国会通过《韦布-凯尼思法》,禁止酒类通过州际贸易输入禁酒各州。但是,由于各州对禁酒政策不一,导致了该项联邦法不能在各州一致执行。南方当权者赞成禁酒,他们认为,酒精会主张暴力,从而使当地黑人问题更具有危险性。工场主也赞成禁酒,他们将其视为减少工伤事故的手段。到 1916 年全国已经有 19 个州禁酒。第一次世界大战开始后,国会以"经济、效率和道德"之由,禁止制造和售卖可醉人的酒。1917 年,利佛食物管理法采取了禁酒规定,1919 年被写入第 18 条宪法修正案。

但是,该法案通过之后的实施状况表明,它是一条无法执行的法案。在全美出现了大规模的群众性违反禁酒令的活动。一方面私酒贩子成了一种职业,他们有时把工业酒精再行蒸馏,有时从欧洲或加拿大走私进口,有时自己私自酿造,从这种非法贸易中获取暴利。另一方面,政府当局对此现象也无能为力。许多私酒贩子买通警察,结成帮派,使用威胁、暴力、甚至谋杀等手段,1933 年,美国国会通过第 21 条宪法修正案废除了第 18 条修正案。第 18 条修正案成为美国宪法史上的一大败笔,后来美国人撰写其宪法史时几乎没有人再提到它。

【法律分析】

在美国历史上,酒的问题虽然带来了不少的社会问题,但事实表明是否饮酒基本是一个个人道德问题。所以尽管有些州明令禁酒,甚至国家动用宪法修正案的方式禁酒,但是效果甚微,最后禁酒的法律只能落得个"自行废止"的结果。从以上案例可以看出,法律的作用是有限的。

法律是经济、政治、精神文明和社会全面进步所必不可少的因素。但是法律不是万能的。具体来说,法的主要局限性体现在:首先,在社会的调控模式中,法律只是调整社会关系的一种手段。法律是用以调整社会关系的重要手段,但并不是唯一的方法。在调整社会关系的手段中,除法律之外,还有政策、纪律、道德、宗教、乡规民约及其他社会规范。其次,法律调整范围不是无限的,而是有限的。法律仅调整一定范围内的社会关系,在有些社会生活中,对有些社会关系或社会问题,法律是不适宜介入的。再次,法律自身所具有的局限性。法律具有主观意志性,法律本身并不等于客观规律。法律是由人制定的,由于人的认识能力的局限,法律在制定出来时总是存在某种不合理的地方。同时,法律是对人们行为的一种抽象的概括,而现实生活中的问题却是具体的、多变的,法律不可能适应整个社会实践;最后,法律的实施要受到人与物质条件的制约。"徒善不足以为政,徒法不足以自行",不管法律制定的质量水平如何,法律对于人和物都有依赖性。

法虽然不是万能的,但也不是毫无作用的。长期以来,认为"法律无用论"者大有人在,这种观念无视法的作用和法的正向功能:它要么完全否认法的作用,甚至认为法是限制主观能动性的障碍,因而主张人治,反对法治;要么对法律采取实用主义态度,将法律视为一种"招之即来,挥之即去"的东西,当法律对其有利时,则作为其工具和手段加以运用;当法律对其不利时,则无视法律的存在。其行为不是由法律来指引,而是以利益为核心。根据自己的需要而随意取舍,甚至违反法律也在所不惜。

因此,在法的作用的认识上,我们将要既要反对"法律无用论"的论调,也要反对"法律万能论"的错误观点。只有正确认识法的作用,我们才能在实践中充分发挥法的作用。

(二)

【基本案情】

湖北省黄石市化纤针织厂(以下简称"化纤厂")1989年2月20日前,陆续向中国工商银行黄石市支行石灰窑办事处(以下简称"石灰窑办事处")贷款累计金额达35.2万元。1987年以来,化纤厂生产连年亏损,致使贷款逾期无力偿还。石灰窑办事处向湖北省黄石市中级人民法院提起诉讼。黄石市中级人民法院经审理,依法主持双方进行调解,于1989年4月20日达成协议:化纤厂同意以其厂房和生产设备设定抵押,从调解达成协议之日起3年内分期偿还所欠石灰窑办事处的贷款,每年归还贷款本息16.5万元,至1992年12月20日全部还清。如3年逾期不还,则变卖抵押的财产予以清偿。但直到1990年2月,化纤厂除偿还2万元贷款外,其余到期贷款和利息未按协议执行。1990年初,石灰窑办事处向黄石市中级人民法院申请执行。该院遂向化纤厂发出执行通知书,敦促其依法履行协议。但化纤厂以资金困难,无力偿还为由拒不执行协议。在督促执行过程中,黄石市中级人民法院得知化纤厂准备将厂房、生产设备等全部抵押财产有偿转让给其他企业,即前往依法制止。化纤厂对法院的制止不予理睬,并将机械设备等部分财产分别转移给其他企业。在这种情况下,黄石市中级人民法院依照《中华人民共和国民事诉讼法(试行)》的相关规定,查封了化纤厂的厂房及未转移走的财产。1990年3月10日,化纤厂厂长漆耀超指使副厂长喻茂清带领10余工人,强行砸开已被法院查封的厂门大锁,将其余物品转移到红光机械厂。法院执行人员闻讯前去制止,遭到漆耀超等人的围攻。至此,被法院查封的财产除厂房外,其余全部转移。鉴于上述情况,黄石市中级人民法院依照《中华人民共和国民事诉讼法的(试行)》的相关规定,对漆耀超等人进行了拘留及罚款处分。在拘留期间,被拘留人喻茂清、陈克枝承认错误,并表示改正错误。黄石市中级人民法院于1990年3月21日决定提前解除拘留。此后,化纤厂偿还了石灰窑办事处的贷款,纠纷得到解决。

【法律分析】

法的强制作用是指法能通过国家强制力保障自己得以充分实现的功用和效能。法的强制作用是法的不可缺少的重要作用,它是法的其他作用的保障。没有强制作用,法的指引作用就会降低,评价作用就会在很大程度上失去意义,预测作用就会被怀疑,教育作用就会受到严重的影响。本案告诉我们:法律正是通过对违法行为的否定和制裁,来达到定分止争,实现良好的社会秩序的目的。

复习思考题

1. 什么是法的作用?法有哪些作用?
2. 如何正确地认识法的作用?法的作用的局限性有哪些表现?
3. 试举例说明法的规范作用。
4. 试举例说明法的社会作用。
5. 试举例说明法维护阶级统治的作用与法执行社会公共事务的作用的关系。

第三章 法的演进

> **学习目标**
>
> ● 了解(原始)社会调控的基本方式
> ● 掌握法起源的一般规律
> ● 掌握法起源的原因和标志
> ● 掌握法发展的一般规律
> ● 了解法发展的形式
> ● 了解法发展的历史类型
> ● 掌握法系的概念及其类型划分
> ● 掌握资本主义两大法系的基本区别
> ● 了解法律全球化的含义与意义

第一节 法的起源

一、关于法的起源的有关争论

在法学上,关于法的起源,先后出现过许多的理论,其中影响较大的有以下几种:

1. 神意说

这一学说认为法是人格化的超人类力量的创造物,各种各样的神为人类创造法。这是历史最悠久的关于法的起源的理论。西塞罗(Cicero)认为,作为最高理性的自然法来源于"上帝的一贯意志";中世纪神学政治的鼻祖奥古斯丁(Augustine)提出"秩序和安排来源于上帝的永远的正义和永恒的法律,即神法,人法是服从神法的,是神法派生出来的。"在中国的夏商时期,最早的法律从"天命""天罚"的思想中发端。神意说的盛行与人类处于文明不发达时期密切相关,同时,脱胎于神意的法律有利于自身的被信仰。

2. 暴力说

这一学说认为法是暴力斗争的结果,是暴力统治的产物,由近代的某些历史唯心主义学者提出。它认为,在原始部落之间的战争中,强大部落以暴力征服弱小部落,征服者成为主人和统治者,而被征服者成为奴隶和被统治者。私有制、阶级、国家和法律均是暴力征服的结果。法家代表人物韩非就认为,"人民众而财货寡,事力劳而供养薄,故民争",争斗暴力的出现才需要解决冲突的规则。

3. 契约说

契约说的起源可以上溯至古希腊时期，但只是在资产阶级革命时期才成为占据主导地位的理论。人类在进入政治社会之前处于自然状态，靠自然法来调整社会关系。出于对安全需求的更高要求，故人们订立社会契约，放弃某些权利来组成国家，法律本身即社会契约的具体化。这一学说在近代史上发挥了巨大的革命作用，是用来批判神权、王权和等级特权的有力武器，是近代资产阶级民主观、人权观和法律观的理论基础。

4. 发展说

这种学说包括两种学说：①人的能力发展说。该学说认为随着社会的进化，人的能力有了发展，如火的发现，工具的发明，社会关系复杂化，因而需要法。②精神发展说。持这种学说的主要代表人物为德国哲学家黑格尔，他认为绝对精神在自然界产生之前就已存在，绝对精神发展到自然阶段，才有了人类、人类精神的发展产生法。民族精神论者提出法来自民族的精神或历史传统。

5. 服从说

该学说认为：任何社会都有两种人：一种是英雄和强者，属少数；另一种是普通人，构成多数。普通群众在本性上即有服从强者支配和引导的心理需要。国家和法都是这种心理规律的必然结果。

以上各种学说中，神意说的产生与流行，实际上受制于当时文明不发达的社会生活条件，该学说对法起源的解释完全违背了历史事实；契约说的全部推论建立在"自然状态"这一概念之上，自19世纪后期开始，人们对原始社会的研究完全否定了"自然状态"的概念，契约说在法律起源这个问题上已经被推翻，再也没有什么人用它来解释法起源的历史；发展说带有生硬的唯心主义倾向，过度强调了精神的作用；至于暴力说和心理说，它们所强调的事实（暴力征服和心理因素）在法的起源过程中确实发挥过作用，但是，这种作用被过分地夸大了。

关于法的起源，马克思主义的解读则强调了法的历史性、阶级性和国家性。在马克思主义的法学中，法不是从来就有的，法是人类社会发展到一定阶段而产生的；法作为与阶级和国家密不可分的社会现象，是在一定历史条件下产生、发展的，法的产生经历了一个长期发展的过程。

> "法的历史表明，在最早的和原始的时代，这些个人的、实际的关系是以最粗鲁的形态直接地表现出来的。随着市民社会的发展，即随着个人利益之发展到阶级利益，法律关系改变了，它们的表现方式也变文明了。它们不再被看作是个人的关系，而被看作是一般的关系了。"①

在法的起源方面，关于"法产生于何时？"这一问题，一直以来也有不同的意见。这主要有三种假设：第一种假设认为，法是一种产生在人类社会之前的社会现象。典型的代表即自然法学派。该学派认为，法是人类的最高理性。它不以人类社会的存在为基础，而是自然而生，不受制于任何人类的意愿。因此，法仅指良法。第二种假设认为，法是文明社会的产物。

---

① 《马克思恩格斯全集》（第3卷），人民出版社1960年版，第395页。

它基于国家的制定和认可,并通过国家强制力保证实施。因此,法即法律,包括了良法和恶法。第三种假设则认为,法与人类社会共始终。它既先于人定法又高于人定法而存在。这是法人类学界通过对现今仍存在于世界各地的氏族社会的田野调查得出的,"原始社会即存在法"的结论。因此,无所谓良法与恶法。

综合来看,学界关于法起源争论的焦点,其实在对法的定义标准不一致。客观地看,正是由于对法律扩大性的理解才打破了长期以来在法的观念方面只存一家之说的局面。法律多元化提供了研究的不同视角,推动了法学研究向多元化方向的发展。所以,无论在同一问题上有多大的分歧,均有共识的基础。在此,我们将法和法律予以区分,为厘清法在文明时代的出现和存在形式,只以"法律的产生"为脉络进行讨论。

二、原始社会的社会组织与社会规范

(一) 原始社会的社会组织

原始社会是人类发展史上的早期阶段,生产力水平非常低下,生产工具简陋,在绝大部分的时间段上使用石器。采集和渔猎是获得生活资料的主要方式,只是到了原始社会晚期,人类才"学会靠人类的活动来增加天然产物生产"[1],即学会经营畜牧业和农业。在原始条件下,一个人的劳动所得在用于消费后没有剩余,剥削他人劳动是不可能的。而且,个人的生产能力和生存能力不足以独立应付自然和外族的压力,只有依靠集体,才能谋求生存与发展。由此,共同占有、共同劳动、平均分配的原始共产制就成为唯一可能的经济形态。

与原始社会的生产方式相适应,原始社会没有阶级的划分,也没有与阶级划分相联系的各种政治、经济组织,唯一的社会组织就是原始公社。原始公社在经历了漫长的原始群和血缘家庭阶段后,在后期出现了氏族公社。氏族公社的产生虽然较晚,但它却是原始社会最典型的社会组织形式。氏族是原始人以血缘关系为纽带而形成的内部禁止通婚的亲属集团。作为一种社会组织,氏族具有下列特点:

(1) 氏族完全按血缘亲属关系来划分和组织居民,在氏族社会中共同生活的人们同属于一个大家族。这与文明社会按地域来划分和管理居民完全不同。

(2) 氏族组织内部实行原始的民主管理。全体氏族成员所组成的氏族大会讨论决定氏族社会的一切重大问题,氏族首领由选举产生,随时可以撤换,只负责处理内部日常事务和领导对外战争,没有任何特权。不仅如此,氏族首领还要和其他氏族成员一样平等地参加劳动和分配。因此,氏族社会中没有专门从事管理的、凌驾于社会之上的特殊公共权力,"没有系统地采用暴力和强迫人们服从暴力的特殊机构"。[2]

(3) 在氏族社会存在的绝大部分历史时期内,氏族都是一个建立在原始共产制和群婚制之上的生产单位、消费单位和社会单位。

(二) 原始社会的社会规范

原始社会是一个无政府而有秩序的社会。氏族组织和氏族习惯构成了调整社会关系、建立社会秩序的两种基本力量。

---

[1] 《马克思恩格斯选集》(第4卷),人民出版社1995年版,第23页。
[2] 《列宁选集》(第4卷),人民出版社2012年版,第27页。

法学通论

氏族习惯是在氏族成员长期的共同生活中自发形成的，经过世代相袭，便成为全社会公认的神圣不可侵犯的传统。美国人类学家摩尔根曾长期在美洲易洛魁人的氏族中生活，他运用人类学特有的田野调查方法，对氏族习惯进行深入的研究。根据库尔根《古代社会》一书的资料，易洛魁人的氏族习惯包含着十分广泛的内容。

1. 关于共同劳动、平均分配的习惯

在生产力水平低下的条件下，氏族成员把共同劳动、分工协作和平均分配食物看作极其自然的事情。每个有劳动能力的人都自觉地参加劳动，懒惰被视为非常可耻的行为。

2. 关于婚姻、家庭和亲属制度的习惯

在氏族中，内部成员禁止通婚。婚姻家庭形式从最初的群婚家庭发展到对偶婚家庭。在婚姻家庭制度的基础上，也形成了相应的亲属制度，对亲属关系的亲疏远近是通过不同的称谓来标明的。

3. 关于处理公共事务的习惯

氏族内部没有阶级和等级之分，重大事务由氏族成员的全体大会讨论表决。氏族首领由选举产生，可随时被撤换。任何人都必须服从集体的决定。这一切在氏族社会全体成员看来，都是天经地义的。

4. 关于财产继承的习惯

氏族成员的个人财产一般仅限于个人制造和使用的工具及少量的生活用品。按易洛魁人的习惯，死者的财产必须由同氏族人继承，由于当时正处在母系氏族时期，男子均与外氏族女子结婚并生活在妻子的氏族，故夫妻不得彼此继承财产，子女也不能继承父亲的财产。

5. 关于解决纠纷的习惯

氏族内的纠纷绝大多数由当事人自行和解或由氏族首领出面调解。如果有人严重违反氏族习惯，最重的制裁是驱逐出本氏族，而这往往意味着死亡。如果在不同的氏族部落间发生冲突，则用战争来解决。当本氏族成员被外族人杀害时，全氏族成员都必须为其复仇，此即"血族复仇"的习惯。

6. 关于维护共同利益的习惯

维护氏族和部落的共同利益，是氏族社会成员的基本道德原则。对此，每个氏族成员都自觉进行。在他们心目中，"部落、氏族及其制度，都是神圣而不可侵犯的，都是自然所赋予的最高权力，个人在感情、思想和行动上始终是无条件服从的"。[①]

7. 关于宗教方面的习惯

原始的图腾崇拜、大量的禁忌和神秘的宗教仪式在氏族成员中具有极大的约束力。而且，这种宗教性质的习惯规范与其他方面的习惯又有着千丝万缕的联系，彼此交织在一起，从而大大地增强了氏族习惯的力量。

在父系氏族产生以前，氏族社会完全是以原始共产制和群婚制为基础而形成的家庭式社会。由于个人利益与集体利益高度地融合在一起，氏族社会内部没有普通的利益差别和利益冲突，自发形成的氏族习惯代表着全社会成员的共同要求和共同利益。习惯规范的实施，依靠氏族首领的道德感召力和威望，依靠每个人的自觉，依靠社会共同的道德信念和宗教观念，依靠强有力的舆论力量。正如列宁指出的那样："公共联系、社会本身、纪律以及劳

---

① 《马克思恩格斯选集》（第4卷），人民出版社2012年版，第110页。

动规则全靠习惯和传统的力量来维持,全靠族长或妇女享有的威信或尊敬(当时妇女不仅同男子处于平等地位,而且有时还占有更高地位)来维持,没有专门从事管理的人构成的特殊等级。"①恩格斯也曾对氏族社会的调控机制发出感叹:"这种十分单纯质朴的氏族制度是一种多么美妙的制度啊!没有士兵、宪兵和警察,没有贵族、国王、总督、地方官和法官,没有监狱,没有诉讼,而一切都是有条有理的。一切争端和纠纷,都由当事人的全体即氏族或部落来解决,或者由各个氏族相互解决……一切问题,都由当事人自己解决,在大多数情况下,历来的习俗就把一切调整好了。"②但是,有一点应当注意,原始社会的这种调控机制是以当时的生产方式为基础而发挥作用的,随着生产力水平的提高,它必然被历史的发展所淘汰。

三、法的产生

(一)法产生的社会背景

如前所述,在法学发展史上,先后曾出现过许多回答法起源的理论。其中,影响较大的有神意说、父权说、社会契约说、暴力说和心理说等等。但是,只是在马克思主义产生以后,法起源的问题才得到了正确的解答。

1. 原始社会调控机制的崩溃

(1)原始社会末期三次社会大分工及其社会后果。在原始社会末期,由于生产力水平的提高,引起了三次社会大分工。每次大分工都大幅度地促进了生产力的发展,提高了劳动生产率,由此导致原始社会的秩序全面崩溃,并使人类进入文明社会,国家与法律也应运而生。

第一次大分工是畜牧业和农业的分工。大约在公元前5000年左右,金属工具开始出现,随之而来的是一些大河流域的冲积平原上出现了农业。由于犁耕技术和灌溉技术的使用,使农业产品丰富起来,形成了农业部落和畜牧业部落并存的格局。第一次大分工导致的社会变化,最主要的是:第一,出现了剩余产品和产品交换。在产品交换的过程中,动产的私有化开始在一定范围内出现;第二,劳动生产率达到一个人的劳动所得除了养活自己还略有剩余的程度。战俘不再被吃掉或杀掉,而是转而成为家庭奴隶。

第二次大分工是手工业和农业的分工。在生产力发展的过程中,制陶、制革、冶金、工具制作等技术达到专业化程度,手工业形成,从而使劳动生产率进一步大幅度提高,与此相适应,人口也大大增加。第二次大分工导致的社会变化,主要有:第一,奴隶劳动成为有利可图的事情,奴隶制开始形成;第二,为掠夺人口和财富,战争频繁,氏族军事首领的权力增加;第三,个体家庭开始出现并日渐代替氏族公社而成为基本经济单位,私有制正在形成。

第三次社会大分工的结果是商业的出现。随着劳动生产率的提高和产品交换规模的扩大,以贸易为职业的商人阶级开始形成,金属货币、高利贷开始出现,部落间的贸易甚至是海上贸易也成为社会经济生活的重要组成部分。第三次社会大分工使财富的集聚速度加快,贫富分化加剧,私有制、奴隶制和阶级分裂最终形成。

(2)氏族制度的解体。正如恩格斯所指出的那样,质朴的氏族制度在没有职业化的管

---

① 《列宁选集》(第4卷),人民出版社2012年版,第28页。
② 《马克思恩格斯选集》(第4卷),人民出版社2012年版,第108—109页。

理人员、暴力机构以及法律的情况下,靠氏族组织和氏族习惯来维持社会秩序。然而,在三次社会大分工所造成的深刻变化面前,氏族制度的解体就成为必然。

首先,私有制的确立摧毁了氏族制度赖以存在的经济条件。氏族制度的经济基础是原始共产制,它所奉行的原则是在生产过程中对生产资料共同占有,在消费过程中对消费资料平均分配。然而,私有制的确立,使原有的经济关系及其原则受到了彻底破坏,与私有制相伴而生的一夫一妻制家庭使氏族分裂为一个个独立的经济单位和利益主体。个人利益与集体利益高度融合的状态被彻底打破。

其次,氏族内部的阶级分裂代替了氏族制度中的平等关系。在第一次社会大分工刚刚开始时,奴隶的来源是从外族俘获的战俘。随着私有制的日渐成熟和贫富分化加剧,许多贫穷的氏族成员开始沦为债务奴隶,成为任人宰割的"会说话的财产"。原始的民主管理逐步被少数奴隶主阶级的统治所取代。

再次,分工和交换关系的发展消灭了氏族制度赖以存在的地理条件。分工和交换的发展,使氏族成员为谋生和职业的需要而分散居住在不同的地域。原有的同一氏族成员聚居一地的状态日益被普遍的杂居所取代。这样,原来维系氏族生存同时也是强化氏族成员归属感的重要方式即宗教仪式就很失去了存在的基本条件。

最后,普通的利益差别和利益冲突破坏了氏族制度中共同的行为标准,而这使得什么是共同利益、什么是正当的个人利益很难再有一个完全一致的答案。原有的氏族习惯靠社会的共同确信而维系,现在,原有的习惯哪些应予保留,哪些应予改变,哪些应予废弃,已经不可能形成共识。

由于上述因素的存在,只靠当事人自觉、舆论压力、酋长的威望和没有暴力手段的氏族大会来维持社会秩序的原始的调控机制,便不能不陷于瘫痪状态。用恩格斯的话来说:"氏族制度已经过时了。它被分工及其后果即社会之分裂为阶级所炸毁。它被国家代替了。"①

2. 国家的形成与法的产生

原始社会调控机制的崩溃与国家和法的出现,是同一个历史过程,也具有同样的社会根源,它们都是三次社会大分工及其社会后果在社会调控方式上引起的连锁反应。我们知道,秩序是任何社会得以存在的最基本需要,当氏族组织和氏族习惯无力实现维持秩序的需要时,国家组织和法律规范便成为唯一可能的替代物。

三次社会大分工的历史过程,构成了法律起源的宏观社会背景,而与法律相伴产生的国家及其机构,则构成了了解法律起源的重要参照系。法律作为由国家制定认可并以国家强制力保障实施的社会规范体系,与国家组织机构体系是相辅相成的、不可分离的,两者有机结合,才能在原有社会调控机制全面崩溃的状态中实现秩序的重建。

国家与法律一样,是在氏族社会的后期逐渐形成的,具体地说,是在父系氏族公社中孕育,并最终在氏族制度的废墟上形成的。

氏族公社最初的、也是最典型的形态是母系氏族公社。母系氏族公社是以女性氏族成员间的血缘关系为纽带而形成的社会,其最突出的特点是实行群婚制和原始共产制。在这样一个社会中,国家机构与法律既是不必要的,也不可能存在。随着社会生产力的发展,在第一次社会大分工的过程中,父系氏族开始代替母系氏族(约公元前5000年左右)。父系氏

---

① 《马克思恩格斯选集》(第 4 卷),人民出版社 2012 年版,第 186 页。

族公社的产生意味着氏族制度开始走向解体,这是因为,父系氏族公社是以私有制和个体家庭为基础而建立起来的,包括奴隶在内的家长制家庭成为具有独立利益的社会经济基本单位。在父系公社中,为了掠夺奴隶和财富,军事民主制及其组织机构发展起来,氏族长老逐渐演变为氏族贵族,军事首领也从选举逐渐演变为世袭,常设武装即军队和法庭、监狱也次第出现。随着私有制和奴隶制日益成为社会结构中的主导因素,军事民主制机构最终演变为一种凌驾于社会之上的、由职业官吏所组成的、以有组织的暴力为基础的特殊公共权力,这就是国家机构。

国家组织体系的形成过程,也是一个公共权力逐渐与社会相脱离、逐渐被少数人所垄断的过程,在这一过程中,那些处于形成过程之中的国家机构或已经完全形成的国家机构,以全社会代表的名义对原有氏族习惯加以取舍,认可那些与现行社会结构相一致的习惯规范,取消那些与现行社会结构不一致的习惯规范,并创制一些新的规范来调整新的社会关系,同时用有组织的暴力保障这些社会规范得以实施。就这样,氏族社会中所没有的法律规范体系便逐渐成长起来。最终,国家的组织体系和法律规范体系完全取代了氏族组织和氏族习惯,成为建立和维持秩序的手段。

国家组织与法律规范所建立和维持的社会秩序,与原有的社会秩序有根本的差别。这是一种以保护私有制和阶级统治关系为宗旨的秩序。为了压抑和惩罚破坏秩序的行为,国家强制力便成为确保法律规范得到实施的重要力量。

(二) 法产生的基本过程

1. 法产生的基本标志及其与氏族习惯的区别

法的产生经历了一个很长的历史阶段,它的最终形成以下述现象的形成为标志。

(1) 国家。在原始社会中,人们在长期的共同生活中自然地形成了各种习惯规范,这种习惯规范存在于传统之中,既不是由某个专门从事管理的机构制定或认可的,也不是靠有组织的暴力来保障实施的。与此不同,法律的调控则意味着:①有一个专门机构以全社会代表的名义认可或制定的权威性行为规范;②有一批组织起来的官吏负责执行这些规范;③为了保证这些规范不被忽视,违反规范者会受到有组织暴力施加的制裁。这些,正是国家机构所具有的特点。没有此种特殊公共权力的存在,法律既不可能被创制出来,也不可能被有效地实施。

(2) 诉讼与审判。在原始社会中,没有诉讼与审判。氏族内部的纠纷由当事人自行解决,部落(由氏族或氏族组成)之间的纠纷则往往诉诸武力,以战争来解决。而与此不同,法律对社会关系和行为的调控,意味着当事人的"私力救济"被限制和"公力救济"的出现。否则,任由当事人对侵犯权利的行为自行处置,便难以在利益冲突普遍化的状态下保持必要的秩序。这就要求由一个特定的机构来行使审判权,并通过一定的诉讼程序来处理纠纷。

(3) 权利与义务的分离。氏族习惯是每一位社会成员都能自觉履行的行为标准。依习惯而行事,在一般情况下无所谓是行使权利还是履行义务。正如恩格斯在《家庭、私有制和国家的起源》一书中所指出的那样:"在氏族制度内部,还没有权利和义务的分别;参与公共事务,实行血族复仇或为此接受赎罪,究竟是权利还是义务这种问题,对印第安人来说是不存在的;在印第安人看来,这种问题正如吃饭、睡觉、打猎究竟是权利还是义务一样荒谬。"[1]然而,法律对行为的调控,须以权利和义务的分离为条件,这意味着:①法律规范要对各种行为

---

[1] 《马克思恩格斯选集》(第4卷),人民出版社2012年版,第175页。

加以明确区分,规定出什么行为可以做,什么行为不得做和什么行为必须做;②在各种法律关系中把相应的权利义务分别明确地分配给不同的法律关系主体。如果没有这种区分,法律就不能实现对各种行为的调控职能。

当上述三个标志完全具备之时,法律起源的过程就完成了。此时,一种与国家组织体系相匹配的法律规范体系便告形成。这种新型的社会规范体系与原有的氏族习惯有着根本的不同。

第一,两者体现的意志不同。氏族习惯反映氏族全体成员在利益高度融合基础上形成的共同意志,这种共同意志也就是完全意义上的社会意志。法则是以国家意志的形式体现出来的统治阶级意志,它只是在社会中占主导地位的意志,而不是社会共同意志。

第二,两者产生的方式不同。氏族习惯以传统的方式自发地形成和演变,它像语言一样不是任何人、任何机构有意地创造和选择的结果。法则是由统治阶级及其政治代表在行使国家权力的过程中,有意识地创立和有意识地对原有习惯加以选择、确认而形成的。

第三,两者实施的方式不同。氏族习惯也就是每个氏族成员自幼养成的行为习惯,它依靠当事人的自觉、舆论和氏族首领的威望来保障实施。法的实施当然也要借助于当事人的守法意识和舆论的支持。但是,仅有这些显然是不够的。法的实施还以国家的强制力为最后保障,并以警察、法庭、监狱和各种强制机关作为后盾。

第四,两者适用的范围不同。氏族习惯只适用于具有血缘亲属关系的同一氏族或部落成员,法则适用于国家权力所辖地域内的所有居民。

第五,两者的根本目的不同。氏族习惯是维护共同利益,维系社会成员间平等互助关系的手段。法则以实现统治阶级利益为首要目的,并为此而建立和维护统治关系和社会秩序。

2. 法产生的一般规律

法律从无到有、从萌芽出现到最终形成一种基本制度,在不同的民族和社会中经历了不同的具体过程。然而,在纷繁复杂、差别明显的表象背后,却可以发现一个一般的共同的规律。这种规律主要表现在以下几个方面。

(1) 法律制度是在人类社会中逐渐形成的。法律并不是与人类社会同步出现的现象,它的孕育、萌芽和最终形成需要特定的社会条件,只有在共同利益分化为众多的个体利益并导致普遍的利益冲突,而且这些冲突仅靠道德、传统和舆论不足以有效维持社会存在与发展所必需的基本秩序时,法律的产生才成为必要和可能。而社会生产力发展所导致的私有制关系、阶级分裂和原始社会调控机制的崩溃,恰恰创造了法律形成的社会条件。同时,法律的形成过程也受到了国家形成过程的促进,反过来,它也确认和助长了国家组织对氏族组织的取代。

(2) 法律制度的形成,主要是通过规范调整的普遍化而表现出来的。法律萌芽之初,对行为的调整是针对个别行为采取的。例如,最初的产品交换只是偶然的个别现象,对这种关系的调整也表现为个别调整。个别调整方式和具体情况直接联系,针对性强,但带有较大的不确定性和不可预见性。我国古代文献上所说的"议事以制,不为刑辟",就是这种情况。在法律调整的实践中,随着偶尔的个别行为演变成比较常见的行为,个别调整所临时确定的规则便逐渐发展成为经常的、反复适用的,不只是针对个别行为而是针对同一类行为的共同规则。共同规则的形成把对行为的调整类型化、制度化为一般调整,即规范调整。规范调整的出现是法律最终形成过程的关键性一环。这种规范调整形成了针对某一类行为和社会关系的稳定的调整机制,从而给处于该类行为领域和社会关系中的人们提供了明确的行为模式,这就使人们相对地摆脱了偶然性和任意性的左右,有利于社会秩序的形成和巩固。当然,由于受规范调整的具体情况是千差万别的,所以,在以规范调整为基础的前提下,个别调整仍然发挥着填补缝隙的作用。不过,法律制度的最终形成,主要是通过规范调整的普遍化而表现出来的。

(3) 从"习惯演变为习惯法再发展成为成文法",是法制制度形成的一般过程。最初的法律规范大都是由习惯演变而来的,在法律制度形成的过程中,统治阶级所控制的国家按照现行社会秩序的需要对原有习惯规范进行甄别取舍,继承一部分习惯规范,如关于宗教祭祀的习惯、关于婚姻制度的习惯,在可供选择的同类习惯中取缔某些习惯并保留另一些习惯,如有意识地禁止习惯所允许的血族复仇和同态复仇,而保留赎罪的习惯和根据当事人身份来确定赎罪金数额的习惯;严厉取缔那些与现行秩序直接冲突的习惯,如共同占有的习惯。在经过国家有选择的认可之后,习惯就演变成习惯法。在社会生活变化幅度较大,习惯法不足以调整社会关系时,由国家机构有针对性地制定新的规则就成为必要。这样,一个与现存社会生活条件相适应的法律制度便最终确立起来。

(4) 在人类社会的发展中,法律逐渐形成为一个相对独立的规范系统。原始社会中的习惯,本身就是集各种社会规范于一体的,兼有风俗、道德和宗教规范等多重属性。在国家与法律萌芽之初,法律与道德和宗教等社会规范并无明显界限。随着社会管理经验的积累和文明的进化,对相近或不同行为影响社会的性质和程度有了区分的必要和可能,法律与道德规范和宗教规范及其调整的行为类型开始从混合走向分化。这种分化在不同的社会所经历的过程不完全相同,但是,使法律调整与道德调整和宗教调整相对区分开来,却是一个共同的趋势。

第二节 法 的 发 展

一、国内外关于法的发展的相关学说

在古代西方思想家中,有些主张"神意法"或"自然法"的人认为,那种法是永恒不变的。例如,古罗马共和国末期的哲学家、政治家西塞罗就倾向于把自然和理性等而视之,并把理性设想为宇宙中的主宰力量。

> "真正的法律乃是一种与自然相符合的正当理性;它具有普遍的适用性并且是不变而永恒的。通过命令的方式,这一法律号召人们履行自己的义务;通过它的禁令,它使人们不去做不正当的事情。它的命令和禁令一直影响着善良的人们,尽管对坏人无甚作用。力图变更这一法律的做法是一种恶,试图废止其中一部分的做法也是不能容许的,而要想完全废除它的做法则是不可能的……罗马的法律和雅典的法律并不会不同,今天的法律和明天的法律也不会不同,这是因为有的只是一种永恒不变的法律,任何时候任何民族都必须遵守它;再者,人类也只有一个共同的主人和统治者,这就是上帝,因为它是这一法律的制定者、颁布者和执行法官。"[①]

---

① Cicero, *De Re Republica*, trans. C. W. Keyes, Loeb Classical Library ed., 1928, BK. III, xxii.

在我国,关于法的发展,历史上多次出现要求"变法"与反对"变法"之争。例如商鞅在秦变法时主张,"治世不一道,便国不必法古。"①反对者甘龙则称:"据法而治者,吏习而民安。"②当然,这种争论实际上并不是争论法本身是否有变化,而是争论这种法所代表的某种制度是否应改变。

在现代,西方法学家曾提出了很多关于法发展的分类学说。在20世纪初,英国法制史学家维诺拉多夫(Paul Vinogradoff)曾根据社会形态的不同,将法律的历史发展划分为六个阶段:①图腾社会中处于萌芽状态的法律;②部落法;③城邦法;④中世纪法律;⑤个人主义的法律;⑥社会化的法律。这一分类法,遭到美国法学家庞德的反对。在庞德看来,维诺拉多夫关于法律历史发展的划分,是社会学、政治学的解释,而政治组织的类型与法律类型并非一致。为此,庞德将法律的发展划分为以下五个阶段,即:①原始法阶段;②严格法阶段;③衡平法和自然法阶段;④法律的成熟阶段;⑤世界法阶段。③

在西方法学界,关于法律发展类型的划分,当然还有其他的观点。这些分类法,各有不同的侧重点,但也有一个共同的特点,即以西方社会法律发展的模式作为标准。这种分类法尽管有一定的参考价值,但也难免有片面性。

我国法理学对法的历史发展,一般都是根据马克思主义关于历史唯物论将法划分为不同的社会形态,即奴隶制社会的法、封建制社会的法、资本主义社会的法以及社会主义社会的法。以这四种社会形态为标准的划分,通称为法的历史类型。法的历史类型不同于法的渊源的分类,也不同于一般法的分类或部门法的分类以及法系的分类,它是一种社会发展史上的分类。

二、法的发展规律

在人类社会的演进过程中,社会的组织性和秩序性的深层需求,促成了法的产生,从这个角度说,法本身就是社会演进的产物。法自产生后就时刻履行着服务于社会生活需要的职责,这也决定了法必然随着不断演进的社会而不断演进。当然,法作为一种社会存在物,它的演进也不是依靠自然法则所确立的固定轨迹,而是依赖社会演进的逻辑。它的演进在形式、速度等方面上往往受制于整个社会演进的进程。社会中政治、经济、文化等诸因素直接影响着法的演进,成为法演进过程中不可缺少的动因。纵观法数千年的演进历史,可以发现它在遵循整个社会演进规律之时,已经形成了自身的演进规律。

(一)由野蛮的法向文明的法演进

法一经产生就被政治、经济上处于主导地位的阶级所利用,作为最重要的统治工具之一,表现出极端的野蛮性。它的野蛮性首先表现在对人格的践踏,其次表现在极端残忍的惩罚手段上。法演进到近代表现出文明特征,不仅表现在对人权的尊重方面,而且法律手段也比古代文明得多。

(二)由身份法向契约法的演进

古代法所调整的单位只是"家族",而不是独立的个人。法律所确立的人与人之间的关

---

① 高亨:《商君书注释》,中华书局1974年版,第17页。
② 同上书,第15页。
③ [美]庞德:《法理学》(第1卷),余履雪译,法律出版社2007年版,第298页。

系主要是一种身份关系。人们根据自己在家族中的地位去享有权利和承担义务,即权利义务的身份化。现代法所调整的单位是独立的个人。正如梅因指出的,"所有进步社会的运动在有一点上是一致的,在运动的发展过程中,其特点是家族依附的逐步消灭以及代之而起的个人义务的增长。个人不断代替了家族,成为民事法律所考虑的对象","用以逐步代替源自家族各种权利义务上那种相互关系形式的,……就是契约",梅因把法的这种演进,看成一个"从身份到契约"的运动。

(三)由义务本位的法向权利本位的法的演进

古代法多是产生、存在于自然经济和专制整体条件之下的。因而,与之相适应的法的内容是以义务为重心。从公元前18世纪的古巴比伦王国的《汉谟拉比法典》,到五、六世纪的法兰克王国的《撒利克法典》为代表的欧洲各蛮族国家的法典,都是以义务性规范占绝对主导地位。即便是以强调权利著称的罗马法,在早期也是以义务为主旨的。法律演进到近代和现代,以义务为本位的法因与社会政治、经济发展极不相称,逐渐失去了原有优势,取而代之则是以权利为本位的法。它与民主政治和商品经济相适应,并非在个人和国家关系上强制个人无条件地服从于国家。它的价值在于强调个人对国家具有权利,强制国家权力服于个人权利,以权利为权力的目的和归宿。

(四)由人治的法向法治的法的演进

历史证明,人治总是同专制或独裁政体相联系的。在专制社会中,法处于可有可无的地位,它既缺乏稳定性,在古代社会更缺乏权威性。对统治者而言,法律不过是一纸空文,并不限制其权力。法律只是用来限制老百姓的自由权利。然而,随着人类进入资本主义社会,资产者开始反对任何形式的专制政治和人治,主张建立民主共和政体。在法治条件下,法律成为社会的主要控制力量,而且具有绝对的权威性。犹如卢梭的设想:"统治者是法律的臣仆,他的全部权力都建立于法律之上。""他若强制他人遵守法律,他自己就得更加严格地遵守法律。",可见,由人治的法向法治的法的演进,不仅仅是法的地位的上升,而且是法的本性、价值的复归。

三、法的发展形式

尽管在个别时期、个别国家,法曾存在过停滞甚至倒退的现象,但总体来说,法一直没停止过演进。法的演进从规模、内容上来讲,又有两种情况,其一是非本质的一般演进,多指某种法律局部的、小范围内的小规模的改良或改革,如雅典的梭伦立法与改革、拿破仑立法和改革等。其二是本质的剧烈演进,这种演进是以一种性质的法律取代另一种性质的法律为特征,因而它必须依赖于社会革命,在推翻旧的政权统治,建立一种新生政权之后,法的本质演进才能顺利进行。这种法的演进已不是一种法律改革的产物,而是一场彻底的法律革命。

法律发展有内源型和外发型两种类型。内源型的特点是,法律发展的基本动力是内在的,即来自国家和社会内部的需要,并由自己的人民和政府的长期努力而实现。外发型的特点是,发展的基本动力是外在的,即依靠外来力量(往往是外部压力)的推动。在我们看来,法律发展的根本动力在于一个社会内部的进化和发展(当然,良好的外部环境和必要的外在推动也是不可忽视的因素)。

法的发展形式是多种多样的,概括起来主要有:法的继承、法的移植和法的改革,它们是不同方面、不同角度和不同层次的法的演进途径。

（一）法的继承

历史上，除奴隶制法（它是在原始社会氏族习惯的基础上演化出来的）外，每一种新的法律制度都是以先前的法律制度为起点和基础的。这样一种特点，就决定了法律继承必然是法的发展的基本形式和途径。

所谓法律继承就是指不同历史类型的法之间的延续、相继、继受，一般表现为旧法（原有法）对新法（现行法）的影响和新法对旧法的承接和继受。

法律继承是新事物对旧事物的一种扬弃。在法律发展过程中，每一种新法对于旧法来说都是一种否定。这种否定，并不是一种单纯的否定或完全抛弃，而是否定中包含着肯定，从而使法律发展过程呈现出对旧法既有抛弃又有保存的性质。这是从法律发展的客观过程讲的。如果从法律继承的主体的角度，法律继承实际是一种批判的、有选择的继承，即在否定旧法固有阶级本质和整体效力的前提下，经过反思、选择、改造，吸收旧法中某些依然可用的因素，赋予它新的阶级内容和社会功能，使之成为新法体系的有机组成部分。如此理解的法律继承有两个对立面：一是不加分析地抄袭或复制的拿来主义；二是否定新法与旧法之间存在历史联系和继承关系的虚无主义。

新法之所以可以而且必然批判地继承旧法中的某些因素，主要的根据和理由有以下几个方面：

第一，人类社会经济发展的先后承接关系，决定着法的继承。从根本上说，法律继承性的依据在于社会经济生活条件的延续性及继承性。人类社会每一个新的历史阶段开始时，它不可避免地要从过去的历史阶段中继承下来许多既定的成分。生活于现实社会的一代人只能在历史留给他们的既定条件所允许的范围内重新塑造社会的形象和书写他们的历史。法是社会生活的反映，尽管这种反映是通过人类的意识作出的，尽管立法者在表现社会生活条件时有一定范围的选择自由，但是，只要那些延续下来的生活条件在现实的社会中具有普遍意义，那么，反映这些生活条件的既有规则就会或多或少地被继承下来并被纳入新的法律体系之中。

第二，法律的相对独立性决定了法律发展过程的延续性和继承性。法律的相对独立性主要表现在法律也不完全受社会政治、经济、文化等因素影响，而有其自身内在的起源、发展和消亡的历史和逻辑。每一种新型法律的产生都是法演进过程中一种现象和一个环节，它不能割断与旧法的联系，脱离法的演进轨道，而总是要以旧法为某种根基，或多或少利用旧法所提供的法律知识、技术、术语、概念、原则，作为新型法律的有机组成部分。同时，由于历史继承性在不同条件下的表现，才形成了各具特色的民族传统和民族风格。

第三，法作为人类文明成果的共同性决定了法律继承的必要性。法作为社会调整或控制的技术，是人类对自身社会的性质、经济、政治、文化以及其他社会关系及其客观规律的科学认识的结晶。这些认识成果不管形成于何种社会，具有怎样特定的时代性、阶级性和社会性，都是人类认识的成果和人类文明的标志，具有超越时空的长久的普遍的科学性、真理性和实践价值。文明本来就是借鉴、积累和升华的产物。任何后继的法律制度绝不可能是在世界法律文明发展的大道之外产生的，而只能是人类以往法律思想、法律技术和法治经验的继续和发展。

法的继承是一种普遍存在的法律现象，它贯穿在法的整个演进历史中。从法的内容构成上讲,任何一种新法律的产生,几乎都是法的继承内容和法的创新内容的有机结合。至于新法律要继承什么内容,继承内容的量有多大,则不是恒定的、机械的,它完全取决于新法律对社会关系调整的需要,取决于社会政治、经济、文化等诸多条件的许可,也取决于法律主体的价值观念、理想追求和主观愿望。因而法的继承既是自由的,也是有严格限制的。具体言之,可归纳为以下几个主要方面:

1. 法律技术、概念

法律技术是指制定、执行、解释、适用法律规范的各种方法,例如立法程序、法典编纂、法律汇编、法律规范的构成及其分类、法律的解释方法、法律机构的设置、法律体系的结构、形式多样的诉讼程序等。法律概念是指对各种法律事实进行概括,抽象出它们的共同特征而形成的权威性范畴。绝大多数国家在建构自己法律体系时,都不可避免地要直接选择、利用这些现成的法律技术和概念。

2. 反映市场经济规律的法律原则和规范

市场经济是与劳动分工和社会分工相联系的、为交换而进行生产的经济关系,是自由、公平地进行竞争的经济关系,反映市场经济一般规律的法律原则和规范,如有关市场主体、市场要素、市场行为、市场调控、国内市场与国际市场的联系等的法律规定,是任何实行市场经济国家都应当遵循的。

3. 反映民主政治的法律原则和规范

近代和当代大多数国家都实行民主政治,积累了大量以公民权利制约国家权力、权力制约权力以及保障权力运行秩序和效率的经验,诸如代议制、选举制、权力划分、权力制约、立法机构的组织和立法权力的行使程序、行政程序、公民各种政治权利规定、国家赔偿制度等。这些制度和规定中有许多是民主政治的必然要求,反映了政治权力运行的一般规律。因此,任何试图实行民主政治的国家理所当然地要借鉴和采纳这些法律原则和规范。

4. 有关社会公共事务的法律规定

任何国家都执行两种职能,一是政治统治或阶级统治职能,另一是公共事务或社会职能。因而,在法律体系中包括两类法律规范,一类是有关政治统治的规范,另一类是有关公共事务的规范。在公共事务规范中,有许多属于技术性规范或者是反映社会整体利益的规范,这些"执行由一切社会的性质产生的各种公共事务"职能的法律对于任何国家都是必需的。

(二) 法的移植

"法律继承"指新法对旧法的借鉴和吸收。它体现出两种法律制度之间在时间上的先后顺序,在内容上的"影响-承受"关系,它不能完全表征一个国家对同时代其他国家的法律或国际法律的引进、吸收和摄取,因此需要创造或借用别的术语来概括。"法律移植"即是现成的可用来表征国家间相互引进和吸收法律这种实践的术语。然而,对"法律移植"这个术语的内涵及其适当性,法学界和法律界尚未形成共识。这就有必要首先对该术语进行语义和意义分析。

法律上的"移植"显然是医学意义上的移植,而非植物学意义上的移植。这种移植是以被移植的国外法律(供体)和接受移植的本国法律(受体)之间存在着某种共同性,即受同一规律的支配、互不排斥、可互相吸纳为前提的。这就不发生简单照搬的可能。"法律移植"所表达的基本意思是:在鉴别、认同、调适、整合的基础上,引进、吸收、采纳、摄取、同化外国的法律(包括法律概念、技术、规范、原则、制度和法律观念等),使之成为本国法律体系的有机组成部分,为本国所用。法律移植的范围,一是外国的法律,二是国际法律和惯例,通称国外法。

法律移植的必然性和必要性在于:

(1) 社会发展和法律发展的不平衡性。同一时期不同国家的发展是不平衡的,它们或者处于不同的社会形态,或者处于同一社会形态的不同发展阶段。在这种情况下,比较落后的或者后发达国家为了赶上先进国家,有必要移植先进国家的某些法律,以保障和促进社会的发展。世界法律的发展史已经表明,这是落后国家加速发展的可供选择之路。

(2) 市场经济的客观规律和根本特征决定了法律移植的必要性。当今世界,市场机制是统治世界经济的最主要的机制。尽管在不同的社会制度下市场经济会有一些不同的特点,但它运行的基本规律,如价值规律、供求规律、优胜劣汰的规律是相同的,资源配置的效率原则、公正原则、诚信原则等也是相同的。这就决定了一个国家在建构自己的市场经济法律体系和制定市场经济法律的过程中必须而且有可能吸收和采纳市场经济发达国家的立法经验。

(3) 法律移植是对外开放的应有内容。在当代,任何一个国家要发展自己,都必须对外开放。对外开放反映了世界经济、政治和文化发展的客观规律,特别是像我们这样经济和文化都比较落后的发展中国家,更有必要实行对外开放。

(三) 法制改革

法律的继承和移植在法律发展中是必不可少的。但是,法律发展仅仅依靠继承和移植是不够的:第一,继承是"古为今用",移植是"洋为中用",它们都以既有为前提。而我们所面临的许多法律问题和法律事务是古人和洋人未曾遇到甚至不会想到的,这使得我们既无处继承,也无可移植。第二,继承可以使一国现行法律制度保持与本民族法制文明的历史连续性,在新的基础上高起点进步。移植可以使一国法律体系在引进国外法、吸收先进法律经验和技术的基础上与世界法制同步发展。但它们均解决不了法律制度的创新问题。制度创新要靠法制改革。第三,法律发展有质变和量变两种基本模式。法的历史类型的更替,即由一定经济基础和阶级关系所决定的新的法律上层建筑取代旧的法律上层建筑,属于质变;法律的继承、移植和改革则属于量变。但是,法制改革这种量变与那种缓慢的、渐进的、不知不觉的演化不同,它是量变中的突变和巨变,是某一历史类型的法律制度的创新或重构,是具有划时代意义的变迁。它在法律发展中的意义是继承和移植无法代替的。第四,法制改革也是继承和移植的前提。因为只有通过改革,突破旧的法律体系,破除落后的法律观念,才能为继承和吸收人类法制文明的成果创造结构前提和思想基础。没有改革,继承和移植无从谈起。第五,继承和移植的着眼点在于健全或完善,属于外在输入,改革的着眼点在于更新和重构,属于内在成长。

四、法的历史类型

在对法的各种分类当中,法的历史类型的划分,是最基本的分类。法的历史类型是与人类历史上基本的社会形态相联系的概念,是依据法所赖以存在的经济基础及所体现的国家意志的性质的不同,而对各种社会的法律制度所做的分类。

按照历史形态的基本划分法,法律制度在历史类型上也可以分为四种,即奴隶制的、封建制的、资本主义的和社会主义的法律制度。

(一) 古代法律制度

奴隶制法和封建制法都是古代的法律制度。一方面,两者各自赖以存在的经济基础和所体现的国家意志的性质有深刻区别;另一方面,奴隶制法和封建制法又都属于以"人的依赖关系"为本质特征的社会历史形态的法律制度(它们产生于这种"人的依赖关系",也以服务于这种"人的依赖关系"为基本目的)。因此,从类型学的意义上,就法律的基本原则和主要内容而言,奴隶制法与封建制法有相当的近似性和兼容性,而它们与后来的资本主义法相比,在某些原则和内容上可能是近似和兼容的,在很多原则和内容上则是反差甚大和不兼容的。简言之,奴隶制法与封建制法所确认的具体生产关系不同,所反映的国家意志的阶级属性也不同,但是,在维护和强化"人的依赖关系",反映农耕文明、自然经济和专制政治的一般规律方面,却是相同的。

1. 奴隶制法律制度

奴隶制的法律制度是人类历史上最早出现的法。它具有如下重要特征:

(1) 否认奴隶劳动者的法律人格,公开确认对奴隶的人身占有。奴隶在法律上是没有人格的。法律完全不承认奴隶是人,而是把他们视为纯粹的财产。奴隶只能成为权利客体,而可以像其他财产一样,由主人任意处置,包括出卖或处死。

(2) 惩罚方式极其残酷,带有随意性。奴隶制社会是刚刚脱离蒙昧状态的最初的文明社会,这就决定了奴隶制法必然带有野蛮、残酷的特点。

(3) 在自由民内部实行等级划分。自由民是除奴隶之外的所有具有人身自由的人。自由民既包括无业贫民和个体劳动者,也包括大小奴隶主。自由民之间的法律地位完全不同,等级越高享有的特权越多而义务越少,等级越低则权利越少而义务越多。

(4) 带有明显的原始习惯的残余。例如,在土地所有制方面,土地归国家所有或村社所有的习惯曾在法律中保留了很长的时期;在法律责任和制裁方面,由集体共同承担责任的习惯,以"同态复仇"的方式追究责任的习惯,以及允许私力救济的习惯,基本上贯穿整个奴隶制法。

2. 封建制法律制度

封建社会在奴隶社会崩溃之后建立起来的。由于不同社会中的封建制法在形成之初的历史背景有较大差异,它们发展的条件和道路也有较大差异,因此,它们所具有的重要特点也不完全相同。这一点,在东西方的封建制法之间特别明显。在不完全精确的意义上,可以概括出封建制法具有如下四个重要特征,即:①确认人身依附关系;②封建等级森严;③维护专制王权;④刑罚严酷和野蛮擅断。其中,特征①和特征②在西欧封建制法中比较典型,特征③在东方封建制法中比较典型,而特征④则是一切封建制法的共同特征。

(1) 确认人身依附关系。这一特征最突出地存在于西欧封建制法之中。各级封建领主占有土地建立庄园,但对土地没有转让处分的权利。在庄园中劳动的农民大多是农奴身份。农奴的法律地位优于奴隶,但低于自由人,在法律上享有有限的权利。农奴虽不能像奴隶那样被任意体罚或杀害,但仍属于领主的财产,在人身上没有自由,须受领主支配,也可被当作财产转让、出卖。中国封建制经济是按个体家庭组成家族组织起来的。在很长的一段历史时期内,自耕农占农民的相当比例,他们耕种自己私有的土地或国家分配的土地,无地农民则租用地主的土地耕种。在法律上,农民并非地主的财产,具有相对独立的法律人格和相对人身自由。

(2) 封建等级森严。任何封建社会都是一个等级社会。以西欧和中国为例,前者的等级制更为发达完备。与奴隶制一样,等级越高特权越多而义务越少,等级越低则权利越少而义务越多。西欧的封建等级制表现为一种普遍化的、界限森严的身份体系,不仅统治阶级中区分出国王、公爵、伯爵、子爵、男爵和骑士,被统治阶级中也区分出许多身份。不同的身份不仅意味着不同的权利和义务,而且各种身份几乎完全是封闭式的。封建制的法律,一般禁止从低身份向高身份的纵向社会流动。

中国封建社会也有等级身份的划分。但是,这一划分,不如西欧那样森严和稳定。在中国,自战国时期的秦国首先废除"世卿世禄"制度以后,等级制就受到了严重地打击。虽然在平民中也有良与贱的身份之分,但等级特权主要是按"官本位"原则,而不是按身份(出身)来分配的。当然,中国封建社会的官吏集团也在一定程度上对平民开放。

(3) 维护专制王权。这一特征在东方封建制法中最为典型,西欧封建制法则相对次之。

西欧封建社会的等级制远比东方封建社会发达。而正是由于等级制发达,王权便受到强有力的制约。在西欧的等级制中,法律分配权利和义务的依据是每个人与生俱来的身份,而不是国王的态度和意志。由此,就形成了一个国王所不能完全控制的强大的贵族阶层。国王与贵族之间的关系根据分封土地时的契约来确定。王权一方面受到贵族集团世袭特权的制约,另一方面教会权力也强有力地制约着王权向专制方向前进的脚步。除此之外,王权还必须在一定程度上接受法律的限制,即所谓"国王站在一切人之上,但须站在上帝和法律之下"。

中国的封建制法则不同,它一直确认并全力维护专制王权的绝对至上性。这与等级制不发达,不存在一个强有力的贵族阶层有直接关系。在中国封建社会的结构中占据重要地位的不是世袭贵族阶层,而是庞大的官吏集团。官吏的进退荣辱乃至身家性命,则完全由王权控制。因而,即使高级官吏也不可以借助其现有特权或私权来对抗王权。在专制体制中,官吏必须绝对服从君主的支配。君主借助于官吏集团统治全国,享有绝对至上的权力,且不受法律限制。法律对王权的唯一作用是确认并强化这种专制的政治关系。

(4) 刑罚严酷和野蛮擅断。从总体上说,封建制法在刑罚方面的严酷程度只是稍次于奴隶制法。侮辱刑、肉体刑和恐怖痛苦的死刑执行方法在各个封建制法律制度中普遍存在。在我国,封建制法还规定了族刑和连坐的制度,一人犯罪,满门抄斩,甚至祸及亲朋邻里。至于出入人罪、轻罪重罚和司法专横的现象,在各国封建制法中都不少见。

(二) 近现代资本主义法律制度

资本主义法律制度以资本主义私有制关系为基础。它所体现的国家意志来自于占社会少数的资本家阶级。因此,它与奴隶制法与封建制法一样,也属于剥削者类型的法。不过,由于资本主义法律制度是以全面革除"人的依赖关系"为前提而建立起来,并且是在资本主义的市场经济和民主政治条件下存在和运行的,所以,它又是近、现代法律文明的一种形态,其奉行的许多原则也就明显不同于古代法律制度。

资本主义法律制度的一个总体特征就是按资本主义市场经济和民主政治的本质要求,建立了资本主义的法治国家,这一特征集中体现在下述法律原则之中。

1. 私有财产神圣不可侵犯原则

在法律史上,这一原则首次出现在1789年法国《人权宣言》中。在《人权宣言》中,首次宣称:"财产是神圣不可侵犯的权利,除非当合法认定的公共需要所显然必需时,且在公平而预先赔偿的条件下,任何人的财产不得受到剥夺。"此后,这条原则为各国资本主义法所确认。

私有财产神圣不可侵犯的原则,在近代资本主义法中具体表现为一种绝对的所有权。它允许所有权人几乎可以完全任意地使用和处分自己的财产,而任何人(包括政府)均不得干涉。这种绝对的所有权在后来引发了一系列严重的社会矛盾。到了20世纪初,所有权的滥用开始受到限制,"不得侵害社会公共利益"成为各资本主义国家的重要法律原则。这使财产所有权的行使受到了一定程度的制约。这是资本主义法制在发展史上现代法制区别于近代法制的重要标志。

2. 契约自由原则

资本主义法律制度首次把契约自由上升为调整社会经济关系的基本原则。它意味着承认一切人都具有独立的法律人格,具有平等的法律地位,可以自主地处分自己的利益和权利,并在社会交往双方达成合意的条件下建立或改变彼此间的权利、义务关系。

这一原则是市场经济关系的本质要求在法律上的体现。市场经济与自然经济最关键的区别就在于,自然经济条件下的生产是为了满足本人消费、交纳地租和赋税而进行的生产,市场经济条件下的生产是为交换而进行的生产。因此,市场经济也就是自由交换的经济,它在法律上就表现为一个契约的订立和履行的过程。契约自由原则不仅为重新安排和调整经济生活提供了新的规则,也由此而对整个社会生活的重新安排和调整提供了参照。从而,现代文明、现代法制的第一种形态——资本主义文明和法制才能得以确立。

近代资本主义法中的契约自由原则是以绝对的、极端的形式表现出来的。国家和法律对契约关系的形成持放任的态度,由此引发的许多社会矛盾和反道德行为,这使得原有的启蒙理想受到了全面的破坏。自20世纪初开始,契约自由也与私有财产一样受到法律的限制,从绝对的契约自由到相对的契约自由是近代资本主义法制与现代资本主义法制的一个重要区别。

3. 法律面前人人平等原则

法国《人权宣言》规定:"人们在自由上而且在权利上,生来是平等的。法律对于所有的人,无论保护或处罚都是一样的。在法律面前,所有的公民都是平等的。"这一原则同前述两条原则一样,也是由资本主义法制首先确立下来的。

法律面前人人平等原则包含着丰富的内容。其中的基本的精神有三点:其一,所有自然人的法律人格(权利能力)一律平等。这种权利能力生而具有,不以任何特定事实为条件,它实际上就是人权,即任何人都享有的做人的权利和资格。其二,自然人中的所有公民都具有平等的法律地位。公民是一种法律地位,它与基本权利和义务相联系。只要具有公民资格,就享有与其他公民平等的基本权利和平等的基本义务。其三,法律平等地对待同样的行为。法律在对行为施加保护和惩罚时,只关注行为的性质和后果,而不关注行为人的身份。

除了上述讨论的三项原则之外,资本主义法律制度还有人民主权、法律至上(或宪法至上)、司法独立、有限政府、分权制衡、普选代议等许多重要原则。不过,相对而言,这些原则都是为了保障私有财产不受侵犯,为了保障商品生产的交换在契约形式下正常进行,为了保障权利、义务的平等分配而被确立下来的。在这些原则的指导下,资产阶级以不同于古代社会的方式实施自己的统治,而其共同利益在"法治国家"的稳定状态下也得到了最大化的实现。

第三节 法律全球化

随着人类公共交往的场域日益超越国家的边界,法律全球化亦成为当今世界法律发展的基本态势。从法史学的角度上看,法律全球化的理念最早可以追溯到古罗马时期。当时著名的政治思想家西塞罗继承了古希腊晚期斯多葛派的自然法理念和"人类普遍理性"的观点,提出了"世界天国政府"中存在着普遍的自然法则。他认为:出于人和上帝共同具有理性的缘故,天国的自然法则在人类社会中就体现为世界国家的共同法则。然而,作为一个社会运动的全球化,则始于罗马法的复兴运动。18世纪下叶至19世纪初,法、德两国一反过去的习惯法传统,在全面吸收罗马法原则和精神的基础上,先后制定和颁布了《法国民法典》(1804年)和《德国民法典》(1900年)。在此之后,法律的全球化开始逐渐加强。及至第二次世界大战后,法律的全球化已日益普遍。法律全球化,从其表征形式和特征来说,主要是指相关的国家和地区在彼此承认和尊重主权独立的前提之下,基于相同的国际法利益或者相近似的文化传统在法律的制定和实施过程中所表现出来的契合性和影响力。因此,在法律全球化过程中,特定地域范围内的法律体系和法律制度的独立性是客观存在、不容置疑的。也因如此,在法律全球化过程中,特定国家和地区的法律制度受到的冲击也是必然的。

一、法系

(一)法系的概念

法系一词是19世纪末20世纪初形成起来的。它是西方法学家、主要是比较法学家借鉴生物分类法对法律进行分类研究以及进行比较法研究的产物。最近几十年来,西方的一些比较法学家和法律文化学者间或把"法律传统""法律族系""法律制度",甚至"法律体系"概念与"法系"概念混用。这是需要注意的。法学上的普遍观点认为,"法系"与其他一些名词是不同的法学范畴,不能等同。

对于什么是法系,国内比较有代表性的看法认为:第一,法系是指具有某种共性或共同传统的、一些国家或地区法律的总称。这种共性或共同传统,有时指宗教,有时指法律发展史的某些特征,有时又指法律渊源方面的某些特征。第二,法系是以亲缘关系为标准对各种法律制度所作的一种分类,也就是把具有共同来源的法律制度划分为一个法系。

国外法学家对"法系"的界定比较复杂和多样化。国外法学家认为,法系划分的根据主要有:①一个法律秩序在历史上的来源与发展;②法律方面占统治地位的特别的法学思想方法;③特别具有特征性的法律制度;④法源的种类及其解释;⑤思想意识因素等诸要素;⑥法律文化。

通观国内外关于法系的分类,我们认为,我们在界定"法系"这一概念时,必须主要考虑到以下三个方面的问题:

(1)历史渊源关系。在通常情况下,一个国家或地区法律的历史渊源不同,就会导致这些法律被归结到特定的法系之中。例如法国法和德国法,是以古罗马法为其历史渊源,所以,他们都归于大陆法系。

（2）继受关系，即固有法与继受法的关系。固有法是指一个国家土生土长的法律，如中国封建社会的法律。继受法是指一个国家基于外来势力、内在社会结构的变异、外国法品质或内部意识的觉醒等因素，全盘或部分采用其他国家法律制度的一种法律现象。如殖民地所采用的宗主地的法律。由于固有法与继受法之间存在着继受关系或仿效关系，因此，这些法律一般也属于同一个法系。

（3）法律制度的某些相似性和不变性。这种相似性和不变性，不仅指某种文化或传统，而且指法的形式、结构特征和操作程序。尽管任何两个国家的法律都不会是完全相似的，但是在某些主要的方面，一些国家的法律制度的相似性足以将它们归入几个主要的法系之中。

综上所述，法系是指根据历史渊源、继受关系和法律制度的某些相似性、不变性对各个国家或地区的法律进行的分类。凡是具有相同的历史渊源关系、继受关系以及具有某些相似性、不变性的法律制度或法律体系，都属于同一个法系。

（二）法系的划分

在世界范围内，法学家、尤其是比较法学家对法系划分的标准，论说不一。20世纪初的法学家，对法系的划分通常比较复杂。法系论的先驱者日本法学家穗积陈重提出七大法系说，即：印度法系、中国法系、伊斯兰法系、英国法系、罗马法系、日耳曼法系和斯拉夫法系；美国一些比较法学家划分出十六种法系，即：罗马法系、日本法系、日耳曼法系、海商法系、寺院法系（教会法）、凯尔特法系、斯拉夫法系、阿拉伯法系、埃及法系、巴比伦法系（美索不达米亚法系）、大陆法系等。近世的一些比较法学家认为当代世界的主要法系有大陆法系、英美法系和社会主义法系。另外，还有人认为应该将伊斯兰法和印度法列入当代主要法系。

无疑，法系划分的关键问题是怎样确定划分的标准，所依据的标准不同，得出的结果自然不同。就当前在世界范围内的法系划分而言，大陆法系和英美法系作为世界上最具影响力的两大法系，其之划分目前已鲜有疑问。

（三）大陆法系与英美法系

1. 大陆法系

大陆法系中"大陆"二字，指欧洲大陆，即相对于欧洲大陆以外的英伦三岛而言的大陆。大陆法系是指以罗马法为历史渊源，以《法国民法典》和《德国民法典》为主要标志或与其有继受关系并因之具有某些相似性、不变性的各国家和各地区法律的总称。

大陆法系又因在罗马法基础上发展而来被称为罗马法系；因以民法为主要标志被称为民法法系；因具有法典化特征被称为法典法系；因融合了日耳曼法的内容被称之为罗马-日耳曼法系。

大陆法系的分布范围，以欧洲大陆为中心，包括美洲、亚洲和非洲的许多国家和地区。在发祥地欧洲，法国、比利时、意大利、西班牙、荷兰、卢森堡、葡萄牙、德国、奥地利、瑞士和希腊，都是属于大陆法系。20世纪初的俄国和二战前的东欧诸国也属于大陆法系。在美洲，前西属、法属、英属和荷属殖民地，一般都接受了大陆法系的法律观念和法律体系，独立后的殖民地一般也都以法国法律作为模式。在亚洲，土耳其属于大陆法系，近代以来的日本法律和泰国法律也可以划归大陆法系；中华民国时期的中国法律同样属于大陆法系；越南和朝鲜在其社会主义制度建立之前的一段时间里，大陆法系也曾取得优势地位；而叙利亚、伊拉克、约旦、印度尼西亚和斯里兰卡等国家是大陆法系和伊斯兰法系的混合；菲律宾的法律则兼备大陆法系和英美法系的特色。在非洲，大体的情况与亚洲类似。此外，在一些特定的地区，如美国的路易斯安那州、加拿大的魁北克省,以前曾受法国的统治;英国的苏格兰因历史原因深受法国文化的影响,所以其法律也都是大陆法系和英美法系的混合。

2. 英美法系

英美法系的"英美",代表这一法系的两个主要国家,即"英国"和"美国"。所谓的英美法系,通常是指以英国中世纪以来的普通法为基础、以判例法为主要标志并与其存在继受关系因之具有某些相似性、不变性的各国家和各地区的法律的总称。

英美法系又因以英国的普通法为基础被称为英国法系或普通法系;因以判例法为主要的法律渊源被称之为判例法系;因主要分布于一些濒临各海洋的国家被称之为海洋法系。

英美法系的分布范围主要是欧洲的英国本土(苏格兰除外)、爱尔兰,北美的美国(路易斯安那州除外)、加拿大(魁北克省除外),大洋洲的澳大利亚、新西兰,亚洲的印度、新加坡、缅甸、中国的香港特别行政区等。

3. 大陆法系与英美法系的区别

大陆法系与英美法系都是资本主义经济关系的产物,其法律的本质是相同的,其法律的主要原则和内容也是相同的。当然,由于受不同历史条件的影响,它们在存在样式和运行方式上也各具特点,两者的主要区别包括以下几个方面:

(1) 法律渊源不同。大陆法系是成文法系,其法律以成文法即制定法(法典法)的方式存在,它的法律渊源包括立法机关制定的各种规范性法律文件、行政机关颁布的各种行政法规以及本国参加的国际条约(但不包括司法判例)。英美法系的法律渊源既包括各种制定法,也包括判例,而且,判例所构成的判例法在整个法律体系中占有非常重要的地位。

(2) 法律结构不同。大陆法系承袭古代罗马法的传统,习惯于用法典的形式对某一法律部门所包含的规范做统一的系统规定,法典构成了法律体系结构的主干。英美法系很少制定法典,习惯用单行法的形式对某一类问题做专门的规定,因而,其法律体系在结构上是以单行法和判例法为主干而发展起来的。

(3) 法官权限不同。大陆法系强调法官只能援用成文法中的规定来审判案件,法官对成文法的解释也需受成文法本身的严格限制,故法官只能适用法律而不能创造法律。英美法系的法官既可以援用成文法也可以援用已有的判例来审判案件,而且,也可以在一定的条件下运用法律解释和法律推理的技术创造新的判例。因此,英美法系的法官不仅可以适用法律,还可以在一定的范围内创造法律。

(4) 法律推理不同。大陆法系国家的法官在审理案件时,习惯于从一般的法律规则和原则出发,再结合案件事实,最后得出判决的结论。这种推理的思维形式,是典型的演绎推理。而在英美法系的法律推理上,惯用的则是类比分析和归纳推理。在英美法系国家,依据遵循先例的原则,法官在解决当前的争端时,需要从判决的先判中发现可以适用于当前个案的相似判例,并从中归纳出一般的规则或原则,再用以指导当前个案的判决。这一过程,包含了类比和归纳两个步骤。因此,英美法系的法官在法律推理上,比较擅长归纳推理。

(5) 诉讼程序不同。大陆法系的诉讼程序以法官为中心,突出法官的职能,具有纠问程序的特点;为体现司法民主,在某些司法程序上实行参与制,即由人民中的代表作为陪审员与法官共同组成法庭来审判案件,陪审员具有与法官同等的权力。英美法系的诉讼程序以原告、被告及其辩护人和代理人为重心,法官只是双方争论的"仲裁人",而不能参与争论。在英美法系中,与这种对抗式(也称诉辩式)程序同时存在的是陪审团制度。陪审团代表人民参加案件审理,但主要负责作出事实上的结论和法律上的基本结论(如有罪或无罪)。至于法律上的具体结论即判决,则由法官负责作出。

(6) 法的分类不同。大陆法系在法律上,突出公法与私法的类型划分。公法和私法的划分,是大陆法系最主要的法的分类。而在英美法系的国家和地区,法的基本分类是普通法和衡平法的划分。虽然在英美法系的法学中也倾向于公法和私法的划分,但在对所属部门法的构成上,与大陆法系有很大区别。例如,英美法系国家没有一个统一的民法部门,而是分为财产法、契约法、侵权行为法等,它们在普通法内自成一体,彼此分立。这是因为英美法系国家的法律是在司法实践中发展起来的,是对判例的简单分类,因此没有系统的结构,不像大陆法系国家的立法活动受到系统法学思想的指导,整个法律体系上具有严密的结构。

(7) 从如何更好地调整社会关系和建立法律秩序的角度看,两大法系也各有特色。大陆法系具有对全部社会关系加以理性设计和安排的特点,它的法典式体系逻辑严谨,覆盖面广,内部协调一致性强。当然,由于这种法系注重体系的严谨,在面对极其复杂并不断变化的社会关系时,有时则显得刚性过强,难以完全适应。而与此不同,英美法系则具有很强的针对性和灵活性。不过,其法律的庞杂、混乱和难以被非专业人士了解等特点也很突出。

除了上述的七点不同之外,两大法系还在法律分类、法律术语、法学教育、司法人员录用和司法体制等方面,存在着不同之处。

值得注意的是,自 20 世纪以来,由于各国之间的经济、政治和文化联系与交流加强,两大法系之间也开始相互借鉴,二者的差别也随之开始缩小,不再像过去那样明显。不过,总的说来,二者承袭的传统及其存在样式和运行方式所表现的重要的不同之处,在可以预见的将来是不可能完全消失的。

二、法律全球化

(一) 法律全球化的含义

何谓法律全球化?学界关于法律全球化的界定,可谓众说纷纭。我们认为,对法律全球化的界定至少应当从以下两方面展开:其一,从外在表现形式看,法律全球化是指这样一种过程。即,一些外在于民族同国家的法律在全球范围内的通行,或者某一特定国家、地区或组织的特定法律的世界性传播。前者如各国际公约随着缔约国的不断增加而通行于全球,后者如经济发达国家调整经济的法律规范的全球传播;其二,从价值取向看,法律全球化主要是指各国法律制度围绕某些共同原则逐步接近,同时又尊重各国本土制度的不同特点。

法律全球化的这一定义隐含着以下四方面的涵义:首先,法律全球化并不是一个已然成型的现象,它是一个正在形成的过程。在这一过程中,存在着许多变量,这些变量的存在将影响法律全球化的方向和最终结局。其次,法律全球化并不应该是某一国或某几国所"把持"的全球化,而是各国共同参与的全球化。再次,法律全球化并不意味着法律的完全同一化,它只是各国法律制度在某些重要原则和基本理念上的趋同,而在具体的法律制度上,允许各国作出不同的安排并保持各自的特色。最后,法律全球化并不必然囊括法律生活的每一个领域,在那些与一国政治、社会和文化传统联系并不十分密切的领域,如商业、贸易和经济法领域,法律的全球化是可遇、也是可求的,而在那些受一国社会和文化传统影响较深的领域,如婚姻家庭领域,以及政教合一国家的宗教法领域,法律的全球化则要受到诸多的限制,因而在一定意义上是不可能的,也是没有必要的。

（二）法律全球化的意义

1. 法律全球化可以为法制现代化提供新的资源

法律全球化能够促进一些来自不同历史和文化传统的法制资源在全球范围内的传播,这就为各国的法制转型至少在资源选择上提供了更大的可能性。随着全球化进程的不断推进,法律全球化也日益朝着纵深方向发展。这种发展可能使法律全球化呈现出这样一个趋势,即法律全球化不再是某一国或来自某一种文化传统的法律的全球化,而是越来越多的来自不同国家、不同文化传统的法律的全球化。法律全球化的这一可能趋势,对于民族国家来说是一种福音,因为这意味着他们将可以不再像殖民时代那样去被迫接受某种由别人强加给他们的法律,也可以在自主选择时不再局限于某一种或几种固定的法制资源,而是可以对很多种不同的法制资源进行权衡和筛选,并最终择取一种或几种最适合自身文化土壤的法制资源。经过这种精心选择而引进的外来法制资源,其与本土法制资源发生摩擦和冲突的可能性将大大降低,从而为民族国家传统法制的成功转型添加一个砝码。

2. 法律全球化是保存、倡扬各国法制本土资源的重要途径

在法律全球化的大潮中,各国的本土法制资源均可能融入国际法制大系统中。这一融入,可以成为各国保存、倡扬本土法制资源的有效手段。因为:一方面,如果一国的法制因素被吸收为全球化法制的组成部分,则毫无疑问有利于该民族国家法制资源的保存和倡扬;另一方面,当一国的法制因素融入全球化法制之后,实际上意味着它将接受更大范围内的"考验",因而也可能得到更大范围的发展。

各国本土法制资源的保存和倡扬对于其法制现代化来讲,是一个极为有利的因素。任何国家的法制现代化,无论是内源性的法制现代化,还是外源性的法制现代化,都必须立基于本国的传统。无视这一点,就会使法制的现代化失去传统这一根基。

（三）法律全球化的困难

应当承认,法律全球化在给各国法制现代化提供新的资源和发展空间的同时,也可能给其带来消极影响。这些消极影响具体表现为法律全球化可能使各国法制现代化面临种种难题。

1. 如何保持本国法律传统的连续性

对于欠发达国家而言,法律全球化在客观上构成其法制发展的一种外在压力。这一压力的存在,打破了各国自生自发式的法制现代化路径,使得他们几无可能选择内源性的法制现代化之路。这在一定程度上可能导致这些国家法律传统连续性的中断,而没有传统的法制是一种没有"根"因而也很难真正存续的法制。可以说,只要一国选择参与法律全球化——在当前的全球一体化的背景下,对于欠发达国家而言,参与全球化实际上是一种没有选择的选择——那么,这种选择就很可能使民族国家面临这样一个难题,即,在参与法律全球化的同时,如何保持本国法律传统的连续性。

对于众多非西方欠发达国家来说,这一难题显得尤为突出。因为就目前而言,西方因素在法律全球化中处于事实上的主导地位,以至于现阶段的法律全球化,在很大程度和范围内是西方法制的全球化。这些西方法制的因素,与非西方国家的传统法制又具有诸多的不相容之处。因而,对于非西方国家来说,在参与法律全球化,接受外来法制因素影响的过程中,如果不能妥善处理西方法律与本国传统法律的关系,将很容易使民族在全球化的浪潮中变得无所适从、甚至陷入迷失自身法制传统的境地。

2. 如何对抗新法律殖民主义的侵袭

各国在参与法律全球化的过程中，可能遭受新法律殖民主义的侵袭。全球化时代的法律殖民主义与旧法律殖民主义不同：旧法律殖民主义主要是依靠武力征服，以一种显性的、公开的方式推行。如伴随着英国的军事入侵，其法律也推行到世界许多国家和地区；伴随着拿破仑的对外扩张，其法典也在欧洲大陆广泛推行。全球化时代的法律殖民主义并不以军事入侵为载体，而更多地凭借政治、经济和文化手段，以一种隐性的、秘密的方式进行。这种法律殖民主义被学界称为新法律殖民主义。

相对于旧法律殖民主义而言，新法律殖民主义无需一刀一卒，而只需通过政治、经济、文化等手段便可将其法律输入别国。这种形式的法律殖民主义，使得一国"并不需要占领另一个国家的领土……而只需要输出可以控制该国社会组织运作的法律制度，便可以决定这个国家的文化形式与经济形式"。[①] 新法律殖民主义的这种非公开性、隐秘性和某种意义上的无孔不入性，使得各国在法制现代化过程中，随时都可能遭受其侵袭。因而，如何有效抵制这种侵袭，就成为摆在各国面前的一个难题。

3. 如何克服法律体系内部的不均衡发展

法律全球化可能给各国法制现代化带来的另一个消极影响，就是易于导致其法律体系内部的不均衡发展。目前的法律全球化在很大范围内是调整经济生活的法律规则（我们将其简称为经济规则）的全球化，而那些调整社会生活其他领域尤其是人权领域的法律规则（我们将其简称为人权规则），则相对而言却难以全球化。法律全球化在现阶段的这一特点，折射到各国内部，就体现为其法律体系内部经济规则与人权规则的不均衡发展，也即二者的发展具有不同步性。

可以说，各国法律体系内部的不均衡发展状态是普遍存在的。这种状态的存在，无论是对于各国的法制还是对于各国的社会发展来说都是不利的。以人权制度与经济发展而言：倘若人权规则的发展明显快于经济规则的发展，也即对人权保护的要求高于一国的经济发展状况，则可能导致社会的负荷过重，进而减缓社会的发展步伐，并最终造成公民整体福利的下降；而反过来，倘若人权规则的发展落后于经济的发展，也即对人权的保护明显低于该国的经济发展状况所能容许的限度，则将违背国家发展经济的初衷和终极目的。因此，如何克服这种不均衡性，也是摆在民族国家面前的一大难题。

本 章 小 结

在人类社会的演进过程中，社会的组织性和秩序性的深层需求，促成了法的产生。法的产生，在不同的民族、社会和国家中经历了不同的过程，但也具有一般的规律。法的发展形式是多样的。概括起来，法的发展形式主要有法的继承、法的移植和法的改革。在时间的维度上，人类社会先后产生过奴隶制的、封建制的、资本主义的和社会主义的法律制度；在空间的维度上，世界范围内不同的国家和地区的法并不相同，所属的法系也可能不一样。随着全球化浪潮的兴起，法律的全球化已经成为一种趋势。在这样的背景下，如何妥善地处理法的本土化、法的改革与法的移植等问题，是各国面临的重大难题。

---

① ［法］戴尔马斯-马蒂：《世界法的三个挑战》，罗结珍等译，法律出版社2001年版，第16页。

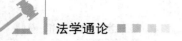

本章关键词

社会调控　原始习惯　法的产生　法的发展　法的历史类型　法的继承　法的移植
法的改革　法系　大陆法系　英美法系　法律全球化

案例评析

（一）

【基本案情】

陈某和钟某是某公司同事兼好友。因工作需要,公司派陈某去公司设在外地的办事处工作一年。陈某临行时,将自己的一台电视机委托给钟某保管和使用。三个月后,陈某给钟某写信,说家中的那台电视机可以适当价格卖掉。本公司的司机曾某得知此消息后,找到钟某,表示想买下这台电视,但又不愿多出钱。曾对钟说,你可以给陈写封信,告诉他电视的显像管出了毛病,图像不清,要求他降低价格出售。钟当时有些犹豫,但考虑到自己同曾关系不错,经常让曾开车给自己拉东西,若不答应他会影响今后的关系。同时,有一次公司派钟出去买啤酒,钟私自把啤酒运到自己家中两箱,曾知道此事。因而就按照曾的意思给陈某写了信,陈某回信说如果真是显像管坏了,可以降低价格卖掉。于是钟某就以低价将电视卖给了曾某。陈某从外地回来后,知道了买卖电视的真相,要求曾某返还电视。曾某拒绝,陈某于是纠结社会闲散人员,将曾某打伤,被公安机关拘留。

【法律分析】

有社会必有冲突,冲突是每个社会都必须永恒面对的状态。有冲突又必生混乱。而消除混乱,确保必要的社会秩序是人类社会存续的基本前提。在文明社会中,法律是迄今为止的最好的解决冲突的社会规范。法律包含着人类的理性,在民法中,规定了公民生活中的权利和义务,把人们之间因为利益的冲突用法律来规制,如果超出了法律规定的界限,便会受到法律的潜在的强制力的矫正和惩罚;在行政法中,规定了行政权力的行使规则,使得权力的行使控制在法律所许可的范围内,行政权力不能侵害到公众的权利,即公权力和私权利的界限和平衡。而刑法、刑事诉讼法等法律部门是对最严重的社会冲突的公权力的国家代表的公力救济,使被破坏的社会秩序得以恢复、矫正和补偿。这是法律的规范作用所表现出来的法律的对社会秩序的价值。

代理权的行使,必须以能够达到被代理人所希望的法律后果或者客观上符合被代理人的利益为目的。如果代理人行使代理权时,不够谨慎和勤勉,疏忽大意,甚至违反法律或者社会公共利益,这种有损被代理人利益的民事行为就属于代理权的滥用。代理权的滥用是指违背代理权的设定宗旨和代理行为的基本准则,有损被代理人利益的行使代理权的行为。代理权的滥用,破坏了正常的代理关系,不符合人际交往中的道德和诚信原则,破坏了人与人之间的正常交往和信任,如果法律不加限制,整个社会将变成欺诈角逐的场所,走向恶法。钟某作为原告陈某的代理人,与曾某恶意通谋是滥用代理权的行为,其买卖电视的行为自始不具有法律效力。

在本案中,钟某的行为属于民法中规定的滥用代理权的违法行为,陈某有权要求钟某返还,可以通过诉讼起诉钟某。在文明社会中,用文明的诉讼程序取代野蛮的暴力复仇,使争端以和平的方式得以解决。用公力救济取代私力救济的法律程序是人类文明社会对争端解决方式的最佳选择。国家建立后,个人可以通过法定的诉讼程序来解决或缓和冲突,以避免在无限制的、恶性循环的暴力复仇中互相毁灭。诉讼是用一种和平的方式解决社会冲突的理性选择。陈某采取的是一种原始社会中的报复行为,将普通的民事案件演变成一个治安案件,自己也付出了沉重的短暂失去人身自由的代价。

有秩序的社会生活是人类其他活动的前提。法律有三项任务:为人类提供安全保障,使社会成员不至于为自己的人身安全提心吊胆;为社会成员规定明确的权利、义务及界限,并用强力保护以预防、制止纠纷。人类生存所必需的衣食住行的资源和产品是有限的,而人类的欲望却是无限的。这个有限和无限的矛盾是一切争端和冲突的根源。法的任务是通过设定权利、义务来分配资源、产品,以调整或制止各种矛盾。

法律为人们的行为提供行为模式,给予社会生活以很大的有序性与稳定性。法律通过处罚违反规则的行为,鼓励和保护符合法律规则的行为,使社会保持在一定的有序状态,使这种状态不被打破和扰乱。这正是法所产生的原因之所在。

(二)

【基本案情】

法国吉伦特省(Gronde)国营烟草公司雇用的工人在开着翻斗车作业的时候,由于不慎将布朗戈先生的女儿撞伤。对于这一事实所造成的损害,布朗戈先生向普通法院提出了诉讼,要求国家赔偿损害。他认为,国营烟草公司的人员所犯的过错国家应付民事上的责任,其诉讼的法律依据是法国民法典第1382条"任何行为使他人受损害时,因自己的过失而致使损害发生之人,对该他人负赔偿责任";第1383条"任何人不仅对因其行为所引起的损失,而且对因其过失或疏忽所造成的损害,负赔偿责任";第1384条"任何人不仅对其自己的行为所造成的损害,而且对应由其负责的他人的行为或在其管理下的物件所造成的损害,均应负赔偿责任"。布朗戈先生在该案中控告的是吉伦特省的省长,即国家的代表,该省行政机关的首脑。

普通法院受理了布朗戈先生要求国家赔偿的案件,但由于这是涉及国家公务管理过程中发生的案件,应由行政法院审理,所以,吉伦特省省长向该普通法院提出了不服管辖书,而普通法院又坚持认为自己有对该案的管辖权,从而产生了普通司法与行政司法管辖权限的积极争议,被提到了权限争议法院审理裁决。对于这样的诉案,当时的大卫(David)政府专员提出了这样一个问题,即在行政司法机关与行通司法机关之间哪个机关拥有审理要求国家损害赔偿诉案的一般权限,这也是布朗戈案件的实质所在。权限争议法院对布朗戈案件的判决如下:"因国家在公务中雇用的人员对私人造成损害的事实而加在国家身上的责任,不应受在民事法典中为调整私人与私人之间关系而确立的原则所支配,这种责任即不是通常的责任,也不是绝对的责任,这种责任具有其固有的特殊规则,依公务的需要和调整国家权力与私权利的必要而变化。"权限争议法院的判决排除了普通法院对公务诉案的管辖权,确定行政司法机关是审理这种诉案的唯一具有权限的机关。

【法律分析】

这个案件中涉及的有关行政法的问题我们暂且不讨论,我们感兴趣的是两个问题:一是从这个案件我们看出法国的法院系统的复杂和特殊;二是我们看到了在法国法中法院判决的作用。由此进一步认识到以法国为代表的大陆法系和以英国为代表的普通法系的不同。

法系是西方法学中常见的一个概念,现在已为世界法学界广泛接受。但是其含义却并不精确,一般认为,法系是根据法的历史传统和法的外部特征对法做的划分,凡属于同一历史传统或具有相同或相似的外部特征的法就构成一个法系。由此可以看出,法系的划分首先是建立在跨国性基础之上的,即法系不可能由一国法律构成,而必须有若干个国家或地区的法律才能构成法系。其次,法系的划分是建立在法的历史延续性基础之上的,即不同国家的法律延续了相同或相似的历史传统。

含义的不精确是和划分标准的不精确相联系的,迄今为止,法学家提出了众多不同的划分法系的标准,并以自己设定的标准对世界法律作了划分,但是每一种划分又都存在这样或那样的问题,而得不到全世界的公认。著名的有法国的达维德,他在《当代世界主要法律体系中》将法系的划分标准确定为,第一思想意识因素,其内容包括政治哲学观点、经济结构、文化传统等。第二法律概念与技术因素,主要指法律词汇、法律结构、法律渊源等。根据这两个标准,达维德将世界法律分为四大法系:普通法系、罗马-日耳曼法系、社会主义法系和其他法系。而德国法学家茨威格特和克茨则以更复杂的划分标准,把世界法律分为八个法系:罗马法系、日耳曼法系、北欧法系、普通法系、社会主义法系、远东法系、伊斯兰法系和印度法系。无论怎样划分,就当代世界法律而言,有些法系曾经存在过,但现在已经消失,如中华法系;也有一些虽未完全消失,但其影响力已大大缩小,如伊斯兰法系。因此在当代仍然有世界性影响的法系,主要是普通法系和大陆法系。因此各国法学家给予更多关注的也主要是这两个法系。

法系的划分是从表现形式和外部特征角度对世界法律做的最重要的划分。而两大法系又是各种类型的法系中对世界法律影响最大的法系。因此各国学者都对两大法系给予了更多的关注和研究,也概括出了它们之间的种种相同和不同。在当前尚无法精确定义两大法系的情况下,认清它们之间的相同和不同,对于我们认识和把握两大法系就显得十分重要了。

大陆法系又称民法法系、法典法系、罗马-日耳曼法系。是指以罗马法为历史渊源,以《法国民法典》和《德国民法典》为样板发展起来的,各国法律体系的总称。属于大陆法系的国家和地区有:欧洲大陆国家;欧洲大陆国家——主要是法国、德国、西班牙、葡萄牙等国——的殖民地,如北美、南美洲和非洲一些国家和地区;亚洲部分国家,如日本、土耳其。大陆法系在全世界有着广泛的影响。大陆法系渊源于古代罗马法,经中世纪罗马法在欧洲大陆的复兴,到资产阶级革命后欧洲大陆广泛的立法活动,其中最有代表性的就是1804年法国的《法国民法典》和1900年德国的《德国民法典》,大陆法系初步形成。随着欧洲大陆的殖民扩张活动,大陆法系的影响逐渐超出了欧洲大陆的范围,扩大到世界广大地区,并最终成为具有世界性影响的主要法系。

英美法系又称普通法系、英国法系、判例法系。是指以英国中世纪以来的法律,特别是英国普通法为基础发展起来的各个国家和地区法律的总称。属于普通法系的国家和地区有:英国;曾经是英国殖民地、附属国的国家或地区,如美国、加拿大、印度、新加坡、澳大利亚、新西兰等。英美法系渊源于中世纪英国法。11世纪诺曼人征服英格兰之后,为加强中央集权,英王威廉一世派出官员到全国各地巡回审理案件。这些官员根据国王的敕令、道德原则并选择性地运用地方习惯法处理案件,形成判决。在这些判决的基础上,逐步形成了通行于全国的统一的判例法,被称作普通法。普通法构成了英国法的基础。14世纪之后,由与普通法的僵化，法律与现实的矛盾日益突出，为此英王指定由大法官依据"公平"原则，审理普通法难以审理的案件，并于16世纪正式设立衡平法院，专门审理此类案件。在此基础上逐步形成了与普通法的原则和程序有所不同的衡平法。尽管19世纪司法改革中，普通法院与衡平法院合并，但是普通法与衡平法却一直保留下来，成为英国法的两个基本组成部分。之后随着英国的殖民扩张活动，英国法的影响也扩展到了全世界。据统计，目前世界约有三分之一的人生活在属于英美法系的国家或地区。

复习思考题

1. 什么是社会调控？其形式和类型有哪些？
2. 原始社会的社会调控是怎样的？
3. 法产生的原因有哪些？
4. 法产生的标志和规律有哪些？
5. 法发展的一般规律有哪些？
6. 法发展的基本形式有哪些？
7. 法发展有哪些历史类型？各自类型有什么特点？
8. 法系是什么？
9. 大陆法系和英美法系有哪些区别？
10. 法律全球化有什么意义？

第四章 法的运行

学习目标

- 掌握立法的含义与特点
- 理解我国立法的基本原则
- 掌握执法的含义与特点
- 理解我国执法的基本原则
- 掌握司法的含义与特点
- 理解我国司法的基本原则

第一节 立 法

一、立法的含义与特点

在法学研究和法律实践中，对于"立法"一词主要是在两个不同的层次上使用的。一是指创制法律规范的活动或过程；另一是指法律本身。从法的创制活动或过程讲，对于立法的概念通常有广义和狭义两种理解。广义的立法，也称法的创制，是指特定主体，依据一定的职权和程序，制定、修改、补充、废止规范性法律文件以及认可法律规范的专门性活动。狭义的立法，专指国家最高权力机关制定、修改、补充、废止规范性法律文件的活动。关于法律本身的立法的概念，是指法的创制活动或过程所产生的结果，即通过法的创制活动所产生的法律本身。例如，我们有时使用的"民事立法""经济立法"等词汇，就是指关于民事的法律、关于经济的法律。[①]

立法作为一种专门性的国家活动，具有以下特点：

1. 立法是由特定主体进行的活动

立法的主体是特定的，不是任何主体都有权进行立法活动，只有享有立法权的主体才能实施立法活动。至于哪些主体是享有立法权的主体，在不同历史时期和不同国家是不同的。在现代各国，议会或代表机关一般都是享有国家立法权的主体；在君主独掌立法权的专制制度下，专制君主是有权立法的主体。一个国家究竟由哪个或哪些主体享有立法权，主要取决于这个政权的性质、组织形式、立法体制和其他国情因素。

---

① 朱力宇、张曙光：《立法学》，中国人民大学出版社2009年版，第18页。

2. 立法是依据一定的职权和程序进行的活动

首先，享有立法权的主体只能在其立法职权范围内进行立法活动。不同时代、不同国家的立法主体，立法职权可能有大小之别，但它们的立法范围应当与它们所享有的立法职权相一致，却是共同的。其次，立法活动必须依照一定的程序进行。不同国家立法程序有所不同，但通常是根据宪法和有关专门的法律所确定的，即立法活动本身也必须法律化、制度化和程序化。

3. 立法是一种系统化的综合性活动

立法活动不仅包括创制新的法律规范性法律文件的活动，而且包括修改、补充和废止原有规范性法律文件的活动，还包括对已有的行为规范（判例、习惯、政策、学说等）予以认可，并赋予其法律效力的活动。立法的直接目的是产生具有普遍约束力的法律规范，是国家权力行使和运行的一种方式，也是国家履行其职能的基础。从权力结构的角度进行划分，国家权力可分为立法权、司法权和行政权。立法权的行使和运行就是通过立法活动来实现的。同时，立法活动为司法权和行政权的行使与运行提供标准和依据。

二、立法体制

（一）立法体制的概念

立法体制，是以立法权的归属和立法权限的划分为核心内容的体系和制度构成的有机整体。① 立法体制是国家制度的重要组成部分和体现。一个国家采取什么样的立法体制，受到该国的国家性质、国家形式、民族状况、历史传统等一系列客观因素的决定和影响，同时也是该国立法者对立法体制所涉及的有关问题的主观认识的结果。

从国家性质看，在古代君主专制的国家，君主或皇帝独揽包括立法权在内一切国家大权，基本上是君主个人专制独裁的立法体制；在近现代民主制国家，实行的则是民主的立法体制，在这种立法体制下，立法权归属于人民，主要由经民主选举产生的代议机关来行使。

就国家形式而言，其本身又包括国家管理形式和国家结构形式，二者直接决定着立法权在国家机构体系中的划分和配置。国家管理形式，又称政体，指的是国家政权的组织形式，它决定着横向立法权限的划分，即决定立法权限在立法、行政、司法三机关之间如何划分。政体形式不同，横向立法权限的划分也不同。例如，在当代西方国家的各种政体形式下，相应的立法体制就包括总统制的立法体制、议会制的立法体制、半总统半议会制的立法体制及君主立宪制的立法体制。国家结构形式，指的是国家的整体和其组成部分之间的相互关系以及划分行政区划的问题，它决定着纵向立法权限的划分，即决定在中央政权和地方政权之

---

① 在我国法理学和立法学的著述中，对立法体制概念的表述并不完全一致。根据我们的不完全统计，关于立法体制的概念的表述不下 30 种。这些概念表述，大致可以分为三派不同的观点，即：一要素说、二要素说和三要素说。一要素说认为立法体制是关于立法权限划分的制度；二要素说认为立法体制是国家机关立法权限的划分及其相应机构设置的系统或者体系；三要素说认为立法体制是指有关立法权限、立法权运行和立法权载体诸方面的体系和制度所构成的有机整体。在这三派观点中，有一点是大家的共识，即立法体制的核心是立法权限的划分。有学者将造成对立法体制概念的不同表述的主要原因归纳为：一是由于人们对立法的概念通常有广义和狭义两种理解，由此也会影响到对"立法体制"有不同的理解；二是"体制"一词本身的多义性。参见朱力宇、张曙光主编：《立法学》，中国人民大学出版社 2009 年版，第 116 页。

间立法权限如何划分。国家结构形式不同,纵向立法权限的划分也不同。例如,单一制国家和联邦制国家在中央和地方立法权限划分上就存在明显的差异。

(二)立法体制的类型

世界各国的立法体制形态各异,不尽相同。按照一定的标准对各国的立法体制进行分类,有助于我们从整体上把握立法体制的内涵和外延。

1. 从国家性质的角度对立法体制进行分类

从国家性质的角度对立法体制进行分类,是一种纵向的分类。据此,可以将立法体制分为奴隶制国家的立法体制、封建制国家的立法体制、资本主义国家的立法体制及社会主义国家的立法体制。其中,前两者的立法权集中于君主一人或少数人手中,属于专制的立法体制;后两者的立法权由经民主选举产生的代议机关来行使,属于民主的立法体制。尽管资本主义国家和社会主义国家的立法体制在形式上都属于民主的立法体制,但是其民主有本质上的区别。此外,各国的立法体制在民主的形式、程度和范围等方面也存在差异。

2. 从国家管理形式的角度对立法体制进行分类

首先,按照立法权是否只由同一类别的国家机关行使,可以分为单一的立法体制和复合的立法体制。前者是指立法权只由同一类别的国家机关行使的立法体制。后者是指立法权可以由两个或两个以上的不同类别的国家机关共同行使的立法体制。在当代,大多数国家都属于单一的立法体制,即立法权只由代议机关来行使。也有少数国家属于复合的立法体制,其立法权由代议机关、国家元首及行政机关共同行使,如美国和法国即是如此。此外,英美法系国家的法院通过审判活动,实际上也行使广义的立法权。

其次,按照立法权的行使是否受其他国家机关的制约,可以分为独立的立法体制和制衡的立法体制。前者是指一个国家机关行使立法权不受其他国家机关制约的立法体制。后者是指一个国家机关行使立法权要受到其他国家机关制约的立法体制。在当代,一般代议机关实行一院制的国家,大多属于独立的立法体制;实行两院制的国家,大多属于制衡的立法体制。此外,在有些国家中,代议机关以外的国家机关也可以对其立法活动加以制约,如美国总统对国会立法的否决权。

3. 从国家结构形式的角度对立法体制进行分类

首先,按照中央政权和地方政权行使立法权的情况,可以分为一级立法体制和二级立法体制。前者是指立法权只能由中央政权中的国家机关行使的立法体制。后者是指立法权分别由中央政权中的国家机关和地方政权中的国家机关行使的立法体制。

其次,按照中央政权和地方政权行使国家立法权的情况,还可以分为中央集权的立法体制和中央与地方分权的立法体制。这种分类与上一种分类实质上是一样的,只是更能说明集权和分权的程度。一般来说,单一制国家中央集权程度高,立法权集中于中央;联邦制国家分权程度高,有些国家的立法权根据宪法规定,按照立法事项的不同,由中央和地方分别或共同行使。

(三)当代中国的立法体制

按照《中华人民共和国宪法》(下称《宪法》)和《中华人民共和国立法法》(下称《立法法》)的规定,我国现行的立法体制同当今世界普遍存在的几种典型的立法体制都有所不同。从立法权限划分的角度看,它是中央统一领导和一定程度分权的,多级并存、多类结合的立法权限划分体制。最高国家权力机关及其常设机关统一领导,国务院行使相当大的权力,地方行使一定权力,是我国当前立法体制的突出特征。①

1. 全国人大及其常委会的立法权限

全国人大及其常委会行使国家立法权。全国人大制定和修改刑事、民事、国家机构的和其他的基本法律。全国人大常委会制定和修改除应当由全国人大制定的法律以外的其他法律;在全国人大闭会期间,对全国人大制定的法律进行部分补充和修改,但是不得同该法律的基本原则相抵触。

同时,《立法法》第八条还规定了全国人大及其常委会的专属立法事项:①国家主权的事项;②各级人大、人民政府、人民法院和人民检察院的产生、组织和职权;③民族区域自治制度、特别行政区制度、基层群众自治制度;④犯罪和刑罚;⑤对公民政治权利的剥夺、限制人身自由的强制措施和处罚;⑥税种的设立、税率的确定和税收征收管理等税收基本制度;⑦对非国有财产的征收、征用;⑧民事基本制度;⑨基本经济制度以及财政、海关、金融和外贸的基本制度;⑩诉讼和仲裁制度;⑪必须由全国人大及其常委会制定法律的其他事项。

2. 国务院及其下属部、委、直属机构的立法权限

国务院根据《宪法》和法律,制定行政法规。同时,《立法法》第六十五条第二款指出,行政法规可以就下列事项作出规定:①为执行法律的规定需要制定行政法规的事项;②《宪法》第八十九条规定的国务院行政管理职权的事项。

《立法法》第八十条规定:国务院各部、委员会、中国人民银行、审计署和具有行政管理职能的直属机构,可以根据法律和国务院的行政法规、决定、命令,在本部门的权限范围内,制定规章。部门规章规定的事项应当属于执行法律或者国务院的行政法规、决定、命令的事项。没有法律或者国务院的行政法规、决定、命令的依据,部门规章不得设定减损公民、法人和其他组织权利或者增加其义务的规范,不得增加本部门的权力或者减少本部门的法定职责。同时,《立法法》第八十一条还规定:涉及两个以上国务院部门职权范围的事项,应当提请国务院制定行政法规或者由国务院有关部门联合制定规章。

3. 省、自治区、直辖市和设区的市的权力机关和行政机关的立法权限

省、自治区、直辖市的人大及其常委会根据本行政区域的具体情况和实际需要,在不同宪法、法律、行政法规相抵触的前提下,可以制定地方性法规。设区的市的人大及其常委会根据本市的具体情况和实际需要,在不同宪法、法律、行政法规和本省、自治区的地方性法规相抵触的前提下,可以对城乡建设与管理、环境保护、历史文化保护等方面的事项制定地方性法规,报省、自治区的人大常委会批准后施行。《立法法》第七十三条规定了地方性法规可以就下列事项作出规定:(1)为执行法律、行政法规的规定,需要根据本行政区域的实际情况作具体规定的事项;(2)属于地方性事务需要制定地方性法规的事项。除本法第八条规定的事项外,其他事项国家尚未制定法律或者行政法规的,省、自治区、直辖市和设区的市、自治州根据本地方的具体情况和实际需要,可以先制定地方性法规。

《立法法》第八十二条规定:省、自治区、直辖市和设区的市、自治州的人民政府,可以根据法律、行政法规和本省、自治区、直辖市的地方性法规,制定规章。地方政府规章可以就下列事项作出规定:①为执行法律、行政法规、地方性法规的规定需要制定规章的事项;②属于

---

① 张文显:《法理学》,高等教育出版社2007年版,第227—228页。

本行政区域的具体行政管理事项。设区的市、自治州的人民政府根据本条第一款、第二款制定地方政府规章,限于城乡建设与管理、环境保护、历史文化保护等方面的事项。已经制定的地方政府规章,涉及上述事项范围以外的,继续有效。

4. 民族自治地方的权力机关的立法权限

民族自治地方的人大有权依照当地民族的政治、经济和文化的特点,制定自治条例和单行条例。自治区的自治条例和单行条例,报全国人大会常委会批准后生效。自治州、自治县的自治条例和单行条例,报省、自治区、直辖市的人大常委会批准后生效。同时,《立法法》第七十五条第二款规定:自治条例和单行条例可以依照当地民族的特点,对法律和行政法规的规定作出变通规定,但不得违背法律或者行政法规的基本原则,不得对宪法和民族区域自治法的规定以及其他有关法律、行政法规专门就民族自治地方所作的规定作出变通规定。

5. 中央军事委员会及其各总部、军兵种、军区的立法权限

《立法法》第一百零三条规定:中央军事委员会根据宪法和法律,制定军事法规。中央军事委员会各总部、军兵种、军区、中国人民武装警察部队,可以根据法律和中央军事委员会的军事法规、决定、命令,在其权限范围内,制定军事规章。军事法规、军事规章在武装力量内部实施。军事法规、军事规章的制定、修改和废止办法,由中央军事委员会依照本法规定的原则规定。

6. 香港、澳门两个特别行政区的立法权限

实行"一国两制"后,中国法律的主体部分即大陆地区的法律,仍然保持社会主义的性质不变,而其非主体部分,即回归祖国后香港特别行政区和澳门特别行政区的法律,仍保持资本主义的性质不变。这不但在理论上给我国法的本质带来了"一国两制"的独特情况,而且给我国现行立法体制也带来了新的发展变化。我国政府已分别于 1997 年 7 月 1 日和 1999 年 12 月 20 日对香港、澳门恢复行使主权。香港、澳门设立特别行政区后,其与《中华人民共和国香港特别行政区基本法》《中华人民共和国澳门特别行政区基本法》不相抵触的原有法律不变。同时,特别行政区还享有独立的立法权,可以根据其经济、政治、文化发展的需要制定法律。

三、立法原则

(一) 立法原则概述

立法原则是指在一国立法活动中起指导作用的思想和具有基础或本源意义的稳定的法律原理和准则。它集中地体现了一国立法的基本性质、内容和价值取向。它是人们从长期的立法实践中概括出来的,是一国法律原则的重要组成部分。①

我国在多年的立法工作中,创造、总结了许多经验,形成了具有中国特色的社会主义立法原则。对于这些原则,许多法理学和立法学的著述在基本看法一致的前提下,各有不同的表述。例如,孙国华、朱景文教授主编的《法理学》就将我国的立法原则概括为:实事求是,一切从实际出发的原则;原则性与灵活性相结合的原则;维护法律的严肃性、稳定性和连续性的原则;有创建性、纲领性的原则;坚持群众路线,实行领导与群众相结合的原则;总结我国

---

① 朱力宇、张曙光:《立法学》,中国人民大学出版社 2009 年版,第 55 页。

经验与借鉴外国经验相结合的原则。[①]

同时,《立法法》根据我国国情和多年立法工作的经验,也规定了我国的立法原则。《立法法》第三条规定:"立法应当遵循宪法的基本原则,以经济建设为中心,坚持社会主义道路、坚持人民民主专政、坚持中国共产党的领导、坚持马克思列宁主义毛泽东思想邓小平理论、坚持改革开放。"《立法法》第四条规定:"立法应当依照法定的权限和程序,从国家整体利益出发,维护社会主义法制的统一和尊严。"《立法法》第五条规定:"立法应当体现人民的意志,发扬社会主义民主,坚持立法公开,保障人民通过多种途径参与立法活动。"《立法法》第六条规定:"立法应当从实际出发,适应经济社会发展和全面深化改革的要求,科学合理地规定公民、法人和其他组织的权利与义务、国家机关的权力与责任。法律规范应当明确、具体,具有针对性和可执行性。"

结合学术界关于我国立法原则的理论表述和《立法法》的上述规定,我们认为,我国的立法原则主要有四:一是立法的宪法原则;二是立法的法治原则;三是立法的民主原则;四是立法的科学原则。

(二) 立法的宪法原则

宪法是国家的根本法,是"母法",是其他法律、法规制定的根据和基础。立法应当遵循宪法原则,是当今世界各国立法最基本的准则。[②] 我国 1982 年《宪法》第五条规定:"一切法律、行政法规和地方性法规都不得同宪法相抵触。"《宪法》第八十九条规定国务院制定行政法规时也要以宪法与法律为根据。这是我国立法应当遵循宪法原则的宪法依据。《立法法》第三条规定:"立法应当遵循宪法的基本原则,以经济建设为中心,坚持社会主义道路、坚持人民民主专政、坚持中国共产党的领导、坚持马克思列宁主义毛泽东思想邓小平理论,坚持改革开放。"《立法法》第七十八条规定:"宪法具有最高的法律效力,一切法律、行政法规、地方性法规、自治条例和单行条例、规章都不得同宪法相抵触。"这就进一步在专门规范立法活动的规范性法律文件中明确和重申了我国立法的宪法原则。《立法法》所确立的宪法原则不仅仅在于它确立宪法至高无上的地位和效力,更重要的是,它是作为一项政治原则而被确立的,亦即执政党在社会主义初级阶段的基本路线——以经济建设为中心,以坚持"四项基本原则"和坚持改革开放为两个基本点。

作为立法的首要原则,宪法原则的意义在于:其一,强调我国现阶段的立法为经济建设服务。党的十四大提出了建立社会主义市场经济体制的目标,法制建设在于不断完善社会主义市场经济法律体系。经过二十多年的立法实践,我国已基本确立了有中国特色的社会主义市场经济法律体系,为社会主义市场经济建设保驾护航。其二,现阶段的立法仍然坚持四项基本原则为根本的指导原则。党的十三大提出了建设有中国特色的社会主义,但我国的社会主义还处于初级阶段。我国的立法是在坚持社会主义道路、坚持人民民主专政、坚持中国共产党的领导、坚持马列主义毛泽东思想邓小平理论的前提下的立法,是我国立法所应坚持的根本的政治方向。其三,立法应与改革开放相得益彰。一方面,改革开放的成果需要不断地通过立法来确定与巩固下来,为改革开放的不断深入提供法律保障;另一方面,改革开放的不断发展,各方面的社会生活发生了重大而深刻的变化,产生的大量的、新型的社会

[①] 孙国华、朱景文:《法理学》,中国人民大学出版社 2004 年版,第 262—266 页。
[②] 张文显:《法理学》,高等教育出版社 2007 年版,第 235 页。

关系需要通过法律来加以调整,提出了立法的新任务,促进法律体系的完善。

(三) 立法的法治原则

法治原则既是宪法的基本原则,也是立法应遵循的基本准则。我国《宪法》第五条第一款规定:"中华人民共和国实行依法治国,建设社会主义法治国家。"《立法法》第四条规定:"立法应当依照法定的权限和程序,从国家整体利益出发,维护社会主义法制的统一和尊严。"这是我国立法的法治原则的宪法依据和法律依据。法治原则对立法提出了以下几方面的要求:

首先,立法应当依照法定的权限和程序来进行。所谓依照立法的法定权限,是指立法要依照宪法、法律关于立法权限的划分制度即立法体制的规定进行,各立法主体只能在自己的立法权限范围内行使立法权,不得超越立法权限的范围,也不得怠于行使自己的立法权。所谓依照立法的法定程序,是指立法要依照宪法、法律和有关规范性文件规定的程序进行。《立法法》专门规定了全国人大及其常委会制定法律的程序,并且还规定:行政法规的决定程序依照《中华人民共和国国务院组织法》的有关规定办理;地方性法规案、自治条例和单行条例案的提出、审议和表决程序,根据《中华人民共和国地方各级人民代表大会和地方各级人民政府组织法》,参照《立法法》第二章第二节、第三节、第五节的规定,由本级人民代表大会规定;国务院部门规章和地方政府规章的制定程序,参照《立法法》第三章的规定,由国务院规定。各立法主体制定、修改、补充及废止规范性法律文件均必须依照相应的立法程序来进行。立法应当依照法定的权限和程序意味着立法过程绝不能因人因言而废法废制,这样立法才不会有随意性,才不是"长官意志"的产物。法律一经制定,就要严格遵守和适用,即使要修改、补充或废止,也必须依照法定权限和程序进行。①

其次,立法应从国家整体利益出发。这是我国立法工作的根本出发点。在我国,虽然人们在根本利益、共同利益方面是一致的,已经不存在对抗关系,但是还存在不同的利益主体,他们的利益要求也有所不同,多种、多元利益间还存在差异和矛盾。特别是随着现代化建设和改革开放的发展,在广大人民群众普遍得到更多更大的利益的同时,利益格局也发生了新变化。可以说,在我国向现代化社会转型的过程中,建设和改革的每一步都涉及利益关系的调整。利益关系的调整,利益格局的打破与重建,都需要对各种利益作出取舍和协调,这既是立法工作的关键,也是其难点。但是无论如何,取舍和协调的出发点都应当是国家的整体利益;而国家的整体利益,应当坚持以有利于发展生产力、有利于增强我国综合国力、有利于提高人民生活水平的标准来进行判断,应当从能够代表先进生产力、代表全中国人民的利益、代表先进文化来进行考虑。

最后,立法应维护社会主义法制的统一和尊严。这是我国立法所要达到的目的。这具体有两方面的要求:①要维护我国法的体系的整体统一性和内在协调性。这种整体统一性既是法律内容的统一,又是法律形式的统一。它主要表现为:现行法律在指导思想、基本原则、规范、概念、术语等方面都应当是统一的,不能相互矛盾。这种内在协调性主要表现为:一切现行法律都必须与宪法保持一致,而不得与之相抵触;各法律部门之间也必须保持一致,不应相互矛盾;上位法规范应当在下位法规范中得到具体化。②要维护我国法的体系的尊严性。要实现这点,又必须做到:第一,立法要严肃谨慎,听取各方面的意见,权衡利弊,预

---

① 朱力宇、张曙光:《立法学》,中国人民大学出版社 2009 年版,第 64 页。

测实施中可能出现的问题,将社会实践证明是成熟的、正确的经验和做法,用法的形式肯定下来。第二,立法要注意法的稳定性,绝不能朝令夕改。这样,法的稳定性得以增强,法的权威也就可以逐渐确立。第三,要保持法的连续性。法的立、改、废,应当注意保持与旧法在内容和效力等方面的衔接;在新法生效之前不能随意终止旧法的效力。

(四)立法的民主原则

民主既是一种国家制度,意味着多数人对少数人的统治;民主又是一定的政治原则和权利,意味着必须按照少数服从多数的原则组织国家政权和行使国家权力,必须在法律上承认全体公民一律平等,全体公民有决定国家制度和管理国家的平等权利;民主还是一种工作方法,意味着必须按照少数服从多数的方法进行决策,包括立法决策。《立法法》第五条规定:"立法应当体现人民的意志,发扬社会主义民主,坚持立法公开,保障人民通过多种途径参与立法活动。"这确立了我国立法的民主原则。民主原则对立法提出了以下几方面的要求:

首先,立法应当体现人民的意志。这是由我国的国家性质决定的。我国《宪法》第二条规定:"中华人民共和国的一切权力属于人民。"因此,立法权在最终意义上是属于人民的,享有立法权的国家机关实质上是在代表人民行使立法权。立法机关既然是代表人民或受人民委托行使立法权,因此必须以人民的利益为依归,但由于代议制民主本身的局限性,立法机关行使立法权时并不一定符合人民的利益,有时甚至损害人民的利益,也即立法权的行使可能出现异化的现象——立法者本来是应代表人民(选民)利益的,但在被选举出来后,却成为人民的统治者,甚至是压迫者。由此,也就必然对立法权之行使提出正当性的要求。而要实现立法权的正当行使,又必须设置相应的控制机制来约束立法者和立法机关行使立法权的行为,因为缺乏约束的权力必然走向腐化和变异。

其次,立法应当发扬社会主义民主。这是执政党的群众路线在立法工作中的体现。群众路线,就是一切依靠群众,一切为了群众,从群众中来,到群众中去,实行领导和群众相结合。只有坚持群众路线的民主立法,才可能确实反映广大人民群众的根本利益和共同意志。在立法过程中,实行群众路线,既是我国立法的民主性质的体现,也是通过充分发扬民主而达致集中的过程。在立法工作中坚持群众路线,并不等于就是要实行"群众立法"。立法工作是国家机关的专有活动,必须由享有立法权的国家机关按照法定程序来进行。所以,在立法中要实行领导与群众相结合、专门机关与群众相结合,在广泛发扬民主的基础上,由领导和专门机关作出适当的、正确的集中。民主作为一种重要的政治原则、程序和方法,贯穿始终的就是要实行少数服从多数。实行少数服从多数,严格按民主程序立法,实际上就是按多数人的意愿办事。在立法过程中实行少数服从多数,并不是不考虑少数人的意见和利益。在现代社会,民主不仅仅意味着"大多数人的统治"和"少数服从多数",它更意味着"多数对少数的尊重",其完整的内涵应该是"尊重少数前提下的多数人的统治"。因此,民主的立法过程并非绝对的"多数决定一切"的过程,对少数意见的尊重亦应当是其应有之义。立法程序在少数服从多数的基础上,肯定和承认少数的权利,在程序运行的各个阶段,少数与多数享有平等的程序权利,他们有机会充分表达自己的意见并通过交涉与说服而有机会使自身也成为多数。

最后,要保障人民通过多种途径参与立法活动。这是民主立法必须采取的方法。在各种立法活动中,不仅要集中委员们、代表们和国家机关工作人员的意见,要听取、反映和集中各方面专家、实际工作者的意见,也要征求人民群众的意见。① 在中华人民共和国的立法史上,从中华人民共和国成立初期第一部宪法的制定,到改革开放之后1982年宪法的修改和《刑法》《刑事诉讼法》《民法通则》《民事诉讼法(试行)》等多部重要法律的制定,坚持民主立法原则,在立法过程中采用立法调研、座谈会、论证会、听证会、书面征求意见、公布法律草案征求意见、公开征集立法项目建议、列席和旁听立法机关会议等形式,广泛征求相关机关、单位和各方面专家、实际工作者以及群众的意见,形成了比较浓厚的民主立法氛围。在总结以往成功经验的基础上,《立法法》第三十六条和第三十七条进一步明确了人民参与立法的各种途径和形式。②

(五)立法的科学原则

立法的科学化有助于提高立法质量和产生法治所需之"良法",有益于尊重立法规律,克服立法中的主观随意性和盲目性,也有利于在立法中避免或减少失误和错误,降低立法成本,提高立法效益。③ 所以,现代各国一般都很重视立法的科学化,并将科学原则作为立法的基本准则之一。我国《立法法》第六条规定:"立法应当从实际出发,适应经济社会发展和全面深化改革的要求,科学合理地规定公民、法人和其他组织的权利与义务、国家机关的权力与责任。法律规范应当明确、具体,具有针对性和可执行性。"从而确立了我国立法的科学原则。科学原则对立法提出了以下三方面的要求:

首先,立法要尊重客观规律,坚持实事求是、一切从实际出发的方针。马克思在强调立法必须尊重客观规律这点时指出:"立法者应该把自己看作一个自然科学家。他不是在制造法律,不是在发明法律,而仅仅是在表述法律。他把精神关系的内在规律表现在有意识的现行法律之中。如果一个立法者用自己的臆想来代替事情的本质,那么我们就应该责备他极端任性。"④立法要尊重客观规律,最重要的就是坚持实事求是、一切从实际出发的方针,在

---

① 对于立法过程而言,民主化的一个主要方面就是要求立法机关的立法活动具有更多的公开性,通过各种途径听取公众的意见,让公众直接参与立法过程并为这种参与提供有效的条件,从而使其不至于流于形式。通过公众的参与而促使立法民主化的过程,实际上也就是立法权向公众"回归"的过程。在代议制民主下,立法机关的立法活动,一般属于间接立法,即由人民选出代表,由代表组成代议机关,再由代议机关代表人民制定法律。但是,在利益格局多元化的现代社会,仅仅靠民选的立法代表已经越来越难以充分反映公众的不同利益需求。这就需要在一定程度上实现立法权的"回归",以公众的直接参与来弥补民选立法代表在反映民意方面不够充分之缺陷。参见易有禄著:《正当立法程序研究》,中国社会科学出版社2009年版,第112页。

② 《立法法》第三十六条规定:"列入常务委员会会议议程的法律案,法律委员会、有关的专门委员会和常务委员会工作机构应当听取各方面的意见。听取意见可以采取座谈会、论证会、听证会等多种形式。法律案有关问题专业性较强,需要进行可行性评价的,应当召开论证会,听取有关专家、部门和全国人民代表大会代表等方面的意见。论证情况应当向常务委员会报告。法律案有关问题存在重大意见分歧或者涉及利益关系重大调整,需要进行听证的,应当召开听证会,听取有关基层和群体代表、部门、人民团体、专家、全国人民代表大会代表和社会有关方面的意见。听证情况应当向常务委员会报告。常务委员会工作机构应当将法律草案发送相关领域的全国人民代表大会代表、地方人民代表大会常务委员会以及有关部门、组织和专家征求意见。"第三十七条规定:"列入常务委员会会议议程的法律案,应当在常务委员会会议后将法律草案及其起草、修改的说明等向社会公布,征求意见,但是经委员长会议决定不公布的除外。向社会公布征求意见的时间一般不少于三十日。征求意见的情况应当向社会通报。"这些规定在一定程度上改变了我国公众立法参与长期以来缺乏明确的制度性规定的状况,标志着我国公众立法参与开始走上了法律化和制度化的轨道。这极大地推动和促进了我国立法的民主化进程。2008年4月,按照党的十七大精神和十一届全国人大第一次会议的要求,推进科学立法、民主立法,进一步扩大公民对立法工作的有序参与,全国人大常委会委员长会议决定,今后全国人大常委会审议的法律草案,一般都予以公开,向社会广泛征求意见。这标志着常委会公布法律草案、公开征求意见工作将进入常态化。

③ 张文显:《法理学》,高等教育出版社2007年版,第237页。

④ 《马克思恩格斯全集》(第1卷),人民出版社1956年版,第183页。

把握我国社会主义初级阶段基本国情的基础上,从自己的实际情况出发,理论联系实际,加强调查研究,深入广泛了解社会发展的立法需求。只有这样,才可能使立法符合客观规律,也才可能制定出符合社会发展客观需要的法律。而且,立法本身科学与否还要接受社会实践的检验。实践是检验真理的唯一标准,当然也包括检验立法在内。这就要求立法必须从中国实际出发,解决中国的实际问题,并且以中国的实践来检验。实事求是,适合中国的现实和国情,既是我国立法工作的出发点,也是检验立法的结果是否科学、正确的归宿。立法作为人类的社会活动,要接受实践的检验,其标准就是在社会中要适应生产力和生产关系、经济基础和上层建筑的发展要求。所以,检验立法是否符合实际,是否科学正确,归根到底就是邓小平同志归纳的"三个有利于"的标准。

其次,立法要科学合理地规定权利与义务、权力与责任。从对各种利益的取舍和协调的角度看,立法就是将利益关系法律化、规范化和制度化的过程。在此过程中,立法工作主要是围绕着设定权利和义务或权力和责任而展开的。立法对各种利益取舍和协调的结果,最终总是通过对各种权利和义务或权力和责任的设定体现出来的。所以,立法应当科学合理地规定公民、法人和其他组织的权利与义务、国家机关的权力与责任。我国《宪法》第三十三条第三款规定:"任何公民享有宪法和法律规定的权利,同时必须履行宪法和法律规定的义务。"《宪法》第五十一条还规定:"中华人民共和国公民在行使自由和权利的时候,不得损害国家的、社会的、集体的利益和其他公民的合法的自由和权利。"这就要求立法以公民行使权利和履行义务一致为基础,不允许任何人只享受权利而不履行义务,也不允许任何人只履行义务而不享受权利,任何人都没有超越法律的特权;同时,立法要保证任何公民在行使自由和权利时不致滥用权利和自由。在立法工作中,究竟应当如何科学合理地设定权利和义务,应当从实际出发,尊重立法本身的规律性。国家机关的权力和责任与公民、法人和其他组织的权利和义务有所不同,其根本的区别就是,国家机关是代表国家执行国家职能的,其权力属于国家和人民,而不是属于单位的,更不是属于个人的。所以,其权力也就是对国家和人民的责任。从该意义上说,国家机关的职权也是其职责,不得放弃,否则就是失职。这就要求立法对权力的行使进行监督,要以法律制约权力,防止权力的滥用;同时立法也要保证国家机关工作的效率。在立法工作中,究竟应当如何科学合理地设定权力和责任,同样应当从实际出发,尊重立法本身的规律性。

最后,法律规范应当明确、具体,具有针对性和可执行性。在我国的立法实践中,由于受以往"立法宜粗不宜细"的立法指导思想的影响及各方面主客观条件的限制,有些法律制定出来后,有的规定过于原则甚至是模糊,有的规定不具针对性和可行性,从而在很大程度上影响了法律的实施效果。鉴于此,2015年修改《立法法》时,专门在第六条从立法的科学原则的角度,提出了上述要求。

四、立法程序

(一) 立法程序的概念

对于何谓立法程序,学者间的阐释因分析视角和界定方法的不同而在具体表述上存在或大或小的差异。从立法程序概念的实际使用情况来看,一般是在下述几种意义上使用这一概念的:

(1) 第一种意义上的立法程序,是指立法机关(议会或其他代议机关)行使制定法律、预算审查、质询、同意等所有职权的程序。① 此种意义上的"立法程序",其外延最为广泛,既包括立法机关行使立法权的程序,也包括其行使其他职权(如财政权、质询权、同意权、调查权、监督权、弹劾权等)的程序,故可称之为广义的立法程序。

(2) 第二种意义上的立法程序,是指有权机关,在制定、认可、修改、补充和废止法的活动中,所遵循的法定的步骤和方法。此"有权机关"既包括立法机关(议会或其他代议机关),也包括依照一国宪法或宪法性法律或者根据立法机关的授权而享有立法职权的其他机关(如行政机关)。② 这种意义上的"立法程序",可称之为中义的立法程序。

(3) 第三种意义上的立法程序,是指立法机关(议会或其他代议机关)在制定、认可、修改和废止法律上的工作程序、步骤和方法。③ 这种意义上的"立法程序",外延最窄,仅限于立法机关创制规范性法律文件的程序,故可称之为狭义的立法程序。

上述广义、中义及狭义三种意义上的立法程序之间的差异主要表现在两个方面:首先是在立法程序的主体上,广义和狭义的立法程序的主体仅限于立法机关(议会或其他代议机关),而中义的立法程序的主体,则既包括立法机关,也包括其他享有立法职权的国家机关。其次是在立法程序的内容上,中义和狭义的立法程序,仅限于立法机关或其他享有立法职权的国家机关行使立法职权(即进行立法活动)所应遵循的程序,而广义的立法程序,则不限于立法机关行使立法权所应遵循的程序,还包括立法机关行使立法权以外的其他职权所应遵循的程序。相比较而言,由于广义的立法程序概念将立法机关履行立法职能以外的其他职能的程序也纳入其中,从而有失宽泛;而狭义的立法程序概念将立法程序的主体仅限于议会或其他代议机关,从而过于狭窄。因此,我们认为,对立法程序的概念应采中义的解释。

尽管立法程序属于立法中的形式方面,却不是可有可无的,而是依法享有立法权的国家机关或个人在立法时必须严格遵循的。事实上,立法程序往往直接影响并体现立法内容,影响立法质量。严格、合理、健全的立法程序,不仅是立法本身的要求,而且是一个国家或地区民主法制发展程度的表征。我们认为,从立法权运行过程及其结果的视角看,立法程序主要具有以下四个方面的基本功能:①立法过程的民主化功能;②立法决策的理性化功能;③立法结果的正当化功能;④权力控制的程序化功能。对于我国来说,落实依法治国、建设社会主义法治国家的基本方略,首先就要加强立法工作,加快立法步伐,提高立法质量,而这需要完善的立法程序作保证。总之,无论从哪方面来讲,高度重视立法程序都是十分必要的、重要的。

(二) 立法程序的阶段

立法程序应当包括哪些阶段或环节?对此问题学者间的观点不一。有的学者认为立法程序包括四个阶段,即提出法律草案、讨论法律草案、通过法律、公布法律;④有的学者主张立法程序大体上可以分为制定立法规划、起草法律草案、提出法律草案、通过法律草案、公布法律六个阶段构成。⑤ 也有学者提出立法程序是指自法案提出到最后表决通过的过程,主

---

① 罗传贤:《立法程序与技术》,五南图书出版公司1996年版,第328页。
② 周旺生:《立法学教程》,北京大学出版社2006年版,第238页。
③ 李步云、汪永清:《中国立法的基本理论和制度》,中国法制出版社1998年版,第144页。
④ 吴大英、任允正、李林:《比较立法制度》,群众出版社1992年版,第385页。
⑤ 李步云、汪永清:《中国立法的基本理论和制度》,中国法制出版社1998年版,第144页。

要包括提案、辩论、质询、投票表决以及协调歧见等几个阶段。① 还有学者认为,立法程序与立法活动过程是紧密相连、相通的,在立法活动过程的各个阶段(立法准备阶段、由法案到法的阶段、立法完善阶段)均存在立法程序,即立法程序是贯穿于整个立法活动过程中的,它不限于议会阶段或由法案到法的阶段的程序,也包括立法准备阶段和立法完善阶段的程序。②

在我们看来,立法程序的阶段划分实际上是一个涉及立法程序的时间范围的问题,即以什么行为的实施作为立法程序的起点和终点。上述学者们在立法程序阶段划分上的观点分歧,均和该问题有着直接的关联。很显然,如果将立法程序的起点延伸至立法准备阶段和将立法程序的终点推后至立法完善阶段,那么立法准备阶段的某些立法行为(如立法规划、法案起草)或(和)立法完善阶段的某些立法行为(如法的修改、补充和废止)所应遵循的步骤和方法,均属于立法程序,也就意味着立法程序在时间范围上不限于法的确立阶段(即由法案到法的阶段),它也包括立法准备和立法完善阶段。而如果将立法程序的时间范围界定为法的确立阶段,那就只有提出法案、审议法案、表决法案及签署和公布法律等立法行为所应遵循的步骤和方法才属于立法程序,相应地,立法程序在阶段划分上也就只限于这几个阶段。因此,上述关于立法程序阶段划分的各种观点均各有其合理性。鉴于各国的立法程序性规定主要限于法的确立阶段的提出法案、审议法案、表决法案及公布法律等四个方面,故本书对立法程序的分析也主要限于这四个方面。

(三) 立法程序的内容

立法程序的具体内容因不同国家、不同类别和不同阶段的立法而有区别,这里主要以我国全国人大及其常委会为例,对立法确立阶段的立法程序的内容作些介绍与分析。

根据《中华人民共和国宪法》《中华人民共和国立法法》《中华人民共和国全国人民代表大会组织法》《中华人民共和国全国人民代表大会议事规则》和《中华人民共和国全国人民代表大会常务委员会议事规则》的规定,全国人大及其常委会的立法程序是:

1. 法律案的提出

法律案的提出,即由享有法定权限的国家机关或个人向全国人大或者全国人大常委会提出关于制定、修改、废止某项法律的建议。有权向全国人大提出法律案的机关和人员有:全国人大主席团、全国人大常委会、国务院、中央军事委员会、最高人民法院、最高人民检察院、全国人大各专门委员会、一个代表团或者三十名以上的代表联名;有权向全国人大常委会提出法律案的机关和人员是:委员长会议、国务院、中央军事委员会、最高人民法院、最高人民检察院、全国人大各专门委员会、常务委员会组成人员十人以上联名;有权向全国人大提出宪法修正案的机关和人员是:全国人大常委会或者五分之一以上的全国人大代表。

2. 法律案的审议

法律案的审议,即全国人大及其常委会对已经列入议程的法律案正式进行审查、讨论等的活动。根据我国宪法和有关法律的规定,全国人大审议法律案的形式有代表团全体会议审议、代表小组会议审议、主席团会议审议和大会全体会议审议。

3. 法律案的通过

法律案的通过,即全国人大及其常委会对经过审议的法律案进行表决以决定是否同意

---

① 易有禄:《立法程序的功能分析》,《江西社会科学》,2010年第5期。
② 周旺生:《立法学教程》,北京大学出版社2006年版,第240—241页。

的活动。我国《宪法》第六十四条规定:"宪法的修改,由全国人民代表大会常务委员会或者五分之一以上的全国人民代表大会代表提议,并由全国人民代表大会以全体代表的三分之二以上的多数通过。法律和其他议案由全国人民代表大会以全体代表的过半数通过。"《立法法》第二十四条规定:"法律草案修改稿经各代表团审议,由法律委员会根据各代表团的审议意见进行修改,提出法律草案表决稿,由主席团提请大会全体会议表决,由全体代表的过半数通过"。《立法法》第四十一条规定:"法律草案修改稿经常务委员会会议审议,由法律委员会根据常务委员会组成人员的审议意见进行修改,提出法律草案表决稿,由委员长会议提请常务委员会全体会议表决,由常务委员会全体组成人员的过半数通过。"

4. 法律的公布

法律案在获得通过以后还不是正式的法律,因为如果不予公布,它就不能发生法律效力。公布法律的目的,在于让人们知晓法律的内容,从而便于遵循和运用。"刑不可知,则威不可测"只是古代君主专制社会的做法。在现代社会,法布于众,则是法治的基本要求。在我国,全国人大及其常委会通过的法律均由国家主席以主席令的形式予以公布,公布的途径是在全国人大常委会公报和在全国范围内发行的报纸上刊登,其中,在全国人大常委会公报上刊登的法律文本为标准文本。

第二节 执 法

一、执法的含义与特征

执法,即法律的执行,是指国家机关执行法律的活动。关于执法的概念,法学界有不同的认识,存在广义与狭义两种不同的观点。广义的执法,是指所有国家行政机关、司法机关及其公职人员依照法定的职权和程序实施法律的活动。狭义的执法,仅指国家行政机关及其公职人员依法行使管理职权、履行职责从而实施法律的活动。一般而言,人们在使用执法这一概念时,是从狭义上理解的,如人们把行政机关称为执法机关就是在狭义上使用执法这一概念的。本章所用的执法一词也是指其狭义。

根据具体执法途径的不同特性,执法可以分为制定行政规范性文件、进行法律解释、实施行政处理(处理形式主要有行政许可、行政征收、行政给付、行政确认和裁决)、进行行政监督检查、实施行政强制和科处行政处罚。执法与司法等其他法的实施形式比较,具有下列特征:

1. 执法主体的特定性

只有国家行政机关和法律法规授权的组织才能作为行政执法的主体,其他任何国家机关、社会团体及其工作人员,均不得作为行政执法的主体,即无权行使行政执法权。应当注意的是,执法是政府以国家的名义,在法律规定的职权范围内,依照法定的程序,运用法律对社会进行的行政管理。因此,无论哪一级政府机关及其所属职能部门的组织管理工作,都不是以该政府或部门的名义进行,而是以整个国家的名义进行。换言之,执法应当体现国家的意志,执法主体不过是国家的代表,它们依法从事行政执法行为,并因在职务行为过程中滥用权力对执法相对人造成的损失承担国家赔偿责任。

2. 执法内容的广泛性、多层次性和复杂性

行政执法是国家行政机关以法律为依据,代表国家对整个社会系统的各个层次、各个方面的组织、调控和管理,诸如经济、文化、卫生、教育、科技、劳动、社会福利、治安等等,无不属于行政执法的范围,因而行政执法在内容上体现出广泛性、复杂性和多层次性。这些特征可以从以下几个方面来进行把握:①从执法内容上看,行政执法的内容几乎涉及国家生活的各个领域以及公民个人生活的衣食住行、生老病死等各个方面;②从执法形式上看,既有各级政府的执法,又有各级政府业务主管部门的执法,也还有特定情况下法律、法规授权的组织和受委托组织的执法;③从执法数量上看,行政执法直接关系到众多的法律、法规在现实生活中发挥其组织管理社会的作用。

3. 执法方式的能动性

执法活动,是行政机关及其工作人员动用国家力量对社会生活实行全方位的组织管理,其目的在于促进法律规范的要求正常实现。因此,行政机关的执法活动不像司法活动那样具有被动性。行政执法是在行政法律关系内进行的,在行政执法关系中,国家行政机关与执法相对人之间形成了特殊的法律关系。这是一种管理与被管理、命令与服从的关系,它与民事法律关系的平等、有偿和双方意思表示一致性显然是有不同的。因此,在行政执法关系中,国家行政机关本身就是行政法律关系的参加者,所以执法机关代表国家,在法律关系中居于支配地位,其意思表示和处分行为对该法律关系具有决定的意义,而法律关系的相对方,即公民、法人或其他社会组织,通常总是处于相对被动地位。

4. 执法决定的单方面性

执法是国家管理性质的活动,执法主体与相对人之间形成的是行政法律关系。执法主体在该法律关系中居于支配地位,其意思表示和处分行为对于该法律关系具有决定的意义。执法决定一经依法作出即可成立,具有法律效力,而不需要相对人的同意。不过,需要指出的是,有的执法行为如行政复议、行政裁决、行政契约等,不具有单方面性。除以上四个特征外,执法还具有国家强制性、灵活性(即执法主体具有较大的自由裁量权)和效率性等特征。

5. 执法保障上的强制性

执法行为是执行法律的活动,法律的强制性必然体现为执法行为的强制性。执法主体只能根据法律的规定作出意思表示,不具有完全的意志自由,执法相对人对执法行为必须服从和配合。如果执法相对人不予服从和配合,就会导致强制执行。没有国家强制力为后盾,任何行政执法就无法实现,从而丧失其本身的意义。强制性既是法律在相应领域或事项上取得实效的保证,同时也是执法服务性的补充和保证。没有强制力作为后盾,就难以使执法保持实效性。执法的强制性与服务性并不矛盾,服务性是执法的常态,强制性是执法的反常状态的救济。尽管现代行政法学不再一味强调执法行为实施的强制性,而强调执法行为的可接受性和执法相对人的自愿接受,但这并不否定执法行为以强制性为后盾。这与民事法律行为的自愿性是不相同的。

二、执法的种类

国家执法主体所承担的行政事务内容庞杂,性质各异,各级执法主体内部又划分为不同

的主管部门,各自行使着不同的执法权力和承担着不同的任务。因此,执法作为国家活动的一种主要形式,涉及面广,内容众多,性质亦各异。但这并不意味着执法主体的一切活动都是执法行为,例如,执法主体对其内部生活方面事务的管理和行政性的礼仪活动等,这些行为不直接产生执法意义上的法律效力和法律后果,不属于执法行为。执法主体只有代表国家行使执法权,对各种行政事务进行组织和管理,并直接产生特定的行政法律效力和后果的行为,才属于执法行为。具体而言,这些行为大致可分为以下几种。

(一) 主动执法与被动执法

我国法学界依据执法行为是否应执法相对人的请求或申请而作出,将执法行为分为依职权行为和依申请行为(也称应申请或须申请的行为)两类。依职权行为通常是指执法主体根据法律赋予的职权,不待执法相对人的请求而主动为之的执法行为,如行政强制行为、行政处罚行为即属此类。所谓依申请的行为则是指执法主体根据执法相对人的申请而实施的执法行为,如行政复议行为、行政许可行为等即属此类。我们认为这一分类的依据是科学的,分类本身也是富有理论和实践意义的,但分类子项概念不甚恰当,即不应以"依职权行为"与"依申请行为"概念相对。这是因为执法主体不待执法相对人的请求而主动实施的行为,固然是其根据行政职权而实施的,但应执法相对人的请求而实施的行为同样也离不开行政职权,仍然是执法主体基于法律赋予的职权与职责而实施,离开了行政职权的依申请行为在现实生活中是不存在的。因此,我们认为,依据执法行为是否应执法相对人的请求而作出,将执法行为分为主动执法行为与被动执法行为两类更为合理。

(二) 抽象的执法与具体的执法

按照执法行为针对的执法相对人是否特定为标准,可将执法行为分为抽象执法行为与具体执法行为。抽象执法行为是指具有执法权能的组织针对不特定执法相对人所作的具有普遍约束力的执法行为。它包括执法主体制定行政法规、行政规章和其他行政规范性文件的行为,主要是为不特定的执法相对人提供行为规范。具体的执法行为是指具有执法权能的组织针对特定执法相对人适用行政法规范所作的、只对该特定执法相对人具有约束力的执法行为。如税务机关向特定企业征税的行为即是具体的执法行为。抽象的执法与具体的执法的分类意义主要在于救济方式上的不同。抽象的执法不得进行行政复议,亦不能被提起行政诉讼,而具体的执法则可进行行政复议和行政诉讼。

(三) 羁束性执法与裁量性执法

按执法主体在作出执法行为时受法律规范约束的程度不同,可以将执法行为分为羁束性执法行为与裁量性执法行为两类。羁束性执法行为是指法律规范对执法行为的条件、范围和程序等方面均有明确、具体的规定,执法主体基本上没有选择、裁量余地,只能受法律规范严格约束而作出的执法行为,如婚姻登记机关颁发结婚证的执法行为、税务机关按税法规定的税种和税率计征税额等的执法行为,均是羁束性执法行为。裁量性执法行为是指法律规范对执法行为的条件、范围和程序等方面的规定并不明确、具体,执法主体在遵守法律规范的同时,还具有一定的选择、裁量余地,必须根据实际情况进行判断所作的执法行为,如公安机关对具有违反治安管理行为的执法相对人,根据实际情况在《中华人民共和国治安管理处罚法》规定的警告、罚款或拘留中选择具体的罚种,在五日以上十日以下拘留中选择具体适用的拘留期限,以及在五百元以上一千元以下罚款数额中决定具体的罚款数额等,都是属于裁量性执法行为。羁束性执法行为和裁量性执法行为的分类,对分析和认定执法行为的合法性和公正性具有一定的意义。在法律适用上,羁束性执法行为一般只存在合法性问题,而裁量性执法行为不仅存在合法性问题,而且还存在合理性问题。应当注意的是,在我国现行的行政诉讼法上,对于裁量性执法行为不服的,只有"行政处罚显失公正的",法院方"可以判决变更"。

(四)自为的执法、授权的执法与委托的执法

以行政职权的来源为标准,可以把行政执法划分为自为的执法、授权的执法和委托的执法:①自为的执法指行政机关根据法律规定的职权,自己作出的行政执法。②授权的执法指特定的组织基于法律、法规等规范性文件授权,从事行政管理活动而实施的行政执法。法律授权的组织是以自己的名义作出行政执法,它实际上享有执法主体的资格。③委托的执法,是指由执法主体委托的其他组织或公民个人从事行政管理活动而实施的行政执法。这里执法主体与其他组织或个人是一种委托代理关系,其他组织或公民个人是以委托的执法主体的名义实施执法,并且这种执法的效果被委托的执法主体所吸收、承受。自为的执法、授权的执法与委托的执法的分类在行政救济上具有重要的意义。对于委托的执法,由于受委托的组织或个人并不具有执法主体的资格,不能对其作出的行为独立承担法律上的责任,因此,其不能成为行政诉讼的被告,执法相对人对有关的行政执法行为不服的,应以委托的执法主体作为被告。在行政复议中,亦应以委托的执法主体作为复议的对象,向其上一级行政机关提出相应的行政复议。而对于自为的执法与授权的执法,有关的执法主体则可独立承担行政执法行为的法律后果,可作为行政救济的独立对象。

(五)授益性执法、损益性执法与复效性执法

按照执法内容对执法相对人是否有利为标准,可以将执法行为分为授益性执法、损益性执法与复效性执法。授益性执法,又称为有利执法,它是指能为执法相对人带来权利或利益的执法,通常表现为执法主体为执法相对人设定权益或免除义务。如行政奖励、行政许可、行政救助等即是授益性执法。损益性执法,又称为不利执法或负担性执法,它是指给执法相对人带来不利后果的执法,通常表现为执法主体为执法相对人设定义务或剥夺、限制其权益。复效性执法,是指执法主体在赋予执法相对人权益的同时也为其设定义务的执法,或者是执法主体对具有相反利益的多个执法相对人中,给一部分执法相对人授予权益而对另一部分执法相对人造成损害的执法。如在行政裁决、行政复议或者在具有竞争性的行政许可行为中,均有可能出现复效性执法。执法的这一分类,对于把握不同执法的内容以及建立相应的执法规则都具有重要意义,比如授益性执法和损益性执法在违法时的撤销或变更规则就有所不同,授益性执法在超过诉讼时效期限后,即使违法,执法主体也不能随意加以撤销或变更,而损益性执法则没有这种限制。

(六)要式的执法与不要式的执法

按执法行为产生法律效力是否必须具备法定形式为标准,可以将执法行为分为要式的执法与不要式的执法。执法行为的法定形式有利于准确地载明执法主体的意思表示,体现执法行为的严肃性,分清责任,促进依法执法。要式的执法是指法律规范要求必须具备特定形式才能产生法律效力的执法,如发布行政法规必须采用国务院令的形式,行政许可必须具有特定的许可证形式等。不要式的执法是指法律规范没有要求产生法律效力必须具备特定形式的执法,如口头通知行为、表示同意或不同意的身体姿势等,都是不要式的执法。执法行为的这一分类,有利于正确把握不同执法行为的成立和生效条件。

（七）作为的执法与不作为的执法

按照执法主体对待自己法定职权和职责的态度不同,可以将执法分为作为的执法与不作为的执法。作为的执法是指执法主体积极运用法律规范规定的职权或职责而形成的执法行为,如执法主体进行行政检查、行政征收、行政处罚、行政强制、颁发执照和许可证等,均是作为的执法行为。不作为的执法是指执法主体消极对待法律规范规定的职权或职责,在法定期限或合理期限内拒不履行或拖延履行法定职责所形成的执法,如对执法相对人的请求不予答复等。执法行为的这一分类对于我们全面把握执法行为的各种形态,尤其是较为隐蔽的不作为的执法,健全相应的审查规则,全面监督执法主体依法行使职权和履行职责具有十分重大的意义。

三、执法的基本原则

执法必须遵循一定的基本原则。所谓执法的基本原则,是指贯穿于有关执法的法律规范之中,指导有关执法方面法律规范的制定、执行,规范行政执法行为实施和行政执法争议解决的基本准则。执法的基本原则体现着有关执法法律规范的精神实质,是执法的具体原则和规则存在的基础。同时,执法的原则反映着执法的价值目标,是执法理论中带有根本性的问题。

资产阶级革命取得胜利以后,西方国家渐次确立了行政法治的基本原则。英国法学家把行政法治原则概括为:政府的一切活动必须遵守法律;法治原则不局限于合法性原则,还要求法律必须符合一定标准,具备一定内容;法治原则表示法律的平等保护;法治原则表示法律在政府和公民之间无所偏袒。① 美国法学家认为,行政法治原则有三层含义:首先,法治原则承认法律的最高权威。法律必须规定公民的基本权利,要求政府依照法律行使权力,但法律必须符合一定标准和包含一定内容。否则,法律也可作为专制统治的工具。其次,要设立正当的法律程序。为了保护公民的利益不受政府和官员不正当的侵犯,必须在程序方面对政府权力的行使加以限制。最后,法律规定的权利和程序必须执行。为此,必须有保障权威的机构。② 一般认为,我国执法必须遵循的基本原则主要有合法性原则、合理性原则、效率原则和程序正当原则。③

（一）合法性原则

合法性原则是指执法权的存在、行使必须依据法律,符合法律,不得与法律相抵触。合法性原则是执法的一项最为基本的原则,它要求行政组织与职权法定,执法主体必须依法行使权力,违法行政要承担相应的法律责任。合法性原则贯穿于执法权力的始终,是指导、规范执法权力运作的基本准则,在执法理论体系中具有重要地位。具体而言,合法性原则包括了以下基本内涵。

1. 行政组织与职权法定

（1）行政组织法定。是指行政组织的权限、中央和地方权力的划分、行政机构的设置以

---

① 王名扬:《英国行政法》,中国政法大学出版社1997年版,第11页。
② 王名扬:《美国行政法》,中国法制出版社1995年版,第114、116页。
③ 张文显:《法理学》,高等教育出版社2003年版,第272页。

及行政编制等都要依法设定,其他任何机关或个人都无权规定。行政组织问题,无论是机构设置、规模、人员编制还是中央与地方的关系都是国家生活中的重大问题,涉及公民的权利与义务,理应由法律规定,而不应依附于某个领导人或个别行政机关的意志。世界上多数国家都实行行政组织法定原则。

(2) 职权法定。是指行政机关及其工作人员的职责权力都应当由法律予以创设和规定,行政机关及其工作人员权力的行使应当以法律为依据。非依法律取得的权力都应当被推定为无权限,非依法律规定行使的权力应推定为无效。职权法定是保障公平合理地执法的前提,是依法执法的主要内涵。职权法定意味着,法律未授权的,执法权力主体不得为之。对于可能侵犯公民、法人和其他组织合法权益的行为,凡是法律未授予行政机关的,行政机关不得行使。换言之,行政机关行使的能够影响公民、法人和其他组织的人身、财产等权力的行为,必须取得法律的明确授权,行政机关不得享有法律规定以外的任何特权。相反,对公民、法人和其他组织而言,在不违反法律和道德的情况下,可以从事一切活动,而无需法律的特别授权。只有当法律明令禁止时,公民才不得为之。之所以存在这种区别,主要理由是,行政机关是公共权力机关,公共权力事关公共利益和个人利益,同时又具有自我扩张性和强制性,极易被滥用。一旦行政权力主体不当行使或滥用此项权力,不仅会损害社会公共利益,而且会侵害公民、法人和其他组织的合法权益。

2. 依法办事

依法办事的"法",包括法律、法规和规章。在法的数量上,法规、规章的数量远远超过法律,但在法的效力上,法律的效力高于法规、规章。在法规、规章与法律相冲突或相抵触时,行政机关应适用法律而不应适用与法律相冲突或相抵触的法规、规章,除非法律对相应的法规、规章有特别的授权。依法办事要求执法主体实施执法行为时必须在法定范围之内,依照法的实体规定和程序规定办事,而不得任意行事。否则,就构成对依法执法原则的违背。

具体说来,依法办事包括以下几个方面内容:①执法主体实施执法行为必须遵循法定的条件,依据充分确凿的证据;②执法主体实施执法行为不得超越法定权限;③执法主体必须依法定程序行政。

3. 违法必究

依法执法原则的关键是行政机关及其工作人员必须依法承担行使职权产生的法律责任。行政机关及其工作人员行使行政职权如违反法律规定,失职、越权、滥用职权等,均应承担相应的法律责任:该撤销的就应撤销;该变更的就应变更;不履行职责的就应责令其限期履行职责;违法行为给相对人的合法权益造成实际损害的就要承担赔偿责任,并要视主观过错程度追究实施违法行为的公务人员的法律责任。没有法律责任就没有依法执法。这里的法律责任,既包括违反行政组织法所产生的法律责任,也包括违反行政行为法所产生的法律责任;既包括实体违法所产生的法律责任,也包括程序违法所产生的法律责任。

(二) 合理性原则

合理性原则,是执法的又一基本原则,是随着社会的发展对执法活动提出的更高的要求,也是合法性原则适应执法活动的发展变化的一种新的发展。所谓合理性原则,是指行政机关不仅应当在法律、法规规定的范围内实施执法行为,而且要求执法行为要客观、适度,符合公平正义等法律理性。

合理性原则存在的根据是自由裁量权的产生与扩大。由于社会生活的复杂多变,与此相适应,执法活动千变万化、错综复杂,法律规范不可能对每种权力的每个方面都规定得明确具体、细致入微,特别是在变动性很强的社会生活方面,法律规范永远也不可能赶上社会变化。因为法律总是落后于现实,生活永远走在制度的前面。法律为了实现对社会生活的有效调整,必然要作出一些原则性的、富有弹性的规定,给行政机关留下自由活动的空间,由其灵活机动、便宜行事,使其作出的决定能更好地适应当时当地的客观实际情况。这就是执法自由裁量权存在的理由。所谓自由裁量权,是指行政机关在法定的范围和幅度内,自由进行选择或者是自由根据自己的最佳判断而采取行动的权力。

执法自由裁量权作为执法权的一种,具有执法权的一般特征,即国家意志性、法律性、强制性和主动性。除此之外,执法自由裁量权还具有其自身的特点:首先,执法自由裁量权数量多、范围广,它几乎存在于执法活动的一切领域,且情况复杂。其次,执法自由裁量权具有很大的灵活性。灵活性是执法自由裁量权的一个显著特征。从权力本身的性质来看,任何一项权力都具有腐蚀性,总是趋于滥用。而执法自由裁量权的灵活性决定了它较其他行政权更易于被滥用;执法自由裁量权的广泛性决定了其滥用的危害性会更大。执法自由裁量权的滥用,会影响行政管理目标的实现,损害执法相对人的合法权益,从而破坏合法性原则。因此,如何控制执法自由裁量权,便成为现代公法的重要课题。

控制执法自由裁量权,就是要使执法主体公正合理地行使自由裁量权,使执法行为的结果更接近立法的本意和目的。控制自由裁量权主要不是依靠制定法,而是依靠法律的原则和精神;主要不是依靠实体法,而是依靠程序法。这样,合理性原则就在法治的土壤上生长出来了,并与合法性原则一同规范和控制执法权,共同构筑了现代执法理论的基本架构。

必须要指出的是,合理性原则是建立在合法性原则的基础上的,执法的合理性必须以合法性为前提,是在合法的范围内的合理,合理性原则永远也不可能替代合法性原则。一项执法行为,如果不能符合合法性原则的要求,不论它是多么合理的,它也不能为法律所肯定,亦不受法律的保障。

(三) 效益原则

执法的效益原则是指行政机关在执法时,要力争以尽可能短的时间,尽可能少的人员,尽可能低的经济成本,取得尽可能大的社会、经济效益而进行的社会管理活动的准则。

当然,执法效益原则是在依法执法的基础上指导行政执法实践的。可以说,依法执法是执法的最重要的效益价值,亦即合法性原则是执法的最为重要的原则,不符合合法性原则要求的执法活动,无论它是如何高效,它也是不符合效益原则的。

这里我们所说的消耗,是指执法工作中的社会消耗,包括财、物等的物质消耗,也包括时间和人的智力、体力等的非物质消耗。这里所说的社会效果,既有物质上的意义,也有精神上的含义。

执法要做到符合效益原则,必须要从以下几个方面着手:

(1) 要有精干的行政机构组织。机构臃肿,人浮于事,必然导致办事相互推诿,相互扯皮,效率低下。而合理的、精简的行政机构组织则有利于充分发挥行政执法人员的才能,真正做到责、权、利的统一,既调动了执法人员的积极性,又使得在行政执法活动中,行动迅速、责任明确、各司其职,从而形成一支高效率的管理队伍。

(2) 执法时严格地遵循执法程序和时限的规定。从世界范围看,许多国家制定了专门的行政程序法典,详细规定了各种执法活动的程序、时限。遵循执法程序和时限的执法,可以合法、及时、有效地进行执法活动,减少了因无序和时限拖延所带来的执法成本过高的问题,从而提高了行政执法效率。

（3）加强执法的成本——效益分析。执法机关在进行执法时,要进行成本效益分析。由于行政机关的管理权限深入到社会生活的各个领域,因此,作出任何重大的执法决定都要事先进行详细调查和周密的可行性研究,对需要投入的资金和可能取得的社会、经济效益进行认真、细致的计算,要考虑多个方案,从多个方案的比较中选择最佳方案。在具体执法过程中,也应当考虑用成本最低且最有效的方式处理执法中的具体问题。

（四）程序正当原则

程序正当原则,是指执法机关在实施执法行为过程中必须遵循法定的步骤、方式、形式、顺序和时限,以保障执法的合法、合理和效率。程序正当原则最基本的要求包括三个方面：其一,任何人不能作为自己案件的裁判者。因此,执法者如果与某一案件的处理结果存在利害关系或有偏私的可能,就应当回避,不参加对该案件的处理；其二,执法机关在作出对相对人不利的决定前,应当听取其意见；其三,程序正当原则还要求执法主体在作出对相对人不利的决定时应说明理由。这三个要求是对行政机关的最低要求,无论法律有没有规定,执法机关在作出执法行为时都应当遵守。如果再具体些说,体现程序正当原则,则需要遵守包括情报公开制度、表明身份制度、告知制度、听证制度、回避制度、证据制度、说明理由制度、时效制度等一系列内容。

第三节 司 法

一、司法的含义与特征

司法是指国家司法机关及其司法工作人员依照法定职权和法定程序,具体运用法律处理案件的专门活动。它是在法的实施过程中体现国家司法权的活动。一般认为,司法具有以下几方面的特征：

1. 职权的法定性

职权的法定性。即这项权力只能由享有司法权的国家司法机关及其司法人员行使,其他任何国家机关、社会组织和个人都不能行使此项权力。因此,司法权是一种专有权,具有排他性。而且,并不是国家司法机关中的所有工作人员都可以行使此项司法权,只能是享有司法权的工作人员才能行使这项权力。

2. 严格的程序性

严格的程序性。司法必须严格按照法律规定的程序进行。与其他的国家机关行使国家权力的活动相比较,这是司法最重要、最显著的特征之一。处理不同的案件所适用的具体程序会不同,如在我国,处理刑事案件适用《中华人民共和国刑事诉讼法》规定的程序,处理民事案件和经济案件适用《中华人民共和国民事诉讼法》规定的程序,处理行政案件适用《中华人民共和国行政诉讼法》规定的程序。司法不管处理什么案件,首先要依照法律规定的程序和制度查清案件事实,然后才能按照实体法的规定作出处理。科学、公正的诉讼程序对贯彻实体法的内容起着至关重要的作用,是实现司法公正的前提。

3. 裁决的权威性

裁决的权威性。司法机关依照法定职权和法定程序对案件所作出的裁决,任何组织和个人都必须执行。非经法律规定程序,不得撤销或者修改。即使发现裁决确有错误,也必须按照法律规定的程序才能进行纠正。

二、司法的基本要求

司法的基本要求是正确、合法、及时。

1. 正确

首先是指各级国家司法机关适用法律时,对案件确认的事实要准确,即对确认的案件事实要清楚,证据要充分、确实、可靠。其次是对案件适用法律要正确,即在查清事实的基础上,根据国家法律规定,区别案件的性质和类型,选择正确的法律规范进行处理。最后,对案件的处理要正确,要严格依照法律规定,根据权利人应当享有的权利,义务人应当履行的义务和责任人应当承担的责任,作出恰当的处理决定。

2. 合法

是指各级国家司法机关审理案件要合乎法律规定,依法司法。在司法过程中,每一个环节和步骤都要依照法律规定的权限进行操作,不仅在定性上要合乎法定的标准和规格,而且在程序上也必须合乎法律规定,不合程序规定的裁决不能发生法律效力。司法机关不能脱离法律,另立规定,自行其是。

3. 及时

就是指国家司法机关审理案件时,要提高效率,保证办案质量,及时办案,及时结案,即所谓"迟到的公正就是不公正"。及时要求司法工作人员有高度的责任感,不断完善工作机制,改进工作作风,提高工作技能,在保证办案质量的前提下,尽量缩短案件办理的时间,使有关当事人所受到的损失尽快得到弥补,使遭受破坏的社会秩序尽快得以恢复。

作为司法基本要求的正确、合法、及时,是相互联系、不可分割的。片面强调某一方面而忽视其他方面都是错误的和有害的。

三、司法的基本原则

司法的基本原则是司法机关及其工作人员在整个司法过程中必须遵循的行为准则。在不同历史类型的国家和同一历史类型的不同国家,其司法的基本原则是不尽相同的。当前,我国司法的基本原则主要有"司法公正原则""司法机关依法独立行使职权原则""以事实为依据,以法律为准绳原则""公民在适用法律上一律平等原则"和"司法责任原则"。其中,司法公正原则对于司法实现其应有的功能来说显得尤为重要。①

司法公正原则,其基本内涵是在司法活动的过程和结果中体现公平、平等、正当、正义的

---

① 国内有关法理学的教科书对我国司法原则的归纳、概括不一,除了上述原则外,还有"实事求是、有错必纠原则"等。但是,通常都会提到的是"司法机关依法独立行使职权原则""以事实为依据,以法律为准绳原则""公民在适用法律上一律平等原则"。

精神。司法公正是法的自身要求,也是法治的要求。法内在蕴涵着一种公平、正义的精神价值。古罗马法学家乌尔比安说:"法是善良和公正的艺术。"我国古代对法也有"平之如水""触不直而去之"的形容。而法治则更加彰显人与人之间的平等,更加强调对公民生命、自由、财产和人权的尊重与保障。在现代社会,司法通常被认为是保障社会公正的最后一道屏障。因此,人们对司法公正就有了更为强烈的期待和要求。没有公正就没有法律的尊严,没有司法公正也就没有司法的权威。依此理解,司法公正可谓是司法工作的生命所在,是司法活动存在的前提。

司法公正包括实体公正和程序公正。实体公正,要求司法机关在对案件当事人的实体权利义务进行处理时必须符合法律的规定,尊重客观事实,充分兼顾各方的正当利益,使裁判结果有利于社会发展,与大多数社会成员所公认的正义标准相一致。程序公正,除了要求执法严格依照法律规定的程序进行外,还特别要求司法机关及其工作人员保持中立态度,不偏袒任何一方,给予每一方平等的机会行使申辩权利,说明裁决理由等。对于司法来说,程序公正同样具有重要的意义。司法就其本质而言,是一种通过程序公正来追求和实现实体公正的活动。公正的程序是公正的裁判结果的前提和保障。因为,程序的一个重要价值就是形成正确决定。程序是一个异议、质疑、反思的过程,通过程序的异议、质疑和反思,错误和偏见得以被展现和排除,同样,不慎重的意见,不可靠的信息被过滤出去,从而尽可能地形成正确的决定。由于程序具有很强的可操作性、可识别性,而实体的公正标准又往往因人而异、难以比较,所以,人们通常会通过程序是否公正来判断实体上的公正与否。

司法公正原则的实现还需要有相应的司法机制和其他司法原则的配置,如要坚持司法独立的原则。司法要实现公正,必须要保持司法的独立。这是司法规律的体现。西方国家的司法独立一般包含三层含义。一是司法权独立,即独立于立法、行政等其他国家权力;二是法院独立,包括法院与其他国家机关、党派社团、个人之间的独立和法院与法院之间的独立;三是法官独立,如《德国基本法》第九十七条规定:"法官具有独立性,只服从宪法和法律。"《日本国宪法》第七十六条规定:"所有法官依良心独立行使职权,只受本宪法和法律的拘束。"我国目前的司法独立原则的具体含义与西方国家的有所不同。我国《宪法》第一百三十一条规定:"人民法院依照法律规定独立行使审判权,不受行政机关、社会团体和个人的干预。"我国《宪法》第一百三十六条规定:"人民检察院依照法律规定独立行使检察权,不受行政机关、社会团体和个人的干涉。"可见,我国的审判权和检察权独立于行政机关、社会团体以及公民个人,不受行政机关、社会团体和公民个人的干预。根据我国《宪法》第三条"国家行政机关、审判机关、检察机关都由人民代表大会产生,对它负责,受它监督"的规定,人民代表大会作为权力机关与国家行政机关和司法机关之间不是平行的、相互牵制的关系,而是组织者与被组织者、监督者与被监督者之间的关系。司法机关必须在权力机关的监督下行使职权,即使司法机关享有充分的独立行使审判和检察的权力,这种独立必须是以接受权力机关的监督为前提的。另外,中国共产党是宪法所确认的执政党、领导党。国家机关包括司法机关行使国家权力实现管理国家的活动还必须接受共产党的领导。

本 章 小 结

法的运行是指一定主体按照特定的意图和方式创制、实施及实现法律的运动状态,包括法律从创制(立法)到实施(执法、司法、守法、法律监督),再到实现的全过程。狭义的立法,专指国家最高权力机关制定、修改、补充、废止规范性法律文件的活动。立法体制,是以立法权的归属和立法权限的划分为核心内容的体系和制度构成的有机整体。我国的立法原则主要有四:一是立法的宪法原则;二是立法的法治原则;三是立法的民主原则;四是立法的科学原则。狭义的执法,仅指国家行政机关及其公职人员依法行使管理职权、履行职责从而实施法律的活动。我国执法必须遵循的基本原则主要有合法性原则、合理性原则、效率原则和程序正当原则。司法是指国家司法机关及其司法工作人员依照法定职权和法定程序,具体运用法律处理案件的专门活动。司法的基本要求是正确、合法、及时。我国司法的基本原则主要有"司法公正原则""司法机关依法独立行使职权原则""以事实为依据,以法律为准绳原则""公民在适用法律上一律平等原则"和"司法责任原则"。

本章关键词

立法　立法体制　立法原则　立法程序　执法　执法的种类　执法的基本原则　司法　司法的基本要求　司法的基本原则

案 例 评 析

(一)

【基本案情】

2005年4月14日,浙江省十届人大常委会第十七次会议圆满完成预定的各项议程后闭会。会议审议通过了《浙江省劳动保障监察条例》。根据浙江省民营企业量多面广,外来务工人员人数众多,劳动者权益保障问题突出、难度较大等实际情况,首次以立法形式规定,在全省建立劳动保障监督员制度,以发挥社会各方合力,完善劳动保障监督手段。该条例还规定了建立工资支付保证制度、劳动保障预警机制、用人单位承担举证责任、公开劳动保障守法诚信档案等一系列制度,为维护劳动者合法权益、规范劳动保障监察执法行为,提供了法律保障。会议还审议批准了《杭州市信息化条例》《杭州市城市市容和环境卫生管理条例(修订案)》《宁波市公共汽车客运条例》《宁波市象山港海洋环境和渔业资源保护条例》。

【法律分析】

本例反映了我国立法体制中地方立法权限的配置。根据《中华人民共和国立法法》第六十三条第一款和第六十四条第一款规定,省、自治区、直辖市的人大及其常委会根据本行政区域的具体情况和实际需要,在不同宪法、法律、行政法规相抵触的前提下,可以制定地方性法规。地方性法规可以就下列事项作出规定:①为执行法律、行政法规的规定,需要根据本行政区域的实际情况作具体规定的事项;②属于地方性事务需要制定地方性法规的事项。1994年7月15日全国人大常委会通过了《中华人民共和国劳动法》,2004年10月26日国务院又制定了《劳动保障监察条例》。

浙江省人大常委会为了执行《中华人民共和国劳动法》和《劳动保障监察条例》的有关规定,根据《中华人民共和国立法法》的上述规定,结合本省的实际情况制定《浙江省劳动保障监察条例》。这是典型的地方立法活动。地方立法是相对于中央立法而言的一种立法活动,和中央立法一样,享有地方立法权的主体必须在法定的立法权限内来进行,而不能超越立法权限。在《浙江省劳动保障监察条例》制定过程中,有人曾考虑浙江省劳动从业人员多、劳动保障监察队伍人员少的情况,建议规定"设区的市和县(市)人民政府应当加强劳动保障部门的执法队伍建设。劳动保障部门设置劳动保障监察机构,配备一定的专职劳动保障监察人员,保证劳动保障监察工作正常开展。"但在最后确定的文本中删除了这样的规定。因为,根据《宪法》和《立法法》的规定,地方性法规不得同宪法、法律、行政法规相抵触;而《宪法》第八十九条规定,"审定行政机构的编制"是国务院行使的职权。所以,在一个地方性法规中作出"配备一定的专职劳动保障监察人员"之类的规定,有越权立法之嫌。不过,强调地方立法应当依照法定的权限来进行,而且不得同上位法相抵触,这并不意味着否定地方立法的主动性和创造性。首先,根据《立法法》第六十四条第一款的规定,地方性法规除了为执行法律、行政法规的规定而被动地制定外,也可以在地方性事务需要时主动地制定。其次,根据《立法法》第六十四条第二款规定,即"除本法第八条规定的事项外,其他事项国家尚未制定法律或者行政法规的,省、自治区、直辖市和较大的市根据本地方的具体情况和实际需要,可以先制定地方性法规",在不超越立法权限的前提下,地方性法规也可以规定法律、行政法规尚未规定的事项。例如,在本例中,《浙江省劳动保障监察条例》就根据本省民营企业量多面广,外来务工人员人数众多、劳动者权益保障问题突出、难度较大等实际情况,首次以立法形式规定了《中华人民共和国劳动法》和《劳动保障监察条例》中尚无规定的"劳动保障监督员制度"。从本例中,我们可以发现,这样的地方立法既严格遵守了我国关于立法权限划分的法律规定,又充分发挥了地方立法的积极性、主动性和创造性。

此外,本例中还提到,浙江省十届人大常委会第十七次会议还审议批准了《杭州市信息化条例》《杭州市城市市容和环境卫生管理条例(修订案)》《宁波市公共汽车客运条例》《宁波市象山港海洋环境和渔业资源保护条例》。这也是我国立法体制中关于地方立法权的重要内容之一。《立法法》第六十三条规定:"较大的市的人民代表大会及其常务委员会根据本市的具体情况和实际需要,在不同宪法、法律、行政法规和本省、自治区的地方性法规相抵触的前提下,可以制定地方性法规,报省、自治区的人民代表大会常务委员会批准后施行……本法所称较大的市是指省、自治区的人民政府所在地的市,经济特区所在地的市和经国务院批准的较大的市"。杭州市是浙江省人民政府所在地的市,宁波市则是经国务院批准的较大的市,所以它们的人大及其常委会也可以制定地方性法规,但要报浙江省人大常委会批准后才能施行。

(二)

【基本案情】

2009年10月14日晚,上海市浦东新区发生一起涉嫌非法营运的执法事件,当事人孙中界在驾车行驶途中载运一名男子,被城市管理行政执法部门处罚、扣车。孙中界当晚回去后,自伤手指以表清白,引起社会各界关注。事发后,浦东新区为"孙中界事件"组成联合调查组详细调查了相关事实情况。经调查查明,14日当晚孙中界在上海闸航路上搭载的男子陈某某并非普通乘客,在当天整治非法营运的行动前,原南汇区交通行政执法大队一名负责人就将执法的时间和地点通过另一名社会人员蒋某某告知了陈某某。10月26日,在"10·14事件"调查结果新闻发布会上,浦东新区区府办副主任黄宏代表调查组宣读调查结果报告。报告中表示,原南汇交通执法大队在10月14日执法过程中使用了不正当取证手段;报告同时指出,"乘客"陈雄杰对调查组的陈述存在虚假。

【法律分析】

上述案件反映的是行政执法实践中的"钓鱼执法"问题。钓鱼执法,又叫"执法圈套",是指当事人本身没有任何的违法意图,而执法部门采取行动勾引当事人产生违法意图并实施"违法"行为。"钓鱼式"行政执法行为违反了行政执法应当遵循的合法性原则。合法性原则是现代法治国家对行政执法的基本要求,也是行政执法的最重要的一项原则。其主要内容包括:①执法主体必须在法律规定的权限范围内行使职权,不可越权执法,行政授权和行政委托必须有法律依据、符合法律要旨;②执法内容要合法,执法必须根据法律的规定作出,没有法律规定,执法主体不得作出影响公民、法人和其他组织合法权益或者增加公民、法人和其他组织义务的决定;③执法程序必须合法,执法主体要严格遵循法定程序,依法保障行政相对人、利害关系人的知情权、参与权和救济权,必须按照各自不同的执法内容来决定所适用的程序;④执法主体违法或不当行使职权,应当依法承担法律责任,实现权力和责任的统一。上述案件中的行政执法行为主要存在程序违法的问题,即在执法过程中采用了不正当的取证手段,侵犯了行政相对人的知情权。此外,在执法主体上也存在一定问题。

(三)

【基本案情】

原告北京市桂香村食品中心(以下简称"北京桂香村")诉称:北京桂香村前身系始建于1916年的老字号食品企业,在食品市场享有极高的知名度及信誉度。"桂香村"是其注册商标。2003年9月4日,北京多家报纸报道:"桂香村"生产的月饼无生产日期,不符合规范等。经查,所涉月饼均为被告产品,其注册商标为"圆明园"牌,但在其月饼外包装的明显位置上却有"桂香村"三字,导致媒体报道失实,消费者将两厂相混淆。时值中秋节前夕,受报道影响,客户纷纷要求退货,给原告造成了重大经济损失和商誉损失。被告行为属于不正当竞争,构成商标侵权。故请求判令被告:立即停止不正当竞争及对原告商标权的侵权行为,向原告赔礼道歉;停止生产与原告的商品特有名称、包装、装潢相近似的名称、包装、装潢,销毁尚存的包装装潢,停止销售有该包装装潢的产品;赔偿原告经济损失及商誉损失五万元。

被告北京市北太平庄商场有限责任公司海淀桂香村食品厂(以下简称"海淀桂香村")、北京市北太平庄商场有限责任公司(以下简称"北太平庄公司")辩称:海淀桂香村也是誉满京城的老字号桂香村,与原告北京桂香村具有同源关系。海淀桂香村使用"桂香村"名称早于原告注册桂香村商标,其使用"桂香村"是从建厂至今的历史沿用,是合理使用,在原告注册商标前后一直没有变化。考虑到"桂香村"是企业的名称,已突出了老字号,圆明园在海淀更具有知名度,1985年海淀桂香村就没有注册"桂香村",而注册"圆明园"为商标。后本想撤销原告的商标,但不清楚法律规定,错过了异议期限。使用"桂香村"三字,是基于企业的名称,同时又代表特定的老字号,应受到相关法律的保护。被告使用自己长期沿用的字号没有侵犯原告的商标权,不构成不正当竞争,故不同意原告的诉讼请求。

合议庭在查清案件事实的基础上,通过充分合议,认为:一方面,考虑到北京桂香村和海淀桂香村在多年的经营中均以其突出的业绩对"桂香村"月饼、糕点在消费者中声誉的建立作出了贡献,"桂香村"三字能对消费者构成吸引,二者均功不可没。加之双方企业名称中都含有"桂香村"三字,对于"桂香村"三字都具有一定的使用权,海淀桂香村对于"桂香村"三字的单独突出使用是历史上形成的沿用,难以说具有很大过错,如果通过判决的强硬方式使其不能再使用"桂香村"三字,则会使其失去利用凝聚和体现了其劳动和心血的"桂香村"三字所产生的巨大市场号召力和商业价值,对其不太公平。

另一方面，在北京桂香村将商标注册为"桂香村"之后，海淀桂香村对于"桂香村"三字的使用应受到一定限制，其对"桂香村"三字的单独突出使用有失妥当。原因在于：海淀桂香村在1985年注册商标为"圆明园"，而不是"桂香村"，后来北京桂香村将"桂香村"注册为商标后，海淀桂香村在法律规定的期限内没有提起商标异议，客观上放弃了将"桂香村"作为商标使用的权利，这使得北京桂香村对于"桂香村"商标获得了一种"不可争议性"的商标专用权。"桂香村"是识别北京桂香村商品来源的具体标志，属于北京桂香村商标的保护范围，具有专有性和排他性。海淀桂香村的外包装上，使用"桂香村"三字字样，与北京桂香村商标文字相同，虽然二者的字体不完全相同，排列方式上也不完全相同，也未加上注册商标的标志，但因视觉上文字相同、字体相近，普通消费者难以分清二者的差异，更无法分清海淀桂香村包装上"桂香村"三字与北京桂香村商标的区别，故海淀桂香村单独将"桂香村"三字在产品的外包装上予以突出，会造成与北京桂香村"桂香村"商标的相同或类似。虽二者在"桂香村"商标注册之前，均使用"桂香村"字号，但在"桂香村"商标被北京桂香村注册之后，海淀桂香村再单独突出地在包装上使用"桂香村"三字，会使消费者对商品的来源以及行为人与注册商标人之间的关系产生混淆，并可能淡化注册商标的识别作用。对企业名称的使用，应注意不得侵犯他人的注册商标权。根据相关行政法规，企业名称可以适当简化使用，但企业名称的简化使用应当适当合法。海淀桂香村的包装中"桂香村"不是其企业名称的全称，突出了北京桂香村商标所保护的"桂香村"三字，对于普通消费者而言，在识别上更接近于北京桂香村的商标。故在客观上，被告的行为已经不是对其企业名称简化方式的适当使用，会产生使消费者混淆的结果。"月饼事件"被媒体报道后导致北京桂香村的产品部分被退货，尽管海淀桂香村郑重声明是由于油墨质量有问题所致，但这件事本身说明海淀桂香村在包装上单独突出使用"桂香村"三字的结果是造成了消费者的误认，以致于北京桂香村发生了财产损失。如果海淀桂香村继续如此使用行为，不仅会误导消费者，给北京桂香村未来的经营带来更大的影响，而且也不利于今后双方各自的发展。着眼于对消费者利益的保护，着眼于对双方未来经营中的相互区别，海淀桂香村对"桂香村"三字的使用应以规范使用为宜。

另外，判决的刚性和判决主文对双方权益的平衡安排不足等局限性，也使得在本案中，简单、僵硬地进行法律是非的判决，相比调解解决纠纷所能带来的双方纠纷的彻底解决、双方关系的弥合、日后双方各自的事业发展，在法律效果、社会效果以及经济效果上都要逊色得多。因此，合议庭认为，从当事人利益的角度和审判对最佳社会效果的追求出发，着眼于双方未来经营中的相互区别及其由此带来的更充分的发展空间，着眼于双方历史上形成的同源关系，采取调解方式，是解决本案纠纷的最佳途径。通过调解，被告海淀桂香村认识到，在北京桂香村将商标注册为"桂香村"之后，如果其对于"桂香村"三字的使用不采取限制的方式，可能导致消费者的混淆，损害北京桂香村的利益，也不利于日后自己品牌的树立，表示愿意进行改进。原告北京桂香村也表示，尊重历史形成的海淀桂香村对其名称权的使用，在海淀桂香村停止继续突出、单独使用"桂香村"三字，消除影响等情况下，愿调解解决纠纷。

经法院主持调解，双方当事人自愿达成如下协议：①被告北京市北太平庄商场有限责任公司海淀桂香村食品厂在其产品的包装、装潢上突出使用其已经注册的"圆明园"商品商标，不再单独使用"桂香村"三字；②被告北京市北太平庄商场有限责任公司海淀桂香村食品厂以企业名称的形式使用"桂香村"，使用形式为"北京市北太平庄商场有限责任公司海淀桂香村食品厂"，其中"桂香村"三字的字体和颜色可以有别于其他字体，但字号不得大于其他字体的三倍;③为了更加明确区分两家企业,不使消费者混淆企业产品,双方共同拟定一份声明,刊登于相关媒体,费用由双方共同承担,内容作为调解书的附件;④其他事宜双方采取保密的方式进行协商,不向第三者公开;⑤被告北京市北太平庄商场有限责任公司对以上条款予以确认。

【法律分析】

从上述案件的审理中,我们可以看出,司法公正原则既体现了司法合法原则,又超越了司法合法原则。"法律的生命始终不是逻辑,而是经验。"如果本案一审合议庭只是根据案件事实进行简单、机械的法律逻辑推理作出判决,其结果可想而知,断然不可能有现在这样的最佳效果。然而,要做到司法公正,对司法人员是有许多要求的。首先,要有善良、公正之心。法是善良与公正的艺术。善良即为社会利益、他人利益着想。公正即不偏私,不偏袒一方。法官在审理本案过程中能够充分考虑到原告利益、被告利益、消费者利益和社会发展利益,并且为追求案件审理的法律效果、社会效果和经济效果的最佳统一,不惜用大量精力向当事人做辨法析理的解释工作,就是善良的充分表现。法官既肯定原告有理的地方,又指出其理由不足之处,对被告也是既阐明其合法拥有的权利,又分析其侵害他人的事实,既为原告的利益考虑,又替被告的利益着想,体现了不偏不倚的公正精神。主审法官宋鱼水曾经坦言:"作为法官,我非常在意当事人的喜怒哀乐,在意他们对审判工作的评价。我常常反思,在当事人见到我第一面,直到拿着判决书离开法院时,他们是否感觉到了公正?这是个始终令我辗转反侧的问题。"①这正是一位司法人员善良公正之心的真切表白。其次,要有熟谙法律、信仰法律的专业素养。在本案中,法官必须熟知商标权、商号等知识产权法不用说,还必须明了法律判决的局限性以及调解结案的优越性和适用条件,无论是有关的实体法知识,还是程序法知识,都能了然于心。同时,本案法官表现出了虔诚的信法、奉法意识。主审法官宋鱼水有个座右铭:作为一名法官,当我坐在法庭上,如果能让当事人从心里产生一种信赖的感觉;当我进行宣判时,如果能使当事人从内心发出一种敬佩的声音;当我走近当事人,当事人会亲切地喊我一声宋法官,我想,这就是我的职业追求。我希望能够成为一名理解、尊重、领悟当事人的法官;能够成为一名让当事人知法、守法、信法、崇法的法官。②从中足以体现其十分注重追求人们对法律的认同、信任和信仰。再次,还要有娴熟的工作技巧。正如本案主审法官所感叹的那样:"法庭在处理本案时,最重要的是注意了调解的方式和方法,尤其是对当事人进行了释明,在当事人的争执中为他们指明了方向。"③娴熟的司法工作技巧可以帮助司法人员在办理具体案件过程中,把握争议纠纷的关键问题,找到解决争议纠纷的具体方案,从而使司法顺利地实现公正的目标。

从上述案件的审理中我们还可以发现,不管我国的司法机关依法独立行使职权原则与西方国家的司法独立原则之间有多大的区别,充分尊重、保障和发挥直接审理案件的司法人员的司法职权是非常重要的。主审法官宋鱼水在总结该案的审理过程时说:"法律往往是一种选择,在法律难以选择的情况下,我常常选择调解,因为调解的方式意味着法官和当事人

---

① 中央宣传部新闻局、中央先进性教育活动办公室宣传组、最高人民法院新闻办:《宋鱼水:新型法官》,学习出版社2005年版,第115页。
② 同上书,第114页。
③ 龙翼飞、周继军:《辨法析理 胜败皆服——主审法官宋鱼水司法判例点评》,人民出版社2005年版,第437页。

可以共同地去选择,这比只有法官的选择会更准确、更平衡一些,也更能体现当事人的意志。"①本案最后的调解采用了不少新的方式,如用原、被告双方共同声明的形式消除影响;就赔偿等不涉及社会公共利益的问题允许双方当事人自行协商,不向第三方公开;调解文书制作充分照顾原、被告双方情绪和接受能力,不涉及主观方面问题等。如果合议庭和主审法官没有充分的自主权,就不可能这样的选择和这样的创新。只有司法人员拥有充分的独立自主的决定权,才可能极大地发挥其主观能动性和创造性,使法律制度的抽象意义上的公正转化为具体个案中的公正,才能使社会正常秩序的维护和公民合法权益的保障得到彻底的落实。当然,强调司法机关和司法人员独立行使职权,不是说不要监督。应有的监督机制对于确保司法实现公正的目标,还是非常重要的。

复习思考题

1. 如何理解我国立法的基本原则?
2. 如何理解我国执法的基本原则?
3. 如何理解我国司法的基本原则?

---

① 龙翼飞、周继军:《辨法析理 胜败皆服——主审法官宋鱼水司法判例点评》,人民出版社2005年版,第435页。

第五章 法治国家

学习目标

- 掌握法治的基本内涵
- 了解柏拉图、亚里士多德、洛克、孟德斯鸠、卢梭的法治思想
- 掌握法治国家的构成要件
- 掌握法治国家的基本特征
- 掌握我国法治建设的成就与不足

第一节 法治的含义和源流

> 如果一个国家的法律处于从属地位,没有法律权威,我敢说,这个国家一定要覆灭;然而,我们认为一个国家的法律如果在官吏之上,而这些官吏服从法律,这个国家就会获得诸神的保佑和赐福。
>
> ——柏拉图:《法律篇》

一、法治的含义

"法治"一词是一个具有多义性的概念,人们可以从不同角度、在不同意义上使用这个概念。尽管人们可能对法治的概念有不同的看法,但法治一词仍然存在一些不容忽视的基本内涵。

(一)法治的内涵

法治的内涵是法治自身具有的、不可改变的客观意涵,是任何法治都必须具备的基本内容。在《牛津法律大辞典》中,"法治"被看作"一个无比重要的、但未被定义、也不能随便被定义的概念,它意指所有的权威机构、立法、行政、司法及其他机构都要服从于某些原则。这些基本原则一般被看作表达了法律的各种特征,如:正义的基本原则、道德原则、公平和合理诉讼程序的观念,它含有对个人的至高无上的价值观念和尊严的尊重。在任何法律制度中,法治的内容是:对立法权威的限制;反对滥用行政权力的保护措施;获得法律的忠告、帮助和保护的大量的和平等的机会;对个人和团体各种权力和自由的正当保护;以及在法律面前人人平等。它不是强调政府要维护和执行法律及秩序,而是说政府本身要服从法律制度,而不能

不顾法律或重新制定适应本身利益的法律"。① 虽然人们对法治的内涵及其具体形态有着不同的见解,但人们普遍认为,法治一词至少包括以下基本内涵:

1. 法治即"法律的统治"

从字面上看,法治就是按照法律进行社会治理,法律是治理社会的依据。在法治国家里,法律就是国王,法律是社会的统治者,在这样的法治国家里,法律具有至高无上的权威性。法律至上是法治最基本的、首要的内涵。法律至上就是指法律在整个社会规范体系中具有最高的地位;任何个人和组织都必须服从法律、必须遵守法律;任何个人和组织都必须受到法律的约束,而不能超越于法律之上;任何违反法律的行为都必须受到法律的制裁。

法律至上包括以下几层含义:首先,在整个社会规范体系中,法律的地位是最高的。社会规范除了法律规范之外,还有很多种,包括道德规范、宗教规范、社团规章、企事业组织章程、各种纪律规范、政党政策等。在所有这些规范中,法律规范的地位是最高的,当其他社会规范的内容与法律规范的内容不一致时,以法律规范的内容为准,不容许以其他社会规范代替法律规范。其次,任何社会成员,包括任何个人和组织,都必须按照法律的要求进行活动,必须遵守法律的规定,不容许有违反法律的行为存在。再次,任何个人和组织都要受到法律的限制,无论是庶民百姓还是国家高级官员都必须在法律的范围内活动,不容许有超越于法律之上的特权。最后,无论何人,只要违反了法律,都必须严格按照法律的规定进行制裁和惩罚,不容许任何人有逍遥法外的行为。

2. 法治要求严格依法办事

严格依法办事是法治的核心内涵。依法办事就是指一切机关、团体和公民个人,都严格按照法律规定的内容进行活动。法律的统治只确定了法律在国家治理中的规范性地位,依法办事才能将法律规范的内容付诸实践。如果不能做到依法办事,制定得再完美的法律也不能发挥作用,立法者的美好愿望就会落空。

依法办事的主体包括国家机关、社会组织和公民个人。依法办事首先要求国家机关严格按照法律规定的内容进行活动,尤其是国家行政机关和司法机关。行政机关要严格按照法律授予的权限行使行政管理权,在法定的权限范围内,严格按照程序法和实体法的规定进行执法活动,做到依法行政。任何违反法律和对公民、法人和其他组织的合法权利造成损害的行政行为都应受到追究,并对受害者的权利给予及时有效的救济。司法机关要严格按照法律规定的程序审理案件,并严格按照法律规定对案件进行处理,严禁徇私枉法、徇情枉法的行为,做到依法司法。任何枉法裁判的行为都应受到追究,并依法补救受害者遭受的损失。依法办事还要求社会组织和公民个人应严格按照法律的规定进行活动,不得从事违反法律的行为。

3. 法治意味着权力制约

在一个实行法治的社会里,法律的地位是最高的,这就意味着法律与权力相比,法律大于权力,权力必须服从于法律。任何拥有权力的机关和个人都必须受到法律的制约。之所以需要对权力进行制约,一方面,是因为"一切有权力的人都容易滥用权力,这是万古不易的

---

① [英]沃克:《牛津法律大辞典》,北京社会与科技发展研究所译,光明日报出版社1988年版,第790页。

一条经验。有权力的人们使用权力一直到遇有界限的地方才休止"。①

另一方面,权力是一种公共资源,其涉及的面比较广泛,运用得好就可以给社会带来福祉,而滥用权力对社会造成的危害也比较大。所以法治的治理对象首先应是握有权力的人,只有首先对握有权力的人进行权力制约,防止他们滥用手中的权力,才能保障法治的真正实现,否则法治就可能因为权力不受约束而成为空谈。现代国家制约权力的手段就是实行权力划分,把国家权力划分为立法权、行政权和司法权,由不同机构行使不同的国家权力,这样可以防止同一机构或同一人垄断国家权力,并让不同的权力机构相互监督和制约,从而达到制约权力的目的。不同机构行使的权力范围则通过立法的方式,用法律规范界定各种不同权力行使的范围、途径和方式,只有严格按照法定权限、途径和方式行使权力,才能实现对权力的有效制约。

4. **法治意味着对人权的尊重和保护**

1959年在印度新德里召开的国家法学家大会讨论了法治问题,并在其报告的第一条宣布:"在一个自由的社会里,奉行法治的立法机构的职责是要创造和保持那些维护基于个人的人类尊严的条件,这种尊严不仅要求承认个人之公民权利与政治权利,而且要求促成对于充分发展其人格乃是必要的各种社会的、经济的、教育的和文化的条件。"大会最终对现代法治的内涵达成了一个权威性的共识:为确保作为人类最高价值的"人的尊严"而确立立法机关和责任政府的权力范围、完善公民权利的救济机制、遵守人权保障的最低标准、维护司法独立的基本架构。这不仅要求限制国家权力,而且明确了限制国家权力的目的是为了救济公民权利、保障人权的需要,这就确立了法治的最终价值目标:尊重和保护人权。

(二) 法治与相关概念的区别

1. **法治与法制**

"法治"与"法制"一字之差,但意义相差悬殊。法制和法治这两个概念的区别主要有以下几个方面:

首先,产生时间不同。从时间上来看,法治的产生时间比法制要晚。法治是近代资产阶级在反封建专制时期,提出民主、自由、人权等口号,通过资产阶级革命,在革命胜利后才得以建立起来。而法制则从法律产生之日起就有了,在奴隶社会、封建社会就有法制了,但并不存在制约权力的法治。

其次,是否强调法律至上不同。法治强调法律的统治,其首先强调的是法律至上。在实行法治的国度里,除了法律之外的其他任何社会规范都不能与法律相矛盾,任何组织和个人都必须遵守和服从法律,任何违反法律的行为都必须承担相应的法律责任。而"法制"主要是指法律制度和法律体系,强调的是静态的规则,至于法律规则在国家管理中的地位则并不是重点。

再次,是否制约权力不同。在法治国家里,为了防止权力滥用,十分重视对权力的限制和约束,要求一切握有权力的机关和个人都应受到制约,都必须严格按照法律的规定行使权力,在法律之下进行活动。而法制则不一定具有这样的要求,由于法制主要强调的是静态的法律规则,有法律不一定有法治,例如在古代专制社会中,国王和皇帝都颁布了许多法律规则,但由于"刑不上大夫",这些法律规则只是镇压百姓的工具,并不约束权力。

---

① [法]孟德斯鸠:《论法的精神》(上册),张雁深译,商务印书馆1961年版,第154页。

最后,价值理念不同。法治不仅是一种治理国家的方式,还有一些内在的价值理念,如民主、自由、平等、人权,法治具有明显的价值取向。而法制则不一定具有这些价值理念,当将法律规则仅仅作为治理社会的手段和工具时,法治所具有的那些价值理念就被放在次要地位,甚至被忽略和漠视了。

2. 法治与德治

习近平同志指出:"法律是准绳,任何时候都必须遵循;道德是基石,任何时候都不可忽视。在新的历史条件下,我们要把依法治国基本方略、依法执政基本方式落实好,把法治中国建设好,必须坚持依法治国和以德治国相结合,使法治和德治在国家治理中相互补充、相互促进、相得益彰,推进国家治理体系和治理能力现代化。"法治和德治都是治理国家的方略,二者对于调整人的行为、维护社会秩序都具有重要作用。

中国古代的儒家学派就提出了"德治"思想,重视道德教化的作用,主张德主刑辅,反对严刑峻法。中国古代的德治其实是人治的一种形式,提倡圣君为政,以德服人,主张为政在人,重视贤人、圣人、仁人的道德感召力,并以此作为立国之本。古代的德治与现代的法治的区别主要有:首先,古代的德治是与专制制度相联系的,是为专制统治服务的,不重视对君主权力的制约;而现代法治是与民主制度相联系的,是为了约束国家权力并以民主为基础和核心的。其次,古代的德治注重人与人之间上下、尊卑关系,维护的是等级特权制度;现代法治注重保障公民的权利和自由,强调法律面前人人平等原则。

3. 法治与人治

人治是依靠领导者或统治者意志来治理国家的一种治国方略。古希腊柏拉图所主张的"贤人政治"和中国古代儒家所主张的"为政在人",都是人治思想的表现。人治的特征主要有以下几点:首先,人治依靠的是领导人或统治者的意志。人治主要依赖统治者个人或少数人的智慧来管理国家和社会。其次,具有随意性和专横性。在人治的社会里,法律受制于少数领导者的意志,法律只是领导者或统治者手中的工具,随领导者意志的改变而改变。再次,注重维护统治者的统治地位,缺乏民主、自由、权利观念,不重视对公民权利的保障。

法治与人治相比,存在以下几个方面的区别:第一,法律的地位和作用不同。"在专制政府中国王便是法律,同样地,在自由国家中法律便是国王。"①在法治社会里,法律的地位是至高无上的,包括统治者在内的任何人和组织都必须服从法律。而在人治社会里,法律的地位十分低下,法律只是统治者手中的工具被随意废弃或使用。第二,政治基础不同。从政治基础来看,法治以民主制度为基础,人民是法治社会的主体。而人治社会以专制集权作为政治基础,人民在人治社会里没有主体地位,只是被统治和奴役的对象。第三,权力是否受约束不同。在法治社会里,任何权力都必须服从于法律,权利受法律的约束是法治的基本特征之一。而在人治社会里,权力通常不受法律约束,相反法律受到权力的左右。第四,价值观念不同。法治社会以民主作为基础和价值目标,以自由、平等和人权作为价值观念并贯彻落实。相反,人治与法治的价值观念相对立,是以专制为基础,以反民主、等级特权、破坏人权为目的。

---

① [美]潘恩:《潘恩选集》,马清槐等译,商务印书馆1981年版,第35—36页。

二、法治的源流

（一）古希腊、古罗马的法治思想

1. 古希腊的法治思想

古希腊作为西方文化的发源地，既是西方政治制度的发祥地，也是人类法治思想的源头。古希腊人崇尚正义精神，法治思想是西方政治思想的核心内容之一，最初萌芽于古希腊的政治哲学之中。较为系统的法治学说形成于古希腊城邦衰落时期，由柏拉图和亚里士多德创立完成，在此之前，一些政治家和思想家的作品和言论中已经出现了法治思想的火花，柏拉图和亚里士多德只是对早期法治思想进行了总结式的表达。

（1）柏拉图的法治思想。公元前8世纪，古希腊开始进入城邦时代。希腊人崇尚法律、维护法律权威的观念就诞生于这个自由的精神世界中。在古希腊城邦国家斯巴达，服从法律是一种美德，人们并不认为法律是对自由的束缚，而把遵从法律当成一个人具有优秀品德的表现。在雅典城邦中，梭伦改革奠定了法律的权威和平等、正义观念在人们心中的地位，在当时，由于法律的严厉和体现大众利益、严守公平、正义原则而获得普遍服从。古希腊明确把法治作为治国方略提出来的思想家是柏拉图（公元前438—前348年）。不过柏拉图当初并不主张法治，而是主张贤人政治，他指出："法律的制定属于王权的专门技艺，但最好的状况不是法律当权，而是一个明智而赋有国王本性的人作为统治者。"① 他认为理想的国家必须由德才兼备的哲学家来统治，而不是由法律来统治。尽管柏拉图精心设计的理想国显得无比美妙和优越，却只能存在于人们的理念之中，其哲学家治国的幻想，很快就在古希腊的社会现实中破灭了。他用自己美好的设想去劝说叙拉古国王改革却遭到碰壁，古希腊的政治现实不仅没有出现他想象的那么美好，相反总是出现政治上尔虞我诈、暴乱迭起，柏拉图从现实中吸取教训，在晚年的《法律篇》中恢复了法律的重要地位，认为"法治优于一人之治"，重新勾画了一幅法治国的蓝图。尽管柏拉图在晚年认为法律的统治是最好的选择，但他并未从一个人治主义者彻底转变为一个法治主义者。在他看来，人治始终是第一种最佳的选择，法治只是在人治条件不具备之时迫不得已的选择，他只把法治作为第二等好的国家治理方案。

（2）亚里士多德的法治思想。亚里士多德是柏拉图法治思想的直接继承者，并在此基础上进一步发展了柏拉图的法治思想。亚里士多德是西方明确而坚定地主张法治，并系统阐述法治理论的思想家。他针对柏拉图早期提出的"哲学王"统治，指出：国家不能实行"一人之治"，而应当"由法律遂行其统治"，并且法律必须是良好的。亚里士多德的法律理论主要包括以下几个方面：

第一，法治的两大基本要素：律的至上权威和法律本身的优良。亚里士多德认为法治应当具备两大基本要素，即"已经成立的法律获得普遍的服从""大家所服从的法律又应该本身是制订得良好的法律"。② 在他看来，法治首先应当表现为人们普遍遵从法律，也就是法律必须具有崇高的权威性。法律是否具有至上权威是一个真正政体形成的标志，这种权威也

---

① [古希腊]柏拉图：《政治家》，黄克剑译，北京广播学院出版社1994年版，第92页。
② [古希腊]亚里士多德：《政治学》，吴寿彭译，商务印书馆1997年版，第199页。

是政府的支撑力量。亚里士多德认为,法律具有至上权威是法治的关键,而良法是法治的基石。对于法治而言,仅仅具备"法律被普遍服从"这一要件是不够的,法治还应具备"被服从的法律应当时良法"这一要件。亚里士多德的良法标准有两大类:一是形式标准,即形式意义上的良法;二是实质标准,即道德意义上的良法。形式意义上的良法标准有以下几个方面:首先,根据政体来判断,凡是正宗政体(如民主政体)下制定的法为良法,凡是变态政体下制定的法律就是恶法;其次,根据立法目的实现来判断,凡是有利于养成公民良好习惯的法律便是良法,否则便是恶法;最后,根据法律的稳定性和适时变更性来判断,良法是稳定与适时变更性的有机结合。实质意义上的良法标准有以下几个方面:首先,理性是良法的基础,理性的法律不应受任何个人情感因素的影响;其次,正义是良法的美德,正义应当是法律的化身和生命,属于美德的一种;再次,善是良法的终极追求,人类是向善的动物,法律是人们追求善的一种方式;最后,体现民主意志是良法的基本品格,民主政体最能体现大多数人的意志,国家是公民的集合体,公民都应有资格参与法制活动和国家的其他政治事务。

第二,法治应当优于一人之治。亚里士多德从人性的弱点和城邦制发展史的分析中,寻找最可行的制度,最终认为法律是最优良的统治者,进而得出结论:"法治应当优于一人之治。"[①]这一结论主要源于两个重要推论:一是基于人性的弱点;二是认为不受约束的势力是政体稳定的潜在祸患。他认为,法律是理性的体现,它是没有感情的,而人类的本性难免有感情,人在达到完美境界时是最优秀的动物,然而一旦离开了法律和正义,他就是最恶劣的动物,所以每个人都应在法律的统治下生活。在对人性分析的基础上,亚里士多德进一步从政体稳定需要认为法治应当优于一人之治。他对君主制、贵族制、共和制这三种政体在不同时期、不同城邦中的状况进行了总结,指出法律应该是最优良的统治者。为了根除国家存在的隐患,关键是要使所有建立的政体不可能产生特权,因为特权必然带来专制,损害平等和正义。要建立一个稳定的优良政体,就应当确立最有权威的理性规则,不让任何人在政治方面获得脱离寻常的优越地位,这个权威的理性规则就是法律。因此亚里士多德最终得出结论:宁要法治而不要人治。统治者实施统治的时候,不能根据自己的意愿进行活动,而要使自己的意愿服从于实施统治的法律。

第三,法治的自由价值。亚里士多德之所以推崇法治,是因为法治与自由有着必然的联系。他认为,法律与自由是手段与目的的关系,国家和法律不是对自由的人为限制,而是获得自由的手段,自由的实现只能以法治政体为条件。他赞同政体应该以自由为宗旨的观点和以平等为基础的自由,但他不赞成极端形式的自由和平等,即绝对的自由和平等。他说,那些主张绝对平等和自由的人,总是首先假定正义在于平等,进而又认为平等是至高无上的民意,最后则说自由和平等就是人人各行其愿。亚里士多德认为,这样的自由观念是有害无益的,这种极端形式的自由是一种十分低劣和轻率的自由观念。他明确提出了法律之下的自由,主张公民都应遵守国家所制定的社会规则即法律,人们的行为都应有所约束。认为法律不是对抗自由的,相反是为了保护自由而存在;自由不是随意和任性,而应该在法律许可的范围内行事。

2. 古罗马的法治思想

古罗马征服古希腊之后,尽管他们使柏拉图、亚里士多德用理性的法律构建理想王国的

[①] 同上书,第167—168页。

愿望破灭了,但古罗马人也淹没在古希腊人的思想文化之中。在法治思想领域,古罗马人被古希腊人的思想文化所征服,成了古希腊法治思想的继承者、传播者和践行者。西塞罗是继承和发展古希腊法治思想的典型代表,他一方面把柏拉图和亚里士多德的法治思想与自然法思想结合起来,论证法治的必然性和正当性;另一方面又根据自己的政治实践经验来阐述法治的现实性。西塞罗的法治思想主要包括以下几个方面:

第一,法律统治的正当性源于理性的自然法。西塞罗认为,法是立国之本,没有法律的国家根本不配称为国家。人们之所以要接受法律的统治,是因为法律是理性的,接受法律的统治就是接受了理性的统治,这既符合神的旨意,也符合人的本性。西塞罗的法治思想带有一层神秘色彩,他认为人类有一种普遍的自然法存在,自然法源于上帝的意志和人的本性,早于一切法律而存在,是一切国家法的源泉。在没有国家和法律的时候,自然法就已经存在了,自然法是人类正确行为的准则。法律的理性和正义只能从自然法中获得,因为自然法就是理性法。自然法是最高的理性,它是永恒存在的、普遍的正义。根据自然理性而产生的法律代表了神的意志,具有至高无上的权威,神圣不可侵犯。

第二,法律是政治社会联合的纽带。西塞罗认为,国家是各民族以正义为基础、以法律为纽带自愿建立的一个集合体,国家是由法律建立起来的一个自由、平等的实体,国家的职能在于实现公民的自由平等,其目的是为公民谋福利。在他看来,只有制定法律才能维护共和国的正义品质,因为法律是正义的,法律自然成了这种由公民根据协议联合起来的共和国的纽带。西塞罗所憧憬的"以正义为基础""以法律为纽带"的共和国,实际上就是法治共和国。

第三,权力服从于法律。在国家与法律的关系问题上,西塞罗认为,国家以正义为基础,国家必须服从法律。他提出了"共和国是人民的事业"这一著名论断,认为国家的政府和官吏的权力来自于人民,其根据就是法律,它们理所当然地应以法律所确立的正义准则行事,受到法律的制约。西塞罗尤其强调官吏服从法律、法律对官吏的约束关系。在他看来,官吏服从法律,就像"宇宙服从法律""海洋和大地服从宇宙"一样天经地义。官吏虽然享有治理国家的权力,但这种权力必须在法律之下。他认为对官吏的极度信任是愚蠢的,因为他们一旦有了权力,就有了腐败的可能,而且他们的腐败比一般公民的腐败危害更大。防止官吏腐败的唯一途径就是使权力服从法律。

(二)近代启蒙思想家的法治思想

肇端于17世纪末的启蒙运动,是近代法治思想形成的力量源泉。在这场运动,启蒙思想家高举理性的大旗,否定任何外在权威,把理性推崇为一切事物的唯一裁判者,无论是宗教学说,还是社会准则和国家制度,都必须在理性的法庭面前接受无情的审判,近代法治思想的潮流就是在这场伟大的运动中诞生的。在近代西方资产阶级革命时期,涌现了一大批思想家,如霍布斯、洛克、伏尔泰、孟德斯鸠、卢梭、潘恩、杰斐逊等人。

1. 洛克的法治思想

洛克被誉为近代自由主义和法治主义的奠基人。洛克法治主义理论的背景是,随着17世纪末英国革命的爆发,君主的权力被削弱,议会的权力日益强大,法律成为一切权力的准则和来源,公民也获得了前所未有的自由和民主权利。洛克政治法律理论的逻辑起点和逻辑归宿都是人的自由权利,捍卫人的自由权利是他的法治理论的立足点和根本宗旨。

他认为生命、自由和财产是人的天赋权利,在社会契约基础上建立国家,在法律上首先要求保障人的这些权利,为此必须实行法治。在其代表作《政府论》中,洛克认为,人们参政治社会的目的就是为了他们的生命、自由和财产更加有保障,保护人们的权利是成立国家的最高宗旨。为了防止滥用权力侵害人们的权利,就必须实行分权,把国家权力分为立法权、执行权和对外权。立法权地位是最高的,执行权和对外权具有从属性。他特别强调立法权和执行权的分立,认为如果立法权和执行权同时属于一个人或一个机关,就必然会给这些人带来方便,使他们有可能摄取权力,从而在制定和执行法律时,使法律适合他们自己的私人利益。这就会使社会中其他成员的利益受到损害或面临威胁,这就违反了成立政府和国家的目的。洛克把分权和制衡看作实行法治的前提和基础,通过分权来建立一套权力之间的制约机制,以保障人民的权利。

洛克认为,一个真正的共和国应该是一个法治完备并认真执行法律的国家,否则是不可思议的。法律不是为了自身而被制定的,而是通过法律的执行成为社会的约束,使国家各个部分各得其所、各尽其能。如果法律不能被执行,就等于没有法律,如果政府没有法律,那在政治上是一件不可思议的事情,是与人类社会格格不入的。

2. 孟德斯鸠的法治思想

孟德斯鸠是18世纪法国自由主义和法治主义的代表人物。受洛克思想的影响,孟德斯鸠的法治学说也是以自由主义作为立论的基础,把自由确立为法治的实质,把法治看成自由诞生的基本的政治结构。在其代表作《论法的精神》中,法律被确定为他整个政治法律理论的切入点和纽带,把法治作为各种文明、理性的制度要求而被推崇。

三权分立理论是孟德斯鸠法治理论最重要的部分。他认为自由权是公民根本的权利,要想保障自由权就离不开良好的政体,必须实行权力分立原则。他指出,对公民自由和安全最严重的破坏来自权力的滥用,只有在权力不被滥用的地方,公民才有安全的自由。但一切拥有权力的人都容易滥用权力,为了防止权力滥用,就必须以权力制约权力。实行权力分立可以使权力相互制约,这是防止权力滥用的最佳方法。孟德斯鸠的法治思想受洛克分权学说的影响很大,但孟德斯鸠的分权学说又与洛克的分权学说存在很大不同,他发展了洛克的分权学说。他没有像洛克那样将政府的权力分为执行权和对外权,而是将国内的执行权和对外政策的实施归为同一种权力即行政权,同时把司法权从行政权中分离出来予以独立的地位。孟德斯鸠分权学说最大的贡献就在于他真正将立法权、行政权和司法权分立开了,并明确阐释了"司法独立"这一原则。孟德斯鸠不仅发展了洛克的分权学说,而且还设计了为防止权力滥用的权力制衡机制,在三种权力没有隶属关系前提下,建立起相互之间的制约关系。

为了保障公民自由权利不被侵害,孟德斯鸠不仅强调权力分立,还注重通过法律约束人们的行为。他认为,自由并不是愿意做什么就做什么,"在一个有法律的社会里,自由仅仅是:一个人能够做他应该做的事情,而不被强迫做他不应该做的事情。""自由就是做法律所许可的一切事情的权利,如果一个公民能够做法律所禁止的事情,他就不再有自由了,因为其他人也同样会有这个权利。"[①]孟德斯鸠把"法律上的自由"确立为自由的基本原则,这一原则包含了两个方面的要义:一是自由必须是法律许可下的自由,它应受法律的约束;二是法律应当是自由的保护者,限制自由只是法律的手段,保护自由才是其目的。

3. 卢梭的法治思想

卢梭是一个民主主义者,也是一个法治主义者,同时还是一个自由的理想主义者。他把

---

① [法]孟德斯鸠:《论法的精神》(上册),张雁深译,商务印书馆1961年版,第154页。

自由、平等、民主和法治结合起来,创立了他的法治学说。他把自由确立为人生而具有的共同存在,把平等看成自由的根源和基础,并将自由和平等的实现既依赖于民主制度,又依赖于法治的建立。他认为自由与平等存在直接的因果关系,而平等是民主与法治的产物,是实现平等的制度形式,民主和法治是实现自由的可靠保障。他把民主与法治融为一体,将民主确定为"公意"的统治,进而与法治联系起来。

与洛克、孟德斯鸠一样,卢梭也崇尚自由。他认为自由和平等是人类社会的终极目标,是社会发展的理想结局。然而,人们本应享有的自由却并没有在社会中转化为现实,他说:"人人生而自由,却无往不在枷锁之中。"①人类经历着从自由到不自由,又从不自由到自由的历程。在他看来,只要个人的权力高于法律,而成为非法的权力,人们就不可避免地要遭受这种非法权力的奴役。要使权力不至于成为专制权力,关键在于使权力受到法律的约束。于是,卢梭设计一套人们可以避免不受任何个人意志支配的法治方案——体现公意的法律统治。根据这一方案,大家的意志首先成为高于任何个人意志的根本法,而一切权力又必须以根本法为根据、并受它的制约。这样,社会上人们在政治上是平等的,自由也就不会因为权力的存在而被剥夺。

建立法治,树立法律高于一切权力的权威是杜绝专制权力的有效途径,但其前提在于,权力源于公意,法律是公意的直接表达。体现公意的法律统治是人们最终打开奴役的枷锁,获得平等、自由的钥匙。按照卢梭的设想,人们通过社会契约毫无保留地将自己的一切权利交给一个政治共同体而不是某一个人,使每一个人处于平等地位,从而可以避免人们受这个人意志的统治。因此,国家的统治应当建立在公意的基础上,但为了保障公意的统治具有至上的权威,就必须把公意上升为法律,使公意的统治成为法律的统治。

第二节 法治国家的基本特征

一、法治国家的含义及其标准

(一)法治国家的含义

法治国家是一种治国方式的统称。所谓法治国家,就是指法律在国家管理和社会生活中具有至高无上权威的国家。在现代意义的法治国家中,无论是国家管理还是社会生活的管理,都主要依靠正义之法来进行,通过法律来约束国家权力和保障公民权利,实现国家和社会生活秩序的民主化、法治化。

法治国思想源于斯多葛学派自然法理论和古罗马法律制度所形成的法律思想。早期法治国是指中世纪欧洲的某种国家管理形式,尤其是德意志帝国,当时被认为是和平与法律秩序的守卫者。国家权力的限度基本上由法律所规定,但并不具有权力、平等、自由、民主的特征。传统德文文献中的法治国与现代英文文献中的法治国有很大的差距,后者更多受到当今国际学术界的重视和推崇。德文文献中的法治国的实质含义是依法而治或法制国,而不是现代意义上的实行法治国家。它带有实证主义法哲学的意味,直到第二次世界大战结束

---

① [法]卢梭:《社会契约论》,何兆武译,商务印书馆1982年版,第8页。

之前，欧洲大陆司法传统一直不承认最高立法者应受更高级法律的约束。

如今人们所谈论的法治国家与传统的法治国相比，具有以下优点：首先，它吸收并突出了法的普遍性，即不承认法外特权，任何人包括统治者自己都必须接受法的约束；其次，它从治国工具演变为一种治国方略，反映了在手段与目的、形式与实质关系的进化型演变；再次，它表明了国家治理中权力与权利的核心关系问题，即对权力的约束和对权利的保障。

(二) 法治国家的标准与构成要件

1. 法治国家的标准

法治国家是现代国家管理的基本模式，每个国家可以根据自己的政治经济和历史文化传统，采取不同的具体形态。但是，作为一种治国方略，法治国家又有一些必须具备的基本标准。

2. 法治国家的构成要件

亚里士多德曾经说过："法治应包括两重含义：已成立的法律秩序获得普遍服从；而大家所服从的法律又应该本身是制定得良好的法律。"①亚里士多德的话揭示了法治国家必须具备的两个基本条件，即法的普遍性和法的优良性。其中法的普遍性是法治国家的形式要件，法的优良性是法治国家的实质要件。

(1) 法治国家的形式要件。法治国家的形式要件是法治国家应当具备的外在形式条件。法治国家的形式要件首先是法得到普遍遵守。这意味着法律是每一个人的行为准则，不允许任何人有法外特权存在，这是法律面前人人平等的要求。如果允许有人享有超越法律的特权，如果允许法官对同样的犯罪有不同的处罚，那么法律的平等性就受到损害，部分人就毁坏了法律的普遍性。法律的普遍性不仅要求一般社会成员要遵守法律，而且国家机关及其工作人员更应遵守法律的规定，这是因为公权力的行使对公民、法人或其他组织的权利将会产生更大的影响，如果不对他们的权力进行约束，将会对公民的权利造成更大的威胁。

此外，法治国家的形式要件还包括法的公开性、明确性和稳定性。法的公开性是指法律必须向社会公众公开才能成为约束人们行为的有效的规则。法律的公开性不仅是民主的要求，更是法治国家的基本要求。法律只有公开，才能为人们的活动指明方向，国家机关才能根据法律对人们行为的合法性进行评判。法的明确性是指法律在语言上必须准确无误、通俗易懂、简洁凝练，在内容上清楚明确、不模棱两可。如果法律表达的意思含混不清，就会给人们理解法律的含义造成难度，给法官判案带来困扰。法的稳定性是指法律公布之后应保持相对稳定，不能频繁变动。法律的稳定性不仅是社会秩序稳定的基础，也是社会有序发展的保证。如果法律缺乏稳定性，立法者草率颁布法律后又轻易修改、废止法律，人们就会感到无所适从，人们的行为就缺乏可靠的依据，社会秩序就会陷入混乱的境地，所以法的稳定性是社会秩序稳定的前提。法的稳定性并不意味着法制定后就必须保持不变，这种稳定是相对稳定，随着社会的发展变化，原来制定的法律可能不再适应社会的客观情况和现实需要，为了使法律的内容与社会客观实际相符合，就需要通过法定程序对原来的法律作出适当的修改和完善。

(2) 法治国家的实质要件。

请看以下案例：

---

① [古希腊]亚里士多德：《政治学》，吴寿彭译，商务印书馆1965年，第199页。

法学通论

在纽伦堡这座德国南部的工业城市，半个多世纪以前，发生了一系列历史性事件：1933—1938年，德国纳粹党在此举行党代会；1935年，德国纳粹政府在此颁布了臭名昭著的《纽伦堡法令》；1945年8月，苏、美、英、法4国大法官组成"欧洲国际军事法庭"，选择这个德国纳粹主义的"摇篮"作为审判地，并于1945年10月开始对法西斯德国的主要战犯进行了一次历史性审判，史称"纽伦堡审判"。

法庭宣判，战犯应负个人刑事责任，并应受到刑罚处罚；不违反所在国的国内法不能作为免除国际法责任的理由；被告的地位不能作为免除国际法责任的理由；政府或上级的命令不能作为免除国际法责任的理由。纽伦堡审判虽然在宣判后结束，但盟国和德国政府惩治和宣判纳粹的活动一直在进行着，有不少战后隐匿他国的纳粹战犯被陆续引渡回国，接受正义的审判。此外，纽伦堡审判还宣布了"恶法非法"，并且公民有义务不服从"恶法"。这构成了现代法治社会的合理逻辑和正当尺度。在纳粹统治时期，德国政府包括迫害犹太人在内的非法行为都是借法律之名而实施的。

亚里士多德关于法治的第二个方面的含义即"大家所服从的法律本身是本身制定得良好的法律"，此言道出了法治国家的实质要件：法的优良性。

法有良法和恶法之分，法治国家的法必须具备优良的品性。历史事实证明，有法并不一定有法治国家，这是因为有些法并不具备优良的品性，比如德国纳粹时期，尽管希特勒通过法定程序颁布了法律，但这些法律随意剥夺公民的生命和自由、侵犯人权，是恶法而不是良法，所以当时的纳粹德国不是法治国家。法治国家的法必须具备优良性，也就是法必须具有正义性，符合基本道德原则的要求。符合正义和道德标准是法治国家中的法应当具备的实质要件，任何违反正义原则和基本道德原则的法律，都得不到人们的认同，反而会遭到人们的普遍反对和抵抗，这样的法律就得不到人们的遵守，不能成为人们活动的行为准则。

判断一部法律是良法的标准主要是看这部法律是否符合大多数人的利益和愿望，是否符合法的正义精神。良法是对法治的目的性价值要求，包括民主、自由、人权、公平、正义、秩序等价值要素。法所追求和体现的公平和正义，实际上就是特定时期民众认同的价值和道德标准。

二、法治国家的基本特征

法治国家是实行法治化的国家，在这样的国家里，具有一些基本特征，这些特征主要有主权在民、法律至上、权力制约、人权保障、依法行政、司法公正等。

（一）主权在民

法治国家的首要特征就是主权在民，也就是由人民掌握国家的最高权力。主权在民是一个十分重要的法治原则，这个原则是资产阶级革命时期提出来的，在资产阶级取得政权后上升为一项法律原则。资产阶级的人民主权实际上只是资产阶级的主权，劳动人民没有掌握国家权力。社会主义国家的人民主权才是真正由人民掌握国家权力，是名副其实的人民主权。主权在民是法治国家的政治基础，没有人民主权，就没有人民民主，民主是法治国家的基本要素，没有人民民主就不可能有法治国家。

人民主权是对专制集权的否定，是由人民当家作主。只有实行主权在民，国家的立法权掌握在人民手中，才能使国家制定的法律具有民主基础，这样的才能得到广大人民的支持和拥护。只有实行人民民主,才能决定使国家的目标、使命和性质符合法治的要求。在专制集权国家里,由于是由君主一人或少数人掌握国家权力,实行权力高度集中,在国家管理中君主或少数管理人员的权力大于国家的法律,法律在国家生活中缺乏权威性,因此在专制集权国家里不可能实行法治。

（二）法律至上

法律至上是指法律在所有社会规范中具有至高无上的权威和地位,任何社会组织和公民个人都必须服从法律、遵守法律的规定,而不能有超越法律的特权,任何违反法律的行为都必须受到法律的制裁。法律至上包括以下几个方面的含义:第一,在所有社会规范中,法律的地位是最高的,其他任何社会规范,包括政策、纪律、道德、社团规章等,都不能否定法律的效力,不能与法律相冲突;第二,所有社会组织和公民个人都必须服从法律、遵守法律的规定,法律面前一律平等,任何人和组织都不能享有法外特权;第三,任何组织和个人的违法行为都必须受到法律的制裁,即使是国家公职人员的行为也要依法进行,如果违法也要依法受到应有的处理。

法律至上是法治国家的重要标志。法律至上要求任何组织包括执政党都必须依法进行活动,这就要处理好法律与执政党的政策之间的关系。法治国家里执政党也必须服从法律。坚持法律至上不能认为是对执政党地位的否定,因为执政党可以通过法定途径将其政策上升为法律。

（三）权力制约

权力制约是对行使公共权力者的一种约束,它要求任何国家公权力都应受到法律的约束。在法治国家里,国家公权力是人民赋予的,人民才是国家的主人,公权力的行使者只是获得人民授权从事国家公共事务的管理者。人民通过法定程序选举代表,这些代表再代表人民去管理国家和社会事务。由于权力的获得是通过选举产生的,不可能让所有的人民都去行使管理权,因此需要对那些被授予权力的人进行约束,防止他们滥用手中的权力。如果不对公权力加以约束,行使权力的人就有可能滥用权力,侵害人民的权利。

实行权力制约是现代民主法治国家的基本特征。在古代专制集权时代,君主或国王的权力是不受任何约束的,他们可以根据自己的爱好随意使用手中的权力,在这样的社会里,人民的权利毫无保障可言。现代法治国家对权力的制约一方面通过分权机制,另一方面是通过法律来制约权力。其中法律对权力的制约是主要的,因为权力的来源需要有法律依据,权力行使的范围和方式也必须根据法律,同时,在制约权力的规范中,法是具有国家强制力的规范,是最有效的评价标准。

（四）人权保障

人权保障是法治国家最重要的核心内容。人权就是人作为人所应当享有的权利。人权的具体内容在不同国家和不同时代是不一样的,随社会经济文化发展程度而变化。从奴隶制国家到封建制国家、资本主义国家和社会主义国家发展演变的过程,也是人权的内容不断发展变化的过程。一个国家对人权的保障状况是判断一个国家是法治国家与非法治国家的重要区别。

法治的终极目标就是保障人权。在法治国家,一切国家权力的行使都必须以保障人权为宗旨和前提条件。《德国基本法》明确规定,保障公民权利是一切国家权力的基本义务。国家的这种义务相对应的就是公民的权利,当公民权利受到国家权力的侵害时,有请求国家赔偿的权利。当公民的权利受到其他非法侵害时,有向有关国家机构请求给予救济的权利。

权利本位是法治国家区别于非法治国家的基本特征之一。在人类发展史上,曾经很长一段时间实行的是义务本位,公民相对于国家而言没有权利,只有义务。现代法治国家也存在义务,但义务的存在是为了实现权利,义务是实现权利的手段,权利才是最终的目的。

（五）依法行政

在法治国家里,依法行政具有十分重要的意义,这对于法治国家来说是十分关键的因素。在立法权、行政权、司法权这三种国家权力中,行政权属于执行权,是国家对社会进行管理的基本途径和手段。法治国家中行政权来源于立法机关的授权,也就是说,行政权的来源必须有法律依据,未经法律授权,行政机关不得行使相应的权力。

因此,依法行政就是指行政行为应当有法律根据。不仅行政权的来源要有法律上的根据,而且行政行为的内容、形式、程序和效力等都必须有法律上的根据。法律对行政机关的要求和对公民的要求是不同的,对行政机关而言,凡是法律没有授予的就是禁止的,只要在法律上没有根据的行政行为都是违法行政行为,要承担相应的行政法律责任。而对公民个人而言,凡是法律没禁止的就是允许的,只要在法律上没有禁止公民做的事,在不侵害他人、国家和社会权利的前提下,公民就可以从事相应的行为,只要没有违反法律,其行为就不受法律的制裁。

依法行政除了要求行政权力必须有法律依据外,同时由于行政管理对于社会秩序的维护具有十分重要的意义,因此还要求国家应保证行政权力的实现,这对于保障公民合法权益和维护正常的社会秩序都具有重要作用。

（六）公正司法

请看以下一则案例：

2009年5月14日,云南省巧家县茂租乡鹦哥村村民李昌国(李昌奎兄长)与陈礼金(王家红母亲)因收取水管费的琐事发生争吵打架,陈礼金称李昌奎家人曾于2007年托人到陈家说媒,但遭到陈家拒绝,为此两家积有矛盾。因感情纠纷一直想报复王家红的李昌奎在得知家人与王家发生争执后,远在西昌打工的李昌奎随即赶回巧家县茂租乡鹦哥村,5月16日下午1点李昌奎门口遇到王家红(19岁)及其弟王家飞(3岁),李昌奎以两家的纠纷同王家红发生争吵抓打,抓打过程中李昌奎将王家红裤裆撕烂,并在王家厨房门口将王掐晕后实施强奸。王家红在遭到李昌奎的强暴后被其使用锄头敲打致死,并随后被拖至内屋,懵然不懂年仅三岁的王家飞被李昌奎倒提摔死在铁门门口,并随后将姐弟二人用绳子把脖子勒紧,李昌奎在制造血案之后逃离现场。经鉴定王家飞、王家红均系颅内损伤伴机械性窒息死亡。

2010年7月15日云南省昭通市中级人民法院经审理查明判处以强奸罪、故意杀人罪,数罪并罚判处李昌奎死刑,剥夺政治权利终身。2011年3月4日云南省高级人民法院以强奸罪、故意杀人罪,数罪并罚判处李昌奎死刑,缓期二年执行的终审判决。就因为有了"自首"这个"免死牌",两份几字之差的判决书,顿时在家属间和网络上引起轩然大波。

2011年8月22日晚上9点20分左右,云南省高级人民法院再审后,认为原二审判决认定事实清楚,证据确实、充分,定罪准确,审判程序合法,但对李昌奎改判死刑,缓期二年执行,剥夺政治权利终身,量刑不当。依照最高人民法院《关于执行〈中华人民共和国刑事诉讼法〉若干问题的解释》第三百一十二条第(二)项的规定,改判李昌奎死刑,剥夺政治权利终身,并依法报请最高人民法院核准。最高法院终审判决死刑。根据最高人民法院下达的执行死刑命令,昭通市中级人民法院于2011年9月29日在宣告上述裁定后,对李昌奎执行了死刑。

司法是正义的最后一道防线。在法治国家里,司法是维护社会公平正义最有力的武器,是保障公民权利最有效的途径和手段。司法公正就是司法机关公平对待双方当事人,通过法定程序使合法权利得到保护,违法行为依法受到惩罚。由于司法权的程序性和权威性,相对于其他纠纷解决途径而言,司法在维护公民合法权利、惩罚违法行为方面具有更加有利的地位。司法的程序性是司法最重要、最显著的特征之一,司法机关审理案件应按照严格的诉讼程序进行,这对于保障司法的公正性提供了前提条件。同时,司法权是国家权力的重要组成部分,以国家强制力为后盾,它作出的裁决任何人都必须执行,不得违抗。

司法公正是司法的生命和灵魂,是司法的本质要求和终极价值追求。司法公正是司法机关及其司法人员在司法活动的过程和结果中必须坚持和体现的基本原则,司法公正包括程序公正和实体公正。程序公正是指司法过程的公正,司法程序具有正当性,当事人在司法过程中受到平等对待。实体公正主要是指司法裁判结果的公正性,当事人合法权益得到充分保障,违法犯罪行为受到应有的惩罚和制裁。司法活动的合法性、独立性、有效性、裁判人员的中立性,当事人地位的平等性以及裁判结果的公正性,都是司法公正的必然要求和体现。

第三节 当代中国的法治国家建设

一、中华人民共和国成立初期的法治起步

(一)中华人民共和国成立初期法制建设初见成效

在中华人民共和国成立的最初几年里,党和政府十分重视法制建设。1949年2月中共中央发布的《关于废除国民党六法全书与确定解放区的司法原则的指示》是指导新中国法制建设的重要文件。根据这一指示,中华人民共和国不仅开始了立法工作,而且通过调整改造法学院系,为中华人民共和国法制建设培养了法律人才。

1949年9月通过的《中国人民政治协商会议共同纲领》,是中华人民共和国起临时宪法作用的一部重要纲领性文件。1950年第一届全国司法会议提出了"新民主主义的法治观念和道德观念"。1953年9月,中央人民政府委员会第28次会议通过的《关于政治法律工作的报告》提出,逐步实行比较完备的人民民主的法制。1954年颁布了中华人民共和国第一部宪法,这部宪法确立了我国的国家制度、国家的根本任务等重要内容,是党和国家一切活动的最高准则,为我国社会主义建设指明了行动方向,既是治国安邦的总章程,又是我国法制建设的良好开端。这部宪法体现了全国各族人民的愿望和意志,确立了一切权力属于人民的民主原则、坚持社会主义道路的原则、公民在法律上一律平等的原则、人民享有广泛的权利和自由,并规定了国家组织和基本结构等各项重要制度。

1954年《宪法》的制定,意味着社会主义法律秩序开始确立,社会主义法制建设全面启动。

《人民法院组织法》《人民检察院组织法》也开始重新制定，社会主义司法工作的基本原则和制度开始建立和发展。公安机关、检察机关和法院分工负责、相互监督、相互制约。人民法院实行公开审判、辩护、两审终审和审判监督制度，这都是现在我国司法制度的重要内容。

1956年，我国对农业、手工业和资本主义工商业的社会主义改造基本完成，社会主义制度确立起来。同年9月党的八大召开，强调随着革命暴风雨时期的结束和社会主义建设时期的到来，应着手系统地制定比较完备的法律，健全全国的法制。会议全面系统地总结了中华人民共和国成立以来经济建设和民主法制建设的经验教训，明确提出了扩大社会主义民主、完善社会主义法制的基本方针。在新的历史条件下，制定了刑法、民法、劳动法、土地法等一系列法律。建国初期的法制建设取得了初步成效。

（二）"文革"对法制的破坏

"文革"时期，法制建设遭到严重破坏，法制荡然无存。长达十年的"文革"则使初具规模的社会主义法制受到了严重的损失，政策和国家领导人的意志取代法律成了调整社会关系的主要手段，使整个国家处于不稳定状态，社会主义建设和人民权利遭到严重破坏，为我国法制建设提供了惨痛的教训。在这十年动乱期间，不仅公民基本权利遭到肆无忌惮的践踏，而且连国家根本大法也被抛在一边。

"文革"时期，未能把党内民主和国家政治社会生活的民主加以制度化、法律化，或者虽然制定了法律，却没有应有的权威。党的权力过分集中于个人，党内个人专断和个人崇拜现象滋长起来。由于不重视民主法制而最终导致民主法制遭到空前的破坏、国家的混乱和人的自由与尊严的丧失，不仅使许多公民的人身财产权利遭到严重侵犯，而且使整个国家付出了沉重的代价，各方面的建设大多处于停滞甚至倒退的状态。

二、十一届三中全会以来的法治发展

（一）十一届三中全会开创法治建设新篇章

1976年"文革"结束后，中国共产党于1978年召开了具有划时代意义的十一届三中全会。这次会议宣布党和国家的工作重心转移到经济建设上来，开始了中国的改革开放事业，中国的法治事业也进入一个新的时代。

邓小平在为党的十一届三中全会做准备的中央工作会议的闭幕会上讲到："为了保障人民民主，必须加强法制。必须使民主制度化、法律化，使这种制度和法律不因领导人的改变而改变，不因领导人的看法和注意力的改变而改变。"①随后召开的十一届三中全会着重提出了健全社会主义民主和加强社会主义法制的任务。确定以民主法制作为主题，是以邓小平的民主法制思想为核心的。十一届三中全会指出："宪法规定的公民权利，必须坚决保障，任何人不得侵犯。为了保障人民民主，必须加强社会主义法制，使民主制度化、法律化，使这种制度和法律具有稳定性、连续性和极大的权威，做到有法可依，有法必依，执法必严，违法必究。……要保证人民在自己的法律面前人人平等，不允许任何人有超越法律之上的特权。"②

国家领导人和法学界对社会主义民主与社会主义法制关系的深刻认识成为以后党的历次

---

① 《邓小平文选》（第2卷），人民出版社1994年版，第146页。
② 《中国共产党第十一届中央委员会第三次全体会议公报》，人民出版社1978年版，第12页。

重要会议的重要指导思想。如党的十二大报告提出,社会主义民主建设必须同社会主义法制建设紧密结合起来,使社会主义民主制度化、法制化。十三大报告则把"高度民主、法制完备"作为建设有中国特色社会主义民主政治的一项基本内容和实现国家长治久安的重要保证加以论述。十四大报告指出,没有社会主义民主和法制就没有社会主义,就没有社会主义现代化。

(二)十五大确立依法治国基本方略

1997年,党的十五大报告正式提出:"依法治国,建设社会主义法治国家"的基本方略。依法治国,是党领导人民治理国家的基本方略,是发展社会主义市场经济的客观需要,是社会文明进步的重要标志,是国家长治久安的重要保证。江泽民同志在十五大报告中指出:"依法治国,就是广大人民群众在党的领导下,依照宪法和法律规定,通过各种途径和形式管理国家事务,管理经济文化事业,管理社会事务,保证国家各项工作都依法进行,逐步实现社会主义民主制度化、法律化,使这种制度和法律不因领导人的改变而改变,不因领导人的看法和注意力的改变而改变。"① 依法治国,建设社会主义法治国家既是一项社会实践活动,又是一个长期的历史过程。为此,党的十五大和九届人大一次会议提出依法治国,建设社会主义法治国家的基本目标和任务是:第一,到2001年形成中国特色的社会主义法律体系;第二,维护宪法和法律的尊严,消除特权,保障公民权,建立执法责任制;第三,推进司法改革,追求司法公正,在制度上保证审判权与检察权的独立行使,建立司法责任追究制度;第四,加强执法与司法队伍建设,提高法律职业工作者的政治与业务素质,使其权利能力与行为能力达到统一;第五,增强全民法律意识,采取措施着重提高领导干部的法制观念和依法办事能力。

随着我国改革开发的深入,经济发展对法治建设要求的提高,党的十六大进一步把依法治国,建设社会主义法治国家的任务概括为:适应社会主义市场经济发展、社会全面进步和加入世贸组织的新形势,加强立法工作,提高立法质量,到2010年形成有中国特色社会主义法律体系。坚持法律面前人人平等。加强对执法活动的监督,推进依法行政,维护司法公正,提高执法水平,确保法律的严格实施。维护法制统一和尊严,防止和克服地方和部门的保护主义。拓展和规范法律服务,积极开展法律援助。加强法制宣传教育,提高全民族法律素质,尤其要增强公职人员的法制观念和依法办事的能力。党员和干部特别是领导干部要成为遵守宪法和法律的模范。要着重加强制度建设,实现社会主义民主政治制度化、规范化和程序化。要推进司法改革,按照公正司法和严格执法的要求,进一步健全责任明确、相互配合、相互制约、高效运行的司法体制,改革司法机关的工作机制和人财物管理体制,逐步实现司法审判和检察与司法行政事务相分离。加强对司法公正的监督,惩治司法领域中的腐败。建设一支政治坚定、业务精通、作风优良、执法公正的司法队伍。司法制度必须保障在全社会实现公平和正义。具体法治目标的提出和实现,反映了我国法治国家进程日益迈向更加深入、更加务实的阶段,也预示着我国法治国家建设朝着更加明确、更加稳定的方向发展。

(三)十八大以来中国特色社会主义法治的新发展

党的十八大以来,以习近平同志为核心的党中央在深刻把握中国特色社会主义法治道路的基础上,明确提出全面依法治国,将中国特色社会主义法治的理论和法治实践推向了一个新的阶段。

---

① 江泽民:《高举邓小平理论伟大旗帜,把建设有中国特色社会主义事业全面推向21世纪》,《求是》1997年第18期。

党的十八届四中全会提出,全面推进依法治国的总目标是建设中国特色社会主义法治体系,建设社会主义法治国家。全会明确了全面推进依法治国的重大任务:完善以宪法为核心的中国特色社会主义法律体系,加强宪法实施;深入推进依法行政,加快建设法治政府;保证公正司法,提高司法公信力;增强全民法治观念,推进法治社会建设;加强法治工作队伍建设;加强和改进党对全面推进依法治国的领导。

习近平总书记从关系党的前途命运和国家长治久安的战略全局高度认识法治并厉行法治,创造性地提出了新时代全面依法治国的战略布局。党的十九大把"法治国家、法治政府、法治社会基本建成"确立为到2035年基本实现社会主义现代化的重要目标,开启了新时代全面依法治国的新征程。十九届四中全会提出,到2035年,各方面制度更加完善,基本实现国家治理体系和治理能力现代化;到新中国成立100时,全面实现国家治理体系和治理能力现代化。同时提出,要全面推进依法治国,坚持依法治国、依法执政、依法行政共同推进,坚持法治国家、法治政府、法治社会一体建设。要健全保证宪法全面实施的体制机制,完善立法体制机制,健全社会公平正义法治保障制度,加强对法律实施的监督。

习近平同志指出,必须把依法治国作为党领导人民治理国家的基本方略,把法治作为治国理政的基本方式,不断把法治中国建设推向前进。全面依法治国的一个重要战略特征,就是坚持中国特色社会主义法治道路、法治理论、法治体系、法治文化"四位一体"。中国特色社会主义法治道路是社会主义法治建设成就和经验的集中体现,是建设法治中国的唯一正确道路。中国特色社会主义法治理论是中国共产党根据马克思主义国家与法的基本原理,从中国的实际出发,深刻总结我国社会主义法治建设经验,逐步形成的具有中国特色的社会主义法治理论体系。中国特色社会主义法治体系是国家治理体系的重要组成部分,建设中国特色社会主义法治体系、建设社会主义法治国家是全面推进依法治国的总目标。中国特色社会主义法治文化是体现社会主义先进文化内在要求的法治价值、法治精神、法治意识、法治理念、法治思想等精神文明成果。

中国特色社会主义法治理论是中国特色社会主义理论体系的有机组成部分,全面推进依法治国则是中国特色社会主义法治理论的核心议题,对推动我国经济持续稳定健康发展、维护社会和谐稳定、实现社会公平正义、实现中华民族伟大复兴,都具有十分重要的理论价值和现实意义。

(四)社会主义法治理念

1. 社会主义法治理念的科学内涵

社会主义法治理念的内涵博大精深,主要包括依法治国、执法为民、公平正义、服务大局、党的领导五个方面。这五个方面中,依法治国是社会主义法治的核心内容,执法为民是社会主义法治的本质要求,公平正义是社会主义法治的价值追求,服务大局是社会主义法治的重要使命,党的领导是社会主义法治的根本保证。这五个方面相辅相成,协调一致地体现了党的领导、人民当家作主和依法治国的统一。[①]

(1)树立和坚持依法治国理念,保障国家长治久安。依法治国,是我们党总结执政经验教训作出的必然选择,是我们党治国理政方式的重大变革。树立依法治国理念,就是要严格依照宪法和法律的规定,管理国家事务、管理经济文化和社会事务,保障国家各项工作都依

---

① 中共中央政法委员会:《社会主义法治理念教育读本》,中国长安出版社2006年版,第8页。

法进行。依法治国与依人治国、依政策治国最大的区别就在于靠法来治理国家。由于法律具有稳定性，法律所确认的社会关系和社会秩序就会在一定时期内处于相对稳定的状态；而靠政策、靠个人意志甚至靠运动来治理国家，政令就会朝令夕改，就会因个人的看法、注意力甚至兴趣的改变而经常处于变动之中，社会关系和社会秩序的稳定性就会失去保障。因此，只有实行依法治国，才能保障国家长治久安。我们必须牢固树立依法治国的理念，坚定不移地走法治的道路。

践行依法治国理念，必须做好以下几个方面的工作：一是要树立法律面前人人平等的意识。包括公民在法律面前一律平等，任何组织和个人都没有超越宪法和法律的特权，任何组织和个人的违法行为都必须依法受到追究。二是要树立和维护法律权威。要不畏权势，对各种违法行为敢于执法。没有法律权威就没有秩序，必须确立法律是人们生活基本行为准则的观念，人人都自觉把法律作为指导和规范自身社会活动的基本准则。三是要严格依法办事。这是依法治国的基本要求，要坚持职权法定和权责统一，贯彻和完善监督制度和责任追究制度。这样才能真正践行依法治国理念，保障国家长治久安。

（2）树立和坚持执法为民理念，维护人民切身利益。执法为民是社会主义法治的本质要求，是我们党一切权力属于人民、全心全意为人民服务、代表最广大人民根本利益、立党为公和执政为民等执政理念在政法工作上的具体体现。树立执法为民的理念，说到底就是要真正为人民利益着想，做人民利益的维护者。

执法为民，必须坚持一切为了人民。人民是国家的主人，国家一切权力都来源于人民，国家工作人员必须运用人民赋予的权力为人民服务，不能用手中的权来谋取个人或小团体的私利，不能只考虑自身工作的方便而漠视群众的利益。执法为民不是一句空话，要落实到行动中去。政法人员要把手中的权力行使好、把职责履行好，妥善处理好涉及人民群众最关心、最直接、最现实的利益问题，杜绝乱作为、防止不作为。要相信群众、依靠群众、尊重群众，切实增强公仆意识，在管理中体现服务，在服务中强化管理，始终要带着清正廉洁的作风和文明规范的追求去执法。

（3）树立和坚持公平正义理念，捍卫法的正义精神。公平正义是法的精神实质所在，是人类永恒的追求，自然也是社会主义法治的价值追求和社会主义和谐社会的重要特征。没有公正，就不是法治；没有公正，就没有社会和谐。公正包括实体公正和程序公正。实体公正是程序公正的目标和追求，程序公正是实体公正的重要保障。在执法过程中，一方面要防止"重实体，轻程序"的错误倾向，另一方面也要防止"重程序，轻实体"的做法。不能为了实现实体公正而破坏法定程序，更不能只讲程序公正而不顾及实体公正，程序是手段，实体是目的，不能为了手段而牺牲目的。

在执法和司法中树立公平正义理念，必须坚持以下几条：一是坚持合法合理原则。由于法具有稳定性而社会生活具有灵活易变性，因而法律规定了一些自由裁量权，执法和司法活动中的自由裁量并不是不受限制的，自由裁量权的行使必须符合法律的目的，要求符合"同样情况同样处理、不同情况不同处理"的自然公正原则，使处理结果与实际情况相符合，而不得随意滥用自由裁量权。二是坚持及时高效原则。一个旷日持久的官司，可以把一个家庭、一个企业拖垮，虽然最终赢了官司，但与公平正义精神相违背，因为"迟到的正义不是正义"。三是要坚持程序公正原则。程序公正就是要让当事人以看得见的方式实现公正，要让裁判或决定的过程变为当事人感受民主、客观、公平的过程，以程序公正保障实体公正，增强裁判或决定的认可度和公信力。

(4) 树立和坚持服务大局理念,促进社会和谐发展。服务大局是社会主义法治的重要使命,是司法机关和行政机关充分发挥职能作用、有效履行职责的必然要求。党和国家的工作大局具有统领性、目标性、引导性,法治作为国家的治理方式,归根到底要符合党和国家工作大局。司法行政工作做得好不好,最终要看服务党和国家工作大局的成效。因此,广大司法行政工作者一定要强化大局意识,始终把工作融入党和国家工作大局之中,在服务大局中推进司法行政工作。

服务大局必须处理好以下几个方面的关系:一是服务大局与立足本职的关系。二是服务大局与严格依法履行职责的关系。三是全局利益与局部利益的关系。四是法律效果与社会效果的关系,追求法律效果和社会效果的统一。在处理涉及群众切身利益、关系到社会稳定的重大问题时,要充分考虑到各种复杂因素,既要依法办事,又要确保社会稳定。

(5) 树立和坚持党的领导理念,巩固和改善党的执政地位和执政方式。党的领导和社会主义法治在根本上是一致的。一方面,党的领导是建设社会主义法治国家的根本保证;另一方面,依法治国是党领导人民制定宪法和法律,也领导人民实施宪法和法律。坚持党的领导,根本的一点是要坚决贯彻执行党的基本理论、基本路线、基本纲领、基本经验,不断增强贯彻执行党的路线方针政策的自觉性和坚定性。在执法和司法实践工作中,要把坚持党的领导、巩固党的执政地位和维护社会主义法治统一起来,把贯彻落实党的路线方针政策和严格执法统一起来,把加强和改进党对政法工作的领导与保障司法机关依法独立行使职权统一起来。

在树立和坚持党的领导的同时,还要注意改善党的领导。党对政法工作的领导主要是政治领导、思想领导和组织领导,其主要任务是领导和推动政法机关贯彻落实党中央的大政方针,对政法工作作出全面部署,依法协调各种关系,改善政法机关的执法环境和条件。党的领导要坚持谋大局、把方向、抓大事,不断改进领导方式,支持政法机关独立负责地开展工作,不插手、不干预司法机关的正常司法活动,更不能代替司法机关对案件进行定性处理,不指派政法机关处理决定法定职责之外的事务。

2. 社会主义法治理念的本质

社会主义法治理念的本质可以概括为以下几个方面:

(1) 反映和坚持社会主义先进生产力的发展。社会主义法治理念必须符合我国现阶段生产力发展的客观要求,坚持为社会主义市场经济服务,坚持执法的法律效果和社会效果的统一,坚持平等、自由、正义、效率等社会主义市场经济内在的价值追求。

(2) 反映和坚持人民民主专政的国体。在我国,人民是国家的主人,国家一切权力属于人民。社会主义法治理念必须体现人民主权原则,确认人民的主体地位,反映最广大人民的根本利益和共同意志,始终把人民当家作主和维护最广大人民群众的根本利益作为永恒的价值追求。

(3) 反映和坚持党的领导。在我国,共产党执政是历史的选择,人民的选择。新中国法制建设的伟大成就是在党的领导下取得的。全面实施依法治国的基本方略,建设社会主义法治国家必须在党的领导下进行。

(4) 反映和坚持马克思主义的指导地位。马克思主义是我们党和国家一切工作的根本指导思想。社会主义法治理念必须以马克思主义为指导,特别是要坚持以邓小平理论和"三个代表"重要思想为指导,以科学发展观为统领,充分体现社会主义荣辱观的道德要求。

(5) 反映和坚持从中国国情出发的。社会主义法治理念的形成和发展必须吸收人类法治文明的优秀成果,但不能照搬照抄外国的模式。这是一个基本政治原则,也是坚持实事求是思想路线的具体体现。脱离中国国情,不从中国的经济社会状况、历史和现实状况出发,盲目照搬照抄国外的东西,不仅不会起到积极作用,甚至会给社会主义法治建设乃至社会主义现代化建设带来不良后果。

(6) 反映和坚持改革创新、与时俱进。一种先进的理念,应当随着时代的发展而发展,作为意识形态,应当不断适应社会主义经济状况的变化。改革开放以来,我国各个领域都发生并将继续发生广泛而深刻的变化。社会主义法治理念必须在马克思主义基本理论指导下,与时俱进,不断创新,始终充满生机与活力。

3. 社会主义法治理念的重大意义

(1) 进一步完善了社会主义法治国家理论。社会主义法治国家理论经历了一个长期曲折的发展过程。早在1956年党的第八次全国代表大会上就明确提出了扩大社会主义民主、完善社会主义法制的基本方针,但十年"文革"使刚建立起来的法制毁于一旦。1978年确立了完善"民主法制"的基本方针,1996年进一步提出了"依法治国,建设社会主义法制国家"的治国方略,1997年又提出了"依法治国,建设社会主义法治国家",将"法制"改为"法治",二者相差一字,预示着我党对社会主义法治国家理论在思想认识上达到一个新的高度。而2006年社会主义法治理念的提出,则是在"法治国家"基础使社会主义法治国家理论得到了进一步升华。它意味着我们不仅要在形而下的制度层面完善法治,而且把法治作为一种思想从形而上的观念层面加以提升,从而使社会主义法治国家理论得到了丰富和发展。

(2) 为社会主义法治实践提供了理论武器。任何实践都需要一定的理论来指导,没有理论指导的实践必定是盲目的实践,不可能取得成功。社会主义法治理念是在深刻总结我国法治实践基础上提出的,它来源于实践,但又升华于实践,反过来成为指导我国社会主义法治实践的理论武器,有利于推动我国法治建设在更高的阶段上良性发展。

(3) 是对中国特色社会主义理论的丰富和发展。社会主义法治理念回答了"建设什么样的社会主义法治国家、怎样建设社会主义法治国家"的问题,特别是从理论和实践层面进一步解决了中国特色社会主义理论在政法工作中的具体问题,是我们党在政法工作上的重大战略思考和创新。

(4) 有利于构建社会主义和谐社会。社会主义法治理念的提出,适应时代发展的趋势、适应我国政法事业长远发展的客观需要。它是在我国经济持续、快速发展的同时,社会矛盾凸显、刑事犯罪率高发的特殊时期提出来的,适应我国经济发展对执法、司法工作人员的法律素养提出的更高要求,有利于执法、司法人员提高执法理念、增强法治意识、严格依法执法,从而有利于避免和减少各种破坏法治、侵犯公民权利事件的发生,缓解当前人们对执法工作的矛盾和不满情绪,构造一个和谐、安定的执法环境。

三、我国法治建设的成就与不足

(一) 法治建设的成就

自十一届三中全会以来,经过三十多年建设,我国的法治国家建设取得了一系列重大成就。

1. 确立了依法治国基本方略

自1997年党的十五大依法治国、建设社会主义法治国家以后,1999年3月全国人民代表大会对1982年宪法进行了修改,在宪法中明文规定:"中华人民共和国实行依法治国,建设社会主义法治国家。"如今,法治治国基本方略已得到社会各界的广泛认同。

2. 法治观念成为主流意识形态

当今中国,法治意识已成为自上而下社会各方面人士的共识,成为社会主流意识形态。中央领导人在各种场合都大谈法治,法治成为中央文件出现频率最高的词语之一。各种新闻媒体连篇累牍地报道法律问题,宣传法律知识。普遍民众法律观念水平明显提高,权利意识显著增强。

3. 社会主义法律体系初步形成

法治国家首先需要有完整的法律体系。我国经过数十年的立法工作,社会生活主要方面已经初步实现了有法可依。据统计,我国目前制定的法律已达500余件,国务院制定的行政法规达1 000余件,部门规章、地方性法规已有10 000多件。目前立法工作的重点从起草法律转向对法律、法规、规章的修改和完善。

4. 依法行政成为行政机关的基本共识

依法行政是法治国家的关键。行政机关作为执法机关,在社会生活和国家管理中发挥着十分重要的影响,在法治国家建设中具有十分重要的作用。当前,随着行政诉讼法和国家赔偿制度的完善、行政责任制度的建立,依法行政已经成为各级行政机关及其工作人员的基本行为准则。

5. 司法机关在解决社会纠纷中越来越发挥作用

司法作为解决纠纷的最后一条途径、权利保障的最后一道屏障,凭借其程序性特征和国家强制力保障,在解决纠纷中日益受到人们的重视。当前,各级人民法院平均每年审理案件数量约为500万件,比改革开放前增加10倍多。此外,人民法院案件管辖权的范围不断扩大,原来不属于法院受案范围的纠纷如今也纳入法院的管辖范围,如2000年茅玉羚诉陈晓琪"侵犯受教育权案";2002年四川大学法学院学生蒋涛诉中国银行四川分行的"身高歧视案";2004年安徽芜湖张先著诉芜湖市人事局"乙肝歧视案",等等。

6. 法学教育研究和法律服务日益发达

20多年前,我国法学院系只有19所,目前,我国共有法学院系423所,占全国1 700多所高校的四分之一。法科学生36万多人,占所有高校在校生人数的5%。法学研究取得了一系列重大成果,国外法学名著大量翻译引进到国内,国内本土的法学论著如雨后春笋般增加,各种法学科研课题取得重大进展。在法律服务方面,1979年仅有律师200人,如今全国有12万注册律师,1.1万家律师事务所,每年办理各种案件达800多万件,年营业额达120多亿元人民币;公证员1.5万人,公证处3千多家。

(二)法治建设的不足

自改革开放以来,尽管我国法治建设取得了较大成就,但不可违言,由于多方面的原因,我国法治建设仍然存在诸多不足之处,主要有以下几个方面:

1. 法律权威尚未完全树立

法治国家必须树立法律至高无上的权威,人人都信赖法律、尊重法律,主要以法律作为解决纠纷的依据。美国著名法学家哈罗德·J.伯尔曼所著的《法律与宗教》中写道:"法律必须被信仰，否则它将形同虚设。"①当前不相信法律、出现纠纷后不走法律途径而是找关系、走后门的现象还比较普遍。甚至出现拒不执行法院判决，导致司法公信力下降的情况，这极大地伤害了法律的权威性。

2. 人治思想还比较浓厚

人治是与法治相对立的概念，人治思想和做法在中国存在了两千多年，至今还残留在许多人的思想和行为习惯之中，这对当前的法治建设构成极大的威胁。比如有人在谈到"徒法不足以自行"时，就想到需要通过人的因素来弥补或取代法的地位和作用；在看到法的局限性时，就认为需要用人治来弥补法治的缺陷。这些想法混淆了法治与人治的关系，是对法治的误读，其实质是人治思想的表现。

3. 司法独立性不强、司法公信力下降

在法治国家里，司法权不受任何团体和个人的干涉，法院和法官的独立审判权力受到高度保障。社会上发生的任何纠纷都可通过司法途径加以解决，司法裁决不受任何势力集团的影响，司法公信力得到广泛的任何和接受。在当前，我国司法的独立地位还有待加强，司法机关在办案过程中经常受到来自其他方面的非法干涉，法院和法官的独立地位受到不当影响。再加上个别法官素质不高，徇私枉法、徇情枉法、枉法裁判等现象时有发生，这些情况导致了司法公信力急剧下降。

4. 法律监督和权力制约机制亟待加强

历史经验表明，任何握有权力的人都容易滥用权力，因此为防止权力滥用，法治国家必须加强对权力的监督和制约。当前，我国各种腐败案件和违法违纪现象时有发生，除了违法者自身修养不够外，缺乏对权力的监督和制约机制是一个极其重要的因素。我国实行一党固定执政，没有实行权力分立，在这种情况下，加强对权力的监督制约的重要性和紧迫性尤为突出。对权力的监督和制约除了权力之间的相互制约外，最有效的途径和手段就是法律监督。当前我国应进一步完善对权力的监督体系，一方面通过权力相互之间的监督，另一方面应制定出台监督法，重视法律监督的作用和功能。

5. 法治的体制性障碍仍未消除

法治国家除了需要经济文化等外部环境支持外，更重要的是国家有关体制方面的支持。在我国，当前司法的人权和财权都缺乏自主性，严重地影响了司法独立性，这种体制性障碍对法治国家建设造成严重的阻碍。司法的本质是裁决纠纷的，而当前司法权却沦为协助政府从事社会管理工作，各地司法机关的工作重点是执行当地政府的决策，法院成为政府的打工仔，造成司法权地方化，地方保护主义严重干扰了司法公平正义精神的实现，极大地影响了法治的发展进程。

6. 司法队伍自身素质有待提高

法治国家需要一支高素质的司法队伍。当前，我国司法队伍的素质参差不齐，尤其是经济落后的中西部一些地方基层司法机关工作人员的素质堪忧，法官的法律知识和法律文化修养有待进一步提高。法官职业伦理和职业道德亟待改善，司法腐败屡有发生，一些法官贪赃枉法、徇私舞弊较为突出，严重破坏了作为正义守护神的法官在人们心目中的印象。

---

① ［美］伯尔曼：《法律与宗教》，梁治平译，三联书店1991年版，第28页。

本章小结

　　法治即"法律的统治",法治要求严格依法办事,意味着权力制约和对人权的尊重和保护。法治与法制、法治与德治、法治与人治在概念上都有所不同。古希腊思想家柏拉图、亚里士多德以及资产阶级启蒙思想家洛克、孟德斯鸠、卢梭提出了许多重要的法治思想。法治国家有其相应的标准和形式以及实质方面的构成要件,其基本特征包括主权在民、法律至上、权力制约、人权保障、依法行政、公正司法等。十一届三中全会开创了法治建设的新篇章,党的十五大提出了"依法治国,建设社会主义法治国家"的基本方略。社会主义法治理念有其丰富的科学内涵和深刻的本质,具有重要意义。当今我国法治建设取得了显著成就,但仍然存在诸多需要进一步完善的不足之处。

本章关键词

　　法治　法制　德治　人治　依法办事　权力制约　良法　法治国家　主权在民　法律至上　权力制约　人权保障　依法行政　司法公正　依法治国　社会主义法治理念

案例评析

（一）

【基本案情】

　　2011年9月16日清晨,山西运城人张利强与妻子、两个妻妹一道,驾驶汽车送女儿前往河南洛阳的一所大学报到。在连霍高速河南省三门峡境内观音堂路段,29岁的郑州市农民杨新华驾驶着一辆重型半挂货车与之相撞,造成坐在轿车后排的张利强的妻子、女儿、大妻妹当场死亡,坐在轿车前排的张利强和小妻妹昏迷。

　　三门峡市公安交通警察支队第六大队出具的道路交通事故认定书上显示,"肇事司机杨新华未保持安全车速,未降低行驶速度,且未按照操作规范安全驾驶,其违法行为是造成此次事故的原因,应承担事故的全部责任"。

　　2011年12月27日,陕县人民检察院对杨新华提起公诉。2012年3月6日,主审法官水涛出具了陕县人民法院刑事判决书:杨新华的行为已构成交通肇事罪,因其"积极赔偿被害人家属部分经济损失90余万元",从轻处罚,判处有期徒刑2年。

　　然而,受害人张利强反映,他根本没有得到任何赔偿。更令人匪夷所思的是,面对质疑,水涛的解释竟然是:轻判是因为负责民事审判的三门峡市湖滨区法官翟二民"出具了一份表述含糊的赔偿证明",自己当时"眼睛花"没看清,才将案件"判错了"。

　　此案被曝光后,该法官自称"眼花"错判。这就是备受舆论关注的"眼花"错案。"眼花"案暴露出来的问题主要是法官司法良知丧失、职业道德沦丧,自称"眼花"错判,完全超出了一般公众的心理预期,结果引起舆论哗然。最终,"眼花"错案重新审理,原从轻发落的被告人被处以3年6个月有期徒刑,并赔偿受害人家属15万元人民币。"眼花"法官亦被移交司法机关查处。

　　问题:请根据法治国家的有关理论,对该案进行评析。

【法律分析】

　　本案是一起典型的枉法裁判案件。法治国家的基本特征是法律至上、人权保障、司法公正。在法治国家里,要求法官严格公正的审理案件,以法律为依据,以通过审理查明的案件事实为准绳,对案件作出客观公正的裁判,依法追究违法侵权者的法律责任,有效保障受害人的合法权益。本案中,主审法官水涛违背案件事实,对案件作出了有违常理的裁判,未能有效保障受害人张利强的合法权益,有违法治国家对法官的基本要求。

自改革开放以来,我国法治国家建设经过四十多年的努力已经取得了一定的成就,但在当前我国司法实践中,一些地方法官的法律知识水平不高,法律职业伦理低下,仍然存在徇私枉法、徇情枉法的现象。这些做法严重地影响了法院和法官在人们心目中的形象和地位,导致司法公信力下降。此外,法治国家基本标志之一是司法独立,而在我国当前,一方面存在司法独立权不够,司法机关办案时容易受到外界的干扰;另一方面司法机关及其工作人员自身的办案水平又受到人们的质疑,这使人们对司法独立感到不放心,这种情况是我国法治国家建设过程必须引起高度重视的问题。

(二)

【基本案情】

2011年8月11日,北京警方出动数十名警力,端掉位于昌平七里渠的一处"黑监狱",解救了一批被非法羁押的外地上访人员。据查,这个"黑监狱"由保安公司辞职员工牵头成立,专门帮助地方政府拦截上访人员获利,一位上访者曾被殴打致死,此案已经进入刑事追诉程序。

北京市公安局副局长张兵公开通报此案,要求严禁保安服务公司参与"截访"、非法限制他人人身自由。在"安元鼎事件"2010年被曝光之后,北京对保安业进行了清理整治。

问题:请从法治与人治关系的角度对该案进行分析。

【法律分析】

法治国家,不容私刑。法治与人治的主要区别在于,在法治国家里,任何组织和个人的活动都必须以法律为依据,公民的人身自由权利受到法律的严格保护。未经法院依法判决,不得确定任何有罪,不得随意剥夺或限制公民的自由权利。而在人治社会里,公民的人身自由权利毫无保障可言,统治者可以随意剥夺或限制公民的自由、侵害公民的权利。

在本案中,"黑监狱"其实是一些地方政府将上访的公民关押起来,以防止他们上访。这种行为不仅严重侵害了公民的生命、自由权利,而且还剥夺了公民依法享有的检举权和控告权,涉嫌非法拘禁。所谓"黑监狱",首先"黑"在它不是正式意义上的监狱。这里无制度,无约束,无视人的基本尊严;其次"黑"在它的隐蔽性和神秘性。假使看到一个大院,大门紧锁,我们无从判断那是不是就是一家黑监狱。是谁,在无视公民监督权和申诉权的同时,还敢于制造黑监狱?显然,是一些地方政府官员缺乏法律意识和法治观念,是人治思想、人治观念残余的表现。这种人治思想观念的存在对于当前法治国家建设是一个极大的阻碍,我们应当对这些违法行为进行依法制裁,切实保护公民享有的合法权利。

复习思考题

1. 法治的基本内涵是什么?
2. 法治与法制的区别有哪些?
3. 法治与人治的区别是什么?

4. 法治国家的标准使什么?
5. 法治国家的构成要件有哪些?
6. 十一届三中全会以来,我国的法治国家建设取得了哪些成就?
7. 社会主义法治理念有哪些科学内涵?
8. 社会主义法治理念的本质是什么?

下篇　诸法纵览

第六章　诸法之母

> **学习目标**
> - 掌握宪法的国家根本法属性和特征
> - 了解公民的基本权利的性质和内容
> - 了解我国宪法规定的基本制度
> - 了解我国各类国家机构的性质、地位和职权

　　宪法在一国的法律体系中处于最高的位置，俗称为"诸法之母"，人们所期盼的法治国家形态，其核心正在于依宪治国。我国现行宪法——八二宪法又被称为一部"改革宪法"，它正式开启了改革时代的大幕，为以经济建设先行的常态国家建构奠定了坚实的体制基础，三十多年间在经济、社会、民生等诸多层面取得了丰硕的"中国经验"。尤为可喜的是，最新的宪法修正案宣示了对法治国家与人权保障的追求，为中国未来的发展指示了前行的方向。2018年3月11日第十三届全国人民代表大会第一次会议通过了《中华人民共和国宪法修正案》，对国家机构及其职责权限进行了系统的改进，必将有力促进国家职能的充分发挥，促进我国的人权保障事业。

第一节　宪法概说

一、宪法的概念

（一）宪法的词源

　　现代汉语中的"宪法"一词，乃英语 constitution（德文 Verfassung）的对译词。constitution 一词源于拉丁文 constitutio，包含创立、设置、安排、体制、状态、命令、指示等基本含义。古希腊哲学家亚里士多德曾汇集希腊158个城邦国家的法律，按其性质与作用，分为两类：一类为普通法律，另一类为宪法，即关于城邦的组织与权限的法律，是城邦一切组织的依据，其中尤其着重于政治所由决定的"最高治权"组织。因此之故，constitution 一词也被后人译为"政体"。在欧洲中世纪，constitution 一词还指有关确认教会、封建主以及城市行会势力的特权，以及它们与国王之间关系的法律，如英国1164年颁布的规定国王与教士关系的《克拉伦敦宪法》（*The Constitution of Clarendon*）以及1215年的《大宪章》等。

　　然而，到了欧洲中世纪末，英国爆发了资产阶级革命，率先建立了代议制，确立了国王没有得到议会同意就不得征税和进行其他立法活动的原则。国家权利逐渐转移到由资产阶级

代表组成的议会手中,改变了主权在君的君主制度,君主也要服从并执行体现人民主权的议会所作的决议和制定的法律。英国将这种制度称为constitution,即宪法,亦即确认立宪政体和制度的法律。自此,宪法一词就成了正式包含了新的意义的专用名词,成为规定国家政治制度的根本法了。至18世纪末,美国颁布世界上第一部成文宪法,以根本法的形式确立了联邦政府的权利分立原则和联邦政府与州政府的权利分立原则。不久,法国也颁布了成文宪法,近代意义的宪法才得以普遍确立。

之所以选择"宪法"来对译constitution一词,是因为在中国古籍中"宪"和"宪法"含有国家基本典章制度的意义。如《周礼·秋官·小司寇》:"宪,刑禁。"郑玄注:"宪,表也,谓悬之也。"《国语·晋语九》中出现"宪"和"法"连用的情况,如:"赏善罚奸,国之宪法也"。当然,中国古代典籍中的"宪法"一词与我们现在作为诸法之母的宪法的含义存在根本区别。清末改良主义思想家王韬、郑观应等人都以"宪法"一词作为表述国家根本法的专门术语。如郑观应在《盛世危言》一书中,就要求清政府制定宪法、开设议院、实行君主立宪。1908年颁布的《钦定宪法大纲》,使宪法正式成为一个法律部门,"宪法"一词在中国也就成为表示国家根本大法的专用名词了。

（二）宪法的性质

1. 宪法是国家的根本法

宪法作为国家的根本法,是宪法在法律上的基本特征,也是宪法与普通法律的最主要的区别之一。从形式上来看,宪法的这一特征,主要表现在以下几个方面:

（1）在内容方面,宪法规定的是国家最根本、最重要的问题。宪法作为国家的根本法,它所调整的是国家最根本的社会关系,规定的是国家根本制度和根本任务等根本性的问题。国家权力与公民权利之间的关系,是一个国家最根本的社会关系。可见,宪法所规定的内容都是国家生活中最根本、最重要的问题,比普通法律的内容更为全面、广泛和重大,是国家和公民活动的法律基础。而各个部门法（普通法律）则是根据宪法的内容,为实现和保障宪法所规定的根本任务而制定的具体规定,所涉及的只是国家和社会生活中某一特定方面的问题,相对于宪法而言只是局部性的社会现象和社会关系。

（2）在效力方面,宪法具有最高的法律效力。由于宪法所规定的内容,是国家生活中的那些带有根本性的问题,是国家立法活动的基础,所以它在整个国家的法律体系中具有最高的法律地位和法律效力。这也是宪法作为根本法的一个重要特征。我国现行《宪法》在序言部分对此做了明确规定:"本宪法以法律的形式确认了中国各族人民奋斗的成果,规定了国家的根本制度和根本任务,是国家的根本法,具有最高的法律效力。"宪法的这一特征,主要表现在以下两方面:第一,宪法是其他普通法律的立法依据,任何法律的内容和精神都不得与宪法的原则和规定相抵触、相违背,否则就会因违宪而无效。不仅宪法所确认的原则是普通法律的立法基础和立法依据,而且普通法律的内容一般也都是宪法所规定的各项原则的延伸和具体化。宪法与普通法律的这种关系,通常被称为"母法"与"子法"的关系,即宪法为母法,其他普通法律为子法。第二,宪法是一切国家机关、政党、社会团体和公民的最高活动准则,是国家机关、政党、社会团体和公民进行各项活动的依据和基础。

（3）在制定和修改程序上,宪法比普通法律更为严格、复杂。由于宪法所规定的是国家的根本问题,具有最高的法律效力,这也就决定了宪法的制定和修改程序不同于普通法律,而一般需要经过比普通法律更为严格、复杂的特定程序。

宪法的上述三个方面的特征,表明了它在国家法律体系中的"根本法"的地位以及与普通法律的区别。

2. 宪法是公民权利的保障书

近代宪法是民主政治的产物。民主政治建立的首要前提,是承认公民在法律上的充分权利与自由;但这种权利和自由的实现,是建立在排除政府权力的非法干预的基础上的;而排除政府权力的非法干预最好的办法,就是把政府权力的行使限制、规范在法定的范围以内。这个法定的范围,就是由宪法来划定的。因此,宪法的基本目的,就是通过对政府权力的规范与限制,来保障公民这种法律上的权利与自由。这也是制定宪法的基本政治目的。

就宪法内在原理而言,保障公民在法律上的权利和自由是宪法的核心价值;就宪法外在作用而言,宪法的基本功能就是保障公民在法律上的权利与自由。

民主和人权是宪法最基本的价值取向。资产阶级在反对封建制度的斗争中,就是把宪法作为权利保障书来看待的。从世界上最早实行宪政的国家——英国来看,作为不成文宪法重要组成部分的几个宪法性文件,如《人身保护法》《权利法案》,乃至更早的《大宪章》,都是以对权利的保护为主要内容的。法国第一部宪法即1791年宪法也是以《人权宣言》作为序言,确认并保障公民权利。并公开宣称:凡权利无保障和分权未确立的社会就没有宪法。当今世界各国的宪法不仅都把人权保障作为主要内容,而且绝大多数国家的宪法都专章规定了公民的基本权利。社会主义国家的宪法自然也不例外。世界宪政史上第一部社会主义类型的宪法即1918年的苏俄宪法,也将《被剥削劳动人民权利宣言》列为第一篇。列宁正是在这个意义上,明确指出:"什么是宪法?宪法就是一张写着人民权利的纸。"①同样,保障公民权利与自由,也是我国现行宪法的一个显著特征。

3. 宪法是民主事实法律化的基本形式

毛泽东曾指出:"世界上历来的宪政,不论是英国、法国、美国,或者是苏联,都是在革命成功有了民主事实之后,颁布一个根本大法,去承认它,这就是宪法。"②近代意义的宪法是在资产阶级革命取得胜利,有了资产阶级民主事实之后的产物,是资产阶级民主事实的法律化。近代意义的宪法的一个最为重要的特征,就在于它与近代的民主制度有着密切的联系。它不仅是随着近代民主制度产生与发展而不断发展完善,而且在内容上是以确认民主的政治制度为核心的。

近代民主作为一种国家制度,是在资产阶级革命过程中形成并逐步确立的。资产阶级取得革命的胜利,建立了资产阶级民主制度之后,通过立宪的方式,将民主制度用国家根本法的形式确立下来。宪法的内容,也都是有关民主国家所应当并且必须遵循的一系列民主原则,如自由平等、普选制、分权制衡、代议制以及法治原则等。社会主义国家同样也不例外。当无产阶级夺取国家政权,建立人民民主的国家制度后,同样需要通过宪法的形式,确立人民民主的原则,将人民民主的国家制度法律化。所谓"宪政",从某种意义上说,就是民主政治的同义词。

因此,宪法与民主是紧密相连的,主要表现在以下几个方面:第一,宪法用国家根本法的形式,确认了民主的事实。第二,通过国家根本法的形式,建立了民主的国家制度。民主首

---

① 《列宁全集》(第12卷),人民出版社2017年版,第50页。
② 《毛泽东选集》(第2卷),人民出版社1991年版,第735页。

先是一种国家制度,它包括:直接或间接地确认社会各阶级在国家政治生活中的地位;确认国家机构的组织与活动原则、职权和程序等。宪法正是对这种民主的国家制度的确认与规定。第三,国家通过宪法的形式,确认并保障公民的民主权利和自由。第四,宪法以根本法的形式确立了民主制度的法律基础。宪法规定了民主制度的基本形式,并为其他确认民主制度的立法提供了法律依据。现代法治国家都根据宪法的精神,通过普通法律使民主原则和民主精神具体化、系统化、法律化。同时,宪法又以其根本法的地位,通过切实有效的监督实施机制和制度,保障民主政治的实现。因此,宪法是民主事实法律化的基本形式。

随着改革开放的深化,我们对社会主义宪法本质的认识也在进一步深化,我国宪法的本质是全体人民共同意志的集中反映,它必然集中体现社会各阶级、各阶层、各利益群体的共同利益,并反映他们之间利益关系的变化,并着重协调其矛盾和冲突,为经济的发展提供一个和谐稳定的社会环境,这样对宪法本质的认识才是与国家的根本任务、社会主义的目的相一致的。我国《宪法》规定:"国家的根本任务是,沿着中国特色社会主义道路,集中力量进行社会主义现代化建设。中国各族人民将继续在中国共产党领导下,在马克思列宁主义、毛泽东思想、邓小平理论、'三个代表'重要思想、科学发展观、习近平新时代中国特色社会主义思想指引下,坚持人民民主专政,坚持社会主义道路,坚持改革开放,不断完善社会主义的各项制度,发展社会主义市场经济,发展社会主义民主,健全社会主义法治,贯彻新发展理念,自力更生,艰苦奋斗,逐步实现工业、农业、国防和科学技术的现代化,推动物质文明、政治文明、精神文明、社会文明、生态文明协调发展,把我国建设成为富强民主文明和谐美丽的社会主义现代化强国,实现中华民族伟大复兴。"

二、宪法的分类

(一) 成文宪法与不成文宪法

将宪法分为成文宪法(written constitution)和不成文宪法(unwritten constitution),由英国法学家詹姆斯·蒲莱士(James Bryce)首创。按照詹姆斯的理论,所谓成文宪法,是指将国家的根本事项用一个或几个法律文书表现出来的宪法,所以成文宪法又称文书宪法(documentary constitution)。

(二) 刚性宪法和柔性宪法

刚性宪法(rigid constitution)和柔性宪法(flexible constitution)的分类,也是由英国法学家詹姆斯·蒲莱士首创。他在《历史研究与法理学》一书中提出了刚性宪法和柔性宪法的概念,并作了界定。所谓刚性宪法是指宪法制定、修改的程序不同于普通法律,即具有比普通法律更为严格复杂的制定、修改程序的宪法。一般而言,成文宪法都规定了特别的修订程序,如我国《宪法》第六十四条规定:"宪法的修改,由全国人民代表大会常务委员会或者五分之一以上的全国人民代表大会代表提议,并由全国人民代表大会以全体代表的三分之二以上的多数通过。法律和其他议案由全国人民代表大会以全体代表的过半数通过。"所谓柔性宪法是指制定、修改宪法的机关和程序与普通法律相同的宪法。一般认为,英国宪法是柔性宪法的典型。

(三) 规定性宪法、名义性宪法与标签性宪法

这是美国学者卡尔·洛文斯坦根据对宪法实施效果的评判而首先提出来的宪法分类。

所谓规范性宪法是指不但在法律形式上，而且在实际生活中发生效力的宪法。名义性宪法是指宪法规定的内容与实际生活之间相脱节，不能协调地运用到社会生活中去的宪法。标签性宪法又称语义学上的宪法，是指掌握权力的统治者为了蒙骗人民，将其集权主义和专制主义的本质用宪法的形式来掩盖，即宪法和实际的权力之间毫无一致之处，宪法完全是被用来装饰门面的。这种分类法在相当长的时期内，被意识形态的对立所扭曲，西方国家的学者常常将社会主义国家的宪法划入标签性宪法之列，同样马克思主义学者通常将资产阶级宪法纳入名义性和标签性宪法的行列。其实，真正客观地运用这一分类法对于评判宪法实施的效果，促进宪法的适用有一定的帮助。

（四）资本主义类型宪法和社会主义类型宪法

我国学者一般认为西方传统的宪法分类仅是形式的分类，而事物的分类必须以区分事物的本质为目的，按这种逻辑推论，形式的分类抹杀了宪法的阶级属性，因而根据传统上对法律本质的认识，提出了对宪法进行实质分类的标准，即以国家的历史形态或国家的阶级属性为标准对宪法进行分类，把宪法分为资本主义类型的宪法和社会主义类型的宪法，这种分类法被称为"马克思主义的宪法分类"或社会主义国家学者对宪法的分类。

三、宪法基本原则

（一）人民主权原则

人民主权是指国家中绝大多数人即最广大的人民拥有国家的最高权力，它主要是相对于君主主权而言的。马克思、恩格斯、列宁在借鉴、吸收资产阶级人民主权学说的基础上创立了自己的人民主权学说，其最大的特点就是认为人民主权的主体是广大无产阶级，其范围应该包括政治、经济、文化等领域。该原则的内涵包括：

（1）"一切权力属于人民。"我国《宪法》第二条规定的"中华人民共和国的一切权力属于人民"，就明确宣示了人民主权原则。我国《宪法》第一条规定"中华人民共和国是工人阶级领导的、以工农联盟为基础的人民民主专政的社会主义国家"。经过2018年《宪法修正案》的修改，我国《宪法》序言明确规定："社会主义的建设事业必须依靠工人、农民和知识分子，团结一切可以团结的力量。在长期的革命、建设、改革过程中，已经结成由中国共产党领导的，有各民主党派和各人民团体参加的，包括全体社会主义劳动者、社会主义事业的建设者、拥护社会主义的爱国者、拥护祖国统一和致力于中华民族伟大复兴的爱国者的广泛的爱国统一战线，这个统一战线将继续巩固和发展。"这些规定明确了我国人民的主体范围包括：全体社会主义劳动者、社会主义事业的建设者、拥护社会主义的爱国者与拥护祖国统一和致力于中华民族伟大复兴的爱国者。

（2）宪法规定了人民实现当家作主权利的广泛途径和坚实基础。我国《宪法》第二条第二款、第三款规定："人民行使国家权力的机关是全国人民代表大会和地方各级人民代表大会。人民依照法律规定，通过各种途径和形式，管理国家事务，管理经济和文化事业，管理社会事务。"《宪法》第一百一十一条还规定了基层群众自治制度，人民通过基层群众自治组织行使管理国家和社会的权力。《宪法》通过确认社会主义的经济制度，奠定了人民主权原则实现的经济基础和经济条件。

（3）宪法通过确认广泛的公民权利及其保障措施，保障和促进人民主权原则的实现。

人民的主体地位、人民参与国家管理归根到底要由公民的权利来体现和实现,如言论自由、选举和被选举权、对国家机关及其工作人员的监督权等政治权利,社会保障、受教育、劳动等社会经济权利。我国宪法规定了公民享有法律面前一律平等的权利;政治权利和自由,包括选举权和被选举权,言论、出版、集会、结社、游行、示威的自由;宗教信仰自由;人身与人格权,包括人身自由不受侵犯,人格尊严不受侵犯,住宅不受侵犯,通信自由和通信秘密受法律保护;监督权,包括对国家机关及其工作人员有批评、建议、申诉、控告、检举并依法取得赔偿的权利;社会经济权利,包括劳动权利,劳动者休息权利,退休人员生活保障权利,因年老、疾病、残疾或丧失劳动能力时从国家和社会获得社会保障与物质帮助的权利;社会文化权利和自由,包括受教育权利,进行科研、文艺创作和其他文化活动的自由;妇女保护权,包括妇女在政治、经济、文化、社会和家庭生活等方面享有同男子同等的权利;婚姻、家庭、母亲和儿童受国家保护;华侨、归侨和侨眷的正当权利;私有财产权等权利。另外,我国宪法还规定了较完整的司法制度,使得公民享有的权利得到了比较好的保障。广泛的公民权利及其保障措施,保障和促进人民主权原则的实现。

（二）保障基本人权原则

我国现行宪法主要是以三种方式体现基本人权原则:

(1) 明确宣示确认基本人权原则。2004年通过的《宪法修正案》在《宪法》第三十三条中加入了"国家尊重和保护人权"的规定,正式将基本人权原则明确载入宪法。

(2) 以专章规定公民广泛的基本权利。我国《宪法》第二章"公民的基本权利和义务"中有18条规定了我国公民的基本权利。

(3) 在我国《宪法》第二章"公民的基本权利和义务"之外的条款中规定公民基本权利。经过2004年宪法修正案的修正,我国《宪法》第一章"总纲"的第十三条规定:"公民的合法的私有财产不受侵犯。国家依照法律规定保护公民的私有财产权和继承权。国家为了公共利益的需要,可以依照法律规定对公民的私有财产实行征收或者征用并给予补偿。"《宪法》第三章"国家机构"的第八节"人民法院和人民检察院"第一百三十条第二款规定:"被告人有权获得辩护。"第一百三十九条规定:"各民族公民都有用本民族语言文字进行诉讼的权利。人民法院和人民检察院对于不通晓当地通用的语言文字的诉讼参与人,应当为他们翻译。"这些都是在第二章"公民的基本权利和义务"之外规定公民基本权利的条款。

（三）权力监督、制约原则

权力制约包括两层意义:一是作为整体的国家权力应受到限制,政府的权力应是有限的,即有限政府原则。二是国家权力各部分之间的制约,即狭义上的权力制约。我们通常所说的权力制约是狭义上的,是指国家权力的各组成部分之间相互监督、彼此牵制,保障公民权利的实现,其根本目的是为了防止独裁统治、政府异化变质和保障人权。

马克思主义在批判、继承和发展了资本主义权力制约和三权分立的基础上,阐明了社会主义的权力制约和监督的思想。在总结巴黎公社经验教训的时候,马克思指出:"公社必须由各区全民投票选出的市政委员组成(因为巴黎是公社的首倡者和楷模,我们应引为范例),这些市政委员对选民负责,随时可以罢免。"①恩格斯也指出:"公社一开始想必就认识到……应当保证本身能够防范自己的代表和官吏,即宣布他们毫无例外地可以随时撤换。"

---

① 《马克思恩格斯选集》(第3卷),人民出版社2012年版,第167页。

我国是社会主义国家,权力制约原则在我国体现为监督原则:

(1)《宪法》明确规定了各国家机关的权力分工和范围。《宪法》规定,全国人民代表大会是最高国家权力机关,全国人大及其常委会行使立法权,国家主席是国家元首,国务院是最高权力机关的执行机关,中央军委领导全国武装力量,人民法院是审判机关,人民检察院是法律监督机关。我国宪法实际上将国家机关的职能进行了适当的分工,各个机关各司其职,各负其责,相互配合。

(2)人民代表大会产生和监督其他国家机关。我国《宪法》第三条规定:"中华人民共和国的国家机构实行民主集中制的原则。全国人民代表大会和地方各级人民代表大会都由民主选举产生,对人民负责,受人民监督。国家行政机关、监察机关、审判机关、检察机关都由人民代表大会产生,对它负责,受它监督。中央和地方的国家机构职权的划分,遵循在中央的统一领导下,充分发挥地方的主动性、积极性的原则。"我国《宪法》还规定全国人大及其常委会的监督方式主要有:撤销行政机关的行政法规及规章;人大代表有权依法定程序提出质询案,受质询机关必须答复;有权依法定程序罢免国家行政机关、监察机关、审判机关及检察机关主要领导人等。中华人民共和国的国家机构实行民主集中制的原则。

(3)依据我国《宪法》的规定,人民代表大会不受其他国家机关的监督。在我国,其他国家机关由人民代表大会产生,对它负责,受它监督。其他国家机关不能对人民代表大会进行制约和监督,人民代表大会只受选民的制约。这也是人民代表大会制度与三权分立制度的最重要的区别之一。

(4)法院、检察院、公安机关相互配合与制约。《宪法》第一百四十条规定:"人民法院、人民检察院和公安机关办理刑事案件,应当分工负责,互相配合,互相制约,以保证准确有效地执行法律。"

(四)法治原则

在我国,随着依法治国,建设社会主义法治国家的不断推进,社会主义法治理论也日益丰富和发展。因为依法治国作为治国之道,不仅是控权与保权的辩证统一,也是主权与人权的辩证统一,而且是坚持党的领导与依法办事的辩证统一。我国《宪法》很好地体现了法治原则,主要是以下几方面:

(1)明确宣告我国实行依法治国,建设社会主义法治国家。《宪法》在序言宣告:"发展社会主义民主,健全社会主义法制。"《宪法》第五条第一款、第二款规定:"中华人民共和国实行依法治国,建设社会主义法治国家。国家维护社会主义法制的统一和尊严"。

(2)确认宪法的最高法律地位和权威。

(3)《宪法》规定法律面前一律平等、保障人权。《宪法》第三十三条规定:"中华人民共和国公民在法律面前一律平等。国家尊重和保障人权。"

(4)规定非经正当程序不得剥夺任何人的权利和自由。

(5)规定了国家机关的权力以及国家机关之间的关系。

(6)人民法院、人民检察院依法独立行使审判权、检察权。

四、宪法的保障

没有保障宪法实施的制度就无法保证宪法的内容由书面转化为现实,宪政就不可能实现。宪政的实现除了宪法本身应科学、合理、民主,人民的宪政精神得到提高之外,更有赖于建立一套科学合理并运行良好的违宪审查制度。当今世界有许多国家都构建了自己的违宪审查制度,进行了大量违宪审查的实践。违宪审查的模式是世界各国在长期的历史发展中逐渐形成的、为多数人所公认的比较稳定的违宪审查的典型体制,当今世界主要包括代议机关审查模式、司法机关审查模式、宪法法院审查模式和宪法委员会审查模式四类违宪审查模式。

我国五四宪法最早确立由最高权力机关实施违宪审查的体制,八二宪法基本上延续了五四宪法的制度,并进行了完善,扩大了全国人大常委会监督宪法实施的职权。2000年,由九届全国人大制定的《中华人民共和国立法法》将我国《宪法》所规定的违宪审查制度进一步加以明确。近些年来的"齐玉苓案"、"乙肝歧视案"、"孙志刚案"、劳教制度引起认为其"违宪"的广泛批评等一系列的事情说明我国公民的宪法意识在一步步增强,违宪审查制度需要得到进一步的完善。2004年5月,全国人大常委会法律工作委员会新设了一个工作机构——法规审查备案室,该机构负责法规的备案和审查工作,该工作室除了负责法规备案,还有个新的职能,就是审查下位法与上位法尤其是宪法的冲突和抵触,负责备受社会各界关注的违宪违法审查工作。

宪法作为规定国家制度、社会制度,国家机关的组织和权力运作,公民的基本权利和义务等一系列涉及国家全局性、根本性问题的法律,是近代民主理论、法治精神和人权思想集中概括的统一有机体。它凝结了一个民族、一个国家大多数民众的意识和期望,表达了人民的意志和利益。宪法以其表现的规范和包含的价值指导宪政实践,使纸上的宪法内容成为活生生的社会现实,达到为人民服务,为人民谋取福利的目的。宪政正是宪法这一法律形式在实际生活中的展开和体现。但有宪法不一定有宪政。如我国清朝末年和北洋军阀统治时期的宪法,虽有宪法之名,却行专制之实。因此,宪法必须是"良法",即必须符合正义原则,具有正当性。宪法的正当性是指宪法内在的应然价值取向,指宪法规范应体现公认的宪法观念和宪法精神,即尊重人格,保护公民的权利和平等自由,限制国家权力,充分表达人民的意志和利益。它要求宪法是人民主权的产物。宪法的正当性还包括程序正当,即宪法的创制符合法治原则的要求。正因为如此,所以有学者把宪法与宪政的关系比作建筑物的设计图纸和建筑物的关系,即认为"建筑一座伟大的工程,需要工程师事先有详密的设计,然后绘制精密的蓝图,其高度、长度以及载重经久等等,一切都依这设计的蓝图而定。如果没有经过工程师的设计,或设计不精密,这种工程非但不可靠,而且还有危险。宪法与宪政的道理也是一样,如果我们想建设一个完整的宪政国家,我们必须有良好的宪法,因为宪法就是实施宪政的蓝图。"① 当然,宪政实践在宪法面前也不是完全被动的,溶进人们对理想价值成分追求的宪政实践,又可通过反作用使纸上的宪法更加符合人们所追求的价值取向。其反作用的表现有:第一,矫正宪法内容的偏差;第二,根据客观经济、政治、文化条件的变迁,对宪法进行修改。所以宪法依赖宪政实践得以实施、维护和发展。宪法权威的树立,宪法的实施、完善和发展寓于宪政之中。

---

① 徐时中:《宪法与宪政》,《宪法论文选辑》,新中国出版社1947年版,第39—40页。

第二节 公民的基本权利和义务

一、公民基本权利概说

公民是宪法的主要主体之一,公民权利是宪法的核心内容。公民基本权利是指由宪法规定的公民享有的必不可少的权益,是公民实施某种行为的可能性。随着历史的演进,公民基本权利也在不断扩张。在宪法两大基本内容公民权利与国家机关权力中,公民基本权利是核心,是目的;国家权力的分配与正确行使是为公民权利的有效保障服务的。

(一)公民基本权利的"基本"属性

公民基本权利是指由宪法规定的公民享有的必不可少的权益,是公民实施某种行为的可能性。从构成上,公民基本权利也可以理解为权利主体的一种利益、主张、资格、能力或自由。公民基本权利具有不同于一般权利的法律性质与特点:

1. 公民的基本权利表明公民在国家中的法律地位

一方面,公民基本权利是公民参与国家管理、实现其主体意志的基础,是公民行为合宪性的依据;另一方面,基本权利是受到宪法规定的国家不可侵犯的或有义务保护的一种能力。

2. 固有性

公民基本权利是个人在社会中生存、发展、维护其做人的尊严最重要、最根本、必需的权利,也是从事社会活动最低限度的权利,丧失基本权利也就丧失了做公民的资格;因而基本权利是个人所固有的、为宪法认可和保障的权利,而非宪法所赋予的权利。

3. 母体性

公民的基本权利是一个国家中权利体系基础,是派生其他层次和形态的权利的基础。

4. 不可转让性

公民的基本权利,与做人的资格有着密切的联系,当某个国家通过宪法确认了某些权利为公民基本权利时,这一权利本身成为公民专有权利,不得将其权利转让,否则就会失去基本权利的性质。

(二)公民基本权利的保障及其界限

1. 公民基本权利的保障

公民是某种权利一旦被宪法确认或认可就成为基本权利。然而,宪法文本上规定的权利毕竟是纸上的东西,它只有在实际生活中得到实现才具有重要意义。基本权利的实现需要相应的保障机制。

公民基本权利与国家权力是宪法的核心范畴,宪法规定基本权利的目的就在于保障基本权利不受国家权力的侵犯。在各种国家权力中,由于司法权力具有被动性,而行政权力对权利的侵犯可以通过法律来消除和纠正,对公民基本权利最大的威胁是立法权力。立法权力对公民基本权利的侵犯只能通过宪法来消除和纠正。因此,公民基本权利的保障主要针对的是立法权力。

从客观上看,基本权利法律保障的效果必然受到保障模式的影响,基本权利法律保障模式有绝对保障模式和相对保障模式之分。我国《宪法》所规定的基本权利大多是绝对的,即不允许其他法律规范进行限制的权利。例如,《宪法》第三十五条规定:"中华人民共和国公民有言论、出版、集会、结社、游行、示威的自由。"《宪法》第三十六条规定:"中华人民共和国公民有宗教信仰自由。"但我国尚没有具有实效的违宪审查制度,致使上述基本权利保障的绝对模式在我国不能得到有效实现。所以,我国基本权利为相对保障模式,即宪法所规定公民基本权利只有通过普通法律的具体化才能得到实现,这样,就使得只有部分宪法所规定的公民基本权利才能得到保障。

2. 公民基本权利的界限

公民基本权利的界限问题,实际上就是公民基本权利是有限的还是无限的这个问题。整个看来,公民基本权利是有界限的,但并不排除某些权利,如思想和良心自由是没有界限的。所以,公民基本权利的界限具有相对性。由于社会资源是有限的,而人的欲望是无限的,权利的膨胀必然会影响甚至侵犯其他主体的权利。

基本权利的界限不能单纯从宪法文本来判断。有的权利,宪法没有对其规定任何界限,该权利看上去是没有界限的,但实践中这种权利却是有界限的。

权利的内在限制是依基本权利自身的性质产生的、存在于基本权利自身之中的限制。任何权利按照其社会属性,都有一个"固定范围",即权利本身就意味着"权利的界限",权利自身的性质决定了其必须在一定范围内行使,这就构成了权利内在的限制。当一个主体无节制地滥用自己权利时,就会逾越这一"固定范围",侵犯或损害其他主体的权利。所以,权利内在限制并不是什么限制,而是权利按照其本性本来就不应该达到的地方。可以说,任何具有界限的权利一般都存在这种内在制约。

权利的外在限制是基本权利之外的、对基本权利所加的制约。宪法规定某项基本权利,也就确定了该项权利的主体、权利保障的对象,权利外在的限制即为不能得到支持的权利主张。并非任何宪法规定的基本权利都有外在限制,仅仅是某些特定的基本权利会受到其自身之外的限制,现代社会,财产权受公共福利的限制是基本权利外在限制的典型,这里的公共福利即为对财产权的一种外在限制。还需要注意的是,限制权利行使的外在制约本身必须有限制,它必须符合宪法要求。

我国《宪法》也规定了基本权利的界限。例如,我国《宪法》第十三条第三款规定,国家为了公共利益的需要,可以依照法律规定对公民的私有财产实行征收或者征用并给予补偿,即对公民财产权的外在限制。对基本权利的限制更多地体现为内在限制,如《宪法》第五十一条"中华人民共和国公民在行使自由和权利的时候,不得损害国家的、社会的、集体的利益和其他公民的合法的自由和权利",这是一种概括式的内在限制。《宪法》第三十三条"任何公民享有宪法和法律规定的权利,同时必须履行宪法和法律规定的义务",这是一种一般性的内在限制。而《宪法》第三十五条的"言论、出版、集会、结社、游行、示威的自由"、第三十六条的"宗教信仰自由"、第三十七条的"人身自由"、第三十八条的"人格尊严"等都是具体的内在限制。

(三) 公民权利与国家权力的基本关系

从宪法与宪政角度来看,公民权利与国家权力的关系可表述为:公民权利产生国家权力,国家权力保障公民权利、为公民权利服务,公民权利制约国家权力。①

---

① 周叶中:《宪法》,高等教育出版社 2001 年版,第 256 页。

1. 公民权利先于国家权力,是国家权力的来源

根据马克思主义唯物史观,人民群众是历史的创造者,人民通过革命取得政权成为权力的主人后,面临着如何行使权力管理社会公共事务。这些公共事务被指定给某些组织和个人来执行。在近现代社会,人民通过自己的代表机关组建国家机关,实现对社会公共事务进行管理。国家权力的主人是人民,国家和国家机关是代表人民行使权力的,这些权力是为人民服务的工具和手段。所以,国家权力来源于人民,是人民通过契约让渡的,让渡权利的契约就是宪法,如果国家权力的行使人不能代表人民,不能很好地运用权力为人民办实事,人民就有权力收回授予他们的权力。

2. 公民权利制约国家权力

宪法规定的公民基本权利只是对权利的确认,而非基本权利的来源;但宪法规定国家权力是人民通过宪法赋予的,是为民所用的。同时,从权力的性质来看,"一切有权力的人都容易滥用权力,这是亘古不变的一条经验,有权力的人使用权力一直遇到有界限的地方才休止"①。为了使国家权力依法行使,真正实现为人民服务,最有效的手段就是对权力行使进行监督。例如,我国《宪法》规定了公民对国家机关及其工作人员的批评权、建议权等监督权,在外国宪法中规定的公民的请愿权等,都是公民权利对国家权力的监督,一定程度也起到了对国家权力的制约作用。

3. 国家权力保障公民权利

公民权利的行使不仅需要限制国家权力,还需要国家权力的保障。权利的实现需要国家权力为其创造条件,包括立法机关从立法上为权利的行使提供依据,行政机关依法执法,还需要司法机关对受到侵害的权利提供救济。没有国家权力的某些作为,权利的实现就沦为空谈。

从以上分析看出,国家权力和公民权利既有对立性,又有统一性。国家权力本质上属于人民,国家机关和工作人员受人民委托行使权力,是为人民服务的,二者的根本利益一致。但是,在具体行使过程中会发生冲突、矛盾。实现权力与权利的协调与平衡,必须以宪法和法律规范权力行使,维护公民权利。同时,公民权利的行使和实现有需要国家权力的保障。

二、公民平等权

(一) 平等权的性质

近代宪法规定的平等权,其要旨是:尽管人在人种、性别、出生、天资和能力等方面客观存在着某些差异,但任何人都具有人格的尊严,在自由人格的形成这一点上必须享有平等的权利,即"形式上的平等"。作为对封建等级制的否定,宪法平等权主要体现为以下三个方面:①政治平等,即每个人有平等的选举权,这是实现公民政治自由必需的权利;②社会平等,每个人在社会地位、身份与尊严方面都是平等的;③机会平等,要求机会均等、消除特权,禁止对自由竞争增加额外的负担。

为了克服形式平等权所导致的结果,现代宪法对形式平等进行了一定程度上的矫正,吸收了一些实质平等的内容。一方面丰富了"机会平等"的内涵,即从消极保障平等转向积极

---

① [法]孟德斯鸠:《论法的精神》,张雁深译,商务印书馆1982年版,第154页。

保障平等,以保障同一起点上的各个人具有对等的或接近的实力;另一方面提出了"经济平等",即对自由竞争的结果进行适度的二次分配。而采取什么措施以实施"站在同一起点上的各个人具有对等的或接近的实力"和"对自由竞争的结果进行适度的二次分配"则成为现代福利国家如何有力地保障平等的主题。① 正如恩格斯所指出的:"平等应当不仅仅是表面的,不仅仅在国家的领域中实行,它还应当是实际的,还应当在社会的、经济的领域中实行。"②实质平等通过对社会中的弱者加以扶助,来实现人与人之间人格尊严上的平等的目标,这也与"公平"或"社会正义"的价值理念相一致。

宪法平等权涉及的是国家与公民之间的关系,这对平等权关系不同与私人之间的平等关系,后者有选择和区别对待的自由。宪法平等权要求国家在行使权力时"同等情况同等对待",即不论人们在受教育程度、体力、年龄、性别、职业、地位等方面有多么大的差别,他们都是人,都具有人的基本资格、人的基本权利和自由,在宪法上具有平等的权利。宪法上的平等权保障的是人们"法律"上的平等,而不是"现实"的平等,即立法上不允许任意分类、执法和司法上对当事人平等对待。

(二)我国平等权的内容

我国《宪法》也有大量的关于平等权的规定。第三十三条第二款规定:"中华人民共和国公民在法律面前一律平等。"这是对平等权的一种一般性的规定,要求国家权力运行中必须遵守平等原则。另有很多条是关于平等权的具体规定。如第五条第四款从否定方面规定了平等权,即"任何组织或者个人都不得超越宪法和法律的特权"。第四条的民族平等,第三十四条选举权与被选举权的平等,第四十八条男女平等,等等。

概括地说,我国《宪法》规定的"公民在法律面前一律平等"包括以下三个层面③:(1)我国公民不分民族、种族、性别、职业、家庭出身、宗教信仰、教育程度、财产状况、居住期限,都一律平等地享有宪法和法律规定的权利,也都平等地履行宪法和法律规定的义务;(2)任何人的合法权益都一律平等地受到保护,对违法行为一律依法予以追究;(3)在法律面前,不允许任何公民享有法律以外的特权,任何人不得强制任何公民承担法律以外的义务,不得使公民受到法律以外的处罚。

(三)平等权与合理差别

宪法平等权经历了近代注重形式上的平等到现代增加了实质平等的发展,从近代强调法律适用中的平等到同时强调法律内容平等的转向,这说明宪法平等权内含着"合理差别"这一要素。

如何确定差别是"合理"的?这是宪法实践、特别是违宪审查中的一个十分困难的技术问题。在各国宪政实践中以侧重理论性的标准与侧重于实践性的标准为代表,前者主要借鉴了德国的审查合理的差别待遇的实践经验,后者源于美国法院的实用主义传统。

各国合理差别的判断标准虽然有差异,但总的来说,大致有以下几种类型。④

(1)由于年龄上的差异所采取的责任、权利等方面的合理差别。例如,18岁以上的公民享有选举权,美国宪法规定年龄不满35岁,不得当选为总统。

---

① 邢益精:《论合理的差别待遇——宪法平等权的一个课题》,载《政治与法律》2005年第4期。
② 《马克思恩格斯选集》(第3卷),人民出版社2012年版,第484页。
③ 周叶中:《宪法》,高等教育出版社2001年版,第261页。
④ 林来梵:《从宪法规范到规范宪法:规范宪法学的一种前言》,法律出版社2001年版,第117—118页。

(2) 依据人的生理差异而采取的合理差别。如我国宪法规定的男女平等，对妇女儿童、老人和丧失劳动能力的人获得社会帮助权利的规定。

(3) 根据民族差异采取的差别对待。例如，各种法律规定对少数民族在政治、经济、文化等方面的优惠措施，我国《选举法》规定了汉族与其他民族在各级人大选举中各自所代表的人口基数的不同比例，美国历史上的"肯定性行动"等等，都属于这种类型。

(4) 根据经济能力以及所得的差异而采取的赋税负担上的轻重之别。如我国政府2004年开始的对农村减免税的措施、税法上的超额累进税率方法，前者一定程度上减轻了农民的负担，后者一定程度上加重了高收入者的纳税义务。

(5) 对从事特定职业的权利主体的特殊义务的加重和特定权利的限制。其中，主要指国家公务人员或公众人物的名誉权、隐私权的合理限制。例如，我国宪法规定的国家机关工作人员必须接受公民的监督、批评和建议，法律和政策规定一定岗位或级别的国家公务员必须定期公开财产状况等等，都是对其义务的加重，而一般公民则不在此列。

在我国现阶段，在某些方面也有如同美国"肯定性行动"一样的"放宽政策"。据《新疆日报》2008年1月9日报道：司法部部长8日在此间召开的全国司法厅局长会议上指出，国家司法考试要继续坚持和完善对中西部、基层和民族自治地方的放宽政策。

三、公民基本权利的内容

（一）公民财产权

我国《宪法》在私人财产权保障方面，从财产权的主体和内容方面都有了很大的扩展。其中，第十一条第二款规定："国家保护个体经济、私营经济等非公有制经济的合法的权利和利益。国家鼓励、支持和引导非公有制经济的发展，并对非公有制经济依法实行监督和管理。"第十三条第一、第二款分别规定："公民的合法的私有财产不受侵犯。国家依照法律规定保护公民的私有财产权和继承权。"第十八条第二款规定："在中国境内的外国企业和其他外国经济组织以及中外合资经营的企业，都必须遵守中华人民共和国的法律。它们的合法的权利和利益受中华人民共和国法律的保护。"

（二）人身权

1. 身体的自由

身体的自由，即狭义的人身自由，是人的身体不受非法限制、搜查、拘留和逮捕的自由。公民身体的自由是其参加各种社会活动、参加国家政治生活和享受其他权利和自由的先决条件，公民失去了人身自由，其他权利也无法谈起。我国《宪法》第三十七条第三款规定："禁止非法拘禁和以其他方法非法剥夺或者限制公民的人身自由，禁止非法搜查公民的身体。"第三十九条规定："中华人民共和国公民的住宅不受侵犯。禁止非法搜查或者非法侵入公民的住宅。"第四十条规定："中华人民共和国公民的通信自由和通信秘密受法律的保护。除因国家安全或者追查刑事犯罪的需要，由公安机关或者检察机关依照法律规定的程序对通信进行检查外，任何组织或者个人不得以任何理由侵犯公民的通信自由和通信秘密。"

2. 人格尊严不受侵犯

公民的人格，就是公民作为人所必须具有的资格。从法律上讲，公民的人格，是指作为权利和义务主体的自主的资格。在我国，人格权的内容主要包括姓名权、名誉权、肖像权与人身权。我国《宪法》中"人格尊严"的概念，在外国宪法中一般表述为"人格权"或"个人尊严"。我国《宪法》第三十八条规定："中华人民共和国公民的人格尊严不受侵犯。禁止用任何方法对公民进行侮辱、诽谤和诬告陷害。"

（三）宗教信仰自由

我国《宪法》第三十六条是对公民宗教信仰自由进行保障的专门条款。其中，第一款"中华人民共和国公民有宗教信仰自由"，是对宗教信仰自由的一般性的规定。第二、第三款进一步具体规定的保障的内容："任何国家机关、社会团体和个人不得强制公民信仰宗教或者不信仰宗教，不得歧视信仰宗教的公民和不信仰宗教的公民。国家保护正常的宗教活动。"

第三、第四款详尽地规定了宗教信仰自由的界限："任何人不得利用宗教进行破坏社会秩序、损害公民身体健康、妨碍国家教育制度的活动。宗教团体和宗教事务不受外国势力的支配。"

具体来看，宗教信仰自由的界限表现为以下三点：①禁止强制公民信仰宗教或不信仰宗教，禁止歧视信仰宗教的公民和不信仰宗教的公民，这一点既适用于国家机关，又适用于任何社会团体和个人；②任何人不得利用宗教进行破坏社会秩序、损害公民身体健康、妨害国家教育制度的活动；③宗教团体和宗教事务不受外国势力的支配。

（四）公民的政治权利

公民的政治权利是公民极其重要的一项基本权利，是宪法对公民参与政治生活的确认，也是人民主权的表现形式。从权利类型来看，公民的政治权利包括对公共事务的决定权、担任国家公职的权利、监督国家权力的权利、公民的联合行动权以及知情权，即公民有权获得关于政治生活的信息。从具体权利种类上看：①选举权与被选举权是政治权利的典型类型，选举权要求平等，即遵循"一人一票"原则，罢免权是选举权的展开形态；②表达自由，即人们通过一定的方式将自己内心的精神公诸外部的自由，其典型的方式主要有言论、出版、集会、结社、游行和示威；③公民对国家机关及其工作人员的监督权，相当于外国宪法中的请愿权，在我国主要包括批评权、建议权、申诉权、控告权、检举权；④救济请求权，其核心内容是诉讼权和赔偿请求权，它既是一种手段性的权利也使整个权利体系构成了一个自足和自我完结的内在机制。

（五）社会经济权利和文化教育权利

1. 劳动权

劳动权又称为工作权，是指有劳动能力的公民享有获得工作机会并取得相应工作报酬的权利。休息权是指劳动者为了消除劳动疲劳，保护身心健康，在法定工作时间之外，享有保留原薪进行休息、休养和休假的权利。我国《宪法》第四十二条第一款规定："中华人民共和国公民有劳动的权利和义务。"该条没有明确规定劳动权具体包括哪些内容，但在第四十三条第一款规定："中华人民共和国劳动者有休息的权利。"值得注意的是，我国《宪法》在规定休息权时不像规定劳动权等基本权利一样强调"公民"有休息的权利，而是强调"劳动者"有休息权利。

2. 社会保障权

社会保障是指国家对社会成员在年老、疾病、伤残、失业、遭受灾害、生活困难等情况时，依法给予物质帮助的制度。一般来说，社会保障由社会保险、社会救济、社会福利、优抚安置等组成，具有法定性、普遍性、社会性、强制性等特点。根据党的十六大精神，2004年《宪法修正案》在《宪法》第十四条中增加一款,作为第四款:"国家建立健全同经济发展水平相适应的社会保障制度。"

3. 受教育权

我国《宪法》第四十六条规定:"中华人民共和国公民有受教育的权利和义务。"公民享有受教育的权利和义务,是指公民有在国家和社会提供的各类学校和机构中学习文化科学知识的权利,有在一定条件下依法接受各种形式的教育的义务。公民受教育权的基本内容包括:按照能力受教育的权利;享受教育的机会平等;受教育权通过不同阶段和不同形式得到实现。我国的受教育权保障体系中直接与教育功能相联系的形式主要有:幼儿教育、初等教育和初级中等教育、普通高等教育、成人教育等。初等教育和初级中等教育属于义务教育。对此,《义务教育法》作了相关的规定。

4. 文化权利

我国《宪法》第四十七条规定:"中华人民共和国公民有进行科学研究、文学艺术创作和其他文化活动的自由。"根据这一规定,公民的文化权利包括三个方面内容:即从事科学研究的权利、文艺创作的权利与从事其他文化活动的权利。

值得注意的是,我国作为最大的发展中国家,特别重视生存权和发展权的保障。中国认为,生存权和发展权是首要的人权,也是享有其他人权的基础;没有生存权和发展权,其他一切人权均无从谈起。所谓生存权,是指在一定社会关系中和历史条件下,人们应当享有的维持正常生活所必需的基本条件的权利。它不仅指个人的生命在生理意义上得到延续的权利,而且指一个国家、民族及其人民在社会意义上的生存得到保障的权利;不仅包含人们的生命安全和基本自由不受侵犯、人格尊严不受凌辱,还包括人们赖以生存的财产不遭掠夺、人们的基本生活水平和健康水平得到保障和不断提高。所谓发展权,是生存权的延伸,是个人权利和集体权利的综合。作为个人权利,发展权是指国际人权文书确认的各种权利的总和,即每个人和所有人民有权参与、促进并享受经济、政治、文化和社会发展。作为集体人权,则是指各国特别是发展中国家在经济、政治、文化、社会等方面获得进步与发展的权利。

四、公民的基本义务

公民的基本义务,是指由宪法所规定的公民必须作出一定行为或不得作出一定行为的责任。尽管从国家性质来说,我国是人民当家作主的社会主义国家,但国家的正常运行以及国家的富强都需要公民忠实履行服兵役、接受教育、纳税等宪法规定的基本义务。从根本上说,公民履行其基本义务也是公民切身利益的需要。如果个别公民不履行基本义务或者不忠实地履行基本义务,国家有权予以制裁。

我国公民基本义务的主要内容包括:

(1) 维护国家统一和民族团结。我国《宪法》第五十二条规定:"中华人民共和国公民有维护国家统一和全国各民族团结的义务。"

(2) 遵守宪法和法律,保守国家秘密,爱护公共财产,遵守劳动纪律,遵守公共秩序,尊重社会公德。

(3) 维护祖国的安全、荣誉和利益。

(4) 保卫祖国、依法服兵役和参加民兵组织。

(5) 依法纳税。我国《宪法》第五十六条规定："中华人民共和国公民有依照法律纳税的义务。"

(6) 其他方面的义务。除了上述所列义务外,我国《宪法》第四十二条还规定了劳动的义务,第四十六条规定了受教育的义务,第四十九条规定了夫妻双方实行计划生育的义务,以及父母有抚养教育未成年子女的义务,成年子女有赡养扶助父母的义务。

第三节 国家的基本制度

作为国家的根本法,保障公民基本权利并有效实现国家的宗旨和公益无疑是宪法的核心价值与核心内容,然而,"无保障则无权利",宪法基本制度的设置亦会深切地影响到基本权利的实现。这也就是说,国家基本制度的安排会影响乃至增加基本权利实现的成本与可能性,而不合理的制度规定则完全有可能限制乃至于架空宪法关于基本权利的规定,从而影响到国家公益实现的范围和程度。从这个意义上说,宪法是制度之法,集中规定国家基本的经济、政治和文化制度。2018年3月11日第十三届全国人民代表大会第一次会议通过了《中华人民共和国宪法修正案》,对国家机构及其职责权限进行了系统的改进,必将有力促进国家职能的充分发挥,促进我国的人权保障事业。

一、国家的基本经济制度

所谓的经济制度,是指一国通过宪法和法律的方式确认和规定国家经济的各种制度,包括生产资料的所有制形式;生产目的、生产资料的经营方式;生活资料的分配、消费方式以及国家对国民经济的管理原则等。我国是社会主义国家,国家基本经济制度体现出鲜明的社会主义特征。中华人民共和国的社会主义经济制度的基础是生产资料的社会主义公有制,即全民所有制和劳动群众集体所有制。社会主义公有制消灭人剥削人的制度,实行各尽所能、按劳分配的原则。

(一) 社会主义公有制是我国经济制度的基础

我国《宪法》第六条第一款规定："中华人民共和国的社会主义经济制度的基础是生产资料的社会主义公有制,即全民所有制和劳动群众集体所有制。"生产资料的社会主义公有制不仅决定了国家的本质,也决定了我国经济制度的本质特征,是我国经济制度的基础。

1. 全民所有制经济

全民所有制经济,也就是国有经济,是我国社会主义经济制度的基石,决定着我国社会的性质及其发展方向。另外,除了国有工商业企业等国有经济外,全民所有制的另一重要方面就是土地等自然资源归国家所有。

2. 集体所有制经济

我国《宪法》第八条规定："农村集体经济组织实行家庭承包经营为基础、统分结合的双层经营体制。农村中的生产、供销、信用、消费等各种形式的合作经济,是社会主义劳动群众集体所有制经济。参加农村集体经济组织的劳动者,有权在法律规定的范围内经营自留地、自留山、家庭副业和饲养自留畜。城镇中的手工业、工业、建筑业、运输业、商业、服务业等行业的各种形式的合作经济,都是社会主义劳动群众集体所有制经济。国家保护城乡集体经济组织的合法的权利和利益,鼓励、指导和帮助集体经济的发展。"

(二)非公有制经济的宪法地位

非公有制经济包括个体经济、私营经济、境外资本所形成的经济成分等。以公有制经济为主体,多种所有制经济共同发展是我国社会主义初级阶段的基本经济制度。2004年3月,十届全国人大二次会议通过的《宪法修正案》第二十一条明确规定:"国家保护个体经济、私营经济等非公有制经济的合法的权利和利益。国家鼓励、支持和引导非公有制经济的发展,并对非公有制经济依法实行监督和管理。"这一宪法修正意味着我国非公有制经济的发展空间将更加广阔。

中外合资、合作企业和外资企业统称为外商投资企业,是实行对外开放政策后出现的一种新的经济形式,是对我国社会主义公有制经济的必要的和有益的补充。

二、国家的基本政治制度

(一)共产党领导下的多党合作和政治协商制度

政党制度是民主宪政的一部分,是政党宪法化的问题。现代政党制度主要包括两个方面的内容:一是政党与国家政权的关系,包括政党的法律地位,政党参与国家政权的一些具体规定;二是政党间的相互关系,如有的国家立法规定实行多党制,禁止政党联盟等。2018年第五次修宪,宪法第一条第二款"社会主义制度是中华人民共和国的根本制度。"后增写一句,内容为:"中国共产党领导是中国特色社会主义最本质的特征。"这为中国特色的政党制度奠定了根本法层面上的规范依据。

1. 我国政党制度的基本原则

①中国共产党是中国社会主义事业的领导核心,是执政党。②各民主党派是各自所联系的一部分社会主义劳动者和一部分拥护社会主义的爱国者的政治联盟,是接受中国共产党领导的,同中国共产党通力合作、共同致力于社会主义事业的亲密友党,是参政党。③我国的多党合作必须坚持中国共产党的领导,坚持四项基本原则,这是中国共产党同各民主党派合作的政治基础。④中国共产党对各民主党派的领导是政治领导,即政治原则、政治方向和重大方针政策的领导。各民主党派在政治上接受中国共产党的领导,承认中国共产党在国家中的领导地位,并有责任共同执行国家的法律、政策,同时实行互相监督。它们之间不是领导党与被领导党的关系。在宪法和法律的范围内,中国共产党和各民主党派是在政治上平等、组织上独立、行动上自主的关系。中国共产党不能像上级对下级那样,直接向民主党派发号施令,不能靠行政命令的方式实现自己的领导。⑤长期共存、互相监督、肝胆相照、荣辱与共是中国共产党与各民主党派合作的基本方针。

2. 我国政党合作的主要形式

(1)中国共产党同民主党派之间的合作与协商。

(2)在人民代表大会中发挥民主党派成员、无党派人士的作用。

(3)在各级人民政府中的共产党员同民主党派成员、无党派人士的合作共事。

(4)在人民政协中发挥民主党派的作用。

中国人民政治协商会议就是我国爱国统一战线的组织。在现阶段,已经结成了由中国共产党领导的、有各民主党派、无党派民主人士、人民团体、少数民族人士和各界爱国人士参加的,由全体社会主义劳动者、社会主义事业的建设者、拥护社会主义的爱国者和拥护祖国统一的爱国者组成的,包括台湾同胞、澳港同胞和海外侨胞在内的最广泛的爱国统一战线。中国人民政治协商会议对国家的大政方针、地方重要事务、政策和法律的贯彻、群众生活和统一战线的重大问题进行政治协商和民主监督,在国家政治、经济、文化和社会生活中起着重大作用。它不同于一般的人民团体,它是我国唯一的由各个政党共同创立、共向参加、合作共事的政治组织,是各党派、各人民团体、各界代表人士团结合作、参政议政的重要场所。

（二）选举制度

选举制度是国家制度的重要组成部分,反映国家权力与公民权利之间的平衡关系。在实行代议政体的国家中,选举制度的运作是民主政治发展的基础与出发点。从某种意义上说,选举制度直接构成宪政制度的内在要素,与宪政制度、政党制度有着密不可分的联系。

1. 选举制度的基本原则

（1）选举权的普遍性原则。宪法规定,除依照法律被剥夺政治权利的人外,凡年满18周岁的公民,不分民族、种族、性别、职业、家庭出身、宗教信仰、教育程度、财产状况、居住期限,都有选举权与被选举权。

（2）选举权平等性原则。选举权平等的基本含义是:每一选民在一次选举中只能有一个投票权,不能同时参加两个或两个以上地方的选举;每一选民所投的票的价值与效力是一样的,不允许任何选民有特权,禁止对选民投票行为的非法的限制与歧视。

（3）直接选举与间接选举并用原则。

（4）无记名投票原则。

2. 候选人制度

在选举中,选举权主体的意志能否顺利实现,固然需要很多具体条件,但就选举过程而言,基本条件应当是候选人产生过程的民主化、科学化。如果把选举制度看作是由各种要素组成的有机的系统,那么候选人制度则居于整个选举制度的核心地位,起到承上启下的作用。

（1）候选人提名权主体。《选举法》第二十九条作了如下规定,全国和地方各级人民代表大会的代表候选人,按选区或者选举单位提名产生。各政党、各人民团体,可以联合或者单独推荐代表候选人。选民或者代表十人以上联名,也可以推荐代表候选人。推荐者应向选举委员会或者大会主席团介绍候选人的情况。从上述规定中可以看出,在我国提名权主体,包括选民、政党、人民团体、人民代表。由于我国实行直接选举与间接选举并用原则,在不同的选举形式和程序中提名权主体所呈现出的特点略有不同。

（2）候选人提名方式。根据《选举法》第二十九条的规定,选民或者代表,十人以上联名,也可以推荐代表候选人。按选区或者选举单位提名产生。县级以上地方各级人民代表大会代表依照法律规定的程序,可以提出上一级人民代表大会代表候选人。从选举实践看,选民和代表依法提出的候选人当选的比例逐年增加,选民和代表的政治参与热情也有很大提高。依法切实保护选民和代表的提名权,对于进一步完善候选人制度,增加选举透明度,扩大选举的社会基础有着重要意义。

《选举法》第二十九条作了规定,即各政党、各人民团体,可以联合或者单独推荐代表候选人。这就说明,政党和人民团体的提名有两种方式:一是联合提名,二是单独提名。从选举实践看,政党和人民团体的联合提名占了主导地位,运用范围比较广。单独推荐主要是中国共产党的推荐。在全国人大代表、省一级人大代表和国家机关领导人的选举中,政党和人民团体联合提名是基本的形式。

(3)正式代表候选人名单的确定程序。关于直接选举中正式代表候选人的确定问题,《选举法》第三十一条作出如下规定,由选民直接选举的人民代表大会候选人,由各选区选民和各政党、各人民团体提名推荐,选举委员会汇总后,在选举日的15日以前公布,并由各该选区的选民小组反复酝酿、讨论、协商,根据较多数选民的意见,确定正式代表候选人名单,并在选举日的5日以前公布。

关于间接选举中正式代表候选人名单的确定,《选举法》第三十一条第二款作了如下规定:县级以上地方各级人民代表大会在选举上一级人民代表大会代表时,提名、酝酿代表候选人的时间不得少于两天,各级人民代表大会主席团将依法提出的代表候选人名单印发全体代表,由全体代表酝酿、讨论。如果所提候选人数符合法律规定的差额比例,直接进行投票选举,如果所提候选人的人数超过法律规定的最高差额比例,进行预选。根据预选时得票多少的顺序,按照大会选举办法依法确定的具体差额比例,确定正式代表候选人名单,进行投票选举。

(4)候选人介绍制度。《选举法》第二十九条规定,推荐者应向选举委员会或者大会主席团介绍候选人的情况;《选举法》第三十三条规定,选举委员会或者人民代表大会主席团应当向选民或者代表介绍候选人的情况。在这里以"应向""应当"等形式明确了介绍自己推荐的候选人在候选人制度中的地位。根据2004年修改后的《选举法》,代表候选人可以通过见面会的方式回答选民问题,这实际上在选举中引进了竞争机制。这就表明,推荐者有义务介绍自己推荐的候选人,选举委员会或人大主席团也有义务向选民或者代表介绍候选人的情况。选民和代表的介绍只限于自己推荐的代表候选人,而且一般是在选民小组或代表小组会议上介绍,其对象与场所有严格限制。选举委员会或者大会主席团在介绍代表候选人方面也有分工,选举委员会介绍直接选举产生的代表候选人,而大会主席团则介绍间接选举产生的代表候选人。

采取何种形式介绍候选人方面,目前法律上没有明确而统一的规定。实践中的主要做法是:候选人自撰材料;运用广播、录音、电视、录像等手段宣传候选人;举行座谈会;候选人与选民见面,回答选民提出的问题;候选人发表施政演说等。

(5)罢免制度。就选举权本身的价值体系与结构而言,选举行为本身只是选举权主体活动的一部分,对选举结果的监督与制约也是选举权主体所追求的基本目标。这种监督与制约构成选举法规定的罢免制度。

根据宪法和选举法的规定,选民或者选举单位都有权罢免自己选出的代表。在直接选举中选民成为罢免权主体,在间接选举中选举单位成为罢免权主体。选民和选举单位享有罢免权意味着选举权主体与罢免权主体的一体性,其罢免行为是选民和选举单位选举行为的自然延续。

从法律规定和选举实践看,罢免的依据主要包括:违反宪法的行为;违反法律的行为;决策失误;品质恶劣;以权谋私;等等。

关于提出罢免的要求，《选举法》作了如下规定：罢免县级人大代表，须50名以上选民联名；罢免乡级人大代表，须30名以上选民联名。县级以上的地方各级人民代表大会举行会议的时候，主席团或者十分之一以上代表联名，可以提出对由该级人民代表大会选出的上一级人民代表大会代表的罢免案。在人民代表大会闭会期间，县级以上的地方各级人民代表大会常务委员会主任会议或者常务委员会五分之一以上组成人员联名，可以向常务委员会提出对由该级人民代表大会选出的上一级人民代表大会代表的罢免案。

（三）民族区域自治制度

民族区域自治是指在国家的统一领导下，以少数民族聚居区为基础，建立民族自治地方，设立自治机关，行使自治权，以实现少数民族人民当家作主、管理本民族内部事务的一项基本政治制度。我国《宪法》第四条明确规定："中华人民共和国各民族一律平等。国家保障各少数民族的合法的权利和利益，维护和发展各民族的平等、团结、互助、和谐关系。禁止对任何民族的歧视和压迫、禁止破坏民族团结和制造民族分裂的行为。""国家根据各少数民族的特点和需要，帮助各少数民族地区加速经济和文化的发展。""各少数民族聚居的地方实行区域自治，设立自治机关，行使自治权；各民族自治地方都是中华人民共和国不可分离的部分。"这些规定为我国实行民族区域自治提供了充分的宪法依据。

（1）民族自治地方是国家统一领导下的行政区域，是中华人民共和国不可分离的组成部分。民族区域自治是我国单一制国家结构形式下的一种自治形式，以接受国家的统一领导、坚持国家统一和领土完整为前提。实行区域自治的自治机关，其自治权来自国家，要在接受国家统一领导的前提下依照宪法、民族区域自治法以及其他法律的规定，行使自治权。因此，民族自治地方不同于联邦制国家中的成员邦或州。

（2）民族区域自治以少数民族聚居区为基础，是民族自治与区域自治的结合。我国的民族区域自治既不是脱离地域的抽象的"民族文化自治"，也不是单纯的"地方自治"，而是二者的有机结合。其中，民族因素是考虑各项自治权的一个最基本因素，如自治机关人员的组成、使用的语言等方面，都突出体现了这一点。

（3）实行民族区域自治制度，目的是实现少数民族人民当家作主、管理本民族内地方性事务的权利。民族自治机关依法行使自治权是民族区域自治制度的标志，离开了自治权，则自治机关与一般地方国家机关没有任何区别；正因为少数民族聚居区在经济、政治、文化等各方面与汉族地区相比，存在着一定的特殊性以及各种客观差距，所以国家才对它实行不同于一般地区的制度，赋予它比一般地方国家机关更多的权限，以保障少数民族地区与国家其他地区的共同发展；因此，民族自治权是民族区域自治制度的核心。

（4）作为国家的一种政治和法律制度，民族区域自治制度的主要内容包括：民族自治地方的建立和行政区划；自治机关的组成、职能和自治权；自治地方内部的氏族关系；自治地方与中央、与国家其他地方的关系等。

（5）民族自治地方的自治机关。依照我国《宪法》第一百一十二条规定，实行民族区域自治地方的自治机关是自治区、自治州、自治县的人民代表大会和人民政府。民族区域自治的自治机关具有双重性质：一方面，它们是一级地方国家机关，享有宪法规定的一般地方国家机关的职权，其产生、职能与任期等与一般地方国家机关一致，都实行民主集中制的组织原则；另一方面，它又是实行民族区域自治的自治地方的自治机关，享有宪法和民族区域自治法以及其他法律赋予的各项自治权。因此又具有不同于一般地方国家机关的职能。

(6) 民族自治地方的自治权。在民族区域自治制度下，实行民族区域自治的自治区、自治州、自治县的自治机关除行使宪法规定的一般地方国家机关的职权外，依照我国宪法、民族区域自治法以及其他法律的规定，还享有一定范围的自治权。主要表现为：

① 根据本地方实际情况贯彻执行国家的法律和政策。对于上级国家机关发布的决议、决定、命令和指示，如有不适合民族自治地方实际情况的，自治机关可以报经该上级国家机关批准，予以变通执行或停止执行。

② 民族自治地方的人民代表大会有权依照当地民族的政治、经济和文化的特点，制定自治条例和单行条例。

③ 管理地方财政的自治权。凡是依照国家财政体制属于民族自治地方的财政收入，民族自治地方的自治机关有权自主地安排使用。除应由国家统一审批的减免税收项目外，民族自治地方的自治机关对属于地方财政收入的某些需要从税收上加以照顾和鼓励的，可以实行减税或免税；可以依照法律规定设立地方商业银行和城乡信用合作组织。

④ 自主地安排和管理地方性的经济建设事业。

⑤ 自主地管理本地方的教育、科学、文化、卫生、体育事业，保护和整理民族的文化遗产，发展和繁荣民族文化。

⑥ 民族自治地方的自治机关依照国家的军事制度和当地的实际需要，经国务院批准、可以组织本地人维护社会治安的公安部队。

⑦ 民族自治地方的自治机关在执行职务的时候，依照自治条例的规定，使用当地通用的一种或几种语言文字。

（四）基层群众性自治制度

在我国，基层群众性自治组织是指城乡居民按照居住地区组织起来，实行自我教育、自我管理、自我服务的城市居民委员会和农村村民委员会。我国《宪法》第一百一十一条规定：城市和农村按居民居住地区设立的居民委员会或者村民委员会是基层群众性自治组织。这一规定明确了居民委员会和村民委员会的法律地位，表明其既不同于基层国家机关，又区别于一般的社会团体。作为基层群众性自治组织，它们具有以下显著特点：自治性、民主性、基层性等特点。

我国现行《城市居民委员会组织法》和《村民委员会组织法》分别对基层群众性自治组织同基层人民政府的关系作出了明确规定。其中，我国现行《城市居民委员会组织法》第二条第二款指出："不设区的市、市辖区的人民政府或其他的派出机关对居民委员会的工作给予指导、支持和帮助。居民委员会协助不设区的市、市辖区的人民政府或其他的派出机关开展工作。"第二条规定："市、市辖区的人民政府有关部门，需要居民委员会或者它的下属委员会协助进行的工作，应当经市、市辖区的人民政府或其他的派出机关同意并统一安排。市、市辖区的人民政府的有关部门，可以对居民委员会有关的下属委员会进行业务指导。"我国《村民委员会组织法》也有类似规定，如第四条规定："乡、民族乡、镇的人民政府对村民委员会的工作给予指导、支持和帮助。但是，不得干预依法属于村民自治范围内的事项。村民委员会协助乡、民族乡、镇的人民政府开展工作。"

以上规定表明，基层群众性自治组织与基层人民政府之间是协助与被指导的关系，而不是下级对上级的服从与被领导关系，这就从制度上保障了基层群众性自治组织的独立性。

三、国家的基本文化制度

文化制度,是指国家制定和认可的,规范有关文化活动,调整文化领域内社会关系的法律、政策的总和。文化制度的范围很广,主要包括教育制度、科技制度、医疗卫生制度、体育制度、文艺政策、宗教制度以及新闻出版制度和其他文化事业的管理制度。

(一)发展教育事业

百年大计,教育为本。教育是社会主义物质文明、政治文明和精神文明建设中极为重要的基础工程,因此必须切实把发展社会主义教育事业摆在优先发展的战略地位。我国《宪法》第十九条从以下几个方面对我国的教育制度作了规定:

(1)《宪法》第十九条第一款规定,"国家发展社会主义教育事业,提高全国人民的科学文化水平",对我国教育事业的总的目的作出总结。

(2)《宪法》第十九条第二款规定:"国家举办各种学校,普及初等义务教育,发展中等教育、职业教育和高等教育,并且发展学前教育。"这表明,我国的教育制度由学前教育、初等教育、中等教育和高等教育等层次的教育构成。为此,制定并通过了《义务教育法》《教育法》等一系列有关教育的法律法规。

(3)《宪法》第十九条第三款规定:"国家发展各种教育设施,扫除文盲,对工人、农民、国家工作人员和其他劳动者进行政治、文化、科学、技术、业务的教育,鼓励自学成才。"这表明我国教育制度十分重视对劳动者进行全方位的综合教育。

(4)《宪法》第十九条第四款规定:"国家鼓励集体经济组织、国家企业事业组织和其他社会力量依照法律规定举办各种教育事业。"这里说的是社会办学问题,原因还是国家经费方面的有限,同时也破除了中华人民共和国成立以来长期由政府包办的教育路子,要求发挥社会各界的积极性,多出人才,以满足社会各方面的需要。

(5)《宪法》第十九条第五款规定:"国家推广全国通用的普通话。"尽管中国汉族居民几千年来使用书面语来维系着共同的传统,但因为我同汉族居民方言众多,同时还有55个少数民族,如果全国人民能用同一种语言、语音进行交流,也是文明的一个标志,所以国家推广使用标准的北京普通话。宪法的这些规定,详细地说明了国家在教育事业方面的方针、政策、范围、措施、途径等。

(二)发展科学事业、卫生事业、体育事业和文艺事业

科学包括自然科学和社会科学两大类。自然科学在发展生产力中的巨大作用已为人们所认识。实践证明,社会科学的发展对于巩固和发展社会主义制度,推动历史的前进和人的全面发展也具有极其重要的意义。因此,宪法规定:"国家发展自然科学和社会科学事业"。

为了加速我国科学事业的发展,宪法还规定:"国家要普及科学和技术知识,奖励科学研究成果和技术发明创造。"

《宪法》第二十一条第一款规定:"国家发展医疗卫生事业,发展现代医药和我国传统医药,鼓励和支持农村集体经济组织、国家企业事业组织和街道组织举办各种医疗卫生设施,开展群众性的卫生活动,保护人民健康。"

体育制度也是我国文化制度的组成部分。为此,《宪法》第二十一条第二款进一步规定,"国家发展体育事业,开展群众性的体育活动,增强人民体质"。该条款规定的重点在于开展

群众性的体育活动,提高全民族的健康水平。为此,我国通过了《食品卫生法》《传染病防治法》《母婴保健法》《医疗机构管理条例》《体育法》《全民健身纲要》《国家体育锻炼标准施行办法》等法律法规,保障人民的身体健康。

《宪法》规定:"国家发展为人民服务、为社会主义服务的文学艺术事业、新闻广播电视事业、出版发行事业、图书馆博物馆文化馆和其他文化事业,开展群众性的文化活动。国家保护名胜古迹、珍贵文物和其他重要历史文化遗产"。

(三)宪法关于思想道德建设的规定

一个民族、一个国家,如果没有自己的精神支柱,就等于没有灵魂,就会失去凝聚力和生命力。社会主义思想道德建设关系着民族凝聚力和向心力的增强,关系着社会文明程度和人民对社会的满意程度的提高。在我国,思想道德建设决定着精神文明建设的社会主义性质,保证着整个社会主义现代化建设的方向。因此,思想道德建设在社会主义精神文明建设中占有极其重要的地位。

《宪法》第二十四条规定:"国家通过普及理想教育、道德教育、文化教育、纪律和法制教育,通过在城乡不同范围的群众中制定和执行各种守则、公约,加强社会主义精神文明的建设。国家倡导社会主义核心价值观,提倡爱祖国、爱人民、爱劳动、爱科学、爱社会主义的公德,在人民中进行爱国主义、集体主义和国际主义、共产主义的教育,进行辩证唯物主义和历史唯物主义的教育,反对资本主义的、封建主义的和其他的腐朽思想。"宪法这一条规定对我国社会主义精神文明建设的指导方针、基本要求和途径,以及所包括的两个方面作出了明确、具体的概括,同时又突出了思想道德建设的基本内容、要求和方法。

第四节 国家机构

一、国家机构的组织和活动原则

在现代民主和法治的潮流之下,世界各国在组织国家机构方面所体现的大致趋同的原则要求,这包括以下内容:第一,权力分工与监督制衡原则;第二,民主原则;第三,法定原则;第四,责任原则;第五,精简和效能原则。作为社会主义国家,我国国家机构的组织和活动原则必须遵守以下特有原则:

1. 民主集中制原则

民主集中制是我国《宪法》规定的国家机构组织和活动的基本原则,是民主与集中紧密结合的方式和制度。从历史渊源来看,民主集中制作为马克思主义政党的组织原则,是无产阶级政党在长期的革命斗争中所积累的经验的结晶。民主集中制原则强调民主和集中两个方面的统一和相互依存,没有广泛的民主,就不可能有正确的集中;同样,没有正确集中的指导,就不可能有真实的广泛民主。民主集中制作为一项宪法原则,其基本要求是国家权力机关由人民民主选举产生,向人民负责;其他国家机关由权力机关产生,向权力机关负责并报告工作;在中央与地方国家机关的关系上,遵循中央的统一领导,又充分发挥地方的积极性和主动性。

2. 密切联系群众,以人为本,为人民服务原则

这一原则要求一切国家机关都必须保持和人民群众的密切联系,依靠人民的支持,倾听

人民的意见和建议,自觉接受人民的监督,以人民群众的最大利益作为行使职能的宗旨。群众路线历来就是执政党行之有效的工作方法,"从群众中来,到群众中去"是实事求是的思想路线在国家机关工作方法上的体现;以人为本是我国国家政权的民主性质决定的;为人民服务则是我国国家机关履行职责的宗旨和灵魂。目前,我国正在努力建设服务型政府,这正是时代的发展对国家机关提出的新要求、新标准。

值得注意的是,最新宪法修正案新设了宪法宣誓制度,规定国家工作人员就职时应当依照法律规定公开进行宪法宣誓。

二、全国人民代表大会和地方各级人民代表大会

在我国的根本政治制度——人民代表大会制度的框架下,国家机构主要包括:全国人民代表大会和地方各级人民代表大会、国家主席及中央军事委员会、国务院和地方各级人民政府、国家监察委员会和地方各级监察委员会、最高人民法院和地方各级人民法院、最高人民检察院和地方各级人民检察院。

1. 全国人民代表大会

根据《宪法》规定,全国人民代表大会是最高国家权力机关,具有最高的法律地位。首先,全国人民代表大会是全国人民的代表机关,由各省、自治区、直辖市、香港特别行政区、澳门特别行政区和军队选出的代表组成,具有广泛的代表性,集中了全国人民的意愿。其次,全国人民代表大会是行使最高国家权力的全权机关,根据分工和效率的原则,全国人民代表大会通过宪法和法律把部分国家权力授予其他国家机关,自己只集中行使那些最具决定性的权力,这包括:修宪权、立法权、重大事项决定权、财政权、人事任免权和监督权等;最后,全国人民代表大会在国家机构体系中具有最高的法律地位,其他国家机关,如行政机关、监察机关、审判机关、检察机关等由其产生,向它负责和报告工作,在中央与地方的关系上,全国人大有权撤销地方不适当的法规、规章、政策和命令,它通过的法律和决议,全国各级国家机关、各政党、各企事业单位和社会团体以及全国各族人民都必须遵照执行。

《宪法》规定,全国人民代表大会的每届任期为五年,全国人民代表大会代表的选举由全国人民代表大会常务委员会主持。全国人民代表大会任期届满的两个月以前,全国人民代表大会常务委员会必须完成下届全国人民代表大会代表的选举。如果遇到不能进行选举的非常情况,由全国人民代表大会常务委员会以全体组成人员的三分之二以上的多数通过,可以推迟选举,延长本届全国人民代表大会的任期。在非常情况结束后一年内,必须完成下届全国人民代表大会代表的选举。全国人民代表大会代表的名额不超过三千人。

全国人民代表大会的职权包括:修改宪法和监督宪法的实施;制定和修改刑事、民事、国家机构的和其他的基本法律;国家重要人事的任免权;国家重大事项的决定权;财政权;监督权等。

2. 全国人大常委会

全国人大常委会是全国人大的常设机关,是全国人大闭会期间行使部分最高国家权力的机关,也是行使国家立法权的机关。全国人大常委会是全国人大的组成部分,隶属于全国人大,受全国人大的领导和监督,向全国人大负责和报告工作。全国人民代表大会常务委员会由下列人员组成:委员长,副委员长若干人,秘书长,委员若干人。

全国人民代表大会常务委员会行使下列职权:解释宪法,监督宪法的实施;立法权。全

国人大常委会制定和修改除应当由全国人民代表大会制定的法律以外的其他法律;在全国人民代表大会闭会期间,对全国人民代表大会制定的法律进行部分补充和修改,但是不得同该法律的基本原则相抵触;部分重要事项的决定权;部分人事任免权、监督权。全国人大常委会监督国务院、中央军事委员会、国家监察委员会、最高人民法院和最高人民检察院的工作;撤销国务院制定的同宪法、法律相抵触的行政法规、决定和命令;撤销省、自治区、直辖市国家权力机关制定的同宪法、法律和行政法规相抵触的地方性法规和决议。

3. 地方各级人民代表大会

我国《宪法》第九十六条规定:"地方各级人民代表大会是地方国家权力机关。"这是关于地方各级人民代表大会的性质的规定。地方国家权力机关在本行政区域内处于首要地位。它有权代表本地方人民的意志,决定该地区的重大问题;在本行政区域内,它有权保证宪法、法律和行政法规的遵守和执行;本地方的国家行政机关、监察机关、审判机关和检察机关都由它产生,向它负责,受它监督。地方国家权力机关的这种性质和地位,既保证了统一行使属于人民的国家权力,维持中央和地方的统一,又可适应地方的特点,发挥地方的积极性和主动性,促进地方的和谐发展。

地方各级人民代表大会由代表组成。省、自治区、直辖市、自治州、设区的市的人民代表大会代表由下一级的人民代表大会选举;县、自治县、不设区的市、市辖区、乡、民族乡、镇的人民代表大会代表由选民直接选举。地方各级人民代表大会任期五年。2018年宪法修正案第一百条增加一款,作为第二款:"设区的市的人民代表大会和它们的常务委员会,在不同宪法、法律、行政法规和本省、自治区的地方性法规相抵触的前提下,可以依照法律规定制定地方性法规,报本省、自治区人民代表大会常务委员会批准后施行。"

2018年《宪法》修正时第一百条增加一款,作为第二款:"设区的市的人民代表大会和它们的常务委员会,在不同宪法、法律、行政法规和本省、自治区的地方性法规相抵触的前提下,可以依照法律规定制定地方性法规,报本省、自治区人民代表大会常务委员会批准后施行。"这实质是赋予了设区市人大在地方事务范围内的适度立法权。

二、国家主席和中央军事委员会

1. 国家主席

我国现行的《宪法》恢复了国家主席(the President of State)的设置,并且有了新的发展。《宪法》第八十一条明确规定:"中华人民共和国主席代表中华人民共和国,接受外国使节。"值得注意的是,2018年《宪法修正案》中,《宪法》第七十九条第三款"中华人民共和国主席、副主席每届任期同全国人民代表大会每届任期相同,连续任职不得超过两届"修改为:"中华人民共和国主席、副主席每届任期同全国人民代表大会每届任期相同。"

我国现行的国家元首制度的内容大体包括:

(1)我国国家元首制度实现了国家主席和中国共产党总书记、国家军委主席的三位一体。

(2)国家主席、副主席都由选举产生。产生程序为:每届全国人大第一次全会时,由大会主席团提名,经各代表团酝酿协商后,再由主席团确定正式候选人名单,经全体与会代表过半数表决通过,即为当选。

(3) 国家主席的职权有:公布法律、发布命令;根据全国人大及其常委会的决定,任免国务院组成人员;根据全国人大常委会的决定,派遣和召回驻外代表;接受外国使节;批准和废除多边或双边条约;根据全国人大及其常委会的决定,授予公民国家勋章和荣誉称号;从事国事活动等。

2. 中央军事委员会

我国《宪法》明确规定了设立中央军事委员会领导全国武装力量,重新将军事领导机关作为国家机构的重要组成部分,明确了军队在国家体制中的法律地位,使国家制度和中国宪政更趋正常和完善。

根据我国《宪法》的规定,中央军事委员会由主席1人、副主席若干人、委员若干人组成。中央军事委员会实行主席负责制,每届任期为5年,中央军委主席实际上是我国武装力量的统帅。中央军委主席在每届全国人大第一次全会上选举产生,直接对全国人大及其常委会负责。中央军委的其他组成人员,由中央军委主席提名,由全国人大及其常委会决定。

三、国家行政机关

（一）最高国家行政机关——国务院

我国《宪法》规定,中华人民共和国国务院,即中央人民政府,是最高国家权力机关的执行机关,是最高国家行政机关。中央人民政府即国家最高的行政机关,统一领导国务院所属行政部门和地方行政机关,保障宪法和法律的实施。

国务院由下列人员组成:总理1人,副总理若干人,国务委员若干人,各部部长,各委员会主任,审计长,秘书长。在领导方式上,现行宪法规定,国务院实行总理负责制。各部、各委员会实行部长、主任负责制。

《宪法》规定,国务院每届任期同全国人民代表大会每届任期相同,为5年,且总理、副总理、国务委员连续任职不得超过两届。国务院对全国人民代表大会负责并报告工作;在全国人民代表大会闭会期间,对全国人民代表大会常务委员会负责并报告工作。

国务院的职权包括:行政立法权;提案权;行政领导权;人事行政权;行政监督权;其他重大事项的决定权。包括:批准省、自治区、直辖市的区域划分,批准自治州、县、自治县、市的建置和区域划分;决定省、自治区、直辖市的范围内部分地区的戒严;以及全国人民代表大会和全国人民代表大会常务委员会授予的其他职权。

（二）地方各级人民政府

根据我国《宪法》和《地方组织法》的规定,地方各级人民政府是地方各级国家权力机关的执行机关,是地方各级国家行政机关。作为地方各级人民代表大会的执行机关,地方各级人民政府要执行本级人民代表大会及其常务委员会通过的决议,地方各级人民政府对本级人民代表大会负责并报告工作;县级以上的地方各级人民政府在本级人民代表大会闭会期间,对本级人民代表大会常务委员会负责并报告工作。

地方各级人民政府作为地方国家行政机关,必须执行上级国家行政机关的行政法规、规章、决定、命令。同时,享有管理本行政区域内的经济、教育、科学、文化、卫生、体育事业、环境和资源保护、城乡建设事业和财政、民政、公安、民族事务、司法行政、计划生育等行政工作的职权。但是,地方各级人民政府必须依法行使行政职权。因此,地方各级人民政府对上级国家行政机关负责并报告工作,并接受和服从国务院的统一领导。

地方各级人民政府是本级人民代表大会的执行机关,因此每届任期与本级人民代表大会每届任期相同。根据1982年宪法及1993年宪法修正案的规定,省、自治区、直辖市、自治州、县、自治县、市、市辖区、乡镇的人民政府每届任期5年。

四、国家监察机关

十八大以来,我国的监察体制正在发生大的变化,全国人大授权三个省市进行试点,整合检察机关、监察机关和党的纪检机关,组成新的国家监察委员会,以加强对国家工作人员职务行为的监督。这一改革的全面推进,对我国的法律监督制度产生深远的影响。

2018年《宪法修正案》第三章"国家机构"中增加第七节,设立了新的国家机构——"监察委员会"。中华人民共和国各级监察委员会是国家的监察机关。监察委员会由下列人员组成:主任1人,副主任若干人,委员若干人。监察委员会主任每届任期同本级人民代表大会每届任期相同。国家监察委员会主任连续任职不得超过两届。监察委员会的组织和职权由法律规定。

中华人民共和国国家监察委员会是最高监察机关。国家监察委员会领导地方各级监察委员会的工作,上级监察委员会领导下级监察委员会的工作。

国家监察委员会对全国人民代表大会和全国人民代表大会常务委员会负责。地方各级监察委员会对产生它的国家权力机关和上一级监察委员会负责。监察委员会依照法律规定独立行使监察权,不受行政机关、社会团体和个人的干涉。

监察机关办理职务违法和职务犯罪案件,应当与审判机关、检察机关、执法部门互相配合,互相制约。

目前,我国在省级和市县级逐步设立了地方监察委员会,直接接受国家监察委员会的领导。

五、国家审判机关

我国宪法规定,人民法院是国家的审判机关,是我国专门行使国家审判权的机关,是我国整个国家机构体系中的重要组成部分。人民法院的任务是依照法律对刑事案件、民事案件、经济案件、行政案件和其他案件进行审理和判决。

1. 最高人民法院是国家最高审判机关

最高人民法院由院长1人、副院长、庭长、副庭长和审判员若干人组成。院长由全国人民代表大会选举,副院长、庭长、副庭长、审判员由全国人民代表大会常务委员会根据最高人民法院院长的提请任免;最高人民法院任期与全国人民代表大会每届任期相同。

2. 我国地方各级人民法院

除最高人民法院和专门人民法院以外,还设立了地方三级人民法院,即基层人民法院、中级人民法院、高级人民法院。以上地方各级人民法院院长均由同级人民代表大会选举,副院长、庭长、副庭长和审判员由同级人民代表大会常务委员会任免。地方各级人民法院院长任期与本级人民代表大会每届任期相同。

需要特别注意的是,依照我国《宪法》第一百三十二条的规定:"最高人民法院监督地方各级人民法院和专门人民法院的审判工作,上级人民法院监督下级人民法院的审判工作。"这也就是说,上下级人民法院之间的关系应为"监督关系",而非"领导关系"。

六、国家检察机关

人民检察院是国家的法律监督机关,它是我国专门行使国家检察权的机关,是我国整个国家机构体系中的重要组成部分。根据宪法和人民检察院组织法的规定,人民检察院的组织系统为最高人民检察院、地方各级人民检察院(具体内容可详见第十四章第六节第四项)以及军事检察院等专门人民检察院。

1. 最高人民检察院

最高人民检察院是最高检察机关。最高人民检察院检察长由全国人民代表大会选举和罢免,最高人民检察院副检察长、检察委员会委员、检察员和军事检察院检察长由最高人民检察院检察长提请全国人民代表大会常务委员会任免。

依照宪法和法律的规定,人民检察院行使的职权如下:法纪监督;侦查监督;支持公诉和审判监督;监所监督。

我国人民检察院的领导体制是双重领导体制。首先,各级人民检察院要受本级人民代表大会及其常务委员会的领导,即最高人民检察院对全国人大和人大常委会负责并报告工作,地方各级人民检察院对本级人大和本级人大常委会负责并报告工作;其次,上级人民检察院领导下级人民检察院的工作,最高人民检察院领导地方各级人民检察院和专门人民检察院的工作,它们之间的关系是领导和被领导的关系。

我国《宪法》第一百三十六条规定,人民检察院依照宪法规定独立行使检察权,不受行政机关社会团体和个人的干涉。为了保证人民检察院对全国实行统一的法律监督,宪法和法律规定,最高人民检察院对全国人民代表大会及其常务委员会负责并报告工作,地方各级人民检察院对本级人民代表大会及其常务委员会负责并报告工作。

2. 地方各级人民检察院

地方各级人民检察院分为省、自治区、直辖市人民检察院;省、自治区、直辖市人民检察院分院,自治州和省辖市、自治区辖市人民检察院;县、县级市、自治县和市辖区人民检察院。专门人民检察院包括军事检察院、铁路运输检察院和其他专门检察院。

省、自治区、直辖市人民检察院检察长和分院检察长由该地区人民代表大会选举和罢免,副检察长、检察委员会委员和检察员由检察长提请本级人大常委会任免;省级人民检察院检察长的任免,须报最高人民检察院检察长提请全国人大常委会批准。自治州、省辖市、自治区辖市、县、县级市、市辖区人民检察院检察长由本级人民代表大会选举和罢免,副检察长、检察委员会委员和检察员由检察长提请本级人大常委会任免;上述地方检察长的任免须报上一级人民检察院检察长提请该级人大常委会批准。各级人民检察院检察长的任期与本级人大每届任期相同,最高人民检察院检察长连续任职不得超过两届。

本 章 小 结

宪法是国家的根本大法,在国家法律体系中处于明显的优越位置。不但国家的其他任何法律、法规、政策不能违背宪法的规定和精神,而且任何国家机关及其工作人员尤其应该严格遵守宪法,在宪法的权限内行使职权,充当行宪、护宪的模范。依法治国的核心正在于依宪治国,这对于处于社会整体转型关键阶段的中国而言,尤显警醒和迫切。

本章关键词

宪法　基本权利　违宪审查　人民主权　保障人权　权力制衡　法治　平等权　政治权利　经济权利　社会权利　国家机构

案 例 评 析

【基本案情】

2001年12月23日,原告蒋韬看到成都某媒体刊登的中国人民银行成都分行的招录公务员广告,其中规定招录对象条件之一为"男性身高168公分,女性身高155公分以上"。原告认为这侵犯了公民的宪法权利,于是向武侯区人民法院提起行政诉讼,请求法院确认"含有身高歧视的"具体行政行为违法,停止发布该内容的广告等。此案2002年1月7日经成都市武侯区人民法院受理,就立即成为一个法律界、学界和新闻媒体关注和争论的话题。

【法律评析】

本案为我国宪法平等权第一案。本案争议的焦点之一就是中国人民银行成都分行的招录广告是否侵犯了原告担任国家公职的平等权和政治权利。在该招录广告的内容中确实包含了男女身高条件的规定,因此,如果公民不符合招录广告中的身高条件,公民将没有资格参加考试,因此更谈不上担任国家的公务员,这样公民平等的参政权将得不到实现。问题是,对身高不同的公民作出不同的政治权利待遇,成都分行对公民设立的这种差别对待是属于合理差别,还是属于身高歧视?

在这里的关键问题是要界定给予什么样的人以及给予他们什么样的差别对待才是合理的,也就是合理差别的限度的问题。在机会平等的基础上引入实质平等的手段是实行合理的差别,而要界定什么样的差别是合理的存在两个方面的问题。第一个问题是对什么样的主体给予差别对待?关于合理差别的主体理论界认为可以从三个方面考虑:首先,从量的角度考虑,即给予相对来说处于少数且弱势的群体以差别对待;其次,从先天的生理的角度考虑,即给予明显处于弱势的个体以差别的对待,如残疾人即存在着客观上的生理上的弱势;最后,从经济的角度去考虑,即给予经济上明显处于弱势或无经济来源的个体一定的生活保障,如我国规定的给予下岗职工的最低生活保障费等。第二个问题是差别对待的实质内容是什么?即给予什么样的差别对待才是合理的问题。差别对待总的可以分为两种情况:一种是歧视,另一种是优惠。歧视显然是一种不平等,然而,即使优惠也要有一定的限度,而不至于构成"反向歧视",比如,给予下岗工人生活保障费不能高到与本地区的平均工资水平持平等。

本案中,成都分行的招录行员的广告确实以"男性身高168公分,女性身高155公分"为标准,而给予了身高在这之下的公民以差别对待,但是这种差别明显是构成了对这些公民的歧视,显然不属于合理差别的范围,而成都分行的工作性质也没有对身高有特殊的要求,因此我们可以认定成都分行确实侵犯了蒋韬的平等权。只是在本案中国人民银行成都分行作为国家行政机关,其行政行为侵犯了公民的宪法上的平等权,法院在诉讼过程中如果能积极引用宪法作出判断,就可以充分而有效的保障我国公民的基本权利。

复习思考题

1. 为什么说宪法是国家的根本大法?
2. 怎样理解宪法是"母法"?
3. 怎样理解基本权利的"基本"性质?
4. 民主集中制原则的内涵是什么?
5. 怎样完善人民代表大会制度?
6. 如何才能保障宪法发挥效力?

第七章 民事法制

> **学习目标**
>
> - 掌握民法基本原则的内容
> - 掌握自然人民事权利能力的特点和民事行为能力的种类
> - 掌握法人的分类及民事责任的承担
> - 掌握民事法律行为的效力状态
> - 了解民事权利的内容
> - 了解民事责任的形态
> - 掌握诉讼时效的中止、中断的联系与区别
> - 掌握夫妻财产关系的内容和继承人的范围和顺序
> - 掌握遗嘱的形式和效力

第一节 民法概说

一、民法的性质

随着市场经济的发展和法治观念的深入,人们的权利意识越来越强烈,并懂得如何运用法律武器来维护自身的财产权和人身权,民法则成为维护人们自身合法权益的最重要的法律武器。

"民法"一词,来源于古罗马法的市民法(jus civile)。早期罗马法有市民法与万民法之分,前者适用于罗马市民,后者适用于罗马市民以外的人。公元3世纪后,市民法与万民法的对立消失,乃统一于罗马市民法。大陆法系国家沿袭了罗马法的市民法(民法)概念,并相继制定了民法典,如《法国民法典》《德国民法典》《瑞士民法典》等。在我国,"民法"乃一继受概念。清末法制改革时期,聘请日本学者松冈义正起草民法典草案,才有了现代意义上的民法一词。旧中国民国政府时期,进行了民法典的立法工作,并于1929年至1931年先后颁布了总则、债、物权、亲属和继承五编,这部民法典至今仍在我国台湾地区施行,并几经修订。

中华人民共和国成立后,我国法制建设得到发展。1986年4月12日制定了《民法通则》,它是我国民事活动的基本法。随着市场经济的法制化,民事立法步入了快速发展转道:1999年3月15日,九届全国人大第二次会议通过了《合同法》;2001年4月28日,九届全国

人大常委会第二十一次会议通过了《关于修改〈中华人民共和国婚姻法〉的决定》；2002年12月23日，《中华人民共和国民法（草案）》提交九届人大常委会第三十一次会议审议。特别值得一提的是，2007年3月16日，十届全国人大第五次会议通过了《物权法》；2009年12月26日，第十一届全国人民代表大会常务委员会第十二次会议通过了《侵权责任法》；2010年10月28日，第十一届全国人民代表大会常务委员会第十七次会议通过《涉外民事关系法律适用法》。这为我国《民法典》的制定奠定了坚实基础。

法律乃国之重器；法典，则是重中之重。编纂民法典是党的十八届四中全会提出的立法任务，是对我国制定于不同时期的民法通则、物权法、合同法、担保法、婚姻法、收养法、继承法、侵权责任法和人格权方面的民事法律规范进行全面系统的编订纂修。2017年3月15日，十二届全国人大第五次会议表决通过了《民法总则》，这是我国《民法典》的重要部分。2020年5月28日，《民法典》在十三届全国人大三次会议表决通过，宣告中国"民法典时代"即将正式到来。《民法典》共7编、1260条，包括总则、物权、合同、人格权、婚姻家庭、继承、侵权责任。民法典以体系性方式确立了民事主体的人身权、财产权、人格权等各项权利的规范基础，明确了解决民事纠纷的基本规则，将民事权利法定化、具体化，从根本上解决各种民事法之间的矛盾，并被誉为"社会生活的百科全书"。

《民法典·总则编》第二条规定："民法调整平等主体的自然人、法人和非法人组织之间的人身关系和财产关系。"民法的调整对象具有以下特点：

其一，民事主体地位的平等性。在民事生活领域，无论是财产关系抑或人身关系，都是平等民事主体之间的法律关系。所有的民事主体，不论是自然人、法人还是非法人组织，其在民事生活领域都是独立的、平等的，不存在任何隶属或依附关系。

其二，调整对象的广泛性。民法调整的对象，既包括对平等主体之间的财产关系（静态财产关系、动态财产关系和知识产品之专有关系）的调整，也包括对平等主体之间的人格关系（人格权和人格利益关系）和身份关系（婚姻、亲属与继承关系）的调整。

就民法的性质而言，首先，民法是市民社会的法。作为市民社会的民法，它确立了几个基本理念：一是人的平等性，即任何人在市民社会中都是平等的，不存在任何依附性；二是意志自由性，即任何人都有权根据自己的意愿行事，与他人自由创设各种法律关系，不受非法干预和控制；三是行为自治性，即任何人都应对自己的行为承担责任，也只对自己的行为负责。其次，民法是私法。民法的私法性质，要求确认并建立私法优先的法律规范体系，要求禁止国家公权力对个人私权的任意干预。再次，民法是权利法，即民法最基本的功能在于对民事权利的确认和保护，并由此保障民事主体的权利不受侵犯。在私权领域，只要不涉及公共利益，只要不损害他人合法权益，私人就是神圣的。换言之，强调民法的权利法性质，其意义就在于尊重和保护私人权利（财产权和人身权）。

二、民法的基本原则

民法基本原则是其效力贯穿民法始终的民法根本规则，是对民法调整对象的财产关系和人身关系本质和规律的集中反映，是克服法律局限性的工具。《民法典》从民法的本质出发，确定了反映市场经济法治要求的几个基本原则：

(一) 平等原则

《民法典·总则编》第四条规定:"民事主体在民事活动中的法律地位一律平等。"
2012年5月17日搜房网有这样一则报道:

> 2012年2月,坂田派出所民警在梳理110报警系统警情时发现,有众多来自龙岸花园小区的报警记录,而业主投诉的对象都是小区物业管理处。当民警前往调查时,管理处即妥协让步,报警的业主也以问题解决为由不再配合调查,民警为此展开多次暗访调查。
>
> 龙岗公安分局刑警大队与坂田派出所一起成立专案组展开调查,了解到事情真相:龙岸花园于2008年建成入住,博某装饰公司于2009年与管理处签约,一开始做绿化、保安员宿舍装修等业务。随后龙岸花园管理处开始与博某公司互相勾结,强迫业主雇用博某公司搭建楼板,而其价格比市场价高出1倍,比如一单搭建楼板业务,博某公司要收费1万元,而市场价仅为5000元。如有业主雇用其他装修公司,则该装修公司要交给管理处5000元至1万元好处费,否则管理处停水停电、阻挠工人运输材料以至威胁恐吓,为难业主及施工人员,甚至强拆业主搭建好的楼板。根据业主反映,龙岸花园管理处主任、保安队长等都与博某公司在龙岸花园的承包商刘某柱勾结,长期垄断小区外墙楼板搭建业务,禁止其他装饰公司进驻小区。如果业主不请管理处指定的博某装饰公司,不仅被威胁恐吓,还将被停水停电"惩戒"。①

该案反映了这样一个问题:业主、物业管理处(物业公司)、装饰公司相互之间都是平等的民事主体,在民事活动中享有平等的法律地位。物业管理处本是一个为小区业主提供服务的机构,却与博某公司互相勾结,强迫业主雇用博某公司进行装修,这不仅损害了业主的利益,也损害了其他装饰公司的合法经营权。平等原则的要求表现为:一是任何民事主体,无论是自然人、法人还是合伙或其他组织,在民法上都有独立的法律人格,不存在任何依附性;二是任何民事主体在民事活动中都享有平等的法律地位,不存在任何特权;三是任何民事主体依法取得的民事权益都受法律的同等保护,任何民事主体非法侵害他人的民事权益都应受到法律的制裁。物业管理处和博某公司的欺行霸市行为应当受到法律的严惩。

(二) 自愿原则

自愿原则又称意思自治原则,是指民事主体可以根据自己的意志去创设自己的权利与义务,不受国家权力和其他民事主体的非法干预。自愿原则是私法自治在民法中的直接体现。就这一原则的实质而言,是市场经济条件下利益多元化和决策分散化的反映,是实行资源市场配置的必然要求。自愿原则有两个基本点:一是自己参与,即任何民事主体都是凭借自己的意愿与他人进行民事活动,决定民事活动的内容;二是自己责任,即每个民事主体都应对自己参与的民事活动导致的结果负责。

(三) 公平原则

所谓公平原则,是指民事主体应依据社会公认的公平观念从事民事活动,司法机关行使

---

① "深小区管理处垄断装修 如业主不从则停水停电",搜房网,http://news.sz.soufun.com/2012-05-17/7684007.htm。

裁判权时也应体现社会主义及公共道德的要求。其内容包括三个方面：一是民事主体的机会均等,有同等的机会参加民事法律关系,行使相应的民事权利；二是民事主体在享有权利和承担义务上不能显失公平,应兼顾双方利益的平衡；三是民事主体合理承担民事责任,通常下应根据过错程度承担民事责任,双方都无过错时,亦应根据公平的观念由双方合理分担损失。

有这样一则案例：

2001年5月11日凌晨约1时40分,重庆市民郝某与朋友李某在街上谈事情,被临路楼上坠落的烟灰缸砸中头部,当即倒地,被送至急救中心抢救。经医院的精心治疗,郝某在昏迷7天后终于睁开了双眼,为此,他家花去了医疗费计9万元。伤情虽然得到了控制,但却留下了严重的后遗症。郝某后被鉴定为智能障碍伤残、命名性失语伤残、颅骨缺损伤残等。公安机关经过侦查现场,排除了有人故意伤害的可能性。这场"飞来横祸"不仅给郝某个人在身体、精神与事业上造成难以弥补的巨大损失,且给其家庭带来了极大的精神打击,蒙受了巨大的精神痛苦。事后,其家人对抛掷烟灰缸的肇事者调查无果,且公安机关也无法确定烟灰缸所有人。在此情况下,2001年8月,郝某将位于出事地点的两幢居民楼的产权人以及两幢居民楼一定楼层以上的25户居民告上了法庭,要求他们共同赔偿自己的医药费、精神损失费等各种费用。

重庆市渝中区人民法院经审理,反复查证,仍难以确定该烟灰缸的所有人。一审法院认为,因难以确定该烟灰缸的所有人,除事发当晚无人居住的两户外,其余房屋的居住人均不能排除扔烟灰缸的可能性,根据过错推定原则,由当时有人居住的王某等有扔烟灰缸嫌疑的20户住户分担该赔偿责任。最后判决,郝某的医药费、误工费、护理费、伤残补助费、生活补助费、鉴定费、精神抚慰金共计178 233元,由王某等20户住户各赔偿8 101.5元,在判决生效后立即付清；案件受理费及其他诉讼费,也由22名"嫌疑"被告分担。判决后,王某等住户不服,提起上诉。二审法院认为,20户房屋的居住人均不能排除扔烟灰缸的可能性,虽然损害结果的发生不是该楼全部住户共同所致,但根据过错推定原则,事发时该两幢房屋的居住人都应当承担赔偿责任。故维持原判。①

重庆"烟灰缸伤人案"的判决结果在社会上引起了广泛争论。② 可见,如何理解与适用民法上的公平原则,在实践中仍然存在争议。

（四）诚实信用原则

诚实信用原则,又称诚信原则,是指在民事活动中民事主体在行使权利和履行义务时,

---

① 王利明：《从天而降烟灰缸 无辜行人被砸伤》,http://gongxue.cn/landunfalv/ShowArticle.asp? ArticleID=6287&Page=11。

② 值得注意是的,针对住宅小区空高抛物伤人事件频繁发生现象,为了保护小区居民的生命健康安全,构建和谐平安的小区环境,《民法典》专门规定了高空抛物坠物责任。《民法典·侵权责任编》第一千二百五十四条规定："禁止从建筑物中抛掷物品。从建筑物中抛掷物品或者从建筑物上坠落的物品造成他人损害的,由侵权人依法承担侵权责任；经调查难以确定具体侵权人的,除能够证明自己不是侵权人的外,由可能加害的建筑物使用人给予补偿。可能加害的建筑物使用人补偿后,有权向侵权人追偿。物业服务企业等建筑物管理人应当采取必要的安全保障措施防止前款规定情形的发生；未采取必要的安全保障措施的,应当依法承担未履行安全保障义务的侵权责任。发生本条第一款规定的情形的,公安等机关应当依法及时调查,查清责任人。"

应当诚实、守信。

据中国之声《新闻纵横》2012年7月5日报道：

> 国内针对达芬奇家居的首个消费者维权案件事件最近在杭州宣判。杭州消费者魏和平在去年5月份向达芬奇家居预定了一批宣称为意大利原装进口的实木家具，并且支付了货款。去年7月，在央视《每周质量报告》曝光了达芬奇家具产品涉嫌造假之后，魏和平权衡再三，决定退订，但是，遭到了达芬奇方面的拒绝，理由是，魏和平并没有收到家具，不能主观臆测家具质量有问题。去年11月，魏和平以宣传欺诈为由，一纸诉状将达芬奇告上法庭。
>
> 7月2号，杭州拱墅区人民法院公开宣布审判结果：撤销魏和平与达芬奇家居股份有限公司签订的协议，并由"达芬奇"返还魏和平货款总计3 234 849元，驳回魏和平提出的70万元赔偿请求。法庭认为，达芬奇通过长期夸大性、误导性的广告宣传诱导魏和平对其品牌形象作出错误认识，从而使消费者作出违背其真实意思的消费决定，故做出以上判决。①

市场经济就是诚信经济、信用经济。任何民事主体，无论是自然人、法人或非法人组织，甚至是政府、国家，都是讲诚信。诚信原则有三个方面的含义：一是对民事主体从事民事活动内心应具备诚实、守信的道德要求；二是民事主体从事民事活动时的行为规则，即必须以善意的方式履行义务，不得欺诈他人；三是要求民事主体在民事活动中应当兼顾当事人双方利益及当事人与社会利益的平衡。达芬奇公司的欺诈行为是商人缺乏诚信的典型表现。

（五）公序良俗原则

所谓公序良俗原则，是指民事活动的内容及目的不得违反公共秩序或善良风俗。《民法典·总则编》第八条规定："民事主体从事民事活动，不得违反法律，不得违背公序良俗。"第一百五十三条第二款规定："违背公序良俗的民事法律行为无效"，便是这一原则的立法表现。公序良俗原则是现代民法上的一项重要原则，在市场经济条件下具有维护国家利益、社会公共利益及一般道德观念的功能，弥补立法禁止性规定的不足。根据这一原则的要求，如果民事活动的内容及目的违背公序良俗，如危害国家公序良俗的行为、危害婚姻家庭关系的行为、违反性道德的行为、暴利行为等，都不能得到民法的确认和保护。

（六）绿色原则

所谓绿色原则，是指民事主体从事民事活动时应当尽量避免对生态环境造成不利影响。《民法典·总则编》第九条规定："民事主体从事民事活动，应当有利于节约资源、保护生态环境。"现代经济区别于传统工业经济的主要特点在于抛弃传统工业经济"先发展，后治理"的发展模式，转型为经济效益和环境保护协调发展，其本质为绿色经济。《民法典》将绿色原则纳入民法基本原则即是现代经济在民事立法领域的体现。

---

① 谭一帆：《达芬奇第一案消费者获赔或将指导今后纠纷审判》，http://news.qq.com/a/20120705/000602.htm。

第二节 民事主体

一、自然人

（一）自然人的民事权利能力

1. 自然人民事权利能力的概念和特征

所谓民事权利能力，是指法律赋予自然人享有民事权利和承担民事义务的资格，即民事主体的法律人格。在罗马法时期，奴隶是被作为奴隶主的财产而加以利用，在法律意义上只是作为"物"或"财产"而存在的，并不具有法律上的人格。赋予每一个自然人平等地有享有法律人格是近代资产阶级民主政治斗争的结果。

自然人的民事权利能力具有两个基本特征：一是平等性。自然人的民事权利能力不存在任何差异，不因民族、种族、宗族信仰、年龄、精神健康状况、文化教育程度等而受影响，完全平等；二是不可转让性。自然人的民事权利能力作为法律赋予自然人的主体资格，其效力贯穿自然人终生，不得抛弃或转让，非依法定程序不得加以限制或剥夺。

2. 自然人民事权利的取得和消失

自然人自出生时取得民事权利能力，出生是自然人成为民事权利主体的法律事实。从民法上说，人的出生应具备两个条件：一是须与母体分离，分离之前为胎儿，非法律上所谓的人；二是须与母体分离之际保有生命，若分离之际已无生命，则为死胎，亦非法律上的人。出生之时间，一般应以户籍所登记的出生时间为准。但户籍之记载仅有推定的效力，应允许提出接生助产士或医生的证明予以推翻。《民法典》第十五条规定："自然人的出生时间和死亡时间，以出生证明、死亡证明记载的时间为准；没有出生证明、死亡证明的，以户籍登记或者其他有效身份登记记载的时间为准。有其他证据足以推翻以上记载时间的，以该证据证明的时间为准。"

自然人的民事权利能力自死亡时消灭。自然人的死亡具有重要的法律意义，如决定继承开始、人身保险之保险责任的发生、婚姻关系的消灭等。但对于死亡的判断标准民法上存在不同认识，如"呼吸停止说""心脏停止跳动说""脑死亡说"等，随着现代医学的发展，特别是器官移植技术的发展，以"脑死亡说"更具有合理性。死亡之时间证明，一般应以户籍簿登记的死亡时间为准。根据《民法典·继承编》第一千一百二十一条的规定，相互有继承关系的几个人在同一意外事故中死亡，如果不能确定死亡先后时间的，推定没有其他继承人的人先死亡。各自都有继承人，如辈分不同，则推定长辈先死亡；辈分相同，则推定为同时死亡。

3. 胎儿和死者人格利益的特殊保护

胎儿是一个特殊的生命体。胎儿是否具有民事权利能力？胎儿利益应如何保护？
有这样一则案例：

> 南京市曾发生过一起特殊的交通损害：一名怀孕已经8个月的孕妇在公交车站台旁候车，一辆中巴车快速驶过等候区，司机刹车不及，结果把该孕妇撞伤。该名受伤孕妇随后被送往医院救治。此次交通事故，不仅造成孕妇的人身伤害，而且使其怀孕的胎

儿流产。事后,该怀孕妇女向法院主张两项诉讼请求:一是要求赔偿本人遭受的人身伤害;二是胎儿流产,赔偿胎儿死亡损害。

本案争议的问题是:该名怀孕妇女能否主张胎儿死亡的损害赔偿?对此,外国民法上有不同立法,如法国、德国、日本的民法规定,胎儿享有基于不法侵害行为的损害赔偿请求权、继承权、受遗赠权等,在此情形下胎儿被视为有权利能力。对此,我国《民法典·总则编》第十六条规定:"涉及遗产继承、接受赠与等胎儿利益保护的,胎儿视为具有民事权利能力。胎儿娩出时为死体的,其民事权利能力自始不存在。"因此,我国民法对胎儿利益的保护,实质上是对胎儿将来出生利益的提前保护。本案中,死亡胎儿并无出生后的利益可言,故该名妇女主张胎儿死亡的损害赔偿,不应得到法律的支持。但该妇女可基于胎儿死亡的事实,主张自身遭受严重精神损害的赔偿(包括物质补偿和精神抚慰金)。

死者人格利益的保护是近年来司法实践中的一个热点话题。如陈秀琴诉魏锡林、《今晚报》侵害已故女儿名誉权案,该案中原告以其已故女儿(系中华人民共和国成立前天津市曲艺演员,艺名"荷花女")名誉权受到侵害为由提起民事诉讼,法院最后判决被告承担侵权损害赔偿责任。《最高人民法院关于确定民事侵权精神损害赔偿责任若干问题的解释》(法释〔2001〕7号)第三条规定:"自然人死亡后,其近亲属因下列侵权行为遭受精神痛苦,向人民法院起诉请求赔偿精神损害的,人民法院应当依法予以受理:(一)以侮辱、诽谤、贬损、丑化或者违反社会公共利益、社会公德的其他方式,侵害死者姓名、肖像、名誉、荣誉;(二)非法披露、利用死者隐私,或者以违反社会公共利益、社会公德的其他方式侵害死者隐私;(三)非法利用、损害遗体、遗骨,或者以违反社会公共利益、社会公德的其他方式侵害遗体、遗骨。"可见,对于死者人格利益,法律给予了一定程度的保护。但这种保护实际上不过是维护与死者自然人有关的其他自然人(近亲属)和社会的人身利益,是对生者人身权的保护,因为死者不是权利主体,不具有民事权利能力。同时,《民法典》对于英雄烈士等死者的人格利益采取了区别于一般主体人格利益的特殊保护的保护。《民法典·总则编》第一百八十五条规定:"侵害英雄烈士等的姓名、肖像、名誉、荣誉,损害社会公共利益的,应当承担民事责任。"

(二)自然人的民事行为能力

1. 民事行为能力的概念

民事行为能力,是指自然人以自己的行为取得民事权利,承担民事义务的资格。自然人的民事权利能力一律平等,但由于每个人的年龄、智力、精神健康状况的差异,如果允许未成年人或精神病人完全自由处分自己的财产,只能导致其利益的损害,因此,为了更好地保护未成年人和精神病人的人身和财产利益,民法确定了民事行为能力制度,要求民事主体在从事民事活动时具备相应的民事行为能力。

2. 自然人民事行为能力的种类

自然人的民事行为能力可分为完全民事行为能力、限制民事行为能力和无民事行为能力三种类型。

(1) 完全民事行为能力人。《民法典·总则编》第十八条规定:"成年人为完全民事行为能力人,可以独立实施民事法律行为。"同时,该条第二款规定:"16周岁以上的未成年人,以自己的劳动收入为主要生活来源的,视为完全民事行为能力人。"因此,年满16周岁以上的自然人只要能够以自己的劳动收入作为主要生活来源,就有自由处分其财产的能力,而成为法律上的准治产人。对于准治产人的认定，《最高人民法院关于贯彻执行〈中华人民共和国民法通则〉若干问题的意见(试行)》第二条作了进一步的解释："16周岁以上不满18周岁的公民，能够以自己的劳动取得收入，并能维持当地群众一般生活水平的，可以认定为以自己的劳动收入为主要生活来源的完全民事行为能力人。"

(2) 限制民事行为能力人。限制民事行为能力人只能从事与其年龄、智力和精神健康状况相适应的民事活动。《民法典·总则编》第十九条、第二十二条分别规定："八周岁以上的未成年人为限制民事行为能力人，实施民事法律行为由其法定代理人代理或者经其法定代理人同意、追认；但是，可以独立实施纯获利益的民事法律行为或者与其年龄、智力相适应的民事法律行为。""不能完全辨认自己行为的成年人为限制民事行为能力人，实施民事法律行为由其法定代理人代理或者经其法定代理人同意、追认；但是，可以独立实施纯获利益的民事法律行为或者与其智力、精神健康状况相适应的民事法律行为。"

(3) 无民事行为能力人。无民事行为能力人不具备独立从事民事活动的资格，只能由其法定代理人代理进行。《民法典·总则编》第二十条规定："不满八周岁的未成年人为无民事行为能力人，由其法定代理人代理实施民事法律行为。"同时，《民法典·总则编》第二十一条第一款、第二款还分别规定："不能辨认自己行为的成年人为无民事行为能力人，由其法定代理人代理实施民事法律行为""八周岁以上的未成年人不能辨认自己行为的，适用前款规定。"对于精神病人的认定，应当根据司法程序或者参照医院的诊断、鉴定确认。在不具备诊断、鉴定条件的情况下，可以参照群众公认的当事人的精神状态认定，但应以利害关系人没有异议不限。被宣告为无民事行为能力的精神病人，根据其健康恢复状况，经本人或其利害关系人的申请，法院可宣告他为完全民事行为能力人或限制民事行为能力人。

3. 监护制度

监护是对无民事行为能力和限制民事行为能力人的人身、财产和其他合法权益依法实行的监督和保护。监护制度的实质，在于对心智不全的未成年人和因智力、精神障碍以及因年老、疾病等各种原因导致辨识能力不足的成年人民事利益的保护，监护权名为"权利"，但并非真正意义上的民事权利，而是一种职责。按监护的设立方式，监护可分为法定监护、指定监护、委托监护、协议监护和遗嘱监护。

(1) 未成年人的监护。根据《民法典·总则编》第二十七条规定，未成年人一经出生，其监护关系即同时发生，未成年人的父母为当然监护人。如果未成年人的父母已经死亡或者没有监护能力的，由下列人员中有监护能力的人担任监护人：①祖父母、外祖父母；②兄、姐；③其他愿意担任监护人的个人或者组织，但是须经未成年人住所地的居民委员会、村民委员会或者民政部门同意。

(2) 不能辨认或者不能完全辨认自己行为的成年人的监护。根据《民法典·总则编》第二十八条规定，对不能辨认或者不能完全辨认自己行为的成年人进行监护，由下列人员担任监护人：①配偶；②父母、子女；③其他近亲属；④其他愿意担任监护人的个人或者组织，但是须经被监护人住所地的居民委员会、村民委员会或者民政部门同意。对担任监护人有争议的，由精神病人的所在单位或者住所地的居民委员会、村民委员会在近亲属中指定。对指定不服提起诉讼的，由人民法院裁决。没有上述监护人的，由精神病人的所在单位或者住所地的居民委员会、村民委员会或者民政部门担任监护人。

(3) 协议监护。协议监护包括未成年人、不能辨认或不能完全辨认自己行为成年人的协议监护和具备完全行为能力人成年人协议监护两种情形：一是未成年人、不能辨认或不能完全辨认自己行为成年人的协议监护。根据《民法典·总则编》第三十条、第三十三条的规定，依法具有监护资格的人之间可以协议确定监护人，但是协议确定监护人应当尊重被监护人的真实意愿。二是具备完全行为能力人成年人的协议监护。具有完全民事行为能力的成年人，可以与其近亲属、其他愿意担任监护人的个人或者组织事先协商，以书面形式确定自己的监护人，协商确定的监护人在该成年人丧失或者部分丧失民事行为能力时，履行监护职责。

(4) 遗嘱监护。遗嘱监护是指如果是有被监护人父母担任监护人的，父母可以通过遗嘱指定监护人。

(5) 监护争议的解决。根据《民法典·总则编》第三十一条的规定，对监护人的确定有争议的，由被监护人住所地的居民委员会、村民委员会或者民政部门在尊重被监护人真实意愿的基础之上，按照最有利于被监护人的原则指定监护人，有关当事人对指定不服的，可以向人民法院申请指定监护人；有关当事人也可以直接向人民法院申请指定监护人。

(6) 监护权的撤销。为了应对实践中频发的由于监护人不履行监护职责等致使被监护人利益严重受损甚至死亡案例，《民法典》明确列举了几种在部分情形下，人民法院可以经相关主体申请可撤销监护人监护权。依据《民法典·总则编》第三十六条规定，监护人有以下情形的，经有关个人和组织的申请，人民法院可以撤销监护人的监护权，并重新指定监护人：①实施严重损害被监护人身心健康行为的；②怠于履行监护职责，或者无法履行监护职责并且拒绝将监护职责部分或者全部委托给他人，导致被监护人处于危困状态的；③实施严重侵害被监护人合法权益的其他行为的。

二、法人

(一) 法人的概念和分类

法人是民法上另一类重要的民事主体。

有这样一则案例：

  东海电器实业有限公司（简称东海公司）注册资本为200万元，由甲、乙、丙三名股东共同投资设立。一年后，由于公司经营效益好，经公司股东会决定，以公司资产40万元作为出资与另一个国有企业（电子厂，其出资10万元）设立了新浪潮电脑科技服务有限公司（简称新浪潮公司）。新浪潮公司成立后，一直生意兴旺，公司资产规模不断扩大。但东海公司却由于经营管理不善，欠下了巨额债务。某债权人丁公司的债权额为150万元，现要求东海公司承担民事责任，而东海公司却无力以本公司的财产承担责任。

本案中，东海公司是新浪潮的控股股东，两者之间是母公司与子公司的关系。但母公司与子公司各自具有独立的法律人格，是相互独立的民事主体，各自应以其独立支配的法人财产对自己的债务承担民事责任。法人，是指具有民事权利能力和行为能力，依法独立享有民事权利和承担民事义务的组织，亦即具有法律人格的组织。

法人具有以下特征：其一，法人是一种社会组织。与自然人不同，法人通常是一定人数的集合(如公司之股东),具有稳定的组织机构,有法人自己的意志。其二,法人拥有独立支配的财产,享有法人财产权。法人的财产主要来源于投资人的出资,也包括政府的拨款或社会捐献等,还包括法人自身经营产生的财产。其三,法人能独立承担民事责任。法人是以自己独立支配的财产来承担民事责任的,而不是以法人的出资人、成员或其他人的财产承担民事责任,法人的出资人(投资人或股东)仅以其出资为限对法人债务承担有限责任。其四,能够以自己的名义参加民事活动。法人是独立的民事主体,具有法律所赋予的从事民事活动的权利能力和行为能力,并以自己的名义独立进行民事活动,享有民事权利、承担民事义务。因此,尽管东海公司无力偿还债务,但债权人丁公司亦不得直接向新浪潮公司主张债务清偿,只能依法请求处分东海公司(母公司)所拥有的对丁公司(子公司)的股权,通过股权处置来实现自己的债权。

根据不同的分类标准,可以对法人进行不同的分类:

(1) 公法人与私法人。这是以法人设立所依据的法律为标准进行的分类。凡依公法(如行政法)设立的法人为公法人(各类政府机关、教育机构)等,如国务院新近批准设立的三沙市;①依私法设立的法人为私法人,如公司、法人企业。

(2) 社团法人与财团法人。这是以法人成立基础的不同所做的分类。社团法人是以人的集合为基础而成立的法人,如公司、社会团体、合作社;财团法人则是以财产的集合为基础而成立的法人,如各种基金会、慈善机构、寺院等。

(3) 企业法人与非企业法人。这是我国民法学界对法人进行的一种分类。企业法人是指拥有符合国家规定的资金,具有相应的组织章程、机构和场所,以营利为目的,直接从事生产或经营活动的,且能够独立承担民事责任的企业组织。如国有企业法人、集体企业法人、私营企业法人、外商投资企业法人。企业法人之外的一切法人均为非企业法人。

(4) 机关法人、社会团体法人、事业单位法人和企业法人。这是我国《民法通则》对法人的分类。

(5) 营利法人、非营利法人与特别法人。这是我国《民法典》按法人成立和活动的目的进行的分类。营利法人其成立和活动的目的在于获取经济利益,公司法人是最典型的营利法人。非营利法人成立的目的在于公益目的等其他非营利目的,如各种旨在发展科学、文化、艺术、教育、卫生、宗教和慈善事业的事业单位、社会组织、社会服务机构等。特别法人是指机关法人、农村集体经济组织法人、城镇农村的合作经济组织法人、基层群众性自治组织法人。特别法人是 2016 年我国《民法总则》所增加的法人类型,其实质上是公法人。

(二) 法人的民事能力

1. 法人的民事权利能力

有这样一则案例:

  南通市唐闸被服厂系城镇集体所有制企业,1992 年 3 月 19 日经南通市港闸区工商行政管理局核准企业法人登记,法定代表人为达某某。该企业在取得企业法人资格后,

---

① 根据 2012 年 6 月 21 日《民政部关于国务院批准设立地级三沙市的公告》,国务院于近日批准,撤销海南省西沙群岛、南沙群岛、中沙群岛办事处,设立地级三沙市,管辖西沙群岛、中沙群岛、南沙群岛的岛礁及其海域。三沙市人民政府驻西沙永兴岛。

经营活动正常。并即行与香港世集实业公司洽谈,拟合资兴办南通南亚时装有限公司。1992年9月18日,南通市港闸区唐闸镇人民政府以南通市唐闸被服厂经营不善、资不抵债为由,向厂长达某某口头宣布停业整顿。10月14日,唐闸镇政府又以财政、税务、物价三大检查为由,收缴了被服厂的公章及合同专用章。1993年3月31日,唐闸镇政府组织有关人员强行查封了被服厂的全部财产,收缴了被服厂的业务专用章、发票专用章、财务专用章、服装辅料经营部公章、财务专用章及"达某某"财务印鉴章。1993年5月26日,唐闸镇政府免去达某某的厂长职务,5月27日,镇政府又以被服厂的名义,向南通市港闸区工商行政管理局申请注销唐闸被服厂的注册登记。1993年12月7日,南通市港闸区工商行政管理局对唐闸被服厂的注册登记核准予以注销。

被服厂胡某某等十二名职工认为唐闸镇政府在被服厂经营正常的情况下,责令其停业整顿、收缴其印章、查封并平调其财产、免去厂长职务、南通市港闸区工商行政管理局在企业未提出申请的情况下注销其登记注册,这些具体行政行为侵犯了企业的法定经营自主权及民主管理权,因而向南通市港闸区人民法院提起行政诉讼,请求撤销两被告的具体行政行为,并判令被告南通市港闸区唐闸镇人民政府返还财产。①

法人的民事权利能力,是指法人能够享有民事权利、承担民事义务的法律资格。本案中,唐闸被服厂系依法成立的集体所有制企业,是具有民事权利能力与独立经营自主权的法人组织,唐闸镇政府和南通市港闸区工商行政管理局的行为侵害了法人的经营权。法院经审理后支持了原告的诉讼请求。与自然人不同,法人的民事权利能力由于各个法人设立的目的不同,业务经营范围不同,从而也就使各法人的民事权利能力不同。法人的民事权利能力始于依法成立时至被依法清算时止。

2. 法人的民事行为能力

法人的民事行为能力,是指法人通过自己的行为,为自己取得民事权利、设定民事义务的资格。与自然人的民事权利和行为能力不同,法人的民事行为能力和民事权利能力同时取得、同时消灭,法人在其民事权利能力范围内同时享有民事行为能力。法人的民事行为能力是由法人机关来实现的,法人的代表人和其他工作人员的职务活动的后果均由法人承担,包括承担侵权民事责任。

在认识法人的民事能力时应注意一个问题,即法人超越其经营范围的行为是否有效?长期以来,我国民法学界和司法实践认为,法人超越经营范围的行为属无民事权利能力的行为,故当然无效,这种观点和做法在实践中已造成了相当大的危害。《最高人民法院关于适用〈合同法〉若干问题的解释(一)》第十条做出明确的规定:"当事人超越经营范围订立合同,人民法院不因此认定合同无效。但违反国家限制经营、特许经营以及法律、行政法规禁止经营规定的除外。"从私法自治的角度来看,(公司)法人的经营范围应属于公司章程自治的范畴,因而对于超越经营所订立的合同,应尽量维护其效力、以鼓励交易。对此,《民法典·合同编》第五百零五条规定:"当事人超越经营范围订立的合同的效力,应当依照本法第一编第六章第三节和本编的有关规定确定,不得仅以超越经营范围确认合同无效。"

---

① 资源来源:《诉南通市港闸区唐闸镇人民政府、港闸区工商局侵犯企业法定经营自主权案》,http://www.4oa.com/office/750/964/1736/1741/200511/80036.html。

（三）法人的成立

法人的设立是指依照法律规定的条件和程序创设法人、取得法律人格的行为。法人的成立应当具备以下条件：

（1）依法成立。这一条件有几层含义：一是法人的设立必须符合法律的要求，其成立的宗旨必须符合国家利益和社会公共利益，其设立章程、组织机构、经营范围及经营方式等均符合国家法律和政策的要求；二是法人的设立必须经过法律规定的审核和登记程序，未经登记法人不得成立；三是已经登记成立的法人其合法权益受法律保护，其他任何单位和个人都不得加以干涉和侵害。

（2）有必要的财产或经费。所谓必要的财产，对于企业法人来说是指与其经营活动相适应或为其经营活动所必要的财产。我国《公司法》经2013年第三次修正，将注册资本实缴制修改为注册资本认缴制，同时取消了最低注册资本限额的规定。此后，除涉及国家安全、公民生命财产安全等的行业和公司类型外，公司的设立并不需要股东实际缴纳的出资额达到某一最低限额，只需要在公司章程中载明股东或发起人的出资额或认购股份数、出资方式和出资时间。

（3）有自己的名称、组织机构和场所。法人名称是法人人格的载体，也是法人区别于其成员和其他法人的标志。法人组织机构是对内管理法人事务、对外代表法人从事民事活动的机构的总称。法人与自然人不同，必须通过其组织机构来实现自己的活动，这些机构称为法人机关，一般包括意思决策机关、执行机关和监督机关。法人的场所是指法人从事生产、经营活动的固定地点，包括住所和非住所。根据《民法通则》第39条规定，法人以其主要办事机构所在地为住所。

（4）能够独立承担民事责任。其有几层含义：一是法人只能以其独立支配的财产承担民事责任，当法人财产不足以清偿所欠债务时，可以通过破产程序将自己的全部财产用为偿债；二是法人的创办人、出资人均以其出资为限，对法人的债务承担有限责任，即法人的出资人只是以其出资作为法人履行债务的间接担保关系，债权人不得超过法人人格独立的法律屏障直接要求出资人承担民事责任。然而，如果法人的出资人滥用法人人格从事各种不正当的行为，诸如虚假出资、抽逃出资、转移财产、逃税或滥用控制权而损害债权人利益时，则必须揭开法人人格独立的面纱，直接追究出资人（股东）的连带责任，以维护债权人的利益。此即我国《公司法》所规定的公司人格否认制度。①

（四）法人的变更、终止

法人的变更，是指法人在性质、组织机构、经营范围、财产状况以及名称、住所等方面的重大变更，包括组织的变更和其他事项的变更。就法人组织的变更而言，包括法人的合并和分立。法人其他事项的变更，如名称、住所、经营范围、财产状况的变动等，虽不影响法人的继续存在，但影响了法人的民事能力，因此，必须履行相应的登记手续，以告知相对人，保障交易安全。

法人终止是法人丧失其法律上人格的事实。其中，企业法人终止的原因有：①依法被撤

---

① 《公司法》第二十条规定："公司股东应当遵守法律、行政法规和公司章程，依法行使股东权利，不得滥用股东权利损害公司或者其他股东的利益；不得滥用公司法人独立地位和股东有限责任损害公司债权人的利益。公司股东滥用股东权利给公司或者其他股东造成损失的，应当依法承担赔偿责任。公司股东滥用公司法人独立地位和股东有限责任，逃避债务，严重损害公司债权人利益的，应当对公司债务承担连带责任。"

销；②解散；③依法被宣告破产；④其他原因。法人终止必须进行清算，以了结其债权债务关系，未经清算法人资格不得消灭。负有清算义务的法人设立人、出资人，应对未履行清算义务的法人债务承担民事责任，以保护债权人利益。法人经过清算，其债权债务得到了结后，应及时向登记机关进行法人注销登记并进行相应的注销公告，法人始得消灭。

三、非法人组织

（一）非法人组织概述

非法人组织是指不具有法人资格但可以自己的名义进行民事活动的组织，亦称非法人团体。非法人组织作为除自然人、法人之外的第三类民事主体，具有以下特征：其一，非法人组织是组织体。即它是由两个以上的人组成的组织体，并且这种组织体不是临时的、松散的，一般应设有代表人或管理人。其二，非法人组织是具有相应民事能力的组织体。与自然人、法人具有独立的民事能力不同的是，非法人组织作为一类民事主体，其民事权利能力和行为能力要受到一定的限制，如法人的分支机构未经法人授权不得为他人债务进行担保。其三，非法人组织是不能完全独立承担民事责任的组织体。非法人组织与法人组织的重要区别之一，是非法人组织不能独立承担民事责任，而是由它的出资人或设立人承担连带责任。

（二）非法人组织的类型

非法人组织包括：①非法人企业。如合伙企业、个人独资企业、不具备法人条件的乡村集体企业，不具备法人条件的中外合作经营企业和外资企业。②非法人经营体。如个体工商户、农村承包经营户、企业法人的分支机构、筹建中的公司、企业集团等。③非法人公益团体。主要是不具有法人资格的机关、事业单位和社会团体。

（三）合伙（组织）的民事责任

1. 合伙的概念和特征

合伙是指两个以上的合伙人按照合伙协议，共同出资、共同经营、共享收益、共担责任的经营组织体。合伙有民事合伙与商事合伙的区分。一般地，民事合伙具有临时性、松散性的特点，商事合伙则具有稳定性，具有自己的名称、组织机构、场所、商业账簿等。在实行民商分立的国家，民事合伙为普通契约关系，由民法或合同法调整；商事合伙则由商法调整，作为第三类民事主体的合伙是指商事合伙。我国《民法典·合同编》增设了合伙合同一章，即是从民商合一立法角度对合伙作出调整。

合伙具有以下法律特征：①合伙以合伙协议为成立基础。合伙协议是申请设立合伙组织时重要的法律文件，经登记即具有公示的效力，对内则是明确合伙人权利和义务内容的基础。合伙协议应当以书面形式订立。②合伙以合伙组织为活动形式。合伙组织经工商登记取得特定的民事能力，在其营业执照所核准的经营范围内，能以合伙组织的名义从事经营活动。③合伙须全体合伙人共同出资、合伙经营。合伙人应当根据合伙协议的规定履行出资义务，至于出资方式、数额、日期等，均由合伙协议约定。各合伙人共同参与或根据合伙协议的规定进行合伙的经营管理或监督。④合伙须全体合伙人共享收益、共担风险。合伙经营所产生的收益归全体合伙人享有，所产生的亏损或民事责任由全体合伙人承担。

2. 合伙的类型

根据《合伙企业法》的规定,合伙有三种类型:

(1)普通合伙企业。普通合伙企业是最为典型的合伙形式,是指各合伙人均对合伙债务承担无限责任的合伙组织。普通合伙企业在其名称中应当标明"普通合伙"的字样,不得使用"有限"或者"有限责任"的字样。

(2)特殊普通合伙企业。根据《合伙企业法》第五十五条,以专业知识和专门技能为客户提供有偿服务的专业服务机构,可以设立为特殊的普通合伙企业。特殊普通合伙企业的特殊性表现在其责任上。主要表现为:①一个合伙人或者数个合伙人在执业活动中因故意或者重大过失造成合伙企业债务的,应当承担无限责任或者无限连带责任,其他合伙人以其在合伙企业中的财产份额为限承担责任。②合伙人在执业活动中非因故意或者重大过失造成的合伙企业债务以及合伙企业的其他债务,由全体合伙人承担无限连带责任。

(3)有限合伙。是指由一名以上的普通合伙人和一名以上的有限合伙人组成的合伙组织。有限合伙具有以下特征:其一,有限合伙的成立必须符合法律的要求,其组织的名称必须包含"有限合伙"字样。其二,有限合伙人与普通合伙人的最大区别在于有限合伙人无权参与合伙事务的管理,但有限合伙人仅以其出资额为限对合伙债务承担有限责任。其三,有限合伙人的权利。包括:①获得投资收益,且收益的分配比例须预先载明于合伙协议;②转让其在合伙中的权益,且无须取得全体合伙人一致同意;③除合伙协议有约定外,有限合伙人可以自营或与他人合作经营与本合伙相竞争的业务,可以与本合伙进行交易。

3. 合伙的民事责任

(1)合伙债务清偿中的双重优先规则:①在合伙债务的清偿中,应优先以合伙财产进行清偿,不足清偿时,再以合伙人的个人财产予以清偿;②合伙人的个人债务,应优先以合伙人的个人财产予以清偿,不足清偿时,再以合伙人个人在合伙组织中的财产收益进行清偿。

(2)合伙人的无限连带责任。我国《合伙企业法》第三十九条规定:"合伙企业不能清偿到期债务的,合伙人承担无限连带责任。"这一规定有二层含义:一是就合伙人的内部责任关系来看,各合伙人对合伙债务承担的是无限责任,即不以其出资为限对合伙债务承担责任,并且各合伙人之间是按份债务关系。二是就合伙人与第三人的关系来看,合伙人对其他不能履行债务的合伙人承担连带责任,其偿还的合伙债务超过自己应当承担的份额时,有权向未作清偿的合伙人追偿。

第三节 民事法律行为

一、民事法律行为的概念

民事法律行为,又称法律行为,是自然人、法人或非法人组织旨在设立、变更、终止民事权利和民事义务,以意思表示为内容的行为,是引起私法上效果的最重要的法律事实。

法律行为不同于情谊行为,它是以产生私法之效果为目的的行为,是引起民事法律关系变动的最主要、最广泛的法律事实。同时,法律行为也不同于事实行为。法律行为是以意思表示为基本要素的行为,是表意行为,如合同行为、遗嘱行为、婚姻行为等。事实行为是指行为人主观上没有产生民事法律关系的目的,而依法律规定直接产生某种法律效果的行为,如先占、拾得遗失物、发现埋藏物等。

作为民法的重要调整手段,法律行为制度通过赋予当事人自由意志以法律效力,使当事人能够自主安排自己的事务,从而实现了民法的私法自治。因此,法律行为是民法中最为核心的制度之一。

二、民事法律行为的成立与生效

（一）法律行为的成立

法律行为的成立,是指法律行为具备其构成要素的客观状态。换言之,法律行为的成立是当事人之间是否形成由民法调整的权利义务关系的客观状态。法律行为的成立要件可分为一般成立要件和特别成立要件。法律行为的一般成立要件,是指一切法律行为成立所必不可少的共同要件。法律行为的一般成立要件包括:当事人;标的,即行为内容;意思表示。法律行为的特别成立要件,是指特定的法律行为所特有的成立要件。例如,保管合同、定金合同、自然人之间的借款合同等实践性法律行为,是以标的物（保管物、定金、借款）的交付为特别成立要件;法律规定或者当事人约定合同必须采用书面形式的,则采用书面形式为特别成立要件。

（二）法律行为的生效

1. 法律行为的成立与法律行为的生效

法律行为的生效,是指已经成立的法律行为因符合法定有效要件而取得法律认可的效力。法律行为的成立与法律行为的生效是两个既有联系又有区别的法律概念。

有这样一则案例:

> 泸州市某公司职工黄永彬和蒋伦芳1963年结婚。1994年,黄永彬认识了一个名叫张学英的女子,并且在与张认识后的第二年同居。1996年底,黄永彬和张学英租房公开同居,以"夫妻"名义生活,依靠黄的工资（退休金）及奖金生活,并曾经共同经营。2001年2月,黄到医院检查,确认自己已经是晚期肝癌。在黄即将离开人世的这段日子里,张学英面对旁人的嘲讽,以妻子的身份守候在黄的病床边。黄永彬在2001年4月18日立下遗嘱:"我决定,将依法所得的住房补贴金、公积金、抚恤金和卖泸州市江阳区一套住房售价的一半（即4万元）,以及手机一部遗留给我的朋友张学英一人所有。我去世后骨灰盒由张学英负责安葬。"4月20日黄的这份遗嘱在泸州市纳溪区公证处得到公证。
>
> 4月22日,黄去世,张根据遗嘱向蒋索要财产和骨灰盒,但遭到蒋的拒绝。张遂向纳溪区人民法院起诉,请求依据继承法的有关规定,判令被告蒋伦芳按遗嘱履行。2001年10月11日,纳溪区人民法院公开宣判,认为:尽管继承法中有明确的法律条文,而且本案中的遗赠也是真实的,但是黄永彬将遗产赠送给"第三者"的这种民事行为违反了民法通则第七条"民事活动应当尊重社会公德,不得损害社会公共利益,破坏国家经济计划,扰乱社会经济秩序",因此法院驳回原告张学英的诉讼请求。[①]

---

① 法律资讯频道:《泸州二奶遗赠纠纷案》,http://law.qiaogu.com/info_445297/。

本案反映的问题是：黄永彬的遗嘱行为是否有效？从本案来看，黄某所立遗嘱内容明确、意思表示真实，具备民事法律行为的成立要件。但该遗嘱内容是将遗产赠送给"第三者"，违反了民法的公序良俗原则，因而并不能产生其法律效力，属无效民事行为。可见，法律行为的成立与法律行为的生效的最大区别在于：前者体现了当事人的意志，属于事实判断问题；后者则体现了国家意志，属于法律价值判断问题。

2. 法律行为的生效条件

（1）一般生效条件。根据《民法典·总则编》的规定，法律行为的一般生效条件包括：①行为人具有相应的民事行为能力。无论是自然人、法人还是合伙组织，都应当在其相应的民事权利能力和行为能力范围内进行民事活动，才能产生其欲追求的法律效果，否则其行为的效果将受到影响。②意思表示真实。就是要求行为人实际表达出来的意思与其内心效果意思应当一致，如果意思表示有瑕疵，如因欺诈、胁迫、乘人之危而作出的意思表示，就不能产生相应的法律后果，可能被宣告无效或被撤销。③内容不违反法律、行政法规的强制性规定，不违背公序良俗。民事法律行为不得违反民法、行政法等有关法律、法规的强制性或禁止性规定，也不得滥用法律的授权或任意性规定以规避法律。同时，民事法律行为的内容不得违反社会的公序良俗，不得损害国家、集体和他人的合法利益。

（2）特别生效条件。有的法律行为的生效还须具备特别要件。主要有两类：一是须待某种事实出现而生效。包括：①须待其他法定事实的出现，如遗嘱行为须遗嘱人的死亡事实发生才生效。②须待当事人约定的条件成就（附条件的法律行为）。③须待当事人约定的期限到来（附期限的法律行为）。二是须履行某种形式才生效。主要指登记、批准、公证等形式。

三、民事法律行为的效力

（一）无效的民事法律行为

1. 无效民事法律行为的概念及种类

无效民事法律行为，是指因欠缺民事法律行为的有效条件，因而当然不发生当事人所期望的法律效果的民事法律行为。就效力状态而言，无效民事法律行为是自始、当然、确定地不发生有效的法律效果，犹如死胎。

根据《民法典·总则编》的规定，无效民事法律行为包括：①无民事行为能力人实施的民事法律行为。②行为人与相对人以虚假的意思表示实施的民事法律行为。比方说真意保留的民事法律行为，行为人与相对人故意将双方欲构建A法律关系的真实意思深藏与心，而实际表现出的却是构建B法律关系的民事法律行为，此时，B法律关系因行为人和相对人的真意保留而无效。③违背公序良俗的民事法律行为。公序良俗，即公共秩序和善良风俗。④行为人与相对人恶意串通，损害他人合法权益的民事法律行为。要注意的是，行为人与相对人恶意串通，只有在损害他人合法权益的情形下，该民事法律行为才无效。⑤违反法律、行政法规的强制性规定的民事法律行为。必须注意的是，根据《民法典·总则编》第一百五十三条第一款规定："违反法律、行政法规的强制性规定的民事法律行为无效，但是，该强制性规定不导致该民事法律行为无效的除外"及《最高人民法院关于适用〈合同法〉若干问题的解释（二）》（法释〔2009〕5号）第十四条规定："合同法第五十二条第（五）项规定的'强制性规定',是指效力性强制性规定。"换言之,法律、法规的强制性规定有所谓的效力性强制性规定和管理性强制性规定之分,对于管理性强制性规范的违反,并不影响合同效力。①

2. 无效民事法律行为的法律后果

民事法律行为被确认为无效或因撤销而导致无效后,并非不能产生任何法律后果,只是不能产生当事人所期望的法律后果。无效民事法律行为的法律后果包括:①返还财产。民事法律行为被确认为无效后,未履行的无须再履行;已经履行的部分或全部履行的,当事人应当返还财产或恢复原来的财产状态。②折价补偿。应当返还的财产不能返还或者没有必要返还的,当事人应当折价补偿。③赔偿损失。民事法律行为被确认为无效后,有过错的一方应当赔偿对方因此所受的损失;双方都有过错的,应当根据过错的大小,各自承担相应的责任。④法律另有规定的,依照其规定。

(二) 可撤销的民事法律行为

1. 可撤销民事法律行为的概念及种类

可撤销的民事法律行为,是指欠缺有效条件,当事人依法有权请求人民法院予以撤销的民事法律行为。它不同于无效民事法律行为,其是否有效,取决于享有撤销权的一方当事人是否实际行使撤销权。

可撤销的民事法律行为包括:①因重大误解而为的民事法律行为。所谓重大误解,根据最高人民法院的有关解释,是指行为人因为对行为的性质、对方当事人、标的物的品种、质量、规格和数量等的错误认识,使行为的后果与自己的意思相悖,并造成较大损失的。②因欺诈使一方违背真实意思而为的民事法律行为。需注意的是,欺诈包括对方欺诈和第三人欺诈,法律针对这两种情形的处理原则不同,如果是对方实施欺诈行为致使一方违反真实意思而为的民事法律行为,受欺诈方有权请求人民法院或仲裁机构予以撤销;如果是第三人欺诈致使另一方违背真实意思而为的法律法律行为,只有在对方知道或者应当知道该情形的,受欺诈方才有权请求人民法院或者仲裁机构予以撤销。③一方或者第三人以胁迫手段,使对方在违背真实意思的情况下实施的民事法律行为。此种情形下,受胁迫方有权请求人民法院或者仲裁机构予以撤销。④显失公平的民事法律行为。是指一方利用对方处于危困状态、缺乏判断能力等情形,致使民事法律行为成立时显失公平的,受损害方有权请求人民法院或者仲裁机构予以撤销。

2. 撤销权的行使

可撤销的民事法律行为,一方当事人的撤销权或变更权应当在法律规定的期限内行使。根据《民法典·总则编》第一百五十二条规定,当事人应当自知道或应当撤销事由之日起1年内行使撤销权,重大误解的当事人自知道或者应当知道撤销事由之日起九十日内行使撤销权;当事人受胁迫的,受胁迫方应当自胁迫行为终止之日起一年内行使撤销权。当事人知道撤销事由后明确表示或者以自己的行为表明放弃撤销权或者当事人自民事法律行为发生之日起五年内没有行使撤销权的,撤销权消灭。被撤销的民事法律行为自始没有法律约束力。

---

① 例如,根据《城市房地产管理法》第 37 条规定:"下列房地产,不得转让:……(四)共有房地产,未经其他共有人书面同意的;"此处的"不得转让"即为管理性强制性规定,是指未经共有人书面的,房产登记机构不得办理产权变更登记手续,但合同可以是有效的。

(三) 效力待定的民事法律行为

1. 效力待定民事法律行为概念及种类

效力待定民事法律行为,是指效力是否发生尚未确定,有待于一方或他方实施一定行为使其确定的民事法律行为。效力待定的民事法律行为不同于可变更、可撤销的民事法律行为,后者仅一方当事人享有撤销权,另一方当事人并不享有这种权利。而效力待定的民事法律行为其效力是否发生有待于一方或他方意志。

效力待定的民事法律行为包括:(1)限制民事行为能力人缔结的民事法律行为。限制民事行为能力人依法不能缔结的民事法律行为,得到其法定代理人追认后,该民事法律行为有效,如法定代理人拒绝追认,则成为确定无效的民事法律行为。(2)无权代理人以被代理人的名义与他人进行的民事法律行为。无权代理行为能否按行为内容发生效力,取决于被代理人的意志,被代理人追认的,才能对被代理人发生效力。(3)无处分权人处分他人财产的民事法律行为。无处分权人处分他人财产的,经权利人追认或者无处分权人后来又取得处分权的,该民事法律行为有效。需注意的是,在无权处分签订了买卖合同的情形下,该买卖合同不因一方在缔约时对标的物无处分权而当然无效。①

2. 效力待定民事法律行为的追认

所谓追认,是指权利人对无缔约能力人、无代理权人、无处分权人与他人从事的有关法律行为的事后追认,如法定代理人对限制民事行为能力人订立的合同的追认,被代理人对无权代理人订立的合同的追认。追认是一种单方意思表示,无须相对人的同意即可发生法律效力。因而追认权属于民法上的形成权。

同时,效力待定民事法律行为的相对人在得知与对方实施的民事法律行为存在效力未定的事由后,可以将此事实告知追认权人,并催告其在一定期限内答复。根据《民法典·总则编》第一百四十五条的规定:"相对人可以催告法定代理人收到通知之日起三十日内予以追认。法定代理人未作表示的,视为拒绝追认。民事法律行为被追认前,善意相对人有撤销的权利。撤销应当以通知的方式作出。"

四、代理

(一) 代理人概念与特征

根据《民法典·总则编》第一百六十二条的规定,代理是指代理人在代理权限内,以被代理人名义实施的民事法律行为,其产生的法律后果由被代理人承受的法律制度。在代理制度中,涉及被代理人(本人)、代理人、第三人(相对人)三者之间的法律关系。代理的特征如下:

(1)代理人必须以被代理人的名义进行民事活动。在代理活动中,代理人应当以被代理人的名义进行民事活动。这一特征使代理与其他民事行为如行纪区别开来。在行纪活动中,行纪人接受了他人的委托后,是以自己的名义与第三人独立进行民事活动的,其法律效果由自己承担,然后再根据与委托人的行纪合同关系转由委托人承担,如我国外贸实践中的

---

① 《最高人民法院关于审理买卖合同纠纷案件适用法律问题的解释》(法释〔2012〕8号)第三条第一款规定:"当事人一方以出卖人在缔约时对标的物没有所有权或者处分权为由主张合同无效的,人民法院不予支持。"

外贸代理。

(2) 代理人必须在代理权限范围内进行民事活动。如果行为人没有代理权、超越代理权或者代理权终止后而以他人名义进行民事活动的,就构成无权代理。无权代理中,除对方有充分理由相信代理人有代理权的情形外,若被代理人事后不予追认,对被代理人不发生效力。《民法典·总则编》第一百七十一条第三、四款规定:"行为人实施的行为未被追认的,善意相对人有权请求行为人履行债务或者就其受到的损害请求行为人赔偿。但是,赔偿的范围不得超过被代理人追认时相对人所能获得的利益。相对人知道或者应当知道行为人无权代理的,相对人和行为人按照各自的过错承担责任。"

(3) 代理人应在代理权限内独立地为意思表示。代理人在实施法律行为时,必须根据实施代理行为的实际情况,独立决定并表述代理行为的效果意思,以及独立决定是否接受相对人向自己表达的意思。这一特征使代理与居间、送达等民事行为区别开来。在居间活动中,居间人只是向委托人报告订立合同的机会,或者提供订立合同的信息或媒介服务,是否订立合同取决于委托人的意思表示。在送达行为(如邮局寄送)中,送达人仅是将表意人记载意思表示的相关文件、文书或信件等送达相对人,送达人并无进行意思表示的余地。

(4) 代理人进行民事代理活动产生的法律效果由被代理人承担。在代理活动中,代理人是基于被代理人的授权而进行代理活动的,因此,由此产生的法律效果当然应当由被代理人承担,这实际上也是被代理人通过代理所期望实现的目的。这种法律效果,既包括因代理活动所获得的利益,也包括产生的损害。2019年11月发布的《全国法院民商事审判工作会议纪要》第四十一条规定:"代理人以被代理人名义签订合同,要取得合法授权。代理人取得合法授权后,以被代理人名义签订的合同,应当由被代理人承担责任。被代理人以代理人事后已无代理权、加盖的是假章、所盖之章与备案公章不一致等为由否定合同效力的,人民法院不予支持。"这是基于司法实践中,有些公司有意刻制两套甚至多套公章,有的法定代表人或者代理人甚至私刻公章,订立合同时恶意加盖非备案的公章或者假公章,发生纠纷后法人以加盖的是假公章为由否定合同效力。因此,人民法院在审理案件时,应当主要审查签约人于盖章之时有无代表权或者代理权,从而根据代表或者代理的相关规则来确定合同的效力。

(二) 代理的种类

1. 委托代理

委托代理,是指基于被代理人的委托授权而发生的代理。在委托代理中,委托合同是委托代理产生的基础关系,也是代理人代理权产生的依据。根据《民法典》委托代理包括直接代理和间接代理。所谓直接代理,是指委托合同的受托人以委托人的名义处理委托事务,由此产生的法律后果直接地归属于委托人的代理,所谓间接代理,是指委托合同的受托人根据委托人的指示,以自己的名义处理委托事务,由此产生的法律后果间接地归属于委托人的代理。

间接代理中被代理人的介入权与第三人的选择权:(1) 被代理人的介入权。是指在代理人因第三人的原因对被代理人不履行义务时,代理人有义务对被代理人披露第三人,被代理人因此处于代理人的地位,直接对第三人行使权利。介入权的行使,应以第三人并不知晓代理关系的存在为要件。但若第三人知道就不会与代理人进行法律行为时,第三人可以进行抗辩。(2) 第三人的选择权。是指在代理人因被代理人的原因对第三人不履行义务时,代理人有义务对第三人披露被代理人,第三人可以选择代理人或被代理人主张合同权利。选择权一经行使就不得变更。间接代理中被代理人的介入权与第三人的选择权,是对合同相对性的一种突破。

2. 法定代理

法定代理,是指基于法律的直接规定而产生的代理。民法上的法定代理制度主要是为了维护未成年人和精神病人的利益。根据《民法典》的有关规定,未成年人的父母是未成年人的法定代理人,在未成年人父母死亡或没有监护能力时,由未成年人的监护人作为法定代理人。无民事行为能力或限制民事行为能力的成年精神病人,由其监护人担任法定代理人。

3. 指定代理

指定代理,是指基于法院或有关机关的指定行为产生的代理。在未成年人或精神病人没有法定代理人或委托代理人,或法定代理人之间相互推诿代理责任的情况下,由人民法院或居民委员会、村民委员会等有权机关指定公民担任未成年人或精神病人的监护人,由此产生的代理。

4. 复代理

复代理,是指代理人为了实现被代理人的利益,将自己的代理权的一部分或全部转托他人行使,该他人称为复代理人,其代理行为产生的法律效果由被代理人直接承担的法律制度。在复代理中,涉及被代理人(本人)、代理人、复代理人、第三人(相对人)相互之间的法律关系。

在复代理中,应注意以下几点:①一般情形下,代理人应当亲自处理代理事务,不得将代理事务转托他人行使,只有在为被代理人利益的前提下,或在情况紧急时,才能将代理事务转托他人进行。②代理人应尽可能地选择能胜任代理事务的人作为复代理人,以维护被代理人的利益。③复代理人是以被代理人的名义进行代理活动的,应以被代理人利益的维护为根本。复代理人所进行的代理活动的法律效果由被代理人承担。

根据《民法典》的规定,代理人将代理事务转委托他人时,应事先取得被代理人的同意或事后取得被代理人的追认,但在紧急情况下不能及时通知被代理人或取得其同意的除外。对此,《民法典·总则编》第一百六十九条规定:"代理人需要转委托第三人代理的,应当取得被代理人的同意或者追认;转委托代理经被代理人同意或者追认的,被代理人可以就代理事务直接指示转委托的第三人,代理人仅就第三人的选任以及对第三人的指示承担责任;转委托代理未经被代理人同意或者追认的,代理人应当对转委托的第三人的行为承担责任,但是在紧急情况下代理人为了维护被代理人的利益需要转委托第三人代理的除外。"

(三) 代理权的行使

代理人应当在被代理人的授权范围内,尽注意义务、忠实义务及报告义务,以最大限度地实现被代理人的利益,不得滥用代理权。代理权的滥用包括:①自己代理,即代理人以被代理人的名义与自己实施民事行为。但被代理人同意接受或事后追认的,不在此限。②双方代理,即代理人以被代理人的名义与自己同时代理的其他人实施民事行为。但是被代理的双方同意或者追认的,不在此限。③恶意串通的代理,即代理人与第三人恶意串通实施损害被代理人利益的行为。同时,根据《民法典》的规定,代理人和第三人串通、损害被代理人的利益的,由代理人和第三人负连带责任。代理人知道被委托代理的事项违法仍然进行代理活动的,或者被代理人知道代理人的代理行为违法不表示反对的,由被代理人和代理人负连带责任。

（四）表见代理

1. 表见代理的概念与构成要件

表见代理，是指由于被代理人的过失足以使善意第三人相信无权代理人具有代理权，并基于这种信赖与无权代理人进行民事活动，由此产生的法律效果法律强制由被代理人承担的代理。

构成表见代理应具备以下要件：①客观上存在使善意第三人相信无权代理人具有代理权事由。如无权代理人擅自使用被代理人订立合同的介绍信、合同专用章或盖有公章的空白合同书与他人订立，或者持有被代理人授权的法律文书他人订立合同。②第三人善意且无过失。如果第三人明知或因过失而不知代理人没有代理权与无权代理人进行民事活动，则视为法律上的"自甘冒险"行为，只能由行为人自己承担后果。③无权代理人与第三人进行的民事行为符合民事法律行为有效条件和代理的一般特征。④被代理人具有过失。如果被代理人对于产生具有代理权的外表假象并无过失，如无权代理人私刻、盗窃的单位合同专用章与他人签订合同的，则应由行为人自己承担责任。

2. 表见代理的效果

表见代理制度的目的在于保护善意第三人的利益，因此，在表见代理中，虽然行为人并无被代理人的授权，但法律强使被代理人承担有权代理的法律效果。《民法典·总则编》第一百七十二条规定："行为人没有代理权、超越代理权或者代理权终止后以被代理人名义订立合同，相对人有理由相信行为人有代理权的，代理行为有效。"被代理人承担相应的法律责任后，有权向造成自己损害的无权代理人请求损害赔偿。

第四节　民事权利

一、民事权利概述

（一）民事权利的概念

所谓民事权利，是指民事主体为实现某种利益，依法为一定行为或不为一定行为，或要求民事义务主体为一定行为或不为一定行为的法律资格（可能性）。民法是私法、权利法，正是通过赋予民事主体广泛的民事权利来体现民法的这一本质要求的。

《为权利而斗争》为一百多年前德国伟大的民法学家耶林所著。该著作被公认为经典的法律名著。让我们阅读以下片段：

A.

为权利而斗争是权利人对自己的义务。

主张自己的生存是一切生物的最高法则。……因此，主张权利是精神上自我保护的义务，完全放弃权利是精神上的自杀。……权利和人格的这一结合，不问其种类，所有的权利都被赋予了超过其可比价值的价值，从利益的观点来看，相对于所有的权利都具有的纯粹物质价值，我称之为理念价值。……法把在纯粹的物的领域中为散文的为权利而斗争，在人格的领域，即在主张以人格为目的的为权利而斗争中变成了诗——为

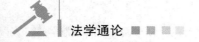

权利而斗争是节操的诗……

B.

主张权利是对社会的义务。

……公法和刑法的法律实施采取了作为国家机关义务的形式。而私法的实施采取了民事权利的形式,及完全委诸私人的意思和积极的行为。在前一种情形,法律实施由国家机关和官吏来履行义务;后一种情形,由私人主张自己的权利。

……法与正义在一国中兴之际,光凭法官在法庭时刻等候审案、警察派出巡逻还不够,每个人都相应地尽其所能加以协助是必要的。当恣意妄为和无法无天的九头蛇希多拉神抬头之时,每个人都有踏上一只脚的使命和义务。受法庇护的人都应该尽其所能为保护法的威力和威信作出贡献。总之,在社会利益上每个人都是为权利而斗争的天生的斗士。①

当我们重新阅读耶林的名著时,不得不令人深思:民事权利的取得和实现需要每个人为之不懈的努力和奋斗! 特别是随着我国民主化、法治化进程的加快,人们更应当树立权利意识,要学会运用法律武器维护自己的合法民事权益。

(二) 民事权利的行使

民事权利的行使,是指权利人采取适当的方法实施一定的行为,在民事权利的内容和范围内实现自己的利益,以满足自身各种需要的活动。民事权利行使的方式可分为事实方式和法律方式。同时,任何权利的行使不仅关涉到权利人的利益,而且也牵涉到相对人、第三人以及国家利益和社会利益。因此,民事主体在行使其民事权利时,应遵循诚实信用原则和公序良俗原则,应尊重他人的利益,不得滥用民事权利。所谓权利滥用,是指享有权利的人在行使权利时超出法律规定的范围和限度并损害社会公共利益或他人合法权益的行为。如近年频繁发生的城市"噪音扰民"、住宅小区的"私搭乱建"等现象。

二、民事权利的内容

我国《民法典》赋予了民事主体广泛的民事权利。从其内容来看,可分为财产权与人身权两大类。其中,财产权包括物权、债权和知识产权。

(一) 物权

1. 物权的概念和特征

所谓物权,是民事主体依法对特定的物进行管领支配并享受物之利益的排他性财产权利。我国《民法典·总则编》第一百一十四条第二款规定:"物权是权利人依法对特定的物享有直接支配和排他的权利,包括所有权、用益物权和担保物权。"

关于物权的性质,在英国法谚中流传着这样一句名言:"风可进,雨可进,国王不能进!"请看《中国青年报》2008年5月7日的一则报道:

---

① 鲁道夫·冯·耶林著:《为权利而斗争》,胡海宝译,载梁慧星主编:《民商法论丛》(第2卷),法律出版社1994年版。

哈里·海洛斯，一个72岁的爱尔兰人，可能是这个星球上最富有的流浪汉。在伦敦城第三区汉普斯德特森林公园的西南角，他拥有一块面积约9平方米的土地，开发商给这块"弹丸之地"的最新开价是400万英镑。

哈里·海洛斯的流浪足迹遍布半个世界——从新西兰、澳大利亚、南非流浪到整个欧洲之后，20多年前，哈里来到伦敦。如今的这块"领地"，原本是一所名为"阿斯隆内务护理之家"的疗养院的旧址。哈里在此安顿下来，靠变卖从垃圾堆里捡来的破烂谋生。疗养院的员工和公园的管理人员，也从未对这个流浪汉的存在提出过异议。

然而，平静的生活持续20多年后，在2005年被打破。那一年，"阿斯隆内务护理之家"将疗养院的屋子，卖给了一位名叫德威尔的富商。富商打算投资8 000万英镑，将它打造成一座占地5公顷的全英国最昂贵的公寓。竣工之后，这座豪宅和周边的地皮，总价值将高达1.3亿英镑。

从那时起，流浪汉哈里和他的"领地"，便成了这个富商的"眼中钉"。哈里的"领地"周围，被开发商派人插上一圈绿色的铁栅栏，仅为他留下一个出口。……

哈里把这件事告诉了他常去的一家公立医院的医生。这位医生帮助哈里向英国的社会福利处申请了一名免费律师。律师告诉哈里，根据英国的《占住者权利法》，如果一个人在一片土地上居住超过12年而无人提出异议，他就有权拥有这片土地。当然，前提是"你得证明自己的居住时限"。

哈里只是个流浪汉，他并没有足够的证据，比如水电账单、银行账单等。可是，当法院前来调查此事时，周围的邻居们——公园的管理人员、疗养院的员工、甚至巡逻的警察，都纷纷站出来为他作证。

……

2007年3月7日，律师将一份由伦敦地政局颁发、编号为"NGL870156"的地契，亲自送到哈里的手中。它用一块拇指大小的粉红色，标注出哈里对这块土地的所有权。

无计可施的开发商，只得向这位"领主"提出购买土地。在哈里的回忆中，开发商先后来过三四次，他们彬彬有礼，价格也越开越高，从最初的200万英镑，飙升到如今的400万英镑。可这个倔强的老头，却拒绝了这笔唾手可得的巨款。[①]

物权的法律特征有：其一，物权是一种财产权。从物权的内容来看，它表现为民事主体所享有的一种经济利益，如土地承包经营权人对土地所享有的利益。其二，物权是以物为客体的财产权。作为物权客体的物，不仅应符合民法上物的一般特性如满足需要性、稀缺性和能为人力支配与控制性，还必须是特定物、独立物、原则上为有体物。其三，物权是通过对物的支配而享受经济利益的权利，即物权是一种支配权、绝对权。其四，物权具有排他性，即物权人得排除他人对其权利行使的非法干涉和妨害。流浪汉哈里·海洛斯的"领地"得到英国法律的确认和保护，这值得我们思考。

2. 物权的种类

（1）所有权。是指所有人依法对自己的不动产或动产享有占有、使用、收益和处分的权

---

① 网易新闻：《英国流浪汉：我可不是"全球最牛钉子户"》，http://news.163.com/08/0507/09/4BB5SUJA0001121M.html。

利。所有权是一切财产权利的基础,最完整地体现了权利主体的自由意志。所有权内容表现为所有权对自己所有物的占有、使用、收益和处分的权利。依所有权的性质,可分为动产所有权与不动产所有权,国家所有权、集体所有权与私人所有权。此外,为了解决住宅小区业主与房地产开发商、物业服务机构的关系,保护业主的合法权益,《民法典·物权编》设专章对建筑物区分所有权作了规定。所谓建筑物区分所有权,是指对于建筑物有独立用途部分的区分所有和对于共用部分的共同所有及共同管理的权利,包括区分所有权、共有所有权和成员权三方面内容。

（2）用益物权。是指权利人对他人的不动产或动产,依法享有占有、使用、收益的权利。用益物权是以对他人所有的物为使用、收益的目的而设立的,是由所有权派生而来的他物权、限制物权。用益物权制度的社会意义:一是促进资源的有效利用,二是维护资源的有序利用。《民法典·物权编》规定的用益物权包括土地承包经营权、建设用地使用权、宅基地使用权、居住权、地役权以及自然资源（如水资源、森林资源、矿产资源、海域资源）使用权等。

（3）担保物权。是指担保物权人在债务人不履行到期债务或者发生当事人约定的实现担保物权的情形,依法享有就担保财产优先受偿的权利。担保物权具有以下特征:其一,担保物权是以确保债权人的债权得到完全清偿为目的;其二,担保物权具有优先受偿的效力;其三,担保物权是在债务人或者第三人的财产上成立的权利;其四,担保物权具有物上代位性。根据《民法典·物权编》的规定,担保物权包括抵押权、质权和留置权。

（二）债权

债是特定当事人之间得请求为特定给付行为的法律关系。在这种法律关系中,一方享有请求他方为一定行为或不为一定行为的权利,这种权利即为债权。一方根据他方的请求应负一定给付义务即为债务。因此,债的关系实际上表现为特定当事人之间的债权债务关系,其实质是特定当事人通过债这种法律手段实现各自经济利益目的。债权具有以下特征:其一,债权是财产权。凭借债权,债权人有权要求特定的债务人履行一定的给付行为以实现其物质利益需要。其二,债权为请求权。债权人的利益只能通过请求债务人履行特定的给付义务(债务)来实现。其三,债权为相对权。债权债务只存在于特定的当事人之间,债权人只能向债务人主张权利,请求债务人向自己履行债务。其四,债权的存在有期限性。债权人只能在特定的期限内请求债务人履行债务,若债务人未能在约定的期限内履行债务,债权人只能在法律规定的诉讼时效期限内向人民法院提起诉讼。

根据《民法典》及有关法律的规定,债的发生根据即"债因"主要有:合同、侵权行为、无因管理、不当得利以及法律的其他规定。《民法典》并未设置债权编,也未设置债法总则编,而是在设置合同编和侵权责任编的同时,将不当得利和无因管理作为准合同纳入了合同第三编,这是立法技术的安排。

（三）知识产权

知识产权,是指民事主体对自己创造性的智力活动成果依法享有包括人身权和财产权在内的民事权利。《民法典·总则编》确认的知识产权有著作权、专利权、商标权、发现权、发明权和其他科技成果权。其他法律、法规还对诸如商业秘密、科技成果推广、技术进步等其他智力成果权提供了保护。

知识产权具有以下特征:其一,知识产权是无形财产权。民法上的财产可分有形财产与无形财产,人类的智力成果虽然具有非物质性的特点,但它能够为人们所了解和利用,从而给人类带来物质利益,因此,它又具有财产价值。其二,知识产权是专有权。权利人对自己的智力成果享有独占权,未经本人同意,他人不得占有、使用其智力成果。其三,知识产权具有时间性和地域性。知识产权的法律保护都有一定的时间性,一旦期限届满,权利即告终止,其智力成果便进入公有领域,成为社会的共有财富。同时,知识产权的保护又具有地域性,它只在一定地区范围内有效,除与他国签订双边条约或加入有关国际公约外,知识产权只能在一国领域内有效。

（四）人身权

人身权是以民事主体的人格利益和身份利益为客体的民事权利。人身权是一种非财产权,它并不直接表现出权利主体的物质利益,而是体现出权利主体的人身利益,是与主体人身不可分离的权利。从权利内容来看,包括人格权和身份权。人格是法律赋予民事主体的,作为一个独立的法律人格所必须享有的,且与其主体人身不可分离的权利,包括生命权、身体权、健康权、姓名权、名称权、肖像权、名誉权、荣誉权、隐私权等;除此之外自然人享有基于人身自由、人格尊严产生的其他人格权益。在我国《民法典》的编排体例中,人格权独立成编具有开创性意义,体现了《民法典》对民事主体的重视,同时也实现了自然人人格权益的确认和保障这一立法目标。身份权是基于民事主体的特定身份而产生的人身权利,包括家庭成员之间的身份权如亲权、配偶权、亲属权,以及知识产权中的身份权等。

（五）数据、网络虚拟财产

数据、网络虚拟财产,是指以数据形式存在,存储于特殊介质之上且能够为权利人带来经济或其他利益的财产性权利,比方说游戏币、游戏账号等。《民法典·总则编》第一百二十七条规定,法律对数据、网络虚拟财产的保护有规定的,依照其规定。该规定正式确立了国家对数据、虚拟网络财产的法律保护。

（六）个人信息

个人信息权是此次《民法典》所新增的民事权利。《民法典·总则编》第一百一十一条规定:"自然人的个人信息受法律保护。任何组织和个人需要获取他人个人信息的,应当依法取得并确保信息安全,不得非法收集、使用、加工、传输他人个人信息,不得非法买卖、提供或者公开他人个人信息。"个人信息区别于隐私权而存在,隐私权的重要特征在于其私密性,是一种消极、被动的权利,而个人信息并不强调私密性,民事主体可以通过对个人信息进行积极地利用、流通创造价值。

三、民事权利的保护

权利是由法律赋予的,也是受法律保护的。权利的法律保障的重要内容就是法律确认保护权利的种种措施。民事权利不获实现或遭受侵害时,需要国家公权力的救济,这是民事权利保护的最为重要的途径。但是,法律并不排斥私人对自身权利的自我保护即私力救济。所谓私力救济,是指权利人依靠自己的力量,采取各种合法手段保护自己受到侵犯的权利。私力救济的主要方式为自卫行为和自助行为。

（一）自卫行为

自卫行为,是指自己或他人的权利或公共利益遭受不法侵害或紧急危险时,所实行的防卫和避险行为。由于不法侵害和紧急危险发生突然,不可能获得国家机关的公力救济,若不允许当事人依靠自己的力量予以防卫或规避,必然使当事人自己或他人的合法权益或公共利益遭受重大损害。因此,法律承认自卫行为的合法性。不仅民法对自卫行为设有规定,刑法对自卫行为亦有规定。

法律允许的自卫行为包括正当防卫和紧急避险。

(1)正当防卫。指对于现实不法侵害,为防卫自己或他人权利或公共利益所为的行为。其构成要件是:须为现时不法之侵害;须为防卫自己或他人权利或公共利益;须不超过必要限度。《民法典·总则编》第一百八十一条规定:因正当防卫造成损害的,不承担民事责任;正当防卫超过必要的限度,造成不应有的损害的,正当防卫人应当承担适当的民事责任。最高人民法院关于《民法通则》的解释第一百四十二条规定:"为维护国家、集体或他人合法权益而使自己受到损害,在侵害人无力赔偿或者没有侵害人的情况下,如果受害人提出请求的,人民法院可以根据受益人受益的多少及其经济状况,责令受益人给予适当补偿。"这体现了对公民通过私力救济维护他人合法权益的肯定和鼓励。

(2)紧急避险。指为避免自己或他人生命、身体、自由、财产之急迫危险,所行使躲避危险的行为。其要件是:须有急迫危险;须为避免自己或他人生命、身体、自由、财产或公共财产上急迫危险而为避险行为;须避险行为不超过必要限度。《民法典·总则编》第一百八十二条规定:因紧急避险造成损害的,由引起险情发生的人承担民事责任。危险由自然原因引起的,紧急避险人不承担民事责任,可以给予适当补偿。紧急避险采取措施不当或者超过必要的限度,造成不应有的损害的,紧急避险人应当承担适当的民事责任。

(二)自助行为

自助行为,是指为保护自己的权利,而对于他人的自由或财产施以拘束或毁损的行为。例如,对于餐饮酒店内的"霸王餐"、超市内的"耗子"等行为,经营者有权采取法律允许限度内的自助行为,如不让其离开、扣押财物、通知家人或警察等。但自助行为不能超过法律允许的限度,否则,构成侵权行为。

第五节 民 事 责 任

一、民事责任概述

(一)民事责任的概念和特征

民事责任是对民事义务的违反所应承担的民法上的强制性法律后果。其具有以下特点:

(1)民事责任主要是财产责任。就大多数民事法律关系来看,权利义务指向的都是财产关系,如财产所有权、债权、继承权、知识产权中的财产权等,因此,民事义务也主要是财产义务,承担的责任也主要是财产责任。

(2)民事责任是一方当事人对另一方当事人承担的责任。即民事责任的实质在于保障一方当事人民事权利的实现,当其民事权利受到侵害时,有权要求不履行民事义务的相对人承担强制性的法律后果。

(3)民事责任的赔偿范围应与造成的损失大小相适应。在财产损害赔偿中,应根据受害人财产的实际损失来确定赔偿数额,如果赔偿与损失不一致,使受害人通过赔偿获得额外利益,这就违背了民法的公平观念。在精神损害赔偿中,也应根据侵害人给受害人造成的精神损害的实际程度来确定赔偿数额。

(4) 民事责任允许当事人协商解决,具有一定的任意性。民事责任虽然以国家强制力为保障,体现了国家意志。但民事权利毕竟是一种私权,法律允许权利主体自由行使其权利,包括允许其放弃自己的民事责任。

(二) 民事责任的形式

我国《民法典·总则编》第一百七十九条具体规定了民事责任的形式。包括:①停止侵害;②排除妨害;③消除危险;④返还财产;⑤恢复原状;⑥修理、重作、更换;⑦赔偿损失;⑧继续履行;⑨支付违约金;⑩消除影响、恢复名誉;⑪赔礼道歉。上述民事责任既可以单独适用,也可以合并适用。

二、违约责任

(一) 违约责任的概念和特征

违约责任,是合同当事人不履行合同义务或者履行合同义务不符合约定时,依法应承担的法律责任,是民事责任中最主要的一种责任形态。其具有以下法律特征:

(1) 违约责任是当事人不履行合同义务时所承担的民事责任。违约责任的发生以特定当事人之间有效存在的合同关系为前提,如果合同不成立或无效,就谈不上当事人的违约问题,违约责任也就无从产生。同时,违约责任又是由于一方或双方当事人不履行合同义务而产生的,如果合同义务得以履行,当事人的合同权利也就得以实现,违约责任也同样无从产生。

(2) 违约责任可以由当事人在法律允许的范围内约定。与其他民事责任不同,违约责任允许当事人事先在合同中约定一方或双方不履行合同义务时的赔偿责任(如违约金),只要这种约定符合法律规定,都是合法和有效的。例如,《民法典·合同编》第五百八十五条规定:当事人可以约定一方违约时应当根据违约情况向对方支付一定数额的违约金,也可以约定因违约产生的损失赔偿额的计算方法。

(3) 违约责任原则上是违约方向对方承担的民事责任。合同是特定当事人之间的法律关系,因此,违约方因自己的违约行为应向对方当事人承担违约责任,而合同之外的第三人不是合同的当事人,既不享有合同的权利,也不承担合同上的义务,违约方不可能向合同之外的第三人承担违约责任。但是也有例外,随着现代民法对第三人利益合同的承认,违约方有时应向合同之外的特定第三人承担违约责任,如货物运输合同中的承运人就可能向并非作为合同当事人的第三方收货人承担赔偿责任。

(二) 违约责任的承担

根据《民法典》的规定,当事人不履行合同义务或履行合同义务不符合约定时,应承担不履行合同义务的违约责任。因此,违约责任的承担以当事人的违约为依据,即只要违约就应承担相应的违约责任,实行严格责任原则。除非当事人不能履行合同是因不可抗力造成的,在不可抗力的影响范围和限度内才可以免除不履行合同义务的责任。所谓不可抗力,是指不能预见、不能避免并不能克服的客观情况,如地震、洪水、泥石流、霍乱、非典、罢工等自然事件与社会事件。当然,在特定的合同关系中,当事人有过错时,才能承担违约责任,如赠与合同、保管合同。根据《民法典》的规定,违约责任的形式包括:继续履行、采取补救措施或者赔偿损失等。

三、侵权责任

(一)侵权民事责任的概念和构成要件

所谓侵权民事责任,亦称侵权责任,是指不法侵害他人财产或人身导致他人损害而应依法承担的民事责任,是合同责任之外的另一重要的民事责任形式。根据《民法典》的有关规定,侵权责任的承担应具备以下几个要件:

(1)须有损害事实的存在。所谓损害事实,是指违法行为造成他人的财产利益或人身利益遭受损害的客观事实。包括财产利益的损害和精神利益的损害。前者如毁人房屋、盗人车辆或因殴打他人而使受害人因此而支付的医疗费、减少的收入,后者如侵害他人人格权而造成名誉的降低或对生命健康权造成侵害时导致的精神痛苦等。

(2)行为的违法性。即实施了为法律禁止的行为,包括作为和不作为两种形式。前者如打人、诽谤,后者如司机未及时刹车而撞伤他人、施工人员未设置明显标志和采取安全措施造成路上行人的损害等。

(3)违法行为与损害事实之间有因果关系。对于违法行为与损害事实之间的因果关系,民法上有不同的认识。我们认为,民法上的因果关系应区别于刑法上的因果关系。在刑事责任的归责中,为了防止刑罚的滥用和刑事责任的扩大化,应采取必然因果关系说。但在民事责任中,由于是对私人利益关系的调整,应偏重保护受害人的利益,这是现代侵权责任法的发展趋势。只要行为人违反了通常注意义务,就必须承担由此而产生的不利后果,应采取有条件的相当因果关系说。并且,在环境损害、证券侵权等特殊侵权领域,实行因果关系的推定规则。例如,《民法典·侵权责任编》第一千二百三十条规定:"因污染环境、破坏生态发生纠纷,行为人应当就法律规定的不承担责任或者减轻责任的情形及其行为与损害之间不存在因果关系承担举证责任。"

(4)行为人有过错。过错是行为人实施违法行为时的主观心理状态,包括故意和过失。一般情形下,只要行为人有过错,不论是故意还是过失,就应承担由此产生的民事责任。没有过错则不需要承担民事责任。但是,由于现代工业的发达,各种具有高度危险性活动的出现,大大增加了危险性事故的发生,为了更好地保护受害人的利益,《民法典》还规定了无过错责任,如产品缺陷责任、环境污染责任,以及从事高空、高压、地下挖掘活动或者使用高速轨道运输工具造成他人损害的高度危险责任等。

(二)侵权法的保护对象

侵权法所保护的是民事权益,即私法上的权利或利益,而不包括公法上的权(力)利或利益。① 在各国民事立法中,就哪些权利和利益应受侵权法的保护,存在着两种不同的立法例:一是具体列举式,即在侵权法中具体列举各项受侵权法保护的权益范围,如《德国民法典》第八百二十三条第一款规定:"因故意或过失不法侵害他人生命、身体、健康、自由、所有

---

① 奚晓明:《〈中华人民共和国侵权责任法〉条文理解与适用》,人民法院出版社2010年版,第20页。

权或其他权利者,对被害人负损害赔偿的义务。"二是抽象概括式,如《法国民法典》第一千三百八十二条规定:"任何行为使他人受损害时,因自己的过失而致行为发生之人对该他人负赔偿责任。"对此,我国《民法典·侵权责任编》第一千一百六十四条规定:"本编调整因侵害民事权益产生的民事关系。"但并未列举具体的民事权益类型,因此,我国《民法典·侵权责任编》采取的是一般概括的规范方式,对2010年《侵权责任法》具体列举与一般概括相结合的规范方式进行了调整。

(三)侵权责任的承担

《民法典》具体规定了侵权责任的承担。《民法典·侵权责任编》第一千一百六十五条规定:"行为人因过错侵害他人民事权益造成损害的,应当承担侵权责任。依照法律规定推定行为人有过错,其不能证明自己没有过错的,应当承担侵权责任。"第一千一百六十六条规定:"行为人造成他人民事权益损害,不论行为人有无过错,法律规定应当承担侵权责任的,依照其规定。"

《民法典》对特殊情形下的侵权责任的承担作了规定。主要包括:

(1)产品责任。《民法典·侵权责任编》第一千二百零二条规定:"因产品存在缺陷造成他人损害的,生产者应当承担侵权责任。"第一千二百零三条规定:"因产品存在缺陷造成他人损害的,被侵权人可以向产品的生产者请求赔偿,也可以向产品的销售者请求赔偿。产品缺陷由生产者造成的,销售者赔偿后,有权向生产者追偿。因销售者的过错使产品存在缺陷的,生产者赔偿后,有权向销售者追偿。"

(2)医疗损害责任。《民法典·侵权责任编》第一千二百一十八条规定:"患者在诊疗活动中受到损害,医疗机构或者其医务人员有过错的,由医疗机构承担赔偿责任。"就诊疗活动中医务人员过错的界定问题,《民法典·侵权责任编》第一千二百二十一条规定:"医务人员在诊疗活动中未尽到与当时的医疗水平相应的诊疗义务,造成患者损害的,医疗机构应当承担赔偿责任。"同时还规定患者在诊疗活动中受到损害,有下列情形之一的,推定医疗机构有过错:①违反法律、行政法规、规章以及其他有关诊疗规范的规定;②隐匿或者拒绝提供与纠纷有关的病历资料;③遗失、伪造、篡改或者违法销毁病历资料。

(3)环境污染和生态破坏责任。《民法典·侵权责任编》第一千二百二十九条规定:"因污染环境、破坏生态造成他人损害的,侵权人应当承担侵权责任。"第一千二百三十三条规定:"因第三人的过错污染环境、破坏生态的,被侵权人可以向侵权人请求赔偿,也可以向第三人请求赔偿。侵权人赔偿后,有权向第三人追偿。"

(4)高度危险责任。《民法典·侵权责任编》第一千二百三十六条规定:"从事高度危险作业造成他人损害的,应当承担侵权责任。"

(5)饲养动物损害责任。《民法典·侵权责任编》第一千二百四十五条规定:"饲养的动物造成他人损害的,动物饲养人或者管理人应当承担侵权责任;但是,能够证明损害是因被侵权人故意或者重大过失造成的,可以不承担或者减轻责任。"

(6)建筑物和物件损害责任。《民法典·侵权责任编》第一千二百五十二条规定:"建筑物、构筑物或者其他设施倒塌、塌陷造成他人损害的,由建设单位与施工单位承担连带责任,但是建设单位与施工单位能够证明不存在质量缺陷的除外。建设单位、施工单位赔偿后,有其他责任人的,有权向其他责任人追偿。因所有人、管理人、使用人或者第三人的原因,建筑物、构筑物或者其他设施倒塌、塌陷造成他人损害的,由所有人、管理人、使用人或者第三人承担侵权责任。"第一千二百五十三条规定："建筑物、构筑物或者其他设施及其搁置物、悬挂物发生脱落、坠落造成他人损害，所有人、管理人或者使用人不能证明自己没有过错的，应当承担侵权责任。所有人、管理人或者使用人赔偿后，有其他责任人的，有权向其他责任人追偿。"第一千二百五十四条规定："禁止从建筑物中抛掷物品。从建筑物中抛掷物品或者从建筑物上坠落的物品造成他人损害的，由侵权人依法承担侵权责任；经调查难以确定具体侵权人的，除能够证明自己不是侵权人的外，由可能加害的建筑物使用人给予补偿。可能加害的建筑物使用人补偿后，有权向侵权人追偿。"

此外，根据《民法典·侵权责任编》第一千一百八十六条的规定："受害人和行为人对损害的发生都没有过错的，依照法律的规定由双方分担损失。"此即侵权法上所谓损失分担补偿原则的适用。

第六节 诉讼时效

一、时效概述

时效，是一定的事实状态持续一段时间之后即发生一定法律后果的制度，包括取得时效和消灭时效。取得时效是指占有人占有某项财产的事实状态持续存在一定期间，就依法取得该项财产的所有权或其他财产权的法律制度。消灭时效，又称诉讼时效，是指在法律规定的期间内不行使权利的权利人，使其丧失在诉讼中的胜诉权的法律制度。

时效从本质上讲具有以下特征：①时效是法律事实。时效的完成将导致一定民事法律关系发生、变更和消灭的法律效果，是民事法律关系发生变动的根据。②时效是事件。时效的法律后果是因一定的事实状态持续经过法定期间而当然发生，与当事人的意志无关，因而时效属事件而非行为。③时效具有强制性。民法关于时效的规定，属于强行性规定，不得由当事人以自由意思加以排除，时效期间亦不得由当事人通过协议予以延长或缩减，时效利益不得由当事人预先予以抛弃。

二、诉讼时效的种类与期间

按照诉讼时效适用范围不同，诉讼时效可分为一般诉讼时效和特别诉讼时效。

（一）一般诉讼时效

一般诉讼时效，又称普通诉讼时效，是指除法律另有特别规定外可以普遍适用于各种民事法律关系的诉讼时效。各国民法规定的一般诉讼时效期间，长短不一。我国《民法典·总则编》第一百八十八条规定，向人民法院请求保护民事权利的诉讼时效期间为三年。

（二）特别诉讼时效

特别诉讼时效，又称特殊诉讼时效，是指法律规定仅适用于某些特定民事法律关系的诉讼时效。它主要有以下几种：①四年诉讼时效。《民法典·合同编》第五百九十四条规定："因国际货物买卖合同和技术进出口合同争议提起诉讼或者申请仲裁的时效期间为四年。"②二年诉讼时效。《中华人民共和国航空法》第一百三十五条规定："航空运输的诉讼时效期间为二年,自民用航空器到达目的地点、应当到达目的地点或者运输终止之日起计算。"第一百七十一条规定:"地面第三人损害赔偿的诉讼时效期间为二年,自损害发生之日起计算;但是,在任何情况下,时效期间不得超过自损害发生之日起三年。"《产品质量法》第四十五条规定:"因产品存在缺陷造成损害要求赔偿的诉讼时效期间为二年,自当事人知道或者应当知道其权益受到损害时起计算。"③一年诉讼时效。《中华人民共和国拍卖法》第六十一条规定:"因拍卖标的存在瑕疵未声明的,请求赔偿的诉讼时效期间为一年,自当事人知道或者应当知道权利受到损害之日起计算。因拍卖标的存在缺陷造成人身、财产损害请求赔偿的诉讼时效期间,适用《中华人民共和国产品质量法》和其他法律的有关规定。"

(三) 长期诉讼时效

《民法典·总则编》第一百八十八条规定:"诉讼时效期间自权利人知道或者应当知道权利受到损害以及义务人之日起计算。法律另有规定的,依照其规定。但是,自权利受到损害之日起超过二十年的,人民法院不予保护,有特殊情况的,人民法院可以根据权利人的申请决定延长。"

三、诉讼时效的开始、中止、中断与延长

(一) 诉讼时效的开始

诉讼时效的开始,是指诉讼时效期间的起算时间点。根据《民法典》的规定,诉讼时效期间从权利知道或者应当知道其权利被侵害时起算。具体有以下几种情形:①有履行期限的请求权,从履行期限届满时起算。②无履行期限的请求权,从权利人可行使权利时起算。③不作为的义务,从义务人违反义务而作为时开始计算。④侵权行为之债,从损害发生或权利人应当知道损害发生时起算。⑤返还不当得利请求权的诉讼时效期间,从当事人一方知道或者应当知道不当得利事实及对方当事人之日起计算。⑥管理人因无因管理行为产生的给付必要管理费用、赔偿损失请求权的诉讼时效期间,从无因管理行为结束并且管理人知道或者应当知道本人之日起计算。

(二) 诉讼时效的中止、中断与延长

1. 诉讼时效的中止

诉讼时效的中止,是指在诉讼时效进行中,因一定的法定事由的发生而使权利人不能行使权利,暂时停止计算诉讼时效期间,待中止事由消除后时效继续计算。根据《民法典·总则编》第一百九十四条的规定,诉讼时效中止有以下内容:

(1) 发生了法定事由。包括不可抗力和其他障碍。这里的其他障碍,是指除不可抗力之外的致使权利人无法行使请求权的情形,如权利人丧失行为能力而无法定代理人、继承开始后没有确定继承人或遗产管理人、权利人被义务人或者其他人控制。

(2) 法定事由发生在诉讼时效期间的最后 6 个月内,或者虽然发生在最后 6 个月之前,但持续到最后 6 个月内。

(3) 中止的法律效果。诉讼时效中止后,待发生中止的法定事由消除后,时效期间继续进行计算。

2. 诉讼时效的中断

诉讼时效的中断,是指在诉讼时效进行中,因一定事由的发生,使已经经过的时效期间

统归于无效,待时效中断的事由消除后,诉讼时效期间重新计算。其主要有以下内容:

(1) 中断的事由。根据《民法典·总则编》第一百九十五条的规定,引起诉讼时效中断的事由有提起诉讼或者申请仲裁、权利人请求、义务人的承诺、与提起诉讼或者申请仲裁具有同等效力的其他情形。其中,义务人的承诺可以是用口头形式、书面形式明确表示承认债务的意思表示,也可以是能够证明义务人承认所负义务的推定行为,如请求延期给付、分期给付、提供担保、支付利息或租金,以及债的部分履行等。根据《最高人民法院关于审理民事案件适用诉讼时效制度若干问题的规定》(法释〔2008〕11号)第十三条之规定,诉讼时效中断的事由还应包括下列情形:申请仲裁;申请支付令;申请破产、申报破产债权;为主张权利而申请宣告义务人失踪或死亡;申请诉前财产保、诉前临时禁令等诉前措施;申请强制执行;申请追加当事人或者被通知参加诉讼;在诉讼中主张抵销;其他与提起诉讼具有同等诉讼时效中断效力的事项。

(2) 中断的法律效果。诉讼时效的中断与中止不同,诉讼时效的中止只是暂时停止时效期间的计算,待事由消除后继续计算;中断则是使已经经过的时效期间统归无效。

3. 诉讼时效的延长

诉讼时效的延长,是指超过诉讼时效期间的当事人向人民法院提起诉讼时,人民法院依法根据实际情况而延长其时效期间的法律制度。与诉讼时效的中止、中断不同,诉讼时效的延长只能由人民法院依职权确定,且只能在"特别情况"时才能适用,所谓"特殊情况"应作严格解释。

4. 不适用诉讼时效的情形

根据《民法典·总则编》第一百九十六条的规定,以下情形不适用诉讼时效的规定:①请求停止侵害、排除妨碍、消除危险;②不动产物权和登记的动产物权的权利人请求返还财产;③请求支付抚养费、赡养费或者扶养费;④依法不适用诉讼时效的其他请求权。

第七节 婚姻、家庭与继承

一、婚姻

(一) 婚姻的概念与特点

1. 婚姻的概念

"婚姻"一词的含义,人们常常从不同的角度来定义它。一种是站在全部人类社会发展历史的角度上,将婚姻定义为"一切具有规范意义的两性关系存在形态";"婚姻,通常被作为一种表示社会制度的术语。因此,可以给它下这样一个定义:得到习俗或法律承认的一男或数男与一女或数女相结合的关系,并包括他们在婚配期间相互所具有的权利和义务,以及他们对所生子女所具有的权利和义务。这些权利和义务因民族而异,故而不能全部包括在一个通用的定义之中"[①];一种则从社会历史文明的角度,仅仅将一夫一妻制形成以后比较稳

---

① [芬兰]韦斯特马克:《人类婚姻史》,商务印书馆2002年版,第33页。

定的两性关系。[①]

虽然我国现行婚姻法及司法解释,均未明确规定婚姻的概念,学者们给婚姻下的定义也不尽相同,但透过对婚姻发展、演变及现实运行状态的分析来看,通说认为,婚姻是人类两性结合的社会形式,这种结合形成了为当时社会制度所确认的夫妻关系。为此,我们可以从四个方面的来理解婚姻。

(1) 婚姻必须是男女两性的结合。这是婚姻的基本特征和前提条件;在绝大多数国家中,同性恋"婚姻"仍然未能获得法律的首肯,而具有明显的"交易"特的"性关系",则为绝大多数国家的法律所否定。

(2) 婚姻是男女双方以终身共同生活为目的的两性的结合。这是婚姻内在的一个特点,要求男女双方在结合时具有这种主观愿望,以维护婚姻的严肃性、稳定性。但它不否认婚姻的可解除性,以终身共同生活为目的,仅是当事人的主观动机,甚至是仅指表象。

(3) 婚姻须为一男一女的结合。与一夫多妻或一妻多夫制相比较,一男一女的结合是人类文明的标志,也更有利于稳定的家庭关系,有利于子女的抚养。

(4) 男女的结合必须为当时的社会制度所确认,才具有夫妻身份并受到相应的保护。其主要原因有:①婚姻是一种法律行为,而非任意行为。②婚姻的结构关系到人类社会的延续和发展;③关系到人类有秩序而合理的社会生活;④是人类完善和提高婚姻素质、保障社会发展的需要。

2. 婚姻的特点

(1) 私人性。私人性,是指自主性、私密性。从本质上说,婚姻关系是两性之间的结婚而共同生活所形成的特殊的社会关系,私人性是其最基本的属性之一。早期的婚姻,具有深厚的自然属性。从婚姻的个体来看,是否选择婚姻的生活方式、在选择的对象上、以及婚姻维系期间的生活内容等,都表现了它的自主性和私密性。

(2) 法定性。由于婚姻与性、婚姻与生育、婚姻与种族繁衍之间存在的必然联系,使得婚姻又具有强烈的社会性。如果说在早期,婚姻关系具有更多的自然属的话,那么,进入到国家社会以后,婚姻关系被赋予了更多的社会性的内涵,因而,婚姻也就不再是纯私人事务。国家开始越来越深地介入到婚姻这一私人化很强的事务之中,对婚姻进行强有力的规制。从结婚的时间、婚嫁的对象,到婚姻关系的解除,都受到国家(通过法律)的严格控制。正是在这一意义上,我们可以说,婚姻具有法定性的特点。

(3) 基础性。婚姻是家庭的基础,而家庭是社会的细胞,大千社会正是建立在婚姻这一基础之上的。虽然在现代,存在各式各样的单亲家庭,但从最基本的层面看,家庭的存在无疑是以婚姻关系的存在为前提的。没有婚姻关系,也就没有夫妻关系,没有父母子女关系、没有亲属关系。

(4) 相对不稳定性。尽管法学语境下的婚姻被定义为"永久共同生活",但俗话说得好:"结婚是必然的,但跟谁结婚是偶然的。这必然与偶然的结合,决定了离婚的必然性。"所谓离婚的必然性,说的其实也就是婚姻的不稳定性。

(二) 婚姻的成立

婚姻的成立,又称结婚,是指男女双方依照法律规定的条件和程序,确立夫妻关系的一

[①] 陶毅:《新编婚姻家庭法》,高等教育出版社 2002 年版,第 1 页。

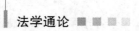

种法律行为。所以,结婚这种创设夫妻身份关系的法律行为,必须符合民法中有关民事法律行为要件的一般规定,以及婚姻法中有关婚姻关系成立要件的专门规定。

1. 结婚的必备条件

结婚的必备条件,又称结婚的积极要件,是指当事人结婚时必须具备的法定条件。根据《民法典·婚姻编》的规定,结婚必须具备以下两个条件:

(1) 必须男女双方自愿。《民法典·婚姻编》第一千零四十六条规定:"结婚应当男女双方完全自愿,禁止任何一方对另一方加以强迫,禁止任何组织或者个人加以干涉。"结婚必须男女双方完全自愿,是法律赋予当事人本人的权利。但法律并不排斥包括当事人父母在内的其他任何人,对当事人的婚事提出建议。

(2) 男女双方必须达到法定的婚龄。法定婚龄是法律规定的男女结婚必须达到的最低年龄。我国《民法典·婚姻编》第一千零四十七条规定:"结婚年龄,男不得早于二十二周岁,女不得早于二十周岁。"法定婚龄的规定,属于强制性规范,非经立法程序,任何机构、单位和个人不得提高或降低法定婚龄。

2. 结婚的禁止条件

结婚的禁止条件,又称结婚的消极要件或婚姻的障碍,是指当事人结婚时不得具有法律规定的禁止结婚的障碍。根据我国《民法典》的规定,结婚的禁止条件包括以下二个方面:

(1) 有配偶者禁止结婚。一夫一妻制是我国婚姻制度的基本原则,我国《民法典·婚姻编》第一千零四十二条第二款规定:"禁止重婚。"婚姻法的这一禁止性条件,属于婚姻的绝对障碍,它要求结婚当事人双方在结婚时必须处于无配偶的状态,即未婚、离婚或丧偶。

(2) 一定范围内的亲属禁止结婚。我国《民法典·婚姻编》第一千零四十八条规定:"直系血亲或者三代以内的旁系血亲禁止结婚。"直系血亲和三代以内旁系血亲禁止结婚。直系血亲,是指生育自己或自己所生育的上下各代血亲。如父母子女、祖父母与孙子、外祖父母与外孙子女等的禁婚,没有世代的限制。养父母与养子女、形成抚养关系的继父母与继子女,属于法律拟制的直系血亲,虽然他们之间无血缘上的关系,但他们的法律地位与亲生父母子女一样,因此,他们之间也不得结婚。旁系血亲,是指双方之间无从出关系,但同由一共同祖先所生的血亲。三代以内的旁系血亲有兄弟姐妹(既包括同父同母的全血缘兄弟姐妹,也包括同父异母或同母异父的半血缘兄弟姐妹);伯、叔、姑与侄子、侄女,舅、姨与外甥、外甥女;堂兄弟姐妹、表兄弟姐妹、舅表兄弟姐妹和姨表兄弟姐妹。

3. 结婚的程序

结婚程序,是指婚姻成立必须履行的法定手续。我国《民法典·婚姻编》第一千零四十九条规定:"要求结婚的男女双方应当亲自到婚姻登记机关申请结婚登记。符合本法规定的,予以登记,发给结婚证。完成结婚登记,即确立婚姻关系。未办理结婚登记的,应当补办登记。"即要求结婚的男女双方亲自到婚姻登记机关进行结婚登记,符合婚姻法规定的,婚姻登记机构予以登记,并发给结婚证。取得结婚证,即确立夫妻关系。未办理结婚登记的,应当补办登记。

结婚登记的程序是:当事人双方必须共同持本人的户口簿、身份证和本人无配偶以及与对方当事人没有直系血亲和三代以内旁系血亲关系的签字声明,到一方当事人常住户口所在地的婚姻登记机关办理结婚登记。

（三）婚姻的终止

婚姻的终止，是指合法有效的婚姻关系因发生一定的法律事实而归于消灭。婚姻终止的原因有二：一是婚姻当事人一方的死亡（包括自然死亡和宣告死亡）；二是离婚。引起婚姻终止的原因不同，其法律后果也不尽相同。

1. 婚姻因配偶死亡而终止

所谓死亡，包括自然死亡和"拟制"死亡。配偶一方自然死亡，夫妻双方已不能共同生活，夫妻之间的权利义务终止，婚姻关系也自然终止。因配偶一方死亡而终止的婚姻的效力，只限于对夫妻双方的内部效力，但夫妻以外的婚姻效力，并不当然消灭。这是婚姻因配偶自然死亡而终止与因离婚而终止，两者后果的一个显著不同之处。

"拟制"死亡，则是指"被宣告死亡"，同样可以导致婚姻的而终止。宣告死亡是在法律上推定失踪人已经死亡，与自然死亡产生相同的法律效力，夫妻一方被宣告死亡后，婚姻关系终止。至于婚姻关系终止的具体时间，各国有不同的规定。根据我国《民法典·总则编》第五十一条的规定："被宣告死亡的人的婚姻关系，自死亡宣告之日起消除。死亡宣告被撤销的，婚姻关系自撤销死亡宣告之日起自行恢复。但是，其配偶再婚或者向婚姻登记机关书面声明不愿意恢复的除外。"

2. 婚姻因离婚而终止

离婚是在夫妻双方生存期间，依照法定的条件和程序解除婚姻关系的法律行为。根据离婚的程序不同，离婚可以分为登记离婚和诉讼离婚。

登记离婚，是指夫妻双方自愿离婚，并就离婚的法律后果达成协议，经过婚姻登记机关认可即可以解除婚姻关系的一种离婚方式。我国《民法典·婚姻编》第一千零七十六条的规定："夫妻双方自愿离婚的，应当签订书面离婚协议，并亲自到婚姻登记机关申请离婚登记。离婚协议应当载明双方自愿离婚的意思表示和对子女抚养、财产以及债务处理等事项协商一致的意见。"《民法典·婚姻编》第一千零七十七条规定："自婚姻登记机关收到离婚登记申请之日起三十日内，任何一方不愿意离婚的，可以向婚姻登记机关撤回离婚登记申请。前款规定期限届满后三十日内，双方应当亲自到婚姻登记机关申请发给离婚证；未申请的，视为撤回离婚登记申请。"

诉讼离婚则是指夫妻一方基于法定离婚原因，向人民法院提起离婚诉讼，人民法院依法通过调解或判决解除当事人间的婚姻关系的一种离婚方式。我国《民法典·婚姻编》第一千零七十九规定："夫妻一方要求离婚的，可以由有关组织进行调解或者直接向人民法院提起离婚诉讼。人民法院审理离婚案件，应当进行调解；如果感情确已破裂，调解无效的，应当准予离婚。有下列情形之一，调解无效的，应当准予离婚：（一）重婚或者与他人同居；（二）实施家庭暴力或者虐待、遗弃家庭成员；（三）有赌博、吸毒等恶习屡教不改；（四）因感情不和分居满二年；（五）其他导致夫妻感情破裂的情形。一方被宣告失踪，另一方提起离婚诉讼的，应当准予离婚。经人民法院判决不准离婚后，双方又分居满一年，一方再次提起离婚诉讼的，应当准予离婚。"

3. 离婚的效力

离婚后，除了夫妻间身份法上的权利义务随之解除外，离婚还将在子女、财产和债务上产生一系列的效力。

关于离婚后夫妻人身关系问题，我国《民法典》的规定，夫妻一旦离婚，夫妻间互为配偶的身份丧失,夫妻间相互扶养的权利义务关系终止,夫妻间继承资格丧失,双方当事人重新获得再婚的自由。

关于离婚后子女的抚养问题,我国《民法典》规定,男女双方离婚后,夫妻关系解除,但双方与所生子女间的父母子女关系并不因父母离婚而解除。离婚后,子女无论由父方或母方抚养,仍是父母双方的子女,父母对子女仍有抚养、教育、保护的权利和义务。

关于离婚后的财产分割问题,我国《民法典》规定,离婚时,夫妻的共同财产由双方协议处理,协议不成时,由人民法院根据财产的具体情况,依据照顾女方和子女权益的原则判决。夫妻婚前的个人财产,归个人所有。

关于婚姻期间夫妻的债务处理问题,我国《民法典·婚姻编》第一千零六十四条、第一千零六十五条和第一千零六十六条规定:

夫妻双方共同签名或者夫妻一方事后追认等共同意思表示所负的债务,以及夫妻一方在婚姻关系存续期间以个人名义为家庭日常生活需要所负的债务,属于夫妻共同债务。夫妻一方在婚姻关系存续期间以个人名义超出家庭日常生活需要所负的债务,不属于夫妻共同债务;但是,债权人能够证明该债务用于夫妻共同生活、共同生产经营或者基于夫妻双方共同意思表示的除外。

"男女双方可以约定婚姻关系存续期间所得的财产以及婚前财产归各自所有、共同所有或者部分各自所有、部分共同所有。约定应当采用书面形式。没有约定或者约定不明确的,适用《民法典·婚姻编》第一千零六十二条、第一千零六十三条的规定。夫妻对婚姻关系存续期间所得的财产以及婚前财产的约定,对双方具有法律约束力。夫妻对婚姻关系存续期间所得的财产约定归各自所有,夫或者妻一方对外所负的债务,相对人知道该约定的,以夫或者妻一方的个人财产清偿。

"婚姻关系存续期间,有下列情形之一的,夫妻一方可以向人民法院请求分割共同财产:(一)一方有隐藏、转移、变卖、毁损、挥霍夫妻共同财产或者伪造夫妻共同债务等严重损害夫妻共同财产利益的行为;(二)一方负有法定扶养义务的人患重大疾病需要医治,另一方不同意支付相关医疗费用。"

二、家庭

(一)夫妻关系

夫妻关系是指夫妻双方在法律上所具有的权利与义务关系。夫妻关系是家庭关系的核心,在家庭中起着承上启下、养老育幼的特殊作用,因此法律对夫妻之间的权利义务关系必然要加以具体的规定。夫妻关系的内容,主要包括夫妻的人身关系、夫妻财产关系、夫妻扶养关系和夫妻继承关系。

1. 夫妻人身关系

夫妻人身关系,是指夫妻双方在家庭中的人格、身份、地位等方面的权利义务关系。根据我国婚姻法的规定,夫妻人身关系包括姓名权、人身自由权、婚姻住所决定权、平等抚养、教育和保护子女的权利四个方面的内容:

(1)夫妻姓名权。夫妻拥有各自独立的姓名权。《民法典·婚姻编》第一千零五十六条规定:"夫妻双方都有各自使用自己姓名的权利。"根据这一规定,夫妻双方都可以保持各自姓名的独立性,其姓名不因结婚而改变。

(2) 夫妻人身自由权。夫妻有人身自由权是夫妻家庭地位平等的重要标志。根据《民法典·婚姻编》第一千零五十七条的规定:"夫妻双方都有参加生产、工作、学习和社会活动的自由,一方不得对另一方加以限制或者干涉。"

(3) 夫妻婚姻住所决定权。所谓婚姻住所,是指夫妻婚后共同居住和生活的场所。我国1980年的《婚姻法》就规定了登记结婚后,根据男女双方约定,女方可以成为男方家庭的成员,男方也可以成为女方家庭的成员。这一规定体现在婚姻家庭中,夫妻双方平等地享有婚姻住所的决定。2001年的婚姻法,对原法进行了修订,将"男方也可以成中女方家庭的成员"中的"也"字删除,这样更彻底地体现了男女平等的精神。《民法典》延续了2001年修订后婚姻法的精神,其第一千零五十条规定:"登记结婚后,按照男女双方约定,女方可以成为男方家庭的成员,男方可以成为女方家庭的成员。"

(4) 平等抚养、教育和保护子女的权利。《民法典·婚姻编》第一千零五十八条规定:"夫妻双方平等享有对未成年子女抚养、教育和保护的权利,共同承担对未成年子女抚养、教育和保护的义务。"

(5) 日常家事代理权。日常家事代理权,是指夫妻一方因日常家庭事务而与第三人为一定法律行为时代理权。该代理行为的后果由夫妻双方共同承受,被代理方须对代理方从事家事行为所产生的债务承担连带责任。《民法典·婚姻编》第一千零六十条规定:"夫妻一方因家庭日常生活需要而实施的民事法律行为,对夫妻双方发生效力,但是夫妻一方与相对人另有约定的除外。"

(6) 夫妻间的继承权。即以夫妻身份关系的存在为前提,确认配偶之间为法定继承人,相互享有遗产继承权。《民法典·婚姻编》第一千零六十一条规定:"夫妻有相互继承遗产的权利。"

2. **夫妻财产关系**

夫妻财产关系,是指夫妻双方在财产、抚养和遗产继承等方面的权利义务关系。我国现行婚姻法就夫妻财产关系的调整,采用了夫妻共同财产制与夫妻个人特有财产制相结合的形式。

夫妻共同财产制,是指除夫妻特有财产外,夫妻的全部财产或部分财产归双方共同所有。我国《民法典·婚姻编》第一千零六十二条的规定,夫妻在婚姻关系存续期间所得的下列财产,为夫妻的共同财产,归夫妻共同所有:①工资、奖金、劳务报酬;②生产、经营、投资的收益;③知识产权的收益;④继承或者受赠的财产,但是根据《民法典》第一千零六十三条第三项规定的除外;⑤其他应当归共同所有的财产。

夫妻个人特有财产制,是指在依法或约定实行夫妻共同财产的前提下,夫妻各自保留一定范围的个人财产。夫妻个人特有财产制,是对夫妻共同财产制的限制和补充。《民法典·婚姻编》第一千零六十三条规定,夫妻个人特有财产由以下财产组成:①一方的婚前财产;②一方因受到人身损害获得的赔偿或者补偿;③遗嘱或者赠与合同中确定只归一方的财产;④一方专用的生活用品;⑤其他应当归一方的财产。

除法定财产制外,我国法律也承认夫妻约定财产制。夫妻约定财产制,是指夫妻以契约依法选择或创设的夫妻财产制,在适用上具有优先于法定财产制的效力。我国《民法典·婚姻编》第一千零六十五条规定,男女双方可以约定婚姻关系存续期间所得的财产以及婚前财产归各自所有、共同所有或者部分各自所有、部分共同所有。约定应当采用书面形式。没有约定或者约定不明确的,适用《民法典·婚姻编》第一千零六十二条、第一千零六十三条的规定。夫妻对婚姻关系存续期间所得的财产以及婚前财产的约定,对双方具有法律约束力。夫妻对婚姻关系存续期间所得的财产约定归各自所有,夫或者妻一方对外所负的债务,相对人知道该约定的,以夫或者妻一方的个人财产清偿。

3. 夫妻扶养关系

扶养的概念有广义和狭义之分。广义的扶养,是指亲属间相互供养的法律责任,并无不同身份、辈分的区别。狭义的扶养,是指夫妻和兄弟姐妹等平辈之间相互供养的法律责任。我国婚姻法中所指的扶养,专指夫妻在生活上相互供养成法律责任。根据我国《民法典·婚姻编》第一千零五十九条的规定:"夫妻有相互扶养的义务。"一方不履行扶养义务时,需要扶养的一方,有要求对方付给扶养费的权利。

4. 夫妻继承关系

夫妻继承关系参见本节第三部分——三、继承。

(二)亲子关系

亲子关系,即父母子女关系,在法律上是指父母和子女之间的权利义务关系。我国婚姻法调整的父母子女关系的范围是广泛的,它包括婚生的父母子女关系、非婚生父母子女关系、养父母与养子女关系和继父母与继子女关系。

1. 父母对子女有抚养的义务

抚养,是指父母在经济上对子女的供养和在生活上对子女的照料。父母对未成年子女的抚养是无条件的。除法律另有规定外,任何情况下父母都必须履行抚养义务。

2. 父母对子女有教育的义务

教育,是指父母在思想品德、学业上对子女的关怀和培养。它包括两个方面的内容:一是父母应当尊重未成年人接受教育的权利,必须使适龄的未成年人按照规定接受义务教育,不得使在校接受义务教育的未成年人辍学。二是父母应当以健康的思想、品行和适当的方法教育未成年人,引导未成年人进行有益身心健康的活动,预防和制止未成年人的不健康活动。

3. 父母对子女有保护和教育的权利和义务

保护,是指父母应保护未成年子女的人身安全和合法权益,防止和排除来自自然界的损害以及他人的非法侵害。

教育,在这里是指父母按照法律和道德规范的要求,采用适当的方法对未成年子女进行管理和教育。

父母对于未成年子女的保护和教育,既是父母的权利,同时也是父母的义务。根据我国婚姻法的规定,父母有保护和教育未成年子女的权利和义务。在未成年子女对国家、集体或他人造成损害时,父母有承担民事责任的义务。父母不履行抚养义务时,未成年的或不能独立生活的子女,有要求父母付给抚养费的权利。

4. 子女对父母的赡养、扶助的义务

赡养,是指子女对父母的供养,即在物质上和经济上为父母提供必要的生活条件。扶助,是指子女对父母在精神上和生活上的关心、帮助和照料。根据我国婚姻法的规定,子女对父母有赡养扶助的义务,子女不履行赡养义务时,无劳动能力的或生活困难的父母,有要求子女付给赡养费的权利。

5. 父母子女间的继承关系

父母子女间的继承关系参见本节第三部分——三、继承。

(三) 祖孙和兄弟姐妹关系

1. 祖父母、外祖父母与孙子女、外孙子女间的抚养、赡养关系

我国《民法典·婚姻编》第一千零七十四条第一款规定,有负担能力的祖父母、外祖父母,对于父母已经死亡或者父母无力抚养的未成年孙子女、外孙子女,有抚养的义务。由此可见,祖父母、外祖父母对孙子女、外孙子女的抚养义务是有条件的,即祖父母、外祖父母有负担能力;孙子女、外孙子女的父母已经死亡或父母无力抚养;孙子女、外孙子女未成年。

同时,我国《民法典·婚姻编》第一千零七十四条第二款规定,有负担能力的孙子女、外孙子女,对于子女已经死亡或者子女无力赡养的祖父母、外祖父母,有赡养的义务。可见,孙子女、外孙子女对祖父母、外祖父母的赡养义务,也是在一定条件下发生的,即孙子女、外孙子女有负担能力;祖父母、外祖父母的子女已经死亡或子女无力赡养。

2. 兄、姐与弟、妹间的扶养义务

我国《民法典·婚姻编》第一千零七十五条第一款规定,有负担能力的兄、姐,对于父母已经死亡或者父母无力抚养的未成年弟、妹,有扶养的义务。可见,兄、姐对弟、妹的扶养义务,也是有条件,即兄、姐有负担能力;父母已经死亡或无力抚养;弟、妹未成年。

同时,我国《民法典·婚姻编》第一千零七十五条第二款也规定,由兄、姐扶养长大的有负担能力的弟、妹,对于缺乏劳动能力又缺乏生活来源的兄、姐,有扶养的义务。可见,这种扶养义务也是有条件的,即弟、妹是由兄、姐扶养长大;弟、妹有负担能力;兄、姐缺乏劳动能力又缺乏生活来源。

3. 祖父母、外祖父母与孙子女、外孙子女间以及兄、姐与弟、妹间的继承关系

祖父母、外祖父母与孙子女、外孙子女间以及兄、姐与弟、妹间的继承关系参见本节第三部分——三、继承。

三、继承

(一) 继承与继承权

继承,是指自然死亡后,其遗留的个人合法财产依照法律的直接规定或有效遗嘱,无偿转移给其近亲属所有的法律制度。在继承中,遗留财产的人称为被继承人,其遗留的合法财产称遗产,依法承受他人财产的人称继承人。

继承权是指继承人依法享有的继承被继承人遗产的权利。根据继承法的规定,公民取得遗产继承权必须具备四个方面的根据:一是法律根据,即法律的规定或立遗嘱人的合法有效的遗嘱的指定;二是事实依据,即被继承人死亡和遗产的存在;三是身份依据,即与被继承人有法定的亲属关系;四是有继承能力,任何生存的公民都有继承权利能力。并且《民法典·继承编》第一千一百五十五条规定:"遗产分割时,应当保留胎儿的继承份额。胎儿娩出时是死体的,保留的份额按照法定继承办理。"

继承权的丧失,是指继承人因对被继承人或其他继承人犯有某种罪行或有其他违法行为而被依法剥夺继承资格。根据《民法典·继承编》第一千一百二十五条第一款的规定:"继

承人有下列行为之一的,丧失继承权:(一)故意杀害被继承人;(二)为争夺遗产而杀害其他继承人;(三)遗弃被继承人,或者虐待被继承人情节严重;(四)伪造、篡改、隐匿或者销毁遗嘱,情节严重;(五)以欺诈、胁迫手段迫使或者妨碍被继承人设立、变更或者撤回遗嘱,情节严重。继承人有前款第三项至第五项行为,确有悔改表现,被继承人表示宽恕或者事后在遗嘱中将其列为继承人的,该继承人不丧失继承权。"

　　李某(女)的老伴早年去世,留下她和儿子林云、女儿林静共同生活。林静大学毕业后,虽在外地工作,但经常寄钱回家,也常回老家看望李大妈;而儿子林云初中毕业后就辍学在家,并迷上了虚拟的网络世界。随着上网开销的不断增加,林云一次又一次地伸手向母亲要钱。终于,李大妈生气之下拒绝了他的请求。从此,林云开始虐待李大妈,在家里的地板上泼洒菜油,想让李大妈滑倒摔伤;还经常在李大妈洗澡的时候,故意关掉热水器的天然气,让李大妈受冷感冒……2018年元旦,李大妈在电话里将林云虐待自己的事情告诉了林静。林静赶回家斥责林云。然而林云没有丝毫悔改之意,还对妹妹和母亲大打出手。在女儿和邻居们的陪同下,李大妈向当地居委会、派出所、妇联反映了自己的遭遇。

　　在相关部门的教育和帮助下,林云找了一份工作,开始积极上进。对李大妈的态度也渐渐转变,经常嘘寒问暖,变得十分体贴孝顺。儿子的改变使得李大妈精神也变得愉快起来,不但明确表示原谅了儿子曾经的不孝行为,还经常在邻居面前夸自己的儿子变得孝顺了。

　　2020年6月,李大妈病逝。去世后,留下了遗产10万元及住房一套。在分割遗产时,妹妹林静说哥哥林云经常虐待母亲,母亲病逝和哥哥的虐待有直接关系,所以林云没有资格继承母亲的遗产。兄妹俩对此争论不休,最终林静将哥哥诉至法院。

本案涉及继承权的丧失和恢复。从哥哥林云的行为来看,其经常虐待自己的母亲,还对母亲和妹妹大打出手,应属于虐待被继承人且情节严重。《民法典·继承编》第一千一百二十五条第一款规定:"继承人有下列行为之一的,丧失继承权:(一)故意杀害被继承人;(二)为争夺遗产而杀害其他继承人;(三)遗弃被继承人,或者虐待被继承人情节严重;(四)伪造、篡改、隐匿或者销毁遗嘱,情节严重;(五)以欺诈、胁迫手段迫使或者妨碍被继承人设立、变更或者撤回遗嘱,情节严重。"根据该条第三项规定,林云丧失了继承李大妈遗产的权利。

但这种继承权的丧失只是相对的,如果具备法定条件,可以得到恢复。《民法典·继承编》第一千一百二十五条第二款规定:"继承人有前款第三项至第五项行为,确有悔改表现,被继承人表示宽恕或者事后在遗嘱中将其列为继承人的,该继承人不丧失继承权。"本案中,林云在相关部门的教育下,认识到了自己的错误行为,并确有悔改的实际行动,后又得到了李大妈的宽恕,因此其继承权得到恢复,仍然可以继承李大妈的遗产。①

（二）遗产

　　遗产是公民死亡时遗留的、可以依法转移给他人的个人合法财产。作为一种特殊的财

---

① 季差:《虐待被继承人并非永久丧失继承权》,《检察日报》2011年8月6日。

产,遗产只存在于由继承开始后到遗产处理结束前这段时间之内。遗产有两个特征:其一,遗产具有来源上的专属性,即它是属于被继承人死亡之前个人所有的合法财产。这些合法取得的财产,既包括被继承人单独所有的财产,也包括被继承人与他人共有的财产属于被继承人的份额;其二,遗产具有可转移性,即它是可以与人身分离而独立移转给他人所有的财产权利和义务。

《民法典·继承编》第一千一百二十二条对遗产作了概括性的规定,即"遗产是自然人死亡时遗留的个人合法财产"。其具体内容一般包括:公民的收入;公民的房屋、储蓄和生活用品;公民的林木、牲畜和家禽;公民的文物、图书资料;法律允许公民所有的生产资料;公民的著作权、专利权中的财产权利;公民的其他合法财产等。

(三)法定继承

法定继承又称无遗嘱继承,是指继承人的范围、继承顺序、代位继承以及遗产分配的原则等,均按法律的直接规定予以确定的继承方式。法定继承有两个基本特征:第一,法定继承以一定的人身关系为基础。确定法定继承人的范围、继承顺序和遗产份额的根据是继承人与被继承人之间存在血缘关系、婚姻关系和收养关系;第二,法定继承人的范围、顺序和继承份额以及遗产分配的原则等都由法律具体加以规定,属于强制性的法律规范,除法律另在规定外,任何组织和公民均无权加以改变。

根据《民法典·继承编》第一千一百二十三条规定:"继承开始后,按照法定继承办理;有遗嘱的,按照遗嘱继承或者遗赠办理;有遗赠扶养协议的,按照协议办理。"由此可见,我国采取在遗嘱继承优先原则的同时,确立了有特色的遗赠扶养协议制度,并规定遗赠扶养协议有优于遗嘱继承的效力。具体而言,法定继承适用于下列情况:第一,被继承人生前未同他人订立遗赠扶养协议,或已订立的遗赠扶养协议失去法律效力,或被继承人未用遗赠扶养协议处理其全部遗产,而未处分的遗产无遗嘱继承的,适用法定继承;第二,被继承人生前没有立遗嘱或遗嘱没有处分其部分财产,其未处分的财产适用法定继承;第三,被继承人生前所立遗嘱,由于违反了国家法律、法令等,经人民法院判决宣告无效的,适用法定继承;第四,被继承人在遗嘱中指定的遗嘱继承人或受遗赠人放弃继承或拒绝接受遗赠的;第五,遗嘱继承人或受遗赠人丧失继承权或受遗赠权的;第六,遗嘱继承人或受遗赠人先于被继承人死亡的。

那么,在适用法定继承方式时,哪些人可以作为死者遗产的继承人呢?根据《民法典·继承编》第一千一百二十七条的规定,可以作为法定继承人的有:配偶;子女,包括婚生子女、非婚生子女、未解除收养关系的养子女、与继父母形成抚养教育关系的继子女;父母,包括生父母、养父母和有抚养关系的继父母;兄弟姐妹,包括同父母的兄弟姐妹、同父异母或者同母异父的兄弟姐妹、养兄弟姐妹、有扶养关系的继兄弟姐妹;祖父母、外祖父母;尽了主要赡养义务的丧偶儿媳、丧偶女婿。

《民法典·继承编》第一千一百二十七条规定,遗产按照下列顺序继承:第一顺序,配偶、子女、父母。第二顺序,兄弟姐妹、祖父母、外祖父母。继承开始后,由第一顺序继承人继承,第二顺序继承人不继承;没有第一顺序继承人继承的,由第二顺序继承人继承。《民法典·继承编》第一千一百二十九条规定:"丧偶儿媳对公婆,丧偶女婿对岳父母,尽了主要赡养义务的,作为第一顺序继承人。"这种顺序,在法律上叫法定继承人的继承顺序。

在法定继承的情况下,如果处于某一继承顺序的继承人先于被继承人死亡,那么,该继承人的晚辈直系亲属依法可以代继承人"继承",这叫"代位继承"。在代位继承中,先于被继承人死亡的子女称为被代位人,代替被代位人行使继承权的称为代位人。代位人享有的权利称为代位继承权。《民法典·继承编》第一千一百二十八条规定:"被继承人的子女先于被继承人死亡的,由被继承人的子女的直系晚辈血亲代位继承。被继承人的兄弟姐妹先于被继承人死亡的,由被继承人的兄弟姐妹的子女代位继承。代位继承人一般只能继承被代位继承人有权继承的遗产份额。"

根据《民法典·继承编》第一千一百三十条的规定,法定继承人分配遗产应遵循一般均等、适当照顾、权利义务相一致和相互协商的原则,具体而言,应依照以下原则进行:第一,一般情况下应均等分配;第二,特殊情况下可以不均等分配。不均等分配的情况有:对生活有困难的缺乏劳动能力的继承人,分配遗产时,应当予以照顾;对被继承人尽了主要扶养义务或者与被继承人共同生活的继承人,分配遗产时,可以多分;有扶养能力和的扶养条件的继承人,不尽扶养义务的,分配遗产时,应当不分或少分;继承人协商同意的,也可以不均等分配。

(四)遗嘱继承

遗嘱继承,是指继承人按照被继承人的遗嘱,继承被继承人遗产的继承方式。它有以下几个法律特征:①遗嘱继承以遗嘱的存在为前提;②遗嘱继承的开始,必须有被继承人立有遗嘱和立遗嘱人死亡两个法律事实构成;③遗嘱继承的继承人的范围、顺序、遗产份额,都可由遗嘱人在遗嘱中指定,而且不受继承法对法定继承所规定的范围、顺序和遗产分配原则的限制。

根据《民法典·继承编》的规定,遗嘱的形式有:①自书遗嘱,即由遗嘱人亲笔书写,签名,并注明年、月、日的遗嘱;②代书遗嘱,即有两个以上见证人在场见证,由其中一人代书,并由遗嘱人、代书人和其他见证人签名,注明年、月、日的遗嘱;③打印遗嘱,即遗嘱是通过打印形式呈现,有两个以上见证人在场见证,遗嘱人和见证人在遗嘱每一页签名,注明年、月、日的遗嘱;④录音录像遗嘱,即以录音录像形式设立的,有两个以上见证人在场见证,遗嘱人和见证人在录音录像中记录了其姓名或者肖像,以及年、月、日的遗嘱;⑤口头遗嘱,即遗嘱人以口头形式设立的遗嘱。遗嘱人只有在生命垂危或其他紧急情况下,遗嘱人无法采取其他形式订立遗嘱时,才可以订立口头遗嘱。订立口头遗嘱必须有两个以上的与遗嘱继承人无利害关系的见证人在场见证。危急情况解除后,遗嘱人能够用书面或者录音录像形式立遗嘱时,原先所立的口头遗嘱无效;⑥公证遗嘱,即依照公证程序和方式所订立的遗嘱。

根据《民法典·继承编》第一千一百四十二条的规定:"遗嘱人可以撤回、变更自己所立的遗嘱。立遗嘱后,遗嘱人实施与遗嘱内容相反的民事法律行为的,视为对遗嘱相关内容的撤回。立有数份遗嘱,内容相抵触的,以最后的遗嘱为准。"

遗嘱是遗嘱人的意思,遗嘱要发生法律效力,必须具备一定的条件,即:①遗嘱人在立遗嘱时必须具有遗嘱能力;②遗嘱必须是遗嘱人的真实意思表示;③遗嘱的内容必须合法;④遗嘱的形式必须符合法律规定。

(五)遗赠和遗赠扶养协议

遗赠是公民以遗嘱的方式将个人合法财产的一部分或全部赠送给国家、集体组织或法定继承人以外的其他公民,并于遗嘱人死亡时发生执行效力的单方法律行为。《民法典·继承编》第一千一百三十三条第三款规定,自然人可以立遗嘱将个人财产赠与国家、集体或者法定继承人以外的组织、个人。《民法典·继承编》第一千一百二十四条第二款规定:"受遗赠人应当在知道受遗赠后六十日内,作出接受或者放弃受遗赠的表示;到期没有表示的,视为放弃受遗赠。"

遗赠扶养协议,是一方扶养对方终生而对方将个人遗产的全部或一部分遗赠给扶养人的协议。根据《民法典·继承编》第一千一百五十八条的规定:"自然人可以与继承人以外的组织或者个人签订遗赠扶养协议。按照协议,该组织或者个人承担该自然人生养死葬的义务,享有受遗赠的权利。"

(六)遗产管理人

遗产管理人,是指继承开始后遗产分割前的财产管理者。没有遗产管理人,遗产难以被顺利地继承。为此,我国《民法典·继承编》确立了遗产管理人制度。

关于遗产管理人的选任,根据《民法典·继承编》第一千一百四十五条、第一千一百四十六条规定,继承开始后,遗嘱执行人为遗产管理人;没有遗嘱执行人的,继承人应当及时推选遗产管理人;继承人未推选的,由继承人共同担任遗产管理人;没有继承人或者继承人均放弃继承的,由被继承人生前住所地的民政部门或者村民委员会担任遗产管理人。对遗产管理人的确定有争议的,利害关系人可以向人民法院申请指定遗产管理人。

关于遗产管理人的职责,《民法典·继承编》第一千一百四十七条、第一千一百四十八条规定,遗产管理人应当履行下列职责:①清理遗产并制作遗产清单;②向继承人报告遗产情况;③采取必要措施防止遗产毁损、灭失;④处理被继承人的债权债务;⑤按照遗嘱或者依照法律规定分割遗产;⑥实施与管理遗产有关的其他必要行为。遗产管理人应当依法履行职责,因故意或者重大过失造成继承人、受遗赠人、债权人损害的,应当承担民事责任。

关于遗产管理人的报酬,我国《民法典·继承编》第一千一百四十九条规定,遗产管理人可以依照法律规定或者按照约定获得报酬。

本 章 小 结

民法是私法、权利法,它以确认和保护民事主体的私权为基本目的。民事活动应当遵循平等、自愿、公平、等价有偿、诚实信用的原则。现代民法上,民事主体具有开放性、多元化的特点。民事法律行为是以产生私法之效果为目,以意思表示为基本要素的表意行为,是引起民事法律关系变动最主要、最广泛的法律事实。民事权利的内容具有广泛性,包括物权、债权、知识产权、人身权等,我国物权法、侵权责任法以及有关知识产权保护法律的相继制定与修订,进一步强化了对民事权利的保护。婚姻法是调整一定社会的婚姻关系的法律规范的总和,是一定社会的婚姻制度在法律上的集中表现。继承法是关于自然人死后由其继承人继承对其财产权利和义务予以承受的法律规范的总称。我国《民法典》的颁布和施行,对民事主体的民事生活和合法民事权益保护将发挥最基础、最直接的作用。

本 章 关 键 词

诚信原则 自然人 民事权利能力 民事行为能力 法人 无效民事法律行为 表见代理 所有权 用益物权 担保物权 违约责任 侵权责任 诉讼时效 婚姻家庭 婚姻成立 婚姻终止 法定继承 遗嘱继承

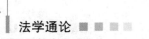

案例评析

（一）

【基本案情】

2019年8月26日，A市某食品公司经理张乐委托去B市办事的某个体商行负责人赵刚将该公司的营业执照副本和盖有该公司合同专用章的空白合同书交给公司驻B市办事处的王菁。赵刚到B市后，因事务缠身一直未将营业执照副本和空白合同书交到王菁手中。同年9月2日，赵刚从朋友处得知B市某粮油加工厂欲购买玉米，便持营业执照副本和空白合同书与加工厂签订了供应500吨玉米的合同。9月4日，加工厂按合同约定将30万元定金汇入A市工商银行赵刚指定的账户。后因种种原因，赵刚组织货源不成，致合同无法履行。加工厂便找到食品公司经理张乐，要求食品公司承担违约责任。张乐以该合同不是本公司人员所签，且定金未汇入本公司账户为由，拒绝承担责任。双方争执不下，粮油加工厂诉至法院。

【法律分析】

食品公司是否承担违约责任，可以从以下方面进行分析：①食品公司经理张乐委托赵刚将该公司的营业执照副本和盖有公司公章的空白合同书交给公司驻B市办事处的王菁，食品公司与赵刚之间形成了委托法律关系。②赵刚从朋友处得知B市某粮油加工厂欲购买玉米事实后，未得到食品公司授权即以公司名义与粮油加工厂签订供应500吨玉米的合同，本属无权代理。但赵刚在签订合同时持有食品公司的营业执照副本和盖有该公司合同专用章的空白合同书，从代理行为的外表来看，粮油加工厂有理由相信赵刚属于有权代理，即存在外表授权的假象，张某的代理行为构成表见代理。所谓表见代理，是指由于被代理人的过失足以使善意第三人相信无权代理人具有代理权，并基于这种信赖与无权代理人进行民事活动，由此产生的法律效果法律强制由被代理人承担的代理。③根据《民法典·总则编》第一百七十二条的规定，相对人有理由相信行为人具有代理权的，代理行为有效，不必经被代理人的追认。

结论是：食品公司与粮油加工厂之间形成了表见代理的关系，供应500吨玉米的合同有效。食品公司不得以该合同不是本公司人员所签，且定金未汇入本公司账户为由，拒绝履行合同义务。故本案中食品公司应承担不履行合同的违约责任。食品公司对粮油加工厂承担违约责任后，可以向无权代理人赵刚主张损害赔偿责任。

（二）

【基本案情】

李海是某中学在校学生，一日下课后在楼道里走动时，天花板上的一个吸顶灯突然落下将其砸伤。正在该校办事的教育局干部丁郝民遇见此事，便向正在上课的老师王向东借了一辆摩托车，送李海去医院。由于丁郝民对王向东的车不熟悉，车速较慢，而且中途还多次熄火，耽误了不少时间，在快到医院时，丁郝民迎面与骑自行车逆行的张小明相撞。张小明是邮局邮递员，正在送报纸途中，相撞后张小明未受伤，丁郝民受了轻伤，李海再次受伤，摩托车被撞后无法启动。丁郝民和张小明两人抬着李海送往医院，李海经抢救后留下后遗症，经鉴定为头部被两次撞击、失血过多、耽搁时间过长所致。

问:(1)李海所受损害由谁承担责任?为什么?(2)对于摩托车损坏的损失,王向东可向谁请求赔偿?为什么?(3)丁郝民受到的人身伤害应向谁请求赔偿?为什么?

【法律分析】

(1)本案中,李海是因学校楼顶天花板上的吸顶灯坠落而造成人身伤害。根据《民法典·侵权责任编》第一千二百五十三条之规定,建筑物、构筑物或者其他设施及其搁置物、悬挂物发生脱落、坠落造成他人损害,所有人、管理人或者使用人不能证明自己没有过错的,应当承担侵权责任。可见,学校应承担建筑物侵权的民事责任。张小明是邮局的工作人员,其在送报途中骑自行车逆行致李海再次受到伤害,属于职务侵权行为,应由其单位(邮局)承担侵权责任。丁郝民送李海到医院进行治疗属于民法上的无因管理行为,并无过错,不应对李海的伤害承担民事责任。

(2)对于摩托车的损失,王向东可以向丁郝民请求赔偿,也可向邮局请求赔偿。前者主张的是合同责任,即王向东把摩托车借给丁郝民使用,双方形成了借用合同关系,丁郝民应承担合同违约责任。后者为侵权责任,即王向东作为财产所有权人,向邮局主张侵权民事责任。

(3)丁郝民可向邮局主张赔偿。因为张小明是职务行为造成他人损害,由邮局承担责任。邮局承担民事责任后,可以根据应的过错程度、认错程度及经济状况,责令其承担一定的赔偿责任,但这只是邮局与其工作人员的内部问题。同时,丁郝民亦可向李海父母请求适当补偿。这是因为,丁郝民是因为实施无因管理行为而使自己受到伤害。对此,《民法典·总则编》第一百八十三条规定:"因保护他人民事权益使自己受到损害的,由侵权人承担民事责任,受益人可以给予适当补偿。没有侵权人、侵权人逃逸或者无力承担民事责任,受害人请求补偿的,受益人应当给予适当补偿。"这实际上是对见义勇为等社会救助行为的肯定和鼓励。

(三)

【基本案情】

李兰与潘涛原系远亲关系,自幼相识,1984年4月确定恋爱关系,并于同年10月开始同居共同生活。1985年1月双方登记结婚,与潘涛的父、母(王某)共同生活。7月生育一子潘晓。1984年4月,潘涛由其父母、单位领导等送至上海市某精神病防治院诊治,被诊断为轻度精神病。李兰知晓上述情况。李兰与潘涛结婚登记时,潘涛的父母坚决反对。潘涛的单位在其要求出具结婚登记证明时,将潘涛的病情告知了李兰。李兰坚持认为潘涛的病婚后可以治愈,故要求潘涛单位出具结婚证明。但婚后5年多的时间里,潘涛一直病假,有一半以上时间在医院住院治疗,未能治愈。后原告李兰起诉离婚。

原告李兰起诉及案件审理期间,被告潘涛尚在住院治疗。原告诉称:婚前虽然知道被告患有精神病,但自认为婚后可以痊愈,故与被告结婚。但婚后被告精神病久治不愈,故起诉坚决要求离婚,并提出子女由自己抚养,潘涛祖上遗留的16张古画是夫妻共同财产,一半应归自己所有。被告的法定代理人王某辩称:原告既然婚前知道被告系精神病患者而与之结婚,现在又以被告患精神病为由起诉离婚,是不道德的,故坚决不同意原、被告离婚;并主张该古画是潘某和王某的共同财产,理由是古画是潘某的父亲去世时留下的潘家祖传财产。

李某不能对古画享有权利。但李某仍主张古画是夫妻共同财产,自己对一半的古画享有权利。双方争执不下,请求法院判决。

【法律分析】

人民法院应判决原、被告离婚。根据《最高人民法院关于人民法院审理离婚案件如何认定感情已破裂的若干意见》的规定,婚前知道对方患有精神病而与其结婚,久治不愈的,视为夫妻感情确已破裂。一方坚决要求离婚,经调解无效,可依法判决准予离婚。本案原告明知被告患有精神病而与之结婚,但被告婚后5年多未痊愈,夫妻感情确已破裂,故法院应准予原、被告离婚。

被告潘涛祖上遗留的16张古画不是潘某与李某的夫妻共同财产。夫妻共同财产是婚姻关系存续期间一方或双方所得的财产,其中包括一方或双方继承、受赠的财产。本案中的16张古画是被告潘涛的父亲去世时留下的,其母对一部分古画也享有继承权。李某依法可分得2张古画。16张古画是被告潘涛的父亲和母亲王某的夫妻共同财产,一人一半,各8张,潘父死后,其所有的8张画由潘某和其母王某继承,各4张,被告潘某所得的4张为潘某与李某的夫妻共同财产,李某可分得2张。

复习思考题

1. 如何理解诚实信用原则在市场经济法治化建设中的作用?
2. 简述自然人民事行为能力的概念与种类。
3. 如何理解胎儿利益的保护?
4. 如何理解法人超越经营范围所订立合同的效力?
5. 简述无效民事法律行为的概念与分类。
6. 如何理解效力待定民事法律行为与可变更、可撤销民事法律行为的区别?
7. 如何理解表见代理的概念与构成要件。
8. 如何理解物权的概念与特征?
9. 简述侵权责任的概念与构成要件。
10. 简述诉讼时效中止与中断的联系与区别。
11. 简述结婚的条件。
12. 简述婚姻终止的后果。
13. 简述遗产的范围。
14. 简述遗嘱的形式和效力。

第八章 商事法制

学习目标

- 掌握商法的基念、特征与基本原则
- 掌握商法与其他部门法之间的关系
- 掌握商事主体的概念、特征与基本分类
- 掌握商事行为的概念、特征与基本分类
- 掌握商事行为的特殊规则

第一节 商法概说

一、商法的概念与特征

(一)商的概念

对商法概念的科学概括,离不开对商的含义的科学界定。现代汉语中的"商"或"商事"在英语和法语中表述为"commerce",在德语中表述为"handlers",在拉丁语中表述为"commerium",在日语中表述为"商"。但什么是商,在辞义学、经济学和法学上的解释也各不相同。

1. 辞学意义上的解释"商"

在我国《后汉书》中有"通财鬻货曰商"。在《考工记》中有"商其远近,度其有无,通四方之珍异以资之谓之商"。《说文解字》中有"阜通货,贿注行曰商"。总之,在我国古代文献中,有关"商"的解释都可以看到,"商"包含有商品交换和货物买卖的内容。从外文文字含义的解释来看,"商"也是指商品交换或买卖行为以及泛指货物、产品或任何种类财物的交易。美国《布莱克法律辞典》解释"商",是指货物、生产品或任何种类财物的交换。《拉威尼当代商法》也认为"商"是指"对各类物品的交易或交换之总括"。[①]

2. 经济学意义上的"商"

经济学上把"商"作为社会再生产过程中的一个不可或缺的流通环节和流通部门加以研究。在经济学意义上,早期的"商"是指以货币为媒介的商品交换过程,表现为W(商品)—G(货币)—W(商品)的一个交换过程。到了现代,社会化大生产与社会分工导致了商品经济

---

① 张国键:《商事法论》,三民书局1980年版,第4页。

的巨大发展,"商"的内涵也不断得到扩充。商人介入商品流通后,使商品流通形式上从原来的以货币为媒介转变为以商品为媒介,商品流通的目的不再是为买而卖,而是为卖而买,最终实现货币资本的增值。这个阶段的"商"表现为 G(货币)—W(商品)—G′(货币)的一个交换过程。G′是商品买卖的差益,即商业利润。这种商品流通不再是简单追求商品使用价值和所有权的转移,而是交换价值,即追求价值增值。可见,经济学意义上"商"的研究涉及商品流通的经济规律、本质、形态和职能等问题。

3. 法学意义上的"商"

各国商事立法并未对"商"作出严格的界定,但学理上认为,"商"或"商事",是指一切营利性营业活动和事业的总称。① 法学意义上的"商"强调行为的营利目的,并以此将"商"和"非商"区分开来。于是,经济学意义上的"商"和法学意义上的"商"在含义上逐呈差异。经济学意义上的"商"局限于以营利为目的的直接媒介财货交易,即买卖行为,也就是法学上所称的"买卖商",亦即学者所称的"固有商"。而法学意义上的"商",除了"固有商"外,还包括范围更广的"非固有商",即包括与商品流通相关联的中介、生产、担保、保险、金融、信托、证券、旅游、娱乐、广告、信息等众多领域,并随着社会经济领域的发展,法学意义上的"商"的外延还将不断扩大。由此,有学者概括指出,现代法学意义上的商,是指营利性主体所从事的一切营利性营业活动和事业之总称,是对营利性主体从事的各种活动之概括,是对各种持续性营利性行为之概括,是对各种营利性营业之概括。②

(二) 商法的概念

各国商事立法均未对商法作出法律界定,各国学者对商法的定义也各不相同,是仁者见仁,智者见智。一般认为,商法是调整商事关系的一系列法律规范的总称。对此,我们可从两个方面来理解:一是商法是以商事关系作为调整对象的法律规范;二是商法是由一系列法律规范构成的法律体系。

1. 商法是以商事关系作为调整对象的法律规范

商事关系,是指商事主体按照商事法律的规定所从事的各种以营利为目的的营业活动所发生的财产关系。现代社会中,商事关系纷繁复杂,但商事关系在其长期发展过程中,逐渐呈现出自己的特点:

第一,商事关系是一种平等主体之间的财产关系。首先,商法是私法,商事关系只能是发生在平等地位的主体之间。不同于民事关系,在商事法律关系中,至少有一方是商主体,即这是一种发生在商人之间或商人与非商人之间的法律关系;其次,商法不调整全部私人关系,它只调整私人财产关系,即人们在物质资料的生产、分配、交换和消费过程中所形成的经济利益关系,而有关人身关系则并非商法调整的内容,而由民法来进行调整。

第二,商事关系是商事主体基于营利动机而建立的财产关系。营利性是商事关系的本质属性。所谓营利,是指商主体为谋求超出资本的利益并将其分配给投资者的行为。营利是一切商事关系形成的基本动机和目的,也是商事经营活动的出发点和归宿。商事关系只能发生在商事主体为实现营利性目的的商事活动之中。

第三,商事关系是发展在持续营业性的财产关系。所谓营业,是指商事主体从事商事活

---

① 赵中孚:《商法总论》(第三版),中国人民大学出版社2007年版,第4页。
② 赵万一:《商法基本问题研究》,法律出版社2002年版,第47页。

动,除了具备经营目的的营利性外,还必须具备经营时间上的连续性和经营空间上的同一性。因此,即便商事主体的行为目的在于营利,但在时间上只是偶尔为之,也不算营业。同时,虽在时间上具备连续性,但其行为种类各不相同,也不算营业。可见,商事关系只能发生在营业性的商事活动之中。

2. 商法是由一系列法律规范所构成的法律体系

所谓"一系列法律规范的总称",是指商法是由各种商事法律所构成的一个体系。在民商合一体例下,除了将有关商法的一般性规则纳入民法典之外,其他具体商事法律均采用单行立法的形式存在;在民商分立体例下,除编纂独立的商法典之外,另外还制定许多商事单行法。商法的概念在不同场合使用时意义不同,具体有形式意义上的商法和实质意义上的商法、广义的商法和狭义的商法之区分。

(1) 形式意义上的商法和实质意义上的商法。从商法的表现形式来看,可以分为形式意义上的商法和实质意义上的商法。

形式意义上的商法是指奉行民商分立原则的国家,在民法典外还制定的以"商法"命名的法典,其内容包括商法的一般性原则以及商事公司、票据、保险、破产、海商等基本制度。形式意义上的商法着眼点为规范的表现形式和法律的编纂结构,它以商法典作为界定商法概念的基础。在大陆法系国家中,法国、德国、日本、巴西、奥地利、比利时、卢森堡、希腊、西班牙、葡萄牙等国家均制定有《商法典》。

实质意义上的商法是指一切调整商事关于法律规范的总称。实质意义上的商法不以商法典作为商法概念的界定基础,而是着眼于商法法律规范的性质、规范的构成、规范的作用和规范的实施方式等理念的有机统一,而不论该法律规范是否以冠以商法之名。其形式包括各种有关商事的专门规范、散见于民法、行政法和其他部门法中有关商事的规范以及有关判例和规则。

形式意义上的商法只存在于采取民商分立体例的国家,但无论是否采取民商分立模式还是民商合一立法模式的国家,都存在实质意义上的商法。在市场经济条件下,一个国家可能没有形式意义上的商法,但不可能没有实质意义上的商法。

我国属大陆法系国家,是否采用民商合一还是民商分立,理论上一直存在很大争议,立法实践上也未形成统一规划。2020年5月28日,我国正式通过了《民法典》,并在《民法典》中对个体工商户、法人、营利法人等商主体及其商行为做出了基础性的规定。虽然有了《民法典》,但要不要制定形式意义上的商法典以及如何制定商法典则在理论界远未达成共识。就商事立法而言,我国已经制定了《公司法》《保险法》《票据法》《证券法》《海商法》《破产法》等大量商事单行法律,此外还有关于商事登记方面的行政法规以及其他法律部门中有关商事的规定。这些法律规范共同构成了我国实质意义上的商法。

(2) 广义的商法和狭义的商法。从商法包括的范围来看,可以将商法分为广义的商法和狭义的商法。

广义的商法包括调整各种商事关系的法律规范总称,并可再分为国际商法和国内商法。

国际商法是指国际法上调整商事活动的法律规范,主要表现为国际间的商事条约、公约、协定以及其国际间共同遵守的商事习惯法等。在全球经济一体化的趋势下,国际商法往往成为一个国家制定国内商法时重点借鉴和吸收的内容。国内商法则是指调整国内商事活动的法律规范,它又可细分为商公法、商私法两种。所谓商公法,是指公法上调整商事关系的法律规范,主要包括宪法、行政法、税收法、银行法以及刑法上有关商法内容的规定;而商私法则是指私法上调整商事关系的法律规范,主要表现为英美法系国家的商事制定法和商事习惯法以及大陆法系国家的《民法典》中的商事规定、《商法典》、商事单行特别法以及有关商事的习惯法等。

狭义的商法,仅指调整国内商事关系的商事私法,即国内商法中的商事私法,而商事公法则并不包括在内。关于商事私法,在民商分立和民商合一的国家,其表现形式各不相同。前者如《商法典》、商事特别法以及商事习惯法;而后者如《民法典》中的商事特别规定、商事特别法以及有关商事习惯法。

我国学术界研究商法,大多以商事私法,即以狭义的商法和实质意义上的商法作为研究对象。

(三) 商法的特征

商法的特征是商法区别于其他法律部门的主要标志,也是商法本质的外在表现形式。与其他法律部门相比,商法具有如下几个明显特征:

1. 商法的营利性

营利性是指商事主体通过经营活动,以谋求超出资本收益的特性。商法从它诞生那天起就烙上了谋利、求赢、趋财的印痕,反映了"天下熙熙,皆为利来;天下攘攘,皆为利往"的经济价值规律,讲求交易价值,谋求投资回报,实现利润最大化,以营利性为其本质特征。如公司的设立旨在营利,股东投资也旨在营利。再如证券交易,无论是证券公司还是在证券交易所从事交易的投资者,他们从事股票、债券等各类证券的买卖,皆因一个利字。营利性是商法对于商品经济市场价值规律的客观反映,没有商事主体对商业利润的孜孜追求,没有商法对这种利润追求的切实保护,就不会有商品经济的发展,也就不会有人类的物质文明进步。

但是,商法并不是单纯地只讲营利。商法只是鼓励和保护通过正当交易手段和合法投资途径获取的经济利益和商业利润,尤其崇尚诚实信用之交易原则。欺行霸市、坑蒙拐骗、巧取豪夺、尔虞我诈等不正当竞争或非法手段的营利,商法不仅不允许,而且是坚决禁止的。商法是利己法,但绝不是损人法;商法是营利法,但绝不是投机法。①

2. 商法的技术性

与民法规范侧重伦理性规范不同,商法以经济效用为主要目的,商法适应商事交易现代化、科技化的要求,为维护交易的便捷、安全和公平,其规范具有较强的技术性。现代商事交易更多地融合了先进的科学技术,商事交易的这一特点使得商法的内容和商法规范也具有明显的技术性,它不仅要求人们具有诚实信用的道德观念和商业信誉,也要求人们具有更为精确、缜密的经济、技术知识和思维。如《公司法》关于公司注册资本的出资及评估、公司机构的议事方式与表决程序等;《票据法》中关于票据的无因性、文义性、独立性、票据抗辩的限制规则等;《保险法》中关于保险危险的确定、保险价值的测定、保险费率的计算、保险理赔的程序与规则等;《海商法》中关于船舶抵押、提单的签发与转让、旅客运输合同中的赔偿责任限额、海难救助的报酬与补偿、共同海损的认定与理算等,莫不体现了商法极强的技术性。

3. 商法的灵活性

商法既反映商事交易的简捷性,又反映其安全性和公平性,具有非常明显的灵活性。一

---

① 刘凯湘:《论商法的性质、依据与特征》,《现代法学》1995 年第 5 期。

方面,商法为方便当事人,提高交易效率,在诸如商业登记程序、订约方式、履约手段、解纷途径等环节采用自由主义,奉行意思自治原则,以适应商事交易简便、迅捷的需要;另一方面,又在诸如企业登记、企业形式的种类、归责原则与责任范围、抗辩权的行使等制度上实行强制主义,以维护交易之公平及社会公共利益,把二者灵活地结合起来。

商法的灵活性也体现在商法的内容及修改方面。由于商事交易日新月异,瞬息万变,商法必须适应这种变化需要并及时作出修改与完善。例如,《日本商法典》自1899年颁布以来,前后进行了40余次的重要修改或补充,是日本大型法律中修改、补充次数最多的法律。

4. 商法的私法性

商法兼具私法和公法的特性,是公、私法结合的法,但其本质仍为私法。商法的私法性是显而易见的,因为商法的主旨意在调节和保护商事主体的财产性利益,无论是商个人还是商法人,当其以商事主体身份参与到商事活动中来,其权利和义务就会受到商法规范的调整和约束。

然而,随着现代经济的发展,社会整体观念的加强,国家制度与私法关系逐渐放弃了不加干涉的自由放任主义政策,而是采取了积极的干预方式,从而在立法中出现了所谓的"私法公法化"现象。"私法公法化"在商法领域表现得尤为明显,即商法在以任意性私法规范为中心的同时,为保障私法规范的实现,同时也设置了大量的强制性公法规范,使商事主体的自由意志受到了一定的限制,如关于商事登记、商事账簿、商号等的规定;公司法中对公司登记的规定;保险法中关于保险代理人和保险经纪人主体资格和经营行为监督的规定,都具有鲜明的公法色彩。

但是,"私法公法化"只表明公、私法的相互渗透,而决不意味着相互取代。为此,我们不能过分强调二者之间的共同性而否定公法与私法二者之间的本质区别。商法尽管兼有私法和公法的双重属性,但究其本质,仍属私法无疑。同时,商法的这一双重属性也正好反映了现代市场经济日益表现为混合型经济的发展趋势,体现了商法的进步性与灵活性。

5. 商法的国际性

商法的国际性主要表现为各国国内商法规范的趋同化和国际间商事公约的订立。现代商事交易更为明显地跨越了国家、地区和民族的界限,货物的买卖、技术的转让、资本的融通、海上运输及其保险、货款结算等直接反映了商事交易国际化的特点。商法在制定和形成的过程中,不可能不考虑到跨国交易的需要以及其他国家的商事立法和惯例,而且一国科学、合理、高效的商事制度往往会迅速地为他国所借鉴和效仿,一项成熟的国际商事公约更易为各国所承认与参加。商法就其法律适用效力可分为国际商法和国内商法。前者表现为日益增多的国际商事条约和惯例;国内商法表现为各国制定的商法典和单行商事法规。而无论是国际商事条约还是国内商事立法,都反映了商法的国际化特点,而这一特点也将随着国际范围内统一商事实体法立法步骤的加快和国内法更多地向统一的国际商事条约靠拢,这一特点也将愈益明显。商法较之其他部门法(包括民法)更能超越国家与民族的界限,弱化各国国内政治、经济文化的差异,具有明显的国际性。

6. 商法的发展性

商法从无到有,从初步形成到日趋完善,到形成统一法律规范体系,充分体现了它不断发展进步的特点。商法最初表现为习惯法,后来通过编纂商事习惯法,大大推进了商法的制度化和规范化,使商法的发展有了一个形成成文法的基础。后来,商事习惯法逐渐发展成为国内法性质的制定法,并创立了大量的商事制度,进一步推动了商法的发展。

社会经济生活随着科学技术的进步而加速发生变化,商法也必须适应时代变化而适时进行补充和修订,以保持其发展性。商法的发展性主要表现在如下几个方面：

第一,从海商到陆商。早期商业活动以海商贸易为中心而展开,早期的商法尤以海商法最为发达,而陆商法律制度则显得较为简陋和粗糙。随着交通工具的多样化,商事活动逐渐从海上走向陆地,商法立法的重心也逐渐转移到对陆商的规范上,最为典型的就是公司法律制度得到了充分的发展。

第二,从传统的商业领域到金融商业领域。现代商法是一部关于资本与金融的法律。① 如在《法国商法典》和《德国商法典》时期,商法的内容主要局限于商品的制造、贸易、加工等传统商业领域,到了《美国统一商法典》时期,其商法则更加关注资本市场和金融市场的投资和交易活动,出现了反映了有关证券和金融业务的内容。在我国,受民商合一立法例的影响,绝大多数传统商业领域为合同法所吸收后,剩下的商法只有公司、证券、银行、保险、期货、信托、投资基金等资本与金融领域了。

第三,商事交易手段和交易方式的发展变化。传统的商事交易方式主要局限于当事人之间面对面的协商,但随着科学技术的发展,电话、电报、传真、网络、电脑、手机等现代智能终端的发明,使得人们之间的远距离协商和交易成为可能。现代交易所的出现,也使得商事交易中的集中竞价交易方式成为可能。同时,随着标准合同的出现以及大量在银行、保险、证券等商业领域中使用,这极大地节省了交易费用,提高了交易效率。此外,在互联网的时代,现代电商、云商、微商的出现,也大大加剧了商业竞争,使得商业模式、商业交易方式和手段不断推陈出新,日新月异,处于快速变化与革新之中。

基于这些变化,商法补充、修改和完善的频率就变得越来越高。为此大多数国家在《民法典》或《商法典》之外,还制定了大量的商事单行法以适应商事环境的变化,以便于随时作出相应的调整,保持商法的进步性,并以此促进商业的繁荣和社会的进步。

二、商法的基本原则

(一) 商事营业自由原则

自由是法的基本价值,它在商法领域的体现便是商事营业自由。商事主体只有在自由意志下,才能发挥主观能动性,以便明智地决策去谋求利润的最大化。商事营业自由意味着在不违反法律法规的强制性规定和不违背公序良俗的前提下,任何人都可以自由地从事营利性活动,这也是"法无禁止即自由"在商事领域的集中体现。商事营业自由在商法中的具体表现如下：

1. 商事结社自由

商事结社自由,是指可以自主决定是否与他人通过缔结契约的方式成立合伙、公司或其他营利性组织共同从事营利性活动。商事结社自由包括如下内容：①采纳准则主义规则。只要符合法律规定的形式要件和实质要件,即可设立商事组织,无须经过特殊的审核或核准程序;②行为人可自由决定是否与他人设立商事组织,也有权自由选择合作伙伴;③行为人

---

① 施天涛:《商法学》(第二版),法律出版社 2004 年版,第 16 页。

有权自由选择商事组织的形式；④行为人可自由根据法律或章程的规定决定退出或解散商事组织。

2. 商事投资自由

商事投资自由，是指商主体可根据自由意志，在不违反强行法和公序良俗的前提下，自由决定投资营业的范围和方式，任何他人不得干涉。

3. 商事组织内部管理自由

商主体属于私法主体，商事组织内部的管理事务属于私法自治的范畴。在法律不禁止的情况下，商主体可自由制定商事组织内部管理规则、设立内部管理机构、决定内部管理方式、选择内部决策程序和方式并自由选择内部纠纷解决方式。

4. 商事开业和歇业自由

开业自由是指商主体可自由决定何时、何地以及何种方式公开营业。歇业自由是指商主体可以自由决定结束营业，包括停止营业自由和解散营业自由。

（二）商事主体法定原则

商事主体是商业活动的基本交易单位，其组织健全与否直接关系到市场交易基础是否稳固。为维护商事关系的稳定与统一，维护交易安全和保护第三人利益，现代商法大多采用大量的强制性规定来对商主体的资格进行严格控制，从而形成了商事主体法定原则。它主要包括商主体类型法定、商主体内容法定和商主体公示法定。

1. 商主体类型法定

商主体类型法定，是指商法对商主体的类型作出明文规定，商主体的创设、变更必须依照法定预定的主体类型和标准进行，法律禁止在法定类型之外任意创设非典型的或者过渡性的商主体类型。商主体法定，就要求对不同类型的商事主体的资本构成、责任性质、组织机构等重大问题作出强制性规定。如我国《公司法》仅仅规定了股份有限公司和有限责任公司，当事人就不能任意创设那些在西方国家允许的诸如无限责任公司、两合公司以及股份两合公司等公司类型。

2. 商主体内容法定

商主体内容法定，是指可以进行经营活动的商主体的财产关系和组织关系由法律直接规定，当事人不得创设或变更形成具有非规范性财产关系与组织关系的商主体。依商法规定，同一类型的商主体设立后，将具有相同性质的财产归属关系、利润分配关系、财产责任关系、注册资本规模和商业税收关系以及内部组织关系，任何商主体想改变其内部关系，非经登记不得生效。有限公司、股份公司、合伙企业、独资企业、中外合作企业等不同的商主体，其投资者与企业之间以及投资者之间的财产关系存在着巨大的差异。这种不同的差异，在法律上就表现为不同商主体的设立规则不同。商主体内容法定，对不同商主体有不同的法律要求，构成了商主体之间的根本差异性，也形成了不同商主体的自身特点。

3. 商主体公示法定

商主体公示法定，是指商主体之成立、变更及终止，都必须按照法定程序予以公示，以便交易第三方及时知晓，未经法定公示，不得对抗善意第三人。现代国家改变了过去商事主体设立的自由主义立场，而奉行准则主义，强制规定商事主体非经登记不得设立，并规定商事主体依法登记的内容必须强制性公示。如规定依法登记注册的事项及法定文件不仅应备置于登记机关，还应备置于商事主体的经营场所，以便交易方能及时查验，也便于行政机关的监督检查。商事主体法定主义原则是传统商事交易行为自由主义向现代商事活动国家干预转变的结果,是现代国家商事管理制度的核心,是商事登记制度的基础,充分反映了作为私法的商法所含有的公法性成分和因素。①

(三)商事主体维持原则

商主体维持原则,又称企业维持原则,是指商法通过各种制度安排,确保商事组织关系的稳定存续和健康发展。商事组织关系的存续和稳定发展,是现代商事交易活动得以顺利进行的前提和基础。企业破产、解散不仅是企业自身的经济损失,而且还会对企业员工、消费者和社区经济乃至整个社会秩序造成重大影响。因此,商法一直致力于发挥企业的集中人力、物力和财力的机能,并致力于防止因企业的破产、解散而造成的不必要的损失。它具体体现为:

1. 商主体资本确保规则

资本是企业存续和发展的前提和基础,强化企业资本就是强化商事组织的物质基础。在大陆法系国家的公司法中,为确保公司存在的真实性,一般就股东出资缴纳、验资、最低资本限额等都作出了明确的规定。为了能使公司资本有效集中,公司法和证券法对公司股份发行、转让等问题都作出了详细的规定。在传统大陆法系国家中,公司法理论还坚持公司资本确定、资本维持和资本不变三原则,并禁止将公司资本借与股东或其他个人。

2. 实行有限责任制度

有限责任制度是现代公司的基石。公司法规定有限责任公司和股份有限公司都实行有限责任制度。所谓有限责任是指股东作为投资者只以投资额为限对公司债务承担有限责任,公司则仅以其所有资产为限对公司债务承担责任。有限责任制度有利于减少和转移投资风险和促进市场交易,并将商事主体的责任限制在一定范围之内,有利于维护和强化企业组织。

3. 避免企业解体规则

避免企业的解散和破产是维持和强化商事组织的重要措施,为此,商法特设了如下规则:第一,明确规定企业设立的条件,减少企业设立无效的情形,增加企业存续的可能;限制企业设立瑕疵对企业的法人人格的影响;第二,规定企业合并分立后的法律效果,确保企业的同一性和延续性;第三,企业成员的变动不影响企业法律地位;第四,在破产法上设立破产和解制度和破产重整制度,为濒临破产的企业提供存续的机会和可能。

4. 经营风险分散规则

商法中规定若干分散企业风险的制度来增强企业抵御风险的能力,降低因风险而导致企业解散的可能性。如公司法中规定将公司股份分散于众多的投资人手中;保险法规定了各种财产保险制度;海商法中规定了共同海损制度等等。

(四)商事交易简捷原则

商事交易,重在简便,贵在迅速,才能实现商业经营的营利性目的。在商法中,交易简便化、交易定型化和短期时效都具体体现商事交易简捷的原则:

1. 交易简便化

根据各国商法规定,相当一部分商事法律行为采取了要式行为和文义行为方式,这使得

---

① 范建、王建文:《商法学》(第二版),法律出版社2009年版,第9页。

此类法律行为中的大部分内容通过强行法或推定法预先加以确定,仅将少部分特殊的内容留待交易当事人约定,由此形成法律行为文献的证券化和标准化。这对于简化交易手续,保障交易便捷所起的作用是显而易见的。如现代各国商法实践中广泛采用的票据、提单、保险单、股票、企业债券等流通证券等均是此种法律行为文献标准化的典型。

2. 交易定型化

所谓的交易定型化,包括交易形态定型化、交易客体定型化和交易方式定型化三个方面。

(1) 交易形态定型化,是指商法通过强行法的规则预先规定若干类型的典型交易方式,使商事交易方式定型化,从而使得任何组织和个人,无论何时何地交易,都将获得同样的法律效果。如销售商在销售货物时明码标价,并写明货物的规格、品牌、产地等事项,使得买受人得以迅速决定承诺与否,由此促进交易的便捷。

(2) 交易客体定型化,是指交易对象的商品化和证券化。为促进权利的转让,商法特别强化了权利证券化规则,创设了公司股票、债券、仓单、提单、保单以及票据等证券化权利,通过证券化权利的交易,极大地简化了权利转让程序,便利证券的流通。

(3) 交易方式定型化,是指在交易中由交易当事人一方事先拟定一般交易条款,对方只能表示同意或不同意的一种交易方式。这种交易方式在合同法上称作格式合同或定型合同。格式合同在银行、保险、证券等商事领域中的大量使用,极大地提高了交易效率,促进了经济的发展。

3. 短期时效主义

所谓短期时效,是指将交易行为发生债权的时效期间予以特别的缩短从而快速确定其行为的法律效果。商法为谋求交易的便捷,颇多采取短期时效主义,对各类商事请求权普遍采取了不同于民法上时效期间的短期时效,如《票据法》的票据请求权、《海商法》的船舶债权人的先取特权、《保险法》的保险金索赔请求权等都采取了短于民法时效的短期时效。这种短期时效主义旨在推动商事交易纠纷的迅速解决,尽管它牺牲了债权人的时效利益,但换取了交易便捷的社会效益,由此体现了现代商法的价值取向。

(五) 商事交易安全原则

商事交易要求简捷,但更需要安全,如果没有安全性,交易的简捷便毫无意义。商事交易安全原则,就是要减少和消除商事交易活动中的不安全因素,确保交易行为的法律效用和法律后果的可预见性。商法上对于交易安全的维护主要表现为商事交易条件采取强制主义、公示主义、外观主义及严格责任主义。

1. 强制主义

强制主义,是指国家通过强行法手段,适度管理和控制商事交易。这在商法中主要表现为:第一,商法通过公法规范直接对商事关系进行管理,如商法对于商事登记、商事账簿、消费者保护、不正当竞争和反垄断等方面的规则,均体现了国家对商事行为的强制性管理;第二,交易行为和商业文书的要式主义,即要求商事交易必须遵守法律规定的形式。如为确保交易安全,商事票据和许多商事文书都必须采取定型化和法定化形式。如《公司法》要求公司章程、股票凭证、出资证明书、招股说明书、公司债券等都必须符合法定要求;《票据法》对汇票、本票、支票的格式、记载事项都作出强制性规定,否则,票据无效。

2. 公示主义

公示主义,是指商主体进行商事活动,对涉及利害关系人的营业事实,必须依据商法的规定,负有公示并履行告知义务。公示主义为保护交易安全的首要原则,其目的在于保护社会交易人或不特定的第三人。为确保交易安全,各国商法都采纳了公示制度。如在《公司法》中,公司的设立、变更、合并、分立、注销等事项都必须进行登记公告。上市公司的招股说明书、财务报告等都必须公开和备置;公司债券募集办法都必须公布。《证券法》也规定了可能影响上市公司股票价格重要事件的强制性信息披露制度。

3. 外观主义

外观主义,是指交易的效果应当与交易行为的外观为准。依据外观主义,法律行为完成时,出于对交易安全的保护,原则上不得撤销。即公示于外表的事实,纵然与该商事交易的实际情形不符合,对于因信赖该外观事实而所有作为之人,亦应加保护,以维护交易的安全。① 外观主义在商法上的体现比较复杂,如不实登记的责任、字号借用的责任、表见代理制度、票据的文义性与要式性、票据背书连续的证明力等都是外观主义的体现。

4. 严格责任主义

严格责任,是指在商法上特别地使交易行为当事人承担较为严格的责任。在商法上,严格责任主义主要体现为无过错责任和连带责任。①无过错责任。在某些商事交易中,商法要求债务人无论是否有过错,均应对债权人负责。如出卖人要对标的物的品质和权利承担全面担保责任,甚至要担保标的物具有适销性。② ②连带责任。如《公司法》规定,公司发起人在公司不能成立时,对设立行为所产生的债务和费用负连带责任;如《票据法》规定,凡在票据上签章的人,包括出票人、承兑人、背书人、保证人及其他共同签章人,均对票据权利人承担连带责任。

三、商法与其他部门法的关系

商法与其他部门法的关系在大陆法系国家受到较高的理论关注。对商法与其他部门法之间的关系的界定对于完善商法体系,有机协调不同法律部门之间的关系,具有重要意义。

(一) 商法与民法的关系

商法与民法的关系是商法与其他部门法的关系中最重要和最基本的问题之一,它是商法独立性之关键所在。商法和民法都属于私法范畴,都调整平等主体之间的财产关系。二者都采用自我调整机制,强调私法自治,注重维护私法中传统的"意思自治原则"。理论上,商法与民法的联系十分密切,但区别也十分明显。

1. 两者凭借的社会经济基础不同

民法是商品经济的产物,伴随商品经济的产生而产生,随着商品经济的发展而发展;而商法是以市场经济为基础与依托,商法的产生是随着资本主义商品经济的发展,生产社会化程度的提高。现代商法已经演变成规范商事组织和商事活动的法律,随着经济的发展,商法不断适应市场经济发展的需要,规范市场主体、维护交易安全。

2. 两者的价值追求目标不同

民法以追求其主体人格独立与被尊重为价值目标,立足于民事主体的个体权利,强调公

---

① 刘善兴:《商事法》,三民书局1984年版,第8页。
② 叶林、黎建飞:《商法学原理与案例教程》,中国人民大学出版社2006年版,第20页。

平与正义,是以权利为本位的私法,具有鲜明的道德性即伦理色彩。而商法的价值追求目标,则在于使社会生产效率能够得到更大幅度的提高,更加强调安全与效率,具有极强的功利性质,即经济学色彩。

3. 两者的调整对象不同

民法调整平等主体人之间财产关系和人身关系。其中财产关系包括有偿性和无偿性的财产关系,其调整的范围和内容较为广泛。而商法不调整人身关系,其调整的财产关系也仅限于经营性主体基于营利目的而从事的营利性财产关系。

关于商法与民法的关系,学界通说认为,民法是一般法,而商法是特别法。在商事活动中,商法的适用优先于民法,商法的效力优先于民法。凡商法没有特别规定者,民法的一般规则可补充适用。①

(二) 商法与经济法的关系

商法和经济法调整社会经济活动,二者在性质上也有共同之处,经济法具借助国家之力,调整维护市场秩序和对国民经济进行调控,具有公法的性质;而商法在维护交易安全和社会经济秩序上,也具有公法化的趋势,具有某些公法的特性。尽管如此,商法与经济法之间的区别也是十分明显的:

1. 追求法益不同

商法着眼于商事主体的权益,侧重保护个体的合法权益,而经济法则着重于整个国民经济生活全局,侧重维护社会整体利益,旨在建立公平的竞争秩序,创造商事主体平等的入市机会并进行公平竞争。

2. 调整对象不同

商法以商事主体,特别是商事企业为对象,主要调整平等主体之间的商事财产关系,对行政机关的调整也主要局限于商事管理机关的商事管理行为。经济法则不仅调整经济活动的主体,即经营主体的行为,而且调整国家及其代表机构,如权力机关和行政机关参与经济活动或运用国家权力干预经济活动的行为。可见,经济法调整的对象是因国家的适度干预而发生的经济关系。

3. 调整机制不同

商法采用自我调整机制,强调私法自治,注重维护私法中传统的"意思自治原则";而经济法则采用社会整体调节机制,以国家名义对社会经济生活进行干预,则信守"国家统治原则"。②

4. 法律属性不同

商法是以平等主体为本位的私法,以任意性规范为主;而经济法则是以国家为本位的公法,以强制性规范为主。

5. 法律体系构成不同

商法以商主体、商行为、公司法、票据法、证券法、保险法、海商法等为内容;而经济法则以价格、税收、反不正当竞争、反垄断等为内容。

(三) 商法与行政法的关系

商法作为私法规范和公法规范都兼容的法律规范体系,其公法性规定主要是行政法律

---

① 王保树:《商法总论》,清华大学出版社 2007 年版,第 28 页。
② 范建、王建文:《商法学》(第二版),法律出版社 2009 年版,第 16 页。

规范,如商事登记制度、商事账簿制度、股权转让登记制度、船舶登记制度等。然而,商法与行政法作为不同的法律部门,其在调整对象和调整方法上存在着明显的区别,这主要表现如下:

1. 二者调整的对象不同

首先,行政法调整的对象是行政关系,是根据国家意志产生的,是国家权力运行的结果;而商法调整的商事关系则是基于商事主体的自由意志产生的,是商主体自主自愿行为的结果。

其次,行政关系中的法律主体,必然有一方是国家行政管理机关,有时双方皆为行政管理机关;商事关系中的双方一般皆为自然人、法人或其他商事组织,国家只有在特殊情况下才成为商事关系主体,如政府采购、国家发行国库券等。

最后,行政法调整的行政关系属于隶属关系,是一种不平等关系;而商法调整的商事关系具有平等性,是一种平权关系。

2. 二者调整的方法不同

首先,行政法以强制性规范为主,其调整方法具有强制性,其保护的首要利益是国家利益;而商法以任意性规范为主,其调整方法具有任意性,主要采取营利自我调解机制,首要保护的利益是商事主体的合法利益。

其次,行政关系中主体所获得的权力是国家授予的,它是职权与职责的结合,其权力与特定主体相联系,不可任意放弃,也不可随意转让;而商事关系中主体的权利与主体的个人意志相联系,并可由主体依照自由意志合法处分。

第二节 商事主体

一、商事主体概述

(一)商事主体的概念

商事主体,简称商人,是指享有商事经营资格,基于营利目的,以从事营利性活动为职业,自己的名义实施商事行为,并享受和承担商事权利和义务的个人和组织。

各国商法在确定商人概念时遵循了不同的立法原则,大致可分为客观主义原则、主观主义原则和折中主义原则:

1. 客观主义原则

客观主义原则又称实质主义原则,即以商事行为作为确定商人含义的立法基础。商法着眼于行为自身的商的性质,并将其行为的主体确定为商主体。即凡是实施了商行为的人,即为商人。如1807年的《法国商法典》第一条规定"商人者,以商行为为业者。"旧的《德国商法典》也采用此原则,该法第四条规定,以商行为为业者,为商人。

2. 主观主义原则

主观主义原则又称形式主义原则,即以商人概念作为商事立法基础。此种模式优先关注商人的定义,然后推导出商行为概念。此种立法重视商人的概念和分类,其通常的表述为,商人所从事的行为就是商行为。如《德国商法典》采用了该原则,规定商人是从事商事经营的人。瑞士《债务法》也采用此原则,该法第九百三十四条规定,从事商事制造业以及其他以商人的经营方法经营并将其商号注册登记者为商人。

3. 折中主义原则

折中主义原则兼顾了商人和商行为两个概念,并将两者共同作为商法的构造基础。在规定商事主体的同时,既注意商行为的客观性,也强调商行为的形式。如日本《商法典》一方面从一定行为的自身性质将其视为商行为,另一方面又列举了另一些行为,并规定仅在其营业的情况下才被视为商行为。《日本商法典》第五百零一条和第五百零二条列举的商行为成为决定商人概念的基本商行为,以这些基本商行为为业者就是商人。除此之外的行为,则需根据其自身的因素即营业方式和企业设备等来决定其是否属于商人。

主观主义原则注重行为的客观商性质,从而高度概括了商事主体的特征,但难免具有含糊的缺点,而客观主义原则则采取列举的方法,并以此确定商事主体的范围,在克服含糊性缺点上有所突破,但社会经济生活是不断变化发展的,列举的方式也存在难免摆脱挂一漏万的可能。折中主义原则,却能将客观主义与主观主义结合起来,避免了二者的缺点,能较好地确定商事主体的特征和范围,并被大多数国家的商事立法所采纳。

(二) 商事主体的特征

1. 商主体的法定性

为维护商事交易安全,现代商法大多采取了商主体法定原则,对商主体的类型、商主体的组织关系和财产关系以及商主体的登记公示方法都作出了强制性的规定。商主体本质上是一种法律拟制主体,它具有与一般民事主体不同的特殊的权利能力和行为能力,即所谓特定的营业范围内的商事能力或商法上的资本。商主体资格的取得基于商事登记制度,只有履行了登记程序,该组织或个人才能成为商主体。根据我国现行法律的规定,任何组织和个人须在进行工商登记并取得营业执照后,才能成为商主体,方可从事营利性活动;未履行登记手续,任何人不得从事营利性活动。

2. 商主体的营业性

营业是指以谋求利益为目的,公开和反复不断地从事同一性的经营。因此,如果商事主体主观上具有营利性目的并在客观上实施了经营性活动,即构成营业。商主体的营业,必须具备营利性、连续性、同一性、公开性和正当性。

3. 商主体的职业性

商人必须是以实施商事交易行为为其职业。所谓职业,即该商人所经常从事的或者赖以谋生的活动。如果只是偶尔从事一次商事行为,如农民把自己生产的吃不完的蔬菜偶尔拿到市场上去出售,虽也是一种商品交易行为,但不属于职业性活动,所以不能被认定是商人。

4. 商主体的技能性

技能是指从事某种活动所具备的知识、信息、经验、技术和能力。美国《统一商法典》第二编第一百零四条规定"商人是指经营实物货物买卖的人,或者在其他方面因职业对交易实践或货物具有特殊知识和技能的人;或者那些由于雇佣代理人,经纪人或居间人——这些人因其职业是具有这种特殊知识或技能的——而可以得到这种特殊知识和技能的人"。据此,商人被推定对其营业相关的法律、税务、技术、市场等事项具有相应的经验和技能,并能据此在商事活动中作出合理适当的判断。

5. 商主体的公开性

根据商主体法定原则和商事交易安全原则,各国商法均规定了商事主体的注册登记制度,规定了商事主体的设立条件,并通过商事主体的登记和公示制度,将商主体的经营事实予以公开披露,以便社会公众识别和知晓,并以此保护交易相对人的交易安全。

6. 商主体的独立性

所谓的独立性,是指商主体在商事交易活动中,以自己的名义从事交易活动并享有权利和承担义务。也就是说,只有商主体才是商事法律关系的当事人。这一特征,使得商主体和那些没有独立资格的商主体内部组织机构以及商事辅助人区分开来。如在商事活动中,企业雇员、企业经理人或法定代表人等尽管都参与商事经营活动,但都必须以商事企业的名义来实施,其行为后果归属于商事企业。我国2020年5月颁布的《民法典》第六十条规定:"法定代表人以法人的名义从事的民事活动,其法律后果由法人承受。"据此,企业雇员、企业管理者以及法定代表人等不能以自己的名义从事商事活动并承担责任,他们都不能被认定为商主体。

(三) 商事主体的分类

大陆法系国家的商法理论和实践,通常依据不同的分类标准对商事主体加以类型划分。这些分类体现了各国商法对不同类型商事主体的特别控制要求。概括而言,大陆法系国家的商法对商事主体的分类主要包括如下几种:

1. 商事自然人、商事合伙和商事法人

这是按照商事主体的组织机构特征及其责任承担方式的不同而进行的分类。

(1) 商事自然人。商事自然人,简称商个人,是指按照商法规定独立从事营利活动,依法享有权利和承担责任的自然人。商个人是一个法律拟制的主体,按照现代商法的观念,它可以表现为一个自然人,也可以表现为一个家庭(户),还可以表现为自然人投资设立的独资企业。个人从事商事活动,应具有权利能力和行为能力,并应依法核准登记。如根据我国《民法典》第五十四条规定:"自然人从事工商业经营,经依法登记,为个体工商户。个体工商户可以起字号。"商个人在商事活动中形成的债务,个人经营的以个人财产承担;家庭经营的,以家庭财产承担。为此,我国《民法典》第五十六条规定:"个体工商户的债务,个人经营的,以个人财产承担;家庭经营的,以家庭财产承担;无法区分的,以家庭财产承担。农村承包经营户的债务,以从事农村土地承包经营的农户财产承担;事实上由农户部分成员经营的,以该部分成员的财产承担。"

(2) 商事法人。商事法人,简称商法人,是指按照法定构成要件和程序设立的,拥有法人资格,参与商事法律关系,依法独立享有权利和承担义务的组织。商法人是现代商事活动中最基本的商事主体类型。我国《民法典》第七十六条规定:"以取得利润并分配给股东等出资人为目的成立的法人,为营利法人。营利法人包括有限责任公司、股份有限公司和其他企业法人等。"此外,《民法典》第七十七条规定:营利法人经依法登记成立。依法设立的营利法人,由登记机关发给营利法人营业执照。营业执照签发日期为营利法人的成立日期。

(3) 商事合伙。商事合伙,简称商合伙,也称"商业合伙",是指数个合伙人为实现营利性营业目的而共同出资,共同经营,共享利润,共担风险所形成的人身信赖和财产相结合的集合体。根据我国《合伙企业法》第二条规定,自然人、法人和其他组织都可以在我国境内设立普通合伙企业和有限合伙企业。传统大陆法理论认为,合伙是一种合同关系,而非法律上

的主体,但随着社会经济的发展,各国立法态度有所改变,逐渐将合伙视为独立于自然人和法人之外的所谓的"第三类主体",承认民事合伙和商事合伙之分,并认为商合伙的本质上属于营利性合伙组织,开始赋予其团体能力,包括诉讼能力、商号权等。

2. 法定商人、注册商人和任意商人

这种分类是对商事主体是否需要履行相应的注册要求而进行的分类。

(1) 法定商人。法定商人是指以法律规定的特定商行为为营业内容并经特殊程序而设立的商事主体。根据多数国家商法的规定,法定商人多以实施商行为为其营业内容,包括从事不动产交易、有价证券交易、保险业务、银行金融、海商等业务。设定法定商人通常须依据特定的管理规定履行特殊的商事登记程序。如依据我国现行立法,设立此类商事主体须在履行工商登记程序之前,首先必须履行行政审批(特许)手续。

(2) 注册商人。注册商人是指不以法律规定的绝对商事行为为其营业内容,而经一般商事登记程序而设立,并以核准的营业范围为其商事行为为内容的商事主体。这种商人有注册登记的义务,只有在注册登记之后才能成为商人。因此,商事登记对于注册商人而言具有创设法律效力。此类商人经登记核准的营业内容,并非必然属于商行为的范畴,但由于其以营利性营业方式从事经营活动,并且选定了商事登记程序,故法律商均推定其为商事主体。注册商人是商事领域中最为普遍的商事主体。

(3) 任意商人。任意商人是指不以绝对商行为和营业商行为为其行为内容,并且依法不需要进行商事登记而存在的商主体。这类商事主体的主要特征在于:其一,任意商人并不从事各国商法认定的当然商行为,主要从事辅助性的商行为,仅附属于其他商行为而存在;其二,任意商人所从事的此类活动就其性质而言,并不当然具有营利性,不具有明确稳定的营业内容,其活动的变动性很大,通常不具有严格的连续性;其三,任意商人往往不具有商人所要求的营利性组织的特征,在实践形式上多为小商人或商个人的临时组合。鉴于此,许多国家的商法允许任意商人不需要履行登记程序,之所以允许此类商事主体存在,实际上反映一些国家的灵活而富于弹性的立法政策。①

3. 大商人和小商人

这是按照商事主体是否规范适用商法进行登记注册、建立组织机构和从事管理和经营活动为标准而进行的分类。

(1) 大商人。大商人,又称"完全商人",是指以法律规定的商事行为作为其经营范围,并根据法定商事登记的程序和条件进行商事登记而设立的商事主体。大商人通常为企业或社团组织,规模多为大中型企业,是一种典型的商事主体。

(2) 小商人。小商人,又称"不完全商人",是指从事商法规定的某些商事行为的当事人,依据商事登记法的特别规定经登记而设立的商事主体。小商人的经营规模一般比较小,主要从事农牧业、修理业、服务业、手工业等。小商人的经营规模一般比较小,低于商事登记中关于企业组织注册资金或营业条件的标准,因而适用特殊灵活的登记规定。如《韩国商法典》第九条规定"本法中有关经理、商号、商业账簿及商业登记的规定,不适用于小商人。"

大商人和小商人的分类,体现了商法对不同经营规模的商事主体给予了不同方式控制的政策。一般而言,商法对大商人的统制和管理较为严格,而对小商人及其营业的控制则较

---

① 赵万一:《商法基本问题研究》,法律出版社2002年版,第295页。

为灵活宽松。

4. 固定商人和拟制商人

这种对商事主体的商事行为为标准还是着眼于企业形态为标准而进行的分类。

（1）固定商人。所谓固定商人，是指以营利为目的，有计划、反复连续地从事商法所列举的特定商事行为的组织和个人。该商事主体的特征主要有：一是该商人所实施的行为均以营利为目的；二是该商人是以法定的特定商事行为作为其经常性职业；三是该商人所从事的应当是反复、不间断的营利性商事交易行为。

（2）拟制商人。所谓拟制商人，是指虽不以商事行为作为其经营性职业，但商法仍将其视为商人的一类商事主体。如依照《日本商法典》第四条第二项的规定，依店铺或其他类似设施，以出卖物品为业者，或经营矿业者，虽不以实施商行为为业，也视为商人。

二、商事自然人

（一）商事自然人的概念与特征

1. 商事自然人的概念

在传统商法中，商事自然人，简称商个人，又称"商个体""个体商人"，是指按照法定构成要件和程序取得特定商事主体资格，独立从事商事行为，依法承担商事权利和义务的自然人。商事自然人，在我国《民法典》的规定中，表现为个体工商户和农村承包经营户。

自然人成为商个人，必须符合法律规定的构成要件：其一，自然人从事的商事活动必须具有营利性，是一种以营利为目的的营业行为，即商事行为，而不是个人的消费行为；其二，自然人成为商个人必须符合法定程序，必须履行登记手续，获得法律授权；只有经过登记以个体企业的名义实施的营业行为才属于商事行为；其三，自然人成为商个人，必须具有成为商人的权利能力和行为能力，无行为能力或限制行为能力可以从事商事活动，但必须由其法定代理人代理。

2. 商事自然人的法律特征

商事自然人除了具有商人的一般属性外，还具备如下几个特点：

（1）身份的多样性。商个人是自然人直接从事营业活动的典型形态，它既是商事活动的行为人，也是普通民事关系的参加者，其身份具有多样性。

（2）形式的多样性。在经营形式上商个人可以采取店铺或摊点的固定经营形式，也可以采取流动商贩的经营形式。在经营组织形式上，商个人可以采取一人经营方式，也可以采取家庭经营方式，还可以采取个人独资企业的经营方式。

（3）经营的集中性。无论商个人采取何种经营形式，商个人都以自己的名义直接从事经营活动行为的人，其不仅是经营性财产的所有权，也是经营事务的决策者和经营者。所以，商个人是所有权、决策权和经营权高度集中的特殊经营形式。①

（4）责任的无限性。商个人对外承担无限责任，即不以投入营业的资本或资金为限承担责任。商个人因从事商事活动而发生的债务，个人经营的，以个人财产承担责任；家庭经营的，以家庭财产承担责任。对此，我国《民法典》第五十六条作出了明确的规定："个体工商

---

① 叶林、黎建飞：《商法学原理与案例教程》，中国人民大学出版社2006年版，第20页。

户的债务,个人经营的,以个人财产承担;家庭经营的,以家庭财产承担;无法区分的,以家庭财产承担。农村承包经营户的债务,以从事农村土地承包经营的农户财产承担;事实上由农户部分成员经营的,以该部分成员的财产承担。"

(二)商事个人的类型

根据我国现行法律,商个人可以分为个体工商户、农村承包经营户和个人独资企业三大类型。

1. 个体工商户

个体工商户,是指自然人以个人财产或家庭财产作为出资,依法核准登记并在法定的范围内从事经营活动的自然人或者家庭。我国调整个体工商户的法律法规主要包括《民法典》和《个体工商户条例》等。

个体工商户有以下法律特点:

(1)个体工商户,从产生背景来看,它与我国户籍制度上的"户"紧密相连,是以家庭关系为基础而产生的特殊商个人形态。从法律规定来看,个体工商户资金来源于个人财产或家庭财产,可以个人经营或家庭经营,对外以"户"的名义独立从事商事活动,财产所有者、经营者和劳动者不分离。

(2)个体工商户必须依法核准登记才能成立。有经营能力的城镇待业人员、农村村民以及国家允许的其他人员,可以申请从事个体工商经营。《民法典》第五十条规定,自然人从事工商业经营,经依法登记,为个体工商户。个人经营的以经营者本人申请登记;家庭经营的,以家庭成员中的主要经营者为申请人。登记事项主要包括字号、经营者姓名和住所、从业人数、资金数额、经营范围、经营方式、经营场所等。个体工商户经过注册登记取得营业执照后,方可从事经营活动。

(3)个体工商户可在国家法律和政策允许的范围内从事经营活动。这主要包括手工业、建筑业、交通运输业、商业、餐饮业、服务业、修理业和其他行业。

个体工商户,可以根据经营情况聘请一定数量的帮手;有技术的个体工商户,还可以带一定数量的学徒。

(4)个体工商户可以个人经营或家庭经营。在经营活动中所产生的债务,个人经营的,以个人财产承担;家庭经营的,以家庭财产承担,无法区分的,以家庭财产承担。

2. 农村承包经营户

农村承包经营户,是指农村集体经济组织的成员在法律允许的范围内,按照承包合同的规定,从事商品生产、经营活动的特殊形态。农村承包经营是我国集体经济的一种特殊经营方式。目前,我国确定农村承包经营户法律地位的法律,主要有《民法典》和《农村土地承包法》等。

农村承包经营户有以下法律特点:

(1)农村承包经营户的经营者,必须是农村集体经济组织的成员。在实践中,农村承包经营户大多以家庭为单位进行经营的。

(2)农村承包经营户的经营者,必须根据农村土地承包合同的约定从事经营活动,并应向集体经济组织缴纳承包费用。

(3)农村承包经营户从事经营活动,无需办理工商注册登记。《民法典》第五十五条规定,农村集体经济组织的成员,依法取得农村土地承包经营权,从事家庭承包经营的,为农村承包经营户。

(4) 农村承包经营户的法律地位,主要是根据承包经营合同来确定的。承包经营合同不是单纯的民事合同,还包括行政法律关系,通常采用书面形式。

(5) 农村承包经营户与个人工商户的法律责任相同。根据《民法典》第五十六条的规定,农村承包经营户的债务,以从事农村土地承包经营的农户财产承担;事实上由农户部分成员经营的,以该部分成员的财产承担。

3. 个人独资企业

个人独资企业,是由一个自然人投资设立,财产为投资人个人所有,投资人以其个人财产对企业债务承担无限责任的营利性实体。

设立个人独资企业,必须符合一定的条件:第一,投资人为一个自然人。个人独资企业的投资人,必须具备完全民事行为能力,且其从事商业活动不受法律限制的自然人;第二,有合法的企业名称。个人独资企业的名称,除了应符合《企业名称登记管理规定》外,还应与其责任形式及从事的营业相符合,不得出现"有限"或"有限责任"字样,也不得使用"公司"字样;第三,有投资人申报的出资。对个人独资企业,法律没有法定最低资金限额的要求,只规定有投资人申报的财产,财产多少、形式不受限制,也无须验资;第四,有固定的生产经营场所和必要的生产经营条件以及必要的从业人员。

个人独资企业具有以下法律特点:

(1) 个人独资企业是一个人出资的企业。个人独资企业由一人出资设立,企业成员的单一性构成了个人独资企业与公司、合伙的重要区别之一。

(2) 个人独资企业是非法人企业。个人独资企业是由一个自然人设立出资设立,投资者对个人独资企业债务承担无限责任,这不同与具有法人性质的独资企业,包括国有独资公司、外商独资企业等企业所承担的有限责任有着明显的不同。

(3) 个人独资企业是一种自己所有和控制的企业。个人独资企业的投资人对企业财产拥有所有权,并可以依法进行转让和继承。个人独资企业的投资人享有决定企业一切事项的权利。投资人可以自行管理个人独资企业事务,也可以委托或聘请他人负责企业事务的管理。

(4) 个人独资企业是一种自己承担责任的企业。由于个人独资企业由投资者个人单独拥有和控制,因此,亦由其个人单独承担营业上的一切后果。个人独资企业的投资人对企业债务承担无限责任。个人独资企业解散后,企业投资人对企业存续期间的债务,仍然应当承担偿还责任。

三、商事法人

(一) 商事法人的概念与特征

商事法人,简称商法人。在大陆法系国家中,法人有财团法人和社团法人之分。在社团法人中又有营利性社团法人和非营利性社团法人之分。其中营利性社团法人在我国被称为企业法人。可见,商法人、营利性社团法人和企业法人实质上是同一概念,都是基于营利性目的,依照法定条件和程序设立的,从事营业活动,并依法享有权利和承担义务的社团组织。

商法人作为法人的最基本形式,具有如下几个特征:

1. 独立的人格

商法人是一种拟制的法律主体,是经过特殊登记程序而创立的,具有登记核准的特殊权利能力,能够以自己的名义从事生产经营活动,具有不同于法人成员的法律人格。

2. 独立的财产

商法人具有独立的财产和财产权。商法人的独立财产是指法人的财产不同于法人成员的财产;商法人的独立财产权是指商法人能够依据其章程规定,在经营范围内独立地占有、使用和处分其财产。

3. 独立的意思

商法人作为拟制主体,对外具有统一的法律资格,并以自己的名义从事经营活动;对内具有统一的代表机构、执行机构和其他组织机构,这是形成商法人独立意思的基础。

4. 有限的责任

商法人实行有限责任原则,一方面,商法人以其全部经营财产独立对外承担民事责任;另一方面,商法人的出资人仅以其出资额为限对商法人的债务承担有限责任。

(二)商事法人的类型

商法人在不同的国家有不同的类型,即使在同一国家,根据不同的标准也可以进行不同的分类。根据我国法律的相关规定,商法人根据其所有制性质的不同可以分为如下几种类型:

1. 国有商法人

国有商法人,是指根据我国民法、企业法、公司法的规定,由国家投资设立的、从事生产经营活动的,具有独立权利能力和行为能力,并获得法人资格的企业或公司。国有商法人是我国现行经济生活的主体,在我国国民经济生活中发挥着主导作用。根据我国国有企业法的规定,它可以是国有企业;根据公司法的规定,它可以是国有独资公司和国有控股公司。

2. 集体商法人

集体商法人,是根据我国民法、集体企业法和其他相关法律、法规的规定,由公民或集体单位组建,从事生产经营活动,具有权利能力和行为能力,承担独立法律责任并获得法人资格的商事组织。根据我国《民法典》的规定,主要有农村集体经济组织法人和城镇农村合作经济组织法人等类型。集体商法人在组织形式上,可以是工厂、合作社、合作商店、有限责任公司、股份合作企业等。它普遍存在于我国城乡,从事生产、服务、销售等商事经营活动,在我国现行经济生活中占有重要的比重。

3. 合营商法人

合营商法人,是指由两个以上法人组织共同投资并经工商登记注册而成立的合营性商事组织。根据我国《公司法》的规定,不同的投资主体共同投资,可以组建有限责任公司或股份有限公司。合营商法人具有独立的法律人格,并以自己的名义独立从事商事行为。投资各方以其出资额为限对合营商法人的债务承担责任,合营商法人则以其全部财产对外承担责任。

4. 私营商法人

私营商法人,是由自然人投资设立或由自然人控股,以雇佣劳动为基础的并取得法人资格的营利性经济组织。根据我国法律规定,私营商法人,在形式上可以表现为是有限责任公司、一人公司、股份有限公司等形式。此类私营商法人的最大特点就是投资者皆为自然人或自然人设立的企业,投资者以其出资额为限,私营商法人以其全部资产为限对外承担有限责任。

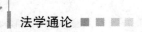

5. 外商投资商法人

外商投资商法人，是指由外商投资经营并取得法人资格的商事组织。在我国现阶段，根据我国外商投资企业法的规定，它可以是中外合资经营企业、中外合作经营企业和外商独资企业。外国投资的商法人作为一种商事主体，在其核准登记的经营范围内所实施的商事行为，同我国其他商法人一样受到法律保护。

四、商事合伙

（一）商事合伙的概念与特征

商事合伙，是指两个或两个以上合伙人订立合伙协议，共同出资，共同经营、共享收益、共担风险，并对合伙债务承担无限连带责任的营利性商事组织。

商事合伙，是一种拟制的法律主体，作为商事主体的一种形态，其法律特征主要表现在如下几个方面：

1. 人数的复合性。商事合伙的合伙人为两人以上，合伙人是否必须为自然人、是否可以是法人或者其他组织，各国法律规定不尽相同。商事合伙强调合伙人共同经营合伙事务，国外法通常对商事合伙的最高人数进行限制。如我国《合伙企业法》第六十一条就规定，有限合伙由二个以上五十个以下合伙人设立，其中最少有一名普通合伙人。

2. 组织的人合性。商事合伙是典型的人合性商事主体，合伙人之间的相互信任关系是维持商事合伙存续和发展的重要基础。为此，各国对入伙、退伙、合伙事务的执行、合伙财产的分割与转让都作出了严格的规定。

3. 经营的共同性。在商事合伙中，各合伙人对执行合伙事务享有相同的权利，可由全体合伙人共同执行合伙事务，也可以由合伙协议约定或全体合伙人决定，委托一名或数名合伙人执行合伙事务。

4. 责任的连带性。在普通合伙中，原则上由全体合伙人对合伙企业的债务承担无限连带责任，即合伙企业资产不足以清偿合伙债务时，债权人有权要求任何一个合伙人予以全部清偿。在有限合伙中，除有限合伙人以出资额为限承担有限责任外，其余的所有普通合伙人对合伙企业债务承担无限连带责任。在特殊普通合伙中，因故意或重大过失造成合伙企业债务的合伙人，须对合伙企业债务承担无限或无限连带责任。

（二）商事合伙的类型

根据我国修订的《合伙企业法》，根据合伙人承担的责任形式不同，将商事合伙企业分为三种类型，即普通合伙、特殊普通合伙和有限合伙。

1. 普通合伙

普通合伙，是由普通合伙人组成的，合伙人对合伙企业的债务承担无限连带责任的合伙形式。如《德国商法典》规定，两个或两个以上的人，以在一个商号下经营商事营业为目的而结成合伙，如果全体合伙人的个人债务都不受限制，即为普通合伙。合伙人显名制是普通合伙的基本特征。

2. 特殊普通合伙

以专业知识和专门技能为客户提供有偿服务的专业服务机构，可以设立特殊普通合伙。特殊普通合伙与普通合伙的区别在于，一定情况下合伙人承担责任的形式不同。我国《合伙企业法》第57条规定:"一个合伙人或者数个合伙人在执业活动中因故意或者重大过失造成合伙企业债务的,应当承担无限责任或者无限连带责任,其他合伙人以其在合伙企业中的财产份额为限承担责任。合伙人在执业活动中非因故意或者重大过失造成的合伙企业债务以及合伙企业的其他债务,由全体合伙人承担无限连带责任。"《合伙企业法》第五十八条规定:"合伙人执业活动中因故意或者重大过失造成的合伙企业债务,以合伙企业财产对外承担责任后,该合伙人应当按照合伙协议的约定对给合伙企业造成的损失承担赔偿责任。"

3. 有限合伙

有限合伙由有限合伙人和普通合伙人组成的合伙,普通合伙人对合伙债务承担无限连带责任,有限合伙人则以其认缴的出资额为限对合伙债务承担责任。在有限合伙中,普通合伙人负责合伙事务的经营和管理,对合伙债务承担无限责任;有限合伙人不参与合伙事务的经营和管理,对合伙债务仅以出资为限承担责任。

五、商事辅助人

商事辅助人,是指与商事主体之间存在着代理关系,为商事主体提供商事辅助性服务活动的人。商事辅助人是独立的商人,它们以自己的名义从事商事活动,并为委托方提供辅助性商事服务,它不同于商事主体的内部人员,与商事主体之间并不存在雇佣关系。

在传统的商法领域,商事辅助人主要包括代理商、居间商和行纪商。

(一) 代理商

代理商是指接受其他商事主体的委托,在代理权限内,以被代理人的名义或自己的名义,为委托人的利益而办理委托范围内的事务并收取相应报酬的商事主体。代理商本身并不是直接的生产者,也不是原始的经营者,而是一种独立的、以自己名义为商事主体提供服务的经营辅助人。

代理商以受人之托,不断地从事贸易联系和贸易缔结为自己的商事事业,是现代经济生活,尤其是现代商事交易不可缺少的重要商事部门。我国现实生活中的总代理商、独家代理商、区域代理商等,都属于商法上的代理商。

代理商是民法代理人制度的演变形式,但与民法上的代理人制度有所不同,具有明显的特点:

(1) 代理商所经营的业务是为被代理人促成商事交易或以被代理人的名义或自己的名义缔结商事交易。促成交易是指通过代理活动,直接或间接影响到有意缔结交易的第三人,从而使被代理人和第三人之间能达成交易协议。以被代理人的名义或自己的名义,是指基于代理商与被代理人之间的委托协议,代理商在代理活动中,可以以被代理人的名义或者以自己的名义提出交易要约或接受交易承诺。这就是我们通常说的"直接代理"和"间接代理"。

(2) 代理商必须固定地从事受人之托并促成交易或代人缔结交易的活动。基于代理商与委托人之间的信赖关系,代理商与被代理人之间的契约关系应该是一种持续的、完整的委托关系,而不是一种临时性的、偶然性的或不完整的法律关系。

(3) 代理商是独立的商事经营者。独立是指"基本上可以自由决定自己的活动和支配自己的工作时间"。代理商在权利关系和经营活动中,不依赖于被代理人,相反,代理商可以拥有自己的营业场所,自己承担营业费用,适用自己的商号,编制自己的财务报表,并可以同时为多个被代理人从事商事代理活动。因此,代理商完全不同于被代理人的雇员。

（二）居间商

居间商,是指向委托人报告订立合同的机会或者提供订立合同的媒介服务,由此受领相应报酬的商事主体。我国市场上大量存在房屋中介公司,如我爱我家、链家地产、中环地产等都是从事房屋租售中介服务的居间商。

居间商的特点主要表现为:

(1) 居间商是一种独立的商事主体。居间商从事居间活动,以自己的名义从事商事媒介服务活动,并以此获取相应报酬。尽管居间商从事的商事媒介服务,但属于一种营利性活动,必须进行注册登记,以获得独立的法律主体资格。

(2) 居间从事特殊的营业活动。居间商只提供缔约中介服务,即为缔约双方提供缔结契约的信息和机会,居间商不以自己或他人的名义缔结契约,不直接介入缔约的任何一方,对契约的履行不承担任何责任,对所从事的商事促成活动及结果也不承担法律责任。

(3) 居间商利益的特殊性。在居间活动中,只有当缔约双方达成协议并实现一定的效果时,居间商才有资格请求支付报酬。

(4) 居间商是一种完全商人,他的活动是自由的、独立的,不像商事主体的雇员那样受到雇佣契约的约束,而是基于报酬请求权从事提供报告和媒介的服务。

（三）行纪商

行纪商,是指以自己的名义为委托人从事贸易活动,并因此受领报酬的商事主体。我国早期的各种委托商行、现行的外贸进出口代理制、证券交易中的证券经纪业务等,都与行经业务极为相似,都可以归入行纪商的范畴。

行纪商的特点包括:

(1) 行纪商必须以自己的名义履行其行为,但行纪商履行行纪行为而产生的交易结果不是为行纪商本人,而是为了委托人。

(2) 行纪商以自己的名义从事是行纪活动,行纪商不仅是契约的当事人,但与交易活动的结果密切相关。行纪商与第三人之间直接发生权利义务关系,第三人不履行契约致使委托人受到损害的,行纪商应当承担损害赔偿责任。

(3) 行纪商以自己的费用为其委托人办理行纪事务,而且,行纪商和第三人之间所订立的契约以及该契约产生的权利义务关系,在转让给委托人之后,并由委托人承担最后的交易结果。

(4) 行纪商必须从事职业性的行纪经营,并以行纪交易之缔结作为其经常性经营业务。因此,行纪商的身份与职业密切相关。

第三节 商事行为

一、商事行为的概念与特征

（一）商事行为的概念

商事行为是大陆法系特有的概念。大陆法学者一般认为,商行为是指以营利为目的而实施的行为,又称商业行为或简称商行为。但由于商事立法理念的差异,大陆法系国家对商事行为的立法原则也各不相同。这些立法原则主要有三种：

1. 主观主义原则

主观主义原则以德国、瑞士等国的商法为代表。这一原则以商人概念为前提，并在此基础上推导出商事行为。采用此原则的国家，其商法均持商人的营业行为是商行为的立场，或者强调商人的经营方法在确定商事行为中的意义。如1900年《德国商法典》第三百三十四条第一款规定："商行为是商人从事其商事经营的全部行为。"瑞士债务法也强调商人经营方法（即登记营业）在确定商事行为上的意义，并认为商业、制造业及其他用商人经营方法的营业行为都是商事行为。

2. 客观主义原则

客观主义原则以法国、西班牙等国的商法为代表。这一原则着眼于行为的客观属性，并以此来确定商行为的范畴。采取此原则的国家，其商法均并不强调商人概念在揭示商事行为中的地位和作用，而是依据行为的客观性质来确定某种行为是否属于商事行为。如《法国商法典》认为，商行为是任何主体从事的以营利为目的的活动。在客观主义原则下，立法强调行为的营利属性，并确定商行为的法定范畴，然后据此推导出商人的概念。

3. 折中主义原则

折中主义原则以日本商法为代表。根据《日本商法典》第三编"商行为"之规定，商事行为是一系列交易性活动的总称，不仅包括任何主体基于任何目的从事的"绝对商行为"，如以获利而转让的意思从事的行为，包括有偿取得动产、不动产、有价证券的行为，于交易所进行的交易行为以及有关票据或其他商业证券的行为等，而且还包括商主体为营利性营业目的而从事的"营业的商行为"行为，如从事商业租赁、商业承揽、商业运送、商事代理和居间、寄托、商事保险等；还包括商主体为其营业而进行的"附属性商行为"，其范围包括商主体为从事营业活动而进行的一切附属性活动。可见，折中主义原则是主观主义原则和客观主义原则的结合并用。

我国由于没有商法典或类似形式意义上的商法，商事行为并非法定概念。长期以来，我国学者都将商行为、商事行为与商业行为作为可以互换的概念加以使用，并没有形成统一的概念，但都强调了商行为的营利性和营业性。此外，我国实行商主体法定原则，任何从事营利性活动的主体必须进行商事登记，在取得营业执照后方可从事营业活动。因此，我们认为，商行为就是商事主体以营利为目的而实施的营业行为。

（二）商事行为的特征

如前所述，商事行为作为营利性营业活动，其本质特征在于营利和营业两个方面。按照商法理论的一般认识，商事行为的法律特征主要表现在以下几个方面：

1. 商事行为是以营利为目的的行为

商事行为本质上是市场交易行为，其根本目的在于实现利润最大化。商事行为作为一种以营利为目的的行为，其着眼点在于其行为的目标，即是否以营利为目标，而不是行为的最终结果，也就是说，至于最后是否盈利或者能够营利，在商事行为的判断上则在所不问。可见，商事行为属于推定法律行为，在商法实践中也往往借助于法律推定规则，只要是商事主体实施的行为，就可以推定其以营利为目的而实施的行为，从而认定为商事行为。

2. 商事行为是营业性行为

所谓营业性，是指营利行为具有公开性、连续性、不间断性和反复性，它表明商事主体至少在一段时间内公开地连续不间断地从事某种同一性质的营利活动,因此,商事行为是一种职业性的营利行为。如果偶尔为之,并不以此为职业,尽管属于营利性活动,不能算是营业。

3. 商事行为是具有商事行为能力的主体所从事的行为

从各国立法来看,商事主体和商事行为表现为互为因果关系。但在以法国为代表的客观主义立法例和以日本为代表的折中主义立法例的国家,商事行为并无特定的主体限制。在采取严格商人法主义的国家,民事主体欲从事商事行为,首先必须根据商事登记程序来获取商事行为能力;而在采取严格商行为自由主义原则的国家中,商法实际上认可民事主体在民事行为能力之外,依据其从事经营行为的性质来推定其具有商行为能力。因此,非经商事登记的主体从事营利性营业行为也受到商法规则的约束。

综上所述,商事行为就其特征而言,是具有商事行为能力的主体从事的,以营利为目的的营业性行为。

二、商事行为的分类

商事行为依据不同的标准,可以分为不同的种类。主要有如下几种:

(一) 单方商事行为和双方商事行为

以行为当事人是否均属于商事主体为标准,可将商事行为分为单方商事行为和双方商事行为。

1. 单方商事行为

单方商事行为是指行为人一方为商事主体而另一方为非商事主体所从事的交易行为,又称"混合交易行为"。如商业银行和普通市民之间的存贷款行为;商品零售商向消费者出售日用商品的行为;客运公司与旅客之间的运送行为等。

对于单方商事行为的法律性质和法律适用,各国商法实践中的认识并不相同,其中许多国家商法确认,单方商事行为或"混合交易行为"本质上属于商事行为,应受到商法的统一控制。如《日本商法典》第三条规定"当事人一方实施商行为时,当事人双方均适用商法"。《德国商法典》也有类似的规定。但法国和英美等国的商法则认为,单方商事行为本质上是商事行为与一般民事行为的结合,因此,商法中有关商行为的规定只适用商事主体一方,其相对人则不适用商法之规范,而适用其他法律之规定。

2. 双方商事行为

所谓双方商事行为,是指行为人双方均为商事主体所从事的营利性营业行为。如制造商与销售商之间的购销行为、批发商与零售商之间的买卖行为等。

双方商事行为不仅是传统商法的调整对象,也是现代商法的调整对象,对于其法律性质和法律适用,各国商法理论和实践中并不存在什么争议。

区分单方商事行为和双方商事行为的意义在于,判断当事人的行为是否适用商法的有关规定。在对非单方商事行为的效力进行解释时,合理斟酌商人与非商人之间的差异,基于社会公平的立场,附加商人一方以特定义务,而给予非商人一方以适当的倾斜保护。

(二) 绝对商事行为和相对商事行为

以商事行为的客观属性和是否附加条件为标准,可将商事行为分为绝对商事行为和相对商事行为。这种区分的意义在于,明确商事行为的范围,便于法律的适用。

1. 绝对商事行为

绝对商事行为,又称"客观商行为",是指依照行为的客观性和法律的直接规定,无论行为人是否为商事主体,也无论是否以营业的方式进行,都必然认定为商事行为。绝对商事行为通常由法律作出限定列举,不得做法律上的推定解释或由当事人进行任意解释。根据多数国家的商法规定,票据行为、保险行为、证券交易行为、融资租赁行为以及海商行为等均属于绝对商事行为。据此,《票据法》《保险法》《证券法》《期货法》《融资租赁法》以及《海商法》等法律法规自然被归类于商法的范畴。

绝对商事行为的确认不受行为主体和具体行为目的之影响,其标准具有客观性和确定性,这给司法实践带来了法律适用上的便利。

2. 相对商事行为

相对商事行为,又称"主观商行为""营业商行为",是指在法律所列举的范围内,仅由商人实施时以及仅基于营利性目的实施时方可构成商行为的行为。相对商事行为的基本特征在于其性质具有相对性和条件性。此类行为并非属于当然的商事行为,只有在行为主体或行为目的符合法定条件时,该行为方构成商事行为,并适用商法的特别规制,否则,该行为仅构成民事行为,而只能适用民法的一般规定。

(三)基本商事行为和附属商事行为

以商事行为在同一营业活动内所起的作用和所处的地位不同,可将商事行为分为基本商事行为和附属商事行为。这种区分的意义在于司法实践中对具体商事性行为性质的认定。

1. 基本商事行为

基本商事行为,是指在同一商事营业内直接从事的营利性经营活动的行为。它是导出商人概念的基础商事行为,包括绝对商事行为和相对商事行为。在商法理论中,基本商事行为,具有直接媒介商品交易的属性,又称买卖商行为或固有商行为。

2. 附属商事行为

附属商事行为,又称辅助性商行为,是指在同一商事营业内虽不具有直接营利性内容,但却能起到协助基本商事行为的实现。与基本商事行为相对,附属商事行为具有间接媒介商品交易的性质,传统上包括仓储、运送、广告、服务等行为。

现代商法理论认为,任何商事营业范围内都存在基本商事行为和附属商事行为,如买卖活动中的销售行为是基本商事行为,但为销售活动而进行的广告、运送、仓储、保管、寄存等辅助性活动则属于附属性商事行为。附属商事行为都属于营利性活动,即便在现实的商事交易中存在所谓无偿或免费现象,但此类附属商事行为一般以基本商事行为的存在为前提,因此其费用都是隐含在基本商事行为之中。

三、商事行为的特殊规则

关于民法与商法的关系,无论是在民商合一还是民商分立的体例下,理论普遍认为,民法为私法的一般法,商法是私法的特别法。商事行为首先应适用其特别规定,在无特别规定的情况下,则适用民法的一般规则。针对商行为的营利性、安全性和简捷性等特点,各国商法对商事行为均制定了特别的规则。在此,仅择其中一些明显规则做一简单介绍。

（一）商事代理

商事行为可由本人实施,也可以通过代理人来实施。商人出于营利实现和营业扩大的目的,经常通过代理人来实施某种商行为,并由此而导致了商事代理制度的产生,相应也出现了代理商、居间商和行纪商等商事辅助人。商事辅助人所从事的商事代理行为不同于一般民事代理行为,二者在如下几个方面存在着明显的差异:

1. 非显名主义

在商法中,商事行为的代理人在实施商事行为时,虽然未表明是为本人(被代理人)进行,但其行为对本人和对方当事人仍然发生效力。换言之,商事代理人不以显名为必要,代理人根据代理委托协议和行业规则,既可以显示被代理人,也可不显示被代理人。在商事活动中,基于商事交易的便捷性和安全性的需要,在代理活动中,商事代理人直接以自己的名义来实施代理行为。这就是商事代理的非显名主义。

商事代理的非显名主义与传统民法上的代理存在明显的区别。传统民事代理以显示被代理人姓名或名称为必要条件,否则,被代理人将对代理人的代理行为不承担法律责任。而商法上的非显名主义则适应了商事交易快捷的需要,同时,也有利于保护善意第三人。

我国改革开放初期盛行的"外贸代理"、我国 1999 年颁布的《合同法》第四百零二条、第四百零三条规定的代理与 2020 年颁布的《民法典》第九百二十五条、第九百二十六条规定的委托合同关系,即为非显名主义在我国商事实践和商事立法中的体现。

2. 代理权限扩大

在民法上,代理人应在代理权限范围内,以被代理人的名义实施民事法律行为。超越代理权限的,只有经被代理人追认,才能免除代理人的法律责任。但在商事代理中,代理人的权限要比民事代理的权限宽泛,只要商事代理人不违背被代理人授权之本意,即可实施未获直接授权的商行为。对此合理的解释应为,商法此类规定,是基于商事交易的快速变化之需要,而为实现商事营利之目的,而适时扩张了商事代理人的权限。

3. 本人死亡不影响代理权的存续

在民法上,委托代理是建立在本人和代理人之间的信赖关系基础之上的,具有严格的人身属性。因此,委托代理权的存续是以本人的存在为要件。根据民法规则,如果本人死亡,代理关系终止,代理权亦终止。但商法却概括地承认了商事代理权的存续。商事代理关系一旦开始,基于商事行为本身连续性的要求,已建立的商事关系代理权,并不因本人(商事主体)的死亡(解散、注销)而消灭。商法这种特殊的规定,一方面可以避免由于商主体因各种原因停止营业时而造成的经济损失,另一方面也适应商行为的连续性特点,从而满足了商法交易安全保护的要求。

（二）商事保证

商事保证的基本法理与民事保证相同,都是为补充特定债务人信用不足而采取的一种担保制度,但在商事领域,商事保证则在很多地方明显不同于民事保证:

1. 商事保证的独立性

民事保证以主债权债务关系的存在为前提,主债权债务关系不存在或无效,保证关系也即无效;而商事保证则不以主债权的存在为条件,或主债权虽然存在,但不以其消灭而自然消灭。商事保证有的根本没有主债权债务关系,如上市公司董事对公司信息披露真实性的保证;或虽有主债权,但却不因主债权消灭而当然失效,如票据保证。

2. 商事保证是单独行为

在民事保证中，保证人必须与债权人签订保证合同，为此，民事保证是一种合同行为；而在商事保证中，商事保证是一种单独行为，无需保证人与债权人、债务人之间达成合意。如在票据保证中，只要保证人在票据上记载"保证"字样并签名，就可以认定票据保证有效，而无需保证人与票据债权人之间达成合意。

3. 商事保证的格式要求严格

民事保证是不要式行为，可以采取多种方式为之，既可以是书面形式，也可以通过口头方式为之。而商事保证则是要式行为，必须依法按照一定的格式进行。如票据保证具有要式性，保证人须采用书面方式进行。保证人需在票据上记载"保证"字样或签署自己姓名，就可以被认定为票据债权人的票据债权进行了保证。

4. 商事保证的效力也不同于民事保证

在民事保证中，债权人先于被保证人向保证人请求债务，保证人可以行使先诉抗辩权从而阻却债权人的请求；但在商事保证中，保证人没有先诉抗辩权，债权人可以直接选择保证人请求实现债权，保证人不能以此作为抗辩事由。如《德国商法典》第三百四十九条规定，如果担保人的担保是一种商行为，担保人无权实施先诉抗辩。这样规定的目的，在于强化商事保证的效果，确保商事债权人的债权容易得到实现。

5. 商事保证的连带责任

在民事保证中，可以有多个保证人对债权人共同承担保证责任，并不必然负连带责任。这主要取决于保证人和债权人之间约定是按份保证还是连带保证。与民法保证不同，商法改变了民法关于一般保证责任为原则，连带保证责任为例外的做法，特别赋予了保证人以连带责任。当主债务人不履行债务时，债权人有权同时请求债务人和保证人共同承担履行责任。德国、日本、韩国商法典均规定，债务人与保证人之间承担连带责任。我国《票据法》也规定，共同保证人对票据债权承担连带保证责任。商法关于商事保证的这种特殊规定，可以很好地维护交易安全，并确保商事交易行为能够快捷运行。

（三）商事留置权

为了平衡债权人和债务人之间的利益，民法规定留置权的行使必须符合两个构成要件：一是债权的发生必须与留置物之间存在着牵连关系，即只有因该留置物而产生的债权得不到清偿时，债权人才能行使对该物行使留置权；二是债权人事实上占有留置物，一旦留置物脱离债权人占有，甚至债务人收回时，民法上的留置权即告消灭。

传统民法强调债权发生与留置财产之间的关系，强调债权人对留置物的占有，这虽不影响留置权作为物权担保的法律地位，但却减损了留置权的实际效用。但在商法中，立法将商事留置权的实际效用放在更为突出的地位，它既不刻意关注债权人对留置物的占有，也不刻意强调债权发生时与留置物之间的牵连关系，从而大大提升了留置权的实际效用。[①]

根据德国商法和日本商法的规定，商事留置权在以下几个方面不同于民法上的留置权。

1. 无须牵连关系

根据《日本商法典》第五百二十一条之规定，在商人之间，因双方商行为而产生的债权到期，债权人未受清偿前，可留置因商行为而归自己占有的债务人的所有物或者有价证券，但

[①] 叶林、黎建飞：《商法学原理与案例教程》，中国人民大学出版社2006年版，第104页。

另有意思表示时除外。《德国商法典》第三百六十九条也包含了类似内容。

2. 无须现实占有留置物

《德国商法典》第三百六十九条特别规定，即使标的物的所有权已经由债务人转移于债权人，或者已由第三人为债务人转移至债权人，但应返还于债务人，此项留置权仍告成立。

3. 具有别除权性质

根据《日本破产法》第九十二条、第九十三条之规，商人间的留置权具有别除权也即优先受偿权，其担保效力要高于民事留置权。《德国商法典》第三百七十条也有类似规定。这大大强化了商事留置制度的担保效力，客观上适应了商事交易的需要。

（四）商事交互计算

商事交互计算，实际上是一种往来账户结算方法。它通过双方约定，以结算结果和结算后所产生的余额的确定来实现债权债务的了结。这种债务了结方式中，借助于定期结算，交易双方当事人在商事交易往来中形成的债权和债务不断得以清算，从而避免了独立的单笔债权债务结算与支付所带来的麻烦与不便。

《德国商法典》和《日本商法典》均对交互计算的定义、期限、计算书、差额利息和交互计算的解除等事项作出了详细的规定。交互计算在本质上是民法抵销制度的延伸，但有略有不同：

（1）商事交互计算仅适用于经常发生往来的交易各方之间，既可以是商人与商人之间的交易，也可以是商人与非商人之间。但民事抵销权不仅适用商人之间，也适用于交易双方均为非商人之间。

（2）商事交互计算的债权债务限于金钱债务。民法上的法定抵销权仅适用于同种类标的物，而不限于金钱债务。当然，即使是不同种类的标的物，当事人也可以通过合意进行抵销。

（3）商事交互计算的债权债务，须以各方认可的同意书或承认书来加以确定，而民法抵销权分为法定抵销权和约定抵销权，商事交互计算更贴近于约定抵销权。

（4）除各方另有约定外，仅就交互计算的余额部分计算利息。

（五）商事债权的消灭时效

各国民商法的发展告诉我们，商事债权时效短于民事债权时效，已经成为一种不可改变的趋势。以我国为例，依据我国《民法典》第一百八十八条的规定，当事人向人民法院请求保护民事权利的普通诉讼时效为 3 年，最长的诉讼时效为 20 年。而我国《票据法》第 17 条规定，票据的诉讼时效期间最长的为 2 年，最短的才 3 个月。《保险法》规定，财产保险赔偿请求权消灭时效为 2 年，人寿保险保险金给付请求权消灭时效为 5 年；《海商法》规定，海上货物运输赔偿请求权消灭时效为 1 年，旅客运输赔偿请求权消灭时效为 2 年，油污损害赔偿请求权消灭时效为 3 年，最长不超过 6 年。

商法上债权短期消灭时效制度的设立，主要是为了适应当事人迅速了结商事交易关系的需要，充分体现了商事交易简捷的原则。

案例评析·之一

【基本案情】 美国德尔卡特合作协会诉厄本案。[①]

原告为粮食买卖商，被告是种植谷物的农场主。原告与被告通过电话协商决定由被告

---

① 任先行、周林彬：《比较商法导论》，北京大学出版社 2000 年版，第 215 页。

向原告出售一万蒲式耳小麦,价格为每蒲式耳2.80美元。根据交易习惯,原告将电话中的协议写成备忘录交给被告并以此确定买卖关系。但时隔不久,小麦价格猛涨,被告便以没有书面合同而否认此项买卖。原告认为被告毁约便诉诸法院,要求被告赔偿损失。

受理此案的美国法院认为,根据《美国统一商法典》的规定,价金在500美元以上的买卖必须订立书面合同,同时规定,商人之间的买卖只要有类似备忘录的文件就算成立,无须当事人签字。最后法院认为,被告农场主对种小麦虽有一定的知识,但他不是以买卖小麦为业的商人,没有买卖小麦的专门技能,因此,买卖合同形式要件不具备,合同未成立,被告胜诉。

问:请用商法中关于商人的原理来解释美国法院对该案的判决?

【法律分析】

该案的判决体现了美国商法的特点,即对商事主体职业性和技能性特征的关注。所谓职业性,即商人必须是经常性地实施商事交易行为或以此作为赖以谋生的活动。所谓技能性,即商人必须具备从事某种商事活动所需要的知识、信息、经验、技术和能力。为此,《美国统一商法典》第二编第一百零四条规定:"商人是指经营实物货物买卖的人,或者在其他方面因职业对交易实践或货物具有特殊知识和技能的人;或者那些由于雇佣代理人,经纪人或居间人——这些人因其职业是具有这种特殊知识或技能的——而可以得到这种特殊知识和技能的人。"另外,《美国统一商法典》第二编第一百零四条第三款特别规定"商人之间"的定义"商人之间系指交易双方都视为具有商人的专门知识技能"。

美国商法对商人的认定,是专门针对买卖行为而定的,可以说是专指买卖商,而且只有在他从事的日常经营对象时才是商人。因此,要判断一个主体是否属于商人,核心是看他对买卖对象是否有职业的经验和技能。如一个食品店的老板去买卖食品时他是商人,但他去买服装、买酒喝时,他并不是商人,而是一个普通的买卖人(或消费者)。所以,一切以买卖人对买卖对象的了解及其实现买卖规则的熟悉程度为转移。基于这一点,美国把任何一个买卖商的专业技能局限在他所经营的商品范围内。也就是说,职业商人之间的交易不一定都适用商人原则,只有双方对所涉及的交易有专门的知识时,才适用商人法则,如只有一方具有专门知识,而另一方并不具有,则一方商人适用商法,相对方则适用其他法律的相应规定。这一点不同于大陆法系的德国与日本商法,即要求全体都适用于商法。

该案的判决也体现了商法对于交易公平的维护。商法理论上讲商行为划分为单方商行为和双方商行为。这种划分的意义在于,判断当事人是否属于商事主体以及其从事的行为是商行为,并对商事交易行为的效力进行解释时,应合理斟酌商人与非商人之间的差异,并基于社会公平之立场,给予非商人一方以适当的倾斜与照顾。

案例评析·之二

【基本案情】 李杏英诉上海大润发有限公司案。[①]

2000年11月1日,原告李杏英到被告上海大润发有限公司杨浦店(以下简称"大润发超市")购物,并使用了该店设置的自助寄存柜存放其所带随身物品。购物结束时,原告持自动寄存柜密码条开柜取包,却发现无法打开。在工作人员的帮助下,打开柜箱后,却发现空无一物。原告自称存在于柜箱中的皮包中共有人民币5 310元,当晚原告即向当地派出所报

---

① 最高人民法院办公厅:《中华人民共和国最高人民法院公报》(2002年卷),人民法院出版社2003年版。

案。事后,原告以大润发超市疏于管理导致其钱物丢失为由,起诉大润发超市并要求其赔偿5 310元。

受理此案的上海市第二中级人民法院审理后认为:原告无偿使用了大润发设置的自助寄存柜存放物品,属于无偿服务,原告与被告之间形成了借用关系而并非保管关系;大润发超市提供的自助寄存柜本身无质量问题,并提供了正确接受服务的方法和明确的警示,因此,可以认定大润发超市履行了相关义务,并不存在故意或重大过失。况且原告虽能证明使用过大润发超市内的自助寄存柜,但不能证明其将人民币5 310元钱款的皮包存入。因此,法院最后判决驳回原告诉讼请求。

问:请用商法中关于商行为原理来评价法院的判决?

【法律分析】

根据商法原理,商行为具有营利性,是一种营业性行为。商行为有可以分为基本商行为和附属商行为。基本商行为是直接媒介商品交易的行为,附属商行为是商人为了营业而附带从事的行为。附属商行为也是为谋取经济利益而实施的行为,在具体表现形式上,商人并未因实施附属商行为而要求对方支付额外费用,但因为该行为的附属性,自应解释为附属商行为也是商行为,也是有偿行为,只不过其报酬是通过基本商行为来实现的。

在我国现实生活中,诸多商家多推行的所谓的"买一送一""买西装送领带""买房送车库""酒店住宿免费停车""4S店修车免费洗车""商场购物免费停车"等服务,都是以吸引消费者购买或消费并以存在前期消费为前提条件的。因为,消费者不"买一"商家就不会"送一"、消费者不买西服商家自然不会赠送领带、消费者不买房也就没有车库赠送,当然,消费者不住酒店消费当然不能擅自停车,不去4S店维修车辆自然也不能享受免费洗车服务,不去商场购物消费自然不能免费停车。可见,从表面上,这些行为似乎都是免费行为,但实质上都是一种有偿行为。之所以被商家宣传为免费,只不过是一种商业营销手段而已,具有一定的欺骗性。

本案中,原告将自己的皮包存入被告大润发超市设置的自助寄存柜,被告未向其收取任何费用。无论将二者的关系解释为保管行为或租赁行为,似乎都可认定被告向原告提供了无偿服务。无偿服务本身显然不具有营利性,但并不能否认其作为附属商行为的属性。依照经验判断,消费者进入商场购物消费,商场为吸引消费者而提供各种"免费"服务,实际上是有利可图的,这都是商家的营销手段和广告宣传措施。本案中,即使消费者未因存包而支付费用,但禁止消费者携带皮包进入商场本身就构成了对消费者消费行为的约束。要求消费者存包即使不发生费用,也应认定是附属商行为,被告应向消费者承担必要的安全保护义务,如安装监控设备、配置安保人员,从而避免商主体以提供免费服务为借口避免逃避商法上的严格责任。至于消费者放入皮包中的物件到底为何物以及数量是多少,则是证据法上举证的问题。因此,该案判决一概否定消费者的任何主张,这在法理上是值得商榷的。

复习思考题

1. 如何理解商法的营利性?
2. 如何理解商法的发展性?
3. 如何理解商法与民法、经济法的关系?
4. 如何理解商事主体法定原则?

5. 如何理解商事交易安全原则？
6. 如何理解商主体维持原则？
7. 如何理解商事代理与民事代理的差异？
8. 如何理解商事留置权与民事留置权的不同？
9. 评述民商合一和民商分立的立法模式。

第九章　行政法制

> **学习目标**
> - 了解行政法的一般理论。
> - 了解行政处罚法、行政许可法、行政强制法、国家赔偿法的基本理论及其主要规定。
> - 熟悉并能够运用行政法理论分析、判断相关案例和问题。

第一节　行政法一般理论

▶ 一、行政法的概念与特征

一般说来,行政法是指一切属于行政范畴的法律规范的总称,也就是说行政法是调整国家行政机关在行使行政职权的过程中发生的各种社会关系的法律规范的总称。

我们可以从下面这一案例中了解行政法的概念、内涵与特点。

　　刘某中专毕业后,在街道所办的纸箱厂生产车间工作。1999年3月,刘某因违反生产纪律在车间抽烟,受到厂方罚款20元并扣发当月奖金的处理。刘某对此处理极为不满,认为自己一向小心,虽在车间抽烟,但绝不至于引发火灾。因此,在受到处理后,刘某非但没有及时改正自己的错误,反而为了表达自己的不满,多次在厂领导来车间检查生产情况时刻意点上香烟,领导为此又多次对其进行了批评教育。2000年1月5日,刘某又在车间吸烟,因没有及时将烟头熄灭,点燃了车间堆放的纸板,后经众人奋力扑救,没有造成大的损失。发生此次事件后,纸箱厂有意开除刘某,但因纸箱厂乃街道为解决就业问题而办,经厂方、刘某所在居委会、刘某父母等各方协商,于2000年1月15日作出如下处理决定:①由刘某负责赔偿因失火造成的损失;②对刘某予以留用察看,一年内不发奖金的处罚;③有关这次火灾的情况不向消防部门报告。2000年1月底,市公安局消防大队根据举报,对这次火灾事故进行调查后,根据《中华人民共和国治安管理处罚条例》(《中华人民共和国治安管理处罚法》施行后废止)第二十六条第四项的规定,作出了对刘某罚款100元的行政处罚决定。

在该案中,厂方对刘某的处理与消防大队对刘某的处罚是两种不同性质的行为,前者是一般行政(或说是私行政),后者是公共行政。而行政法调整的就是这一公共行政关系,由

此,行政法也就具有如下特征:

(1) 行政法的内容以公共利益为中心。公共行政不同于公司的私行政,就是因为其所表现的是公共利益的需求,国家制定行政法首先要保证的是公共利益的实现,而私行政则反映的是私人利益。

(2) 行政法形式多样性。行政法没有像《宪法》《刑法》等法律一样有着统一的行政法典——《行政法》,产生这一情况的原因主要是行政法所调整的范围广泛,调整的内容多样复杂,并且在频繁的变化当中。若对行政领域中的内容作出统一的规定,将不利于行政机关因地制宜地开展具体的工作,也不利于公民维护权利。但是对于行政领域中相同的内容作出一致的规定还是相当必要的,这样能避免对行政领域中相同的内容作出重复或者相互冲突的规定。在该案中,我们看到,《中华人民共和国治安管理处罚条例》对治安管理领域事项作了集中统一的规定。

(3) 数量的巨大性。由于行政法法律规范制定主体的多元化,制定程序的简便性,使得行政法的形式存在数量庞杂的特点。加之缺乏统一的行政法典、行政法调整内容的广泛性以及行政法效力的层级性和地域性,使得这一特点更为显著。除了宪法、法律、行政法规中关于行政法的规则,在实际操作中还存在着大量的地方性法规、部门规章和法律解释等关于行政法的规则。行政法律规范的数量是其他部门法所不能相比的。正是由于这一特点,行政法才能适应不断变化的社会生活,才能合理地调整社会生活中的各种法律关系。

二、行政法的基本原则

行政法的基本原则是贯穿于整个行政法体系的普遍性的规范。世界各国对于行政法的基本原则都存在着不同的概括,我国行政法学上对行政法的基本原则也有许多争议。一般认为,可以将行政法的基本原则概括为合法性原则和合理性原则。

(一) 合法性原则

合法性原则要求行政机关在行使行政权力的过程中必须符合法律的要求,不能超出法律所规定的范畴,行政机关的活动应当在法律所允许的范围内进行。行政机关及其工作人员超出法律允许的范围进行活动必须承当相应的法律责任。我们可以通过下面这个案例予以阐明。

某市为加强道路交通管理,规范日益混乱的交通秩序,决定出台一项新举措,由交通管理部门向市民发布通告,凡自行摄录下机动车辆违章行驶、停放的照片、录像资料,送经交通管理部门确认后,被采用并在当地电视台播出的,一律奖励人民币200—300元。此举使许多市民踊跃参与,积极举报违章车辆,当地的交通秩序一时间明显好转,市民满意。新闻报道后,省内甚至外省不少城市都来取经、学习。但与此同时,也发生了一些意想不到的事:有违章驾车者去往不愿被别人知道的地方,电视台将车辆及背景播出后,引起家庭关系、同事关系紧张,甚至影响了当事人此后的正常生活的;有乘车人以肖像权、名誉权受到侵害,把电视台、交管部门告上法庭的;有违章司机被单位开除,认为是交管部门超范围行使权力引起的;有抢拍者被违章车辆故意撞伤后,向交管部门索赔的;甚至有利用偷拍照片向驾车人索要高额"保密费"的;等等。报刊将上述新闻披露后,某市治理交通秩序的举措引起了社会不同看法和较大争议。

从该案中，我们看到，交通行政机关的行政行为并没有法律依据，而合法性原则，首先就是要求：行政机关活动的权限、手段、方式，行政活动都必须以法律为依据，法无明文规定不得行使；如果交通行政机关依据的是地方性法规或政府规章，那么该行政行为依然违反了合法性原则，因为合法性原则也要求，对于涉及基本人权的事项，必须由全国人民代表大会及其常务委员会制定的法律进行限制或剥夺。我们看到，隐私权、名誉权、肖像权等权利，属于公民的基本权利和人格尊严，地方性法规或政府规章不得擅自规定。我们将上述两个方面，分别称为法律优先和法律保留。

（二）合理性原则

合理性原则要求行政机关在作出行政决定时应当具有合理性，充分考虑行政行为的具体情况，采取恰当的措施和手段，做到合理适当，并且符合科学公平和社会的公德，避免损害当事人的合法权益。合理性原则主要包括公平公正原则、平等对待原则、比例原则。

公平公正原则要求行政机关在作出行政行为时必须做到公平、公正、不偏私、不歧视；平等对待原则要求行政机关在作出行政命令和行政裁量时，平等对待行政相对人，不能因为行政相对人的经济情况、社会地位等而区别对待。做到相同的案件相同处理，不同的案件不同处理。

比例原则要求行政机关在作出行政行为时应当符合实际的情况，行政机关所选择的措施应当是法律所必需的而且是符合法律目的的。行政机关在作出行政行为时要采取对行政相对人损害最小的措施和手段，也就是说行政机关对于能用最小损害方式达到行政目的的情况，不能选择使用对行政相对人损害较大的方式。行政机关所采取的措施和手段必须是必要和适当的，不超过具体情况的必要限度，以避免损害当事人的合法权益。

比例原则可从下面一个案例中获得理解：

> 某大学本科生邓某在期末考试中，因其携带与考试有关的字条被监考老师发现。学校根据《关于严格考试管理的紧急通知》的规定，"凡考试作弊者，根据情节予以留校察看一年、退学或开除处理"，对该生作出"退学处理"的决定。显然，学校的处理没有考虑比例原则。如果通过"留校察看一年"即可有效制止考试作弊，就没有必要作出"退学"或"开除"处理。

第二节 行政处罚法

一、行政处罚概述

（一）行政处罚的概念

行政处罚是指行政主体依法对违反行政法律规范但尚未构成犯罪的公民、法人或其他社会组织予以法律制裁的行政行为。行政处罚的目的是为了保障行政管理秩序，维护社会公共利益，保证公民、法人或其他组织的合法权益。《中华人民共和国行政处罚法》（以下简称《行政处罚法》）于1996年10月1日起正式实施，标志着我国行政处罚的法律制度基本建立。

（二）行政处罚的基本原则

行政主体在实施行政处罚时不仅要遵循行政法的基本原则，还应当遵守下列原则，以保障和监督行政主体实施行政管理，维护社会公共利益和保护行政相对人的合法权益。

1. 处罚法定原则

行政处罚是对行政相对人人身、财产权益的一种剥夺行为，因此必须遵循处罚法定的原则。《行政处罚法》第三条规定："公民、法人或者其他组织违反行政管理秩序的行为，应当给予行政处罚的，依照本法由法律、法规或者规章规定，并由行政机关依照本法规定的程序实施。没有法定依据或者不遵守法定程序的，行政处罚无效。"该原则是合法性原则在行政处罚中的运用。

2. 公正、公开原则

行政处罚的作出必须做到公平、公正。行政主体对相同的违法行为不能作出不同的行政处罚，同时在作出行政处罚的过程中要做到不偏私。《行政处罚法》第四条第一款、第二款规定："行政处罚遵循公正、公开的原则。设定和实施行政处罚必须以事实为依据，与违法行为的事实、性质、情节以及社会危害程度相当。"行政主体对违法行为作出行政处罚还应当遵循公开的原则，包括处罚依据公开，处罚决定作出之前告知当事人作出行政处罚决定的事实、理由及依据，并告知当事人依法享有的权利。

公开原则比较好理解，在这里我们通过案例对公正原则予以阐明：

2008年，A县药品监管局在日常监督检查中，发现该县B医药公司经营的药品，其外包装商品名旁的醒目位置印有"抗病毒，治感冒"字样，外包装标签的文字表达与该药品说明书内容不一致。药品监管局以该药品外包装上印制"抗病毒，治感冒"属药品适应症的内容为由，以假药论处，对其处以其经营数额三倍的罚款。不久，药品监管局又发现C医药公司经营同样的药品，但是经人说情，遂以违反了《药品包装、标签和说明书管理规定》为由予以1 000元罚款。

在该案中，同样的事实却不同的定性和不同的处理，不仅违反了平等对待的原则，而且也违背了处罚应该符合"与违法行为的事实、性质、情节以及社会危害程度相当"的要求。同样，我们也可以看出，行政处罚的公正原则，实际上也是对行政合理性的具体运用。

3. 处罚与教育相结合原则

行政主体对行政相对人作出行政处罚的目的不仅仅是处罚行政相对人，其目的还有教育行政相对人使其不会犯相同的错误，并遵守相关法律规范。《行政处罚法》第五条规定："实施行政处罚，纠正违法行为，应当坚持处罚与教育相结合，教育公民、法人或者其他组织自觉守法。"

二、行政处罚的种类、设定与实施机关

（一）行政处罚的种类

根据《行政处罚法》第八条规定，行政处罚的种类有：警告；罚款；没收违法所得、没收非法财物；责令停产停业；暂扣或者吊销许可证、暂扣或者吊销执照；行政拘留；法律、行政法规规定的其他行政处罚。这是在形式上对行政处罚作出了分类。同时，根据行政处罚对行政相对人的权利义务所造成影响的性质和程度不同还可以将行政处罚分为人身罚、财产罚、行

为罚和申戒罚四种。

人身罚是指行政主体限制行政相对人的人身自由的一种行政处罚。行政拘留是一种典型的人身罚，它是治安行政管理机关对违反行政法律规范的人短期剥夺其人身自由的一种行政处罚。行政拘留的期限为1日以上15日以下，最长不超过20日。实施行政拘留处罚的主体为县级以上的公安机关和国家安全机关。

财产罚是指行政主体针对行政相对人某种物质财产所做的行政处罚。财产罚的种类有罚款和没收。其中罚款是运用最广泛的一种财产罚，是指行政主体依法强制行政相对人在一定期限内向国家缴纳一定数额的金钱的一种处罚方式。不同的行政主体只能在各自法定的幅度内决定罚款的数额，并实行决定主体与收缴机构相互分离的规定。

行为罚是指行政主体限制或者剥夺行政相对人从事某种特定事项的能力和资格。行为罚主要有责令停产停业、暂扣或者吊销许可证与执照。责令停产停业是行政机关强制命令行政违法行为人暂时或者永远停止生产经营和其他业务活动的制裁方法。暂扣、吊销许可证或者执照是指使行政相对人丧失某种权利和活动资格的制裁方式。

申戒罚是指行政主体对行政相对人作出训诫、谴责使其在精神上受到某种压力的处罚方式。警告就是一种申戒罚，它是行政主体对行政违法行为人的谴责和告诫，主要是对当事人造成心理上的压力，以纠正当事人的违法行为为目的。

（二）行政处罚的设定

行政处罚的设定是关于创设行政处罚，赋予行政主体行政处罚职权的立法活动，同时也是《立法法》所规范的内容。《行政处罚法》的第九条到第十四条具体规定了不同法律文件关于设定行政处罚的权限。在这里，我们先看一则案例：

> 于某是某直辖市居民，平时好赌成性，经常拉结亲朋好友在不同窝点聚赌，很是狡猾，以致公安机关工作人员每次赶到现场，都抓不到证据。一日，公安机关接到举报，便急速行动，在于某家发现于某等4人赌兴正浓，执法人员便依据该直辖市人大通过的《某市赌博规定》对于某施以拘留15日的处罚。

在判断公安机关的处罚行为是否合法之前，我们先来看看《行政处罚法》的规定。第九条规定："法律可以设定各种行政处罚。限制人身自由的行政处罚，只能由法律设定。"法律是指全国人大及其常委会制定的规范性文件。显然，本案中的《某市赌博规定》作为该直辖市制定的地方性法规，只"可以设定除限制人身自由、吊销企业营业执照以外的行政处罚"。所以，该规定对行政处罚的设定已经超越了其权限。

另外需要注意，根据《行政处罚法》的规定，国务院部、委员会制定的规章可以在法律、行政法规规定的给予行政处罚的行为、种类和幅度的范围内作出具体规定。尚未制定法律、行政法规的，前款规定的国务院部、委员会制定的规章对违反行政管理秩序的行为，可以设定警告或者一定数量罚款的行政处罚。罚款的限额由国务院规定。国务院可以授权具有行政处罚权的直属机构依法规定行政处罚。省、自治区、直辖市人民政府和省、自治区人民政府所在地的市人民政府以及经国务院批准的较大的市人民政府制定的规章可以在法律、法规规定的给予行政处罚的行为、种类和幅度的范围内作出具体规定。尚未制定法律、法规的，前款规定的人民政府制定的规章对违反行政管理秩序的行为，可以设定警告或者一定数量罚款的行政处罚。罚款的限额由省、自治区、直辖市人民代表大会常务委员会规定。

（三）行政处罚的实施机关

原则上，行政处罚实施的机关应当是国家行政机关，但是根据行政管理的实际需求与行政组织管理的现实，一些法律、法规授权的或者行政机关委托的非政府组织也可以实施行政处罚。国家行政机关与法律法规的授权组织，我们可统称为行政主体。

1. 国家行政机关

国家行政机关行使行政处罚权，但是限制人身自由的行政处罚权只能由公安机关行使。只有法律规定具有行政处罚权的行政机关才能行使行政处罚权，并且行使的处罚权必须在规定的职权范围之内。一个行政机关只能对在自己职权内的违法行为给予行政处罚。

在具体实施中，一个行政机关一般只负责某一个行业。由于行政管理的复杂性，许多行业会出现相互交叉的情况，所以会出现某一个行政机关具有多个行业的行政处罚权，这就是行政机关的综合执法。行政机关综合执法有利于提高行政管理的效率，集中解决多个行业相互交叉违法的情形。例如：1997年4月，经国务院批准，北京市人民政府决定组建城管监察大队在宣武区开展城市综合执法试点；1998年，深圳市通过地方立法的形式组建起行政执法检查局；1996年，上海市通过地方立法授权的方式赋予街道办事处综合执法权。[①]

2. 法律、法规授权的组织

《行政处罚法》第十七条规定："法律、法规授权的具有管理公共事务职能的组织可以在法定授权范围内实施行政处罚。"法律、法规授权的组织应当在法定的范围内行使行政处罚权，以自己的名义实施行政处罚并且承担相应的法律后果，参加行政复议或者行政诉讼。

3. 行政机关委托的组织

受行政机关委托行使行政处罚权的组织必须符合以下条件：

（1）依法成立的管理公共事务的事业组织；

（2）具有熟悉有关法律、法规、规章和业务的工作人员；

（3）对违法行为需要进行技术检查或者技术鉴定的，应当有条件组织进行相应的技术检查或者技术鉴定。

行政机关依照法律、法规或者规章的规定，可以在其法定权限内委托符合以上条件的组织实施行政处罚。行政机关不得委托其他组织或者个人实施行政处罚。委托行政机关对受委托的组织实施行政处罚的行为应当负责监督，并对该行为的后果承担法律责任。受委托组织在委托范围内，以委托行政机关名义实施行政处罚；不得再委托其他任何组织或者个人实施行政处罚。

三、行政处罚的程序

（一）行政处罚的决定程序

1. 一般规定

先看一则"包子处罚案"。

[①] 方军：《相对集中行政处罚权调查报告》，应松年等：《走向法治政府：依法行政理论研究与实证调查》，法律出版社2001年版，第428页。

王某开了一家包子店,丁某声称自己吃了从王某处购买的包子后,食物中毒得了急性肠胃炎,要求王某赔偿损失未果,遂向某区卫生部门举报,办案人员叶某接到举报后,独自一人来到王某包子店,二话不说即对王某开出了由某区卫生行政部门制发的罚款100元的收款收据。王某辩解:"本店销售的是百年老字号包子,你凭什么罚款?"叶某教训说:"你卖的包子造成其他人中毒,你还敢抵赖?"于是立即将罚款增加到200元。王某拒绝罚款,叶某威胁到:"等着瞧,不想开店了?"王某怕事,只好缴纳罚款200元。叶某将罚款往口袋一装就走人了。

在该案中,叶某并没有调查查明事实,径自就进行罚款,明显违背《行政处罚法》的一般规定:行政主体在实施行政处罚时首先应该查明事实,违法事实不清尚有异议的不得给予行政处罚。查明当事人的违法事实是作出行政处罚的中心内容,决定着行政处罚决定合法有效性。

此外,在作出行政处罚决定后,行政主体还应当保障当事人的程序权利。行政机关在作出行政处罚决定之前,应当告知当事人作出行政处罚决定的事实、理由及依据,并告知当事人依法享有的权利。当事人有权进行陈述和申辩。行政机关必须充分听取当事人的意见,对当事人提出的事实、理由和证据,应当进行复核;当事人提出的事实、理由或者证据成立的,行政机关应当采纳。行政机关不得因当事人申辩而加重处罚。在本案中,王某具有正当的申辩权利,叶某的行为显然侵犯了王某的正当权利。

另外,需要注意的是,王某独自一人前去王某饺子馆进行案件调查,是否合法呢?叶某当场收缴罚款是否合法?这涉及下文的行政处罚普通程序、简易程序和执行制度。

2. 普通程序

所谓普通程序,即法律另有规定之外,行政处罚一般都应该遵守的程序。一般包括立案、调查、审理、决定四个阶段。

(1)立案。行政主体发现当事人存在违法行为的,应当予以立案审查。这是实施行政处罚的第一道程序。对于有权管辖并在追溯期限内的违法行为,行政主体应当予以受理,立案;不属于本行政主体管辖的违法行为,应移送给有权管辖的行政主体受理。

(2)调查。除简易程序中可以当场作出的行政处罚外,行政机关发现公民、法人或者其他组织有依法应当给予行政处罚的行为的,必须全面、客观、公正地调查,收集有关证据;必要时,依照法律、法规的规定,可以进行检查。行政机关在调查或者进行检查时,执法人员不得少于两人,并应当向当事人或者有关人员出示证件。当事人或者有关人员应当如实回答询问,并协助调查或者检查,不得阻挠。执法人员与当事人有直接利害关系的,应当回避。在这里,我们可以看到,上述"包子处罚案"中叶某独自一人去调查违反了《行政处罚法》的规定。

(3)审理。调查终结,行政机关负责人应当对调查结果进行审查,核实收集到的相关证据材料,允许当事人查阅、修正调查时陈述和申辩的笔录。

(4)决定。对调查结果进行审理后,行政主体应根据不同的情况作出书面的行政处罚决定。对情节复杂或者重大违法行为给予较重的行政处罚,行政机关的负责人应当集体讨论决定。行政处罚决定书应当载明当事人的姓名或者名称、地址;违反法律、法规或者规章的事实和证据;行政处罚的种类和依据;行政处罚的履行方式和期限;不服行政处罚决定,申请行政复议或者提起行政诉讼的途径和期限;作出行政处罚决定的行政机关名称和作出决定的日期。

3. 简易程序

通过调查后发现当事人违法行为事实确凿、法定依据充分、行政处罚又较轻的案件,行政主体可以采取简易程序,执法人员可以当场决定给予处罚。适用简易程序的案件必须是违法事实确凿并有法定依据,同时处罚的种类和幅度必须是对公民处以五十元以下、对法人或者其他组织处以一千元以下罚款或者警告的行政处罚。执法人员当场作出行政处罚决定的,应当向当事人出示执法身份证件,填写预定格式、编有号码的行政处罚决定书。行政处罚决定书应当当场交付当事人。

前述"包子处罚案"中,叶某当场作出200元处罚违反了《行政处罚法》的规定,因为对王某的处罚是对公民个人的处罚且处罚金额超过了50元,不能适用简易程序而应适用普通程序。

4. 听证程序

听证程序的目的在于充分听取利害关系人的意见,通过公开、合理的程序形式,有效地实施行政处罚,避免违法的行政处罚给当事人带来不公正的影响。听证程序启动的条件是行政机关将要作出责令停产停业、吊销许可证或者执照、较大数额罚款等行政处罚决定,同时由当事人提出听证要求。听证由行政机关组织,当事人不承担行政机关组织听证的费用。

当事人要求听证的,应当在行政机关告知后三日内提出;行政机关应当在听证的七日前,通知当事人举行听证的时间、地点;除涉及国家秘密、商业秘密或者个人隐私外,听证公开举行;听证由行政机关指定的非本案调查人员主持;当事人认为主持人与本案有直接利害关系的,有权申请回避;当事人可以亲自参加听证,也可以委托一至两人代理;举行听证时,调查人员提出当事人违法的事实、证据和行政处罚建议;当事人有权进行申辩和质证;听证应当制作笔录;笔录应当交当事人审核无误后签字或者盖章。听证结束后,行政机关依照普通程序的规定,作出决定。

(二) 行政处罚的执行程序

行政处罚的执行程序是为了保证行政处罚的当事人能正常履行其义务,若行政处罚决定的内容不能正常履行,违法行为就不会得到抑制,行政处罚也就没有任何意义了。

1. 一般规定

行政处罚决定依法作出后,当事人应当在行政处罚决定的期限内,予以履行。当事人对行政处罚决定不服申请行政复议或者提起行政诉讼的,行政处罚不停止执行,法律另有规定的除外。

2. 罚款的收缴

除当场收缴的罚款外,作出罚款决定的行政机关应当与收缴罚款的机构分离,作出行政处罚决定的行政机关及其执法人员不得自行收缴罚款。当事人应当自收到行政处罚决定书之日起十五日内,到指定的银行缴纳罚款。银行应当收受罚款,并将罚款直接上缴国库。

行政处罚决定收缴的非法物品除依法应当予以销毁外,必须按照国家规定公开拍卖或者按照国家有关规定处理。罚款、没收违法所得或者没收非法财物拍卖的款项,必须全部上缴国库,任何行政机关或者个人不得以任何形式截留、私分或者变相私分;财政部门不得以任何形式向作出行政处罚决定的行政机关返还罚款、没收的违法所得或者返还没收非法财物的拍卖款项。

当场作出行政处罚决定,执法人员可以当场收缴罚款的情况有:依法给予二十元以下的罚款的；不当场收缴事后难以执行的。在边远、水上、交通不便地区，行政机关及其执法人员作出罚款决定后，当事人向指定的银行缴纳罚款确有困难，经当事人提出，行政机关及其执法人员可以当场收缴罚款。行政机关及其执法人员当场收缴罚款的，必须向当事人出具省、自治区、直辖市财政部门统一制发的罚款收据；不出具财政部门统一制发的罚款收据的，当事人有权拒绝缴纳罚款。执法人员当场收缴的罚款，应当自收缴罚款之日起二日内，交至行政机关；在水上当场收缴的罚款，应当自抵岸之日起二日内交至行政机关；行政机关应当在二日内将罚款缴付指定的银行。

当事人逾期不履行行政处罚决定的，作出行政处罚决定的行政机关可以采取下列措施：到期不缴纳罚款的，每日按罚款数额的百分之三加处罚款；根据法律规定，将查封、扣押的财物拍卖或者将冻结的存款划拨抵缴罚款；申请人民法院强制执行。

在上文"包子处罚案"中，叶某当场将 200 元罚款带走违反了《行政处罚法》关于当场收缴的规定，而且也违反了处罚与收缴分离的规定。

第三节 行政许可法

一、行政许可法的概念

行政许可是指行政主体依据行政相对人关于法律规范一般禁止的事项的申请，依法审查，准予从事某项特定事务的行政行为。《中华人民共和国行政许可法》（以下简称《行政许可法》）第二条规定："本法所称行政许可，是指行政机关根据公民、法人或者其他组织的申请，经依法审查，准予其从事特定活动的行为。"第三条规定："有关行政机关对其他机关或者对其直接管理的事业单位的人事、财务、外事等事项的审批，不适用本法。"

我们可通过以下案例理解行政许可的概念以及其功能：

> 某省的冰糖葫芦市场一直处于自由散乱状态：生产者为分散的个人和家庭，很多将山楂从乡下廉价收购到家后，散堆于黄土地面，不作清洗，不加筛择，穿成一串，粘上糖稀，就拿去出售；出售时不作任何包装，方式又是游街串巷，难免粘有烟沙灰尘。所出售的冰糖葫芦，常常导致儿童拉肚子或其他不良反应。2001 年 8 月，省政府加大了对小吃经营的管理力度。冰糖葫芦实行资质许可，定点生产，定点营销；生产过程趋于规范，生产环境大为改观；儿童食用后很少出现不良反应，山楂及冰糖葫芦市场也日益兴旺。

从该案中可知，行政许可是对公民自由的一种限制，只有在获得行政主管机关的许可后才能从事该项活动。而限制的目的，就是预先防止公民的自由活动产生危害社会的结果。在该案中，某省通过对冰糖葫芦的生产和销售的资质许可后，就有效地防止了冰糖葫芦不卫生的生产和销售，也由此保障了民众的健康安全。

二、行政许可的设定

行政许可的设定是国家机关规定行政许可的实施机关、条件、程序、期限的创制活动。

应当遵循经济和社会发展规律,有利于发挥公民、法人或者其他组织的积极性、主动性,维护公共利益和社会秩序,促进经济、社会和生态环境协调发展。

（一）可以设定行政许可的事项

《行政许可法》第十二条规定了下列事项可以设定行政许可：

（1）直接涉及国家安全、公共安全、经济宏观调控、生态环境保护以及直接关系人身健康、生命财产安全等特定活动,需要按照法定条件予以批准的事项；

（2）有限自然资源开发利用、公共资源配置以及直接关系公共利益的特定行业的市场准入等,需要赋予特定权利的事项；

（3）提供公众服务并且直接关系公共利益的职业、行业,需要确定具备特殊信誉、特殊条件或者特殊技能等资格、资质的事项；

（4）直接关系公共安全、人身健康、生命财产安全的重要设备、设施、产品、物品,需要按照技术标准、技术规范,通过检验、检测、检疫等方式进行审定的事项；

（5）企业或者其他组织的设立等,需要确定主体资格的事项；

（6）法律、行政法规规定可以设定行政许可的其他事项。

此外,《行政许可法》第十三条还规定,如果依据以下方式,能够规范公共相关性的问题,就可以不设行政许可：

（1）公民、法人或者其他组织能够自主决定的；

（2）市场竞争机制能够有效调节的；

（3）行业组织或者中介机构能够自律管理的；

（4）行政机关采用事后监督等其他行政管理方式能够解决的。

（二）行政许可设定的权限

先看一则案例：

> 2008年9月,河南省漯河市郾城区裴城镇要求收割玉米的农户先办理"砍伐证""准运证",每亩玉米缴费500元后,才能收割,否则将"给予严重处罚直至追究刑事责任"。绝大多数农户未办"两证",致使数万亩成熟玉米无法收割,村民们心急如焚。此消息一出,立即引发质疑。

这里的问题是,镇政府是否有权设定行政许可？

根据我国《行政许可法》的规定,法律、行政法规、地方性法规都可以设定行政许可。省、自治区、直辖市人民政府规章可以设定临时性的行政许可,但临时性的行政许可实施满一年需要继续实施的,应当提请本级人民代表大会及其常务委员会制定地方性法规。地方性法规和省、自治区、直辖市人民政府规章,不得设定应当由国家统一确定的公民、法人或者其他组织的资格、资质的行政许可；不得设定企业或者其他组织的设立登记及其前置性行政许可。其设定的行政许可,不得限制其他地区的个人或者企业到本地区从事生产经营和提供服务,不得限制其他地区的商品进入本地区市场。其他规范性文件一律不得设定行政许可。

由此可见,除了国务院和省级人民政府之外,其他行政机关都不可以设定行政许可。在本案中,裴城镇政府无权设定行政许可,是违法行政。

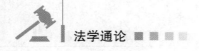

（三）行政许可设定的程序

1. 起草

起草法律草案、法规草案和省、自治区、直辖市人民政府规章草案，拟设定行政许可的，起草单位应当采取听证会、论证会等形式听取意见，并向制定机关说明设定该行政许可的必要性、对经济和社会可能产生的影响以及听取和采纳意见的情况。

2. 评价

行政许可的设定机关应当定期对其设定的行政许可进行评价。对已设定的行政许可，认为可以不设定行政许可的，应当对设定该行政许可的规定及时予以修改或者废止。

行政许可的实施机关可以对已设定的行政许可的实施情况及存在的必要性适时进行评价，并将意见报告该行政许可的设定机关。省、自治区、直辖市人民政府对行政法规设定的有关经济事务的行政许可，根据本行政区域经济和社会发展情况，认为可以不设定行政许可的，报国务院批准后，可以在本行政区域内停止实施该行政许可。

三、行政许可的实施

（一）实施主体

行政许可的实施主体是指依法享有行政许可权的行政主体，在行政许可法律关系中处于优势地位。行政许可的实施主体由法律法规明确规定和授权。

具有行政许可权的行政机关在其法定的职权内行使行政许可。法律、法规授权的具有管理公共事务职能的组织，在法定授权范围内，以自己的名义实施行政许可。被授权的组织适用参照关于行政机关的规定。

行政机关在其法定职权范围内，依照法律、法规、规章的规定，可以委托其他行政机关实施行政许可。委托机关应当将受委托行政机关和受委托实施行政许可的内容予以公告。委托行政机关对受委托行政机关实施行政许可的行为应当负责监督，并对该行为的后果承担法律责任。受委托行政机关在委托范围内，以委托行政机关名义实施行政许可；不得再委托其他组织或者个人实施行政许可。

行政许可可以由一个机关内设多个机构或地方政府两个以上部门共同实施。在此类情形下，行政许可案件的受理、送达等事项可以进行统一办理或者集中联合办理。

（二）实施程序

行政许可的实施程序可以分为普通程序和特别程序。行政许可实施的普通程序包括申请、受理、审查、听证、决定、期限、变更与延续。

1. 申请

公民、法人或者其他组织从事特定活动，依法需要取得行政许可的，应当向行政机关提出申请。申请人申请行政许可，应当如实向行政机关提交有关材料和反映真实情况，并对其申请材料实质内容的真实性负责。行政机关不得要求申请人提交与其申请的行政许可事项无关的技术资料和其他材料。

2. 受理

对于申请事项依法不需要取得行政许可的，行政主体应当即时告知申请人不受理。申请事项依法不属于本行政机关职权范围的，应当即时作出不予受理的决定，并告知申请人向有关行政机关申请。如果行政相对人的申请事项属于本行政机关职权范围,申请材料齐全、符合法定形式,或者申请人按照本行政机关的要求提交全部补正申请材料的,应当受理行政许可申请。

3. 审查

审查程序既包括实质性的审查也包括形式性审查。行政许可案件受理后,行政主体应根据法定条件和程序,对申请材料的实质内容进行核实,并指派两名以上工作人员进行核查。行政机关应当对申请人提交的申请材料进行审查。申请人提交的申请材料齐全、符合法定形式,行政机关能够当场作出决定的,应当当场作出书面的行政许可决定。

4. 听证

法律、法规、规章规定实施行政许可应当听证的事项,或者行政机关认为需要听证的其他涉及公共利益的重大行政许可事项,行政机关应当向社会公告,并举行听证。行政许可直接涉及申请人与他人之间重大利益关系的,行政机关在作出行政许可决定前,应当告知申请人、利害关系人享有要求听证的权利;申请人、利害关系人在被告知听证权利之日起五日内提出听证申请的,行政机关应当在二十日内组织听证。申请人、利害关系人不承担行政机关组织听证的费用。

5. 决定

行政机关对行政许可申请进行审查后,除当场作出行政许可决定的外,应当在法定期限内按照规定程序作出行政许可决定。申请人的申请符合法定条件、标准的,行政机关应当依法作出准予行政许可的书面决定。行政机关依法作出不予行政许可的书面决定的,应当说明理由,并告知申请人享有依法申请行政复议或者提起行政诉讼的权利。行政机关作出的准予行政许可决定,应当予以公开,公众有权查阅。

6. 期限

除可以当场作出行政许可决定的外,行政机关应当自受理行政许可申请之日起二十日内作出行政许可决定。二十日内不能作出决定的,经本行政机关负责人批准,可以延长十日,并应当将延长期限的理由告知申请人。行政许可采取统一办理或者联合办理、集中办理的,办理的时间不得超过四十五日;四十五日内不能办结的,经本级人民政府负责人批准,可以延长十五日,并应当将延长期限的理由告知申请人。法律、法规另有规定的,依照其规定。

7. 变更与延续

被许可人要求变更行政许可事项的,应当向作出行政许可决定的行政机关提出申请;符合法定条件、标准的,行政机关应当依法办理变更手续。被许可人需要延续依法取得的行政许可的有效期的,应当在该行政许可有效期届满三十日前向作出行政许可决定的行政机关提出申请。行政机关应当根据被许可人的申请,在该行政许可有效期届满前作出是否准予延续的决定;逾期未作决定的,视为准予延续。

行政许可的特别程序包括国务院实施行政许可;赋予公民特定资格,赋予法人或者其他组织特定的资格、资质的;行政机关通过招标、拍卖等方式作出行政许可决定的;按照技术标准、技术规范依法进行检验、检测、检疫,行政机关根据检验、检测、检疫的结果作出行政许可决定;有数量限制的行政许可。

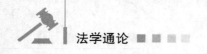

第四节 行政强制法

一、行政强制法的概述

(一) 行政强制的概念

行政强制是指行政主体为了实施行政管理或维护公共利益和社会秩序,由行政主体或者申请人民法院依法采取强制方式,对公民、法人或其他组织的财产、人身和自由等采取强制性措施的制度。行政强制的目的是为了规范行政强制的设定和实施,保障和监督行政机关依法履行职责,维护公共利益和社会秩序,保护公民、法人和其他组织的合法权益。行政强制包括行政强制措施和行政强制执行这两方面内容。

比较下面两个案例:

案例1: 2001年10月18日晚8时左右,在某市火车站广场中央扔有一容积约0.5平方米的黑色布包,无人问津,且不时散发出淡淡的火药味。火车站管理员得知这一情况后,立即报告了公安机关。公安机关执法人员闻讯后立即赶到现场,并在布包周围划定一定的范围,安置了公安人员,采取了隔离措施,禁止执法人员之外的任何公民进入该区域。随后,公安人员将黑色布包移入防爆箱进行了细致的检查,发现有一些零碎的家用物品,但还发现有几挂破露的鞭炮,火药味便是从那里散发出来的。当确定此黑色布包没有爆炸危险之后,公安人员便解除了强制措施。

案例2: 2001年11月2日,万县西口镇税务所发现沙场经营者陈某采取不向税务机关申报纳税的手段,少缴税款3.8万元。据此,税务所对陈某作出如下决定:(1)应当在15日内缴纳欠税款;(2)拟处不申报税款0.5倍的罚款,即1.9万元;(3)享有陈述、申辩的权利,并可以要求听证。陈伟接到决定后,在该期限内没有进行任何申辩,也没有提出听证的要求。但认为税务机关的罚款太多,拒绝缴纳税款及罚款。西口镇税务所于12月13日强制将陈某沙场的一些设备拍卖获得价款2.8万元用于抵扣税款和罚款,但是由于该拍卖所得价款不足以支付应缴税款、滞纳金和罚款以及必要的费用(共计6.2万元,其中必要的费用为0.5万元),因此通知陈某的开户银行从其存款中予以扣除。

案例1中,公安机关实施的行政强制措施,是行政机关在行政管理过程中,为制止违法行为、防止证据损毁、避免危害发生、控制危险扩大等情形,依法对公民的人身自由实施暂时性限制,或者对公民、法人或者其他组织的财物实施暂时性控制的行为。

案例2中,税务机关针对陈某拒不执行行政决定所采取的措施,为行政强制执行。行政强制执行,是指行政机关或者行政机关申请人民法院,对不履行行政决定的公民、法人或者其他组织,依法强制履行义务的行为。

(二) 行政强制执行的基本原则

行政强制执行的基本原则是行政主体在实施行政强制过程中所必须遵循的基本要求。

《中华人民共和国行政强制法》(下简称《行政强制法》)确立的基本原则有：行政强制法定原则、适当原则、教育与强制相结合、当事人权利保障原则。

1. 行政强制法定原则

行政强制的设定和实施，应当依照法定的权限、范围、条件和程序。

行政强制设定法定是指行政强制的设定权由法律、行政法规和地方性法规规定，而行政法规和地方性法规设定行政处罚必须由法律明确授权。这是由于行政处罚行为涉及限制和剥夺当事人的切身权利，同时这一原则也是对行政主体的一种限制。

行政强制实施法定是指享有行政强制权的行政主体在行使该权力时必须依照法律规定权限、范围、条件和程序。没有行政强制权的行政主体不得实施行政强制；有行政强制权的行政主体应当依照法律的规定；行政强制的实施必须符合法定的条件，在法定的权限、范围内进行，并遵循相应的程序。行政强制的授予和委托需要按照法律规范的规定。

2. 行政强制适当原则

行政强制的设定和实施，应当适当。采用非强制手段可以达到行政管理目的的，不得设定和实施行政强制。行政强制的目的是为了让当事人履行行政处罚决定，确保达到行政管理的目的，维护公共利益和社会持续。如果不采取行政强制手段或者采取较轻的行政手段能达到行政强制的目的，就不需要选择较重的行政强制手段。

3. 当事人权利保障原则

行政主体在实施行政强制时应当保障当事人合法的权利。公民、法人或者其他组织对行政机关实施行政强制，享有陈述权、申辩权；有权依法申请行政复议或者提起行政诉讼；因行政机关违法实施行政强制受到损害的，有权依法要求赔偿。公民、法人或者其他组织因人民法院在强制执行中有违法行为或者扩大强制执行范围受到损害的，有权依法要求赔偿。

二、行政强制的种类与设定

行政强制包括行政强制措施和行政强制执行，这两部分的类型和设定都存在许多不同之处。

（一）行政强制措施的种类与设定

我们先看一则案例：

27岁的大学生孙志刚2003年2月24日受聘于广州达奇服装有限公司。3月17日晚10时许，孙志刚因未携带任何证件上街，被执行统一清查任务的天河区公安分局黄村街派出所民警带回询问，随后被作为"三无"人员送至天河区公安分局收容待遣所，后转送至广州市收容遣送中转站。3月18日晚，孙志刚被送往广州市卫生部门负责的收容人员救治站诊治。3月20日，孙志刚被打致死。2003年5月14日，许志永、俞江、滕彪三位青年法学博士上书全国人大常委会，要求对《城市流浪乞讨人员收容遣送办法》进行违宪审查。6月20日国务院第381号令公布，自2003年8月1日起施行《城市生活无着的流浪乞讨人员救助管理办法》，由强制收容改为志愿救助。

这里的问题是，其一，收容遣送是否属于行政强制措施？其二，根据《行政强制法》，《收容遣送办法》是否违法？

1. 行政强制措施的种类

行政强制措施的种类有：限制公民人身自由；查封场所、设施或者财物；扣押财物；冻结存款、汇款；其他行政强制措施。显然，本案中收容遣送属于限制人身自由的行政强制措施。所谓限制公民人身自由的强制措施，是指对公民的人身自由实施暂时性的限制，防止其继续实施违法行为，避免危险继续扩大。例如：强制带回、人身搜查、强制离境等。其他三种具体的行政强制措施是对物的限制。查封、扣押和冻结都是暂时限制当事人的财物，防止当事人不履行自己的义务，例如：强制拆除、强制拍卖等。

2. 行政强制措施的设定

根据《行政强制法》，法律、行政法规、地方性法规都可以对行政强制措施进行设定，但是下列几种只能由法律设定：限制公民人身自由的；冻结存款、汇款的；其他应由法律设定的事项。法律、法规以外的其他规范性文件不得设定行政强制措施。在本案中，限制人身自由的收容遣送，只能由全国人民代表大会及其常务委员会制定的法律设定，作为国务院的行政法规《城市流浪乞讨人员收容遣送办法》无权设定。所以，国务院废止了《城市流浪乞讨人员收容遣送办法》。

（二）行政强制执行的方式和设定

1. 行政强制执行的方式

行政强制执行的方式有：加处罚款或者滞纳金；划拨存款、汇款；拍卖或者依法处理查封、扣押的场所、设施或者财物；排除妨碍、恢复原状；代履行；其他强制执行方式。

加处罚款或者滞纳金是指当事人逾期未履行义务，行政机关要求承担一定金钱给付义务，促使其履行义务的执行方式。

划拨存款、汇款，拍卖或者依法处理查封、扣押的场所、设施或者财物是指行政机关对不履行义务的当事人采取直接强制，迫使其履行义务或实现与义务履行相同状态的方式。

代履行是指当事人应当履行的义务可以由他人代替履行时，行政机关请他人代为履行，产生的相应费用由当事人承担的执行方式。例如：排除妨碍、恢复原状。

2. 行政强制执行的设定

行政强制执行由法律设定。法律没有规定行政机关强制执行的，作出行政决定的行政机关应当申请人民法院强制执行。行政法规、地方性法规不得设定行政强制执行。

（三）行政强制设定程序

无论是行政强制措施的设定还是行政强制执行的设定，在设定前应当进行论证，在设定后必须进行评价。

起草法律草案、法规草案，拟设定行政强制的，起草单位应当采取听证会、论证会等形式听取意见，并向制定机关说明设定该行政强制的必要性、可能产生的影响以及听取和采纳意见的情况。

行政强制的设定机关应当定期对其设定的行政强制进行评价，并对不适当的行政强制及时予以修改或者废止。行政强制的实施机关可以对已设定的行政强制的实施情况及存在的必要性适时进行评价，并将意见报告该行政强制的设定机关。公民、法人或者其他组织可以向行政强制的设定机关和实施机关就行政强制的设定和实施提出意见和建议。有关机关应当认真研究论证，并以适当方式予以反馈。

三、行政强制措施的实施程序

（一）行政强制措施的实施主体

行政机关履行行政管理职责，依照法律、法规的规定，实施行政强制措施。行政强制措施由法律、法规规定的行政机关在法定职权范围内实施。行政强制措施权不得委托。依据《中华人民共和国行政处罚法》的规定行使相对集中行政处罚权的行政机关，可以实施法律、法规规定的与行政处罚权有关的行政强制措施。行政强制措施应当由行政机关具备资格的行政执法人员实施，其他人员不得实施。

（二）一般程序要求

（1）实施前须向行政机关负责人报告并经批准；
（2）由两名以上行政执法人员实施；
（3）出示执法身份证件；
（4）通知当事人到场；
（5）当场告知当事人采取行政强制措施的理由、依据以及当事人依法享有的权利、救济途径；
（6）听取当事人的陈述和申辩；
（7）制作现场笔录；
（8）现场笔录由当事人和行政执法人员签名或者盖章，当事人拒绝的，在笔录中予以注明；
（9）当事人不到场的，可以邀请见证人到场，由见证人、行政执法人员在现场笔录上签名或盖章；
（10）法律、法规规定的其他程序；
（11）情况紧急，需要当场实施行政强制措施的，行政执法人员应当在二十四小时内向行政机关负责人报告，并补办批准手续。行政机关负责人认为不应当采取行政强制措施的，应当立即解除。

（三）实施限制公民人身自由的行政强制措施的程序

实施限制公民人身自由的行政强制措施除应当履行一般程序外，还应当遵守下列规定：
（1）当场告知或者实施行政强制措施后立即通知当事人家属实施行政强制措施的行政机关、地点和期限；
（2）在紧急情况下当场实施行政强制措施的，在返回行政机关后，立即向行政机关负责人报告并补办批准手续；
（3）法律规定的其他程序；
（4）实施限制人身自由的行政强制措施不得超过法定期限，实施行政强制措施的目的已经达到或者条件已经消失，应当立即解除；
（5）违法行为涉嫌犯罪应当移送司法机关的，行政机关应当将查封、扣押、冻结的财物一并移送，并书面告知当事人。

（四）查封、扣押程序

1. 主体与内容要求

查封、扣押应当由法律、法规规定的行政机关实施，其他任何行政机关或者组织不得实施。查封、扣押限于涉案的场所、设施或者财物，不得查封、扣押与违法行为无关的场所、设施或者财物;不得查封、扣押公民个人及其所扶养家属的生活必需品。当事人的场所、设施或者财物已被其他国家机关依法查封的,不得重复查封。

2. 形式要求

行政机关决定实施查封、扣押的,应当履行一般程序,制作并当场交付查封、扣押决定书和清单。查封、扣押清单一式二份,由当事人和行政机关分别保存。

3. 期限要求

查封、扣押的期限不得超过三十日;情况复杂的,经行政机关负责人批准,可以延长,但是延长期限不得超过三十日。法律、行政法规另有规定的除外。延长查封、扣押的决定应当及时书面告知当事人,并说明理由。检测、检验、检疫或者技术鉴定的费用由行政机关承担。

4. 保管要求

对查封、扣押的场所、设施或者财物,行政机关应当妥善保管,不得使用或者损毁;造成损失的,应当承担赔偿责任。对查封的场所、设施或者财物,行政机关可以委托第三人保管,第三人不得损毁或者擅自转移、处置。因第三人的原因造成的损失,行政机关先行赔付后,有权向第三人追偿。因查封、扣押发生的保管费用由行政机关承担。

5. 处理决定

行政机关采取查封、扣押措施后,应当及时查清事实,在法定的期限内作出处理决定。对违法事实清楚,依法应当没收的非法财物予以没收;法律、行政法规规定应当销毁的,依法销毁;应当解除查封、扣押的,作出解除查封、扣押的决定。

有下列情形的,行政机关应当及时作出解除查封、扣押决定:

(1) 当事人没有违法行为;

(2) 查封、扣押的场所、设施或者财物与违法行为无关;

(3) 行政机关对违法行为已经作出处理决定,不再需要查封、扣押;

(4) 查封、扣押期限已经届满;

(5) 其他不需要采取查封、扣押措施的情形。

解除查封、扣押应当立即退还财物;已将鲜活物品或者其他不易保管的财物拍卖或者变卖的,退还拍卖或者变卖所得款项。变卖价格明显低于市场价格,给当事人造成损失的,应当给予补偿。

(五) 冻结程序

(1) 冻结存款、汇款应当由法律规定的行政机关实施,不得委托给其他行政机关或者组织;其他任何行政机关或者组织不得冻结存款、汇款。

(2) 冻结存款、汇款的数额应当与违法行为涉及的金额相当;已被其他国家机关依法冻结的,不得重复冻结。

(3) 行政机关依照法律规定决定实施冻结存款、汇款的,应当履行法定的程序,并向金融机构交付冻结通知书。金融机构接到行政机关依法作出的冻结通知书后,应当立即予以冻结,不得拖延,不得在冻结前向当事人泄露信息。法律规定以外的行政机关或者组织要求冻结当事人存款、汇款的,金融机构应当拒绝。

(4) 依照法律规定冻结存款、汇款的,作出决定的行政机关应当在三日内向当事人交付冻结决定书。

(5) 自冻结存款、汇款之日起三十日内,行政机关应当作出处理决定或者作出解除冻结决定;情况复杂的,经行政机关负责人批准,可以延长,但是延长期限不得超过三十日。法律另有规定的除外。延长冻结的决定应当及时书面告知当事人,并说明理由。

四、行政机关强制执行的程序

(一) 一般规定

所谓一般规定,即行政机关实施任何行政强制执行方式都应当遵循的程序。在这里,我们先来看一则"强制拆迁"案例。

2010年9月10日8时40分,江西省宜黄县某镇派出所的一位指导员带领十多个穿制服的民警分乘三四部小汽车来到钟家,称群众举报这里有汽油。钟某某向民警解释,汽油是用于发电机发电的。9时10分左右,钟家院子已经被执勤的警察围上警戒线。主管城建的副县长、房管局局长带领公安、拆迁办、城管队等将近一百人来到钟家,在距钟家直线距离100米远的马路边,还停有一辆黄色的挖掘机和一辆红色消防车。钟家人意识到,事情不像是简单的"查汽油",连忙打电话通知外出的家属,并将二楼的门死死地锁住。9时28分,罗某某和叶某某各拎着一桶汽油,出现在三楼楼顶,与楼下副县长带领的工作人员对峙。钟家有人在与工作人员的推搡中喊道:"国家下紧急通知不让强拆,是中央的政策算,还是你们宜黄的政策算?"一位中年男子一声断喝:"把她抓下去!"楼顶的罗某某、叶某某开始泼洒汽油。罗某某口里喊着:"你们走开,走开!"9时40分,由于钟家人关闭了通往楼顶的门,现场工作人员开始撞门。同时,钟家老大、老三、老四被逐个从楼内押出,每人被五六个人控制,楼顶上的罗某某和叶某某情绪变得激动起来。罗某某点着了火,屋顶开始燃烧……9时50分,撞门声还在继续。罗某某往自己身上倒汽油,然后点着了。结果,这起因拆迁引发的自焚事件,三人被烧成重伤,一人死亡。9月17日,宜黄县委书记、县长被立案调查,率队拆迁的县委常委、副县长被免职。10月10日,宜黄县县委书记和县长也被免职。

在这个案例中可以发现,宜黄县的强制拆迁很多方面与《行政强制法》相违背。

(1) 执行主体。行政机关依法作出行政决定后,当事人在行政机关决定的期限内不履行义务的,具有行政强制执行权的行政机关实行强制执行。根据法律法规,公安机关不能成为强制拆迁的执行主体。

(2) 督促。行政机关作出强制执行决定前,应当事先催告当事人履行义务。催告应当以书面形式作出,并载明下列事项:履行义务的期限;履行义务的方式;涉及金钱给付的,应当有明确的金额和给付方式;当事人依法享有的陈述权和申辩权。显然,宜黄的强制拆迁并没有事先催告,反而以查"汽油"名义进行拆迁。

(3) 当事人陈述与申辩。当事人收到催告书后有权进行陈述和申辩。行政机关应当充分听取当事人的意见,对当事人提出的事实、理由和证据,应当进行记录、复核。当事人提出的事实、理由或者证据成立的,行政机关应当采纳。显然,在本案中,对于当事人的陈述和申辩,宜黄政府并没有认真和充分听取。

(4) 实施。实施行政强制执行,行政机关可以在不损害公共利益和他人合法权益的情况下,与当事人达成执行协议。执行协议可以约定分阶段履行;当事人采取补救措施的,可以减免加处的罚款或者滞纳金。执行协议应当履行。当事人不履行执行协议的,行政机关应当恢复强制执行。行政机关不得在夜间或者法定节假日实施行政强制执行。但是,情况紧急的除外。行政机关不得对居民生活采取停止供水、供电、供热、供燃气等方式迫使当事人履行相关行政决定。该案中,宜黄拆迁采用了断电的违法强拆方式。

(5) 对违法的建筑物、构筑物、设施等需要强制拆除的,应当由行政机关予以公告,限期当事人自行拆除。当事人在法定期限内不申请行政复议或者提起行政诉讼,又不拆除的,行政机关可以依法强制拆除。在该案中,当事人的房屋不属于违法建筑,行政机关不能自行强制拆除,而应该申请人民法院执行。

(二) 金钱给付义务的执行

请看一则报道:

> 2008年,湖北某县工商局以涉嫌虚假宣传为由,向某生产企业开出了一张66万元的天价罚单,含58万元滞纳金;这里的问题是,天价滞纳金是否合法合理?
> 根据《行政强制法》规定,行政机关依法作出金钱给付义务的行政决定,当事人逾期不履行的,行政机关可以依法加处罚款或者滞纳金。加处罚款或者滞纳金的标准应当告知当事人。加处罚款或者滞纳金的数额不得超出金钱给付义务的数额。在本案中,某县工商局的58万滞纳金远远超出8万的罚款本金,与《行政强制法》相悖,而且处罚畸重,于理不合。

此外,《行政强制法》还规定,行政机关依法实施加处罚款或者滞纳金超过三十日,经催告当事人仍不履行的,具有行政强制执行权的行政机关可以强制执行。行政机关实施强制执行前,需要采取查封、扣押、冻结措施的,依法办理。没有行政强制执行权的行政机关应当申请人民法院强制执行。

关于划拨存款、汇款,《行政强制法》规定,应由法律规定的行政机关决定,并书面通知金融机构。金融机构接到行政机关依法作出划拨存款、汇款的决定后,应当立即划拨。法律规定以外的行政机关或者组织要求划拨当事人存款、汇款的,金融机构应当拒绝。划拨的存款、汇款以及拍卖和依法处理所得的款项应当上缴国库或者划入财政专户。任何行政机关或者个人不得以任何形式截留、私分或者变相私分。

(三) 代履行

请看一则案例:

> 2012年,某市交警整治非法改装车辆,共查出107辆非法改装车,警方给予行政处理如罚款,暂扣驾驶证、行驶证,责令驾驶人将车辆恢复原貌。有个别车主逾期没有将车辆恢复原貌,警方强制代为履行,费用由车主负担。这里,警方的代履行是否合法?

根据《行政强制法》规定,行政机关依法作出要求当事人履行排除妨碍、恢复原状等义务的行政决定,当事人逾期不履行,经催告仍不履行,其后果已经或者将危害交通安全、造成环境污染或者破坏自然资源的,行政机关可以代履行,或者委托没有利害关系的第三人代履行。代履行的费用按照成本合理确定,由当事人承担。但是,法律另有规定的除外。代履行不得采用暴力、胁迫以及其他非法方式。需要立即清除道路、河道、航道或者公共场所的遗洒物、障碍物或者污染物,当事人不能清除的,行政机关可以决定立即实施代履行;当事人不在场的,行政机关应当在事后立即通知当事人,并依法作出处理。从上可知,某市警方的代履行于法有据。

五、申请法院强制执行

（一）适用的前提

当事人在法定期限内不申请行政复议或者提起行政诉讼,又不履行行政决定的,没有行政强制执行权的行政机关可以自期限届满之日起三个月内,依照《行政强制法》第五章的规定申请人民法院强制执行。行政机关申请人民法院强制执行前,应当催告当事人履行义务。催告书送达十日后当事人仍未履行义务的,行政机关可以向所在地有管辖权的人民法院申请强制执行;执行对象是不动产的,向不动产所在地有管辖权的人民法院申请强制执行。

（二）申请材料

行政机关向人民法院申请强制执行,应当提供下列材料:①强制执行申请书;②行政决定书及作出决定的事实、理由和依据;③当事人的意见及行政机关催告情况;④申请强制执行标的情况;⑤法律、行政法规规定的其他材料。强制执行申请书应当由行政机关负责人签名,加盖行政机关的印章,并注明日期。

（三）法院受理

人民法院接到行政机关强制执行的申请,应当在五日内受理。行政机关对人民法院不予受理的裁定有异议的,可以在十五日内向上一级人民法院申请复议,上一级人民法院应当自收到复议申请之日起十五日内作出是否受理的裁定。

（四）审查与裁定

人民法院对行政机关强制执行的申请进行书面审查,对符合法律规定的,且行政决定具备法定执行效力的,除《行政强制法》规定的三种情形外,人民法院应当自受理之日起七日内作出执行裁定。

人民法院发现有下列情形之一的,在作出裁定前可以听取被执行人和行政机关的意见：

(1) 明显缺乏事实依据的;

(2) 明显缺乏法律、法规依据的;

(3) 其他明显违法并损害被执行人合法权益的。

人民法院应当自受理之日起三十日内作出是否执行的裁定。裁定不予执行的,应当说明理由,并在五日内将不予执行的裁定送达行政机关。行政机关对人民法院不予执行的裁定有异议的,可以自收到裁定之日起十五日内向上一级人民法院申请复议,上一级人民法院应当自收到复议申请之日起三十日内作出是否执行的裁定。

（五）强制执行

法院裁定准予强制执行后,由受理该案件的法院负责强制执行的机构采取强制执行措施。

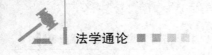

第五节 国家赔偿法

一、国家赔偿法概述

（一）国家赔偿的概念

国家赔偿是指国家机关和国家机关工作人员在行使职权过程中，侵犯公民、法人和其他组织合法权益并造成损害时，由国家承担赔偿责任的制度。国家赔偿制度的内容包括行政赔偿和司法赔偿。

行政赔偿和司法赔偿的区别可由以下两个案例来说明：

案例1：1997年，深圳市规划国土局在对抵押登记未予注销且未收回产权证书的情况下，又将同一物业的土地及地上的建筑发放了新的产权证书。这致使深圳市有色金属有限公司在不知事实真相的情况下，与深圳百胜公司签订了870万元的抵押贷款，而深圳百胜公司在骗取了巨额贷款后不久就宣布破产，人去楼空。2003年6月，深圳市规划国土局向深圳市有色金属财务有限公司支付了870万元人民币的行政赔偿金。至此，轰动一时的中国内地最大一宗国家行政赔偿案结案。

案例2：赵作海，河南省商丘人。1999年因同村赵振晌失踪后发现一具无头尸体而被拘留，2002年商丘市中级人民法院以故意杀人罪判处死刑，缓刑2年。2010年4月30日，"被害人"赵振晌回到村中，2010年5月9日，河南省高院宣告赵作海无罪。赵作海共获得65万元赔偿，50万元为国家赔偿金，此乃司法赔偿。

（二）国家赔偿的构成要件

国家赔偿的构成要件指国家承担赔偿责任需要具备的前提条件，主要包括主体要件、行为要件、损害事实和因果关系四个方面。

1. 主体要件

侵权行为的主体要件要解决的是哪些主体实施的行政行为应当由国家来承担。因为国家赔偿的特殊性，我国国家赔偿法对国家侵权行为的主体有严格的限制，只有国家机关及其工作人员才能作为侵权行为的主体，成为国家赔偿责任的主体要件。需要注意，这里所讲的国家机关包括国家行政机关和国家司法机关，而国家立法机关不在其中。

2. 行为要件

国家只对侵权主体实施的与执行职务有关的行为负责。执行职务是指国家机关及其工作人员履行或不履行其职责和义务的行为，包括作为与不作为行为。

3. 损害结果

行政相对人是否受到损害是国家承担赔偿责任的首要条件。没有损害就谈不上赔偿。由于国家对社会各个领域都进行管理，因此行政相对人的各类权益都可能受到侵害，例如：人身权、财产权、政治权和受教育权。但由于各国考虑到财力的可承受能力，一般难以对国家侵权造成的所有损害都进行赔偿。我国国家赔偿法规定人身权和财产权受到侵害受害人才有权取得国家赔偿。

4. 因果关系

因果关系是指国家机关及其工作人员的行为与行政相对人的损害结果之间存在联系,即两者之间具有因果关系。因果关系的判断必须针对具体案件的不同情况,采取不同的标准。

二、行政赔偿

行政赔偿是指行政机关及其工作人员在行使职权过程中,侵犯公民、法人和其他组织合法权益并造成损害时,由国家承担赔偿责任的制度。行政赔偿是一种国家赔偿责任,是国家对行政侵权行为所承担的赔偿责任。

(一) 行政赔偿范围

请先看一则案例:

> 2009年2月13日,因盗窃被行政拘留的男子李荞明在云南晋宁县公安局看守所内死亡,警察称其与狱友玩"躲猫猫"时撞到墙壁受重伤。后经查实系被牢头狱霸打死。这里的问题是,受害人家属是否有权获得国家赔偿?

根据《国家赔偿法》的规定,国家对行政机关及其工作人员的下列行为承担赔偿责任:①违法拘留或者违法采取限制公民人身自由的行政强制措施的;非法拘禁或者以其他方法非法剥夺公民人身自由的。②以殴打、虐待等行为或者唆使、放纵他人以殴打、虐待等行为造成公民身体伤害或者死亡的。③违法使用武器、警械造成公民身体伤害或者死亡的。④造成公民身体伤害或者死亡的其他违法行为。⑤违法实施罚款、吊销许可证和执照、责令停产停业、没收财物等行政处罚的。⑥违法对财产采取查封、扣押、冻结等行政强制措施的。⑦违法征收、征用财产的;造成财产损害的其他违法行为。国家不承担赔偿责任的情况有:行政机关工作人员与行使职权无关的个人行为;因公民、法人和其他组织自己的行为致使损害发生的;法律规定的其他情形。

显然,本案受害人的死亡,属于看守所管理人员"放纵他人以殴打、虐待等行为造成公民身体伤害或者死亡的"情形,并非是自己的行为所致,其家属有权向看守所申请国家赔偿。

(二) 行政赔偿的请求人与赔偿义务机关

受害的公民、法人和其他组织有权要求赔偿。受害的公民死亡,其继承人和其他有扶养关系的亲属有权要求赔偿。受害的法人或者其他组织终止的,其权利承受人有权要求赔偿。

行政机关及其工作人员行使行政职权侵犯公民、法人和其他组织的合法权益造成损害的,该行政机关为赔偿义务机关。两个以上行政机关共同行使行政职权时侵犯公民、法人和其他组织的合法权益造成损害的,共同行使行政职权的行政机关为共同赔偿义务机关。法律、法规授权的组织在行使授予的行政权力时侵犯公民、法人和其他组织的合法权益造成损害的,被授权的组织为赔偿义务机关。受行政机关委托的组织或者个人在行使受委托的行政权力时侵犯公民、法人和其他组织的合法权益造成损害的,委托的行政机关为赔偿义务机关。赔偿义务机关被撤销的,继续行使其职权的行政机关为赔偿义务机关;没有继续行使其职权的行政机关的,撤销该赔偿义务机关的行政机关为赔偿义务机关。

经复议机关复议的,最初造成侵权行为的行政机关为赔偿义务机关,但复议机关的复议决定加重损害的,复议机关对加重的部分履行赔偿义务。

（三）行政赔偿的程序

1. 申请

赔偿请求人要求赔偿,应当先向赔偿义务机关提出,也可以在申请行政复议或者提起行政诉讼时一并提出。赔偿请求人可以向共同赔偿义务机关中的任何一个赔偿义务机关要求赔偿,该赔偿义务机关应当先予赔偿。赔偿请求人根据受到的不同损害,可以同时提出数项赔偿要求。

2. 决定

赔偿义务机关应当自收到申请之日起两个月内,作出是否赔偿的决定。赔偿义务机关作出赔偿决定,应当充分听取赔偿请求人的意见,并可以与赔偿请求人就赔偿方式、赔偿项目和赔偿数额依法进行协商。

赔偿义务机关决定赔偿的,应当制作赔偿决定书,并自作出决定之日起十日内送达赔偿请求人。赔偿义务机关决定不予赔偿的,应当自作出决定之日起十日内书面通知赔偿请求人,并说明不予赔偿的理由。赔偿义务机关在规定期限内未作出是否赔偿的决定,赔偿请求人可以自期限届满之日起三个月内,向人民法院提起诉讼。赔偿请求人对赔偿的方式、项目、数额有异议的,或者赔偿义务机关作出不予赔偿决定的,赔偿请求人可以自赔偿义务机关作出赔偿或者不予赔偿决定之日起三个月内,向人民法院提起诉讼。

3. 诉讼程序

人民法院审理行政赔偿案件,赔偿请求人和赔偿义务机关对自己提出的主张,应当提供证据。赔偿义务机关采取行政拘留或者限制人身自由的强制措施期间,被限制人身自由的人死亡或者丧失行为能力的,赔偿义务机关的行为与被限制人身自由的人的死亡或者丧失行为能力是否存在因果关系,赔偿义务机关应当提供证据。

4. 内部追偿程序

赔偿义务机关赔偿损失后,应当责令有故意或者重大过失的工作人员或者受委托的组织或者个人承担部分或者全部赔偿费用。对有故意或者重大过失的责任人员,有关机关应当依法给予处分;构成犯罪的,应当依法追究刑事责任。

三、刑事赔偿

刑事赔偿是指司法机关及其工作人员在行使侦查权、检查权、审判权和看守所、监狱管理职权过程中,对当事人的人身和财产权造成损害时,国家应当承当赔偿责任。

（一）刑事赔偿范围

根据《中华人民共和国国家赔偿法》（下简称《国家赔偿法》）的规定,刑事赔偿范围有:

（1）违反刑事诉讼法的规定对公民采取拘留措施的,或者依照刑事诉讼法规定的条件和程序对公民采取拘留措施,但是拘留时间超过刑事诉讼法规定的时限,其后决定撤销案件、不起诉或者判决宣告无罪终止追究刑事责任的。

（2）对公民采取逮捕措施后,决定撤销案件、不起诉或者判决宣告无罪终止追究刑事责任的。

(3) 依照审判监督程序再审改判无罪，原判刑罚已经执行的。

(4) 刑讯逼供或者以殴打、虐待等行为或者唆使、放纵他人以殴打、虐待等行为造成公民身体伤害或者死亡的。

(5) 违法使用武器、警械造成公民身体伤害或者死亡的。

(6) 违法对财产采取查封、扣押、冻结、追缴等措施的。

(7) 依照审判监督程序再审改判无罪，原判罚金、没收财产已经执行的。

此外，《国家赔偿法》规定，国家对下列行为不承担赔偿责任：因公民自己故意作虚伪供述，或者伪造其他有罪证据被羁押或者被判处刑罚的；依照刑法第十七条、第十八条规定不负刑事责任的人被羁押的；依照刑事诉讼法第十五条、第一百七十三条第二款、第二百七十三条第二款、第二百七十九条规定不追究刑事责任的人被羁押的；行使侦查、检察、审判职权的机关以及看守所、监狱管理机关的工作人员与行使职权无关的个人行为；因公民自伤、自残等故意行为致使损害发生的；法律规定的其他情形。

(二) 刑事赔偿的请求人与赔偿义务机关

受害的公民、法人和其他组织有权要求赔偿。受害的公民死亡，其继承人和其他有扶养关系的亲属有权要求赔偿。受害的法人或者其他组织终止的，其权利承受人有权要求赔偿。

行使侦查、检察、审判职权的机关以及看守所、监狱管理机关及其工作人员在行使职权时侵犯公民、法人和其他组织的合法权益造成损害的，该机关为赔偿义务机关。对公民采取拘留措施，依照本法的规定应当给予国家赔偿的，作出拘留决定的机关为赔偿义务机关。对公民采取逮捕措施后决定撤销案件、不起诉或者判决宣告无罪的，作出逮捕决定的机关为赔偿义务机关。再审改判无罪的，作出原生效判决的人民法院为赔偿义务机关。二审改判无罪，以及二审发回重审后作无罪处理的，作出一审有罪判决的人民法院为赔偿义务机关。

(三) 刑事赔偿的程序

1. 申请

赔偿请求人要求赔偿，应当先向赔偿义务机关提出。

2. 决定

赔偿义务机关应当自收到申请之日起两个月内，作出是否赔偿的决定。赔偿义务机关作出赔偿决定，应当充分听取赔偿请求人的意见，并可以与赔偿请求人就赔偿方式、赔偿项目和赔偿数额依法进行协商。赔偿义务机关决定赔偿的，应当制作赔偿决定书，并自作出决定之日起十日内送达赔偿请求人。赔偿义务机关决定不予赔偿的，应当自作出决定之日起十日内书面通知赔偿请求人，并说明不予赔偿的理由。

3. 复议

赔偿义务机关在规定期限内未作出是否赔偿的决定，赔偿请求人可以自期限届满之日起三十日内向赔偿义务机关的上一级机关申请复议。赔偿请求人对赔偿或者不予赔偿决定不服的，赔偿请求人可以自决定之日起三十日内，向赔偿义务机关的上一级机关申请复议。赔偿义务机关是人民法院的，赔偿请求人可以依照规定向其上一级人民法院赔偿委员会申请作出赔偿决定。

复议机关应当自收到申请之日起两个月内作出决定。赔偿请求人不服复议决定的，可以在收到复议决定之日起三十日内向复议机关所在地的同级人民法院赔偿委员会申请作出

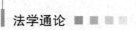

赔偿决定;复议机关逾期不作决定的,赔偿请求人可以自期限届满之日起三十日内向复议机关所在地的同级人民法院赔偿委员会申请作出赔偿决定。

4. 人民法院赔偿委员会决定

人民法院赔偿委员会处理赔偿请求,赔偿请求人和赔偿义务机关对自己提出的主张,应当提供证据。被羁押人在羁押期间死亡或者丧失行为能力的,赔偿义务机关的行为与被羁押人的死亡或者丧失行为能力是否存在因果关系,赔偿义务机关应当提供证据。

人民法院赔偿委员会处理赔偿请求,采取书面审查的办法。必要时,可以向有关单位和人员调查情况、收集证据。赔偿请求人与赔偿义务机关对损害事实及因果关系有争议的,赔偿委员会可以听取赔偿请求人和赔偿义务机关的陈述和申辩,并可以进行质证。

人民法院赔偿委员会应当自收到赔偿申请之日起三个月内作出决定;属于疑难、复杂、重大案件的,经本院院长批准,可以延长三个月。中级以上的人民法院设立赔偿委员会,由人民法院三名以上审判员组成,组成人员的人数应当为单数。赔偿委员会作赔偿决定,实行少数服从多数的原则。赔偿委员会作出的赔偿决定,是发生法律效力的决定,必须执行。

赔偿请求人或者赔偿义务机关对赔偿委员会作出的决定,认为确有错误的,可以向上一级人民法院赔偿委员会提出申诉。赔偿委员会作出的赔偿决定生效后,如发现赔偿决定违反本法规定的,经本院院长决定或者上级人民法院指令,赔偿委员会应当在两个月内重新审查并依法作出决定,上一级人民法院赔偿委员会也可以直接审查并作出决定。最高人民检察院对各级人民法院赔偿委员会作出的决定,上级人民检察院对下级人民法院赔偿委员会作出的决定,发现违反本法规定的,应当向同级人民法院赔偿委员会提出意见,同级人民法院赔偿委员会应当在两个月内重新审查并依法作出决定。

5. 内部追偿程序

赔偿义务机关赔偿后,应当向有下列情形之一的工作人员追偿部分或者全部赔偿费用:刑讯逼供或者以殴打、虐待等行为或者唆使、放纵他人以殴打、虐待等行为造成公民身体伤害或者死亡的;违法使用武器、警械造成公民身体伤害或者死亡的;在处理案件中有贪污受贿,徇私舞弊,枉法裁判行为的。对上述情形的责任人员,有关机关应当依法给予处分;构成犯罪的,应当依法追究刑事责任。

四、国家赔偿的赔偿方式与计算标准

国家赔偿的方式就是国家承担赔偿责任的各种形式。因为国家赔偿案件损害的性质、情节、程度不同,所以赔偿的方式也有所不同。我国国家赔偿是以金钱赔偿为主要方式,以返还财产、恢复原状为补充。

国家赔偿的计算标准是指国家支付赔偿金赔偿受害人的损失时适用的标准。由于国家侵权损害的类型多种多样,损害造成的结果也各不相同,所以对国家赔偿规定一个计算标准是非常必要的。我国国家赔偿具体的计算标准如下。

(一)侵犯公民人身自由与生命健康的行为

侵犯公民人身自由的,每日赔偿金按照国家上年度职工日平均工资计算。侵犯公民生命健康权的,赔偿金按照下列规定计算:

(1) 造成身体伤害的,应当支付医疗费、护理费,以及赔偿因误工减少的收入。减少的收入每日的赔偿金按照国家上年度职工日平均工资计算,最高额为国家上年度职工年平均工资的五倍。

(2) 造成部分或者全部丧失劳动能力的,应当支付医疗费、护理费、残疾生活辅助器具费、康复费等因残疾而增加的必要支出和继续治疗所必需的费用,以及残疾赔偿金。残疾赔偿金根据丧失劳动能力的程度,按照国家规定的伤残等级确定,最高不超过国家上年度职工年平均工资的二十倍。造成全部丧失劳动能力的,对其扶养的无劳动能力的人,还应当支付生活费。

(3) 造成死亡的,应当支付死亡赔偿金、丧葬费,总额为国家上年度职工年平均工资的二十倍。对死者生前扶养的无劳动能力的人,还应当支付生活费。

生活费的发放标准,参照当地最低生活保障标准执行。被扶养的人是未成年人的,生活费给付至十八周岁止;其他无劳动能力的人,生活费给付至死亡时止。

(4) 致人精神损害的,应当在侵权行为影响的范围内,为受害人消除影响,恢复名誉,赔礼道歉;造成严重后果的,应当支付相应的精神损害抚慰金。

(二) 侵犯公民、法人和其他组织的财产权造成损害的行为

侵犯公民、法人和其他组织的财产权造成损害的,按照下列规定处理:①处罚款、罚金、追缴、没收财产或者违法征收、征用财产的,返还财产。②查封、扣押、冻结财产的,解除对财产的查封、扣押、冻结,造成财产损坏或者灭失的,依照下面的规定赔偿。③应当返还的财产损坏的,能够恢复原状的恢复原状,不能恢复原状的,按照损害程度给付相应的赔偿金。④应当返还的财产灭失的,给付相应的赔偿金。⑤财产已经拍卖或者变卖的,给付拍卖或者变卖所得的价款;变卖的价款明显低于财产价值的,应当支付相应的赔偿金。⑥吊销许可证和执照、责令停产停业的,赔偿停产停业期间必要的经常性费用开支;返还执行的罚款或者罚金、追缴或者没收的金钱,解除冻结的存款或者汇款的,应当支付银行同期存款利息。⑦对财产权造成其他损害的,按照直接损失给予赔偿。

国家赔偿的费用列入各级财政预算。赔偿请求人凭生效的判决书、复议决定书、赔偿决定书或者调解书,向赔偿义务机关申请支付赔偿金。赔偿义务机关应当自收到支付赔偿金申请之日起七日内,依照预算管理权限向有关的财政部门提出支付申请。财政部门应当自收到支付申请之日起十五日内支付赔偿金。赔偿费用预算与支付管理的具体办法由国务院规定。

本 章 小 结

本章首先介绍了行政法的概念及其特征,认为行政法是一切属于行政范畴的法律规范的总称,也就是说行政法是调整国家行政机关在行使行政职权的过程中发生的各种社会关系的法律规范的总称,并介绍了行政法的基本原则。然后结合相关法律规范对行政处罚、行政许可、行政强制和国家赔偿这些具体行政行为进行一般性介绍,并探讨了相关法律制度的内容。最后通过行政诉讼的案例,进一步叙述了如何运用行政法的基本原理和具体法律规范的内容解决行政法的相关问题。

本 章 关 键 词

行政法概念 行政法特征 基本原则 行政处罚 行政许可 行政强制 行政强制措施 行政强制执行 国家赔偿 行政赔偿 刑事赔偿 正当程序

| 法学通论

案 例 评 析

（一）

【基本案情】

何某,男,30岁,原系某市重型机械厂职工,1997年4月因该厂停业而下岗。其下岗后,家庭收入大幅减少,基本生活难以维持。基于这种情况,何某于1997年6月贷款购置了一辆电动三轮车,准备以跑车拉客为生计。车买好后,何某多次到市交通管理局申领三轮车营运许可证。交通管理部门考虑到本市电动三轮车已有很多,便称现有指标已经用完,要等到下一季度再作"研究"。由于三轮车是贷款购置的,闲置下来损失只能与日俱增,故何某于1997年9月在没有营运证的情况下,私自从事起电动三轮车的运营。1997年11月5日,被市交通管理局发现,将电动三轮车扣押,并罚款1500元。后经复议程序,市交通管理局向何某颁发了营运证,但维持行政处罚。

【法律分析】

行政许可制度设置的初衷,也正在于通过行政许可机关的审查,由符合法定条件、具备特定资质的申请人为特定事项,从而控制和避免其危害性,避害趋利,继续发挥该类事项的积极意义,满足人们的生活和社会进步的需要。这就给行政许可制度的设置限定了一个范围,即原本对国家和社会有益,但如若不加控制任其泛滥有可能有害,并且经人为控制能够切实克服、避免或限制其危害性发生的事项。

就本案例而言,国家现阶段鼓励下岗职工自谋职业,保护个体经济的发展;社会需要个体经济加以活跃和繁荣,但一市电动三轮车过多,可能会影响该市的市容市貌、影响该市既有的电动三轮车市场的运营。何某中年下岗,家庭生活难以维系,其贷款购车,一旦长期闲置,只能使家庭经济雪上加霜。总之,只要我们仔细权衡就会发现,就重要性和紧迫性而言,市容市貌的维护不及何某一家的生计。因此,本案中,应及时颁发甚至帮助何某获取营运证。甚至于该项行政许可的设定也可以从源头上取消,因为它的危害性并不大,至多算是影响市容。至于影响既有的电动三轮车市场,则属于市场经济本身的问题,属于人力所不能直接控制的事项。①

（二）

【基本案情】

2007年10月19日,根据第三人对A公司的举报,被告工商分局执法人员对存放在A公司仓库内的化妆品进行了现场检查。经检查,所涉品牌为"罗芙仙妮""碧优泉"两个系列化妆品。在"罗芙仙妮"系列化妆品的外包装上印有"法国欧莱雅集团有限公司授权监制"字样,化妆品容器上贴有"法国欧莱雅集团有限公司"字样标签。被告执法人员对A公司仓库内的化妆品进行了封存、扣留,数量为35 712个(瓶)和9盒"OREAL"礼品套盒,货值2 760 214元。被告另发现,原告在其招商手册中,每页都写有"源自法国的顶级品牌",使用了"法国欧莱雅集团有限公司"的企业名称;在原告网站上出现了"法国欧莱雅集团有限公

---

① 张树义:《行政法学案例教程》,知识产权出版社2003年版,第113页。

司""源自法国的顶级品牌ROYALSHE研究所""法国欧莱雅你值得信赖的化妆品供应商"等内容,使用了"法国欧莱雅"等字样;2007年9月10日,《解放日报》第七版刊登了一则内容为"法国欧莱雅"在金山区投资兴建"罗芙仙妮"流水线的报道。根据上述检查发现的情况,被告认定原告生产、销售涉案两个系列化妆品的行为,违反了《中华人民共和国反不正当竞争法》(下简称《反不正当竞争法》)第五条第(三)项的规定,遂向原告发出了听证告知书。因原告未提出听证申请,被告遂依据《反不正当竞争法》和《中华人民共和国产品质量法》(下简称《产品质量法》)的相关规定,于2008年1月17日作出了涉案行政处罚决定。涉案行政处罚决定作出后,原告不服,向工商行政管理局申请复议,该局于2008年4月21日作出复议决定,维持涉案行政处罚决定。原告仍不服,遂提起行政诉讼。①

【法律分析】

本案的一个争论焦点是被告执法目的是否具有正当性,执法的程序是否正确。在本案中,被告工商分局根据《反不正当竞争法》第三条第二款之规定,具有在本行政区域内对不正当竞争行为进行监督检查的行政执法职权。被告基于鼓励和保护公平竞争,制止不正当竞争行为,保护经营者和消费者的合法权益,维护正常的市场竞争的目的,作出涉案行政处罚决定,其执法目的正当,符合行政法的合法性原则。被告工商分局是合法的行政主体并且是在法律规定的权限内作出行政处罚决定。因此,被告的行政处罚是一个正确的具体行政行为。

关于被告行政处罚程序是否正确的问题,我们认为被告在接到举报后,对原告A公司的涉案化妆品进行了封存和扣留,经过现场检查,并经过调查取证,依法履行了向原告告知行政处罚的事实、理由及依据,告知原告享有陈述、申辩和听证的权利等法定程序,据此作出涉案行政处罚决定的具体行政行为,其执法程序合法。

本案的另一个争论焦点为被告工商分局将原告A公司认定为涉案行政处罚决定的相对人是否正确的问题。我们认为,违法行为人是正确的行政处罚对象。本案中,涉案化妆品的生产,系由原告委托B公司印制包装盒,再由原告提供加工上述化妆品的内外包装及配套材料,委托C公司定牌生产,销售也由原告以其和法国欧莱雅集团有限公司的名义在各省市征召代理商进行代理销售,货款亦由原告收取。因此,原告是涉案化妆品的生产组织者和销售者,被告以其作为涉案行政处罚决定的相对人并无不当。

复习思考题

1. 行政法与其他部门法的主要区别有哪些?
2. 如何理解行政法的合法性原则与合理性原则?两者的关系是什么?
3. 结合时代背景,如何理解《行政处罚法》的制定所具有的历史意义?
4. 如何理解行政许可与市场经济的关系?
5. 如何理解《行政强制法》的法治精神?
6. 比较新旧《国家赔偿法》,如何理解新修正的《国家赔偿法》的进步意义?

---

① 参见上海市罗芙仙妮化妆品有限公司诉上海市工商行政管理局金山分局工商行政处罚决定案(2008,上海市第一中级人民法院),《最高人民法院公报》2009年第11期。

第十章　刑事法制

> **学习目标**
>
> - 掌握刑法基本原则的含义和要求
> - 掌握犯罪的概念及特征、犯罪构成的概念及构成要件
> - 掌握正当防卫、紧急避险的成立条件
> - 了解故意犯罪过程中的停止形态
> - 掌握共同犯罪的成立要件、共同犯罪人的分类及刑事责任
> - 了解刑罚的体系和种类
> - 了解刑罚的裁量制度和执行制度
> - 了解破坏社会主义市场经济秩序罪的基本内容

第一节　刑法概说

一、刑法的概念、性质与解释

(一) 刑法的概念

刑法是规定犯罪、刑事责任和刑罚的法律。具体些说,也就是刑法是掌握政权的阶级即统治阶级,为了维护本阶级政治上的统治和经济上的利益,根据自己的意志,规定哪些行为是犯罪和应负刑事责任,并给犯罪人以何种刑罚处罚的法律。[①]

1979年7月1日,第五届全国人民代表大会第二次会议通过了中华人民共和国第一部刑法,该法自1980年1月1日起施行。为适应国家改革开放中的新情况、新问题和惩治、防范犯罪的实际需要,我国最高立法机关自1981年至1995年先后通过了24部单行刑法,并在107部非刑事法律中附设刑事条款(附属刑法),对1979年刑法进行了较大幅度的修改补充。为了适应市场经济条件下惩罚犯罪、保护人民的需要,第八届全国人民代表大会第五次会议于1997年3月14日通过了修订的《中华人民共和国刑法》,这部刑法于1997年10月1日起施行。此后,为了及时回应中国经济和社会发展的需要,全国人大常委会还以单行刑法和刑法修正案的方式对刑法进行了进一步的修改和完善。比如,1998年12月29日通过了《关于惩治骗购外汇、逃汇和非法买卖外汇犯罪的决定》,1999年12月25日通过了《中华人

---

① 高铭暄、马克昌:《刑法学》(第七版),北京大学出版社、高等教育出版社2016年版,第7页。

民共和国刑法修正案》。截至2020年12月26日,全国人大常委会先后通过了十一个《刑法修正案》,对刑法中的141个条款作了修改,新增设了80个条款,同时删除了6个条款。

我国1997年《刑法》设有总则、分则和附则。总则共五章,依次为:刑法的任务、基本原则和适用范围,犯罪,刑罚,刑罚的具体运用,其他规定。分则共十章,依次为:危害国家安全罪,危害公共安全罪,破坏社会主义市场经济秩序罪,侵犯公民人身权利、民主权利罪,侵犯财产罪,妨害社会管理秩序罪,危害国防利益罪,贪污贿赂罪,渎职罪,军人违反职责罪。

(二) 刑法的性质

刑法具有区别于其他法律的特有属性,主要表现在以下几个方面:

1. 调整范围的广泛性

一般部门法只是调整和保护某一方面的社会关系。例如,民法仅调整和保护财产关系以及部分与财产有关的人身关系;婚姻法仅调整和保护婚姻家庭关系;行政法调整行政关系以及在此基础上产生的监督行政关系;如此等等。刑法则保护人身的、经济的、财产的、婚姻家庭的、社会秩序等许多方面的法益。可以认为,一般部门法所保护的法益,刑法都要予以保护。

2. 规制内容的特定性

刑法是以规定犯罪、刑事责任、刑罚为内容的法律。这是它与其他法律相区别的首要特征。例如,宪法是规定国家的社会制度、公民的权利与义务、国家机构的法律;婚姻法是规定婚姻、家庭的法律。各个法律由于各自的特定内容而互相区别。

3. 强制手段的严厉性

强制性是法律不同于其他行为规范如道德规范的特征,可以说一切法律都有强制性,但刑法的强制性不同于其他法律,它以强制手段的严厉性而与其他法律相互区别。例如,违反民法的,要承担赔偿损失、支付违约金、赔礼道歉等民事责任;违反治安管理处罚法的,要受到警告、罚款、拘留的制裁;如此等等。而违反刑法的,可能受到限制自由、剥夺自由、剥夺政治权利、没收财产,甚至剥夺生命的制裁。由此可见,刑法的强制手段比其他法律的强制手段严厉得多。

4. 对其他部门法的补充性和保障性

国家有许多部门法,需要保护的社会关系首先由这些相应的部门法来保护。只有当一般部门法不能充分保护某种法益时,才由刑法保护;只有当一般部门法还不足以抑制某种危害行为时,才由刑法禁止。刑法的这种补充性,加上刑法制裁的严厉性,使刑法实际上成为其他法律的保障,即其他法律的贯彻实施以刑法为后盾、为保证。在这个意义上,刑法可以说是其他部门法的保护法,如果说其他部门法是"第一道防线"的话,刑法就充当了"第二道防线"的角色。

(三) 刑法的解释

刑法的解释就是对刑法规范含义的阐明。刑法条文具有一定的抽象性和稳定性,而现实生活是千姿百态和复杂多样的,要将抽象的刑法条文运用于具体的案件,就需要对刑法条文进行解释,阐明刑法规范的含义。

刑法的解释,可以区分为立法解释、司法解释和学理解释。立法解释和司法解释都属于有权解释,具有法律约束力;而学理解释在法律上没有约束力,正确的学理解释有助于理解刑法规范的含义,对于司法实践和立法工作都具有参考价值。

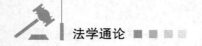

1. 立法解释

立法解释是由最高立法机关对刑法的含义所作的解释,具体包括三种情况:

(1) 用刑法条文来解释有关刑法术语(如《刑法》第九十三条对国家工作人员的解释);

(2) 在刑法起草说明或者修订说明中解释有关刑法术语;

(3) 在刑法的实施过程中,对发生歧义的条文进行解释。

2. 司法解释

司法解释是由最高人民法院和最高人民检察院(简称"两高")对司法实践中具体应用《刑法》的问题进行的解释。① 司法解释,对于统一司法机关的认识,加强办案工作,提高审判工作和检察工作质量,起着重要的指导作用。

3. 学理解释

学理解释是由国家宣传机构、社会组织、教学科研单位或者专家学者从学理上对刑法含义所作的解释。如刑法教科书、专著、论文、案例分析以及对刑法的注释等,都属于学理解释。

刑法解释有多种方法,既可以从法律条文的字面含义进行文理解释,也可以根据立法精神和体系逻辑进行论理解释。论理解释又可以分为当然解释、扩展解释和限制解释。

二、刑法的基本原则

刑法的基本原则,是指刑法本身所具有的、贯穿刑法始终的准则,也是指导全部刑事立法和刑事司法的准则。1997年修订的《刑法》,明确规定了刑法的三项基本原则,即:罪刑法定原则、适用刑法人人平等原则、罪责刑相适应原则。

(一) 罪刑法定原则

罪刑法定原则,指什么行为是犯罪和对这种行为处以何种刑罚,必须预先由法律明文规定的原则。罪刑法定原则是18世纪西方启蒙思想家为反对封建刑法的罪刑擅断而提出的,它的核心或宗旨是限制司法权的滥用和保障人权。由于这一原则符合现代社会民主与法治的发展趋势,至今已成为不同社会制度的世界各国刑法中最普遍、最重要的一项原则。

"法无明文规定不为罪,法无明文规定不处罚"被视为罪刑法定原则的经典表述。我国《刑法》第三条规定:"法律明文规定为犯罪行为的,依照法律定罪处刑;法律没有明文规定为犯罪行为的,不得定罪处刑。"

罪刑法定原则的内涵一直处于变化之中。传统理论认为,罪刑法定原则有四个派生原则,即排斥习惯法、禁止有罪类推、禁止重法溯及既往、禁止绝对不定期刑。有的学者还进一步提出了明确性原则、严格解释原则、实体正当程序原则等。我国学者对这些原则一般也予以肯定。

1. 排斥习惯法

即习惯法不能成为刑法的渊源,刑法的渊源只能是由立法机关通过的成文法。法院不

---

① 1981年6月10日全国人大常委会《关于加强法律解释工作的决议》第2条规定:"凡关于法院审判工作中具体应用法律、法令的问题,由最高人民法院进行解释。凡属于检察院检察工作中具体应用法律、法令的问题,由最高人民检察院进行解释。"

能以习惯法对行为人定罪判刑,而只能以规定犯罪和刑罚的成文法作为定罪判刑的根据。即使在以判例法为主的英美法系国家,定罪的根据也只能是立法机关制定的成文法。

2. 禁止有罪类推

即刑法没有明文规定为犯罪行为的,不能比照分则同它最相类似的条文来定罪处刑。类推有悖于罪刑法定原则,它可能导致法官随意适用法律,侵害公民的自由权利。可以认为,禁止类推是罪刑法定原则的应有之义。

3. 刑法不得溯及既往

即不允许根据行为后施行的刑法处罚刑法施行前的行为。因为一个人只能根据已经生效实施的法律规范自己的行为,如果行为按照当时的刑法不构成犯罪,而按照行为后的法律对他定罪处刑,可以说是"不教而诛"。刑法不得溯及既往的例外是,如果行为按照当时的法律构成犯罪,而按照新生效实施的法律不构成犯罪,或者新生效实施的法律对该行为的处罚轻于当时的法律,根据"有利被告"的原则,刑法可以适用于生效实施前的行为。按照《刑法》第十二条的规定,在溯及力问题上,我国采取的就是"从旧兼从轻"原则。

4. 禁止绝对不定期刑

即不得在刑法中只规定对某种行为应当认定为犯罪,而不规定相应的刑罚。由于在刑法中没有规定相应的刑罚,事实上就等于将刑罚的裁量权交给行刑机关,明显违反罪刑法定原则"犯罪和刑罚都由法院来决定"的要求,因此,绝对不定期刑显然有悖于罪刑法定原则保障人权的宗旨。我国刑法除个别条文规定了绝对确定的法定刑外,其他条文规定的都是相对确定的法定刑。

罪刑法定原则在我国《刑法》中得到了较为全面、系统的体现。例如,在分则罪名的规定方面,修订的《刑法》已相当详备。分则条文由 1979 年《刑法》的 103 条增加到 350 条,罪名数由 1979 年《刑法》的 129 个增加到 412 个。在颁行了一部单行刑法和十一部刑法修正案后,《刑法》分则条文达到 386 条①、罪名达到 470 多个。

(二)适用刑法人人平等原则

法律面前人人平等是我国宪法确立的社会主义法治的基本原则。刑法作为惩罚犯罪、保护人民的基本法律,更应当贯彻这一原则。《刑法》第四条规定:"对任何人犯罪,在适用法律上一律平等。不允许任何人有超越法律的特权。"平等适用刑法,是法律面前人人平等原则在刑法中的具体化。

适用刑法人人平等原则的含义是:对任何人犯罪,不论犯罪人的家庭出身、社会地位、职业性质、财产状况、政治面貌、才能业绩如何,都应追究刑事责任,一律平等适用刑法,依法定罪、量刑和行刑,不允许任何人有超越法律的特权。

刑法面前人人平等在实践中具有重要的意义,它是刑事司法反腐败的重要指导原则。以中共中央政治局原常委、中央政法委原书记周永康案为例:

2015 年 6 月 11 日,天津市第一中级人民法院依法对周永康受贿、滥用职权、故意泄

---

① 由于 1998 年 12 月 29 日全国人大常委会通过的《关于惩治骗购外汇、逃汇和非法买卖外汇犯罪的决定》除其第 3 条指明是对《刑法》第 190 条的修改外,其他各条未指明作为组成《刑法》的条文,所以,对其第 1、2、4、5、6、7、8 条未计算在对《刑法》分则新增加的条文内;由于《刑法修正案(九)》第 12 条规定"删去刑法第 199 条",所以,该条不再计算在《刑法》分则条文总数之内。

露国家秘密案进行了一审宣判,认定周永康犯受贿罪,判处无期徒刑,剥夺政治权利终身,并处没收个人财产;犯滥用职权罪,判处有期徒刑七年;犯故意泄露国家秘密罪,判处有期徒刑四年,三罪并罚,决定执行无期徒刑,剥夺政治权利终身,并处没收个人财产。

2015年5月22日,天津市第一中级人民法院鉴于周永康案中一些犯罪事实证据涉及国家秘密,依法对周永康案进行不公开开庭审理。法庭通过传唤证人吴兵出庭作证,播放周永康长子周滨、妻子贾晓晔作证录像,宣读、出示相关证人证言、书证、物证照片、鉴定意见等,证实周永康利用职务上的便利,为吴兵、丁雪峰、温青山、周灏、蒋洁敏谋取利益,收受蒋洁敏给予的价值人民币73.11万元的财物,周滨、贾晓晔收受吴兵、丁雪峰、温青山、周灏给予的折合人民币1.290 410 13亿元的财物并在事后告知周永康,受贿共计折合人民币1.297 721 13亿元;通过传唤证人蒋洁敏出庭作证,宣读、出示李春城等人证言、司法检验报告等,证实周永康滥用职权,要求蒋洁敏、李春城为周滨、周锋、周元青、何燕、曹永正等人开展经营活动提供帮助,使上述人员非法获利21.36亿余元,造成经济损失14.86亿余元,致使公共财产、国家和人民利益遭受重大损失;通过出示、宣读泄密文件等物证、曹永正证言、搜查笔录等,证实周永康违反保守国家秘密法的规定,在其办公室将5份绝密级文件、1份机密级文件交给不应知悉上述文件内容的曹永正。周永康对所指控的上述犯罪事实证据均当庭表示属实、没有异议。天津市第一中级人民法院经审理认为,周永康受贿数额特别巨大,但其归案后能如实供述自己的罪行,认罪悔罪,绝大部分贿赂系其亲属收受且其系事后知情,案发后主动要求亲属退赃且受贿款物全部追缴,具有法定、酌定从轻处罚情节;滥用职权,犯罪情节特别严重;故意泄露国家秘密,犯罪情节特别严重,但未造成特别严重的后果。根据周永康犯罪的事实、性质、情节和对于社会的危害程度,法庭依法作出上述判决。

周永康案充分体现了适用刑法人人平等的精神,任何违纪违法的党员领导干部,不论其职务有多高,功劳有多大,都将受到严肃的追究和制裁,刑法面前人人平等,不允许任何人有超越刑法的特权。

(三)罪责刑相适应原则

我国《刑法》第五条规定:"刑罚的轻重,应当与犯罪分子所犯罪行和承担的刑事责任相适应。"由此可见,我国刑法中的罪责刑相适应原则,实际上包含了刑罚的轻重与所犯罪行相适应、刑罚的轻重与所承担的刑事责任相适应这两个方面的内容。刑罚的轻重与所犯罪行相适应,体现的是报应观念,要求刑罚的轻重与犯罪行为的法益侵害性相适应,也就是重罪重判、轻罪轻判。而刑罚的轻重与所承担的刑事责任相适应,体现的是预防观念,要求刑罚的轻重与犯罪人的人身危险性相适应。因此,我国刑法关于罪责刑相适应原则的规定,反映了报应与预防相统一的刑法观念。①

我国刑法通过设立严密的刑罚体系、设置轻重不同的法定刑幅度,在犯罪与刑罚之间建立科学的罪刑阶梯来实现罪责刑相适应原则。

---

① 陈兴良:《陈兴良刑法学教科书之规范刑法学》,中国政法大学出版社2003年版,第31页。

三、刑法的适用范围

刑法的适用范围,即刑法的效力范围,是指刑法在什么地方、对什么人和在什么时间内具有效力。刑法的适用范围涉及国家的主权、国际关系、国家和公民及法人的利益的保护与新旧刑事法律如何适用等重大问题,因此各国刑法典对刑法的适用范围都作了规定。

(一)刑法的空间效力

1. 刑法空间效力的概念和原则

刑法的空间效力,是指刑法在什么地域内对什么人适用。它解决的是国家刑事管辖权的范围问题。这里的刑事管辖权,是指一个国家根据主权原则所享有的、对在其主权范围内所发生的一切犯罪进行起诉、审判和处罚的权力。

由于各国社会政治情况和历史传统习惯的差异,在解决刑事管辖权空间效力问题上所主张的原则不尽相同。一般而言,主要有以下几种:

(1)属地原则。以地域为标准,凡是在本国领域内犯罪,无论是本国公民还是外国人,都适用本国刑法;反之,在本国领域外犯罪,都不适用本国刑法。

(2)属人原则。主张以人的国籍为标准,凡是本国公民犯罪,不论在本国领域内还是领域外,都适用本国刑法。

(3)保护原则。以保护本国利益为标准,凡侵害本国国家或公民利益的犯罪,不论犯罪人是本国人还是外国人,也不论犯罪地在本国领域内还是本国领域外,都适用本国刑法。

(4)普遍原则。以保护各国的共同利益为标准,凡发生国际条约所规定的侵害各国共同利益的犯罪,不论犯罪人是本国人还是外国人,也不论犯罪地在本国领域内还是本国领域外,都适用本国刑法。

上述原则,都有其正确性,也有其局限性,因而产生了综合原则。现代世界大多数国家的刑法,都是以采用属地原则为基础,兼采其他原则。我国刑法有关空间效力的规定,采取的也是这样的刑事管辖权体制。这既维护了我国的主权,保护了国家和公民的利益,又便于履行我国在参加或批准的国际条约中所承担的义务。

2. 刑法的属地管辖

我国《刑法》第六条规定了属地管辖权。"凡在中华人民共和国领域内犯罪的,除法律有特别规定的以外,都适用本法。"这里所说的"领域",是指在我国国境以内的全部区域,具体包括领陆、领海和领空,同时,根据该条第二款的规定(凡在共和国船舶或者航空器内犯罪的,也适用本法),船舶和航空器也属于中国的"领域"。此外,根据我国承认的国际公约的规定,在我国驻外大使馆、领事馆内犯罪的,也应当适用我国刑法。但是,对于犯罪的外国人适用我国刑法存在例外,根据《刑法》第十一条的规定:"享有外交特权和豁免权的外国人的刑事责任,通过外交途径解决。"

3. 刑法的属人管辖

我国《刑法》第七条规定了属人管辖权。"中华人民共和国公民在中华人民共和国领域外犯本法规定之罪的,适用本法,但是按本法规定的最高刑为三年以下有期徒刑的,可以不予追究。中华人民共和国国家工作人员和军人在中华人民共和国领域外犯本法规定之罪的,适用本法。"按照该条规定,我国公民在我国领域外犯罪的,不论按照当地法律是否认为是犯罪,以及何种罪行,也不论其所犯罪行侵犯的是何国或何国公民的利益,原则上都适用我国刑法。例外情况是,如果该罪按照中国法律的规定最高刑为三年以下有期徒刑的,可以不予追究,刑法在这里表明的是一种倾向性,而不是绝对不追究,仍然有追究其刑事责任的可能性。此外,如果是我国的国家工作人员或者军人在我国领域外犯罪,不管罪行轻重,一律要追究其刑事责任。同时,按照我国《刑法》第十条的规定,中国公民在我国领域外犯罪,依据我国刑法应当负刑事责任的,虽然经过外国审判,仍然可以依照我国刑法追究。但是,在外国已经受过刑罚处罚的,可以免除或者减轻处罚。

4. 刑法的保护管辖

我国《刑法》第八条规定了保护管辖权。"外国人在中华人民共和国领域外对中华人民共和国国家或者公民犯罪,而按本法规定的最低刑为三年以上有期徒刑的,可以适用本法,但是按照犯罪地的法律不受处罚的除外。"这条规定表明,外国人在我国领域外对我国或者我国公民犯罪,我国刑法有权管辖,但这种管辖权的行使有一定条件,即该犯罪按照我国刑法规定的最低刑必须是三年以上有期徒刑,以及该行为按照当地法律也被认为是犯罪。

5. 刑法的普遍管辖

我国《刑法》第九条规定了普遍管辖权。"对于中华人民共和国缔结或者参加的国际条约所规定的罪行,中华人民共和国在所承担条约义务的范围内行使刑事管辖权的,适用本法。"按照该条规定,如果行为属于我国缔结或参加的国际条约中规定的罪行,不管行为人是中国人还是外国人,也不管该行为是发生在我国领域内还是我国领域外,只要行为在我国境内被发现,我国就应当在所承担条约义务的范围内,行使刑事管辖权。

(二)刑法的时间效力

刑法的时间效力,是指刑法的生效、失效的时间以及对刑法生效以前实施的犯罪行为是否具有溯及既往的效力。

1. 刑法的生效时间

我国刑法生效的时间有两种方式:①自公布之日起生效;②公布之后经过一段时间再施行。例如,1997年3月14日修订的刑法公布后,自1997年10月1日起施行。

2. 刑法的失效时间

我国刑法失效时间一般有两种方式:①由国家立法机关明确宣布某些法律失效;②自然失效,即新法施行后代替了同类内容的旧法,或者由于原来特殊的立法条件已经消失,旧法自行废止。

3. 刑法的溯及力

刑法的溯及力,是指刑法生效后,对于其生效以前未经审判或者判决尚未确定的行为是否适用的问题。如果适用,就是有溯及力;如果不适用,就是没有溯及力。对此,各国立法例有不同的规定,主要有四种原则:①从旧原则;②从新原则;③从新兼从轻原则;④从旧兼从轻原则。从刑法理论上看,从旧兼从轻原则比较符合罪刑法定原则。因为"从旧"表明了对行为时不受处罚的行为,不能适用裁判时的法律给予处罚;即使行为时应受处罚的行为,原则上也应按照行为时的法律处罚。这正体现了定罪判刑以行为时有法律的明文规定为限的思想。另一方面,罪刑法定原则包含了保障行为人的自由的观念,因此,当适用新法有利于行为人时,应例外地适用新法。从旧兼从轻原则为绝大多数国家所采用。

根据我国《刑法》第十二条的规定,我国刑法在溯及力问题上,亦采用了"从旧兼从轻原则"。具体来说,对于中华人民共和国成立以后1979年《刑法》生效前实施的行为,按照以下不同情况进行处理:如果当时的法律不认为是犯罪的,而刑法认为是犯罪的,适用当时的法律,即刑法没有溯及力;如果当时的法律认为是犯罪的,但刑法不认为是犯罪的,只要这种行为未经审判或者判决尚未确定,就应当适用刑法,刑法具有溯及力;如果当时的法律和刑法都认为是犯罪,并且按照刑法的规定应当追诉的,原则上按照当时的法律追究刑事责任,即刑法不具有溯及力,但是,如果刑法比当时的法律处刑更轻的,则适用刑法,即刑法具有溯及力。处刑轻重,一般是根据法定刑幅度中的最高刑来判断,如果法定最高刑相同,则根据法定最低刑判断。①

《人民日报》2012年5月19日报道:厦门市中级人民法院对赖昌星案依法公开宣判,

赖昌星被判处无期徒刑,没收个人全部财产,追缴违法犯罪所得。

赖昌星走私犯罪集团首要分子赖昌星走私普通货物、行贿犯罪一案,5月18日在厦门市中级人民法院依法公开宣判。法院认定,赖昌星犯走私普通货物罪,判处无期徒刑,剥夺政治权利终身,并处没收个人全部财产;犯行贿罪,判处有期徒刑15年,并处没收个人财产人民币2 000万元,两罪并罚,决定执行无期徒刑,剥夺政治权利终身,并处没收个人全部财产;赖昌星的违法犯罪所得依法予以追缴。

厦门市中级人民法院经审理查明,1991年起,被告人赖昌星通过在香港、厦门等地设立公司、建立据点、网罗人员等,形成走私犯罪集团。1995年12月至1999年5月,赖昌星犯罪集团采取伪报品名、假复出口、闯关等手段,走私香烟、汽车、成品油、植物油、化工原料、纺织原料及其他普通货物,案值共计人民币273.95亿元,偷逃应缴税额人民币139.99亿元。为实施走私活动和谋取其他不正当利益,赖昌星于1991—1999年,直接经手或指使犯罪集团成员先后向64名国家工作人员贿送钱款、房产、汽车等财物,折合人民币共计3 912.89万元。

厦门市中级人民法院认为,被告人赖昌星的行为分别构成走私普通货物罪和行贿罪,犯罪数额特别巨大,犯罪情节特别严重,应予两罪并罚。赖昌星系犯罪集团的首要分子,应当按照集团所犯全部罪行处罚。据此,依照刑法相关规定,作出上述判决。②

就本案情况而言,赖昌星的行为属于具有严重的社会危害性的行为,如适用1997年《刑法》第一百五十三条的规定裁量刑罚,应当判处赖昌星死刑。然而,2011年2月25日第十一届全国人民代表大会常务委员会第十九次会议通过的《刑法修正案(八)》,废除了多个经济犯罪的死刑,其中有4个涉及走私罪的死刑,分别为:走私文物罪、走私贵重金属罪、走私珍贵动物制品罪和走私普通货物、物品罪。比较具体行为适用的法定刑幅度,新法的量刑轻于旧法,按从旧兼从轻的原则,人民法院适用较轻的《刑法修正案(八)》对被告人予以处罚,定罪量刑是完全正确的。

---

① 最高人民法院1997年9月25日《关于适用刑法时间效力规定若干问题的解释》,参见《中华人民共和国最高人民法院公报》1997年第4期。
② 《厦门市中级人民法院对赖昌星案依法公开宣判》,《人民日报》2012年5月19日。

第二节 犯罪行为

一、犯罪的概念

如何定义犯罪概念以表达各个具体犯罪的共性是刑法和刑法学的一个重大课题。各国刑法定义犯罪概念大致上有三种立法例：

(1) 从形式上定义犯罪概念，如将犯罪定义为法律规定用刑罚威胁的行为；

(2) 从实质上定义犯罪概念，如将犯罪定义为危害社会的行为；

(3) 将犯罪的实质内容与形式内容结合起来定义。我国刑法属于第三种情况。

我国《刑法》第十三条规定："一切危害国家主权、领土完整和安全，分裂国家、颠覆人民民主专政的政权和推翻社会主义制度，破坏社会秩序和经济秩序，侵犯国有财产或者劳动群众集体所有的财产，侵犯公民私人所有的财产，侵犯公民的人身权利、民主权利和其他权利，以及其他危害社会的行为，依照法律应当受刑罚处罚的，都是犯罪，但是情节显著轻微危害不大的，不认为是犯罪。"这是我国《刑法》对犯罪概念所下的定义，即：犯罪是指危害社会的依法应当受到刑罚惩罚的行为。

根据我国《刑法》第十三条的规定，可以看出，犯罪这种行为有以下三个基本特征。

(1) 犯罪是危害社会的行为，即具有一定的社会危害性。行为具有严重的社会危害性是犯罪的本质特征。所谓社会危害性，即指行为对刑法所保护的社会关系造成或可能造成这样或那样的损害的特征。我国《刑法》第十三条的"但书"明文规定："情节显著轻微危害不大的，不认为是犯罪"，说明只有社会危害严重的行为，才能认定为犯罪。

(2) 犯罪是触犯刑律的行为，即具有刑事违法性。所谓刑事违法性，指违反刑法条文中所包含的刑法规范，即行为符合刑法规定的犯罪构成。行为的社会危害性是刑事违法性的基础；刑事违法性是社会危害性在刑法上的表现。只有当行为不仅具有社会危害性，而且违反了刑法，具有刑事违法性，才可能被认定为犯罪。

(3) 犯罪是应受刑罚处罚的行为，即具有应受惩罚性。应受刑罚惩罚性，指行为具有应当受到刑罚处罚的性质，它以行为的严重社会危害性和刑事违法性为前提；如果行为不具有严重社会危害性和刑事违法性，就不应当受刑罚处罚。

犯罪的三个基本特征是密切地联系在一起的。一定的社会危害性是犯罪最基本的属性，是刑事违法性和应受刑罚惩罚性的基础。社会危害性如果没有达到违反刑法、应受刑罚处罚的程度，也就不构成犯罪。因此，这三个特征都是必须的，是任何犯罪都必然具有的。

二、犯罪构成

根据我国刑法理论的通说，犯罪构成是我国刑法规定的，决定某一具体行为的社会危害性及其程度，而为该行为构成犯罪所必须具备的一切客观要件和主观要件的有机统一整体。犯罪构成和犯罪概念是两个既有密切联系又有区别的概念。犯罪概念是犯罪构成的基础，犯罪构成是犯罪概念的具体化。犯罪概念从总体上划清罪与非罪的界限，而犯罪构成则是分清罪与非罪、此罪与彼罪界限的具体标准。

根据我国刑法的规定,任何一种犯罪的成立都必须具备四个方面的构成要件,即犯罪客体、犯罪客观方面、犯罪主体、犯罪主观方面。

(一)犯罪客体

1. 犯罪客体的概念

犯罪客体是我国刑法所保护的、为犯罪行为所侵害的社会关系。

犯罪客体是构成犯罪的必备要件之一。首先,犯罪客体表现为一种社会关系,具体表现为国家主权、领土完整与安全,人民民主专政的政权,社会主义制度,社会秩序和经济秩序,国有财产或者劳动群众集体所有的财产,公民私人所有的财产,公民的人身权利、民主权利和其他权利等合法权益。其次,犯罪客体必须是刑法所保护的社会关系。如果某种利益只是由道德规范或者其他社会规范调整与保护,而不是由刑法或者不需要由刑法调整与保护,则不可能成为犯罪客体。最后,犯罪客体必须是犯罪行为所侵犯的社会关系。

刑法所保护的各种社会关系,都是客观存在的,它们未被犯罪行为侵害时,还不能说是犯罪客体,而只是可能的犯罪客体。所谓"侵犯",包括两种情况:①对刑法所保护的社会关系造成了实际侵害事实,如杀人行为已经造成被害人死亡;②对刑法所保护的社会关系造成了威胁,如购买炸药,准备爆炸住有仇人的居民楼,对公共安全构成威胁,也是侵犯。

2. 犯罪客体的分类

刑法理论通常将犯罪客体分为一般客体、同类客体与直接客体。

(1)一般客体,是指一切犯罪所共同侵犯的客体,即我国刑法所保护的社会主义社会关系的整体。一般客体反映着犯罪行为的共同本质,说明任何犯罪行为都侵犯了刑法所保护的社会关系。《刑法》第二条关于刑法任务的规定、第十三条关于犯罪概念的规定,从不同角度说明了犯罪一般客体的主要内容。

(2)同类客体,是指某一类犯罪所共同侵害的,我国刑法所保护的社会关系的某一部分或某一方面。如放火、爆炸、投放危险物质、决水等罪侵犯的是公共安全,即公共安全是这类犯罪的同类客体。我国刑法分则正是根据同类客体的原理,将犯罪分为十大类。

(3)直接客体,是指某一种犯罪行为所直接侵害而为我国刑法所保护的社会关系,即我国刑法所保护的某种具体的社会关系。如故意杀人罪侵犯的是他人的生命权;故意伤害罪侵犯的是他人的健康权;如此等等。任何犯罪行为,必然直接侵犯具体的社会关系,否则不可能成立犯罪。犯罪的直接客体是决定犯罪性质的最重要因素,也是司法实践中凭借客体借以区分罪与非罪、此罪与彼罪界限的关键。犯罪直接客体又可以划分为简单客体和复杂客体(如抢劫罪不仅直接侵害了公私财产权,而且直接侵害了他人的人身权利)。

(二)犯罪客观方面

1. 犯罪客观方面的概念和特征

犯罪客观方面,是指刑法规定的构成犯罪在客观上需要具备的诸种要件的总称。它说明了某种犯罪是通过什么行为,在什么情况下对刑法所保护的社会关系造成了什么后果。

犯罪客观方面具有以下特征:

(1)内容的法定性。犯罪的客观要件可分类为犯罪的一般客观要件与特别客观要件。前者是刑法对所有犯罪在客观要件上的共性规定;后者为分则对每一"个罪"在客观方面的特殊要件规定。犯罪客观要件是立法上通过刑法总则和刑法分则规范预设的、法定的。

（2）事实的客观性。犯罪的客观要件总是通过一系列的外部动作表现出来，能够为人直接感知。

（3）要件事实对刑法所保护的合法权益的侵犯性。要求客观要件所涵定的事实已经导致了对刑法所保护的合法权益的侵犯。

（4）犯罪客观方面是成立犯罪所必须具备的核心要素。不具备客观方面，就说明不存在社会关系受到侵害的客观事实，因而也不能构成犯罪，"无行为则无犯罪"。

2. 犯罪客观方面的要件

犯罪客观方面要件的内容，首先是危害社会的行为，危害行为是一切犯罪的共同要件，任何犯罪的成立都必须有刑法规定的危害行为。除了危害行为以外，行为对象、危害结果、危害行为与危害结果之间的因果关系，也是客观方面的重要内容，但一般认为它们不是一切犯罪的共同要件，只是某些犯罪的构成要件。

（1）危害行为。危害行为是指在人的意识支配下实施的危害社会的身体动静。①危害行为是人的身体活动或者动作，包括积极活动与消极活动。由于危害行为是人的身体活动，是客观的、外在的现象，故思想被排除在危害行为之外，随之被排除在犯罪之外。言论本身不是犯罪行为，但发表言论则是一种身体活动，因而也是行为。②危害行为是人的意思支配的产物，或者说是意识的外在表现。因此，无意识的举动被排除在危害行为之外。例如，人在睡梦中或者精神错乱下的举动，在不可抗力作用下的举动，在身体完全受强制下的举动等，就不属于刑法上的危害行为。③危害行为必须是在客观上侵害或者威胁了社会关系的行为，如果行为根本不可能侵害和威胁法益，就不是刑法上的危害行为。

危害行为的表现形式多种多样，刑法理论将其概括为作为与不作为。作为，是指行为人以身体活动实施的违反禁止性规范的行为，即"不当为而为"，具体来说，行为人可以利用自己身体、利用工具、利用自然力、利用他人实施危害社会的行为。不作为，是指行为人负有实施某种行为的特定法律义务、能够履行而不履行的危害行为。作为的义务来源有四种：①法律明文规定的义务，既包括刑法明文规定的义务，也包括其他法律明文规定的义务。如我国《民法典》第二十六条规定，父母对子女有抚养、教育和保护的义务，子女对父母有赡养、扶助和保护的义务。因此，拒不抚养、赡养的行为，可能构成不作为犯罪。②职务或业务上要求的义务。例如，值班医生有抢救危重病人的义务，值勤消防队员有消除火患的义务等。③法律行为引起的义务。法律行为是指在法律上能够产生一定权利义务的行为。司法实践中，该项义务大多数情况下是指合同行为引起的义务。例如，受雇为他人照顾小孩的保姆，负有看护小孩使其免受意外伤害的义务。如果保姆不负责任，见危不救，致使小孩身受重伤，应当承担相应的责任。④先行行为引起的义务。这种义务是指由于行为人的行为而使刑法保护的社会关系处在危险状态时，行为人负有采取有效措施排除危险或防止结果发生的特定义务。此处的先行行为既包括违法行为，也包括合法行为。

（2）危害结果。根据我国刑法的规定和有关的刑法原理，刑法意义上的危害结果，可以有广义和狭义之分。所谓广义的危害结果，是指由行为人的危害行为所引起的一切对社会的损害事实，包括直接结果和间接结果，属于犯罪构成要件的结果和不属于犯罪构成要件的结果。所谓狭义的危害结果，是指作为犯罪构成要件的结果，通常也就是对直接客体所造成的损害事实。

危害结果可以区分为构成结果和非构成结果、物质性结果和非物质性结果、直接结果和间接结果等等。危害结果是否为一切犯罪都必须具备的要素,在刑法理论界还存在争议。

(3) 危害行为与危害结果之间的因果关系。我国刑法理论一般认为,刑法上的因果关系,是危害行为与危害结果之间的一种引起与被引起的关系。这种因果关系,是在危害结果发生时使行为人负刑事责任的必要条件。

因果关系是刑法学的难题,在中外刑法理论中存在条件说、近因说、相当因果关系说等多种观点。我国刑法通常是从必然因果关系和偶然因果关系两个层次来认定的。如果行为与结果之间存在必然的因果关系,行为人就应当对结果负责;如果行为与结果之间存在偶然的因果关系,即行为本身不包含产生某种危害结果的必然性,但是在其发展过程中,偶然又有其他原因加入其中,并合乎规律地引起了危害结果,那么,行为人是否应当对结果负责,在刑法理论界还存在争议。一般认为,如果行为仅仅为结果的发生提供了前提,则认为行为与结果之间不存在刑法上的因果关系。但是,如果行为不仅为结果的发生提供了前提,而且在介入原因发生作用的过程中有推动或促进作用,那么,行为人就应当为结果负责。

(4) 犯罪的其他客观要件。犯罪的客观要件还包括犯罪的时间、地点和方法。在某些犯罪中,犯罪的时间、地点和方法是构成犯罪的必备要件。例如,《刑法》第三百四十条和第三百四十一条的非法捕捞水产品罪和非法狩猎罪,就把"禁渔期""禁猎期""禁渔区""禁猎区""禁用的工具、方法"等规定为构成这些犯罪的必备条件。在大部分犯罪中,犯罪的时间、地点和方法只具有量刑的意义,而不具有定罪的意义。

(三) 犯罪主体

我国刑法中的犯罪主体,是指实施危害社会的行为并依法应负刑事责任的自然人和单位。其中,自然人主体是最基本的、最具普遍意义的犯罪主体,而单位主体在我国刑法中不具有普遍意义,只有刑法分则明确规定单位可以构成犯罪的,才存在单位犯罪主体。

1. 自然人犯罪主体

所谓自然人,是指有生命存在的人类独立的个体。犯罪主体必须具备刑事责任能力。

(1) 刑事责任能力。刑事责任能力,是指行为人构成犯罪和承担刑事责任所必需的,行为人具备的刑法意义上辨认和控制自己行为的能力。我国对刑事责任能力采取四分法。

① 完全刑事责任能力。凡不属刑法规定的无责任能力及限定责任能力人的,皆属完全刑事责任能力人。例如,在我国刑法看来,凡年满16周岁、精神和生理功能健全而智力与知识发展正常的人,都是完全刑事责任能力人。完全责任能力人实施了犯罪行为的,应当依法负全部的刑事责任,不能因其责任能力因素而不负刑事责任或者减轻刑事责任。

② 完全无刑事责任能力。完全无刑事责任能力是指行为人没有刑法意义上的辨认或者控制自己行为的能力。一般是两类人:一是未达责任年龄的幼年人;二是因精神疾病而不具备或丧失刑法所要求的辨认或者控制自己行为能力的人。例如,按照我国《刑法》第十七条、第十八条的规定,我国刑法中的完全无责任能力人,为不满12周岁的人和行为时因精神疾病而不能辨认或者不能控制自己行为的人。

③ 相对无刑事责任能力。也可称为相对有刑事责任能力,是指行为人仅限于对刑法所明确限定的某些严重犯罪具有刑事责任能力,而对未明确限定的其他犯罪行为无刑事责任能力的情况。例如,我国《刑法》第十七条第二款规定的已满14周岁不满16周岁的人即属此。

④ 减轻刑事责任能力,是指因年龄、精神状况、生理功能缺陷等原因,而使行为人实施

刑法所禁止的危害行为时,虽然具有责任能力,但其辨认或者控制自己行为的能力较完全责任能力有一定程度的减弱、降低的情况。我国《刑法》明文规定的属于或可能属于限制责任能力人的有四种情况:已满14周岁不满18周岁的未成年人因其年龄因素的影响而不具备完全的刑事责任能力;又聋又哑的人因其听能、语能缺失的影响而可能不具备完全的刑事责任能力;盲人因其视能缺失的影响也可能不具备完全的刑事责任能力;尚未完全丧失辨认或者控制自己行为能力的精神病人因其精神疾病的影响而可能不具备完全的刑事责任能力。

(2) 与刑事责任能力有关的因素。与刑事责任能力有关的因素,是指决定刑事责任能力的有无或影响刑事责任能力的程度的关联因素,主要包括人的年龄情况、精神状况和重要生理功能状况等。

① 刑事责任年龄。刑事责任年龄,是指法律所规定的行为人对自己的行为负刑事责任必须达到的年龄。我国刑法对刑事责任年龄作了如下规定:第一,不满12周岁的人,一律不负刑事责任。此即绝对无刑事责任时期或完全无刑事责任时期。第二,已满12周岁不满14周岁的人,犯故意杀人、故意伤害罪,致人死亡或者以特别残忍手段致人重伤造成严重残疾,情节恶劣,经最高人民检察院核准追诉的,应当负刑事责任。已满14周岁不满16周岁的人,犯故意杀人、故意伤害致人重伤或者死亡、强奸、抢劫、贩卖毒品、放火、爆炸、投放危险物质罪的,应当负刑事责任。此即相对负刑事责任时期。① 第三,已满16周岁的人犯罪,应当负刑事责任,即已满16周岁的人对一切犯罪承担刑事责任,此即完全负刑事责任时期。第四,已满12周岁不满18周岁的人犯罪,应当从轻或者减轻处罚。此即减轻刑事责任时期。

② 精神障碍。行为人即使达到负刑事责任的年龄,如果存在精神障碍,就可能影响其责任能力。我国《刑法》第十八条专门规定了精神病人的刑事责任问题。具体来说,如果行为人是完全不能辨认或者控制自己行为的精神病人,就不对自己的危害行为承担刑事责任;如果行为人尚未完全丧失辨认或控制自己行为的能力,仍然应当负刑事责任,但是可以从轻或者减轻处罚;间歇性精神病人在精神正常的时候犯罪,应当负刑事责任。

据中国新闻网2012年2月16日报道:

备受关注的河南"吕天喜案"16日在河南省洛阳西工区法院开庭再审,法院当庭宣判被告人吕天喜犯抢劫罪,免予刑事处罚。同时,此前法院判吕天喜有期徒刑三年、处罚金1000元人民币的判决被撤销。

河南省嵩县大坪乡宋岭村的吕天喜,自幼精神失常,3年前突然失踪。而其家人却在2011年7月接到河南省三门峡监狱一个电话,称一个叫"田星"的犯人即将"刑满释放"。吕天喜舅舅程建忠随即赶往三门峡监狱,见到监狱方所说的"田星"正是吕天喜。此时吕天喜已在监狱服刑近3年。智障者入狱3年一案被媒体披露后,河南省高级人民法院、洛阳市政府、洛阳市政法委当即成立专门调查组。后调查认定,吕天喜确有犯罪事实,不存在"替人顶罪"的问题。同时,官方公布吕天喜的精神病鉴定为"限制刑事责任能力人"。

---

① 根据《刑法》第十七条及《刑法修正案(十一)》。全国人大常委会法制工作委员会2002年8月22日在《对最高人民检察院关于已满十四周岁不满十六周岁的人承担刑事责任的范围问题的答复意见》中指出,现行《刑法》第十七条第二款规定的8种犯罪,是指具体犯罪行为而不是具体罪名。

几经周折,此案于16日开庭再审。该法院再审审理查明,2008年8月22日下午4时许,原审被告人吕天喜在洛阳市西工区中州中人行道上,抢走宋清明(男,时年91岁)55元现金,并将宋推倒在地后逃离。后来,吕天喜被目击群众抓获。案发后,赃款已退还被害人。法院另查明,原审根据法律规定表述的被告人自报姓名(田星)和出生地等身份情况有误。另经司法鉴定,吕天喜患有中度精神发育迟滞,对本案应评定为具有限定刑事责任能力。最后,法院认为,原审被告人吕天喜以暴力手段劫取他人财物,其行为已构成抢劫罪。鉴于吕天喜抢劫犯罪数额较小,并已当场退还被害人,暴力手段一般,未造成人身伤害结果。且根据司法鉴定结论,吕天喜犯罪时患有中度精神发育迟滞,属限定刑事责任能力,不需要判处刑罚,可以免予刑事处罚。原审判决定性准确,审判程序合法,但认定原审被告人吕天喜的身份和刑事责任能力情况有误,量刑不当,应予纠正。

③ 生理功能丧失。根据我国《刑法》第十九条的规定,聋哑人、盲人实施刑法禁止的危害行为的,构成犯罪,应当负刑事责任,应受刑罚处罚,但是可以从轻、减轻或者免除处罚。

④ 生理醉酒。又称为普通醉酒,是因饮酒过量而致精神过度兴奋甚至神志不清的情况,它不同于病理性醉酒,后者被视为一种精神障碍。生理醉酒的人犯罪,应当负刑事责任。

⑤ 特殊身份。是指刑法所规定的影响行为人刑事责任的行为人人身方面特定的资格、地位或状态,它不是自然人犯罪主体的一般要件,而只是某些犯罪的自然人主体必须具备的要件。例如,贪污罪、受贿罪的主体必须具备国家工作人员的身份,而该身份并非一切犯罪都需要具备的。

2. 单位犯罪主体

(1) 单位犯罪的概念。单位犯罪是相对于自然人犯罪而言的一个范畴。我国《刑法》第三十条规定:"公司、企业、事业单位、机关、团体实施的危害社会的行为,法律规定为单位犯罪的,应当负刑事责任。"根据这一规定,所谓单位犯罪,是指由公司、企业、事业单位、机关、团体实施的依法应当承担刑事责任的危害社会的行为。

(2) 单位犯罪的处罚原则。对单位犯罪的处罚,有双罚制和单罚制两种原则。我国刑法对单位犯罪一般采用双罚制,即对单位判处罚金,对其直接负责的主管人员和其他直接责任人员判处刑罚。有少数几种犯罪(如违规披露、不披露重要信息罪和妨害清算罪等),采用单罚制,即不处罚单位,只处罚其直接责任人员。

(四) 犯罪主观方面

犯罪主观方面,是指行为人对自己的危害行为及其危害社会的结果所抱的心理态度。它包括罪过、犯罪目的和动机等要素。其中,行为人的罪过是一切犯罪都必须具备的要素,犯罪目的是某些犯罪所必备的要素,而犯罪动机不是犯罪成立的必备要素,它一般不影响定罪,但可以影响量刑。

1. 犯罪故意

根据我国《刑法》第十四条关于故意犯罪的规定,所谓犯罪故意,是指行为人明知自己的行为会发生危害社会的结果,并且希望或者放任这种结果发生的主观心理态度。犯罪故意的内涵可以从认识因素和意志因素两个方面来说明。认识因素是指行为人明确知道或者应当知道自己的行为必然或可能会发生危害社会的结果,其中,认识的内容包括行为本身、行为结果,以及与危害行为和结果相联系的其他犯罪构成要件事实(如某些犯罪中的犯罪对象),一般情况下,行为的刑事违法性并非犯罪故意的认识内容。行为人对危害结果的发生持希望或放任的态度是犯罪故意的意志因素,其中,希望危害结果的发生,是指行为人对危害结果持积极追求的心理态度,该危害结果的发生,正是行为人通过一系列犯罪活动所达到的目的;放任危害结果的发生,是指行为人虽然不追求危害结果的发生,但也不设法避免这种结果的发生,而是对结果的发生持听之任之的心理态度。

犯罪故意可以区分为直接故意和间接故意:

(1) 直接故意,是指行为人明知自己的行为必然或者可能发生危害社会的结果,并且希望这种结果发生的心理态度。

(2) 间接故意,是指行为人明知自己的行为可能发生危害社会的结果,并且放任这种结果发生的心理态度。如果行为人明知自己的行为必然发生危害社会的结果,就不存在间接故意。间接故意在实践中大致有四种情况:①行为人追求一个犯罪目的而放任另一个危害结果的发生;②行为人追求一个非犯罪目的而放任某种危害结果的发生;③突发性的犯罪,不计后果,往往是针对一对象实施侵害,放任更为严重结果的发生;④行为人出于藐视法纪、追求刺激等动机,实施某种具有危险性、危害性的行为,放任对不特定对象多种危害结果的发生或不发生。

对犯罪故意进行这种分类,不具有定罪的意义,只具有量刑的意义,一般情况下,对直接故意犯罪的处罚要重于间接故意的犯罪。

2. 犯罪过失

根据我国《刑法》第十五条关于过失犯罪的规定,所谓犯罪过失,是指行为人应当预见自己的行为可能发生危害社会的结果,因为疏忽大意而没有预见,或者已经预见而轻信能够避免的一种心理态度。在过失犯罪的情况下,行为人承担刑事责任的客观基础是其行为对社会造成的严重危害结果,换言之,如果没有危害结果的发生,就不存在过失犯罪。

犯罪过失可以分为两种类型:

(1) 过于自信的过失,是指行为人预见到自己的行为可能发生危害社会的结果,但轻信能够避免,以致发生这种结果的心理态度。过于自信的过失与间接故意的区分是刑法理论中的困难问题,虽然在理论上可以从认识因素和意志因素两个方面进行区分,但是,在实践中,往往难以认定。

(2) 疏忽大意的过失,是指行为人应当预见到自己的行为可能发生危害社会的结果,因为疏忽大意而没有预见,以致发生这种结果的心理态度。疏忽大意的过失又被称为无认识的过失,认定这种过失的关键在于行为人是否应当预见危害结果发生的可能性,如果行为人当时根本无法预见,就不成立过失,而属于意外事件。是否应当预见的标准在刑法学界还存在争议,有客观标准说和主观标准说等观点,我国刑法理论一般采取以主观标准为根据、客观标准作参考的综合理论。

3. 认识错误

刑法学上所说的认识错误,是指行为人对自己的行为的刑法性质、后果和有关的事实情况不正确的认识。具体可以区分为法律认识错误和事实认识错误。

(1) 法律认识错误,即行为人在法律上认识的错误,是指行为人对自己的行为在法律上是否构成犯罪、构成何种犯罪或者应当受到什么样的刑事处罚的不正确理解。这种情况下,行为人对法律的错误认识,并不影响其犯罪性质和危害程度,应当按照他实际构成的犯罪及其危害程度定罪量刑。

(2) 事实认识错误,是指行为人对自己行为的事实情况的不正确理解。此类错误是否影响行为人的刑事责任,要区分情况:如果属于对犯罪构成要件的事实情况的错误认识,就要影响行为人的刑事责任;如果属于对犯罪构成要件以外事实情况的错误认识,则不影响行为人的刑事责任。

三、正当化事由

正当化事由是指行为在形式上与犯罪具有相似性,但实质上不具有法益侵害性,因而在定罪过程中予以排除的情形。我国刑法明文规定了正当防卫和紧急避险两种正当化事由。但是,我国刑法理论普遍认为,排除犯罪性的行为还应当有依照法令或正当业务行为、自救行为、基于权利人承诺或自愿的损害行为等等。

(一)正当防卫

1. 正当防卫的概念

根据我国《刑法》第二十条的规定,正当防卫是指为了使国家、公共利益、本人或者他人的人身、财产和其他权利免受正在进行的不法侵害,而对不法侵害者实施的制止其不法侵害且未明显超过必要限度的行为。

作为一种重要的正当化事由,正当防卫在近现代世界各国立法中大多都有专门规定。理解我国刑法中的正当防卫的概念应注意把握以下几点:

(1) 正当防卫是法律赋予公民的一项权利;

(2) 正当防卫是针对不法侵害实施的正当、合法行为;

(3) 正当防卫除在特定条件下可以对不法侵害人造成伤亡而不属超过必要限度外,一般情况下对不法侵害者的损害都不能明显超过必要限度。

2. 正当防卫的条件

正当防卫的成立应当同时具备前提条件、时间条件、对象条件、主观条件和限度条件。

(1) 前提条件。不法侵害行为的存在是成立正当防卫的前提条件。所谓不法侵害,是指自然人所实施的侵袭和损害国家、公共利益或公民个人合法权益的行为,它既包括犯罪行为也包括一般违法行为,既包括作为也包括不作为。不法侵害必须是实际存在的,而不是防卫人主观臆测的。如果行为人以为存在不法侵害,而事实上不法侵害不存在,就发生了事实的认识错误,属于"假想防卫"。在假想防卫情况下,如果行为人应当预见而没有预见到不存在不法侵害时,对造成的损害承担过失犯罪的刑事责任;如果行为人不能预见时,属于意外事件。

(2) 时间条件。不法侵害必须正在进行是成立正当防卫的时间条件。换言之,防卫人只能针对已经开始、尚未结束的不法侵害进行正当防卫。在不法侵害开始前的事前防卫和不法侵害结束后的事后防卫都属于防卫不适时,不能适用正当防卫的相关规定,对防卫不适时造成的损害,如果符合具体犯罪构成的,按照刑法的规定处理。

(3) 对象条件。正当防卫的对象条件要求防卫必须针对不法侵害者本人。对不法侵害人以外的任何人,都不能进行防卫,否则构成防卫第三人。在防卫第三人的情况下,如果是迫不得已损害了不法侵害人以外的人的合法权益,又没有超过必要限度的,可以按紧急避险来处理；如果误认非不法侵害者为不法侵害者而对其造成损害的，按照过失犯罪或意外事件来处理；如果故意对不法侵害人以外的人造成损害的，应当追究其故意犯罪的刑事责任。

（4）主观条件。正当防卫必须是为了使国家、公共利益、本人或者他人的人身和其他权利免受正在进行的不法侵害，这是正当防卫的主观条件。在司法实践中，防卫挑拨、相互斗殴、偶然防卫等情形都因为缺乏目的的正当性，而不被视为正当防卫。

（5）限度条件。正当防卫的限度条件，是指正当防卫不能明显超过必要限度且对不法侵害人造成重大损害。在认定正当防卫的限度条件时，应当根据防卫行为与不法侵害行为在性质、手段、强度及其后果等方面是否相适应来判断。如果防卫明显超过了必要的限度造成重大损害，就构成防卫过当。我国《刑法》第二十条第二款规定："正当防卫明显超过必要限度造成重大损害的，应当负刑事责任，但是应当减轻或者免除处罚。"可见，防卫过当是犯罪行为，防卫过当本身不是罪名，应当依据该犯罪行为具体触犯的分则规范或者符合的具体罪名承担相应的刑事责任，但是应当减轻或者免除处罚。

由于暴力犯罪具有高度的危害性和紧迫性，为了严厉打击这类犯罪，解除防卫人的后顾之忧，从而有效地保护合法权益，我国《刑法》第二十条第三款特别规定，对正在进行行凶、杀人、抢劫、强奸、绑架以及其他严重危及人身安全的暴力犯罪，采取防卫行为，造成不法侵害人伤亡的，不属于防卫过当，不负刑事责任。我国《刑法》的这一规定，理论上也称之为特殊防卫。司法实践中，必须准确地理解"行凶、杀人、抢劫、强奸、绑架以及其他严重危及人身安全的暴力犯罪"的基本含义。行凶、杀人、抢劫、强奸、绑架，指的是犯罪行为，而不是具体罪名。刑法规定的其他严重危及人身安全的暴力犯罪，是一种概括性规定，是指与行凶、杀人、抢劫、强奸、绑架具有相当性的暴力犯罪。

有这样一则案例：

被告人叶某，男，24岁。2007年1月上旬，王某等人从叶某开设的饭店前面经过，叶某便向其催讨几天前所欠饭钱。王某认为这样很有损于自己的面子，在当月20日晚上纠集郑某等人到叶某的饭店寻衅滋事，但叶某持刀反抗，王某赶快逃跑。次日晚上6时许，王某、郑某纠集王某乙、卢某、柯某等人又到叶某的饭店寻衅，以言语威胁，要求叶某请客吃饭，然后不再来了。叶某拒绝，王某就从郑某处取过东洋刀往叶的左臂、头部各砍一刀。叶某拔出自备的尖刀反抗，扭打中朝站在店门口的王某的胸部刺了一刀，然后将王某紧紧抱住，两人互相扭打砍刺。在旁边的郑某见状即拿起旁边的方凳砸向叶某的头部，叶某闪身躲过，然后冲着郑某的胸部也刺了一刀。叶某继续与王某进行搏斗，后来将王某压在身下，并夺下王某手中的东洋刀。后来停止了打斗。王某、郑某在送往医院的路上死亡，叶某也多处受伤。人民法院审理认为，叶某的行为成立正当防卫，不是防卫过当。

在本案中，叶某在力量对比上明显劣于王某、郑某等人，而且从使用的工具上来说，叶某也明显不如王某。叶某有权利拒绝王某等人的无理要求，王某用东洋刀砍叶某也是叶某难以忍受的，不能要求叶某对此进行忍耐，如果叶某继续拒绝王某的要求，就会继续遭到被刀砍的后果。在这种情况下，王某等人不仅仅是吓唬叶某，大有不认错就继续砍你几刀的架势，叶某为了自己生命安全和身体的完整，不能不进行正当防卫，而且王某等人的行为可能会造成叶某的死伤,不能不要求进行特殊防卫。因此,从总体上看,叶某的行为是一种特殊防卫行为,不应承担刑事责任,法院的判决是正确的。

(二) 紧急避险

根据《刑法》第二十一条的规定,紧急避险是指为了使国家、公共利益、本人或者他人的人身、财产和其他权利免受正在发生的危险,不得已而采取的损害另一较小合法权益的行为。我国刑法规定,紧急避险行为不负刑事责任。

紧急避险之所以不负刑事责任,是因为,从主观上看,实行紧急避险的目的,是为了使国家、公共利益、本人或者他人的人身、财产和其他权利免受正在发生的危险。从客观上看,它是在处于紧急危险的状态下,不得已采取的以损害较小的合法权益来保全较大的合法权益的行为。因此,紧急避险不具备犯罪构成,不负刑事责任。

为避免滥用紧急避险,法律规定了紧急避险的合法条件。只有符合法定条件的,紧急避险才有益于社会,并为刑法规范所许可。如果避险过程中损害的利益大于或等于保护的利益,属于紧急避险过当,应当承担刑事责任,但应当减轻或者免除处罚。

四、故意犯罪的停止形态

虽然犯罪可以分为故意犯罪和过失犯罪,但过失犯罪仅有成立与否的问题,而故意犯罪在成立犯罪的基础上,还存在犯罪预备、犯罪未遂、犯罪中止和犯罪既遂等形态。

(一) 犯罪预备

根据《刑法》第二十二条第一款的规定,犯罪预备是指为了犯罪,准备工具、制造条件的,但由于行为人意志以外的原因而未能着手实行犯罪的情形。

犯罪预备具有三个特征:

(1) 已经实施犯罪的预备行为。例如,购买某种物品作为犯罪工具、制造犯罪工具等,调查犯罪场所与被害人的行踪、排除犯罪障碍、练习犯罪技术等。

(2) 未能着手实行犯罪。是指行为人已经开始实施为犯罪的实行和完成创造便利条件的行为,但尚未着手实施犯罪的实行行为。

(3) 未能着手犯罪实行行为是由于意志以外的原因。

由于预备行为与着手实行行为损害法益的危险性程度明显不同,在处罚上,预备行为理应轻于实行行为。所以,《刑法》第二十二条第二款规定:"对于预备犯,可以比照既遂犯从轻、减轻处罚或者免除处罚。"

(二) 犯罪未遂

我国《刑法》中规定的犯罪未遂,是指行为人已经着手具体犯罪构成的实行行为,由于其意志以外的原因而未能完成犯罪的一种犯罪停止形态。

根据《刑法》第二十三条第一款的规定,犯罪未遂必须具备以下特征:

(1) 行为人已经着手实行犯罪。即行为人已经开始实施刑法分则规定的具体犯罪构成要件中的行为。着手点的认定是判断该行为的关键,一般认为,当行为人实施的行为对法益具有现实的、紧迫的危险时,就认为已经着手实行犯罪。因此,途中行为、尾随行为、守候行为以及寻找被害人的行为都被视为未着手实行犯罪。

(2) 犯罪未得逞。即行为人并没有完成刑法分则具体犯罪构成所规定的犯罪客观要件。在结果犯中,未得逞是指法定的犯罪结果并未发生,如故意杀人罪中的被害人未死亡;在危险犯中,未得逞是指法定的危险状态尚未具备,如行为人在油库放火,因火柴受潮而未能点着;在行为犯中,未得逞是指法定的犯罪行为未能完成,如脱逃罪的行为人在逃出监房后未能逃出监狱的警戒线。

(3)犯罪未得逞是由于犯罪分子意志以外的原因。所谓犯罪分子意志以外的原因,是指违背犯罪分子本意的原因。从质上来说,只有那些违背犯罪人本意的原因才能成为犯罪分子意志以外的原因;从量上来说,那些违背犯罪分子本意的原因必须达到足以阻碍犯罪分子继续实行犯罪的程度。因此,有些犯罪分子遇到一些轻微的阻碍因素,例如在抢劫中遇到熟人,在强奸罪中由于被害人哀求等,犯罪分子就中止了犯罪,应该认为是自动中止而不能认为是犯罪未遂。

犯罪未遂可以划分为实行终了的未遂和未实行终了的未遂、能犯的未遂和不能犯的未遂。我国《刑法》第二十三条第二款规定:"对于未遂犯,可以比照既遂犯从轻或者减轻处罚。"

(三)犯罪中止

根据《刑法》第二十四条第一款的规定:"在犯罪过程中,自动放弃犯罪或者自动有效防止犯罪结果发生的,是犯罪中止。"

犯罪中止的成立必须具备以下条件:

(1)中止的及时性。这是指犯罪中止必须发生在犯罪过程中。

(2)中止的自动性。即犯罪分子在自己认为有可能将犯罪进行到底的情况下,出于本人意愿而自动地中止了犯罪。

(3)中止的有效性。即在犯罪完成以前自动放弃犯罪或者有效防止犯罪结果的发生。犯罪中止存在两种情况:①在犯罪预备阶段或者实行行为还没有实行终了的情况下,自动放弃犯罪;②在实行行为实行终了的情况下,自动有效地防止犯罪结果的发生。

犯罪中止可以分为预备中止、实行未终了的中止和实行终了的中止三种类型。犯罪中止的规定事实上是对行为人的一种奖励,因此,我国《刑法》第二十四条第二款规定:"对于中止犯,没有造成损害,应当免除处罚;造成损害的,应当减轻处罚。"

五、共同犯罪

共同犯罪是单独犯罪的对称。共同犯罪具有不同于单独犯罪的特点,是犯罪的一种特殊形态。

(一)共同犯罪的概念与特征

根据我国《刑法》第二十五条第一款的规定:"共同犯罪是指二人以上共同故意犯罪。二人以上共同过失犯罪,不以共同犯罪论处。"

与单独犯罪相比,共同犯罪具有以下主要特征:

(1)二人以上。共同犯罪的主体必须是两个以上达到刑事责任年龄、具备刑事责任能力的自然人或单位。具有不同特殊身份的人可以构成共同犯罪。

(2)共同的犯罪行为。共同犯罪的成立必须有两个以上的人共同实施犯罪行为,这些行为既可以都实施犯罪的实行行为,也可以有不同的分工,但是,他们的行为必须都指向同一犯罪,并相互联系、相互配合,形成一个有机的犯罪活动整体。

(3) 共同的犯罪故意。即各行为人通过意思的传递、反馈而形成的,明知自己是和他人配合共同实施犯罪,并且明知共同的犯罪行为会发生危害社会的结果,而希望或者放任这种危害结果发生的心理态度。

因此,无罪过帮助他人实施故意犯罪、缺乏犯意联系的同时犯、实施故意内容不同的犯罪、超出共同故意范围的犯罪都不构成共同犯罪,行为人分别按照其所实施的行为定罪处罚。

(二) 共同犯罪人的刑事责任

我国《刑法》对共同犯罪人的分类,是以惩办与宽大相结合的刑事政策为根据的,将共同犯罪人分为主犯、从犯、胁从犯和教唆犯四大类。

1. 主犯

我国《刑法》第二十六条第一款规定:"组织、领导犯罪集团进行犯罪活动的或者在共同犯罪中起主要作用的,是主犯。"由此可见,主犯分为两种:

(1) 组织、领导犯罪集团进行犯罪活动的犯罪分子,即犯罪集团的首要分子。对组织、领导犯罪集团的首要分子,按照集团所犯的全部罪行处罚。

(2) 在共同犯罪中起主要作用的犯罪分子。这类主犯主要包括:①在犯罪集团中起主要作用的犯罪分子;②在一般共同犯罪中起主要作用的犯罪分子;③在聚众犯罪中起主要作用的犯罪分子。根据我国刑法的规定,对犯罪集团首要分子以外的主犯,应当按照其所参与的或者组织、指挥的全部犯罪处罚。

2. 从犯

我国《刑法》第二十七条第一款规定:"在共同犯罪中起次要或者辅助作用的,是从犯。"可见,从犯包括两种人:

(1) 在共同犯罪中起次要作用的犯罪分子,这就是指起次要作用的正犯。所谓在共同犯罪中起次要作用,指虽然参与实行了某一犯罪构成客观要件的行为,但在共同犯罪活动中所起的作用比主犯小。

(2) 在共同犯罪中起辅助作用的犯罪分子,这就是指帮助犯。所谓辅助作用,指为共同犯罪人实行犯罪创造方便条件,帮助实行犯罪,而不直接参加实行犯罪构成客观要件行为。

从犯也应对自己参与的全部犯罪承担刑事责任,但根据我国《刑法》第二十七条第二款的规定:"对于从犯,应当从轻、减轻或者免除处罚。"

3. 胁从犯

根据《刑法》第二十八条的规定,被胁迫参加犯罪的人是胁从犯。胁从犯是在他人的威胁下不完全自愿地参加共同犯罪,并且在共同犯罪中较小作用的人。由于胁从犯是共同犯罪人的一种,具有犯罪故意与犯罪行为,故行为人身体完全受强制、完全丧失意志自由时实施的某种行为,以及符合紧急避险条件的行为,不成立胁从犯。

对于胁从犯,应当按照他的犯罪情节减轻处罚或者免除处罚。其中的"情节"主要是指被胁迫的程度、在共同犯罪中所起的作用。

4. 教唆犯

根据我国《刑法》第二十九条的规定,"教唆他人犯罪的",是教唆犯。成立教唆犯需要具备以下条件:

（1）客观上实施了教唆他人实行犯罪的教唆行为。教唆行为的实质是引起他人的犯罪故意。

（2）主观上有教唆他人实行犯罪的故意。教唆犯只能由故意构成，过失不可能成立教唆犯。

关于教唆犯的刑事责任，我国《刑法》规定了三种情况：

（1）教唆他人犯罪的，应当按照他在共同犯罪中所起的作用处罚。如果起主要作用，就按主犯处罚；如果起次要作用，则按从犯从轻、减轻或者免除处罚。

（2）教唆不满18周岁的人犯罪的，应当从重处罚。

（3）如果被教唆的人没有犯被教唆的罪，对于教唆犯可以从轻或者减轻处罚。

第三节 刑罚制度

一、刑罚概述

（一）刑罚的概念

刑法是规定犯罪及其法律后果的法律，而刑罚正是犯罪的法律后果。根据我国刑法的规定，刑罚是刑法规定的由国家审判机关依法对犯罪分子所适用的剥夺或限制其某种权益的最严厉的法律强制方法。刑罚的目的一般可以从报应和预防两个方面来说明，其中预防可以分为针对社会一般人的预防和针对犯罪分子的特殊预防。刑罚的目的是刑罚制度的核心和基础，刑罚的种类、刑罚的裁量等都在一定程度上取决于刑罚目的的选择。我国刑罚的目的以预防犯罪为主，因此，刑罚的设置和执行都应当服务于预防犯罪这个目的。

（二）刑罚的体系和种类

刑罚的体系，是指国家从有利于实现刑罚的目的出发，依照一定的标准对刑法所规定的刑罚方法进行分类和排列而形成的刑罚序列。

我国的刑罚体系是由主刑与附加刑构成的一个有机整体。主刑起主导作用，是指只能独立适用的主要刑罚方法。对一个罪只能适用一种主刑，不能适用两种以上的主刑。主刑具体包括管制、拘役、有期徒刑、无期徒刑与死刑五种。附加刑起补充作用，是指补充主刑适用的刑罚方法。附加刑既可以附加适用，也可以独立适用。具体包括罚金、剥夺政治权利、没收财产三种。此外，驱逐出境仅适用于外国人，是一种特殊的附加刑。

1. 管制

管制，是对犯罪人依法实行社区矫正的一种刑罚方法。管制是我国独创的一种刑罚方法，作为一种开放型的刑罚方法，管制符合刑罚改革的国际趋势。其特点是：

（1）对犯罪分子不予关押，实行社区矫正。

（2）限制犯罪分子一定的自由。管制的惩罚性表现在对犯罪分子自由的限制，《刑法》第三十九条规定了限制自由的具体内容。

（3）对犯罪分子自由的限制具有一定的期限。根据《刑法修正案（八）》的规定，判处管制，可以根据犯罪情况，同时禁止犯罪分子在执行期间从事特定活动，进入特定区域、场所，接触特定的人。①

（4）对被判处管制刑的犯罪分子依法实行社区矫正。

我国《刑法》总则并未规定适用管制的限制条件，只要《刑法》分则条文的法定刑中规定有管制的，人民法院根据案件的具体情况，认为犯罪分子无需关押，都可以判处管制，限制一定的人身自由。管制的期限为三个月以上二年以下。数罪并罚时，管制的期限不得超过三年。管制的期限，从判决执行之日起计算，判决执行以前先行羁押的，羁押一日折抵刑期二日。管制期限届满，执行机关应当向犯罪分子本人和其所在单位或者居住地的群众宣布解除管制。

2. 拘役

拘役是指剥夺犯罪分子短期人身自由，就近执行并实行强制劳动改造的刑罚方法。拘役是一种短期自由刑，主要适用于那些罪行较轻，但又必须剥夺其人身自由进行改造的犯罪分子。其特点是：

（1）剥夺犯罪分子的自由；

（2）剥夺自由的期限较短；

（3）由公安机关就近执行；

（4）享受一定的待遇。根据《刑法》第四十三条的规定，在执行期间，被判处拘役的犯罪分子每月可以回家一至两天；参加劳动的，可以酌量发给报酬。

拘役的期限为一个月以上六个月以下。数罪并罚时，拘役刑期最长不能超过一年。拘役的刑期，从判决执行之日起计算，判决执行以前先行羁押的，羁押一日折抵刑期一日。

3. 有期徒刑

有期徒刑是剥夺犯罪分子一定期限的人身自由，实行强迫劳动并接受教育和改造的刑罚方法。根据我国《刑法》第四十五条至第四十七条的规定，其特点为：

（1）剥夺犯罪分子的自由。将犯罪分子关押在一定的改造场所，使其丧失人身自由。

（2）具有一定的期限。根据我国《刑法》第四十五条的规定，有期徒刑的期限为六个月以上十五年以下。但是，有两种情况例外：

① 根据《刑法》第五十条的规定，判处死刑缓期执行的，在死刑缓期执行期间，如果没有故意犯罪，二年期满以后，减为无期徒刑；如果确有重大立功表现，二年期满以后，减为二十五年有期徒刑；如果故意犯罪，查证属实的，由最高人民法院核准，执行死刑。

② 根据《刑法》第六十九条的规定，判决宣告之前一人犯数罪的，除判处死刑和无期徒刑的以外，应当在总和刑期以下、数刑中最高刑以上，酌情决定执行的刑期，有期徒刑总和刑期不满三十五年的，最高不超过二十年，总和刑期在三十五年以上的，最高不能超过二十五年。数罪中判处附加刑的，附加刑仍须执行。

（3）在监狱或者其他执行场所执行。有期徒刑的执行场所主要为监狱和少年犯管教所。

（4）强迫参加劳动，接受教育和改造。通过劳动的方式，使犯罪分子接受教育和改造，以此达到特殊预防的刑罚目的。

---

① 根据《刑法》第三十八条第四款的规定："违反第二款规定的禁止令的，由公安机关依照《中华人民共和国治安管理处罚法》的规定处罚。"

4. 无期徒刑

无期徒刑是剥夺犯罪人终身自由,实行强迫劳动改造的刑罚方法。其特点:

(1) 剥夺犯罪分子的自由。

(2) 剥夺自由是没有期限的,即剥夺犯罪分子的终身自由。但是,根据刑法的规定,被判处无期徒刑的犯罪分子,在服刑期间的表现符合法定条件的,可以适用减刑和假释。

(3) 强迫参加劳动,接受教育和改造。

(4) 羁押时间不能折抵刑期。

(5) 必须附加剥夺政治权利。根据我国《刑法》第五十七条规定,对于被判处无期徒刑的犯罪分子,必须附加剥夺政治权利终身。

5. 死刑

死刑即生命刑,是剥夺犯罪人生命的刑罚方法,因此也称为极刑。我国刑法规定的死刑包括判处死刑立即执行和判处死刑缓期二年执行两种方式。

我国《刑法》贯彻了保留死刑、严格控制死刑的政策,适用死刑时也必须以这一政策为指导。根据我国刑法的有关规定,在适用死刑时应注意以下几点:

(1) 从适用死刑的条件上进行限制,即死刑只适用于罪行极其严重的犯罪分子。

(2) 从适用死刑的对象上进行限制,即犯罪的时候不满十八周岁的人和审判的时候怀孕的妇女,不适用死刑。此外,《刑法修正案(八)》在《刑法》第四十九条增加一款作为第二款,规定审判的时候已满七十五周岁的人,不适用死刑,但以特别残忍手段致人死亡的除外。

(3) 从死刑适用犯罪的性质上进行限制。《刑法修正案(八)》取消了近年来很少适用过的13个经济性非暴力犯罪的死刑;①《刑法修正案(九)》又进一步取消了9个非暴力犯罪的死刑。②

(4) 从死刑的适用程序上进行限制。即死刑除依法由最高人民法院判决的以外,都应当报请最高人民法院核准;死刑缓期执行的,可以由高级人民法院判决或者核准。③

(5) 从死刑执行制度上进行限制。即对于应当判处死刑的犯罪分子,如果不是必须立即执行的,可以判处死刑同时宣告缓期二年执行。

《刑法》第四十八条规定:"对于应当判处死刑的犯罪分子,如果不是必须立即执行的,可以判处死刑同时宣告缓期二年执行。"这就是死刑缓期执行制度,简称为死缓。死缓制度是我国独创的死刑执行制度,它大大缩小了判处死刑立即执行的适用范围。由于死缓不是独立的刑种,故判处死缓后会出现不同的结果:①在死刑缓期执行期间,如果没有故意犯罪,二年期满后,减为无期徒刑;如果确有重大立功表现,二年期满以后,减为二十五年有期徒刑。②对被判处死刑缓期执行的累犯以及因故意杀人、强奸、抢劫、绑架、放火、爆炸、投放危险物

---

① 13个经济性非暴力犯罪是:走私文物罪、走私贵重金属罪、走私珍贵动物、珍贵动物制品罪、走私普通货物、物品罪、票据诈骗罪、金融凭证诈骗罪、信用证诈骗罪、虚开增值税专用发票、用于骗取出口退税、抵扣税款发票罪、伪造、出售伪造的增值税专用发票罪、盗窃罪、传授犯罪方法罪、盗掘古文化遗址、古墓葬罪、盗掘古人类化石、古脊椎动物化石罪。

② 分别为:走私武器、弹药罪、走私核材料罪、走私假币罪、伪造货币罪、集资诈骗罪、组织卖淫罪、强迫卖淫罪、阻碍执行军事职务罪、战时造谣惑众罪。

③ 我国在特殊时期内,曾经将某些犯罪的死刑核准权下放给各高级人民法院,但是,从2007年1月1日起,最高人民法院将死刑核准权全部回收,在制度上为死刑正确、公正地适用提供了有力的保障。

质或者有组织的暴力犯罪被判处死刑缓期执行的犯罪分子,人民法院根据犯罪情节等情况可以同时决定对其限制减刑。③在死刑缓期执行期间,如果故意犯罪,且情节恶劣,应报请最高人民法院核准后执行死刑。对于故意犯罪但没有达到情节恶劣程度而未执行死刑的,应该重新计算死刑缓期执行的期间,并报最高人民法院备案。

有这样一则案例:

> 2006年11月28日22时许,被告人龙世成、吴正跃经预谋,携带匕首、塑料胶带、尼龙绳等作案工具,在云南省个旧市租乘被害人李波驾驶的奇瑞牌出租车(价值人民币2万元,以下币种均为人民币)至红河州财校附近公路边时,持匕首戳刺李波,劫得现金100余元和价值400元的NEC N620型手机1部。后龙世成驾车至个旧市锡城镇戈贾森林公园,将李波拖至公路旁猴子山树林里,二人分别用匕首朝李波颈、胸、背部连捅数十刀,致李当场死亡。同月24日22时30分许,被告人龙世成、吴正跃经预谋,携带水果刀、塑料胶带等工具,在昆明市租乘被害人保佑文驾驶的桑塔纳出租车至昆明卷烟厂附近龙泉路"友缘"招待所门口时,二人持刀威胁并用塑料胶带捆绑保佑文,劫得现金420元、价值661元的小灵通手机1部、交通银行卡和农业银行卡各1张,并逼迫保佑文说出银行卡密码,后将保捆绑弃于一废弃防空洞内。二人驾车逃离途中,将车丢弃,从保佑文交通银行卡上取走1 800元。
>
> 一审法院认为,被告人龙世成、吴正跃以非法占有为目的,以暴力手段抢劫他人财物,其行为均构成抢劫罪;二人在抢劫完毕后,为灭口而故意非法剥夺他人生命,其行为又均构成故意杀人罪,依法应数罪并罚。二被告人犯罪情节特别恶劣,手段特别残忍,后果和罪行极其严重,依法均应判处死刑。
>
> 宣判后,被告人龙世成、吴正跃提出上诉。龙世成上诉称,原判未认定其在共同犯罪中的作用小于吴正跃,量刑失当,请求改判。吴正跃上诉称,其与龙世成在共同犯罪中的作用可以分清;其归案后如实交代了两次犯罪的详情;其亲属愿赔偿附带民事诉讼原告人一定经济损失;其有认罪、悔罪表现。
>
> 二审法院认为,原判定罪准确,量刑适当,审判程序合法,裁定驳回上诉,维持原判。最高人民法院经复核后,对被告人龙世成以故意杀人罪判处死刑,剥夺政治权利终身;以抢劫罪判处有期徒刑十五年,并处罚金人民币二万元;决定执行死刑,剥夺政治权利终身,并处罚金人民币二万元。对被告人吴正跃犯故意杀人罪判处死刑,缓期二年执行,剥夺政治权利终身,与原判以抢劫罪判处的有期徒刑15年,并处罚金二万元并罚。决定判处死刑,缓期二年执行,剥夺政治权利终身,并处罚金二万元。

本案是一起二人共同抢劫杀人致一人死亡的案件。二被告人共同预谋,共同购买作案工具和踩点,均持刀威胁、捅刺并捆绑被害人,共同实施杀人行为造成一人死亡,在共同犯罪中均起主要作用,均系主犯。但经综合分析,二人在共同犯罪中的罪责仍可进一步区别。首先,在犯罪预备阶段,二人均供述一起购买了作案工具、进行了踩点,但对于谁是抢劫杀人犯意的提起者,二人相互推诿,据现有证据,难以区分二人在该阶段的具体作用。其次,在犯罪实行阶段,二被告人两次作案实施的具体行为不尽相同。在第一次作案中,二人均实施了暴力行为,抢劫后共同杀害了被害人,尸体检验鉴定未能区分系谁的行为直接致死被害人,但二被告人的供述均证实系龙世成首先持刀捅刺了被害人,龙世成首先实施的暴力行为不仅为抢劫罪的完成提供了条件,也为后来故意杀人罪的实施奠定了基础,其作用大于吴正跃。在第二次作案中,二人按照事先分工,一起持刀胁迫被害人、捆绑被害人并将被害人弃于山洞内,二人作用大体相当。综合两次作案情况,可以认定龙世成在犯罪实行阶段的作用大于吴正跃。最后,在犯罪后续阶段,据在案证据,龙世成丢弃、毁灭了大部分罪证,占有赃物也比吴正跃多,也可以认定其在该阶段的作用大于吴正跃。因此,综合本案共同犯罪的具体情节,可以认定龙世成的罪责大于吴正跃。在本案只造成一人死亡,二被告人均无法定从重、从轻处罚情节的情况下,应只判处一人死刑。故最高人民法院复核后,依法核准龙世成死刑,对吴正跃改判为死刑,缓期二年执行。①

6. 罚金

罚金是人民法院判处犯罪分子向国家缴纳一定数额金钱的刑罚方法。罚金属于财产刑的一种,它在处罚的性质、适用对象、适用程序、适用主体、适用依据等方面与行政罚款、赔偿损失等处罚措施具有严格的区别。

罚金主要适用于贪图财利或者与财产有关的犯罪,同时也适用于少数妨害社会管理秩序的犯罪。罚金既可以单独判处,也可以附加判处。我国《刑法》第五十二条规定:"判处罚金,应当根据犯罪情节决定罚金数额。"罚金的数额应当根据犯罪人在实施犯罪过程中表现出来的主观恶性和客观危害来确定。此外,还应酌情考虑犯罪人的经济状况。

7. 剥夺政治权利

剥夺政治权利,是指剥夺犯罪人参加管理国家和政治活动的权利的刑罚方法。根据我国《刑法》第五十四条的规定,是剥夺犯罪分子以下权利:

(1) 选举权和被选举权;

(2) 言论、出版、集会、结社、游行、示威自由的权利;

(3) 担任国家机关职务的权利;

(4) 担任国有公司、企业、事业单位和人民团体领导职务的权利。

剥夺政治权利是一种适用范围比较广泛的刑罚方法。既可以附加于主刑而适用于严重的犯罪,也可以独立地适用于较轻的犯罪。既可以适用于危害国家安全的犯罪,也可以适用于普通的刑事犯罪。从我国《刑法》的规定来看,对于危害国家安全的犯罪分子,应当附加剥夺政治权利;严重破坏社会秩序的犯罪分子,可以附加剥夺政治权利;被判处死刑和无期徒刑的犯罪分子,应当附加剥夺政治权利终身;刑法分则中有 22 条刑法条文规定的犯罪,可以单独判处剥夺政治权利。剥夺政治权利的期限一般是一年以上五年以下,死刑缓期执行减为有期徒刑的,或者无期徒刑减为有期徒刑的,附加剥夺政治权利的期限改为三年以上十年以下。

8. 没收财产

没收财产是将犯罪人所有财产的一部或者全部强制无偿地收归国有的刑罚方法。

从刑法分则的规定来看,主要适用于比较严重的犯罪。刑法规定的没收财产的适用方式表明,没收财产实际上只能附加适用,而不能独立适用。

---

① 最高人民法院指导案例第 634 号:《龙世成等抢劫案》。撰稿:最高法院刑五庭徐琛,审编:最高法院刑五庭韩维中。

当决定没收犯罪分子的全部财产时,应当为犯罪分子个人及其扶养的家属保留必需的生活费用。我国《刑法》第六十条规定:"没收财产以前犯罪分子所负的正当债务,需要以没收的财产偿还的,经债权人请求,应当偿还。"

9. 驱逐出境

驱逐出境是强迫犯罪的外国人离开中国国(边)境的刑罚方法。

我国《刑法》第三十五条规定:"对于犯罪的外国人,可以独立适用或者附加适用驱逐出境。"据此,驱逐出境既可以独立适用,也可以附加适用,显然具有附加刑的特点。由于驱逐出境仅仅适用于犯罪的外国人(包括具有外国国籍与无国籍的人),不具有普遍适用的性质,所以说驱逐出境是一种特殊的附加刑。

驱逐出境作为一种特殊的刑罚方法与国家主权和外交相连。对于犯罪的外国人适用驱逐出境,既是防止他们继续在我国领域内危害我国国家和公民利益的有效措施,也是维护国家主权的具体体现。

二、刑罚的裁量

刑罚裁量,又称量刑,是指人民法院在定罪的基础上,依法确定对犯罪人是否判处刑罚、判处何种刑罚以及判处多重刑罚,并决定所判刑罚是否立即执行的审判活动。

(一)刑罚裁量原则

我国《刑法》第六十一条的规定:"对于犯罪分子决定刑罚的时候,应当根据犯罪的事实,犯罪的性质、情节和对社会的危害程度,依照本法的有关规定判处。"根据这一规定,我国的量刑原则是以犯罪事实为依据,以刑事法律为准绳。

(二)刑罚裁量情节

刑罚裁量情节,是指犯罪构成事实之外的、对犯罪的社会危害程度和犯罪人的人身危险性具有影响作用的、人民法院在对犯罪人量刑时需要考虑的各种事实情况。

刑罚裁量情节可以分为法定情节和酌定情节两种:

(1) 法定情节,是指刑法明文规定的、量刑时必须考虑的各种事实情况,具体包括从重、从轻、减轻情节,其中又可以分为应当型情节和可以型情节。

(2) 酌定情节,是指刑法没有明文规定的,由人民法院从审判经验中总结出来的、审判人员在量刑时应酌情考虑的各种事实情况,具体包括犯罪的手段、犯罪的时间地点、犯罪的动机、犯罪后的态度、犯罪人的一贯表现、前科。

(三)累犯

累犯,是指因犯罪而受过一定的刑罚处罚,在刑罚执行完毕或者赦免以后,在法定期限内又犯一定之罪的犯罪分子。我国《刑法》规定的累犯,可以分为一般累犯和特别累犯两类,但法律后果相同。

1. 一般累犯

根据我国《刑法》第六十五条第一款的规定:"被判处有期徒刑以上刑罚的犯罪分子,刑罚执行完毕或者赦免以后,在五年以内再犯应当判处有期徒刑以上刑罚之罪的,是累犯,应当从重处罚。但是过失犯罪和不满十八周岁的人犯罪的除外。"一般累犯的成立条件是:

(1) 前罪与后罪都必须是故意犯罪;

（2）犯前罪时必须年满十八周岁；
（3）前罪被判处有期徒刑以上刑罚，后罪应当被判处有期徒刑以上刑罚；
（4）后罪发生在前罪的刑罚执行完毕或者赦免以后五年之内。

2. 特别累犯

根据我国《刑法》第六十六条的规定，特别累犯是指犯危害国家安全罪、恐怖活动罪、黑社会性质的组织犯罪的犯罪分子受过刑罚处罚，在刑罚执行完毕或者赦免后，在任何时候再犯上述任一类罪之人。据此，特别累犯的成立条件是：

（1）前罪和后罪必须都是危害国家安全罪、恐怖活动犯罪、黑社会性质的组织犯罪其中之一的犯罪；
（2）前罪被判处的刑罚和后罪应判处的刑罚种类及其轻重不受限制；
（3）必须是在刑法执行完毕或者赦免以后再犯罪。

不难看出，刑法规定特别累犯并对其成立条件作一定放宽，是因为此类犯罪是最严重、最危险的犯罪，需要坚决、严厉打击。

（四）自首

刑法规定的自首制度适用于一切犯罪，其目的在于鼓励犯罪人自动投案，悔过自新，不再继续作案；同时也有利于案件的及时侦破与审判。自首可以分为一般自首与特别自首。

1. 一般自首

根据我国《刑法》第六十七条第一款的规定，一般自首，是指犯罪分子犯罪以后自动投案，如实供述自己罪行的行为。其成立条件为：

（1）犯罪以后自动投案。自动投案，一般是指犯罪事实或者犯罪嫌疑人未被司法机关发觉，或者虽被发觉但犯罪嫌疑人尚未受到讯问、未被采取强制措施时，直接向公安机关、人民检察院或者人民法院投案，从而将自己置于司法机关的合法控制下，接受司法机关的审查与裁判的行为。

（2）如实供述自己的罪行。即犯罪嫌疑人自动投案后，如实交代自己所犯的全部罪行。"如实"的实质是既不缩小也不扩大自己的罪行。

2. 特别自首

特别自首也称准自首，是指被采取强制措施的犯罪嫌疑人、被告人和正在服刑的罪犯，如实供述司法机关尚未掌握的本人其他罪行的行为。其成立条件为：

（1）主体必须是被采取强制措施的犯罪嫌疑人、被告人和正在服刑的罪犯；
（2）必须如实供述司法机关还未掌握的本人其他罪行。

3. 自首和坦白的关系

自首和坦白均属于犯罪人犯罪后对自己所犯罪行的态度的行为。所谓坦白，一般是指犯罪分子被动归案之后，自己如实交代犯罪事实的行为。自首和坦白的区别在于：

（1）自首是犯罪人自动投案，坦白则是犯罪人被动归案。
（2）自首所交代的既可以是已被发觉的罪行，也可以是尚未被发觉的罪行；如果是犯罪嫌疑人、被告人和正在服刑的罪犯的自首，则交代的必须是被指控的罪行以外的罪行。而坦白所交代的则只限于已被发觉、被指控的罪行。
（3）自首的犯罪分子供述自己罪行时的态度是主动的，而坦白的犯罪分子供述自己的罪行是被动的。

（4）自首的人身危险性相对较轻，坦白的人身危险性相对较重，对自首的从宽幅度可以是"免除处罚"，而坦白的从宽幅度至多是"减轻处罚"。

4. 自首的法律后果

根据刑法的规定，对于自首的犯罪分子，可以从轻或者减轻处罚；对于犯罪较轻的，可以免除处罚。具体确定从轻、减轻还是免除处罚，应当根据犯罪轻重，并考虑自首的具体情节。

（五）立功

立功，是指犯罪分子揭发他人犯罪行为，查证属实，或者提供重要线索，从而得以侦破其他案件等情况的行为。立功分为一般立功和重大立功两种。根据我国《刑法》及1998年4月6日最高人民法院《关于处理自首和立功具体应用法律若干问题的解释》（以下简称《解释》）的规定，属于立功的情形有以下三种：

（1）犯罪分子到案后检举、揭发他人犯罪行为，包括共同犯罪案件中的犯罪分子揭发同案犯共同犯罪以外的其他犯罪，经查证属实。

（2）提供其他案件的重要线索，查证属实并使司法机关得以侦破。

（3）根据《解释》的规定，属于立功的情形还有：阻止他人犯罪活动；协助司法机关抓捕其他犯罪嫌疑人（包括同案犯）；具有其他有利于国家和社会的突出表现的，应当认定为有立功表现。

对于立功犯应分别依照不同情况予以从宽处罚：

（1）犯罪分子有一般立功表现的，可以从轻或者减轻处罚；

（2）犯罪分子有重大立功表现的，可以减轻或者免除处罚。

（六）数罪并罚

数罪并罚，是指人民法院对一人犯数罪分别定罪量刑，并根据法定原则与方法，决定应当执行的刑罚。

按照我国《刑法》的规定，数罪并罚情况下，采用限制加重原则为主，以吸收原则和并科原则为补充的综合原则。具体而言：

（1）判决宣告的数个主刑均为有期徒刑、拘役或管制的，采取限制加重原则，即在总和刑期以下、数刑中最高刑以上，决定执行的刑罚，但是，管制最高不能超过3年，拘役最高不能超过1年，有期徒刑总和刑期不满35年的，最高不能超过20年，总和刑期在35年以上的，最高刑期不能超过25年。

（2）判决宣告的数个主刑中有死刑或无期徒刑的，采用吸收原则，即只执行一个死刑或无期徒刑，而不执行其他主刑。

（3）判决宣告的数个刑罚中有附加刑的，根据附加刑种类的不同，分别采用并科、合并和分别执行原则。

我国《刑法》第六十九、第七十条、第七十一条中，规定了在不同情况下，适用数罪并罚原则的具体方法。

（1）判决宣告以前一人犯数罪的合并处罚，按照综合原则处理。

（2）判决宣告以后，刑罚执行完毕以前，发现漏罪的，应当对新发现的罪作出判决，把前后两个判决所判处的刑罚，按照综合原则决定执行的刑罚，已经执行的刑罚，应当计算在新判决决定的刑罚以内，即通常所说的"先并后减"。

（3）判决宣告以后，刑罚执行完毕以前，被判刑的犯罪分子又犯罪的并罚，应当对新犯的罪作出判决，把前罪没有执行的刑罚和后罪所判处的刑罚，依照综合原则处理，即通常所说的"先减后并"。

（七）缓刑

缓刑是对原判刑罚附条件不执行的一种刑罚制度。包括一般缓刑和战时缓刑两类。根据我国《刑法》第七十二条的规定，一般缓刑是指人民法院对于被判处拘役、三年以下有期徒刑的犯罪分子，在符合法律规定条件的前提下，暂缓其刑罚的执行，并规定一定的考验期限，考验期内实行社区矫正，如果被宣告缓刑者在考验期内没有发生法律规定应当撤销缓刑的事由，原判刑罚就不再执行的制度。关于战时缓刑，由于本书是通识教材，没有全面展开。战时缓刑未作介绍。

一般缓刑的成立条件为：

（1）犯罪分子必须是被判处拘役或者三年以下有期徒刑的刑罚。但是，根据刑法的规定，只有同时符合以下条件者，才能适用缓刑：①犯罪情节较轻；②有悔罪表现；③没有再犯罪的危险；④宣告缓刑对所居住的社区没有重大不良影响。

（2）犯罪分子必须不是累犯和犯罪集团的首要分子。累犯和犯罪集团的首要分子，均具有较大主观恶性和人身危险性，适用缓刑难以防止其再犯新罪。

拘役的缓刑考验期限为原判刑期以上一年以下，但是不能少于二个月。有期徒刑的缓刑考验期限为原判刑期以上五年以下，但是不能少于一年。缓刑的考验期从判决之日起计算。

一般缓刑的法律后果有三种：

（1）被宣告缓刑的犯罪分子，在缓刑考验期限内，不具有《刑法》第七十七条规定的情形，缓刑考验期满，原判的刑罚就不再执行。

（2）被宣告缓刑的犯罪分子，在缓刑考验期限内犯新罪或者发现判决宣告以前还有其他罪没有判决的，应当撤销缓刑，对新犯的罪或者发现的漏罪作出判决，把前罪和后罪所判处的刑罚，依照《刑法》第六十九条的规定，决定执行的刑罚。

（3）被宣告缓刑的犯罪分子，在缓刑考验期限内，违反法律、行政法规或者国务院公安部门有关缓刑的监督管理规定，或者违反人民法院判决中的禁止令并且情节严重的，应当撤销缓刑，予以收监执行原判刑罚。

《中国青年报》2010年8月9日刊登文章《抢钱救妻案背后的情与法》：

2009年11月3日，郎计红因抢包被辉县市公安局民警抓获。审讯中郎计红交代，抢包是因为自己身患尿毒症的妻子施新红需要继续到医院做透析，而自己到处借钱碰壁，"实在没有办法了"，才有了抢包念头的。2010年1月14日，辉县市人民法院开庭审理此案。根据《刑法》对抢夺罪的量刑以及被告人抢夺的金额，应该判处被告人三年以上、十年以下有期徒刑。

激烈的法庭辩论后，控辩双方在以下方面达成了共识：考虑到被告人郎计红的犯罪动机和归案后的认罪态度，以及其家庭的实际现状，建议法庭在量刑时可以对被告酌情减轻处罚。经合议庭合议后，法院当庭对此案宣判：被告人郎计红犯抢夺罪，判处有期徒刑三年、缓刑五年，并处罚金2 000元。

对此，审判长郭翔升解释称，考虑到被告人郎计红是因为家庭经济困难，为其妻子筹集医疗费而一时冲动实施的犯罪，犯罪主观恶意不深，社会危害不大，且被告人认罪态度较好，能积极退赃，确有悔罪表现，据此可对其使用缓刑。"这一判决结果体现了我国法律'宽严相济、罚当其罪'的原则，被告人是家中的顶梁柱，生病的妻子、两个未成年的孩子都需要他照顾和挣钱看病。判处被告人缓刑，被告人既受到了刑罚，又能负起做丈夫和父亲的责任，没有将其家庭负担推向社会，应该是大家希望看到的结果。"郭翔升说。

对此判决结果，有观点称，为病重的妻子想尽办法筹钱是值得肯定的，但不能因此就在法律面前讲人情。但法庭认为，对郎计红的判决体现了刑法"宽严相济、罚当其罪"的原则。①

三、刑罚的执行

刑罚执行，是指法律规定的刑罚执行机关，依法将发生法律效力的刑事裁判所确定的刑罚内容付诸实施，并解决由此产生的法律问题所进行的各种活动。

（一）减刑

减刑，是指对被判处管制、拘役、有期徒刑、无期徒刑的犯罪人，在刑罚执行期间，如果认真遵守监规，接受教育改造，确有悔改表现，或者有立功表现的，适当减轻原判刑罚的制度。

根据我国《刑法》第七十八条的规定，减刑的限度为：减刑以后实际执行的刑期，判处管制、拘役、有期徒刑的，不能少于原判刑期的1/2；判处无期徒刑的，不能少于13年；人民法院依照刑法典第五十条第二款规定限制减刑的死刑缓期执行的犯罪分子，缓期执行期满后依法减为无期徒刑的，不能少于25年，缓期执行期满后依法减为25年有期徒刑的，不能少于20年。刑法之所以规定减刑的限度，主要是因为要确保刑罚预防犯罪目的的实现。

对于犯罪分子的减刑，由执行机关向中级以上人民法院提出减刑建议书。人民法院应当组成合议庭进行审理，对确有悔改或者立功事实的，裁定予以减刑。

（二）假释

假释，是对被判处有期徒刑、无期徒刑的犯罪分子，在执行一定刑期之后，因其认真遵守监规，接受教育改造，确有悔改表现，没有再犯罪的危险，而附条件地将其提前释放，在假释考验期内若不出现法定的情形，就认为原判刑罚已经执行完毕的制度。

根据《刑法》第八十一条的规定，适用假释的条件如下：

（1）假释只适用于被判处有期徒刑、无期徒刑且不属于累犯和因故意杀人、强奸、抢劫、绑架、放火、爆炸、投放危险物质或者有组织的暴力性犯罪被判处10年以上有期徒刑、无期徒刑的犯罪分子。

（2）假释只适用于已经执行一部分刑罚的犯罪人。根据《刑法》的规定，被判处有期徒刑的犯罪人实际执行原判刑期1/2以上、无期徒刑实际执行13年以上，才可以假释。

---

① 田国垒：《抢钱救妻案背后的情与法》，《中国青年报》2010年8月9日。

（3）假释只适用于在刑罚执行期间，认真遵守监规，接受教育改造，确有悔改表现，没有再犯罪的危险，假释后对其所居住的社区没有重大不良影响。

假释是附条件地提前释放，所附条件是犯罪人在一定期限内应当遵守一定条件。考验期限如果过短，就起不到假释的作用；如果过长，也不利于犯罪人的改造。因此，刑法规定了与原判刑罚轻重相适应的考验期。《刑法》第八十三条规定："有期徒刑的假释考验期限，为没有执行完毕的刑期；无期徒刑的假释考验期限为十年。假释考验期限，从假释之日起计算。"

如果被假释的犯罪分子在考验期限内没有遵守一定的条件或出现了不符合条件的事实，就应当撤销假释。根据《刑法》第八十五条、第八十六条的规定，假释的法律结果包括以下三种情况：

（1）被假释的犯罪分子，在假释考验期限内没有《刑法》第八十六条规定的情形，即没有再犯新罪或者发现漏罪，或者违反法律、行政法规或者国务院有关部门关于假释的监督管理规定的行为，假释考验期满，就认为原判刑罚已经执行完毕。

（2）被假释的犯罪分子，在假释考验期限内再犯新罪或者发现其在判决宣告以前还有其他罪没有判决的，应当撤销假释，分别依照《刑法》第七十一条、第七十条的规定实行数罪并罚。

（3）被假释的犯罪分子，在假释考验期限内，有违反法律、行政法规或者国务院有关部门关于假释的监督管理规定的行为，尚未构成新的犯罪的，应当依照法定程序撤销假释，收监执行未执行完毕的刑罚。

四、刑罚的消灭

刑罚消灭，是指由于法定原因或事实原因而致使国家对犯罪分子的刑罚权的某一项内容归于消灭，具体包括追诉权、量刑权或行刑权的消灭。刑罚消灭的原因一般包括超过追诉时效和赦免两种。

（一）追诉时效

追诉时效，是刑法规定的，追究犯罪人刑事责任的有效期限；在此期限内，司法机关有权追究犯罪人的刑事责任；超过此期限，司法机关就不能再追究刑事责任。根据我国《刑法》第八十七条的规定，犯罪经过下列期限不再追诉：

（1）法定最高刑为不满5年有期徒刑的，经过5年；

（2）法定最高刑为5年以上不满10年有期徒刑的，经过10年；

（3）法定最高刑为10年以上有期徒刑的，经过15年；

（4）法定最高刑为无期徒刑、死刑的，经过20年。如果20年以后认为必须追诉的，须报请最高人民检察院核准。

追诉期限从犯罪之日起计算，犯罪行为有连续或者继续状态的，从犯罪行为终了之日起计算。在追诉期限以内有犯罪的，引起追诉时效的中断，时效重新开始计算，即前罪追诉的期限从犯后罪之日起计算。

（二）赦免

赦免，是指国家宣告对犯罪人免除其罪、免除其刑的法律制度。赦免包括大赦和特赦两种。大赦通常是由国家元首或者最高权力机关对某一时期内犯有一定罪行的犯罪人予以赦免的制度,它不只免除刑罚的执行,而且使罪和刑都归于消灭。特赦,是指国家元首或国家最高权力机关对已受罪刑宣告的犯罪人免除其刑罚的一部分或者全部的制度。特赦的对象是特定的犯罪人,且只能免除刑罚的执行,通常不能使被特赦者的有罪宣告归于无效。

赦免是对犯罪人的一种宽容,具有感化功能,有助于缓和社会矛盾和冲突,有利于社会的和谐与稳定。但是,赦免适用不当也会对法律的稳定性和严肃性以及司法的权威性造成负面影响。因此,许多国家虽然有大赦的规定,但很少适用,对特赦的适用也比较谨慎。

自1959年以来,我国先后实行了九次特赦。第九次特赦是在2019年6月29日,为庆祝中华人民共和国成立70周年,体现依法治国理念和人道主义精神,国家主席习近平签署发布特赦令,根据十三届全国人大常委会第十一次会议通过的《全国人大常委会关于在中华人民共和国成立七十周年之际对部分服刑罪犯予以特赦的决定》,对九类服刑罪犯实行特赦。

根据国家主席特赦令,对依据2019年1月1日前人民法院作出的生效判决正在服刑的九类罪犯实行特赦:一是参加过中国人民抗日战争、中国人民解放战争的;二是中华人民共和国成立以后,参加过保卫国家主权、安全和领土完整对外作战的;三是中华人民共和国成立以后,为国家重大工程建设做过较大贡献并获得省部级以上"劳动模范""先进工作者""五一劳动奖章"等荣誉称号的;四是曾系现役军人并获得个人一等功以上奖励的;五是因防卫过当或者避险过当,被判处三年以下有期徒刑或者剩余刑期在一年以下的;六是年满75周岁、身体严重残疾且生活不能自理的;七是犯罪的时候不满18周岁,被判处三年以下有期徒刑或者剩余刑期在一年以下的;八是丧偶且有未成年子女或者有身体严重残疾、生活不能自理的子女,确需本人抚养的女性,被判处三年以下有期徒刑或者剩余刑期在一年以下的;九是被裁定假释已执行1/5以上假释考验期的,或者被判处管制的。

主席特赦令指出,对2019年6月29日符合上述条件的服刑罪犯,经人民法院依法作出裁定后,予以释放。

第四节 破坏社会主义市场经济秩序罪

一、破坏社会主义市场经济秩序罪概说

(一)刑法分则概述

刑法的体系由刑法总则和刑法分则两大部分组成。刑法总则对犯罪、刑事责任和刑罚作出一般性规定,刑法分则对各类犯罪、各种犯罪的刑事责任和刑罚作出具体规定。刑法总则与分则是抽象与具体、一般与个别、普遍与特殊的关系。

1. 刑法分则体系

刑法分则体系,是指分则对犯罪的分类即排列次序。我国刑法分则将犯罪共分为10

类,每一章规定一类犯罪,其排列顺序依次为:危害国家安全罪;危害公共安全罪;破坏社会主义市场经济秩序罪;侵犯公民人身权利、民主权利罪;侵犯财产罪;妨害社会管理秩序罪;危害国防利益罪;贪污贿赂罪;渎职罪;军人违反职责罪。

2. 刑法分则条文的构成

刑法分则条文通常由罪状(假定条件)与法定刑(法律后果)构成,表述为"……的,处……"。例如,我国《刑法》第二百六十三条规定:"以暴力、胁迫或者其他方法抢劫公私财物的,处3年以上10年以下有期徒刑,并处罚金;"前一句是罪状,其中包含了罪名,后一句是法定刑。

(1)罪状。罪状是分则罪刑规范对犯罪具体状况的描述,指明适用该罪刑规范的条件,行为只有符合某罪刑规范的罪状,才能适用该规范。在刑法理论上通常根据条文对罪状描述方式不同,将罪状分为四种:①叙明罪状;②简单罪状;③引证罪状;④空白罪状。

(2)罪名。罪名就是犯罪名称,是对具体犯罪本质的或主要特征的高度概括。正确规定和使用罪名,对于准确区分罪与非罪、此罪与彼罪的界限,正确定罪和量刑,都具有重要的意义。以罪名的法律效力为标准,可以将罪名划分为立法罪名、司法罪名和学理罪名。

(3)法定刑。所谓法定刑,是指刑法分则及其他刑事法律中的分则性规范对各种具体犯罪所规定的刑种(刑法的种类)和刑度(刑罚的幅度)。根据立法实践,在刑法理论上通常以法定刑为刑种、刑度是否确定为标准,将法定刑分为三种形式:①绝对确定的法定刑,即在条文中只规定单一的刑种与固定的刑度。虽然便于操作,但是这种法定刑使法官不能根据具体情况对犯罪人判处轻重适当的刑罚,不利于收到良好的刑罚效果。②绝对不确定的法定刑,即在条文中对某种犯罪不规定具体的刑种和刑度,只规定对该种罪处以刑罚,具体如何处罚完全由法官掌握。由于没有统一的量刑标准,不能使罪责刑相适应原则得到很好的贯彻。③相对确定的法定刑,是指分则条文对某种犯罪规定了相对具体的刑种和刑度。其特点是立法上有确定的刑种和刑度,司法上有具体的裁量的余地。这种形式有利于刑罚目的的实现,被世界各国刑法广泛采用。

(二)破坏社会主义市场经济秩序罪概述

1. 破坏社会主义市场经济秩序罪的概念及构成特征

破坏社会主义市场经济秩序罪,是指违反国家经济管理法规,在市场经济运行或经济管理活动中进行非法经营活动,严重破坏社会主义市场经济秩序的行为。我国刑法分则第三章规定的犯罪分为9大类:生产、销售伪劣商品罪;走私罪;妨害对公司、企业的管理秩序罪;破坏金融管理秩序罪;金融诈骗罪;危害税收征管罪;侵犯知识产权罪;扰乱市场秩序罪。

破坏社会主义市场经济秩序罪的特征如下:

(1)本类犯罪的客体是我国社会主义市场经济秩序。

(2)本类犯罪的客观方面表现为违反国家经济管理法规,在市场经济运行或经济管理活动中进行非法经济活动,严重破坏社会主义市场经济秩序的行为。

(3)本类犯罪的主体,可以分为自然人和单位两大类。

(4)本类犯罪的主观方面,对于绝大多数具体犯罪来说是出于故意,即认识自己的行为违反国家经济管理法规,破坏社会主义市场经济秩序而仍然实施,希望或放任一定的危害社会的结果发生。一部分犯罪还具有牟利的目的、非法占有的目的或其他目的,如高利转贷罪,法律规定"以转贷牟利为目的";集资诈骗罪等,法律规定"以非法占有为目的"等。其中,个别犯罪则只能由过失构成。

2. 破坏社会主义市场经济秩序罪的种类

1997年《刑法》分则第三章的类罪名是"破坏社会主义市场经济秩序罪",本章共分为八节,有92个条文,规定了94个具体罪名。此后,1998年12月29日关于惩治骗购外汇的单行刑法增加1个罪名。而1999年12月25日至2011年2月25日全国人大常委会先后通过的八个《中华人民共和国刑法修正案》又增加了13个罪名,修改补充了34种具体犯罪的罪状,从而有的犯罪罪名也应发生相应变化,包括108个具体罪名。

(1) 生产、销售伪劣商品罪。包括9种具体犯罪,即:生产、销售伪劣产品罪;生产、销售假药罪;生产、销售劣药罪;生产、销售不符合安全标准的食品罪;生产、销售有毒、有害食品罪;生产、销售不符合标准的医用器材罪;生产、销售不符合安全标准的产品罪;生产、销售伪劣农药、兽药、化肥、种子罪;生产、销售不符合卫生标准的化妆品罪。

(2) 走私罪。包括10种具体犯罪,即:走私武器、弹药罪;走私核材料罪;走私假币罪;走私文物罪;走私贵重金属罪;走私珍贵动物、珍贵动物制品罪;走私国家禁止进出口的货物、物品罪;走私淫秽物品罪;走私废物罪;走私普通货物、物品罪。

(3) 妨害对公司、企业的管理秩序罪。包括17种具体犯罪,即:虚报注册资本罪;虚假出资、抽逃出资罪;欺诈发行股票、债券罪;违规披露、不披露重要信息罪;妨害清算罪;隐匿、故意销毁会计凭证、会计账簿、财务会计报告罪;虚假破产罪;非国家工作人员受贿罪;对非国家工作人员行贿罪;对外国公职人员、国际公共组织官员行贿罪;非法经营同类营业罪;为亲友非法牟利罪;签订、履行合同失职被骗罪;国有公司、企业、事业单位人员失职罪;国有公司、企业、事业单位人员滥用职权罪;徇私舞弊低价折股、出售国有资产罪;背信损害上市公司利益罪。

(4) 破坏金融管理秩序罪。包括30种具体犯罪,即:洗钱罪;逃汇罪;骗购外汇罪;对违法票据承兑、付款、保证罪;违规出具金融票证罪;吸收客户资金不入账罪;违法发放贷款罪;违法运用资金罪;背信运用受托财产罪;操纵证券、期货市场罪;诱骗投资者买卖证券、期货合约罪;编造并传播证券、期货交易虚假信息罪;利用未公开信息交易罪;内幕交易、泄露内幕信息罪;擅自发行股票、公司、企业债券罪;伪造、变造股票、公司、企业债券罪;伪造、变造国家有价证券罪;窃取、收买、非法提供信用卡信息罪;妨害信用卡管理罪;伪造、变造金融票证罪;非法吸收公众存款罪;骗取贷款、票据承兑、金融票证罪;高利转贷罪;伪造、变造、转让金融机构经营许可证、批准文件罪;擅自设立金融机构罪;变造货币罪;持有、使用假币罪;金融工作人员购买假币、以假币换取货币罪;出售、购买、运输假币罪;伪造货币罪。

(5) 金融诈骗罪。包括8种具体犯罪,即:集资诈骗罪;贷款诈骗罪;票据诈骗罪;金融凭证诈骗罪;信用证诈骗罪;信用卡诈骗罪;有价证券诈骗罪;保险诈骗罪。

(6) 危害税收征管罪。包括14种具体犯罪,即:逃税罪;抗税罪;逃避追缴欠税罪;骗取出口退税罪;虚开增值税专用发票、用于骗取出口退税、抵扣税款发票罪;虚开发票罪;伪造、出售伪造的增值税专用发票罪;非法出售增值税专用发票罪;非法购买增值税专用发票、购买伪造的增值税专用发票罪;非法制造、出售非法制造的用于骗取出口退税、抵扣税款发票罪;持有伪造的发票罪;非法出售发票罪;非法出售用于骗取出口退税、抵扣税款发票罪;非法制造、出售非法制造的发票罪。

(7) 侵犯知识产权罪。包括7种具体犯罪,即:假冒注册商标罪;销售假冒注册商标的

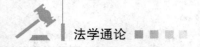

商品罪;非法制造、销售非法制造的注册商标标识罪;假冒专利罪;侵犯著作权罪;销售侵权复制品罪;侵犯商业秘密罪。

(8) 扰乱市场秩序罪。包括13种具体犯罪,即:损害商业信誉、商品声誉罪;虚假广告罪;串通投标罪;合同诈骗罪;组织、领导传销活动罪;非法经营罪;强迫交易罪;伪造、倒卖伪造的有价票证罪;倒卖车票、船票罪;非法转让、倒卖土地使用权罪;提供虚假证明文件罪;出具证明文件重大失实罪;逃避商检罪。

二、破坏社会主义市场经济秩序罪分述

(一) 生产、销售伪劣产品罪

生产、销售伪劣产品罪,是指生产者、销售者违反产品质量管理法规和工商行政管理法规,故意在产品中掺杂、掺假,以假充真、以次充好或者以不合格产品冒充合格产品,销售金额5万元以上的行为。本罪属选择性罪名,在司法实践中应根据行为的情况分别定为生产伪劣产品罪、销售伪劣产品罪或者生产、销售伪劣产品罪。

生产、销售伪劣产品罪的构成特征是:

(1) 本罪的客体是国家对产品质量的监督管理制度、市场管理制度和广大用户、消费者的合法权益。产品质量是衡量商品使用价值的尺度,它的好坏直接关系到消费者、用户的切身利益乃至国家的声誉。《中华人民共和国产品质量法》(下简称《产品质量法》)规定,为了维护广大用户、消费者的合法权益,明确保证产品质量,国家必须对产品质量加强监督管理。生产者、销售者对其生产、经营的产品必须依法接受国家产品质量监督管理部门的监督和管理,任何生产者、销售者在产品中掺杂、掺假,以假充真、以次充好或者以不合格产品冒充合格产品的行为,均破坏了国家对产品质量的监督管理制度,损害了广大用户、消费者的合法权益。①

(2) 本罪的客观方面主要表现为违反产品质量管理的法律、法规,在产品中掺杂、掺假,以假充真、以次充好或者以不合格产品冒充合格产品,销售金额5万元以上的行为。

① 伪劣产品。其中伪产品主要是指"以假充真"的产品,劣产品是指掺杂、掺假的产品、以次充好的产品及冒充合格产品的不合格产品。根据《产品质量法》第二条的规定,这里的"产品",应是指经过加工、制作,用于销售的产品,但不包括建筑工程。

② 行为方式表现为:在产品中掺杂、掺假,以假充真,以次充好,以不合格产品冒充合格产品。根据2001年4月10日起施行的最高人民法院、最高人民检察院《关于办理生产、销售伪劣商品刑事案件具体应用法律若干问题的解释》的规定,"在产品中掺杂、掺假",是指在产品中掺入杂质或者异物,致使产品质量不符合国家法律、法规或者产品明示质量标准规定的质量要求,降低、失去应有使用性能的行为。"以假充真",是指以不具有某种使用性能的产品冒充具有该种使用性能的产品的行为。"以次充好",是指以低等级、低档次产品冒充高等级、高档次产品,或者以残次、废旧零配件组合、拼装后冒充正品或者新产品的行为。"不合格产品",是指不符合《产品质量法》第二十六条第二款规定的质量要求的产品。

③ 销售金额必须达到5万元以上。这是认定生产、销售伪劣产品罪与非罪的一个重要

---

① 马克昌:《经济犯罪新论》,武汉大学出版社1998年版,第65页。

标准。根据规定①,伪劣产品尚未销售、货值金额达到《刑法》第一百四十条规定的销售金额3倍以上的,以生产、销售伪劣产品罪(未遂)定罪处罚。

(3) 本罪的主体为一般主体,即凡是达到法定年龄、具有刑事责任能力的自然人,都可能成为本罪的主体,单位也可以成为本罪的主体。

(4) 本罪的主观方面是故意,行为人对于自己生产、销售伪劣产品这一事实是明知的,过失不构成本罪。实践中,虽然不少人生产、销售伪劣产品的目的是为了牟取非法利益,但牟利目的存在与否不影响本罪的认定。

根据《刑法》一百四十条和第一百五十条的规定,犯本罪的,处2年以下有期徒刑或者拘役,并处或者单处销售金额50%以上2倍以下罚金;销售金额20万元以上不满50万元的,处2年以上7年以下有期徒刑,并处销售金额50%以上2倍以下罚金;销售金额50万元以上不满200万元的,处7年以上有期徒刑,并处销售金额50%以上2倍以下罚金;销售金额200万元以上的,处15年有期徒刑或者无期徒刑,并处销售金额50%以上2倍以下罚金或者没收财产。单位犯本罪的,对单位判处罚金,并对其直接负责的主管人员和其他直接责任人员,依照上述规定处罚。

(二) 走私普通货物、物品罪

走私普通货物、物品罪,是指违反海关法规、逃避海关监管,运输、携带、邮寄普通货物、物品进出国(边)境,偷逃应缴税额较大或者一年内曾因走私被给予两次行政处罚后又走私的行为。其构成如下:

(1) 本罪的客体是国家对外贸易管制中关于普通货物、物品进出口的监管制度和征收关税制度。本罪的对象是普通货物、物品。"普通货物、物品",是指除武器、弹药、核材料、伪造的货币、文物、黄金、白银和其他贵重金属、珍贵动物及其制品、珍稀植物及其制品等国家禁止进出口的其他货物、物品、淫秽物品、废物、毒品以及国家禁止进出口的其他货物、物品以外的货物、物品。

(2) 本罪的客观方面表现为违反海关法规、逃避海关监管,运输、携带、邮寄普通货物、物品进出国(边)境,偷逃应缴税额较大或者一年内曾因走私被给予两次行政处罚后又走私的行为。

(3) 本罪的主体是一般主体。自然人和单位都可以成为本罪的主体。

(4) 本罪的主观方面是故意,过失不构成本罪。根据相关司法解释,②行为人明知自己的行为违反国家法律法规,逃避海关监管,偷逃进出境货物、物品的应缴税额,或者逃避国家有关进出境的禁止性管理,并且希望或者放任危害结果发生的,应认定为具有走私的主观故意。在实践中,行为人一般具有牟取非法利润或者其他非法利益的目的,但刑法并未规定以牟利为目的是本罪的构成要件。

根据《刑法》第一百五十三条的规定,犯本罪的,根据情节轻重,分别依照下列规定处罚:

(1) 走私货物、物品偷逃应缴税额较大或者一年内曾因走私被给予二次行政处罚后又走私的,处3年以下有期徒刑或者拘役,并处偷逃应缴税额1倍以上5倍以下罚金。

---

① 2001年4月10日起施行的最高人民法院、最高人民检察院《关于办理生产、销售伪劣商品刑事案件具体应用法律若干问题的解释》。

② 2002年7月8日最高人民法院、最高人民检察院、海关总署《关于办理走私刑事案件适用法律若干问题的意见》第5条。

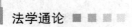

(2) 走私货物、物品偷逃应缴税额巨大或者有其他严重情节的，处3年以上10年以下有期徒刑，并处偷逃应缴税额1倍以上5倍以下罚金。

(3) 走私货物、物品偷逃应缴税额特别巨大或者有其他特别严重情节的，处10年以上有期徒刑或者无期徒刑，并处偷逃应缴税额1倍以上5倍以下罚金或者没收财产。单位犯前款罪的，对单位判处罚金，并对其直接负责的主管人员和其他直接责任人员，处3年以下有期徒刑或者拘役；情节严重的，处3年以上10年以下有期徒刑；情节特别严重的，处10年以上有期徒刑。对多次走私未经处理的，按照累计走私货物、物品的偷逃应缴税额处罚。"未经处理"，是指未经行政处罚处理。

(三) 非国家工作人员受贿罪

非国家工作人员受贿罪，是指公司、企业或者其他单位的工作人员利用职务上的便利，索取他人财物或者非法收受他人财物，为他人谋取利益，数额较大的行为。

商业受贿行为是市场竞争中出现的一种消极现象，破坏了平等竞争的经济秩序，危害性较大，各国立法都对商业受贿行为予以相应的规定。具体而言，本罪的构成特征表现为：

(1) 本罪侵犯的客体是公司、企业或其他单位的正常管理秩序和公司、企业或其他单位的工作人员职务的廉洁性。本罪的对象是财物，既包括金钱和实物，也包括可以用金钱计算数额的财产性利益，如提供房屋装修、含有金额的会员卡、代币卡（券）、旅游费用等。

(2) 本罪的客观方面，表现为行为人利用职务上的便利，索取他人财物或者非法收受他人财物，为他人谋取利益，数额较大的行为。另外，依照《刑法》第一百六十三条第二款的规定，公司、企业或者其他单位的工作人员在经济往来中，利用职务上的便利，违反国家规定，收受各种名义的回扣、手续费，归个人所有的，应以非国家工作人员受贿罪论处。

(3) 本罪的主体是特殊主体，即公司、企业或者其他单位的工作人员。这里的"其他单位"，既包括事业单位、社会团体、村民委员会、居民委员会、村民小组等常设性的组织，也包括为组织体育赛事、文艺演出或者其他正当活动而成立的组委会、筹委会、工程承包队等非常设性组织。公司、企业的工作人员不包括国家机关、国有公司、企业、事业单位委派到非国有公司、企业及其他单位从事公务的人员。

(4) 本罪的主观方面表现为故意，且是直接故意，即行为人故意收受或索取他人的贿赂，从而为他人谋取利益的行为。具体而言，行为人明知自己收受贿赂的行为是非法的，却故意实施，过失不构成本罪。

依照《刑法》第一百六十三条的规定，犯本罪的，处5年以下有期徒刑或者拘役；数额巨大的，处5年以上有期徒刑，可以并处没收财产。

(四) 洗钱罪

洗钱罪，是指明知是毒品犯罪、黑社会性质的组织犯罪、恐怖活动犯罪、走私犯罪、贪污贿赂犯罪、破坏金融管理秩序犯罪、金融诈骗犯罪的所得及其产生的收益，而掩饰、隐瞒其来源与性质的行为。本罪的构成特征表现为：

(1) 本罪侵犯的客体是复杂客体，即国家正常的金融管理秩序和司法机关的正常活动。本罪的对象是毒品犯罪、黑社会性质的组织犯罪、恐怖活动犯罪、走私犯罪、贪污贿赂犯罪、破坏金融管理秩序犯罪、金融诈骗犯罪的违法所得及其产生的收益。洗钱使大量的赃款进入金融领域，使金融系统成为犯罪赃款的最终存放地或者过渡"桥梁"，这就改变了金融机构的性质,容易诱发金融危机,直接破坏了国家正常的金融秩序。

(2)本罪在客观方面表现为,行为人对毒品犯罪、黑社会性质的组织犯罪、恐怖活动犯罪、走私犯罪、贪污贿赂犯罪、破坏金融管理秩序犯罪、金融诈骗犯罪的违法所得及其产生的收益,实施了掩饰、隐瞒其性质和来源的行为。

本罪中,行为人采取了非法方法掩饰、隐瞒上述犯罪所得的性质和来源。根据刑法的规定,具体包括五种方式:①提供资金账户的;②协助将财产转换为现金或者金融票据的;③通过转账或者其他结算方式协助资金转移的;④协助将资金汇往境外的;⑤以其他方法掩饰、隐瞒犯罪的违法所得及其收益的来源和性质的。其中,"提供资金账户",是指为犯罪人开设银行资金账户或者将现有的银行资金账户提供给犯罪人使用。"将财产转换为现金或者金融票据",既包括将实物转换为现金或此种现金(如人民币)转换为彼种现金(如美元),将此种金融票据(如外国金融机构出具的票据)转换为彼种金融票据(如中国金融机构出具的票据)。"其他方法"是指其他掩饰、隐瞒犯罪的违法所得及其产生的收益的性质与来源的一切方法,如将犯罪所得投资于某种行为,用犯罪所得购买不动产等。①

(3)本罪的主体为一般主体,包括任何已满16周岁、具有刑事责任能力自然人和单位。实践中,单位实施此类犯罪的情形较为常见,主要是银行和其他金融机构利用自身的便利条件实施此类犯罪。

(4)本罪行为人的主观方面表现为直接故意,而且具有掩饰、隐瞒毒品犯罪、黑社会性质的组织犯罪、恐怖活动组织犯罪、走私犯罪、贪污贿赂犯罪、破坏金融管理秩序犯罪、金融诈骗犯罪的违法所得及其产生的收益的来源和性质并使之合法化的目的。

根据《刑法》第一百九十一条的规定,犯本罪的,除没收实施以上犯罪的所得及其产生的收益外,处5年以下有期徒刑或者拘役,并处或者单处洗钱数额5%以上20%以下罚金;情节严重的,处5年以上10年以下有期徒刑,并处洗钱数额5%以上20%以下罚金。单位犯本罪的,对单位判处罚金,并对其直接负责的主管人员和其他直接责任人员,处5年以下有期徒刑或者拘役。情节严重的,处5年以上10年以下有期徒刑。

(五)保险诈骗罪

根据我国《刑法》第一百九十八条的规定,所谓保险诈骗罪,是指行为人故意虚构保险标的,或者对已经发生的保险事故编造虚假的原因或夸大损失程度,或者编造未曾发生的保险事故,或者故意制造保险事故,进行保险诈骗活动,骗取数额较大的财物的行为。

有这样一则案例:

施甲为某中型经贸公司老板。2008年3月的一天,在另一单位工作的施甲的弟弟施乙所开私人轿车在郊外行驶途中,因避让对面的车辆而将汽车右面两名无辜行人撞成重伤并致自家汽车严重撞损。施乙发现后即送两伤者去附近医院治疗。与此同时,考虑到自己的汽车没有投第三者责险,施乙便与其兄商量,要求施甲以自己公司之相同型号轿车顶替自己的车到交通监理部门报案,并以公司的车撞伤了人,要求相关保险公司赔付有关伤者医疗费用的名义,通知某保险公司赔偿。施甲于是派出公司办公室主任吴某及公司司机戚某,吩咐他们驾驶本公司的、与施乙车型相同的车先后到上述部

---

① 张明楷:《刑法学》(第三版),法律出版社2010年版,第594页。

门办理了有关手续,并成功地令某保险公司理赔了伤者治疗、住院花费及其汽车修理费用约8万余元。

本案中,施甲以其单位的名义,实施了诈骗保险公司的行为。鉴于我国《刑法》第一百九十八条第三款的规定,"单位"可以成立保险诈骗罪的犯罪主体,因此,本案犯罪主体不是单纯的自然人,而是既包括自然人(施乙)、也包括单位(施甲自办的经贸公司)。本案的性质应为单位与自然人共同构成保险诈骗罪。

根据刑法的规定,保险诈骗罪具有如下构成特征:

(1) 本罪所侵犯的客体为复杂客体,既侵犯了国家的保险制度,又侵犯了保险人的财产所有权。

(2) 本罪在客观方面表现为采取虚构保险标的、保险事故或者制造保险事故等方法,骗取保险人的保险金,数额较大的行为。根据《刑法》第一百九十八条第一款的规定,一般包括如下5种情形:①投保人故意虚构保险标的,骗取保险金的;②投保人、被保险人或者受益人对发生的保险事故编造虚假的原因或者夸大损失的程度,骗取保险金的;③投保人、被保险人或者受益人编造未曾发生的保险事故,骗取保险金的;④投保人、被保险人故意造成财产损失的保险事故,骗取保险金的。⑤投保人、受益人故意造成被保险人死亡、伤残或者疾病,骗取保险金的。此外,根据《刑法》第一百九十八条第四款的规定,保险事故的鉴定人、证明人、财产评估人故意提供虚假的证明文件,为他人诈骗提供条件的,以保险诈骗的共犯论处。

(3) 本罪的主体是投保人、被保险人、受益人。投保人,是指与保险人签订保险合同并向保险人交付保险费的人。被保险人,是指受保险合同保障的人。受益人,是指在人身保险中有权领取保险金的人。单位也可以成为本罪的主体。此外,保险事故的鉴定人、证明人、财产评估人故意提供虚假的证明文件,为他人诈骗提供条件的,以保险诈骗的共犯论处。

(4) 本罪的主观方面是故意,并且具有诈骗保险金的目的。

根据《刑法》第一百九十八条之规定,犯本罪的,处5年以下有期徒刑或者拘役,并处1万元以上10万元以下罚金;数额巨大或者有其他严重情节的,处5年以上10年以下有期徒刑,并处2万元以上20万元以下罚金;数额特别巨大或者有其他特别严重情节的,处10年以上有期徒刑,并处2万元以上20万元以下罚金或者没收财产。单位犯本罪的,对单位判处罚金,并对其直接负责的主管人员和其他直接责任人员,处5年以下有期徒刑或者拘役;数额巨大或者有其他严重情节的,处5年以上10年以下有期徒刑;数额特别巨大或者有其他特别严重情节的,处10年以上有期徒刑。

(六) 逃税罪

逃税罪,是指纳税人采取欺骗、隐瞒手段进行虚假纳税申报或者不申报,逃避缴纳税款数额较大并且占应纳税额10%以上,或者扣缴义务人采取欺骗、隐瞒手段不缴或者少缴已扣、已收税款数额较大的行为。本罪的构成要件如下:

(1) 本罪的客体是国家的税收征管秩序。本罪的对象是应当向国家缴纳的作为财政收入的税款。

(2) 本罪的客观方面表现为采取欺骗、隐瞒手段进行虚假纳税申报或者不申报,或者不缴、少缴已扣、已收税款,逃避缴纳税款数额达到法定标准的行为。

(3) 本罪的主体是纳税人和扣缴义务人。

(4) 本罪的主观方面只能是故意。刑法虽然没有规定要求特定目的，但从其对客观行为的表述以及逃税罪的性质来看，行为人主观上必须出于不缴或者少缴应纳税款或者已扣、已收税款的目的。因过失造成漏税的，不构成本罪。

根据《刑法》第二百零一条、第二百零四条第二款、第二百一十一条的规定，纳税人犯本罪，逃避缴纳税款数额较大并且占应纳税额10%以上的，处3年以下有期徒刑或者拘役，并处罚金；数额巨大并且占应纳税额30%以上的，处3年以上7年以下有期徒刑，并处罚金。扣缴义务人犯本罪，不缴或者少缴已扣、已收税款数额较大的，处3年以下有期徒刑或者拘役，并处罚金；数额巨大的，处3年以上7年以下有期徒刑，并处罚金。单位犯本罪的，对单位判处罚金，并对其直接负责的主管人员和其他直接责任人员，依照上述规定处罚。根据《刑法》第二百一十二条的规定，在执行罚金前，应当先由税务机关追缴税款。

（七）侵犯商业秘密罪

侵犯商业秘密罪，是指侵犯商业秘密权利人的商业秘密，对其造成重大损失的行为。本罪的构成特征表现为：

（1）本罪侵犯的客体是他人的商业秘密权。商业秘密权是商业秘密的权利人对自己在特定的生产或经营过程中，所形成、创造、整理和使用的特殊知识和信息享有的专有权利，包括商业秘密的所有权人所享有的专有权和商业秘密的许可使用人所享有的使用权。因商业秘密的使用可给权利人或使用人带来巨大的财产利益，因而商业秘密权是一种财产权，是权利人对之享有占有、使用、收益和处分的权利。本罪的对象是商业秘密，它是指不为公众所知悉，能为权利人带来经济利益、具有实用性并经权利人采取保密措施的技术信息和经营信息。

（2）本罪在客观方面表现为侵犯商业秘密权利人的商业秘密，对其造成重大损失的行为。本罪的客观方面包括两个要素：第一，行为人实行了侵犯商业秘密权利人的商业秘密的行为。根据《刑法》第二百一十九条的规定，主要表现为如下四种情形：①以盗窃、利诱、胁迫或者其他不正当手段获取权利人的商业秘密的；②披露、使用或者允许他人使用以前项手段获取的权利人的商业秘密的；③违反约定或者违反权利人有关保守商业秘密的要求，披露、使用或者允许他人使用其所掌握的商业秘密的④明知或者应知他人实施了前述三种行为的第三人，获取、使用或者披露他人商业秘密。第二，对商业秘密权利人造成重大损失。根据2010年5月7日最高人民检察院、公安部《关于公安机关管辖的刑事案件立案追诉标准（二）》第七十三条的规定，侵犯商业秘密，涉嫌下列情形之一的，应予立案追诉：给商业秘密权利人造成损失数额在50万元以上的；因侵犯商业秘密违法所得数额在50万元以上的；致使商业秘密权利人破产的；其他给商业秘密权利人造成重大损失的情形。

（3）本罪的主体为一般主体，包括任何已满16周岁、具有刑事责任能力的自然人和单位。

（4）本罪的主观方面表现为故意，即明知自己的行为会造成商业秘密权利人的重大损失，并且希望或者放任这种结果的发生。

根据《刑法》第二百一十九条、第二百二十条的规定，犯本罪的，处3年以下有期徒刑或者拘役，并处或者单处罚金；造成特别严重后果的，处3年以上7年以下有期徒刑，并处罚金。单位犯本罪的，对单位判处罚金，并对其直接负责的主管人员和其他直接责任人员，依照上述规定处罚。

（八）非法经营罪

非法经营罪，是指违反国家规定从事经营活动，扰乱市场秩序，情节严重的行为。本罪的构成要件是：

（1）本罪侵犯的客体是国家市场交易管理秩序。

（2）本罪的客观方面表现为，违反国家规定从事经营活动，且情节严重。《刑法》第二百二十五条将本罪的行为规定为如下几种：一是未经许可经营法律、行政法规规定的专营、专卖物品或者其他限制买卖的物品的；二是买卖进出口许可证、进出口原产地证明以及其他法律、行政法规规定的经营许可证或者批准文件的；三是未经国家有关主管部门批准，非法经营证券、期货或者保险业务，或者非法从事资金支付结算业务。四是其他严重扰乱市场秩序的非法经营行为。

（3）本罪的主体为一般主体，包括任何已满16周岁，具有刑事责任能力的自然人和单位。

（4）本罪主观方面表现为故意。

根据《刑法》第二百二十五条、第二百三十一条的规定，犯本罪的，处5年以下有期徒刑或者拘役，并处或者单处违法所得1倍以上5倍以下罚金；情节特别严重的，处5年以上有期徒刑，并处违法所得1倍以上5倍以下罚金或者没收财产。单位犯本罪的，对单位判处罚金，并对其直接负责的主管人员和其他直接责任人员，依照上述规定处罚。

本 章 小 结

刑法是国家的重要法律。刑法是掌握政权的统治阶级，为了维护本阶级的利益，根据在自己的意志，以国家名义颁布的，规定犯罪和刑罚的法律规范的总称。刑事立法和司法活动应当遵循罪刑法定原则、适用刑法人人平等原则和罪责刑相适应原则。犯罪构成是我国刑法规定的，确定某一行为的社会危害性及其程度并且为该行为成立犯罪所必需的一系列要件的有机整体，包括犯罪客体、犯罪客观方面、犯罪主体和犯罪主观方面四个要件。正当防卫和紧急避险是刑法规定的正当行为，其成立必须符合法定条件。

本 章 关 键 词

罪刑法定原则　刑法效力范围　犯罪构成　单位犯罪　犯罪故意　犯罪过失　意外事件　正当防卫　紧急避险　犯罪未遂　犯罪中止　共同犯罪主犯　从犯　胁从犯　教唆犯　主刑　附加刑　死刑　罚金　自首　累犯　减刑　假释　追诉时效

案 例 评 析

（一）

【基本案情】

2007年5月25日11时许，被告人颜克于、廖红军、韩应龙与何洪林（另案处理），发现周家龙有盗窃自行车的嫌疑，遂尾随追赶至码头，廖红军与何洪林对周用拳头打，颜克于、韩应龙分别手持石块、扳手击打周的头部等，致使周头皮裂创流血。周家龙挣脱后，颜克于、廖红军、韩应龙分头继续追赶。周家龙逃到0747货船，两人将周家龙围堵在货船船尾，周家龙被迫跳入河中。颜克于、廖红军、韩应龙在船上看着周家龙向前游了数米后又往回游，但因体力不支而逐渐沉入水中,3人均未对周家龙实施任何救助行为,直到看不见周家龙的身影,3人才下了船离开。后接警的公安人员将周家龙打捞上来时,周家龙已溺水死亡。被告人韩应龙与被害人周家龙的父母庭外达成和解,被害人周家龙的父母请求法院对被告人韩应龙从轻处罚。

争议问题:殴打、追赶他人跳河溺水而不予救助,最终导致他人死亡的,是否构成不作为的故意杀人罪?

【法律分析】

在不作为犯罪中,行为人特定法律义务一直在理论上有很大的争议。如何确定行为人的积极作为义务,也是实践中司法机关比较难以把握的问题。一般认为,不作为犯罪中积极作为义务的来源或者根据主要有:

(1) 法律明文规定的义务;
(2) 职务或者业务上的要求;
(3) 法律行为引起的行为人的积极作为义务;
(4) 先行行为引起的作为义务。

本案中,被告人颜克于等3人殴打、追赶被害人周家龙,致使被害人周家龙跳河溺亡,在这种情况下,3被告人站在船上袖手旁观而不予救助,最终导致被害人周家龙死亡。从客观方面看,要认定被告人颜克于等是否构成不作为的故意杀人罪,关键在于3被告人是否对在被迫情况下跳水而面临生命危险的被害人周家龙负有救助义务。从本案事实来看,应当肯定被告人颜克于等对被害人周家龙负有救助义务,而这种救助义务的来源是3被告人所实施的先行行为。刑法理论一般认为,作为义务来源的先行行为通常必须是对他人法益造成现实、紧迫危险的前行为。本案中,虽然被害人周家龙具有偷窃自行车的嫌疑,但被告人颜克于等对其加以殴打、追赶,显然已经超出了法律允许的自救范围,而构成一种违法行为。在受到殴打、追赶的情况下,被害人周家龙逃上货船并跳入河中,在水中挣扎而逐渐体力不支。很显然,在这种情况下,被告人颜克于等3人的殴打、追赶行为对被害人周家龙的生命已经造成了现实、紧迫的危险。既然如此,被告人颜克于等3人就负有排除这一危险即对被害人周家龙予以救助的义务,但3被告人却不予施救,既没有跳河救人或扔橡皮圈、绳子等物给周家龙自救,也没有打电话报警寻求帮助,眼看着被害人周家龙沉入水中、不见踪影之后才离开现场,最终导致被害人周家龙溺水死亡的结果。从主观方面看,被告人颜克于等并没有利用溺水这一客观条件而要致被害人周家龙死亡的直接故意,其对周家龙的死亡,仅仅是持放任态度,因此主观上是一种间接故意。由此可见,法院认定被告人颜克于等3人构成不作为的(间接)故意杀人罪是正确的。[①]

(二)

【基本案情】

被告人余建华案发前在浙江省温州市瓯海区娄桥镇娄南街某鞋业有限公司务工。2005年9月29日晚,余建华因怀疑同宿舍工友王东义窃取其洗涤用品而与王发生纠纷,遂打电话给亦在温州市务工的被告人陈卫国,要陈前来"教训"王。次日晚上8时许,陈卫国携带尖

---

① 陈兴良:《判例刑法教程(总则篇)》,北京大学出版社2015年版,第153—154页。

刀伙同同乡吕裕双(另案处理)来到某鞋业有限公司门口与余建华会合,此时王东义与被害人胡恒旺及武沛刚正从门口经过,经余建华指认,陈卫国即上前责问并殴打胡恒旺,余建华、吕裕双也上前分别与武沛刚、王东义对打。其间,陈卫国持尖刀朝胡恒旺的胸部、大腿等处连刺三刀,致被害人胡恒旺左肺破裂、左股动静脉离断,急性失血性休克死亡。

问题:在共同犯罪中,当部分参与人实施的犯罪行为超出共同犯罪故意的内容(共犯过限)时,该如何处理?

【法律分析】

共犯的过限,亦称为共犯的过剩,是指行为人实行了与其他参与人的意思联络之外的犯罪事实的情形。共犯过限的处理,涉及对共同犯罪的本质的理解问题。对此,学界存在完全共同犯罪说(二人以上共同故意实施同一种犯罪)、部分犯罪共同说(二人以上的犯罪行为在犯罪构成要件重合的范围内成立共犯,超出重合的部分由超出者单独承担刑事责任)和行为共同说(二人以上只要具有共同的行为,因果关系即可,不以犯罪的共同为必要)的理论分野;实务上,一般采纳的是部分犯罪共同说。

具体到本案来说,被告人余建华仅有唆使陈卫国"教训"他人的意思,同时,也不能查证余建华当时知道陈卫国带着凶器前往,因而不能认为余建华与陈卫国具有共同杀人的故意。本案中,被害人的死亡虽由陈卫国的杀人行为所直接引起,但陈卫国杀人的犯意的引起及其杀人的行为的实施,则起因于余建华的教唆行为。这样说来,被害人胡恒旺死亡的结果系由余建华和陈卫国二被告人共同惹起。立足于"行为共同说"的立场,应认定被告人余建华和陈卫国之间成立共同犯罪,并将该结果归责于二人。然后,基于"责任个别作用"的原理,对应于各参与人的主观故意内容,认定余建华和陈卫国二被告分别成立故意伤害(致死)罪和故意杀人罪。由此看来,余建华之所以不成立故意杀人罪,不是因为被害人的死亡结果与其教唆行为毫无关系,而仅仅是因为余建华不存在杀人的故意。基于同样的逻辑,在甲教唆乙盗窃,结果乙实施了抢劫,并导致被害人重伤的场合,由于"占有财物"这一违法事实由甲、乙联合协作、共同完成,从而应认定二人成立共同犯罪。尔后,基于责任个别作用的原则,分别认定甲构成盗窃罪(既遂)的教唆犯,乙构成抢劫(致人重伤)罪(既遂)的正犯。①

复习思考题

1. 如何理解罪刑法定原则?我国刑法立法上如何体现罪刑法定原则?
2. 怎样理解我国刑法中犯罪的基本特征?
3. 什么是单位犯罪?如何认定单位犯罪主体?
4. 什么是正当防卫?正当防卫的成立条件是什么?
5. 犯罪未遂与犯罪中止有什么区别?
6. 什么是共同犯罪?共同犯罪的成立条件是什么?
7. 我国死刑的适用应注意哪些问题?
8. 什么是自首?自首的种类、成立条件和法律后果是什么?
9. 什么是假释?假释的适用条件是什么?
10. 保险诈骗罪的概念及构成要件是什么?

---

① 陈兴良:《判例刑法教程(总则篇)》,北京大学出版社 2015 年版,第 172—174 页。

第十一章　经济法制

> **学习目标**
>
> - 了解经济法的产生和发展
> - 掌握经济法的概念及基本原则
> - 了解竞争法律制度
> - 掌握消费者权益保护法律制度
> - 了解宏观调控法律制度
> - 了解社会保障法律制度

第一节　经济法概说

一、经济法的产生和发展

(一) 西方国家经济法的沿革

资本主义由自由竞争走向垄断，生产手段与经济实力日益集中，产生了垄断集团。它们大量吞并、挤垮中小企业，独占或操纵市场，恶化了自由竞争的市场环境，此时，仅靠市场的力量，已经无能为力，无法摆脱这种困境。于是，资本主义国家不得不改变不干预的政策，各主要发达国家被迫或主动干预、参与社会经济生活的程度日益加深，逐步采取"国家干预"、"宏观调控"等新的理念和做法，加强组织管理经济的职能。在德国1906年创刊的《世界经济年鉴》中使用了"经济的法"一词，现代经济法的术语即由此所出。

20世纪30年代以前，西方主要资本主义国家一直奉行和实践着"看不见的手"的自由放任主义政策。但是，从自由竞争到垄断阶段，资本主义社会的格局发生了变化，资本主义国家内部的各种矛盾日益激化，经济危机连续发生。特别是1929—1933年的经济危机，使不少资本主义国家遭到了重创。在这种情况下，各资本主义国家开始思考自由放任主义能否适应垄断的资本主义的发展，与此同时，各国政府为了解决危机带来的问题，开始打破经济生活和政治生活的绝对界限，介入到经济生活中去。美国颁布了近70部法令，如《紧急银行条例》《金融改革法案》《公共营造法案》《社会救济条例》及《国家劳动关系法》等；德国为调节经济颁布了许多经济法规；20世纪以来，法国对经济的干预及经济法的立法有过三次高涨期。与这个时期相适应的西方主流经济学是国家干预主义，凯恩斯就是其中代表。他在1926年发表的《自由放任的终结》一书中，明确表明了自己公开摈弃自由放任原则。他认为，国家通过货币流通和信贷的调节，就可以解决失业和经济危机。

从上述可见，在资本主义从自由竞争发展到垄断阶段以后，市场中"看不见的手"已不能完全适应市场需要，要解决市场中存在的问题，必须运作政府干预经济的手段，来解决垄断资本主义国家所出现的矛盾。由于政府介入经济生活，打破了过去传统的市民生活和政治生活的划分界线，在经济生活中出现了一种运用单纯的公法或私法手段都不能解决的经济关系。这种经济关系需要一个新的法律部门来调整，这就是经济法。经济法作为一个独立的法律部门应运而生了。

（二）我国经济法的产生和发展

经济法作为国家干预经济的法律制度，其历史渊源最早可以上溯到我国的奴隶社会。然而，现代意义上的经济法，是在20世纪70年代末80年代初与经济法学相伴而生。随着健全经济法制的呼声不断加强，在经济法学酝酿和形成过程中，《中外合资经营企业法》（1979年）、《环境保护法（试行）》（1979年）、《国务院关于推动经济联合的暂行规定》（1980年）、《个人所得税法》（1980年）、《外汇管理暂行条例》（1980年）、《经济合同法》等许多法律法规先后出台；各级人民法院于1979年开始设立经济审判庭，主要受理商品购销、农村承包经营、银行借贷等经济合同纠纷。这些法制实践为经济法研究及其发展提供了坚实的基础，它同社会上的经济法制思潮和经济法学说相结合，便从主客观两个方面，表明在我国出现了经济法这一新兴的法律部门。

改革开放的不断深化，引出了"市场经济就是法治经济"的命题，举国上下都深感建立市场经济法律体系的重要，中央和地方的经济立法积极性空前提高。其结果是经过30年左右的时间在我国已初步形成了基本符合市场经济需要的比较完整的经济法律体系。

二、经济法的概念和调整范围

（一）经济法的概念

经济法学是发展较晚的一门"年轻"学科，其发展经历了"否定——肯定"的阶段，至今为止，对经济法的含义，我国不同学者对其有不同表述，如经济法规说、企业法说、国民经济运行法说、宏观调控法说、经济运行协调说、经济管理说、管理协调说、密切联系说、干预说等。大致可分为以下两类：

（1）纵向关系说。持此观点的学者认为经济法是调整"经济管理关系的法律规范的总称"，经济管理关系包括"政府对经济的管理""国家和企业之间的关系""企业内部的纵向选择"以及实际上属于经济管理关系的"不平等主体之间的经济关系"等。

（2）纵横统一说。这是在我国经济法学界占主导地位的一种理论。这种理论认为经济法是调整"经济管理过程中的经营协作活动所发生的经济关系的法律规范的总称"或者是"有关确立国家机关、社会组织和其他经济实体的经济法律地位，以及调整它们在经济管理过程中和经营协调活动中所发生的经济关系的法律规范的统一体"。

基于纵横统一说，我们对经济法概念的基本定义为：经济法是调整经济管理关系、维护公平竞争关系、组织管理性的流转和协作关系的法。它包含以下几层含义：第一，经济法是调整经济关系的法。第二，经济法是调整在经济管理关系、维护公平竞争关系、组织管理性的流转和协作关系过程中所发生的经济关系的法。第三，经济法是调整具有整体性和社会公共性的经济关系的法。第四，经济法调整的对象是经济和国家意志这两者的统一。上述表述是在吸收过去各种经济法定义的优点和克服它们的缺点的基础提出来的，符合社会主义市场经济体制要求。

（二）经济法的调整范围

市场调节具有自发性、滞后性和一定的盲目性，这就决定了国家协调经济运行的必要性。经济法的调整范围应包括以下几个方面的经济关系：

1. 市场主体调控关系

经济法律关系的主体，依其职能和地位可以分为经济管理主体和经济活动主体，经济法应侧重于规范公有制及其主导的经济组织的普通企业公司法、特殊企业法、经济性行业组织法等具体制度建设。当然，其调整的范围也包括企业的设立、变更、终止过程中发生的经济管理关系和企业内部管理过程中发生的经济关系。

2. 市场运行调控关系

要实行社会主义市场经济必须建立统一、开放的市场体系，培育市场体系就要求各种生产要素的自由流动，为此就要打破条块分割、地区封锁和行业垄断，充分发挥竞争机制的作用。过度的竞争就会导致垄断；有正当竞争就会有不正当竞争。而垄断和不正当竞争就会约束市场功能的发挥和实现，妨碍资源配置的优化，扰乱市场经济秩序。而市场本身又无力消除垄断和不正当竞争。这就需要国家干预，加强市场管理。市场运行调控关系由经济法来调整，有助于完善市场规则，有效地反对垄断，制止不正当竞争，维护市场经济秩序，实现市场功能。

3. 宏观经济调控关系

宏观调控是指国家为了实现经济总量的基本平衡，促进经济结构的优化，推动国民经济的发展，对国民经济总体活动进行的调节和控制。宏观调控关系由经济法调整，有助于发挥宏观调控的长处，弥补市场调节的缺陷，防止或消除经济中的总量失衡和结构失调，优化资源配置，协调好国民的当前利益和长远利益、局部利益和整体利益、个人利益和社会公益的冲突，协调好市场经济条件下多元利益主体之间的利益矛盾。

4. 社会分配调控关系

在社会主义市场经济条件下，企业职工以及其他社会成员在下岗或失业以后的基本生活需求应当予以保障。可是市场本身无法解决这些问题，为此我们就必须建立多层次的社会保障体系，就需要国家出面干预，建立起强制实施、互助互济、社会化管理的社会保障体系。而社会保障体系由经济法来调整，有助于充分开发和合理利用劳动力资源，保护社会成员的基本生活权利，维护社会稳定，促进经济发展。但在法学界，社会分配调控关系的经济法调整，对此有不同的观点。

三、经济法的基本原则

（一）经济法基本原则的含义

经济法的基本原则，是指规定于或者寓意于经济法律之中，对经济立法、经济执法、经济司法和经济守法具有指导意义和适用价值的根本指导思想或准则。经济法基本原则应当是经济价值的高度体现，也是构筑经济法律规范体系的灵魂。主要表现在如下几方面：

首先，经济法基本原则是经济法本身所特有的原则，是整个经济法领域的指导原则。与其他部门法相比，经济法有其自身的特定任务和宗旨，这就要求经济法的基本原则与之相适应和协调；

其次，经济法基本原则贯穿于整个经济法领域，具有普遍意义。经济法基本原则统帅着整个经济法的立法、执法和司法活动，是这一系列活动的灵魂和核心；

第三，经济法基本原则体现和适应经济法体系中所有法律、法规的本质要求。一个部门法的基本原则必须反映该部门法的本质特征，这是毋庸置疑的。

（二）经济法的基本原则

1. 平衡协调原则

这是由经济法的社会性和公私交融性所决定的一项普遍原则，是不同社会经济制度的经济法所共同遵循的一项主导性原则。作为现代新兴法律部门，经济法对于整个经济生活的调整，不再是国家与私人极端对立之下维护任何一方利益的工具，也不仅是私人组织扩大之后的一种国家单纯用以矫正社会不公、保护经济弱者的手段。在社会化条件下，经济法以兼容并蓄的精神，为消弭个体追求私人利益所生流弊，促进社会在竞争的基础上团结合作，以组织协调、平衡发展、公有精神的追求为己任，平衡协调原则作为经济法之社会本位的体现和基本要求，无论在宏观抑或微观领域的调整中均发挥着基本指导准则的作用。

平衡协调是一种价值体现，经济法兼顾公与私，既要保持整个社会范围内的经济秩序，实现整体社会效益的增加和国家对于经济生活的意志，又要保证民法调整范围内的意思自治。需要指出的是，平衡协调原则作为一种法律规范，在多数情况下未必于具体的经济法律关系和经济执法中直接适用，而作为经济管理、经济执法、经济司法所遵循的一项理念或者说是宏观标准。

2. 维护公平竞争原则

这是经济法反映社会化市场经济的内在要求和理念的一项核心的、基础性的原则。维护公平竞争的要求不仅直接体现在竞争法即反垄断法和反不正当竞争法中，而且在经济法的各项制度例如发展计划、产业政策、财政税收、金融外汇、企业组织、经济合同等制度和具体的经济执法和经济司法中，都必须考虑市场主体的公平竞争问题，政府的经济管理和市场操作也应该做到公开、公平、公正，不得违背和破坏市场公平竞争的客观法则。

维护公平竞争原则和制度的出现，是通过国家的"有形之手"来纠正市场"看不见的手"所导致的弊端，同时又力求使"看不见的手"在最大范围内、最高程度上发挥作用的产物。这一原则应当作为经济法立法和执法的重要依据之一，建立并维护好一个有序的公平竞争秩序是市场经济条件下的经济法所永恒追求的理想目标之一。

3. 责权利效相统一原则

责权利效相统一原则，是指在经济法律关系中各管理主体和公有制经营主体所承受的权利、利益、义务和职责必须相一致，而不应有错位、脱节等现象存在。其核心是主体的责权利效相一致，同时，经济效益和社会效益是我们一切经济工作的基本出发点和归宿，因此，效益既是责权利之起点，又是责权利之终点，也是检验责权利的设置和制衡机制是否正确得当的实践标准。如果效益不高或未达到预期目的，则必是责权利的某个环节上出了问题，就需要及时地调整。在以公有制为主导的市场经济条件下,这是作为经济法灵魂的一项根本性原则。责权利效相统一原则中的责任具有不同的层次:首先,它是一种角色责任,表明了经济法律关系对于特定角色的权利义务要求。在组织中的不同角度,决定了主体在经济法律关系中承受的权利义务和利益。其次,责任表明在主体违反义务时引起法律和国家对其否定性评价,它是义务和制裁的连接点。

"责"指的是应当担负的责任,是职务上所对应的应承担的义务;"权"指的是权利和权力,责权利效相统一原则要求权责要相当,不能失衡;"利"指的是利益,将利与权责相联系、统一;"效"即效益,包括经济效益和社会效益,经济法的制定和规定都是以效益为出发点,并以获取效益为终点的,同时,各个局部效益必须符合社会整体利益的要求。责权利效相统一原则贯穿于经济法的整体与始终,各种经济管理主体和公有财产主体都必须遵循这一原则。权责不一,就会导致有权无责或有责无权,引起权利及其救济不彰;权责与利害不统一,也会衍生同样弊端,经济法的经济性和效益性即无从体现。

4. 国家适度干预原则

经济法是为了适应国家对社会经济生活的干预而产生的一种法律形式。国家对社会经济生活的干预,是伴随着国家的产生而产生的。但是,究竟在多大程度上,通过何种手段干预社会经济生活,各国都有各自的政策和法律。即使一国之内的不同历史发展阶段,国家干预经济生活的范围和方式也不尽相同。大体来说有三种情形:一是"过多"干预。就通常而言,国家经济状况比较紧缩的情况,容易出现这种势头。二是"过少"干预。一般而言,国家经济状况较宽松时,容易出现这种情况。三是从过多或过少干预的教训中走出来,寻求对国家经济生活的"适度"干预。

在我国,社会主义市场经济体制的确立,一方面表明国家不能再像过去那样对经济生活进行过多干预;另一方面也表明国家不能完全放弃对经济生活的干预,同时也要寻求一种适度的干预。所谓适度,既包括干预范围的适度,又包括干预手段的适度。前者是指国家干预所及的领域,后者指干预的方法。

5. 可持续发展原则

可持续发展的核心,在于正确处理人与自然和人与人之间的关系,要求人类以最高的智力水平和泛爱的责任感去规范自己的行为,创造和谐的世界。要求人们在作出每一个行为选择时,不仅要考虑到本代人利益的平衡,同时要考虑到代际人利益的平衡。由于可持续发展目标的实现,需要国家的干预,而这个法律体系中的法律,主要是经济法律。这就要求政府的宏观调控和市场规制手段都必须坚持可持续发展原则。经济法将可持续发展作为一个基本原则,可使经济法在调整社会经济关系时,始终把可持续发展放在应有的高度,综合考虑诸如人口增长的失控、资源和能源的无节制消耗、生态环境的日益恶化、技术的落后以及企业和政府的短期经济行为等制约可持续发展的因素,从而有意识地通过相应的健全、完备的经济法律、法规加以遏制。

经济法的上述五项原则是相互联系、相互促进的。它们的逻辑联系是:寻求经济效益的最大化,是经济法首先追求的目标;在寻求的过程中,国家干预起着不可忽视的作用;国家对经济实行干预的时候,又必须以平衡协调的手段来促进和保障经济民主和经济公平的实现;维护公平竞争,是推动和提高经济效益的重要因素;最后,经济法所能做到的或者说经济法的现代化发展趋势,是要促进全球性的可持续发展战略在中国的实施。

第二节 市场规制法律制度

一、市场规制法概述

（一）市场规制的含义

市场规制，即对市场的规制。"规制"一词，是由日本经济学家苦心创造的译名。它来源于英文 regulation 或 regulatory constrain，其含义是有规定的管理，或有法规条例的制约。有的文献将 regulation 译为管制，其反义词 deregulation 译为放松管制或放松规章限制。

在市场规制法中取其狭义，指规制主体以治理"市场失灵"为己任，依法对市场主体的市场进入和退出、价格、数量、质量、投资、财务会计等，进行限制性的控制。其特征有：

（1）规制主体的法定性。为矫正市场的缺陷而进行的规制是由特定的机关来进行，这些规制主体的资格由法律予以确认，并不是任何组织和个人都可以成为规制主体。

（2）规制目的的特定性。为弥补市场缺陷所进行的市场规制，其根本目的在于维护社会整体利益优先，兼顾集体和个体利益的目的。

（3）规制内容的经济性。规制表面上是对市场主体之间行为的规制，其实质是对市场主体之间特定的经济关系的调整，是对其经济利益的规制，具有鲜明的经济性。

（4）规制手段的特殊性。规制主体对市场活动主体行为的规制的手段主要是法律手段。这种手段在运用时有严格的程序和条件要求，规制主体不能随意进行。

（5）规制方法的多样性。既包括积极的鼓励方法，又包括消极的限制方法，还包括保护方法。在规制过程中往往采取以限制为主，辅之鼓励、保护方法，综合进行。

（二）市场规制法的概念

1. 市场规制法的概念

市场规制法是指调整国家对市场规制过程中发生的社会公共性经济关系以及调整受规制的市场关系的法律规范的总称。它是我国经济法体系的一个重要组成部分，是经济法的核心部分，属于部门经济法。

2. 特征

市场规制法具有以下的基本特征：①调整对象的特定性。②法律目的的特定性。③适用范围的特定性：其一，市场规制法属于经济法的部门法，经济法属于国内法，调整一国特定的经济关系；其二，调整行为对象的特定性，市场调整法对市场主体的经济行为进行法律调整，促进其理性合法竞争，其涉及的市场主体行为主要是其微观经济行为，是对宏观经济基础的微观经济领域的市场主体的经济行为进行规制。④调整方式的特定性。

二、竞争法律制度

运用法律手段维护公平的市场竞争秩序是市场经济发展的内在要求，也是生产经营者和消费者的强烈愿望，为此各国都普遍重视竞争法律制度的建设。我国也十分重视竞争法律制度的建设,制定了《中华人民共和国反不正当竞争法》(下简称《反不正当竞争法》)、《中华人民共和国反垄断法》(下简称《反垄断法》)等,这些法律的制定和出台为维护社会主义市场经济秩序提供了法律保障。

(一) 反不正当竞争法

一般而言,反不正当竞争法是调整市场竞争过程中因规制不正当竞争行为而产生的社会关系的法律规范的总称。它与制止垄断和限制竞争行为、保障自由竞争机制正常运行的反垄断法(或称反限制竞争法)一起,共同成为竞争法的两大组成部分。

根据《反不正当竞争法》的规定:所谓"不正当竞争行为"是指经营者违反本法的规定,损害其他经营者或者消费者的合法权益,扰乱社会经济秩序的行为。

为了准确把握不正当竞争行为的本质,我们应当明确以下几点:

(1) 主体要件。实施不正当竞争行为的主体是经营者。根据我国《反不正当竞争法》的规定,经营者是指从事商品生产、经营或者提供服务的自然人、法人和其他组织。

(2) 客体要件。不正当竞争行为所侵犯的客体是为我国反不正当竞争法所保护的合法利益与正常的社会经济秩序。这些合法利益包括:其他经营者、消费者的合法利益以及社会公共利益。

(3) 客观方面。不正当竞争者在客观上,必须采取了不正当竞争手段去实施危害行为。我国《反不正当竞争法》详细列举了混淆行为、虚假宣传行为、商业诋毁行为、商业贿赂行为等 11 类不正当竞争行为。

(4) 主观方面。一般来说,不正当竞争行为是一种故意的行为,但是某些不正当竞争行为,如侵犯商业秘密、虚假广告宣传等行为也可以由过失构成。

《反不正当竞争法》第二章明确规定了属于不正当竞争的行为。法定的不正当竞争行为共分为七类:

1. 商业混淆行为

商业混淆行为,是指经营者采取假冒的商业标志从事市场交易,使自己的商品或服务与竞争对手的商品或服务相混淆,造成或足以造成购买者误认、误购的行为。

根据《反不正当竞争法》的规定,商业混淆行为的表现形式如下:①擅自使用与他人有一定影响的商品名称、包装、装潢等相同或者近似的标识;②擅自使用他人有一定影响的企业名称(包括简称、字号等)、社会组织名称(包括简称等)、姓名(包括笔名、艺名、译名等);③擅自使用他人有一定影响的域名主体部分、网站名称、网页等;④其他足以引人误认为是他人商品或者与他人存在特定联系的混淆行为。

2. 商业贿赂行为

商业贿赂行为,是指经营者采用财物或者其他手段贿赂对方单位或者个人,以谋取交易机会或者竞争优势的行为。

商业贿赂具有如下特点:①商业贿赂的主体是经营者或者个人。既可以表现为经营者为了销售商品(服务)而向其他经营者或个人行贿;也可以表现为经营者或其他人为了购买商品(服务)而向其他经营者或其他个人行贿;还可以表现为为了销售或购买商品(服务)而介绍贿赂的经营者或个人。②主观上必须是故意,其目的是销售或购买商品(服务)。③贿赂的方式是给予财物或采用其他手段。这里所称的财物,是指现金和实物,包括经营者为销售或者购买商品(服务),假借促销费、宣传费、劳务费等名义,或者以报销各种费用等方式,给付对方单位或个人的财物。"其他手段"包括的范围很广,如提供国内外各种名义的旅游、考察等给付财物以外的其他利益的手段。

3. 虚假宣传行为

经营者对其商品的性能、功能、质量、销售状况、用户评价、曾获荣誉等作虚假或者引人误解的商业宣传,欺骗、误导消费者的行为构成虚假宣传行为。

根据《反不正当竞争法》的规定,经营者不得通过组织虚假交易等方式,帮助其他经营者进行虚假或引人误解的商业宣传。

4. 侵犯商业秘密的行为

商业秘密,是指不为公众所知悉、具有商业价值并经权利人采取相应保密措施的技术信息、经营信息等商业信息。商业秘密要求具有秘密性、保密性、价值性,不再要求实用性(2017年《反不正当竞争法》修订后删去)。商业秘密的表现形式:产品配方、制作工艺、产销策略、客户名单、供货渠道、尚未公布的重大合同、重大资产置换方案等。

侵犯商业秘密的行为具体包括:①以盗窃、贿赂、欺诈、胁迫、电子侵入或者其他不正当手段获取权利人的商业秘密;②披露、使用或者允许他人使用以前项手段获取的权利人的商业秘密;③违反保密义务或者违反权利人有关保守商业秘密的要求,披露、使用或者允许他人使用其掌握的商业秘密;④教唆、引诱、帮助他人违反保密义务或者违反权利人有关保守商业秘密的要求,获取、披露、使用或者允许他人使用权利人的商业秘密。

5. 不正当有奖销售行为

不正当有奖销售是指经营者在销售商品或提供服务时,以提供奖励(包括金钱、实物、附加服务等)为名,实际上采取欺骗或者其他不正当手段损害用户、消费者的利益,或者损害其他经营者合法权益的行为。

不正当有奖销售行为具体表现为:①所设奖的种类、兑奖条件、奖金金额或者奖品等有奖销售信息不明确,影响兑奖;②采用谎称有奖或者故意让内定人员中奖的欺骗方式进行有奖销售;③抽奖式的有奖销售,最高奖的金额超过五万元。

6. 诋毁商誉行为

诋毁商誉行为,是指经营者编造、传播虚假信息或者误导性信息,损害竞争对手的商业信誉、商品声誉的行为。

构成诋毁商誉行为必须具备如下要件:①行为主体是市场经营活动中的经营者,其他经营者如果受其指使从事诋毁商誉行为的,可构成共同侵权;②经营者实施了诋毁商誉行为;③经营者对其他竞争者进行诋毁,其目的是败坏对方的商誉,其主观心态出于故意。

实践中,诋毁他人商誉的行为主要包括:①利用散发公开信、召开新闻发布会、刊登对比性广告或声明性公告等形式,制造、散布诋毁竞争对手的虚假事实。②组织人员,以顾客的名义,向有关经济监督管理部门作关于竞争对手产品、服务质量低劣的虚假投诉;③唆使他人在公众中制造有损于竞争对手商誉的谣言等。

7. 互联网领域不正当竞争行为

互联网领域不正当竞争行为,是指经营者利用技术手段,通过影响用户选择或者其他方式,实施妨碍、破坏其他经营者合法提供的网络产品或者服务正常运行的行为。

根据《反不正当竞争法》的规定,互联网领域不正当竞争行为主要表现为:①未经其他经营者同意,在其合法提供的网络产品或者服务中,插入链接、强制进行目标跳转;②误导、欺骗、强迫用户修改、关闭、卸载其他经营者合法提供的网络产品或者服务;③恶意对其他经营者合法提供的网络产品或者服务实施不兼容;④其他妨碍、破坏其他经营者合法提供的网络产品或者服务正常运行的行为。

(二) 反垄断法

反垄断法可以分为广义和狭义两种。广义的反垄断法不仅指反对垄断的法律,还指反对限制竞争行为的法律;狭义的反垄断法只是指反对垄断的法律。反垄断法是调整国家在规制市场主体(企业、企业联合组织)或其他机构以控制市场为目的而实施的反竞争行为过程中所发生的社会关系的实体法和程序法规范的总和。从各国反垄断法所规范的核心内容来看,均涵盖了消除垄断与保护竞争这两个方面的实质内容。因此,我们可以概括地将反垄断法界定为国家调整垄断及其他限制竞争行为的法律规范的总称。

在我国,竞争法通常是反不正当竞争法与反垄断法的总称。换言之,按照我国理论界的一般说法,竞争法是由两类法律组成的,即反垄断法和反不正当竞争法。从广义上说,因为反不正当竞争法和反垄断法都以竞争行为或者竞争关系为调整对象,所以可以统称为竞争法。

根据《反垄断法》第三条规定,其规定的垄断行为包括:①经营者达成垄断协议;②经营者滥用市场支配地位;③具有或者可能具有排除、限制竞争效果的经营者集中。

反垄断法适用除外指在某些领域对某些事项不适用《反垄断法》。具体而言是指在某些特定行为或领域中法律允许一定的垄断状态及垄断行为存在即对某些虽属于限制竞争的特定协调或联合或单独行为,但反垄断法不予追究的一项法律制度。反垄断法适用除外制度作为反垄断法的例外规定,必须有严格的范围界定。

三、消费者权益保护法律制度

(一) 消费者权益保护法概述

消费者,是指为了满足个人生活消费的需要而购买、使用商品和接受服务的居民。这里的居民是指自然人或称个体社会成员。此概念表明,消费者是个人或个体社会成员,是自然人而非组织;消费者购买商品或接受服务是为满足生活需要。

消费者权益保护法,是指确认和保护个体社会成员(消费者)为生活消费而购买和使用商品或接受服务所享有的正当权益的法律规范的总称。

消费者权益保护法的宗旨。《中华人民共和国消费者权益保护法》(下简称《消费者权益保护法》)第一条规定:"为保护消费者的合法权益,维护社会经济秩序,促进社会主义市场经济健康发展,制定本法。"可见,消费者权益保护法的宗旨是:①保护消费者合法权益,这是消费者保护法的中心宗旨;②维护经济秩序,此点与上一点紧密相连,是一个问题的两个方面,前者更关注个人,关注微观,而后者更关注社会,关注宏观;③促进社会主义市场经济发展,此项宗旨,充分体现了经济法的社会本位化,体现了经济法将个体利益和社会利益统一、协调的特征。

(二) 消费者权益保护法的基本原则

消费者权益保护法的基本原则,是指能够全面反映消费者权益保护法所调整的生活消费关系的客观要求,并贯穿于消费者权益保护法始终,保障消费者合法权益、规范经营者活动过程中必须遵循的基本准则。消费者权益保护法的基本原则主要有以下四项：

（1）特别保护原则。即国家给予经济上处于弱者地位的消费者以特别保护的原则。

（2）国家支持原则。即国家支持、援助消费者的原则。根据《消费者权益保护法》第五条的规定，国家有义务保护消费者的合法权益不受侵害，并应采取措施，保障消费者依法行使权利，维护消费者的合法权益。

（3）社会监督原则。《消费者权益保护法》第六条规定，"保护消费者的合法权益是全社会的共同责任。国家鼓励、支持一切组织和个人对损害消费者合法权益的行为进行社会监督。"可见，消费者以外的组织和个人有权利也有义务就消费者问题进行监督。

（4）公平交易原则。《消费者权益保护法》第四条规定："经营者与消费者进行交易，应当遵循自愿、平等、公平、诚实信用的原则。"这一原则要求：首先，经营者与消费者进行交易时，双方当事人意思表示完全出于自愿，不允许一方将自己的意思强加给另一方；其次，经营者与消费者在交易过程中，双方当事人的法律地位平等，不允许经济实力强大的经营者欺凌相对弱小的消费者；再次，经营者和消费者应相互尊重，平等协商，诚实信用。

（三）消费者的权利

消费者权利是指消费者依法在生活消费领域中作出一定行为或要求他人作出一定行为的权利。消费者权利是公民基本权利在生活消费领域中的具体化。《消费者权益保护法》第二章规定消费者享有九项权利，前五项权利是基础，与消费者的关系最为密切，后四项权利则是由此派生出来的。

1. 安全权

安全权这是消费者最基本的权利。指消费者在购买、使用商品和接受服务时所享有的人身、财产安全不受损害的权利。

2. 知悉真情权

消费者的知情权是指消费者在购买、使用商品或者接受服务时所享有的，知悉有关商品或服务真实情况的权利。

3. 自主选择权

自主选择权指消费者根据自己的意愿自主地选择其购买的商品及接受的服务的权利。《消费者权益保护法》第九条规定，选择权包括以下内容：①消费者有权自主选择提供商品或者服务的经营者；②消费者有权自主选择商品品种或者服务方式；③消费者有权自主决定购买或者不购买任何一种商品，接受或者不接受任何一项服务；④消费者有权对商品或者服务进行比较、鉴别和挑选。

4. 公平交易权

公平交易权指消费者在与经营者之间进行的消费交易中所享有的获得公平的交易条件的权利。公平交易权的核心是消费者以一定数量的货币换得等值的商品或者服务。实现公平交易权需要消费者积累消费知识，提高鉴别能力，增强自我保护意识。

5. 依法求偿权

依法求偿权是指消费者因购买、使用商品或者接受服务而受到人身、财产损害时所享有的依法获得赔偿的权利。它是消费者权益受到损害后的一种救济性权利。消费者在购买、使用商品或接受服务的过程中，人身及财产遭受损害时，其损害来源于经营者，因而，经营者负有不可推卸的责任。

6. 结社权

结社权是指消费者所享有的依法成立维护自身合法权益的社会团体的权利。它是宪法规定的结社权在消费领域的具体表现,是消费者运动发展的必然结果。结社权行使的结果,是消费者建立起自己的组织。

7. 知识了解权

知识了解权是消费者享有的获得有关消费和消费者权益保护方面的知识的权利。

8. 获得尊重权

获得尊重权指消费者在购买、使用商品和接受服务时所享有的其人格尊严、民族风俗习惯获得尊重的权利。

9. 监督批评权

消费者享有对商品和服务以及消费者权益保护工作进行监督的权利。消费者有权检举、控告侵害消费者权益的行为和国家机关及其工作人员在保护消费者权益工作中的违法失职行为,对保护消费者权益工作提出批评、建议。

(四)经营者的义务

经营者的义务是指经营者必须按照法律的规定作出一定行为和不得作出一定行为。经营者的义务是由法律规定的,其中包括《消费者权益保护法》《中华人民共和国产品质量法》以及其他相关的法律、法规,以及经营者和消费者之间的合法约定所确定的。

1. 依法定或约定履行义务

经营者向消费者提供商品或者服务,应当依照《中华人民共和国产品质量法》和其他有关法律、法规的规定履行义务。经营者和消费者有约定的,应当按照约定履行义务,但双方的约定不得违背法律、法规的规定。

2. 接受消费者监督的义务

经营者应当听取消费者对其提供的商品或者服务的意见,接受消费者的监督。

3. 保证商品和服务安全

经营者应当保证其提供的商品或者服务符合保障人身、财产安全的要求。

4. 提供商品和服务真实信息的义务

《消费者权益保护法》第二十条明确规定:"经营者向消费者提供有关商品或者服务的质量、性能、用途、有效期限等信息,应当真实、全面,不得作虚假或者引人误解的宣传。经营者对消费者就其提供的商品或者服务的质量和使用方法等问题提出的询问,应当作出真实、明确的答复。经营者提供商品或者服务应当明码标价。"

5. 标明真实名称和标记的义务

经营者的名称,是经营者法律人格的体现,是一企业区别于他企业的主要形式。经营者的标记,是集中体现经营者特点的符号或图案。同时也是一个企业信誉的标志和企业重要的无形资产。

6. 出具购物凭证和单据

所谓购货凭证是指消费者向经营者购买商品后从经营者处获得的发票或其他购物单据。所谓服务单据是指消费者接受服务后从经营者处获得的发票或者其他书面凭据。发票、购货凭证、信誉卡、服务单据、价格单、保修单等都是购货凭证与服务单据的具体表现形式。购货凭证和服务单据的基本表现形式是发票。

7. 不得从事不公平、不合理的交易

《消费者权益保护法》第二十六条规定:"经营者在经营活动中使用格式条款的,应当以显著方式提请消费者注意商品或者服务的数量和质量、价款或者费用、履行期限和方式、安全注意事项和风险警示、售后服务、民事责任等与消费者有重大利害关系的内容,并按照消费者的要求予以说明。经营者不得以格式条款、通知、声明、店堂告示等方式,作出排除或者限制消费者权利、减轻或者免除经营者责任、加重消费者责任等对消费者不公平、不合理的规定,不得利用格式条款并借助技术手段强制交易。格式条款、通知、声明、店堂告示等含有前款所列内容的,其内容无效。"

8. 尊重消费者人格的义务

《消费者权益保护法》第二十七条规定:"经营者不得对消费者进行侮辱、诽谤,不得搜查消费者的身体及其携带的物品,不得侵犯消费者的人身自由。"

四、产品质量法律制度

(一) 产品质量法概述

1. 产品及产品质量

产品,是指经过加工、制作,用于销售的产品。我国产品质量法上所指产品,排除了初级产品、未经加工的天然形成的物品,由建筑工程形成的房屋桥梁、其他建筑物等不动产,以及军工产品。

产品质量,是指产品满足规定要求的程度。主要包括产品的可用性、安全性、可靠性、经济性、维修性等方面的内容;有时还包括产品的品种、规格、款式、造型、外观、包装等表面状况。

2. 产品质量法的适用范围

产品质量法,是指为了调整产品生产与销售以及对产品质量进行监督管理过程中所形成的社会关系而由国家制定的法律规范的总称。

《中华人民共和国产品质量法》(下简称《产品质量法》)的适用范围:

(1) 适用的地域范围。"在中华人民共和国境内"是对适用的地域范围的规定。此规定表明,《产品质量法》在全国范围内生效,或者说在国家主权管辖的全部范围内生效,包括延伸意义上的领域,如驻外使馆、领馆、领海及领空外的船舶及飞机。

(2) 适用的活动范围。"从事产品生产、销售活动,必须遵守本法"。这是对产品经营活动范围的规定。产品的生产经营活动一般包括生产、运输、保管、仓储、销售等几个环节,《产品质量法》主要调整其中的生产和销售环节。

(3) 适用的产品范围。《产品质量法》第二条规定:"本法所称产品是指经过加工、制作,用于销售的产品。建设工程不适用本法规定;但是,建设工程使用的建筑材料、建筑构配件,属于前款规定的产品范围的,适用本法规定。"《产品质量法》第七十三条规定:"军工产品质量监督管理办法,由国务院、中央军事委员会另行制定。因核设施、核产品造成损害的赔偿责任,法律、行政法规另有规定的,依照其规定。"

(二) 生产者的产品质量责任和义务

1. 生产者的产品质量符合法定要求的义务

生产者应当保证其生产的产品符合下列要求:

（1）不存在危及人身、财产安全的不合理的危险，有保障人体健康和人身、财产安全的国家标准、行业标准的，应当符合该标准。
（2）具备产品应当具有的使用性能。
（3）产品质量应当符合明示的质量状况。

2. 产品包装标识符合法定要求的义务

该项义务要求生产者生产的产品或者其包装上的标识必须真实，并符合下列要求：①有产品质量检验合格证明；②有中文标明的产品名称、生产厂厂名和厂址；③根据产品的特点和使用要求，需要标明产品规格、等级、所含主要成分的名称和含量的，用中文相应予以标明，需要事先让消费者知晓的，应当在外包装上标明，或者预先向消费者提供有关资料；④限期使用的产品，应当在显著位置清晰地标明生产日期和安全使用期或者失效日期；⑤使用不当，容易造成产品本身损坏或者可能危及人身、财产安全的产品，应当有警示标志或者中文警示说明；⑥裸装的食品和其他根据产品的特点难以附加标识的裸装产品，可以不附加产品标识。

3. 特殊产品包装应符合要求的义务

特殊产品，是指易碎、易燃、易爆、有毒、有腐蚀性、有放射性等危险物品以及储运中不能倒置和其他有特殊要求的产品。这些特殊产品的包装必须符合国家法律、法规、规章、合同标准以及规范性文件规定的包装要求，保证人身、财产安全，防止产品损坏并且应当在产品包装上标注相应的产品标识。依照国家有关规定作出警示标志或者中文警示说明，标明储运注意事项。

4. 不得违反《产品质量法》有关禁止性规定的义务

生产者有关的禁止性规定义务包括：①生产者不得生产国家明令淘汰的产品；②生产者不得伪造产地，不得伪造或者冒用他人的厂名、厂址；③生产者不得伪造或者冒用认证标志等质量标志；④生产者生产产品，不得掺杂、掺假，不得以假充真、以次充好，不得以不合格产品冒充合格产品。

（三）销售者的产品质量责任和义务

1. 执行进货检查验收制度

即销售者应当建立并执行进货检查验收制度，验明产品合格证明和其他标识。这是法律对销售者规定的一项重要的法律义务。其目的是为了对销售者销售的货源进行把关，保证销售者所销售产品的质量。

2. 采取措施保持产品质量的义务

是指销售者应当根据产品的不同特点，采取不同的措施，如采取必要的防雨、通风、防晒、防霉变、分类等方式，保持进货时的产品质量状况。

3. 销售产品的标识符合法定要求的义务

对于标识符合法律规定要求的产品可以验收进货，对于标识不符合法律规定要求的产品，则应拒收。发现不符合法律规定的，要及时撤下柜台，以保证销售产品的标识符合法律的规定。

4. 不得违反《产品质量法》有关禁止性规定的义务

销售者有关的禁止性规定义务包括：①销售者不得销售国家明令淘汰并停止销售的产品和失效、变质的产品；②销售者不得伪造产地，不得伪造或者冒用他人的厂名、厂址；③销售者不得伪造或者冒用认证标志等质量标志；④销售者销售产品，不得掺杂、掺假，不得以假充真、以次充好，不得以不合格产品冒充合格产品。

第三节　宏观调控法律制度

一、宏观调控法概述

（一）宏观调控法的定义及特征

1. 宏观调控法的定义

宏观调控，是指国家对国民经济总体活动进行调节和控制。国民经济的总体活动即国民经济的供求关系，指社会总供给和社会总需求的关系。

宏观调控法，是指调整在宏观调控过程中发生的经济关系的法律规范的总称，简言之，宏观调控法是调整宏观经济关系之法。其表现形式有：计划法、产业法、投资法、金融法、财政法、价格法、自然资源法等具体的法律制度。宏观调控法是经济法不可或缺的重要组成部分，是现代市场经济法律体系中不可缺少的重要环节。

2. 宏观调控法的特征

（1）宏观经济调控以经济总量平衡为主要目标。宏观经济调控目标为经济稳定增长与可持续发展、充分就业、物价稳定、国际收支平衡。

（2）宏观经济调控以间接手段为主要的调控方式。宏观调控的方法有指导性方法、调节性方法等，这些方法是通过对市场的引导、协调，而不是直接作用于具体的市场主体和市场事务来影响、促进国民经济的发展，具有间接性的特点。

（3）宏观经济调控必须符合经济规律的要求。宏观调控法所调整的经济关系，不是具体的经济关系、局部的经济关系，而是关系国民经济全局的总体性经济关系。

3. 宏观调控法的调整对象

宏观调控法以宏观调控关系为其调整对象，而宏观调控关系是国家对国民经济总体活动进行调节和控制过程中形成的经济关系。这种关系的特点是：①宏观调控关系的主体只能是也必须是国家；②宏观调控关系是以间接手段调控经济运行而形成的；③宏观调控关系是对国民经济的总量分析，即对总供给与总需求的分析，而非个体、个量分析。

（二）宏观调控法的基本原则和调整方法

1. 宏观调控法的基本原则

（1）计划指导原则。但是这种计划不应该以计划经济条件下那种指令性计划为主，而应该以指导性的计划为主。政府运用各种经济政策手段对国民经济进行宏观调控、指引着方向，从而使市场主体在生产经营活动中沿着国家计划指引的方向发展。

（2）间接调控原则。宏观调控法是国家通过市场机制间接规制市场主体的经济运行，政府的宏观调控必须在充分发挥市场机制的作用的基础上进行。

（3）公开原则。政府在宏观调控方面实行公开原则，公开宏观的信息，不但有利于引导市场主体沿着国家宏观调控的方向前进，而且能够使市场主体在取得信息方面处于平等地位，从而公平地参与市场竞争。

(4) 合法性原则。国家对国民经济的宏观调控应符合宏观调控法的规定,其合法性的原则不仅要求宏观调控的主体资格合法,而且要求宏观调控的程序必须合法。

(5) 社会公共利益原则。这是确立宏观调控利益取向的原则。宏观调控的目标服从于一个最高的原则,即社会公共利益。这一原则禁止政府在确定宏观调控目标时受集团利益左右,禁止政府从自身特殊利益出发作出决策。

2. 宏观调控法的调整方法

宏观调控法的调整方法,综合运用经济的、行政的、刑事的、实体法和程序法的方法为其特征,以经济和法律手段结合为主。法律手段是宏观调控法的基本方式,是政府宏观经济调控手段的"手段";在法律确定的宏观调控框架内,主要运用经济法手段进行调节;在法律确定的宏观调控框架内,以必要的行政手段为宏观调控的辅助手段。

二、计划、产业政策法律制度

(一) 计划法律制度

1. 计划和计划法的概念

计划法是调整因计划的编制与实施而发生的社会关系的法律规范的总称。计划法所调整的计划关系大体可分为两类:一类为间接计划关系,即国家主要通过运用各种经济政策、经济杠杆和经济法规来引导各企事业单位,使其经济活动纳入国家计划的轨道,完成国家计划任务时所产生的计划关系;另一类为直接计划关系,即由国家直接下达指令性计划指标,规定计划任务。

2. 计划法的基本制度

(1) 计划的编制。计划的编制主体是依法有权编制计划的中央和地方政府。

(2) 计划的实施。主要靠计划中所体现的经济政策、经济杠杆、经济参数的引导,政府通过相关的经济信息的发布,国家政策走向的预告,国家订货或政府采购制度、税率、汇率、保护价等经济杠杆的调节,使计划最终得以实现。

(3) 计划的监督。为了有效地保证国家计划的实施,必须加强对计划落实、实施情况的监督检查,要经常及时发现问题,采取措施予以解决。同时在监督的过程中要注意发挥财政、税收、银行、工商管理、统计等职能部门的监督作用。

(二) 产业政策法律制度

1. 产业政策法的定义

产业政策法,是调整基于产业政策而发生的社会关系的法律规范的总称。产业政策是这种社会关系的中心,这种社会关系围绕产业政策而展开:其一,这种社会关系是一种体现国家意志的社会关系;其二,产业政策是国家(政府)干预经济的重要手段;其三,这种社会关系是关于产业政策方面一般性的社会关系。

产业政策作为"一种调整特定关系"的法律。具有如下特征:其一,产业政策法是一种具备交叉性的法律;其二,产业政策法是一种具有综合性的法律;其三,产业政策法是一种具有灵活性的法律;其四,产业政策法是一种宏观调控法。

2. 产业政策法的基本制度

(1) 产业结构法。产业结构法,是根据国民经济和社会发展计划,就一定时期内国家总的优化产业结构的政策进行立法,以此作为中央和地方各级政府贯彻国家产业政策的依据。

(2) 产业组织法。产业组织法调整同一产业内企业的组织形态和企业关系。产业组织法是产业政策的法律化。

(3) 产业技术法。它包含两方面的内容:一是产业技术结构的选择和开发政策,二是促进资源向技术开发领域投入的政策。

(4) 区域经济协调发展法。区域经济协调发展法是区域政策的法律化。政府制定和实施区域经济政策的目的,是纠正市场机制造成的国民经济空间结构的某些缺陷,以达到提高经济效率和实现社会公平的总目标。

三、财政金融法律制度

(一) 财政法律制度

1. 财政及财政法的概念

财政,又称国家财政、公共财政、政府经济,是为满足国家实现其职能的需要而进行的以国家为主体的分配活动及其所体现的分配关系。国家财政包括财政活动和财政分配关系两个方面。财政活动是国家为了实现其职能而参与社会产品分配和再分配的活动。财政分配关系是国家在参与社会产品或国民收入的分配和再分配活动中形成的以国家为主体于公民、法人或其他组织之间所发生的分配关系。

财政法,是调整国家在财政活动和财政管理中与财政管理相对人所形成的财政关系的法律规范的总称。财政法具有以下特征:它是属于公法性质、运用综合性调整手段的综合的部门法;并且以强制性规范为主的制定法;另外财政法还具有独特调整对象的部门法。

财政法的调整对象是国家财政关系,包括财政经济关系和财政行政关系。根据国家财政活动的范围,国家财政关系可分为财政收支管理关系、财政管理权限关系和财政活动程序关系。

2. 财政法的体系

财政法体系是由财政法的调整对象决定的。由于财政法的调整对象是在国家取得、使用和管理资财的过程中所发生的社会关系,即财政关系,因而财政法体系也就是由调整各类财政关系的各部门法所构成的和谐统一的体系。

财政法体系主要由四个部门法构成,即预算法、税法、国债法和转移支付法。其中,税法和国债法更侧重于财政收入方面,而预算法和转移支付法更侧重于财政支出方面。上述的财政法体系是广义上的,它由四个部门法构成,它们均具有宏观调控的职能,均符合财政法的调整对象。还有一种狭义上的财政法体系,在该体系中不包括税法这一部门法。

(二) 金融法律制度

1. 金融法的概念

金融法是确认金融机构的法律地位并调整金融关系的法律规范的总称,它是国家实行金融货币政策、管理金融活动的法律工具。金融法的调整对象是金融关系,我国的金融法体系是一个比较庞大的法律规范体系。主要法律有:政策性银行法、商业银行法、中央银行法、期货法、证券法、保险法、信托法、信用合作社法、融资租赁法、外汇法、货币法、票据法等等。

2. 中央银行法

中央银行法主要由以下内容构成：

（1）中国人民银行的性质、地位和职责。《中华人民共和国中国人民银行法》（下简称《中国人民银行法》）第二条第二款规定："中国人民银行在国务院领导下，制定和执行货币政策，防范和化解金融风险，维护金融稳定。"中国人民银行的两大政府职能，即：制定和实施货币政策；对全国金融业实施监督管理。可见，中国人民银行的性质属于国务院领导下的国家机关。

（2）人民币及其发行制度。货币发行是中央银行的主要职责。

（3）中央银行的法定业务。根据《中国人民银行法》的规定，我国中央银行法定业务的具体范围包括以下几个方面：第一，规定和集中存款准备金，所谓存款准备金，是指具有存款业务的金融机构为应付存款户提款而保留的库存现金和按规定存入中央银行的存款；第二，确定中央银行基准利率，基准利率是指在多种利率并存的条件下决定作用的利率；第三，办理再贴现，再贴现是指商业银行或其他金融机构将贴现所获得的未到期票据，向中央银行所做的票据转让，实际上就是商业银行与中央银行之间的票据买卖和资金的活动；第四，向商业银行提供贷款，中央银行不办理普通银行贷款业务，贷款对象必须是银行和其他金融机构，它不是为了追求盈利，而是为了调节金融，以实现对金融活动的管理；第五，在公开市场上买卖国债和其他政府债券及外汇；第六，经理国库，国库就是国家金库，是负责办理国家预算资金的收入和支出的出纳机关。

3. 商业银行法

通俗地讲，商业银行就是指以经营存、放款为主要业务，并以盈利性、安全性和流动性为主要经营原则的信用机构。

《中华人民共和国商业银行法》（下简称《商业银行法》）规定，设立商业银行，应当经中国人民银行审查批准，并应当具备以下法定条件：第一，应当有符合《商业银行法》和《中华人民共和国公司法》规定的章程；第二，必须有符合《商业银行法》规定的注册资本最低限额。设立商业银行最低注册资本限额为10亿人民币。城市合作商业银行的注册资本最低限额为1亿人民币，农村合作商业银行的注册资本最低限额为5 000万人民币。注册资本应当是实缴资本。

商业银行的变更包括分立和合并。《商业银行法》第二十四条规定：商业银行变更名称；变更注册资本；变更总行或者分支机构所在地；调整业务范围；变更持有资本总额或者股份总额5%以上的股东；修改章程；国务院银行业监督管理机构规定的其他变更事项。更换董事、高级管理人员时，应当报经国务院银行业监督管理机构审查其任职资格。

商业银行已经或可能发生信用危机，严重影响存款人的利益时，国务院银行业监督管理机构可以对该银行实行接管，其目的是对被接管的商业银行采取必要措施，以保护存款人的利益，恢复商业银行的正常经营能力。但被接管的商业银行的债权债务关系不因接管而变化。接管期限最长不得超过2年。

4. 外汇管理法律制度

外汇是指可以用作国际清偿的支付手段和资产。根据我国《外汇管理条例》的规定，我国的外汇包括外国货币、外汇支付凭证、外汇有价证券、特别提款权、欧洲货币单位以及其他外汇资产。

人民币汇率实行以市场供求为基础的、单一的、有管理的浮动汇率制度。外汇市场交易应当遵循公开、公平、公正和诚实信用原则。国家对外汇市场依法实施监督管理。

四、投资、价格法律制度

(一)投资法律制度

1. 投资和投资法的概念

投资是经济主体为了获取经济利益而垫付货币或者其他资源并进而转化为实物资产或者金融资产的活动。在投资活动中的经济主体简称为投资主体。

投资法是指调整国家综合运用各种手段,对投资主体的直接投资活动进行调控和规范过程中发生的经济关系的法律规范的总称。

2. 投资法的特征

①投资主体的广泛性和特定性。在市场经济条件下,投资主体的多元化,以及投资活动是国民经济活动的一个重要组成部分。②方法的综合性。这是由宏观调控兼有市场调节和计划调节的二元结构的特点决定的。投资法律关系的内容呈现出平等主体之间的民事法律关系和不平等主体之间的经济管理关系的双重性特点。这一特点,决定了有关投资法的调整方法的综合性。③行为的规范性。投资宏观调控行为以及相关的投资行为,是投资法律关系客体的基本内容。因为投资活动中,各种投资行为的合理和规范,是投资取得效益的关键。

3. 投资法的基本制度

①投资主体制度。在现阶段的投资主体主要是政府、企业、事业单位、公民个人以及外商。②投资管理制度。投资管理制度,是指政府依法通过经济和行政手段的综合作用对投资活动形成制约,从而使投资主体的活动符合计划要求的内在调控机制。它包含:计划管理、财政管理、金融管理。③投资责任制度。投资责任制度,是强化投资主体和投资管理制度的关键,因为依法建立投资主体的责任制度,才能使投资主体的法律地位真正得到确认。投资主体责任的依法确立,将增强管理制度对投资主体的约束力。④投资程序制度。投资程序制度,是指投资以及管理活动的一系列流程规则。

(二)价格法律制度

1. 价格及价格法的概念

价格是商品价值的货币表现,它反映着一定的生产关系。任何一个国家都存在价格问题,都是一个与国民经济发展相关的重要问题。

价格法是调整价格关系、价格行为的法律规范的总称。我国价格法律制度的基本法律是1997年12月29日第八届全国人民代表大会常务委员会通过的《中华人民共和国价格法》(下简称《价格法》)。

2. 价格法的调整对象

我国的《价格法》仅仅调整狭义的价格,即商品价格和服务价格。利率、汇率、保险费率、证券及期货价格,适用有关法律、法规的规定,不适用《价格法》。价格法的调整对象概括地讲就是与价格的制定、执行和监督有关的各种价格关系。

五、国有资产管理法律制度

（一）国有资产管理和国有资产管理法概述

国有资产，是指我国社会主义国家所有，并由国家代表全体人民行使所有权的一切财产，包括经营性财产、非经营性财产、资源性财产等。

国有资产管理法，是调整国家在对国有资产进行管理过程中发生的经济关系的法律规范的总称。其内容主要有对国有资产的授权营运、经营管理、收益处分以及对国有资产的清产核资、产权界定、产权登记、资产评估，对国有资产流失的查处等各类国有资产管理行为进行的规范。国家为了调整这些社会关系而制定的一系列法律规范，形成了国有资产管理法律制度。

（二）国有资产流失查处制度

国有资产流失是指国有资产的投资者、经营者和管理者由于过错，违反有关国有资产管理的法律、法规，造成国有资产损失或者致使国有资产处于流失状态的行为。主要包括：①在进行国有资产评估时，不按规定进行评估，或者故意压低评估值，造成国有资产流失的行为。②在进行国有资产转让，处置国有的有形资产或无形资产时违反规定，无偿地或者以低于市场价格转让给非国有单位或者个人，造成国有资产流失的行为。③在实行国有企业承包、租赁经营时，违反规定，低价发包和出租，或者在承包、租赁过程中，弄虚作假，以各种名目侵占企业财产，造成国有资产流失的行为。④在国有企业进行改制时，违反规定，将国有资产低价折股，低价出售或者私分企业财产，造成国有资产流失的行为。

（三）对国有资产流失的查处

制止国有资产流失，需要用行政的、经济的及法律的手段，逐步建立健全国有资产运营的法律保护体系。

六、自然资源管理法律制度

（一）自然资源及自然资源法的概念

自然资源，是指在一定的技术经济条件下，自然界中对人类有用的一切自然要素，如土地、水、矿物、森林、阳光、空气等。把这些对人类有用的自然要素称为"资源"，主要从经济角度出发。自然资源的概念具有动态性，随着获取和利用资源的技术的进步和经济的发展，资源的概念范围也不断地扩大。

自然资源法，是调整人们在自然资源的开发、利用、保护和管理中形成的各种经济关系的法律规范的总称。自然资源法是一个综合性的概念，它由各种资源法组成，主要包括了土地资源、水资源、矿产资源、森林资源、草原资源、野生动植物资源等方面的法律、行政法规和地方性法规等。

（二）自然资源法的体系

根据我国现行的自然资源法和准备进行的立法，我国自然资源法主要由四个方面的法律所构成。①综合资源法，在一项法律中同时规范出两种及其以上种类的自然资源，为综合资源法。②资源行业法，一种自然资源的利用已形成独立的经济行业，诸如草原法、森林法等。③专项资源法。④资源保护法。主要以资源保护为目的而进行的资源立法,为资源保护法,如《中华人民共和国自然保护区条例》等。

第四节 社会保障法律制度

一、社会保障法概述

(一) 社会保障及社会保障法的概念

最早将"社会保障"在立法中使用的是美国1935年的《社会保障法》,其后,这一概念为各国立法及有关国际公约普遍使用。在我国,最早在政府文件中使用社会保障概念的是1986年的《国民经济和社会发展第七个五年计划》。一般认为,社会保障是指国家通过立法强制规定的,由国家和社会出面举办的,对公民在年老、疾病、伤残、失业、生育、遭遇灾难、面临生活困难时给予物质帮助,旨在保障公民个人和家庭基本生活需要并提高生活水平,实现社会公平和社会进步的制度。社会保障有广义和狭义之分,广义上包括社会保险、社会救济和社会福利。狭义上包括社会保险和社会救济。

社会保障法,是指以社会利益为本位的,调整政府、社会团体和社会成员之间,在保障社会成员基本生活及发展权利的活动中所产生的社会保障关系的法律规范的总称。社会保障关系从不同角度可以进行不同分类。依其内容来划分,可以分为社会保险关系、社会福利关系、社会救助关系、社会优抚关系;依社会保障的体制来划分,可以分为社会保障管理关系、社会保障资金筹集关系、社会保障给付关系、社会保障资金运营关系、社会保障监督关系等。

(二) 社会保障法的基本原则

社会保障法的基本原则是指集中体现社会保障法的本质和精神,主导整个社会保障法体系,为社会保障法调整社会保障关系所应遵循的根本准则。社会保障法的基本原则贯穿于整个社会保障法,统率社会保障法的各项制度及规范,是社会保障立法、执法、司法、守法及研究社会保障法的总的指导思想。

1. 权利保障原则

社会保障权利是一项经济权利,生活有困难的社会成员有权利从国家和社会获得具有经济物质内容的具体帮助;它又是一项社会权利,所有社会成员尤其是老人、妇女、儿童、残疾人等特殊群体成员,需要获得除经济物质内容以外的关心和帮助;另外,它还具有与公民的名誉权、荣誉权密切相关的人身权利的内容。

《经济、社会、文化权利国际公约》等人权公约和国际劳工组织的宣言、公约、建议书中,均规定要求各成员国保证公民享受社会保障的权利。社会保障权利已成为人权概念的重要构成内容。社会保障法具有最为鲜明的以权利为本位的法的特征。这就是说,社会保障立法的首要任务是规定权利的享受和保障。

2. 社会化原则

对公民实行普遍的社会保障,是各国社会保障立法共同奉行的一条基本原则。我国宪法第45条所规定的物质帮助权利的享受自然是对全体公民而言。从世界范围看,经济发达国家的社会保障的覆盖面很广,尤其是第二次世界大战以后,社会福利政策几乎惠及每一个人。在发展中国家,由于经济不够发达,一般只能首先在劳工中建立起社会保障制度,而后逐渐扩大实施范围。我国的社会保障制度就是在逐步扩大职工社会保险及其他保障制度的实施范围和完善项目设置,并改革不合理内容的过程中发展起来的。

3. 平等性原则

这项原则包括两层含义:一是从社会保障权利享受来讲,必须是人人平等;二是社会保障待遇的确定,应力求遵循平衡原则。我国《宪法》第三十三条规定:中华人民共和国公民在法律面前一律平等。任何公民享有宪法和法律规定的权利,同时必须履行宪法和法律规定的义务。我国的社会保障立法必须贯彻宪法精神,对社会保障各项目待遇的享受资格作出规定,反对和根除可能出现的各种歧视。

社会保障属于国民收入的再分配范畴,遵循平衡原则,有助于维护公平和缩小贫富差距。社会主义市场经济是效率经济,鼓励竞争,利益分配的差别性将不可避免,不公平分配是这种经济的前提和结果。为保持社会稳定,国家须通过宏观调控来防止不公平状况的过度发展。社会保障即是有效手段之一。

4. 基本生活保障与提高生活质量相结合的原则

社会保障首先要使所有公民的基本生活得到保障,还应努力促使各项待遇享受对象逐步提高生活质量。随着经济发展水平的提高,社会保障对象的各项待遇标准也应适当调整。在物质生活得到保障的同时,也要注重满足精神方面的各种需要,使保障对象能过上有尊严的生活。

二、社会保险法律制度

社会保险,是指国家通过立法建立的,对劳动者在其生、老、病、死、伤、残、失业以及发生其他生活困难时,给予物质帮助的制度。社会保险法的调整对象是社会保险关系,即保险人、投保人、被保险人和受益人之间,因社会保险费用缴纳、支付、管理和监督所形成的社会关系,可分为养老保险关系、医疗保险关系、失业保险关系、工伤保险关系和生育保险关系。社会保险法是调整社会保险法律关系的法律规范的总称。《中华人民共和国社会保险法》(下简称《社会保险法》)已于2010年10月28日通过,自2011年7月1日起正式施行,根据2018年12月29日第十三届全国人民代表大会常务委员会第七次会议《关于修改〈中华人民共和国社会保险法〉的决定》修正。

(一) 养老保险法律制度

1. 养老保险的含义及保障对象范围

养老保险又称老年保险,是指国家通过立法强制建立养老保险基金,劳动者达到法定退休年龄并退出劳动岗位时,可以从养老保险基金中领取养老金,以保证其基本生活的一种社会保险制度。养老保险具有普遍性和年金保险的特点。

养老保险的保障对象范围,也称养老保险的覆盖面,是指养老保险适用于哪些人群。从一般意义上来讲,养老保险的保障对象范围是全体劳动者,即每个劳动者都有权利在年老时获得他所需要的生活帮助。根据我国《社会保险法》的规定,目前,我国养老保险的保障对象主要有:①职工,应当参加基本养老保险,由用人单位和职工共同缴纳基本养老保险费;②无雇工的个体工商户、未在用人单位参加基本养老保险的非全日制从业人员以及其他灵活就业人员,可以参加基本养老保险,由个人缴纳基本养老保险费;③农村居民,可以参加新型农村社会养老保险;④城镇未就业居民可以参加城镇居民社会养老保险。

2. 养老保险基金的来源

养老保险基金是指为保障劳动者享受养老保险待遇而筹集的,用于在劳动者达到法定年龄后提供给劳动者,以保证其老年基本生活的基金。关于养老保险基金的筹资模式,国际上普遍采用三种模式,即现收现付式、完全积累式和部分积累式。我国实行国家、企业、个人三方共同负担的筹资原则。

3. 养老保险待遇的给付

养老保险待遇的享受条件主要包括退出劳动领域、年龄、工龄和缴费年限等条件。①退出劳动领域。养老保险的目的就是为了保障因年老退出劳动领域而丧失劳动收入时的基本生活,所以劳动者退出劳动领域,终止了收入,才能享受基本养老保险待遇。②达到法定退休年龄。我国法定的企业职工退休年龄是男年满60周岁,女年满50周岁,女干部年满55周岁。从事井下、高温、高空、特别繁重体力劳动或其他有害身体健康工作的,退休年龄男年满55周岁,女年满45周岁。③工龄条件。我国法律规定,退休职工一般连续工龄满10年;国家公务员提前退休一般须连续工龄满20年,连续工龄满30年者提前退休可不受年龄限制。④缴费年限。我国《社会保险法》第十六条规定:"参加基本养老保险的个人,达到法定退休年龄时累计缴费满十五年的,按月领取基本养老金。参加基本养老保险的个人,达到法定退休年龄时累计缴费不足十五年的,可以缴费至满十五年,按月领取基本养老金;也可以转入新型农村社会养老保险或者城镇居民社会养老保险,按照国务院规定享受相应的养老保险待遇。"⑤不具备法定的禁止情形。如被保险人服刑期间,或享受条件未成熟之前移居国外。

(二)医疗保险法律制度

医疗保险是指劳动者因患病或非因工负伤治疗期间,可以获得必要的医疗费资助和疾病津贴的一种社会保险制度。医疗保险具有普遍性、技术性、难以预测性、与其他社会保险制度的交叉性等特点。

1. 医疗保险基金的构成

目前我国医疗保险基金主要由如下几方面构成:①用人单位和职工共同缴纳的基本医疗保险费。②无雇工的个体工商户、未在用人单位参加基本医疗保险的非全日制从业人员以及其他灵活就业人员,个人缴纳的基本医疗保险费。③个人缴费和政府补贴相结合的城镇居民基本医疗保险费。④由个人、集体和政府多方筹资组成的新型农村合作医疗保险费。

2. 医疗保险基金的支出

医疗保险的范围很广,主要包含医生的门诊费用、药费、住院费用、护理费用、手术费用、各项检查费等。下列医疗费用不纳入基本医疗保险基金支付范围:①应当从工伤保险基金中支付的;②应当由第三人负担的;③应当由公共卫生负担的;④在境外就医的。

医疗费用依法应当由第三人负担,第三人不支付或者无法确定第三人的,由基本医疗保险基金先行支付。基本医疗保险基金先行支付后,有权向第三人追偿。

3. 医疗保险待遇

医疗保险待遇是指由医疗保险基金支付给患者及其亲属的相关补助和相关补贴。我国医疗保险待遇具体包括：医疗期间的待遇、致残待遇和职工亲属医疗待遇。

(1) 医疗期间的待遇。职工享受疾病保险待遇，除完全丧失劳动能力外，只限于规定的医疗期内。在此期间的疾病保险待遇，由下述两部分组成：①医疗保险待遇。职工一般可在与社会保险经办机构和用人单位签订的医疗服务合同规定的多个定点医疗机构中选择就医。其保险待遇项目主要有：规定范围内的药品费用、检查费用、治疗费用、住院费用。上述费用按规定比例从医疗保险个人账户和社会统筹基金中支付，超出支付限额的费用和其余费用由个人承担。②疾病津贴。职工患病或非因工负伤，停止工作满一个月以上的，单位停发工资，改按其工作时间长短给付相当于本人工资一定比例的疾病津贴。

(2) 致残待遇。职工患病或非因工负伤致残的，在医疗期内医疗终结或医疗期满后，经用人单位申请，劳动鉴定机构进行劳动能力鉴定并确定残废等级，享受致残待遇。致残待遇因残废等级不同而有区别：①1级至4级残废者，应退出劳动岗位，终止劳动关系。按现行规定，享受退休或退职待遇，由社会保险经办机构从养老保险基金中支付相当于本人工资一定比例的伤残津贴，符合养老金条件后，按规定发养老金。②5级至10级残废者，在规定的医疗期内不得辞退，用人单位为其另行安排工作，不能从事所安排工作的，可按规定继续发给疾病津贴。规定医疗期满后，可以解除劳动合同并按规定给予经济补偿。

(3) 职工亲属医疗待遇。按原规定，职工供养亲属患病时，单位仅就某些项目如药费、手术费等给予一定比例的疾病补助。1998年《国务院关于建立城镇职工基本医疗保险制度的决定》未对职工亲属的医疗待遇作出规定。

(三) 失业保险法律制度

1. 失业保险的概念及特点

失业保险是指国家通过建立失业保险基金，使因失业而暂时中断生活来源的劳动者在法定期间内获得失业保险金，以维持其基本生活水平的一项社会保险制度。其特点主要有：①失业保险的对象为失业劳动者；②享受失业保险待遇有一定期限；③我国规定劳动者领取失业金的最长期限为24个月；④失业保险费由企业和劳动者缴纳。

2. 享受失业保险待遇的条件

享受失业保险待遇的条件分为积极条件和消极条件。积极条件是指享受失业保险待遇必须具备的条件；消极条件是指停止享受失业保险待遇的条件。

(1) 积极条件。根据我国《社会保险法》规定，失业人员符合下列条件的，从失业保险基金中领取失业保险金：①失业前用人单位和本人已经缴纳失业保险费满一年的；②非因本人意愿中断就业的；③已经进行失业登记，并有求职要求的。

失业人员在领取失业保险金期间死亡的，参照当地对在职职工死亡的规定，向其遗属发给一次性丧葬补助金和抚恤金。所需资金从失业保险基金中支付。个人死亡同时符合领取基本养老保险丧葬补助金、工伤保险丧葬补助金和失业保险丧葬补助金条件的，其遗属只能选择领取其中的一项。

(2) 消极条件。失业人员在领取失业保险金期间有下列情形之一的，停止领取失业保险金，并同时停止享受其他失业保险待遇：①重新就业的；②应征服兵役的；③移居境外的；④享受基本养老保险待遇的；⑤无正当理由，拒不接受当地人民政府指定部门或者机构介绍的适当工作或者提供的培训的。

3. 失业保险金的给付标准

《社会保险法》将我国失业保险金的给付标准划分为三档：①失业人员失业前用人单位和本人累计缴费满一年不足五年的，领取失业保险金的期限最长为十二个月；②累计缴费满五年不足十年的，领取失业保险金的期限最长为十八个月；③累计缴费十年以上的，领取失业保险金的期限最长为二十四个月。

重新就业后，再次失业的，缴费时间重新计算，领取失业保险金的期限与前次失业应当领取而尚未领取的失业保险金的期限合并计算，最长不超过二十四个月。

（四）工伤保险法律制度

1. 工伤保险的概念及其特征

工伤，是指劳动者在生产、工作过程中因意外事故所造成的负伤、致残、死亡或患职业病。工伤保险是劳动者遇到工伤时，国家给劳动者本人及其供养直系亲属提供物资帮助的一种制度。工伤保险的特征主要有：①工伤保险对象的特定性，一般适用于产业劳动领域的劳动者及其家属；②工伤保险针对的风险是职业的危险；③工伤保险实行无过错责任原则；④工伤保险基金，劳动者没有缴费义务，工伤保险费由雇主承担；⑤工伤保险所提供的物质帮助，主要是对劳动者本人医疗救治及对其本人和遗属进行经济补偿。

2. 工伤认定

《工伤保险条例》对工伤和视同工伤的范围、不得认定工伤或视同工伤的情形作出了明确的规定：

（1）职工有下列情形之一的，应当认定为工伤：①在工作时间和工作场所内，因工作原因受到事故伤害的；②工作时间前后在工作场所内，从事与工作有关的预备性或者收尾性工作受到事故伤害的；③在工作时间和工作场所内，因履行工作职责受到暴力等意外伤害的；④患职业病的；⑤因工外出期间，由于工作原因受到伤害或者发生事故下落不明的；⑥在上下班途中，受到非本人主要责任的交通事故或者城市轨道交通、客运轮渡、火车事故伤害的；⑦法律、行政法规规定应当认定为工伤的其他情形。

（2）职工有下列情形之一的，视同工伤：①在工作时间和工作岗位，突发疾病死亡或者在 48 小时之内经抢救无效死亡的；②在抢险救灾等维护国家利益、公共利益活动中受到伤害的；③职工原在军队服役，因战、因公负伤致残，已取得革命伤残军人证，到用人单位后旧伤复发的。

（3）不认定工伤的情形。根据我国《社会保险法》的规定，职工因下列情形之一导致本人在工作中伤亡的，不认定为工伤：①故意犯罪；②醉酒或者吸毒；③自残或者自杀；④法律、行政法规规定的其他情形

3. 工伤保险待遇

目前我国关于工伤保险待遇的范围主要包括从工伤保险基金里支出的工伤医疗待遇、伤残待遇、因公死亡待遇及由用人单位支付的待遇。工伤职工有下列情形之一的，停止享受工伤保险待遇：①丧失享受待遇条件的；②拒不接受劳动能力鉴定的；③拒绝治疗的。

（五）生育保险法律制度

1. 生育保险的概念及特点

生育保险是指女职工因怀孕和分娩所造成的暂时丧失劳动能力、中断正常收入来源时

从社会获得物质帮助的一种社会保险制度。其宗旨在于通过向生育女职工提供生育津贴、产假以及医疗服务等方面的待遇，保障她们因生育而暂时丧失劳动能力时的基本经济收入和医疗保健，帮助生育女职工恢复劳动能力，重返工作岗位。生育保险的特点主要有：①享受生育保险的对象是女职工；②生育保险待遇只给付给合法婚姻者；③生育保险是对妇女在怀孕和分娩乃至法定生育假期内因生育行为导致工作停顿、收入下降、医疗费用增加而给予她们的物质帮助；④产假的休息是根据生育期来安排的；⑤生育保险不仅仅是为了弥补女职工生育期间的收入损失，更重要的是对维持劳动力再生产和人类的世代延续起着重要的保障作用。所以，生育保险与国家的人口政策密切相关，其待遇水平一般较其他社会保险项目要高。

2. 生育保险基金

生育保险基金是社会保险基金中的一个组成部分，是专门为生育职工支付有关待遇的款项。主要作用是为生育而暂时离开工作岗位的女职工支付医疗费用和生育津贴。生育保险基金的来源是由参加统筹的单位缴纳，职工个人不缴纳生育保险费。生育保险基金以收支基本平衡为目标，一般不留有大量结余。基金管理机构在基金测算过程中，以当地职工计划生育指标数、工资标准、生育医疗费用支付情况等为参考依据。

3. 生育保险待遇

具体的生育保险待遇及标准如下：

（1）不少于14周的产假，多胞胎生育的，每多生一个婴儿多15天假期。

（2）职工有下列情形之一的，可以按照国家规定享受生育津贴：①女职工生育享受产假；②享受计划生育手术休假；③法律、法规规定的其他情形。生育津贴按照职工所在用人单位上年度职工月平均工资计发。

（3）生育医疗服务费用保险，包括检查费用、接生费用、手术费用、住院费和与生育直接相关的医疗费用等。

（4）生育期间的特殊劳动保护。

三、社会救济和社会福利法律制度

（一）社会救济法律制度

1. 社会救助的概念及特征

社会救助又称社会救济，是指国家对于遭受灾害、失去劳动能力的公民以及低收入的公民给予特质救助，以维持其最低生活水平的一项社会保障制度。社会救助主要是对社会成员提供最低生活保障，其目标是扶危济贫，救助社会弱势群体，对象是社会的低收入人群和困难人群。社会救助的特征主要有：①义务的单项性，只强调国家和社会对社会成员的责任和义务，社会成员不用缴纳任何费用；②对象的限制性，只有符合条件且真正陷入生活困境的社会成员才有资格享受救助；③社会救助目标低层次性，目标是应付灾害和克服贫困，而非改善或提高福利及生活质量；④社会救助手段多样性，既可采用实物救助也可采用现金救助，既有临时应急救助又有长期救助，既有官方救助又有民间救助。

2. 社会救助的基本内容

（1）农村社会救助制度。农村社会救助主要是针对农村中丧失劳动能力或部分丧失劳动能力或自然条件差的农村贫苦人口而设置的一种社会救助。农村社会救助法律制度包括农村贫困人口社会救助制度和农村扶贫制度两方面。

（2）城市居民最低生活保障制度。城市居民最低生活保障，是指持有非农户口的城市居民，凡共同生活的家庭成员人均收入低于当地城市居民最低生活保障标准，政府和社会对该类家庭所给予的物质帮助。1999年10月1日起，国务院颁布的《城市居民最低生活保障条例》生效，该条例的颁布启动了我国社会救助制度的法制化进程。

（3）城市流浪乞讨人员救助制度。为了对在城市生活无着的流浪、乞讨人员实行救助，保障其基本生活权益，完善社会救助制度，2003年8月1日国务院实施了《城市生活无着的流浪乞讨人员救助管理办法》。根据该办法的规定，县级以上城市人民政府应根据需要设立流浪乞讨人员救助站，采取积极措施及时救助流浪乞讨人员，并应当将救助工作所需经费列入财政预算，予以保障。

（4）专项灾害救助制度。我国幅员辽阔，地理气候复杂，自然灾害发生频繁，每次自然灾害都会产生一定数量的贫困人群，对这部分人员进行专项社会救助是社会救助制度的重要组成部分。包括紧急救灾资金和物资的拨付制度；专项救灾物资和资金的分配和发放制度；灾害捐赠制度及捐赠物资、资金管理制度等。

（二）社会福利法律制度

1. 社会福利的概念及特征

社会福利，是指国家通过立法，由国家和社会组织提高各类社会成员的生活质量，并帮助一些特殊的社会成员提高生活质量的社会保障制度。社会福利的特征主要有：①国家和社会的单向义务性；②受众的普惠性；③内容的福利性；④福利的广泛性。

2. 社会福利的基本内容

社会福利所包括的内容十分广泛，不仅包括生活、教育、医疗方面的福利待遇，而且还包括交通、文娱、体育等方面的待遇。社会福利是一种服务政策和服务措施，其目的在于提高广大社会成员的物质和精神生活水平，使之得到更多的享受。同时，社会福利也是一种职责，是在社会保障的基础上保护和延续有机体生命力的一种社会功能。特殊福利制度主要有：①老年人福利。老年人福利是以老年人为对象的社会福利项目，指国家和社会为了安定老人生活，在社会各方面力量的参与下，对于处在特殊困境下的老年人所提供的养护、康复等方面的服务。1996年8月29日通过的《中华人民共和国老年人权益保障法》对老年人的社会福利问题作了原则性规定。许多地区还制定了老年人保护条例，使老年人福利的法制建设走上了正轨。针对养老机构的管理问题，民政部制定了《养老机构管理办法》，有力推动了养老机构的建设和发展。②儿童福利。在我国现行的儿童社会福利制度中，儿童社会福利事业专指以社会福利为保障手段的社会收养、社会服务机构和设施，向孤儿、残疾儿童提供的社会福利型服务。儿童福利机构是政府举办的集中收养孤儿、弃婴的机构。民政部制定了《儿童福利机构管理办法》，对儿童福利机构的规划、设立、日常运营和服务等方面提出了具体要求，有力地推动了儿童福利机构的建设和发展。③残疾人福利。是国家和社会在保障残疾人基本物质生活需要的基础上，为残疾人在生活、工作、教育、医疗和康复等方面提供的设施、条件和服务。

本 章 小 结

经济法是调整经济管理关系、维护公平竞争关系、组织管理性的流转和协作关系的法。

经济法是十九世纪末二十世纪初形成的一门新兴法律部门。经济法以平衡协调,维护公平竞争,责权利效相结合,国家适度干预和可持续发展为基本原则。市场规制法和宏观调控法是经济法的两个重要分支,社会保障关系,也离不开国家干预,社会保障包括社会保险、社会救济和社会福利。

本章关键词

经济法的概念　经济法的调整范围　经济法的基本原则　市场规制法　宏观调控法
社会保险法

案例评析

(一)

【基本案情】

某市振兴家具城举行大型家具展览,前来参展的新兴华家具公司通过金声广告公司宣传其新品红木家具,吸引来很多顾客。王某在看到广告介绍后,来到展台,并在导购小姐的介绍下买回一套红木衣柜,价值6万元。后经专家鉴定,确认该套家具并非红木所制,市值仅为3万元。王某到振兴家具城要求退货,家具城答复家具展览已于2天前结束,且自己并无责任,要求王某到新兴华家具公司解决。王某遂以振兴家具城为被告诉至法院,要求振兴家具城承担法律责任。

问:(1)在展览结束后,振兴家具城是否应当承担责任?(2)王某可以通过哪些途径解决这项争议?

【法律分析】

(1)振兴家具城依法应当承担责任。我国《消费者权益保护法》规定,消费者在展销会、租赁柜台购买商品或者接受服务,其合法权益受到损害的,可以向销售者或者服务者要求赔偿。展销会结束或者柜台租赁期满后,也可以向展销会的举办者、柜台的出租者要求赔偿。展销会的举办者、柜台的出租者赔偿后,有权向销售者或者服务者追偿。因此,王某可以选择向振兴家具城或者新兴华家具公司要求赔偿。

消费者因经营者利用虚假广告提供商品或者服务,其合法权益受到损害的,可以向经营者要求赔偿。广告的经营者发布虚假广告的,消费者可以请求行政主管部门予以惩处。

(2)王某可以通过以下途径解决争议。与经营者协商和解;请求消费者协会调解;向有关行政部门申诉;根据与经营者达成的仲裁协议提请仲裁机构仲裁;向人民法院提起诉讼。

(二)

【基本案情】

凌晨1时许,男子张某敲开了双流县东升镇天立医院的卷帘门,声称看病。值班医生周某见他是本院护士王某的男友,就没有注意他的行动。张某在周某埋头开处方时,突然掏出一把尖刀猛刺周的颈部,致其失血性休克当场死亡。

警方调查指出,死者周某不是因工作原因受到事故伤害死亡的,而是因凶犯张某怀疑其女友王某与他关系暧昧,遂产生报复杀人念头。

请问：医生周某的死亡是否可以认定为工伤？

【法律分析】

工伤，是指劳动者在生产、工作过程中因意外事故所造成的负伤、致残、死亡或患职业病。工伤认定强调劳动者在劳动过程中因执行职务（业务）而受到的意外伤害。工作时间、工作场所、工作原因是工伤认定的三个重要因素。本案中，尽管周某在工作时间、工作场所受到事故伤害死亡，但不是因工作原因受到事故伤害死亡的，而是因凶犯张某怀疑其女友王某与他关系暧昧，遂产生报复杀周某的结果，因此，周某的死亡与工作没有联系，不能认定为工伤。

复习思考题

1. 经济法的概念及其调整范围。
2. 简述经济法的基本原则。
3. 如何理解"消费者"的含义？
4. 简述消费者的权利和义务。
5. 如何理解生产者产品质量责任和义务？
6. 简述宏观调控法的基本原则。
7. 简述享受失业保险的待遇条件。
8. 如何理解工伤的认定？

第十二章 国际法制

> **学习目标**
>
> - 掌握国际法的概念、特征、法律渊源、主体和基本原则
> - 掌握国际法上的国家制度
> - 了解国际法上的海洋法制、空间法制和条约法制
> - 掌握国际私法上的法律冲突、冲突规范和准据法
> - 掌握国际私法的一般问题
> - 掌握国际经济法上的国际贸易法制、国际投资法制
> - 掌握国际经济法上的国际货币金融法制、国际税收法制

第一节 国际公法

一、国际法概述

(一)国际法的概念和特征

随着国家的产生及国家与国家的交往,国际社会产生了,正如国内社会需要一定的法律规范一样,国际社会也需要一定的法律规范,只不过国内社会的法律规范是国内法,而国际社会的法律规范则是国际法。

所谓国际法,又称国际公法,主要是国家之间的法律,即主要是国家在其相互交往过程中形成的,主要调整国家之间关系并具有其拘束力的原则、规则和规章、制度的总称。可见,国际法具有以下主要特征:

(1)主体特征。即国际法的主体是国家、政府间的国际组织和争取独立的民族,其中国家是其基本主体。

(2)制订方式特征。即国际法主要是国家之间通过平等协商缔结协议以条约的方式来制订,此外,国际法中还有一部分国际习惯规则是由各国在国际实践中反复适用并公认为是法律而确立。

(3)强制实施特征。即国际法的强制实施主要依靠国家本身的行动。

(4)效力范围特征。即国际法的效力及于整个国际社会,对一切国际法主体具有法律约束力。

(5)法律渊源特征。即国际法的渊源主要是国际条约和国际习惯。

(6) 调整对象特征。即国际法的调整对象是国际法主体间的关系,其中主要是国家与国家之间的关系。

(7) 效力根据特征。即国际法的效力根据是各国统治阶级妥协了的意志,亦即国家之间的协议。

（二）国际法的法律渊源

国际法的法律渊源,是指国际法规范的具体表现形式,包括国际条约和国际习惯。

1. 国际条约

国际条约,是指国际法主体依据国际法而缔结的以确立其相互间权利义务关系的书面协议,是国际法的最重要渊源。按照不同的标准,条约可作不同的分类,但是从与国际法渊源有关的角度来看,则只能分为造法性条约和契约性条约。

造法性条约,是指缔约国缔结的用以创设国际法新规则和修改旧规则的条约。它所确立的规则是一般国际法规则,对于整个国际社会产生普遍约束力,构成国际法的直接渊源,如《联合国宪章》等。契约性条约,是指两个或少数缔约国缔结的仅用以规定缔约国之间的权利义务的条约。相比造法性条约而言,契约性条约无论是在缔约国数目方面,还是在内容上,都存在着很大的差别,因而不具有普遍适用的性质,不能构成国际法的直接渊源,但其规定如果形成国际法的习惯规则,也可成为国际法的渊源,如请求国国民与第三国国民可以引渡的普遍规则,就是从有关引渡的双边条约中发展而来的。

2. 国际习惯

国际习惯,是各国在其实践中形成的具有法律约束力的行为规则。其构成要件有两个:①物质因素,即各国重复类似的行为;②心理因素,即各国在重复类似行为时,认为这是它们的法律义务。

从历史上看,国际习惯出现在国际条约之前,是最古老的渊源。当前,在国际法的内容中,国际习惯仍然占有较大的比重。而且,在现有的国际法原则、规则和规章、制度的形成中,国际习惯起了重要的作用,如国际法中许多领域内的规则,如海洋法、外交法、领事法、条约法等,都属于习惯法,第二次世界大战后才陆续制定为国际公约。所以,国际习惯仍不失其为国际法的主要渊源。但是,相比国际条约而言,它仅居于次要地位。

（三）国际法的主体

1. 国际法主体的概念和构成要件

国际法的主体,是指具有独立参加国际关系并直接承受国际法上的权利与义务能力的集合体,它包括国家、政府间国际组织和争取独立的民族。其构成要件如下:

(1) 具有独立参加国际关系的能力。这种能力是构成国际法主体的前提条件。只有具备了这种能力,才能够独立参加国际关系,以承受国际法上的权利与义务;如果无这种能力,就不能成为国际法的主体。

(2) 具有直接承受国际法上的权利与义务的能力。这种能力是构成国际法主体的重要条件,是权利能力和行为能力的统一。只有具备了这种能力,才能直接承受国际法上的权利与义务,否则不能作为国际法主体而存在。

(3) 组成国际社会的集合体。国际法主体是集合体,而且是组成国际社会的集合体,因此,作为个体的自然人与作为国内法范畴中的集合体的法人都不符合该条件,从而也就不能成为国际法主体。

2. 国际法主体的范围

(1) 国家。从国际法意义上看,国家是指具有确定的领土、定居的居民、一定的政权机关及主权的政治实体。它是国际法的基本主体。

(2) 国际组织。国际组织的国际法主体资格问题得到了许多国际条约和其他国际文件的确认,得到了国际法学界的普遍认同以及国际实践的证实。但是,相比国家而言,国际组织是一种派生的和有限的国际法主体。

(3) 争取独立的民族。争取独立民族的国际法主体资格是由民族自决原则所决定的,同时实际上已得到国际上普遍承认。但是,争取独立的民族只是一种准国家的或过渡性的国际法主体。

(四) 国际法的基本原则

所谓国际法的基本原则,是指那些被各国公认的、具有普遍意义的、适用于国际法一切效力范围的、构成国际法基础且具有强行法性质的法律原则。有关国际法文件确立了一系列国际法的基本原则,其中主要有以下几项:

(1) 国家主权原则。即国际法在确认国家主权的基础上,确认各国有决定其社会政治制度和国家形式的权利,保障各国独立自主地处理自己的对内对外事务,禁止其他国家以任何方式对其加以侵略和干涉。它是国际法最重要的基本原则。

(2) 互不侵犯原则。即国家在其相互关系中,不得以任何借口进行侵略,不得以武力、武力威胁或任何其他方式侵犯另一国的主权、领土完整或政治独立,不得以战争作为解决国际争端的手段。它首先反对的是侵略,但并不禁止合法使用武力,即合法使用武力的行为均不在互不侵犯原则禁止的范围之列。

(3) 互不干涉内政原则。即国家在相互交往中,不得以任何理由或任何方法,直接或间接地干涉他国主权管辖范围的内政或外交事务,不准以任何手段强迫别国接受另一国的意志,社会政治制度和意识形态。自从近代国际法形成以来,各种国际文件均将它列为国家间关系的准则。

(4) 平等互利原则。即国家在国际交往中,彼此尊重,在法律上享有平等地位,不以损害他国权益的方法和手段谋求任何特权和攫取单方面的利益。它不仅是指导国家间政治关系的重要原则,也是国家间经济、科技等交往中必须遵循的原则。平等互利原则是平等原则和互利原则结合起来的一项新原则,是对传统的平等原则的新发展。

(5) 和平共处原则。即国家在国际交往中,相互尊重对方的现存社会经济制度和意识形态,不以武力、武力威胁或任何其他方式互相攻击、干涉或颠覆;在尊重国际法和条约义务的基础上,发展友好关系,和睦相处;如遇争端,应以和平方法解决,而不应诉诸武力或武力威胁或其他不符合国际法的非和平方式。它对于维护国际和平与安全,促进国际合作,发展各国友好关系都具有十分重要的意义。

(6) 民族自决原则。即在外国奴役和殖民统治下的被压迫民族有自由决定自己的命运,摆脱殖民统治,建立民族独立国家的权利。它是一切被压迫民族恢复或建立独立国家的法律根据,也是一切多民族的主权国家维护其领土完整和政治统一的法律根据。

(7) 善意履行国际义务原则。即一个国家应善意履行《联合国宪章》所提出的各项义务,善意履行由公认的国际法原则和规则产生的各种义务,善意履行其作为缔约国参加任何双边或多边国际条约所承担的各种义务。当其参加的国际协议与《联合国宪章》规定发生冲突时,应优先履行宪章规定的义务。它是由条约必循遵守原则这一古老的国际习惯演变和发展而来的公认的国际法基本原则。该项原则对于维持和发展正常的国际关系,维护国际和平与安全有积极的意义。

(8)和平解决国际争端原则。即国家之间在交往和合作过程中,一旦发生争执,有关各方应通过和平的政治方法或法律方法加以解决,任何使用或企图使用武力、武力威胁方法来解决争端的行为,都是违反国际法的。《联合国宪章》第三十三条还专门规定了一些和平方法,如谈判、调查、调停、和解、仲裁、司法解决或其他和平方法。《国际法原则宣言》赋予了和平解决国际争端原则以强制性。

二、国际法上的国家制度

(一)国家的基本权利

国家的基本权利,是指国家在国际法上享有的最基本性的权利,是由国家主权直接引申出来的,是国家所固有的权利,因此,国家的基本权利是相等没有差别的,不因国家的大小和强弱而不同,也不因国家的意志或行为的结果而改变。根据一般国际实践,国家的基本权利可概括为以下四项:

(1)独立权。即国家按照自己的意志处理本国对内对外事务而不受他国控制和干涉的权利。它是国际法上不干涉原则的基础,是国家主权的根本体现,不仅包括政治上的独立权,而且还包括经济上的独立,不受外国剥削和掠夺的权力。

(2)平等权。即国家在国际法上的地位平等的权利。一切国家,不问其大小强弱,社会、政治和经济制度的性质,也不问其发展水平高低,其法律地位一律平等,享受权利也是平等的,但这种平等应是真正的平等而非形式上的平等,不能以形式上的平等掩盖事实上的不平等。

(3)自保权。即国家保卫自己的生存和独立的权利。它包括两方面的内容:其一是国家有权使用自己的一切力量,进行国防建设,防备可能来自外国的侵犯;其二是当国家遭到外国的武力攻击时,有权行使单独或集体的自卫,但在行使自卫权时应遵守有关国际法规则特别是《联合国宪章》第五十一条的规定。

(4)管辖权。管辖权是指国家对其领域内的一切人(享受豁免权者除外)、物和所发生的事件以及对在其领域外的本国人行使管辖的权利。其基本类型包括领域管辖、国籍管辖、保护性管辖和普遍性管辖。

(二)国际法上的承认

1. 承认的含义与性质

承认是指既存国家以一定方式对新国家或新政府出现这一事实的确认,并表明愿意与之建立正式外交关系的一种政治法律行为。当新国家或新政府产生后,既存国家没有必须作出承认的义务,只是取得了作出承认的权利,但是对于违反国际法用武力制造出来的傀儡国家,各国有不予承认的义务。一国对新国家或新政府是否承认,何时承认,主要是出于政治上的考虑,而且承认一经宣布,就在承认国与被承认国之间奠定了全面交往的法律基础,因此承认既是一种政治行为,又是一种法律行为,是一种政治法律行为。

2. 承认的种类

根据承认对象的不同,承认主要有对国家的承认和对政府的承认两种。对国家的承认即对新国家的承认,是指确认新国家已具备国家的条件而具有国际法主体资格,并表示愿意与之建立正式关系。此种承认一般发生在合并、分离、分立和独立四种场合。对政府的承认即对新政府的承认,是指承认新政府为国家的正式代表,并表明愿意同它发生或继续保持正常关系。此种承认通常是在由于社会革命或政变而产生的情况下发生。按照一国宪法程序而进行的政府更迭,不发生对政府承认的问题。对中华人民共和国的承认,属于对新政府的承认,而不是对新国家的承认。

3. 承认的方式

关于承认的方式,可分为明示承认和默示承认两种。明示承认是一种直接的、明文表示的承认。默示承认通常是以某种行为表示的承认。此外,传统国际法还将承认分为法律上的承认和事实上的承认。

(三) 国际法上的继承

1. 国际法上的继承概念

国际法上的继承,是指国际法上的权利和义务由一个承受者转移给另一个承受者所发生的法律关系。按照参加继承关系的主体不同,国际法上的继承主要有国家继承和政府继承。

2. 国家继承

国家继承是指由于领土变更的事实而引起一国的权利和义务转移给另一国的法律关系。引起国家继承的原因主要是领土的变更,大致有如下几种情况:分裂、合并、分立、独立、割让。国家继承的对象是从国家基本权利和义务派生出来的并与变更的领土相关的权利义务而非基本权利和义务本身。这种权利和义务可分为两大类,即由条约引起的权利义务和条约以外的权利义务。因此,国家继承也可分为条约方面的继承与条约以外事项的继承。后者主要包括国家财产和国家债务的继承。

3. 政府继承

政府继承是指由于革命或政变导致的政权更迭所引起的旧政权在国际法上的权利和义务转移给新政权的法律关系。按照国际法,由于革命或政变而导致的政权更迭可引起政府继承,但按照宪法而进行的政权更迭,一般不发生政府继承。1789 年的法国大革命,1917 年的俄国十月革命,1949 年的中国新民主主义革命,都为国际法上的政府继承提供了实例。而且新中国的实践,进一步丰富了政府继承的内容。

(四) 国际法上的国家责任

1. 国家责任的概念与构成要素

国际法上的国家责任,也称国际责任,主要是指国家对其国际不法行为所承担的国际法上的法律责任。可见,引起国家责任的原因是国家的国际不法行为。国际不法行为可分为一般国际不法行为和国际犯罪行为。前者是指违背该国的一般国际义务的国家行为,如侵害别国侨民的合法权益、侮辱别国国旗等;后者是指一国违背对保护国际社会的根本利益至关紧要的国际义务,以至整个国际社会公认是一种罪行的国际不法行为,如从事侵略战争、破坏和平、灭绝种族等。

按照国际法,一个国家如果被认定从事了国际不法行为,就应负国际责任。但是,任何国家的行为只有具备国际不法行为的构成要素,才能构成国际不法行为。国际不法行为的构成要素有两个:主观要素和客观要素。主观要素是指某一行为按国际法的规定可归因于国家;客观要素是指该行为违背了该国的国际义务。

2. 国家责任的承担形式

国家的国际不法行为一经确定,就产生承担相应的国际责任的法律后果。从有关国际条约、国际习惯和国际实践中可以看出,国家责任形式主要有以下几种:

(1) 限制主权。即指全面或局部限制责任国家行使主权的一种责任形式。它是国家责任形式中最严重的一种。在一国犯有对他国进行武力侵略等严重破坏国际和平与安全的罪行时,该国必须承担别限制国家主权的法律责任。

(2) 恢复原状。即指将被损害的事物恢复到发生不法行为以前存在的状态。在不能恢复原状的情况下,对不法行为造成的物质损害,可用金钱赔偿来代替。

(3) 赔偿。即指对受害国的物质损失付给相应的货币或物质赔偿。这种形式,可以适用于侵略他国,犯有国际罪行的侵略国家;也可适用于犯有一般国际不法行为,对它国造成物质损失的国家。关于赔偿的限额,一般认为根据赔偿与损害等价的原则,赔偿以不超过所损害的价值为宜。

(4) 道歉。即指犯有国际不法行为的国家向受害国承认错误,给受害国以精神的满足的责任形式。道歉通常适用于犯有不太严重的国际不法行为的国家,特别是犯有损害它国尊严的不法行为的国家。它既可以用口头方式表示,也可以用书面方式或其他适当方式表示。

(五) 国家领土制度

1. 国家领土的概念和组成部分

国家领土,是指处于国家主权管辖下的地球表面的特定部分。领土是国家的构成要素之一,也是国家行使主权的空间。国家领土由以下几部分组成:

(1) 领陆。一国疆界以内的陆地(包括大陆和岛屿)以及其下直至地球中心的地下层,通称为领陆。它是国家领土的最基础部分,决定着领水和领空。世界上不存在没有领陆的国家。

(2) 领水。国家陆地疆界以内的水域以及与陆地疆界相邻接的一定宽度的水域,总称为领水。它可分为内水和领海。

(3) 领空。国家领陆和领水之上的一定高度的空气空间,是国家领土不可分割的部分,完全受国家主权的支配,称为领空。

(4) 底土。即领陆和领水下面的全部底土。

2. 国家领土的变更

(1) 传统国际法上的领土变更方式。包括:

① 先占。又称占领,是指国家对无主地的占有,并通过占有行为取得对它的主权。先占必须具备两个条件:一是先占的对象必须是无主地;二是实行有效的占领。

② 时效。即指一国原先不正当地或非法地占有他国领土后,在相当长时期内不受任何干扰,即取得该土地的主权。

③ 添附。即指由于自然的原因或人为的作用而形成新的土地,包括自然添附和人为添附两种形式。

④ 割让。即指一国根据条约把部分领土主权转移给另一个国家,包括强制性割让和非强制性割让两类。前者是一国使用武力迫使别国无代价地转移领土主权,这是严格意义上的割让,通常是战争的结果;后者是国家在自愿的基础上将其部分领土转移给别国,包括买

卖、赠与或交换领土形式。

⑤征服。即指一国以武力兼并他国的全部或部分领土。征服与割让所不同的是，征服并不缔结条约，而是将战时占领的敌国领土的全部或一部在战后予以兼并。如战后订有条约，则征服就变成割让。

(2) 现代国际法上的领土变更方式。包括：

①民族自决。在现代国际实践中，领土的变更主要是发生在殖民地独立的场合。根据现代国际法原则，民族自决已成为现代领土取得或变更的一种方式，而且是一种主要方式。因为，殖民地人民按照民族自决原则摆脱殖民统治和奴役取得独立，从而取得了其在独立以前所居住的土地的主权。

②公民投票。即指由当地居民以投票方式决定领土的归属问题。在现代国际社会，在殖民地或托管领土取得政治独立的场合，往往举行公民投票。

③交换领土。即指在平等互利的基础上，两国通过协商交换一定的领土，合理解决领土问题。

④收复失地。即指国家为恢复其历史性权利而收复先前被别国非法占有的领土。例如，我国已于1997年7月1日恢复对香港行使主权，1999年12月20日恢复对澳门行使主权。

3. 国家边界

(1) 边界的概念。边界，又称国界，是指确定国家领土范围的界线，是分隔一国领土和他国领土、一国领土和公海或专属经济区以及一国领空和外层空间的界线，包括陆地边界、水域边界、海上边界、空中边界和地下边界。

(2) 边界的形成。根据国际实践，边界的形成主要基于以下两种事实：一种是由传统习惯形成，另一种是依条约而划定。

(3) 边界的划定。边界的划定是依一定的程序进行的，通常包括三个重要步骤：①定界；②划界；③制定边界文件，在边界条约、边界议定书和边界地图三个划界基本法律文件中，边界条约的效力最大。

4. 边境制度

边境是指边界线两边的一定宽度的区域。为了确保边境安全和秩序，便于边境地区的管理，防止边境纠纷，相邻国家往往通过国内立法和国际条约规定有关边境事项的规章制度，它们的总和就是边境制度。边境制度的主要内容包括：维护边界标志；方便地方居民来往；管理边界河流；处理边界争执。

三、海洋与空间法律制度

(一) 海洋法律制度

1. 海洋法的概念

海洋法，是指确定有关各种海域的法律地位和调整各国在各种海域从事航行、资源开发和利用、科学研究以及海洋环境保护的原则、规则和规章制度的总称。

2. 各种海域及其制度

1982年《联合国海洋法公约》(下简称《海洋法公约》)设置了内海、领海、毗连区、专属经济区、大陆架、用于国际航行的海峡、群岛水域、公海和国际海底区域，且规定了这些海域的法律制度。

（1）内海。即指沿海国领海基线向陆地一面的海域,包括沿海国的港口、海湾、海峡以及领海基线与海岸之间的海域。沿海国对内海水享有完全的排他性主权权利,有权制定有关法律确定内海制度。

（2）领海。即指沿海国的主权及与其陆地领土及其内水以外邻接的一带海域,在群岛国的情形下则及于群岛水域以外邻接的一带海域。《海洋法公约》规定成员国可以自己决定本国领海宽度,但不得超过12海里。领海基线可分为正常基线、直线基线和混合基线三种,沿海国享有领海主权,但根据国际法,沿海国的领海主权又受外国船舶无害通过权的限制。

（3）毗连区。即指在领海以外而又毗连于领海的一个海域,其范围从领海基线量起不超过24海里。沿海国在其毗连区内享有海关、财政、移民、卫生等事项的管辖权力,而且为了执行法律,沿海国有权从毗连区开始对违犯者行使紧追权。

（4）专属经济区。专属经济区是指在领海以外并邻接领海的一个区域,其范围从领海基线算起不超过200海里。专属经济区是《海洋法公约》确立的新概念,它既不是领海也不是公海,不实行公海自由,沿海国对它的权利也不是像领海那样的领土主权,只享有《海洋法公约》规定的某些主权权利。其他国家在专属经济区也享有一定的权利。

（5）大陆架。即包括其领海以外依其陆地领土的全部自然延伸,扩展到大陆边外缘的海底区域的海床和底土。如果从测算领海宽度的基线量起到大陆边的外缘的距离不到200海里,则扩展到200海里；如果从测算领海宽度的基线量起超过200海里,则不应超过从测算领海宽度的基线量起350海里。沿海国为勘探大陆架和开发其自然资源的目的,对大陆架行使专属性的主权权利,但是沿海国对大陆架的权利,不应影响大陆架上覆水域和水域上空的法律地位以及其他国家在大陆架上的合法权利。相邻和相向国家间大陆架的划界问题根据《海洋法公约》的规定,应在《国际法院规约》第三十八条所指的国际法的基础上以协议划定,以便得到公平解决。有关国家如在合理期间内未能达成协议,应诉诸公约规定的和平解决争端的程序处理。

（6）用于国际航行的海峡。即连接两端都是公海或专属经济区,而又用于国际航行的海峡。在用于国际航行的海峡中适用过境通行制度,但这并不影响这些海峡本身的法律地位,不影响沿海国对此海峡的水域及其上空、海床和底土行使主权或管辖权。

（7）群岛水域。即群岛基线所包围的水域。群岛国的主权及于群岛水域、水域的上空及底土以及其中所包含的资源。外国船舶在群岛水域享有无害通过权。外国船舶和飞机有权通过群岛国在群岛水域中指定的海道和其上空的航道航行和飞越,但在通过时应遵守群岛国的法律和规章。

（8）公海。即是指不包括国家的专属经济区、领海或内水或群岛国的群岛水域的全部海域。它包括:①航行制度,即公海航行是自由的；②管辖权制度,即在公海上,实行船旗国的专属管辖权与各国的普遍性管辖并行的管辖制度；③铺设海底电缆和管道的制度,即在公海上,所有国家有铺设海底电缆和管道的自由,任何国家不得阻止或破坏；④捕鱼及养护生物资源制度,即所有国家都有权在公海捕鱼,但各国有义务通过合作在公海上养护和管理鱼类及其他生物资源；⑤海洋环境保护及保全制度,即保护海洋环境是海洋法的一个重要问题,防止海洋污染是各国的一项重要义务。

（9）国际海底区域。即国家管辖范围以外的海床、洋底及其底土。区域及其资源是人类的共同继承财产,区域的法律地位不影响其上覆水域及其上空的法律地位,区域的开发制度为"平行开发制度"。

（二）空间法律制度

1. 国际民用航空制度

（1）地面国的主权。《巴黎公约》和《国际民用航空公约》都承认每个国家对其领土上空具有完全的和排他的主权。

（2）航空器的法律地位。《国际民用航空条约》把航空器分为"民用航空器"和"国家航空器"两类。民用航空器根据航空协定规定的航线飞入或降落缔约国的领土,但国家航空器在未经特别协定或其他方式取得许可不得飞入另一缔约国上空或降落。航空器具有登记国得国籍和受登记国法律管辖。航空器可自由飞越公海上空,可飞越他国专属经济区和用于国际航行的海峡的上空,但非经地面国同意不得飞越该地面国的领空,在飞越他国领空时必须遵守该国的法律和规章。

（3）飞行制度。《国际民用航空公约》把缔约国航空器在其他缔约国领土上空的飞行分为"非航班飞行"和"航班飞行"两类。所谓非航班飞行就是不定期的航班飞行,即不按公布的班期表运输,也不受其运费与费率的约束;所谓航班飞行,就是定期的、按班期时间表飞行,每次班期都开放供公众适用,航班是定期和频繁的。

2. 外层空间的法律制度

（1）外空物体登记制度。《关于登记射入外层空间物体的公约》（简称《登记公约》）规定,发射国应设登记册,登记其所发射之物体并上报联合国秘书长。

（2）营救宇航员制度。《关于营救宇航员送回宇航员和归还发射到外太空的实体的协定》（简称《营救协定》）规定,各国应把宇航员视作人类派往外层空间的使节,当宇航员发生意外、遇难,或在他国境内或公海紧急降落时,发现国应提供一切可能的援助,立即把他们送还他们的登记国,并通知联合国秘书长。

（3）外空物体发射国的责任制度。《外空物体所造成损害之国际责任公约》（简称《国际责任公约》）规定,各国应对发射实际主体（不论是政府机构或民间企业或社会团体）在外层空间及天体的一切活动负直接责任并规定损害的赔偿原则。

四、条约制度

（一）条约的概念和特征

条约是指国际法主体依据国际法缔结的确立其相互间权利与义务关系的书面协议,其特征一般为:①条约是国际法主体相互间所缔结的协定;②条约必须符合国际法;③条约的内容必须明确具体;④条约通常采取书面形式。

（二）条约的缔结

1. 缔约程序

一般来说,缔结条约的程序包括谈判、签字、批准和互换批准书。①谈判,即缔约各方为了就条约的内容达成一致而进行的交涉过程;②签字,即表示缔约国同意承受条约拘束的方式;③批准,即缔约国的权力机关对其全权代表所签署的条约的认可,表示同意承受条约所载之义务的行为;④互换批准书,即缔约双方互相交换各自国家权力机关批准条约的证明文件,从而使该条约产生法律效力的行为。

2. 条约的加入

条约的加入,是指未在条约上签字的国家在开放性的多边条约签署之后参加该条约而成为缔约国的一种方式,也是未在条约上签字的国家成为缔约国受条约约束的一种法律行为。非签字国对生效的或尚未生效的条约都可以用加入的方式参加。

3. 条约的保留

条约的保留,是指缔约国对条约的某些条款表示不能接受的单方声明,其目的在于排除或修改这些条约对该国适用时的法律效果。保留问题经常发生于多边条约。保留虽是国家的主权权利,但如条约本身禁止保留,或条约仅准许特定的保留,而有关保留不在其内,或保留与条约的目的和宗旨不合者,则不得保留。

(三)条约的效力

1. 条约对缔约方的效力

条约生效后,有关缔约方就应遵守条约的规定。即国际法上存在一项原则即"条约必须遵守原则",无论是国际法理论还是国际实践,都确定了这项原则并强调其重要意义。但是条约必须遵守不是绝对的,该原则仅适用于在平等自愿基础上缔结的符合国际法的条约,对于那些非法的不平等条约,就不应予以遵守。

2. 条约对第三国的效力

条约在原则上只对当事国有约束力,未经第三国同意,对该国既不产生权利,也不产生义务。《维也纳条约法公约》对此作了明确规定。但在某些情况下,条约也可能为第三国创设权利或义务,如边界或领土变更问题的条约,最惠国条款、某些国际公约或国际组织章程的规定等。

(四)条约的解释

1. 条约解释的概念

条约的解释,是指对条约的整体、个别条款或词句的意义、内容和适用条件所作的说明。

2. 条约解释的机关

从国际实践来看,有权解释条约的机关包括三个:①条约当事国;②国际组织;③仲裁法庭和国际法院。

3. 条约解释的规则

关于条约的解释规则,《维也纳条约法公约》第三十一——三十三条对此作了规定,涉及:①条约解释原则;②补充资料的使用和作用;③用多种语言文字缔结的条约解释问题。

(五)条约的失效和无效

1. 条约的失效

条约的失效,又称为条约的终止,是指条约由于到期或某种其他原因而对该条约的当事国发生条约效力终止的情况。根据条约的实践,条约的失效大致有如下几种原因:①条约期满;②条约执行完毕;③条约解除条件的成立;④退约;⑤条约被代替;⑥条约执行的不可能;⑦全体当事国同意终止;⑧单方面终止条约。

2. 条约的无效

条约的无效,是指条约在缔结的时候就有原始的瑕疵而自始就不能产生国际法所承认和保证的法律效果。根据《维也纳条约法公约》的规定,条约的无效大致有以下几种情况:①无缔约能力;②错误;③诈欺;④贿赂;⑤强迫、威胁或使用武力;⑥与强行法抵触。

第二节 国际私法

一、国际私法概述

(一)国际私法的概念

1. 国际私法的调整对象

随着国际民商事交往的产生并发展,涉外民商事法律关系随之产生,而这种涉外民商事法律关系需由一定的法律规范来调整,这种法律规范就是国际私法。

显然,国际私法区别于其他法律部门的一个主要方面是它的调整对象特殊。一般认为,国际私法的调整对象是涉外民商事法律关系。显然,它区别于国内民商法调整对象的是其具有涉外因素,区别于国际公法调整对象的是一种典型的私法关系。

所谓涉外民商事法律关系,是指民商事法律关系中的三要素至少有一个要素与国外有联系。它具有以下三个显著特征:

(1)涉外性。即在民商事法律关系的主体、客体和权利义务据以发生的法律事实中至少有一个涉及外国,具体言之主要包括:①主体涉外。即作为涉外民商事法律关系的主体一方或双方当事人是外国自然人或法人,有时也可能是外国国家、国际组织或无国籍人;或者当事人一方或双方的经常居所地在中华人民共和国领域外。②客体涉外。即作为涉外民商事法律关系的客体物位于国外。③内容涉外。即涉外民商事权利义务关系产生、变更或消灭的法律事实发生在国外。对此,2012年12月10日由最高人民法院审判委员会第1563次会议通过,并自2013年1月7日起施行的《最高人民法院关于适用〈中华人民共和国涉外民事关系法律适用法〉若干问题的解释(一)》(以下简称《法律适用法解释(一)》)第一条规定:"民事关系具有下列情形之一的,人民法院可以认定为涉外民事关系:(一)当事人一方或双方是外国公民、外国法人或者其他组织、无国籍人;(二)当事人一方或双方的经常居所地在中华人民共和国领域外;(三)标的物在中华人民共和国领域外;(四)产生、变更或者消灭民事关系的法律事实发生在中华人民共和国领域外;(五)可以认定为涉外民事关系的其他情形。"

(2)广泛性。涉外民商事法律关系是广义上的民商事法律关系,既包括涉外民事法律关系,又包括涉外商事法律关系。其中,前者又包括涉外物权关系、涉外债权关系、涉外知识产权关系、涉外婚姻家庭关系和涉外继承关系;后者又包括涉外公司法关系、涉外票据法关系、涉外海商法关系、涉外保险法关系和涉外破产法关系等。

(3)国际性。即涉外民商事法律关系是在国际交往中产生的,它要受国家对外政策调整,受国家与国家之间关系制约。

2. 国际私法的调整方法

国际私法不仅调整对象特殊,而且调整方法有独特之处,具体包括两种即间接调整方法与直接调整方法。

所谓间接调整方法,是指在有关的国内法或国际法条约并不直接规定如何调整某类涉外民商事法律关系当事人之间的实体权利和义务关系,而只是规定涉外民事法律关系受何种法律调整或支配的一种方法。例如,2010年10月28日第十一届全国人民代表大会常务委员会第十七次会议通过并自2011年4月1日起施行的《中华人民共和国涉外民事关系法律适用法》(以下简称《法律适用法》)第三十六条规定:"不动产物权,适用不动产所在地法律。"国际私法的间接调整方法是通过借助冲突规范来实现的,而冲突规范是国际私法的特有规范,因而这种调整方法也就成为国际私法的特有调整方法。

所谓直接调整方法,是指用直接规定涉外民商事法律关系当事人的权利与义务的实体规范来直接调整当事之间的权利与义务关系的一种方法。例如,1980年《联合国国际货物买卖合同公约》属实体法公约范畴,那么用该公约的实体规范直接调整国际货物买卖合同当事人的权利与义务关系的方法就是国际私法的直接调整方法。

无论是间接调整方法还是直接调整方法,都是国际私法调整涉外民商事法律关系所必需的手段,两种方法同时并存,且相辅相成,互为补充,共同调整涉外民商事法律关系。

3. 国际私法的定义

通过对国际私法的调整对象和调整方法的分析,我们认为,所谓国际私法是指以直接规范与间接规范相结合来调整平等主体之间的涉外民商事法律关系并解决涉外民商事法律冲突的法律规范的总称。

(二) 国际私法的范围

所谓国际私法的范围,是指国际私法包括哪些规范,包括什么内容。对此,各国有不同主张。基于国际民商事交往的现实和法律的发展趋势,我们认为国际私法的范围包括以下规范:

(1) 外国人民商事法律地位规范。即规定在国内法或国际条约中用以确定外国自然人、法人甚至外国国家和国际组织在内国民商事领域的权利与义务的规范。可见,这种规范的立法表现形式可以是国内法,也可以是国际条约。这种规范的性质是直接规范和实体规范,它之所以是国际私法的规范是因为这种规范是国际私法产生的一个前提。

(2) 冲突规范。即指明某种涉外民商事法律关系应适用何种法律的规范。例如,《法律适用法》第四十条规定:"权利质权,适用质权设立地法律。"这一规定本身并没有直接规定当事人的实体权利和义务,而只是指出权利质权由质权设立地法律来确定。可见,这类规范的性质是间接规范,它是国际私法的最基本规范,而且是国际私法的特有规范。

(3) 国际统一实体法规范。即国际条约和国际惯例中具体规定涉外民商事法律关系当事人的实体权利与义务的规范。这类规范最早出现在19世纪末,当时主要表现在知识产权保护领域,其性质是直接规范和实体规范。

(4) 国际民事诉讼程序和国际商事仲裁规范。国际民事诉讼程序规范,是指司法机关在审理涉外民商事案件时专门适用的程序规范;国际商事仲裁规范,是指对于发生在国际贸易、运输、投资、金融、保险以及其他各种国际商事交易中的争议进行仲裁解决的规范。这两类规范并称国际民商事争议解决规范,其性质是程序规范或间接规范,而不是直接规范。

(三) 国际私法的渊源

1. 国际私法渊源的含义

国际私法的渊源,是指国际私法规范的具体表现形式。

2. 国际私法渊源的范围

国际私法渊源的范围主要包括国内法渊源和国际法渊源两个方面。

(1) 国内法渊源。国内法是国际私法的一个主要渊源，主要包括国内立法和判例。

① 国内立法。国内立法是国际私法渊源的最早表现形式，现在仍然是国际私法的一个重要渊源。国际私法所包含的规范均可见之于国内立法中。例如，在我国国际私法国内立法中，关于外国人民商事法律地位规范主要规定在《宪法》《外商投资法》《民法典》等法律法规中；关于冲突规范，主要规定在《法律适用法》等法律法规中；关于国际民事诉讼程序规范，主要规定在《中华人民共和国民事诉讼法》中；关于国际商事仲裁规范，主要规定在《中华人民共和国仲裁法》等法律法规中。

② 判例。判例是英美法系国际私法的渊源，同时也是不少大陆法系国家的国际私法渊源，但它不是我国国际私法的渊源，不过有关国际私法的司法解释则是我国国际私法的渊源。

(2) 国际法渊源。国际私法的国际法渊源包括国际条约和国际惯例两方面。由于国际私法调整对象的国际性，决定了国际法是国际私法的一个重要渊源。

① 国际条约。国际私法条约是指含有国际私法规范的条约，其中包括统一冲突法条约、统一实体法条约、国际民事诉讼程序条约和国际商事仲裁条约。国际私法条约作为一国国际私法的渊源必须有一个前提条件，即应是缔约国缔结或参加的国际条约，否则该国际私法条约就不是该国的法律渊源。这是由条约的效力即原则上仅对缔约国有效决定的。作为我国国际私法渊源的国际私法条约也必须是我国缔结或参加的，否则某国际私法条约就不是我国国际私法的渊源。而且，它在国内法中具有优先适用的地位。

② 国际惯例。国际惯例主要是指在国际民商事交往过程中逐渐形成的为各国所普遍承认并遵守和采纳的行为规范。其表现形式有两种：一是强制性国际惯例，即不需要当事人选择都必须遵守的国际惯例，例如国家及其财产豁免原则就属这种惯例；二是任意性国际惯例，即只有经过当事人选择才对其有约束力的国际惯例，例如在国际贸易中存在的 FOB、CIF、CFR 等常见的贸易术语。但大多数国际私法惯例是任意性国际惯例，而且它在国内法中只具有补缺的地位。

二、国际私法的基本概念

（一）法律冲突

1. 法律冲突的一般含义

从一般意义上讲，法律冲突是指两个或两个以上的不同法律，同时调整一个相同的法律关系而在这些法律之间产生矛盾的社会现象。

2. 国际私法上的法律冲突

国际私法上的法律冲突即国际民商事法律冲突，是指对同一民商事关系因所涉各国民商事法律规定不同而发生的法律适用上的冲突，主要是私法冲突。它的产生是由以下几个因素共同作用的结果：①各国民商事法律制度不同；②各国人民之间存在着正常的民商事交往并结成涉外民商事法律关系；③各国承认外国人在内国的民商事法律地位；④各国在一定程度上承认外国民商事法律在内国的域外效力。

为了消除国际民商事法律冲突，促进国际民商事交往，各国及国际社会积极寻求其解决办法，归纳起来有如下两种：①冲突法解决方法，即通过制定国内或国际的冲突规范来确定各种不同性质的涉外民商事法律关系应适用何种法律,从而解决民商事法律冲突。它可分为国内冲突法解决方法和国际统一冲突法解决方法。②统一实体法解决方法,即有关国家通过国际条约或者通过国际惯例来直接确定当事人的实体权利和义务,从而避免或消除法律冲突。它可分为国际条约解决方法和国际惯例解决方法。

(二)冲突规范

1. 冲突规范的概念和特点

冲突规范,又称法律适用规范或法律选择规范或国际私法规范,是指明某种涉外民商事法律关系应适用何种法律的规范。与一般法律规范相比,其特点为:①冲突规范不同于一般的实体法规范,它是法律适用规范;②冲突规范不同于一般的诉讼法规范,它是法律选择规范;③冲突规范是一种间接规范,缺乏一般法律规范所具有的明确性和预见性;④冲突规范的结构不同于一般的法律规范。

2. 冲突规范的结构

冲突规范由范围和系属两部分组成。①范围,又称联结对象等,是指冲突规范所要调整的民商事法律关系或所要解决的法律问题,通过冲突规范的"范围"可以判断该规范用于解决哪一类民商事法律关系,这一部分可以是法律关系、法律事实,也可以是法律问题。②系属,即规定冲突规范中"范围"所应适用的法律。它指令法院在处理某一具体涉外民商事法律问题应如何适用法律,或允许当事人或法院在冲突规范规定的范围内选择应适用的法律。例如,在"不动产物权,适用不动产所在地法律"这条冲突规范中,"不动产物权"是它的"范围",而"不动产所在地法律"则是它的系属。

3. 冲突规范的类型

(1)单边冲突规范。即直接规定适用某国法律的规范。例如,《民法典》第四百六十七条第二款规定:"在中华人民共和国境内履行的中外合资经营企业合同、中外合作经营企业合同、中外合作勘探开发自然资源合同,适用中华人民共和国法律。"就属单边冲突规范类型。

(2)双边冲突规范。即指其系属并不直接适用内国法或外国法,而只规定一个可推定的系属,再根据此系属,结合实际情况去寻找应适用某一个国家的法律的冲突规范。例如,《法律适用法》第三十六条规定:"不动产物权,适用不动产所在地法律。"该条所规定的冲突规范就属双边冲突规范类型。

(3)重叠适用的冲突规范。即其系属中有两个或两个以上的联结点,并且同时适用于某一涉外民事法律关系的冲突规范。例如,《法律适用法》第二十八条规定:"收养的条件和手续,适用收养人和被收养人经常居所地法律。"该条所规定的冲突规范就属重叠适用的冲突规范类型。

(4)选择适用的冲突规范。即其系属中有两个或两个以上的联结点,但只选择其中之一来调整有关的涉外民事法律关系的冲突规范。根据选择方式的不同,可分为有条件选择适用的冲突规范与无条件选择适用的冲突规范。前者例如,《法律适用法》第二十三条规定:"夫妻人身关系,适用共同经常居所地法律;没有共同经常居所地的,适用共同国籍国法律。"该条所规定的冲突规范就属有条件选择适用的冲突规范类型。后者例如,《法律适用法》第三十二条规定:"遗嘱方式,符合遗嘱人立遗嘱时或者死亡时经常居所地法律、国籍国法律或者遗嘱行为地法律的,遗嘱均为成立。"该条所规定的冲突规范就属无条件选择适用的冲突规范类型。

(三) 准据法

1. 准据法的概念与特点

所谓准据法,是指经冲突规范指定援用来具体确定涉外民商事法律关系当事人的权利与义务的特定的实体法律。它是国际私法的一个特有概念,其特点为:①准据法必须是经冲突规范所指定的法律;②准据法必须是实体法;③准据法一般是依据冲突规范中的系属并结合有关涉外民商事案件的具体情况来确定的;④准据法是具体的实体法规范。它可以是内国法,也可以是外国法,还可以是国际条约和国际惯例。

2. 准据法的确定

在准据法的选择过程中,常常会遇到一些必须解决的复杂问题,诸如区际法律冲突、人际法律冲突、时际法律冲突等,这就又提出了准据法的确定问题。

(1) 区际法律冲突与准据法的确定。区际法律冲突是指一个国家内部不同法域之间的法律冲突,而解决这种法律冲突的法律称之为区际私法。当一国冲突规范指定适用某一多法域国家的法律时,究竟应以该国何地区的法律作为准据法呢?对此,国际上有三种不同的解决方法:①根据该外国的区际私法确定准据法;②直接依据冲突规范中的联结点,直接确定适用该具体地点的法律;③依最密切联系原则确定准据法。《法律适用法》第六条规定:"涉外民事关系适用外国法律,该国不同区域实施不同法律的,适用与该涉外民事关系有最密切联系区域的法律。"可见,我国采取的是第三种解决方法。

(2) 人际法律冲突与准据法的确定。人际法律冲突是指适用于不同种族、民族、宗教、部落以及不同阶级的人的法律之间的冲突,而解决这种法律冲突的法律称之为人际私法。当一国冲突规范指定适用某一外国法律时,但该外国法制不统一,存在人际法律冲突,究竟应以该外国的哪一法律作为准据法呢?对此,在理论和实践中,通常的解决办法是由该外国的人际冲突法或人际私法确定。如果该外国没有人际冲突法,则适用与案件或当事人有最密切联系的法律。

(3) 时际法律冲突与准据法的确定。时际法律冲突是指可能影响同一社会关系的新法与旧法、前法与后法之间的冲突。时际法律冲突存在以下三种情况:①法院地国的冲突规范在涉外民事关系确立后发生了变更;②法院地国的冲突规范未变,但其指定的准据法发生了改变;③法院地国的冲突规范未变,但当事人的国籍、住所或物之所在地等联结点发生了改变。对于上述三种情况的时际法律冲突,通常按以下规则处理:①在法院地国的冲突规范发生变更的情况下,解决的办法一般是依修改过的国际私法典的规定。②对于冲突规范所指定的准据法发生变更时如何确定准据法的问题,应分两种情况,区别对待:其一,在因立法程序修改、废除或颁布新法而产生新旧法规定不同的场合,一般应依准据法国的法律来确定,而新法对它是否具有溯及力以及溯及力的范围和条件,通常会作出明确规定。其二,在涉外经济合同当事人依"意思自治"原则选择的准据法发生变更的场合,是否应适用新法,一直存有争议。③在联结点发生变更时,立法与实践并未形成一致解决办法,各国一般根据不同涉外民事关系的性质,从有利于案件的公正合理解决出发,分别采取可变原则和不可变原则两种做法处理。所谓可变原则,指某些涉外民事法律关系有时可以适用当事人变更后的国籍国法或住所地法作为准据法。所谓不可变原则,指准据法不因联结点的变更而改变。

三、国际私法的一般问题

（一）识别

1. 识别的概念

所谓识别，是指在适用冲突规范时，依照某一法律制度对有关的事实或问题进行分析，将其归入一定法律范畴，并对有关的冲突规范的范围或对象进行解释，从而确定何种冲突规范适用何种事实或问题的过程。它包括两个方面的内容：一是对涉外民商事案件所涉及的事实或问题进行分类或定性，纳入特定的法律范畴；二是对冲突规范本身进行识别。

2. 识别冲突及其产生原因

识别冲突指由于法院地国与有关外国法律对同一事实构成作出不同的分类，或对冲突规范的范围中同一法律概念赋予不同的内涵，采用不同国家的法律观念进行识别就会导致适用不同的冲突规范和不同的准据法的结果。该问题最初由德国学者康恩和法国学者巴丹提出。归纳起来，识别冲突产生的原因有：①不同国家对同一事实赋予不同的法律性质，因而可能援引不同的冲突规范；②不同国家往往把具有相同内容的法律问题分配到不同法律部门中去；③不同国家对同一问题规定的冲突规范具有不同的含义；④不同国家有时有不同的法律概念或独特的法律概念。

3. 识别冲突解决的方法

在国际私法的理论和实践中，识别冲突解决的方法主要有如下几种：法院地法说、准据法说、分析法学与比较法说、个案识别说等，但较为普遍的理论与实践是依法院地法解决识别冲突。例如，《法律适用法》第八条规定："涉外民事关系的定性，适用法院地法律。"可见，我国采取的是法院地法解决方法。

（二）反致

1. 反致的类型

（1）直接反致。又称狭义的反致，是指对于某一涉外民商事案件，法院按照自己的冲突规范本应适用外国法，而该外国法中的冲突规范却指定应适用法院地法，法院结果适用了法院地国的实体法。

（2）转致。即对于某一涉外民商事案件，甲国法院按照自己的冲突规范本应适用乙国法，而乙国的冲突规范指定适用丙国法，甲国法院因此适用了丙国实体法。

（3）间接反致。即对于某一涉外民商事案件，甲国法院依自己的冲突规范应适用乙国法，依乙国的冲突规范又应适用丙国法，而依丙国的冲突规范却应适用甲国法，甲国法院因此适用自己的实体法作为准据法。

（4）外国法院说。是英国冲突法中的一项独特制度，它是指英国法官在处理特定范围的涉外民商事案件时，如果依英国的冲突规范应适用某一外国法，英国法官应"设身处地"将自己视为在外国审判，再依该外国对反致所持的态度，决定最后所应适用的法律。

2. 反致的产生条件

反致问题的产生基于以下三个互相关联的原因和条件：①审理案件的法院认为，它的冲突规范指向的某个外国法，既包括该国实体法，又包括该国冲突法。这是反致产生的主观条件。②相关国家的冲突法规则不一致，彼此也存在冲突。这是反致产生的法律条件。

从此角度看,反致就是冲突规范之间的冲突。③致送关系没有中断,这是反致产生的客观条件。

3. 反致的立法实践

在此问题上,无论是国际私法的国内立法还是国际立法,大致有两种情况:一是接受反致;另一是拒绝反致。我国立法属第二种情况。因为,《法律适用法》第九条规定:"涉外民事关系适用的外国法律,不包括该国的法律适用法。"

(三) 外国法的查明

1. 外国法查明的概念

所谓外国法的查明,是指一国法院根据本国冲突规范的指定应适用外国法时,如何查明该外国法的存在和内容。

2. 外国法的查明方法

外国法的查明方法和外国法的性质紧密相连,因为对外国法的性质认识不同其外国法的查明方法也不一。

在外国法的性质问题上,主要有三种不同认识:①事实说。英美等普通法系国家多奉行此说。它们认为依本国冲突规范而适用的外国法相对于内国而言,只是一个单纯的事实,而非法律。②法律说。该说认为内外国法律是完全平等的,本国法官适用外国法同适用内国法一样,没有什么区别。③折中说。该说是为了调和前两种主张的矛盾,主张外国法既非单纯的事实,亦非绝对的法律,而是依本国冲突规范指定应适用的外国法律。

与上述在外国法的性质问题上不同认识相对应,外国法的查明方法有如下三类:①当事人举证证明。此种方法由采事实说的国家所采用。②法官依职权查明,无须当事人举证。此种方法由采法律说的国家所采用。③法官依职权查明,但当事人亦负有协助的义务。此种方法由采折中说的国家所采用。

在此方面,我国的立法和司法解释作了规定,而且有其特色。其中,《法律适用法》第十条第一款规定:"涉外民事关系适用的外国法律,由人民法院、仲裁机构或者行政机关查明。当事人选择适用外国法律的,应当提供该国法律。"《最高人民法院关于适用〈中华人民共和国涉外民事关系法律适用法〉若干问题的解释(一)》(下简称《法律适用法解释(一)》)第十八条规定:"人民法院应当听取各方当事人对应当适用的外国法律的内容及其理解与适用的意见,当事人对该外国法律的内容及其理解与适用均无异议的,人民法院可以予以确认;当事人有异议的,由人民法院审查认定。"

3. 外国法无法查明时的解决办法

外国法无法查明时,各国立法和司法实践有下列解决方法:①直接适用内国法;②类推适用内国法;③驳回当事人的诉讼请求或抗辩;④适用同本应适用的外国法相近似或类似的法律;⑤适用一般法理。对此,《法律适用法》第十条第二款规定:"不能查明外国法律或者该国法律没有规定的,适用中华人民共和国法律。"可见,我国采取的是第一种解决办法。而对于何为"不能查明外国法律",《法律适用法解释(一)》第十七条作了规定,即"人民法院通过由当事人提供、已对中华人民共和国生效的国际条约规定的途径、中外法律专家提供等合理途径仍不能获得外国法律的,可以认定为不能查明外国法律。根据涉外民事关系法律适用法第十条第一款的规定,当事人应当提供外国法律,其在人民法院指定的合理期限内无正当理由未提供该外国法律的,可以认定为不能查明外国法律。"

(四) 公共秩序

1. 公共秩序的概念

所谓公共秩序,是指在一国依内国冲突规范的指定应对某一涉外民商事关系适用外国法时,如其适用将与自己的公共秩序相抵触,便可排除该外国法的适用。在国际私法上,这种对外国法的限制或排除称为公共秩序制度或公共秩序保留。

2. 公共秩序的立法

(1) 公共秩序的立法表现形式。从公共秩序立法上的演进观之,公共秩序的立法形式表现为两种:①国内立法,②国际条约。

(2) 公共秩序的立法方式。纵观各国国际私法立法和国际私法条约的有关规定,可知公共秩序的立法方式大致有以下三种:①间接限制的立法方式,即间接限制外国法适用的立法方式,是在有关法律中,明确规定某些国内强制性规范在本国范围内具有绝对的、排他的普遍约束力,直接用来对有关涉外民商事关系加以适用,从而达到间接排除外国法在内国适用的目的的一种公共秩序的立法方式;②直接限制的立法方式,即直接限制外国法适用的立法方式,是在国际私法中明文规定,凡外国法的规定或适用如与内国公共秩序相抵触者,该外国法即得不到适用;③合并限制的立法方式,即将间接限制的立法方式和直接制的立法方式结合起来规定公共秩序的一种立法方式。

(3) 公共秩序的立法标准。根据国际私法立法,可知公共秩序的立法标准大致有以下两个:①主观说标准。主观说标准的观点大致为:当法院地国根据其冲突规范指定适用某外国法时,只有该外国法的内容与法院地国的公共秩序相冲突,方可拒绝该外国法的适用,而不论具体的涉外民商事案件适用该外国法的结果怎样。②客观说标准。客观说标准并不注重外国法内容本身是不是与法院地国的公共秩序相冲突,而是关注个案即适用外国法的结果是不是违反法院地国的公共秩序。它可以作进一步划分,具体又分为以下两种标准:其一,联系说标准。联系说标准的观点大致为:外国法是不是应该拒绝其适用,除了该外国法违反法院地国的公共秩序之外,还要看个案与法院地国的联系程度如何来确定。其二,结果说标准。结果说标准的观点大致为:在援用公共秩序拒绝外国法的适用时,应该着重关注外国法适用的结果是不是违反法院地国的公共秩序而非侧重外国法的内容本身。如果外国法的适用违反了法院地国的公共秩序时,法院地国则可援用其公共秩序拒绝该外国法的适用。相反,如果只是外国法的内容本身与内国的公共秩序相冲突,那倒不会影响该外国法的适用。

3. 我国立法对公共秩序的肯定

中华人民共和国成立后,我国在有关文件中就明确承认和采用了公共秩序制度。这主要反映在1950年11月中央人民政府法律委员会的《关于中国人与外侨、外侨与外侨婚姻问题的意见》(下简称《意见》)中。该《意见》明确指出:对于中国人与外侨、外侨与外侨在我国结婚或离婚,我国婚姻登记机关既要适用我国的婚姻法,又要在适当限度内照顾到当事人本国婚姻法,其目的在于避免当事人结婚或离婚被其本国认为无效,但是,适用当事人所属本国的婚姻法不能够与我国的公共秩序、公共利益和目前的基本政策相违背。改革开放以后,我国国际私法的立法工作取得了较大的发展,因此作为国际私法制度之一的公共秩序条款也随之出现在我国一系列的国际私法立法中,而且分别从实体法、冲突法以及程序法的角度,对公共秩序制度作了较为全面的规定。

其中，冲突法角度主要体现在《法律适用法》等法律法规中。《法律适用法》第五条规定："外国法律的适用将损害中华人民共和国社会公共利益的，适用中华人民共和国法律。"可见，《法律适用法》中的公共秩序条款在公共秩序的立法方式上采取的是直接限制的立法方式，并在公共秩序的立法标准上采取的是客观说标准中的结果说标准，且在适用公共秩序排除本应适用的外国法后采取代之以中华人民共和国法律的做法。

（五）法律规避

1. 法律规避的概念与构成要件

法律规避是指涉外民商事法律关系的当事人故意制造某种联结点，以避开本应适用的对其不利的法律，从而使对自己有利的法律得以适用的一种行为。可见，法律规避的构成要件有如下五个：①从行为主体上看，法律规避是当事人自己的行为造成的；②从主观上讲，法律规避是当事人有目的、有意识造成的；③从规避的对象上讲，被规避的法律必须是依冲突规范本应适用的强制性或禁止性法律；④从行为方式上看，当事人是通过人为地制造或改变一个或几个联结点来达到目的；⑤从客观结果上看，当事人的规避行为已经完成，如果按照当事人的愿望行事，就是适用对当事人有利的法律。

2. 法律规避的性质

法律规避的性质是指它是公共秩序问题的一部分还是一个独立的问题。对此有两种不同的主张。一派学者认为，法律规避属于公共秩序问题，是后者的一部分；另一派学者认为，法律规避是一个独立的问题，不应与公共秩序问题混为一谈。其中，后一种主张占主导地位。我们认为，由于法律规避和公共秩序在起因、保护对象、行为的性质、后果、地位和立法上的表现均相异，因而法律规避应是一个独立的问题而不是公共秩序的一部分。

3. 法律规避的效力

关于法律规避的效力问题，学者们存在着较大的分歧。欧洲大陆的大多数学者认为，法律规避是一种欺骗行为，所以根据"诈欺使一切归于无效"的原则，在发生法律规避的情况下，理所当然应该排除涉外民商事法律关系的当事人所希望援引的法律的适用。而另一些学者则持相反立场，他们认为既然一国的冲突规范给予涉外民商事法律关系的当事人以选择法律的可能，那么涉外民商事法律关系的当事人为了达到其目的而选择某一法律时，就不应归咎于该涉外民商事法律关系的当事人。

在具体实践中，大多数国家均认为法律规避是非法的，并且不承认它的效力。例如法国、意大利、阿根廷、瑞士、加蓬、荷兰等国家，或者在立法中或者在司法实践中，都对法律规避采取了禁止或限制的做法。只不过由于各国在法律规避的对象问题上认识不一，即是只限于内国强行法亦或是也包括外国强行法在内，导致在有关法律规避的效力问题上态度不一，大致有三种情况：①肯定规避外国法的效力。1922年法国最高法院关于佛莱一案的判决即如此。②只否定规避内国法的效力。绝大多数国家的立法都明确否定当事人规避内国法律的效力，而对规避外国法律的效力不作规定。例如，《加蓬民法典》第三十一条的规定就是如此，即该条规定："任何人不得利用规避加蓬法律而使某个外国法律得以适用。"（3）规避内外国法律均属无效。例如，《阿根廷民法典》第一千零二十七条首先肯定规避内国法律的行为是无效的，其次该法典第一千二百零八条又肯定规避外国法律的行为是无效的。显然，第一种和第二种情况下法律规避的对象是内国强制性或禁止性法律规范，第三种情况下法律规避的对象则是内国和外国强制性或禁止性法律规范。

我国立法目前尚未就法律规避作出明确的规定,只有最高人民法院1988年关于《民法通则》的司法解释第一百九十四条与2007年《最高人民法院关于审理涉外民事或商事合同纠纷案件法律适用若干问题的规定》第六条及《法律适用法解释(一)》第十一条对此作了规定。其中,前者规定:"当事人规避我国强制性或禁止性法律规范的行为,不发生适用外国法律的效力。"中者规定:"当事人规避中华人民共和国法律、行政法规的强制性规定的行为,不发生适用外国法律的效力,该合同争议应当适用中华人民共和国法律。"后者规定:"一方当事人故意制造涉外民事关系的连结点,规避中华人民共和国法律、行政法规的强制性规定的,人民法院应认定为不发生适用外国法律的效力。"这于规范层面确立了我国法律规避制度,即法律规避是规避我国的强制性或禁止性的法律,且规避我国的强制性或禁止性的法律的行为无效。亦即在我国法律规避的对象仅是内国强行法。可见,我国对于规避外国强行法问题没有涉及,当然谈不上如何对待规避外国强行法的态度了。

第三节 国际经济法

一、国际经济法概述

(一)国际经济法的概念与特征

随着国际经济交往的产生并发展,国际经济关系随之产生,而这种国际经济关系需由一定的法律规范来调整,这种法律规范就是国际经济法。

所谓国际经济法,是指调整国际经济关系的法律规范的总称,它包括国际法规范和国内法规范,是第二次世界大战后形成并发展起来的一个独立的、综合的、边缘的、新兴的法律部门。其特征为:

(1)主体特征。即国际经济法的主体不仅包括国家、国际组织,而且包括分属于不同国家的自然人和法人。

(2)调整对象特征。即国际经济法的调整对象不仅包括国家之间的关系、国际组织之间的关系、国家与国际组织相互间关系,而且包括不同国家的自然人、法人之间以及国家与他国自然人、法人之间的经济关系。

(3)范围特征。即国际经济法的范围既包括有关国际法规范,又包括有关国内法规范。

(4)法律渊源特征。即国际经济法的渊源不仅包括国际条约和国际惯例,而且包括各国国内的涉外经济法规范和国内判例。

(二)国际经济法的渊源

1. 国际经济法渊源的含义

所谓国际经济法的渊源,是指国际经济法规范的具体表现形式。

2. 国际经济法渊源的范围

(1)国际法渊源。具体包括:①国际经济条约。包括双边条约和多边条约,是国际经济法的重要渊源或称主要渊源。②国际商业惯例。包括强制性和任意性的国际商业惯例,一般属任意性规范,当事人有权对之加以修改或补充。③联合国大会决议及联合国机构的法律文件。

(2) 国内法渊源。具体包括：①国内立法。大部分发展中国家采用涉外经济贸易专门立法的方式来处理涉外经济关系的法律问题，而发达国家除在对外贸易等特殊部门需要专门立法外，其他的法律均同样适用于国内和涉外的商事活动。②国内判例。判例是英美法系国家有关国际经济法的渊源，但不是大陆法系国家国际经济法的渊源，也不是我国国际经济法的渊源。

（三）国际经济法的体系

构成国际经济法统一体系的分支部门，主要有国际贸易法、国际投资法、国际货币金融法、国际税法、国际经济组织法。从广义讲，还可包括国际发展法、国际环境法等。此外，若进一步细分，还可进一步分为国际货物贸易法、国际技术贸易法、国际服务贸易法、国际海商法、国际产品责任法、国际反托拉斯法等。

二、国际贸易法

（一）国际货物贸易法

调整国际货物贸易关系的规范包括有关国内法、国际条约与国际惯例规范，其中以国际条约规范为主，而国际条约中又以1980年《联合国国际货物销售合同公约》（下简称1980年《公约》）最为重要。根据1980年《公约》，有关国际货物贸易法律制度主要如下：

1. 国际货物买卖合同的成立

根据1980年《公约》第一条的规定，所谓国际货物买卖合同，是指营业地处于不同国家的当事人之间所订立的货物买卖合同。而且，它的成立要经过要约和承诺两个步骤。

(1) 要约。要约又称发盘、发价，它是向一个或一个以上特定的人提出的订立合同的建议，如果十分确定并且表明要约人在得到承诺时承受约束的意旨，即构成要约。其中，提出要约的一方称为要约人，接受要约的一方称为受要约人。其形式可以是书面的，也可以是口头的。要约既可撤回，又可撤销。对于前者，1980年《公约》第十五条第二款规定，一项要约，即使是不可撤销的，得予撤回，只要撤回通知于要约送达受要约人之前或与要约同时送达受要约人。这表明，包括不可撤销要约在内的所有要约都可以撤回，但需满足一定的条件，即撤回要约的通知应先于要约或与要约同时到达受要约人。我国《民法典》第四百七十五条对此也作了类似规定。对于后者，1980年《公约》第十六条第一款规定，在未订立合同之前，要约得予撤销，只要撤销通知于受要约人发出承诺通知之前送达受要约人。第二款同时规定，下列情况下，要约不得撤销：①要约写明承诺要约的期限或以其他方式表示要约是不可撤销的；或②受要约人有理由信赖该项要约是不可撤销的，而且受要约人已本着对该项要约的信赖行事。这表明，一方面，并非所有的要约均可撤销，除上述两种情况之外的要约才可撤销；另一方面，就是可撤销的要约也需满足其撤销的条件，即撤销要约的通知应先于受要约人作出承诺之前到达受要约人。我国《民法典》第四百七十六条、第四百七十七条对此也作了相似规定。

(2) 承诺。承诺，又称接受，是指受要约人对要约表示同意的一种意思表示。承诺的方式，可以是口头的，也可以是书面，还可以是行为，但是缄默或不行动本身不等于承诺。对此，1980年《公约》第十八条第一款作了规定，即受要约人声明或作出其他行为表示同意一项要约，就是承诺。缄默或不行动本身不等于承诺。我国《民法典》第四百七十九条也作了规定:"承诺是受要约人同意要约的意思表示。"承诺对合同成立意义重大,即承诺生效意味着合同成立,而承诺生效涉及两方面内容:一是承诺生效要件,包括主体、对象、期限、内容等要件;二是承诺生效时间,对此1980年《公约》第十八条第二款规定,承诺要约于表示同意的通知送到要约人时生效,同时第三款又规定,如果根据该项要约或依照当事人之间确立的习惯做法和惯例,受要约人可以作出某种行为,例如与发运货物或支付价款有关的行为,来表示同意,而无须向要约人发出通知则承诺于该项行为作出时生效,但该项行为必须在要约所规定的期限内或合理的期间内作出。可见,1980年《公约》原则上采取"到达生效",同时辅之以"有条件地承认作出某种行为时生效"。相比要约而言,承诺只有撤回没有撤销,对此1980年《公约》第二十二条规定:承诺得予撤回,但撤回通知应于承诺原应生效之前或同时,送达要约人。我国《民法典》第四百八十五条也作了与1980年《公约》相似的规定。

2. 卖方和买方的义务

关于卖方的义务,1980年《公约》第三部分"货物销售"中的第二章"卖方的义务"以第一节"交付货物和移交单据"及第二节"货物相符与第三方要求"作了规定,其主要义务包括:交付货物、提交有关货物的单据,卖方所交货物的权利担保义务以及卖方对货物的品质担保义务。

关于买方的义务,1980年《公约》第五十三条作了规定,其义务有两项:一是支付货物价款,二是收取货物。

3. 违约及救济方法

违约,又称违反合同,是指合同当事人不履行合同所规定的义务,包括全部违约和部分违约。1980年《公约》将违约分为根本违反合同与非根本违反合同、实际违反合同与预期违反合同,并结合卖方和买方的违约情形规定了其救济方法。当卖方违约时,买方可以采取必要的救济方法,对此1980年《公约》第三部分第二章第三节作了具体规定,包括:要求卖方履行合同义务、交付替代货物、对货物进行修理、可以规定一段合理的额外时间让卖方履行合同义务、宣告合同无效、要求减价和损害赔偿等;当买方违反合同时,卖方可采取相应的救济方法,对此1980年《公约》第三部分第三章第三节作了具体规定,包括:要求买方实际履行合同义务、可以规定一段合理的额外时间让买方履行合同义务、宣告合同无效、自行确定货物具体规格和损害赔偿等。

4. 风险转移的原则和具体规则

根据1980年《公约》的有关规定,1980年《公约》关于风险转移的原则大致包括:①以交货时间确定风险转移原则;②过失划分原则;③国际惯例优先原则;④货物特定化是风险发生转移的前提条件原则。

1980年《公约》关于风险转移的具体规则包括三个方面:

(1) 买卖合同涉及货物运输时风险转移的规则。1980年《公约》第六十七条对此作了规定,即:①如果买卖合同涉及货物的运输,但卖方没有义务在某一特定地点交付货物,自货物按照买卖合同交付第一承运人以移交给买方时起,风险就转移到买方承担;②如果买卖合同涉及货物的运输,但卖方有义务在某一特定地点把货物交付给承运人,在货物于该地点交付给承运人以前,风险不转移到买方承担。

(2) 货物在运输途中销售时风险转移的规则。1980年《公约》第六十八条对此作了规定,即对于在运输途中销售的货物,从订立合同时起,风险就转移到卖方承担。但是,如果情况表明有此需要,从货物交付给签发载有运输合同单据的承运人时起,风险就由买方承担。

(3) 买卖合同不涉及运输的交货时风险转移的规则。1980年《公约》第六十九条对此作了规定,即:①在卖方营业地交货时,风险从买方接收货物时转移给买方,或如果买方不在适当时间内这样做,则从货物交给他处置但他不收取货物从而违反合同时起,风险转移到买方承担;②在卖方营业地以外的地点交货时,当交货时间已到而买方通知货物已在该地点交给他处置时,风险方始转移于买方。

(二) 国际技术贸易法

所谓国际技术贸易法,是指调整国际技术贸易关系的国际法规范与国内法规范的总称。它随着国际技术贸易的产生而产生,随着国际技术贸易的发展而发展。

国际技术贸易的方式多样,其具体方式有:国际技术的买卖、许可、专有技术许可、设备或其他资本货物的买卖和进口、特许和经销、咨询协议、交钥匙工程项目、合营、兼并。其中,国际技术许可是其主要方式,它又是以合同的形式来进行的,这种合同称之为国际技术许可合同,即营业地位于不同国家的当事人之间以转让技术使用权为目的而签订的合同。此种合同从不同角度可作不同分类:①根据国际技术许可合同的标的,可分为专利许可合同、商标许可合同、版权许可合同和混合许可合同;②根据国际技术许可合同可使用的地域范围以及使用权范围的大小,可分为独占许可合同、排他许可合同、普通许可合同、交叉许可合同及分许可合同。

在国际技术贸易中,技术许可方往往利用其技术与市场优势在国际技术许可合同中订入限制被许可人的条款即限制性条款,这可能对国际贸易产生不利影响,并可能妨碍技术的转让和传播。正是因为如此,所以各国及国际社会都加以禁止或控制,我国也不例外。例如,《中华人民共和国对外贸易法》(下简称《对外贸易法》)第三十条对此作了规定:"知识产权权利人有阻止被许可人对许可合同中的知识产权的有效性提出质疑、进行强制性一揽子许可、在许可合同中规定排他性返授条件等行为之一,并危害对外贸易公平竞争秩序的,国务院对外贸易主管部门可以采取必要的措施消除危害。"

(三) 国际服务贸易法

所谓国际服务贸易法,是指调整国际服务贸易关系的国际法规范与国内法规范的总称。

国际服务贸易关系包括国际服务交易关系国际服务贸易管制关系。对于前者,主要由各国的国内法来调整,相关的国际法律规范基本上付之阙如。对于后者,既由各国的国内法来调整,又由有关国际条约调整。就国内法而言,相关规范一般见诸如各部门法中,如银行法、电信法、证券法等;也有国家以对外贸易基本法作原则性规定,如我国《对外贸易法》第四章第二十四—二十八条对国际服务贸易作了规定。就国际条约而言,既有专门性条约,如世界贸易组织(WTO)《服务贸易总协定》(GATS);又有综合性条约,如《北美自由贸易区协定》等。不过,以GATS为核心的WTO服务贸易法则处于国际条约甚至整个国际服务贸易法的重要地位。

WTO服务贸易法体系由GATS和其他法律文件所组成,后者包括:《关于金融服务承诺的谅解》;GATS的四个《议定书》;《电信服务:参考文件》;新成员的《加入议定书》中的相关内容;WTO体制内具有普遍适用性的法律规范。其中,GATS是其基本规范和核心规范。它主要规定了国际服务贸易的类型即跨境交付、境外消费、商业存在与自然人流动以及最惠国待遇、国民待遇、透明度、相互承认服务提供者的资格、管理垄断和专营服务提供者及有关商业惯例、服务贸易自由化的承诺、发展中国家更多参与等内容。

三、国际投资法

（一）国际投资法的概念与特点

所谓国际投资法，是指调整国际私人直接投资关系的有关国内法规范和国际法规范的总称。其特点是：①国际投资法调整国际私人投资关系而非国家间或国家与国际组织间投资关系；②国际投资法调整国际私人直接投资关系而非国际私人间接投资关系；③国际投资法的范围包括有关国内法规范和国际法规范。可见，国际投资法所调整的国际投资关系既包括国内法关系，又包括国际法关系。

（二）国际投资法的体系

1. 国内投资法制

（1）资本输入国法制。资本输入国为了调整国际私人直接投资关系，一般制定外国投资法，其立法形式包括：①统一投资法典；②专门单行法规；③一般国内法。其内容包括：①保护外国投资的法律制度，具体包括确定外资的待遇标准、通常兼采多种形态保护外资、对外商财产权的保护、在诉权方面给予外商国民待遇形成通例、针对法律的变化可能给外资带来的不利影响提供不同于内资的保护、为解决投资争端提供便利等；②鼓励外国投资的法律制度，其措施形式多样，大体可以划分为三类：税收优惠、财政优惠及非财政优惠；③限制外国投资的法律制度，其措施有如下方面：投资范围限制、投资审批、经营管理限制、外资及其利润的转移等；④投资争议的解决。

（2）资本输出国法制。资本输出国保护海外投资的主要法律制度是海外投资保险制度。它起源于美国，是资本输出国政府为鼓励本国资本向海外投资，对本国海外投资者在国外可能遇到的政治风险提供保证或保险，投资者向本国投资保险机构申请保险后，若承保的政治风险发生，致使投资者遭受损失，则由国内保险机构补偿其损失的制度。其主要内容包括：投资保险的范围、保险人、被保险人、作为保险标的的投资、保险期限及投保程序等。改革开放以后特别是目前，我国在引进外资的同时其海外投资也取得了长足发展，但尚未建立资本输出国普遍实施的海外投资保险制度，因此亟待加以建立。

2. 国际投资法制

（1）双边投资协定。双边投资协定的形式有三种：友好通商航海条约、投资保证协定及投资保护协定，现时以后者最为典型。其中，通商航海条约以保护私人投资为主要内容，其主要条款包括：①关于外国人及其财产待遇与保护，明确了对于海外投资保护和保证的问题，规定在财产问题上彼此给予国民待遇和最惠国待遇；②关于国有化与征收问题，规定了征用的限制条件及补偿标准；③关于外国人资金和收入汇兑问题等。投资保证协定的特点是，重在政治风险的保险，特别是着重于关于代位求偿权及处理投资争议程序的规定，其主要内容包括：承保事项、代位求偿、投资争端的解决等。投资保护协定，亦称促进与保护投资协定，是 20 世纪 50 年代末以来，在友好通商航海条约和投资保证协定的基础上，欧洲国家所创制的一种新的双边投资条约模式，在内容上兼采了友好通商航海条约和投资保证协定的长处，它既包括促进和保护投资的实体性规定，如关于受保护的投资和投资者、应当享受的投资待遇、征收与国有化的条件及其补偿规则等等,也包括关于代位求偿,投资争议解决等程序性规则。目前,我国已与100多个国家签订了双边投资协定。

(2) 区域性多边投资条约。最为典型的区域性多边投资条约是拉丁美洲安第斯条约组织制定的《安第斯共同市场外国投资规则》,美国、加拿大、墨西哥签订的《北美自由贸易协定》等。

(3) 普遍性投资公约。目前,普遍的国际投资公约有 1966 年《解决国家与他国国民间投资争端的公约》(以下简称 ICSID 公约)、1988 年《多边投资担保机构公约》(以下简称 MIGA 公约)和 1995 年《与贸易有关的投资措施协定》(以下简称 TRIMs 协定)。其中,ICSID 公约主要内容包括:国际中心管辖的条件;国际中心仲裁的性质;国际中心裁决的效力。MIGA 公约主要内容包括 MIGA 的建立及地位、宗旨和定义、成员国资格和资本、MIGA 的业务、财务条款、组织与管理、投票、认股权的调整和代表权、特权和豁免、争端的解决、公约的修订等。TRIMs 协定主要内容包括:协定的适用范围即该协定仅适用于与货物贸易有关的投资措施。;禁止采用的 TRIMs 协定即在不损害《1994 年关税与贸易总协定》项下的其他权利与义务的情况下,任何成员都不得采取与《1994 年关税与贸易总协定》第三条(国民待遇)相违背的 TRIMs 协定;发展中国家例外与其他例外即凡是《1994 年关税与贸易总协定》规定的例外,均适用于本协定的各项规定;通知与过渡安排;投资措施的透明度;管理机构和审查程序;协商和争端解决。

四、国际货币金融法

(一) 国际货币金融法的概念

所谓国际货币金融法,是指调整国际货币金融关系的法律规范的总称,它包括国际货币法律制度、国际资金融通的法律制度与对跨国银行监管的法律制度。

(二) 国际货币金融法的主要内容

1. 国际货币法律制度

所谓国际货币法律制度,是指依据国际条约及国际惯例而形成的货币安排,主要包括国际货币的确定、各国货币之间的汇兑关系、国际收支的调节以及国际结算方面的国际法原则、规则和规章制度。二战结束前后,国际货币法律制度大体经历了三个历史时期:①自 19 世纪初期形成至一战爆发而终结的金本位制;两次大战之间的金汇兑制和 20 世纪 30 年代的货币集团制;②二战后,从《国际货币基金协定》的缔结到 20 世纪 70 年代,为布雷顿森林体系时期,是以美元为中心的国际货币法律制度;③20 世纪 70 年代,《牙买加协定》生效宣告了布雷顿森林体系的崩溃,至此,国际货币体系出现多元化局面。

2. 国际融资法律制度

国际融资是一种跨国的借贷活动,主要包括国际借贷、国际证券融资和国际融资担保等形式。其中,国际借贷是分处不同国家(或地区)的债权人和债务人之间的货币借贷活动,以协议的形式进行即国际借贷协议,一般有以下主要种类的条款:金融与税收条款;陈述与保证条款;约定事项;违约及其救济条款;法律适用与管辖条款。国际证券,指在国际证券市场上发行、流通、交易的,以某种外国货币、跨国货币为面值的,能够创设、证明或代表特定权利的书面凭证。国际证券的种类主要有股票和债券两种。国际股票一般是供境外法人、自然人用某种外币进行现汇买卖或在外国的二级市场交易的股票。国际股票一般适用于非外汇管制的国家和地区。国际债券指在国外发行并以发行地国或第三国货币标价的押和债券。国际债券主要有两种形式：外国债券、欧洲债券。国家对国际证券流通的监管措施主要包括：法定条件；登记注册制度；信息公开制度；禁止内部人员的交易；关于证券交易违法的处罚规定。国际融资担保，是借款人以本人或第三人的财物或信用，对贷款人作出的承诺，当借款人不履行或不能履行偿债义务时，以担保标的偿还债务。国际融资担保主要可分为信用担保（人的担保）和物权担保（物的担保）两大类，但具体形式很多，可以单独采用，也可合并采用。我国有关法律规定的对外担保包括三种形式：保证；不动产对外抵押；动产对外质权利对外质押。

3. 对跨国银行监管的法律制度

第二次世界大战以来，跨国银行迅猛发展，这对各国经济尤其是金融业产生了非常大的影响，因此跨国银行的母国和东道国对其海外分支机构的设立及其金融活动都进行必要的法律管制，其中跨国银行母国的管制措施除了适用有关国内银行的监管规定外，还包括对国外分支机构的设立与经营的法律管制；东道国对跨国银行的法律管制包括对跨国银行准入与经营的法律管制。由于跨国银行的母国和东道国双方法律管制存在冲突，因而需要进行国际协调，其方式包括双边、区域性及多边安排，而多边安排最富有成效，即巴塞尔委员会发布的有关跨国银行监管的各项文件，统称为"巴塞尔协议"。这些协议主要有：①《对国外银行机构监督的原则》，及狭义的《巴塞尔协议》；②《关于监督国际性银行集团及其跨国分支机构的最低标准的建议》（简称《巴塞尔建议》）；③《银行业有效监管原则》（简称《巴塞尔核心原则》）；④《多元化金融集团监管的最终文件》（简称《巴塞尔最终文件》）；⑤《巴塞尔新资本协议》；⑥《关于统一国际银行的资本计算和资本标准的协议》（简称《巴塞尔协议Ⅲ》）。

五、国际税法

（一）国际税法的概念

所谓国际税法，是指调整国际税收关系的法律规范的总称。而国际税收关系既包括国家之间税收分配关系，又包括国家与跨国纳税人之间税收征纳关系。

（二）国际税收法律制度

1. 主体制度

国际税法的主体包括国家与跨国纳税人。其中，国家在与其他国家之间税收分配关系中，它既是权利主体，又是义务主体；而在与跨国纳税人之间税收征纳关系中，国家只是权利主体即只享有对跨国纳税人的征税权。跨国纳税人包括跨国法人和跨国自然人，只是义务主体，即只承担向收入来源地国与所属国纳税的义务。国际组织通常不能成为国际税法的主体。

2. 客体制度

国际税法的客体既包括跨国纳税人的跨国所得，也包括其一般财产价值。因为，国际税法所调整的国际税收关系主要发生在两个方面：①所得税；②一般财产税（诸如遗产税、赠与税和资本税）。但其通常意义的客体是前者即跨国纳税人的跨国所得。

3. 管辖权制度

税收管辖权是指一国在征税方面所享有的权力。它决定了纳税人和征税对象的地域范围，具体表现为税收立法权和税收管理权。按照属人原则和属地原则可以将税收管辖权划分为以下两类：

（1）居民（公民）税收管辖权。居民（公民）税收管辖权是指征税国对其居民纳税人来自该国境内外的全部所得和位于该国境内外的全部财产行使税收管辖权。确定纳税人居民身份的标准由各国国内法规定。各国税法判定自然人居民身份，主要采用下列标准：住所标准；居所标准；国籍标准。各国税法判定法人居民身份，主要采用下列标准：注册登记地标准；管理中心地标准；总机构标准。

（2）所得来源地（财产所在地）税收管辖权。所得来源地税收管辖权是指征税国对非居民纳税人来自该国境内的所得和位于该国境内的财产行使税收管辖权。非居民营业所得来源地的确定，国内税法一般采用营业活动发生地原则，其具体标志包括三种：①营业机构或场所所在地；②合同签订地；③货物交付地。投资所得来源地的确定标准有两种，纳税人的居住国认为应以权利的发生地为准，所得来源国则认为应以债务支付者所在地为准。个人劳务所得来源地的确定标准有两种：①劳务地点标准；②支付地点标准。转让各种动产和不动产所得的来源地确定标准也有两种：①财产所在地标准；②财产销售地标准。

4. 国际重复征税及其避免

所谓国际重复征税，是指两个或两个以上的国家各依自己的税收管辖权，按同一税种对同一纳税人的同一征税对象在同一征税期限内同时征税。其实质是国家间税收管辖权的冲突。其消极影响较大，即：违背了国际税法最重要的原则——征税公平原则；严重挫伤纳税人从事跨国投资和其他经营活动的积极性，直接妨碍国际间资本、技术和人员劳务的自由流动，影响一国包括资本项目和经常项目在内的国际收支状况，为世界经济的平衡发展设置障碍；不利于各国间税收关系的协调，使国际税收分配矛盾更加尖锐，最终会影响各国经济目标的实现。因而，各国采取国内立法与国际立法途径以避免国际重复征税。其中，国内立法途径的具体方法包括：免税制、抵免制和扣除制；国际立法途径的具体方法是实行税收饶让抵免，即居住国对其居民因享受来源国税收减免等优惠待遇而未实际缴纳的税额视同已纳税额给予抵免的制度，一般由双方国家签订税收协定加以明确规定。

5. 防止国际逃税与避税的救济措施

国际逃税是指跨国纳税人不遵守征税国国内法或国际税收协定的规定，采取某种隐蔽的非法手段，以减少或躲避就其跨国所得应该承担的纳税义务的行为。国际避税是指跨国纳税人利用各国税法规定的差异和国际税收协定的漏洞，采取某种公开的合法手段安排自己的事务，以减少或躲避就其跨国所得应该承担的纳税责任的行为。其危害甚大，严重损害有关国家的税收利益，造成其财政收入的大量流失；引起国际资本的不正常流动，对国际经济交往活动产生不利影响；等等。因而，各国采取国内法与国际法救济措施以防止国际逃税与避税。其中，国内法救济措施主要包括：加强国际税务申报制度、建立纳税人举证责任制度、强化税务调查和会计审计制度等；国际法救济措施是各国通过签订国际税收协定，进行双边或多边国际税务合作，而国际税务合作的内容主要包括以下两个方面：跨国税务情报交换制度与跨国税务行政协助制度。

本 章 小 结

国际法主要是国家之间的法律,其法律渊源包括国际条约和国际习惯,其主体包括国家、国际组织和争取独立的民族,其基本原则包括国家主权原则、互不侵犯原则、互不干涉内政原则等。国际法上国家制度的内容具有广泛性,包括国家的基本权利、国际法上的承认、继承、国家责任、国家领土等。国际私法是调整涉外民商事法律关系的法律规范的总称,其调整方法包括直接调整方法和间接调整方法,其渊源包括国内法渊源和国际法渊源,其范围包括外国人民商事法律地位规范、冲突规范、统一实体规范、国际民事诉讼程序规范和国际商事仲裁规范。国际经济法的体系包括国际贸易法、国际投资法、国际货币金融法、国际税法和国际经济组织法。

本 章 关 键 词

国际法上的承认　国际法上的继承　国家责任　国家领土　海洋法　空间法　条约法　国际私法的范围　法律冲突　冲突规范　准据法　国际经济法的渊源　国际贸易法　国际投资法　国际货币金融法　国际税法

案 例 评 析

(一)

【基本案情】

某甲在英国建造了一些船舶,经过登记注册,他把它们抵押给了自己的债权人某乙,他在船舶国籍证上背书注明该项抵押,并把船舶送到德国出卖。后因背书有碍船舶在德国出卖,甲与乙协商议定,将不再背书签注抵押。随后,一条新船建造出来,甲将它抵押给乙,并送往德国。该船在德国被甲卖给丙。后来,乙于德国法院诉请该船转让给丙无效。请问此案应适用何国法律? 为什么?

【法律分析】

此案应适用德国法律。因为,在国际私法上,虽然一般认为对船舶、飞行器等运输工具,有关的物权关系应适用登记注册地法或旗国法或主营业所国法。但是,本案中的船舶系新船,非从事运输而被送到德国出卖的,因而跟一般的动产在本质上没有特殊的区别,故应适用动产物权的物之所在地法,即德国法。

(二)

【基本案情】

在一项转口贸易中,美国 A 公司与中国 B 公司签订了一项买卖合同,合同规定由美国 A 公司向中国 B 公司出售一批机床。在订立合同时,中国 B 公司明确告诉美国 A 公司:这批机床将转口土耳其并在土耳其使用。合同签订后,在履行过程中,由于某种原因,这批机床并未按原计划转口土耳其,而是转口到了意大利。当这批机床运达到意大利之后,一位意大利生产商发现该批机床的制造工艺侵犯了其两项专利权,故根据其本国专利法向当地法院提出请求,要求法院禁止这批机床在意大利境内使用或销售,同时要求损害赔偿。后据调查,这批机床确实侵犯了意大利生产商的两项专利,这两项专利均是在意大利批准注册的。当中国B公司找到美国A公司,要求后者承担违约责任时,美国A公司以其在订立合同时并不知道该批机床将转口意大利为由,拒绝承担违约责任。双方因此产生争议。①

问:(1)对于侵犯仅在意大利批准注册的专利,卖方是否承担违约责任?(2)对于侵犯既在意大利批准注册又在中国批准注册的专利,卖方是否承担违约责任?(3)如该批机床按原计划转口土耳其,发生了侵犯土耳其境内的第三方知识产权问题,卖方是否承担违约责任?

【法律分析】

本案涉及卖方是否违反知识产权担保义务问题。要解决这个问题,首先必须解决法律适用问题。显然,本案应适用1980年《公约》。对此,1980年《公约》第四十二条第一款规定:"卖方所交付的货物,必须是第三方不能根据工业产权或其他知识产权主张任何权利或要求的货物,但以卖方在订立合同时已知道或不可能不知道的权利或要求为限,而且这种权利或要求根据以下国家的法律规定是以工业产权或其他知识产权为基础的:(a)如果双方当事人在订立合同时预期货物将在某一国境内转售或做其他使用,则根据货物将在其境内转售或做其他使用的国家的法律;或者(b)在任何其他情况下,根据买方营业地所在国家的法律。"可见,1980年《公约》规定了卖方的知识产权担保义务,不过又同时设置了其限定性条件。据此:

(1)卖方不承担违约责任,理由是在订立合同时,卖方并不知道买方会将该批机床转售意大利。

(2)卖方应承担违约责任,理由是中国是买方营业地所在国。

(3)卖方应承担违约责任,理由是卖方知道买方要将机床转口土耳其。

复习思考题

1. 如何理解国际法的主要特征?
2. 简述国际法主体的概念与种类。
3. 如何理解国际法上承认的性质?
4. 简述条约的概念与缔结程序。
5. 如何理解国际私法的直接调整方法与间接调整方法之间的关系?
6. 如何理解国际私法的范围?
7. 如何理解国际私法中的公共秩序?
8. 简述国际经济法的概念与特征。
9. 简述国际货物贸易法律制度。
10. 简述国际税收法律制度。

---

① 张素芳:《国际商务案例评析》,中国金融出版社2001年版,第10—12页。

第十三章 程序法制

学习目标

- 掌握民事诉讼管辖
- 掌握民事诉讼中当事人的基本制度
- 掌握民事诉讼证据的举证责任
- 掌握刑事诉讼基本原则的内容
- 掌握辩护制度基本内容
- 了解刑事诉讼程序
- 掌握行政诉讼的受案范围与管辖
- 了解行政诉讼审判程序
- 掌握仲裁的原则和程序
- 了解劳动争议的非诉讼程序

第一节 民事诉讼法

一、民事诉讼法概说

（一）民事法律纠纷及其解决途径

民事法律纠纷，又称民事法律冲突、民事法律争议，是指平等民事主体之间发生的、以民事权利义务为内容的社会纠纷。民事法律纠纷可分为两大类：一类是财产关系的民事纠纷，如因财产的占有、使用、收益、处分而发生的纠纷，如债权债务纠纷、合同纠纷、货物买卖纠纷、房屋租赁纠纷、山田水利纠纷、森林草原所有权归属纠纷等等；另一类是人身关系的民事纠纷，如因侵害生命权、健康权、姓名权、肖像权、名誉权、隐私权等而发生的纠纷。财产关系的民事法律纠纷和人身关系的民事法律纠纷往往是并存的。

在我国，解决民事纠纷的方式有下列五种：

1. 当事人自行和解

当事人对争议的事项享有充分的处分权能，是否行使处分权能、何时行使处分权能以及以何种方式行使处分权能由当事人自行决定。

2. 有关部门依职权处理

比如根据《消费者权益保护法》第三十九条规定，消费者和经营者发生消费者权益争议的,除了可以通过和解、调解、仲裁和诉讼解决之外,也可以向有关行政部门投诉。

3. 人民调解委员会调解

人民调解委员会调解的民间纠纷,包括发生在公民与公民之间、公民与法人和其他社会组织之间涉及民事权利义务争议的各种纠纷

4. 仲裁委员会仲裁

仲裁属民间性质。仲裁的基础是当事人的合意,也就是说,提交仲裁必须以双方当事人同意为前提,否则,仲裁程序不能启动。通常情形下,仲裁庭成员也由当事人选任;仲裁的最大特点是快速、简便。

5. 民事诉讼

(二) 民事诉讼与民事诉讼法

1. 民事诉讼

民事诉讼,即老百姓所讲的"打民事官司"。相对于人民调解、当事人自行和解,单位(或部门、社区)处理和仲裁机制而言,民事诉讼是典型的公力救济形式,是运用国家司法权解决民事纠纷最重要的,也是最后的解决机制。民事诉讼最大特点是具有特殊的法律强制性,国家往往要对诉讼的主体、程序、制度等作出严格的规定。

2. 民事诉讼法

民事诉讼法,就是国家制定或者认可的,用以调整法院同诉讼参与人的诉讼活动和诉讼关系的法律规范的总称。民事诉讼法既是人民法院处理、解决民事案件的法律依据和法律规范,又是当事人起诉、应诉,进行诉讼和申请执行的法律依据和法律规范,也是其他诉讼参与人必须遵循的法律规范。

我国民事诉讼法的主要表现形式是《中华人民共和国民事诉讼法》(1991年4月9日第七届全国人民代表大会通过,该法经过2007年十届全国人大、2012年十一届全国人大和2017年十二届全国人大三次修正,下简称《民事诉讼法》)。该部民事诉讼法典规定了民事诉讼应遵循的基本原则,如诉讼权利平等原则、辩论原则与处分原则;规定了民事诉讼的若干基本制度,如回避、证据、财产保全等制度;民事诉讼的各种审判程序与执行程序。

二、民事诉讼的管辖

(一) 管辖的涵义

民事纠纷发生后,冲突的双方如果要找法院解决,应该向哪一级、哪一个法院提起诉讼呢?

我们先看一则案例:

张某与甲乙丙是朋友关系,甲乙丙三人合伙做生意,共同向张某借款一万元,言明半年之后还,甲乙丙写了借条并共同签名(借款人)。半年之后,甲乙丙未按约还钱,张某向甲乙丙索要,三人互相推诿,张某准备向法院起诉。张某家住北京海淀区,甲住北京西城区,乙住北京崇文区,丙住北京丰台区,那么张某应到哪个法院去起诉?

这个案例提出一个问题,当事人向哪个法院起诉,即是案件管辖问题。民事案件的管

辖,就是指法院之间受理民事案件的分工和权限。对此法律予以了明确规定,以避免当事人投诉无门或者滥诉,也避免法院之间相互推诿。人民法院设置四个审级,基层、中级、高级和最高人民法院,每一审级又根据地域的划分设置若干法院,当一个案件诉到法院,就需要在这些法院之间进行权限分工。

民事案件管辖的种类可分为:级别管辖、地域管辖、移送管辖和指定管辖。

（二）级别管辖

指划分各级人民法院之间受理第一审民事案件的分工和权限。确定级别管辖的标准主要是案件的性质和案件的影响大小。据此,各级人民法院管辖的第一审民事案件分工是:①基层人民法院管辖第一审民事案件,但民事诉讼法另有规定的除外。②中级人民法院管辖的第一审民事案件有重大涉外案件;在本辖区有重大影响的案件;最高人民法院确定由中级人民法院管辖的案件。③高级人民法院管辖在本辖区有重大影响的第一审民事案件。④最高人民法院管辖在全国有重大影响的案件和它认为应当由本院审理的第一审民事案件。

（三）地域管辖

指确定同级人民法院之间在各自受理第一审民事案件的分工和权限。

地域管辖分为一般地域管辖、特殊地域管辖、专属管辖、协议管辖、共同管辖等。

1. 一般地域管辖

指民事案件一般由被告住所地人民法院管辖,被告住所地与经常居住地不一致的,由经常居住地人民法院管辖。这就是通常所说的"原告就被告"原则。如上例中张某诉甲乙丙借款纠纷一案,按照一般地域管辖,张某可以向甲乙丙三被告的住所地,即北京的西城区、崇文区、丰台区法院提起诉讼。

2. 特殊地域管辖

某些具有特殊性质的案件不宜通过普通管辖确定受诉法院,因此法律规定了特别管辖。包括因合同纠纷、因侵权行为提起的诉讼等九种情形。

有这样一则案例:

> 如甲县林某从邻县幸福商场买了一台燃气热水器,热水器上标明是广东顺德市某热水器厂生产,林某买回后的半年里,某日在使用中热水器突然发生爆炸,炸伤自己及儿子。经有关部门检验,该热水器质量不合格。林某提起损害赔偿诉讼,该向哪个法院起诉呢?
>
> 该案属于侵权纠纷,按照民事诉讼法规定,因侵权行为提起诉讼,由侵权行为地或者被告所在地法院管辖。因此,林某可以向侵权发生地甲县人民法院,也可以向被告广东顺德市某热水器厂所在地的人民法院起诉,还可以向另一被告幸福商场所在地的人民法院起诉。

3. 协议管辖

亦称约定管辖,是指双方当事人在纠纷发生前或纠纷发生后,以书面的方式约定管辖法院。国内协议管辖适用于因合同纠纷等财产权益纠纷引起的诉讼。合同纠纷是实践中最常见的案件,下面结合特殊地域管辖和协议关系来说明合同纠纷如何确定管辖。

有这样一则案例:

甲、乙、丙三个县均为南阳市的市辖县。甲县东方化工厂与乙县生资公司在丙县签订了一份化肥购销合同，东方化工厂为出售方，生资公司为购买方，货款总价为15万元，合同约定由东方化工厂将货送至乙县生资公司。现当事人双方同意以协议的方式约定该合同发生纠纷的管辖法院。依照我国法律，他们可以约定哪一些法院管辖？

按照《民事诉讼法》第三十四条规定，合同或者其他财产权益纠纷的当事人可以书面协议选择被告住所地、合同履行地、合同签订地、原告住所地、标的物所在地等与争议有实际联系的地点的人民法院管辖。据此，该案当事人可以在甲、乙、丙三县的基层人民法院中约定某一法院管辖。

4. 专属管辖

指法律强制规定某些案件只能由特定的人民法院管辖。如因不动产纠纷提起的诉讼，由不动产所在地人民法院管辖；因港口作业中发生纠纷提起的诉讼，由港口所在地人民法院管辖；因继承遗产纠纷提起的诉讼，由被继承人死亡时住所地或者主要遗产所在地人民法院管辖等。

5. 共同管辖与选择管辖

指依照法律规定，两个以上人民法院对同一案件都有管辖权。如上述张某诉甲乙丙借款纠纷一案，甲乙丙三个被告住所地分别在西城区、崇文区、丰台区法院辖区内，这几个人民法院对这一案件都有管辖权。原告张某可以选择其中一个法院起诉，张某选择了哪个法院，案件的管辖权就由哪个法院行使，这就是选择管辖。

三、民事诉讼当事人与诉讼代理人

民事诉讼当事人包括原告、被告、共同诉讼人、诉讼代表人、第三人。诉讼代理人的诉讼地位类似当事人。此外，在民事诉讼中还有诉讼参与人，包括证人、鉴定人、翻译人员等。

（一）当事人

指因民事权利义务关系发生纠纷，以自己的名义进行诉讼，案件审理结果与其有法律上的利害关系，并受人民法院裁判约束的人。公民、法人或其他组织都可以成为民事诉讼的当事人。但在不同程序中，其称谓有所不同。第一审程序中称为原告、被告；第二审程序中称其为上诉人、被上诉人；执行程序中称其为申请执行人、被执行人。

1. 原告和被告

原告是认为自己的民事权益受到侵害，或者与他人发生争议，为维护其合法权益而向人民法院提起诉讼，引起诉讼程序发生的人。被告是指被诉称侵犯原告民事权益或与原告发生民事权益争议，被人民法院通知应诉的人。在民事诉讼中，原告与被告享有平等的诉讼权利，都有权委托代理人，提出回避申请、收集、提供证据，进行辩论，请求调解，提出上诉，申请执行，查阅复制与本案有关的材料和法律文书，自行和解等。原告可以放弃或者变更诉讼请求，被告可以承认或者反驳诉讼请求，有权提起反诉。

2. 共同诉讼人

当事人一方或双方各为二人以上，其诉讼标的是共同的，或者是同一种类，人民法院认为可以合并审理并经当事人同意的民事诉讼为共同诉讼。共同诉讼有必要的共同诉讼和普通的共同诉讼两种。必要共同诉讼的诉讼标的是共同的,如父亲起诉要求儿子支付赡养费,虽然母亲没有起诉,但母亲应作为共同原告,因为父母子女关系决定了母亲与父亲一样有被赡养的权利。普通共同诉讼的诉讼标的是同一种类。如某房地产公司进行危房改造,搬迁户回迁后,甲乙丙丁四户认为对其安置不合理,对房地产公司都有意见,提起诉讼后,法院认为可以作为普通共同诉讼处理,此时,如果甲乙丙丁四原告也同意作为普通共同诉讼,则法院可以作为共同诉讼进行审理。

3. 诉讼代表人

当事人众多的一方,推选出代表,由其为维护本方当事人利益而进行诉讼活动的人,为诉讼代表人。当事人一方人数众多,一般是指10人以上。诉讼代表人的权限因其行使诉讼权利性质的不同而有所不同。对于一般性诉讼权利,诉讼代表人可以根据自己的意志行使,并且对被代表的当事人有效;但是属于特殊性的诉讼权利,如变更、放弃诉讼请求或者承认对方当事人的诉讼请求,必须经被代表的当事人同意。

有这样一则案例:

因广州至北京的末班航班取消,乘坐该航班的有292人提起诉讼,他们推选甲乙丙三人作为诉讼代表人进行诉讼。在诉讼过程中,三位代表人与航空公司在法院的主持下进行调解达成协议,即航空公司向乘客赔礼道歉,并给大家赠送纪念品。对于这一结果,未亲自参加诉讼的当事人同意,即可接受;如果不同意,则可不予接受,并可另行起诉。

4. 第三人

民事诉讼中的第三人,是指对原告和被告之间争议的诉讼标的,认为自己具有独立的请求权,或者虽然不具有独立请求权,但案件的处理结果与其有法律上的利害关系,而参加到正在进行的诉讼中来的人。根据《民事诉讼法》第五十六条规定,第三人分为两类:一是有独立请求权的第三人,例如甲乙之间争议房屋的使用权,而丙主张房屋的合法使用权人应当是自己,也就是说,丙认为不管是甲胜诉还是乙胜诉,都侵犯了自己作为案件第三方当事人的合法使用权利,丙就成为了该诉讼案件的有独立请求权的第三人。另一种是无独立请求权的人。这种第三人虽无独立请求权,但与案件的处理结果有法律上的利害关系,如甲公司和乙公司签订电子产品购销合同,合同约定,如果发生争议,卖方乙公司应承担最终的民事责任,后来甲公司将该批电子产品卖给丙公司,丙公司认为产品存在质量问题,以甲公司为被告提起民事诉讼,此时,将乙公司作为无独立请求权的第三人。

下面通过一则案例对事人的诉讼地位进行分析:

张老汉有二子一女,分别是张山、张水、张燕。2012年3月张老汉在其住所(某市和平区)死亡,他在该市顺安区遗有房屋6间。张山与其父亲同住一个城市,张水与张燕在外地工作。张老汉去世后,丧葬费用均由张山承担。张山为其父办完丧事后,便将其父遗留的房屋卖给了李海,得价款50万元。张水回来后,向法院提起诉讼,要求继承遗产。在诉讼过程中,张水因病死亡,张水之子张明和女儿张红要求参加诉讼。在诉讼过程中,张燕也从外地赶来,在该法院尚未开始审理时向该法院递交诉状,并附有其父遗嘱(遗嘱中说,其遗产房屋全部由张燕继承),请求该法院将房屋判给自己。

问:(1)张水应向哪个法院起诉?

(2)张山、张水、张燕、李海、张明、张红在诉讼中各处于什么样的诉讼地位?

(3)如果张老汉没有上述遗嘱,张燕要求同其兄长一起继承遗产,张燕的诉讼地位是什么?

(4)如果张老汉没有上述遗嘱,而张燕不知其父已死,法院应当如何处理?张燕对待实体权利的态度对程序进行有何影响?

分析:

(1)该案是因继承遗产纠纷提起的诉讼,按管辖规定由被继承人死亡时住所地或者主要遗产所在地法院管辖,张水应向某市和平区法院或者该市顺安区法院提起诉讼。

(2)张山是被告,因为他侵犯了张水与张燕的继承权;张水是原告,但死亡之后,他的诉讼权利义务便发生了转移,张明和张红因诉讼权利义务的承担而成为共同原告。张燕为有独立请求权的第三人,因张山、张水都侵犯了她的合法权益,她参加诉讼既不支持原告,也不支持被告,而是反对原、被告双方的主张;李海为无独立请求权的第三人,因为案件的处理结果同他有法律上的利害关系,如果被告败诉,他和被告张山之间的买卖合同不能成立,他就要返还房屋。

(3)如果张老汉没有上述遗嘱,张燕要求同其兄长一起继承遗产,张燕的诉讼地位是共同原告,因为她与张水有共同的权利义务关系。

(4)如果张老汉没有上述遗嘱,而张燕不知其父已死,法院应当通知她作为共同原告参加诉讼;如果张燕接到通知后,既不愿意参加诉讼又未明确表示放弃继承权的,人民法院仍应把她列为共同原告;如果张燕接到通知后,明确表示放弃继承权利的,则人民法院不追加她为共同原告。

(二)诉讼代理人

指为了一方当事人的利益,以该当事人的名义,在法定的或者委托的权限范围内,代替或协助当事人进行诉讼活动的人。诉讼代理人分为法定诉讼代理人和委托诉讼代理人。如李某系精神病患者,一日犯病,将邻居刘某打伤。刘某诉至人民法院,李某之父老李代理李某进行诉讼行为。该案中李某是本案当事人,其父亲老李作为法定诉讼代理人,有权代理李某进行一切诉讼行为。如果刘某聘请王律师代为诉讼,王律师即为委托诉讼代理人。

四、民事诉讼证据与举证责任

(一)民事诉讼证据的概念

俗话说,打官司就是打证据,可见证据在民事诉讼中的重要地位。民事诉讼证据是指民事诉讼中当事人向法院提供的或者法院依职权收集的以法定形式表现并经法定程序质证、认证的证明案件事实的各种材料。民事诉讼证据的特征有:

1. 客观性

指民事诉讼证据本身是客观的、真实的,而不是想象的、虚构的、捏造的。

2. 关联性

指民事诉讼证据与民事案件待证事实之间具有的某种内在、必然的联系。

3. 合法性

指民事诉讼证据必须是符合法律的要求，不为法律禁止。即只有符合法定条件与要求、依法定程序收集与提供、并经法庭质证认证的证明材料，才能成为民事诉讼证据。

如何判断证据的合法性，司法实践中较为复杂，举几例分析：

案例1：2002年，家住济南市历下区的林某交付给张某8 000元，委托张某帮其办理建筑材料准用证。之后，张某既未办理准用证，也未将款项退还林某将张某告上法庭。庭审中林某提供了他与张某的对话录音，录音中张某称"该款已花，现在没钱"。法院认为，因被告拒不到庭参加诉讼，且对录音带的真实性也未提出鉴定，因此采信该录音证据，一审判决张某胜诉。

案例2：上海市的刘某和孙某2001年结婚。2013年初，妻子刘某听说丈夫和一名外来女子同居，决意要获得丈夫有外遇的证据，于是她偷偷拍下了两人同居的情景。2013年8月，孙某向法院提起诉讼要与刘某离婚，刘某向法庭提供了那盘密不可宣的录像带。法院认为刘某取得的证据不合法，那名外来女子也以刘某侵犯其隐私权为由，提起诉讼。

案例3：兰州的方娅和任某曾是恋人，任某向方娅借了5 000元，约定一个月归还。后双方关系破裂，任某未还借款。2014年初，任某被人殴打，其母程某认为是方娅所为，便到方家破口大骂。第二天，方娅刚上班不久，程某又冲进单位，对着方娅骂个不停，方娅悄悄打开了录音机，并依录音带将程某告到了法院。2014年5月，法院判决程某公开赔礼道歉，赔偿方娅精神抚慰金5 000元。

分析：2015年《最高人民法院关于适用〈中华人民共和国民事诉讼法〉的解释》（法释〔2015〕5号，下简称《民事诉讼法司法解释》）第一百零六条规定："对以严重侵害他人合法权益、违反法律禁止性规定或者严重违背公序良俗的方法形成或者获取的证据，不得作为认定案件事实的根据"。因此，在民事诉讼中，偷拍偷录的视听资料是否合法，必须遵循两个条件：第一，取证的器材应合法。《中华人民共和国反间谍法》第二十五条规定："任何个人和组织都不得非法持有、使用间谍活动特殊需要的专用间谍器材。专用间谍器材由国务院国家安全主管部门依照国家有关规定确认。"《中华人民共和国反间谍法实施细则》第十八条对"专用间谍器材"的解释为：暗藏式窃听、窃照器材；突发式收发报机、一次性密码本、密写工具；用于获取情报的电子监听、截收器材；其他专用器材。因此严格来说，采用针孔偷拍器材等所取得的证据不合法。第二，取证的手段、方式应合法，避免在取证过程中侵犯他人的合法权益。案例二中，刘某偷拍了其丈夫与某外来女子同居的情景，侵犯了他人的隐私权，即取证手段不合法。因此，首先要保证取证的手段不被法律所禁止，如未采取暴力、胁迫、窃听等违法方式；其次对方当事人没有足够的相反证据予以反驳。如果取证行为违法，可能会侵犯当事人的隐私权和名誉权等，严重的可能会触犯刑律。

（二）民事诉讼证据的分类

指依据一定标准而确定的各种民事诉讼证据的表现形式。根据《民事诉讼法》第六十三条的规定,我国民事诉讼证据分为八种:当事人的陈述、书证、物证、视听资料、电子数据、证人证言、鉴定意见、勘验笔录。

有这样一则案例:

> 李某曾借人民币30 000元给王某,因为二人是朋友关系,李某没有要王某出具借条。当李某索要时,王某拒不承认曾有借款一事。无奈中,李某愤而向人民法院提起诉讼。开庭过程中,李某拿出王某写给他的一封信,称在该信中王某提及借款一事,可以作为借款的证据。

问:(1)李某称在该信中王某提及借款一事,可以作为借款的证据,该信作为借款证据是哪一类证据?

(2)王某辩称该信不是他写的,信上的字迹可以为证。此时,该信是哪一类证据?

(3)法院将该信指定某研究所"认定"信上的字迹是否是王某所写,该研究所作出书面报告,"认定"该信是王某所写。该书面报告是哪一类证据?

分析:(1)该信作为王某向李某借款的证据时,属于书证。因为是以信的文字所表达的内容和思想来证明借款事实。

(2)信作为是否是王某所写的证据时是物证。因为以信上的字的存在,字的外形、特征来证明信是否属于伪造,不涉及文字表达的思想和内容。

(3)书面报告是鉴定意见。因为该研究所运用了自己在笔迹识别的专门知识和技能,在接受法院委托后对信的字迹进行分析鉴别后得出了意见。

(三)举证责任

1. 举证责任的含义

举证责任是证据的核心问题,指当事人对自己所主张的事实,应当提供证据加以明,以及不能证明时可能承担的不利后果。

2. 举证责任的负担原则

(1)一般原则。实行"谁主张,谁举证"。民事诉讼中,究竟谁应当承担举证责任还要看具体情况。

有这样一则案例:

> 张某因被单位派往外地工作一年,故将自己的四间房屋委托其朋友李某代为看管。李某考虑到房屋闲置是一种浪费,便擅自作主将房屋租赁给王某。合同约定,王某承租该房屋只能用于居住,不能改变房屋用途。王某租到房屋后又擅自将其中的另外二间租赁给陈某,陈某为了经营的方便,改变房屋原状。李某发现此事后与王某交涉,没有结果,于是以王某为被告提起诉讼,要求解除房屋租赁合同,恢复房屋原状并赔偿因改变房屋原状而造成的损失。法院受理案件后,应被告王某的要求通知陈某作为本案的无独立请求权的第三人参加诉讼。在诉讼进行过程中,张某因提前返回得知此事,认为该案所涉及的一系列行为最终侵犯的是自己的合法权益,要求以有独立请求权的第三人的身份参加诉讼。在本案中,谁应当承担举证责任呢?

根据"谁主张,谁举证"的原则,原告李某提起诉讼时,基于其诉讼请求产生对其实

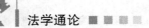

体请求与所依据事实主张的举证责任;张某作为有独立请求权的第三人也要承担相应的举证责任;而被告王某以及陈某是否要承担举证责任取决于其在诉讼过程中是否提出主张。

(2) 举证责任分配的例外——举证责任的倒置。虽然确立了"谁主张,谁举证"的原则,但是在有些特殊情况下,按照举证责任的一般原则会导致诉讼的不公平。如甲与同事丙路过一居民楼时,三楼乙家阳台上的花盆坠落,砸在甲的头上,致其脑震荡,甲以乙为被告诉至法院要求赔偿,而乙否认甲受伤系自家花盆坠落所致。如果按照谁主张谁举证的一般原则,甲要举证证明砸伤他的花盆是乙家,否则甲就无法得到赔偿,这显然会导致诉讼的不公平。因此作为谁主张谁举证原则的例外,民事诉讼法又确立举证责任的倒置,即在某些特殊情况下,原告主张侵权事实,被告否认的,由被告就其否认负举证责任。

举证责任倒置适用于以下情形:①因产品制造方法发明专利引起的专利侵权诉讼;②高度危险作业致人损害的侵权诉讼;③因环境污染引起的损害赔偿诉讼;④建筑物或者其他设施以及建筑物上的搁置物、悬挂物发生倒塌、脱落、坠落致人损害的侵权诉讼;⑤饲养动物致人损害的侵权诉讼;⑥有关法律规定由被告承担举证责任的情形,如因产品质量引起的侵权诉讼,医疗事故纠纷案件等。

有这样一则案例:

2007年8月5日,家住邢台县某村的村民李某诉称在该村某胡同穿行时,被王某家一只突然窜出来的狗扑咬在地,经医院诊断为左股骨骨折,李某受伤后王某垫付了1000元医疗费,剩余损失经协商达不成一致意见。李某诉至法院要求被告王某赔偿其损失。诉讼中李某提交了王某饲养狗及经常不拴的证人证言,提交了被狗咬伤后王某亲自送其到医院治疗并垫付1000元医疗费的证人证言,并提交了医院诊断证明、住院病例、医疗费票据、伤残鉴定书等证明材料,要求王某赔偿各项损失18 500元。被告王某称自己饲养狗属实,但该狗性情温顺,从未扑咬过人,李某系自己挑逗狗造成,因此该责任应由李某自己承担,王某未提交书面证据。在这起案件中,李某和王某应承担什么样的举证责任?

分析:本案争执的焦点是举证责任问题,也就是李某和王某分别应举那些证据支持自己的主张。根据我国民事诉讼法及最高人民法院关于民事诉讼证据的若干规定,当事人对自己提出诉讼请求所依据的事实或反驳对方诉讼请求依据的事实有责任提供证据加以证明。现在李某提交了自己系王某饲养的狗咬伤及相关费用的证据,王某称李某被狗咬伤系挑逗狗引起,依照法律规定王某就该项主张应提交相关证据,也就是说李某无须提交自己不存在过错的证据,王某如认为李某有过错应由王某承担举证责任。这就是法律意义上的举证责任倒置。

五、民事诉讼程序

民事诉讼程序,是法律规定的进行民事诉讼活动必须遵守的操作规程。包括第一审普通程序、简易程序、第二审程序、其他民事诉讼程序。

(一) 第一审普通程序

人民法院审理第一审民事案件所适用的最基本的程序。具体包括以下几个阶段：起诉和受理、审理前的准备、开庭审理、评议与判决。

举例说明一审普通程序过程：

> 2006年9月，退休工人宋某在中秋之夜看花灯时被人挤倒摔伤，为此花费3 000多元的医疗费和营养费。宋某向人民法院起诉，要求人民法院为他寻找被告，赔偿经济损失，但宋某不知是谁挤倒他的。
>
> 问题一：法院是否受理宋某的起诉？
>
> 答：不应当受理，因为被告不明确。如果经过仔细寻找，宋某终于查找到撞倒自己的人是李某，2006年10月，宋某再次向法院起诉，这时法院应该受理此案。
>
> 问题二：假设宋某为文盲，书写起诉状确有困难，宋某能否口头起诉？
>
> 答：可以，法院应该将宋某的口头起诉记录在案。
>
> 问题三：宋某起诉后，尚未审理即自行撤诉。过几天，宋某还可以再行起诉吗？
>
> 答：可以。撤诉只是对其诉讼权利的处分，并不影响其实体权利（要求赔偿损失）。
>
> 问题四：在案件开庭审理过程中，被告李某突然提出要求审判员回避的申请。法院应当如何处理呢？
>
> 答：应该作出延期审理的决定。
>
> 问题五：假设开庭审理过程中，原告突然脑出血昏倒，在送医院途中死亡。经法院查明，原告有一个儿子在外地工作。对此，法院应该如何处理？
>
> 答：按照民事诉讼法规定，此时法院应当中止案件的审理，等待宋某的儿子表明是否继续诉讼。原告宋某的儿子赶回后，如果愿意继续诉讼，法院应当继续审理；否则法院应当终结诉讼。

(二) 简易程序与小额诉讼

1. 简易程序

基层人民法院及其派出法庭审理简单民事案件所适用的一种简便易行的诉讼程序。对简单的民事案件，原告可以口头起诉。当事人双方可以同时到基层人民法院或者它派出的法庭请求解决纠纷，受诉法院或法庭可以当即审理，也可以另定日期审理。审理时，由审判员1人独任审理，可以用简便方式随时传唤当事人、证人，并应当在立案之日起3个月内审结。

2. 小额诉讼程序

《民事诉讼法》第一百六十二条对小额诉讼程序进行了规定，为一审终审小额速裁程序提供了法律依据，2015年颁布的《民事诉讼法司法解释》对此予以专章规范。小额诉讼是指基层人民法院和它派出的法庭审理的事实清楚、权利义务关系明确、争议不大，标的额为各省、自治区、直辖市上年度就业人员年平均工资百分之三十以下，符合适用简易程序条件的简单民事案件。小额诉讼实行一审终审，程序比简易程序还简便，便于当事人快速行使诉权，合理配置司法资源，节约诉讼成本。对于生效的裁判文书，当事人、第三人或案外人可通过审判监督程序予以救济。

有这样两则案例：

案例一：白某诉杨某劳务合同纠纷案

2015年9月，白某在杨某承包的柘城县远襄镇范庄小学教学楼工地干基础工程，工程完工后，杨某当时没有给白某结账，后于2016年2月3日给白某出具了一份18 000元的欠条。白某多次向杨某催要，范庄小学陈校长替杨某还款5 000元，剩余13 000元一直未付款，白某起诉至法院。法院裁判：杨某于该判决生效之日起三日内向白某支付工资款13 000元。

评析：杨某对白某提供劳务的事实认可，杨某欠白某劳动报酬的事实比较清楚，诉讼标的较小。杨某虽提出其系在受胁迫的情况下出具欠条的抗辩，但没有相关证据证明，此类案件，事实清楚、权利义务关系明确，标的额不大，适用小额诉讼程序进行审理，提高了诉讼效率，减少了当事人诉累，也节约了诉讼成本。

案例二：贾某等15人诉河南某面业有限公司买卖合同系列案。

贾某等15人自2016年开始向河南某面业有限公司出售小麦。该公司是由李某、段某合伙经营，由于市场行情不好，经营出现亏损，二人对合伙期间债务相互推托，贾某等15人将二人作为共同被告分别诉至法院，形成15个系列案件，由于每案的诉讼标的均不超过1.5万元，且事实清楚，权利义务关系明确，争议不大，该案适用小额诉讼程序进行审理。裁判结果：判决李某、段某互负连带清偿责任。

评析：由于涉案人数众多，原则上不适用小额诉讼程序，但对于事实清楚、权利义务关系明确，个案诉讼标的在1.5万元以下的简单民事案件，适用小额诉讼程序，更有利于及时保护当事人合法权益。

（三）第二审程序

人民法院按照普通程序或者简易程序对争议案件审理并作出裁判后，如果当事人不服即可行使上诉权提起上诉，要求上级法院对案件进行二审，因此，二审法院审理上诉案件所适用的程序就是二审程序。

根据民事诉讼法的规定，当事人提起上诉要在法定期限（对判决不服的上诉期为15天，对裁定上诉期为10天），并且要符合法律规定的书面形式。

有这样一则案例：

如甲与乙告丙，要求丙赔偿因损害甲、乙的共同财产造成的损失1万元，法院对案件审理后作出判决，丙应当赔偿甲乙的经济损失8千元。法院审判人员在送达判决的时候，甲表示不服并当时口头表示上诉，但在上诉期内甲没有采取任何具体行为；乙口头表示算了吧，但是在上诉期内乙却递交了上诉状；丙当时未对一审判决作出任何表态，但是在上诉期满前一天将上诉状送到了邮局，达到法院时上诉期已经超过。我们来分析哪些是有效上诉：此案中甲的上诉无效，因为甲虽然口头表示上诉，但未向法院提交上诉状；乙的上诉为有效上诉，因为他在法定上诉期内递交了上诉状；丙的上诉也有效，因为丙采取邮寄方式上诉，以邮局的邮戳日期为准。

第二审人民法院审理上诉案件应当组织合议庭,对上诉请求的有关事实和适用法律进行审查,分别依照法律规定作出驳回上诉、依法改判、撤销原判并发回重审等裁判。我国实行的是两审终审制,第二审法院对上诉案件作出判决或者裁定后,该裁判即产生相应的法律效力,包括:当事人不得再行上诉;不得就同一诉讼标的,以同一事实与理由再行起诉;裁判具有强制执行的法律效力。

(四)再审程序

指为了纠正已经发生法律效力的裁判错误而对案件再次进行审理的程序。

再审程序并不是每一个民事案件必经的程序,而是对于已经发生法律效力并且符合再审条件的判决、裁定、调解协议才能适用的一种特殊审判程序。再审是民事诉讼程序制度中的一项补救制度,是民事诉讼程序制度中不可缺少的一个组成部分。我国民事诉讼法中的再审的主要内容包括:法定机关提起再审、当事人申请再审的程序,以及审理再审案件的特殊程序规则。

请看案例:

2009年1月至4月底,某县交通局下属运输公司为某街道办事处下属营销处承运煤炭,产生运杂费51 319.15元,已支付23 286.75元,尚欠28 032.40元。交通局曾多次向营销处催要但遭拒付,后来找其主管单位街道办事处,但该街道办事处采取不合作的态度,使拖欠运杂费的问题一直未能解决。于是交通局向某县人民法院提起诉讼,请求法院判令街道办事处支付运杂费。受诉法院根据上述事实,判决被告清偿原告运杂费28 032.40元。诉讼费596元由被告承担。街道办事处不服该县人民法院的判决,向二审法院提起上诉。该法院依法组成合议庭审理了本案。经审理,人民法院认为:原判决认定事实清楚,适用法律正确,判决驳回上诉,维持原判决。被告仍不服,向高级人民法院申请再审。高级人民法院经过复查认为:原一审、二审判决确有错误,于是裁定撤销原判决,将案件发回原一审人民法院重审。原一审人民法院决定仍由原合议庭组成人员审理本案。

思考:

1. 本案中,再审人民法院能否指定原一审人民法院再审?

2. 中级人民法院决定再审时能否同时撤销原判决?

3. 再审程序中,原一审人民法院的合议庭组成是否合法?

4. 如果一审判决后,街道办事处没有上诉,而是等到上诉期满以后申请再审,在此种情况下,中级人民法院受理后应当依何种程序处理?

评析:

1. 本案中,再审人民法院不能指定原一审人民法院再审。本案中当事人对一审判决不服提起了上诉,二审判决是最终的生效判决,这一判决是由中级人民法院作出的,因此,高级人民法院应当指定中级人民法院再审或者自己提审,依照二审的程序审理,所作出的判决、裁定是发生效力的判决、裁定。

2. 本案中生效的判决不是高级人民法院作出的,而且高级人民法院在作出裁定之时未对案件进行审理,其无法确定原判决的正确与否,因此,此时裁定撤销原判是不合理也不合法的。正确的做法是高级人民法院在指定二审人民法院再审的同时裁定中止

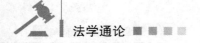

原判决的执行。

3. 再审中,原一审人民法院的合议庭组成不合法。

4. 中级人民法院可以指令原审人民法院再审也可以提审。中级人民法院可以指定原一审人民法院再审也可以自己提审。指定原一审人民法院再审的,按照一审程序审理。提审的依照二审的程序审理,所作出的判决、裁定是发生效力的判决、裁定,不能上诉。

(五) 民事案件的非讼程序

包括特别程序、督促程序、公示催告程序。

1. 特别程序

特别程序指与通常诉讼程序相对应的、法院审理某些非民事权益争议案件所适用的特殊审判程序,两大类:选民资格案件;非讼案件。主要有:宣告公民失踪和宣告公民死亡案件、认定公民无民事行为能力和限制民事行为能力案件、认定财产无主案件、选民资格案件。

2. 督促程序

督促程序指法院根据债权人提出的给付金钱或有价证券的申请,向债务人发出支付令,如果债务人在法定期间内不提出异议,则支付令即发生强制执行效力的程序。举例说明:甲区的机械公司向甲区银行贷款300万元,由乙区的投资公司提供担保。贷款期限届满后,因机械公司未能偿还贷款,甲区银行以乙区投资公司为被申请人向乙区法院申请支付令。乙区法院受理申请后,经过审查认为符合发出支付令的条件,并向乙区投资公司送达了支付令。如果乙区投资公司在接到支付令后15日内没有提起异议,则该支付令发生与生效判决具有同等的法律效力。如果该投资公司提出异议且成立,该支付令失效,双方的纠纷仍可通过诉讼程序予以解决。

3. 公示催告程序

公示催告程序指法院根据申请人的申请,以公示的方法,告知并催促不明确的利害关系人在一定期限内申报权利,到期无人申报权利的,则根据申请人的申请作出除权判决的程序。主要解决票据的被盗、遗失与灭失。举例说明:张武取得一张北京大同有限公司开出的可背书转让汇票,该票据承兑行是上海虹口区工商银行。林武到青岛出差时不慎将该汇票丢失,立即向上海虹口区法院申请公示催告。法院经审查后发出催告,公告期为70天。到第80天,仍无人申报权利,该法院于是判决除去原票据上的权利,终结公示催告程序。

(六) 民事诉讼的执行程序

执行程序是人民法院依照法律规定,对不履行已经发生法律效力的判决、裁定、调解协议以及其他法律文书的当事人,实施强制履行的诉讼程序。

1. 执行的启动——申请执行与移送执行

(1) 申请执行的条件。第一,据以申请执行的法律文书已经发生法律效力,并具有执行内容。第二,法律文书规定的履行义务期限已届满,义务人仍未履行义务。第三,必须在法律规定的申请执行期限内提出执行申请。申请执行的期限,双方或者一方当事人是公民的为一年,双方是法人或者其他组织的为6个月。第四,必须向有管辖权的人民法院提出申请。

(2) 执行措施。人民法院在民事执行中,对金钱债权的执行,可以采取的措施主要有:查询、冻结、划拨被执行人的存款;查封、扣押、拍卖、变卖被执行人的财产等措施。对交付财产和完成行为的执行,法院有权责令其交出和强制其完成。此外,还可强制被执行人迁出房屋或者退出土地等措施。

有这样一则案例：

> 长城厂不履行购销合同，给东方厂造成了经济损失，东方厂起诉至甲市东城区人民法院。东城区人民法院经过开庭审理，判决长城厂赔偿东方厂经济损失及支付违约金共12万元。长城厂不服，向甲市中级人民法院提出上诉。甲市中级人民法院认为一审判决认定的基本事实清楚，适用法律正确，但判决赔偿损失过多，改判长城厂赔偿东方厂经济损失9万元。
>
> 判决确定的履行期间届满后，长城厂拒不履行赔偿义务。东方厂向甲市中级人民法院申请执行，甲市中级人民法院告知东方厂应向东城区人民法院提出申请。东城区人民法院接到申请后，又告诉东方厂向被申请人（长城厂）住所地乙市人民法院申请执行。问本案判决应由哪个法院执行？
>
> **分析：** 根据《民事诉讼法》第二百二十四条规定："发生法律效力的民事判决、裁定，以及刑事判决、裁定中的财产部分，由第一审人民法院或者与第一审人民法院同级的被执行的财产所在地人民法院执行。"据此，本案判决应由乙市人民法院执行。虽然本案是甲市中级人民法院二审判决生效的，但一审是在甲市东城区人民法院，应由东城区人民法院执行。如果被执行的财产在乙市，乙市人民法院也有执行权。

第二节 刑事诉讼法

一、刑事诉讼概述

（一）刑事诉讼的概念和特征

刑事诉讼是指国家专门机关在当事人及其他诉讼参与人的参加下，依照法律规定的程序，追诉犯罪，解决被追诉者刑事责任问题的活动。刑事诉讼具有如下特征：

（1）刑事诉讼由国家专门机关主持进行，是属于国家的司法活动。我国主持刑事诉讼的国家专门机关主要指人民法院、人民检察院和公安机关，可合称为公安司法机关。他们在刑事诉讼中分别行使一定的专门职权，其中，对刑事案件的侦查、拘留、执行逮捕、预审，由公安机关负责；检察、批准逮捕、检察机关直接受理的案件的侦查、提起公诉，由人民检察院负责；审判由人民法院负责。此外，刑事诉讼法相关条文还规定：国家安全机关办理危害国家安全的刑事案件；军队保卫部门对军队内部发生的刑事案件行使侦查权；对罪犯在监狱内犯罪的案件由监狱进行侦查。侦查权、检察权、审判权由专门机关依法行使，除了上述法定专门机关，其他任何机关、团体和个人都无权行使这些权力。

（2）刑事诉讼是公安司法机关行使国家刑罚权的活动。刑罚权即对实施了犯罪行为的人加以刑事处罚的权力，刑罚权专于国家，刑事诉讼的中心内容是解决被追诉者刑事责任问题，旨在实现国家刑罚权。

（3）刑事诉讼是严格依照法律规定的程序进行的活动。刑事诉讼的过程和结果深刻地影响着相关个人的生活，直接关系到包括人身自由、财产甚至生命等各项公民基本权利的予夺，为防止权力滥用，侵犯人权，国家追诉犯罪的活动应由法律规定的程序和规则严格加以规范和制约。

（4）刑事诉讼是在当事人和其他诉讼参与人的参加下进行的活动。现代刑事诉讼遵循惩罚犯罪与保障人权相结合、程序公正与实体公正并重的基本理念，构建公开、公正、民主的诉讼程序，嫌疑人、被告人不再是单纯的被追诉对象和诉讼客体，而是享有广泛权利的诉讼主体。任何刑事诉讼都必须有犯罪嫌疑人、被告人参加。为了查明案件事实或维护嫌疑人、被告人和被害人的合法权益，也需要有被害人、附带民事诉讼原告人、被告人、辩护人、诉讼代理人和证人、鉴定人等参加诉讼。当事人和其他诉讼参与人的诉讼权利应得到充分的尊重和行使。

（二）刑事诉讼法的概念和属性

刑事诉讼法是调整刑事诉讼活动的法律规范。我国的刑事诉讼法是指国家制定的规范人民法院、人民检察院、公安机关进行刑事诉讼，当事人和其他诉讼参与人参加刑事诉讼的法律。刑事诉讼法有广义和狭义之分。广义的刑事诉讼法指一切有关刑事诉讼的法律规范。狭义的刑事诉讼法仅指刑事诉讼法。《中华人民共和国刑事诉讼法》于1979年7月1日制定，1996年3月17日第一次修正，2012年3月14日第二次修正，2018年10月26日第三次修正。

刑事诉讼法是程序法，其与刑事实体法相对应，规定了国家行使刑罚权的程序；刑事诉讼法属于公法，其规范侦查、起诉、审判等国家权力的运行，调整国家专门机关与当事人及其他诉讼参与人的关系；我国刑事诉讼法的制定和修改必须经全国人民代表大会通过，是在我国法律体系中占重要地位的基本法。

二、刑事诉讼基本原则

（一）刑事诉讼基本原则的概念和体系

刑事诉讼的基本原则是由刑事诉讼法规定的，贯穿于刑事诉讼的全过程或主要诉讼阶段，公安机关、人民检察院、人民法院和诉讼参与人进行刑事诉讼活动所必须遵循的基本准则。《中华人民共和国刑事诉讼法》自第三条至第十七条，规定了我国刑事诉讼中的14项基本原则，具体包括：①侦查权、检察权、审判权由专门机关依法行使；②人民法院、人民检察院依法独立行使职权；③依靠群众；④以事实为根据，以法律为准绳；⑤对公民适用法律上一律平等；⑥分工负责、互相配合、互相制约；⑦人民检察院依法对刑事诉讼实行法律监督；⑧各民族公民有权使用本民族语言文字进行诉讼；⑨犯罪嫌疑人、被告人有权获得辩护；⑩未经人民法院依法审判，不得确定有罪；⑪保障诉讼参与人的诉讼权利；⑫认罪认罚从宽原则；⑬依照法定情形不予追究刑事责任；⑭追究外国人刑事责任适用我国《刑事诉讼法》。

（二）关于侦查权及司法权行使的两个原则

1. 侦查权、检察权、审判权由专门机关依法行使原则

该原则规定于我国《刑事诉讼法》第三条，对刑事案件的侦查、拘留、执行逮捕、预审，由公安机关负责；检察、批准逮捕、检察机关直接受理案件的侦查、提起公诉，由人民检察院负

责;审判由人民法院负责;除法律特别规定的以外,其他任何机关、团体和个人都无权行使这些权力。"法律特别规定"是指,国家安全机关对危害国家安全的案件,监狱对监狱内发生的刑事案件,军队保卫部门对军队内部发生的刑事案件行使侦查权。

2. 人民法院、人民检察院依法独立行使职权原则

该原则的基本含义包括:①人民法院、人民检察院依法独立行使审判权、检察权,不受行政机关、社会团体和个人的干涉。人民法院独立行使审判权的含义是每个法院独立,不是法官个人和合议庭独立,这与西方国家司法独立的基点在于法官独立是不同的。人民检察院独立行使检察权的含义是全国检察机关作为一个整体的独立,因为上下级检察院之间是领导与被领导的关系。②人民法院、人民检察院行使职权必须依法进行,不得违反实体法和程序法。③人民法院、人民检察院依法独立行使职权,但必须接受人大的监督并向其报告工作。

(三)分工负责、互相配合、互相制约原则

《刑事诉讼法》第七条规定:"人民法院、人民检察院和公安机关进行刑事诉讼,应当分工负责,互相配合,互相制约,以保证准确有效地执行法律。"

[相关案例]

被告人汪某(女,21岁),汪某在2000年8月—2002年5月先后拐骗少女五人,分别卖给某县农民李某等人为妻,获款52 000元。案发后,某县公安局派出人员侦查,于2002年12月16日侦查终结,向该县人民检察院移送,人民检察院审查后于2003年1月6日向该县人民法院提起公诉。同年3月5日,该县人民法院以拐卖人口罪判处汪某有期徒刑5年。人民检察院认为县法院量刑过轻依法提起抗诉,经某市中级人民法院重新审理改判汪某有期徒刑7年。

本案体现了公、检、法三机关在刑事诉讼中的分工、配合、制约关系。分工负责,是指在刑事诉讼中公安机关、人民检察院和人民法院,只能在法定范围内行使各自的职权,各负其责,严格按照分工进行诉讼活动,不能相互代替或推诿。互相配合是指公、检、法三机关在分工负责的基础上,通力协作,互相支持,使一个案件的处理上下衔接得当,最终达到查明犯罪、惩罚犯罪的目的。相互制约是指公、检、法三机关在诉讼中按照职权和分工相互控制和约束,防止权力滥用,防止可能发生的错误和偏差,并使已经发生的错误及时纠正,以保证准确有效地执行法律,做到不枉不纵,不错不漏。

刑事诉讼中三机关分工、配合、制约关系具体表现在:公安机关在需要逮捕犯罪嫌疑人时,应报请检察院批准;检察院发现公安机关在侦查活动中有违法情况,应通知公安机关予以纠正;公安机关应将纠正的情况通知检察院;公安机关对检察院不批准逮捕的决定,认为有错误时,可要求复议;如果意见不被接受,可报请上一级检察院复核;公安机关侦查的案件,在侦查终结后,认为需要提起公诉或不起诉的,应报请同级检察院审查决定;人民检察院对案件审查后如认为事实不清、证据不足的,可自行补充侦查,也可退回公安机关补充侦查;如认为犯罪嫌疑人不构成犯罪,或者依法不应追究刑事责任的,可以作出不起诉的决定;公安机关认为不起诉决定错误时,可要求复议,如意见不被接受,可向上一级检察院提请复核;

人民法院对检察院提起公诉的案件,应进行程序性审查,对符合《刑事诉讼法》所规定的

应予开庭审理的条件的,应决定开庭审理;对提起公诉的案件,检察院应出庭支持公诉,同时对审判活动实行监督,对审判活动中的违法情况,有权提出纠正意见;对人民法院的判决、裁定,如认为确有错误,有权依法提出抗诉。

分工负责、互相配合、互相制约原则体现的是三机关之间的平行关系,由此决定了我国刑事诉讼的基本构造,即法院不具有高于公安机关和检察院的地位和权威,因而区别于西方法治国家中在司法独立原则指导下法院居于至高权威的"审判中心主义"程序结构。

(四) 人民检察院依法对刑事诉讼实行法律监督的原则

检察监督贯穿刑事诉讼全过程,包括立案监督、侦查监督、审判监督和执行监督。

1. 立案监督

《刑事诉讼法》第一百一十三条规定:"人民检察院认为公安机关对应当立案侦查的案件而不立案侦查的,或者被害人认为公安机关对应当立案侦查的案件而不立案侦查,向人民检察院提出的,人民检察院应当要求公安机关说明不立案的理由。人民检察院认为公安机关不立案理由不能成立的,应当通知公安机关立案,公安机关接到通知后应当立案。"

2. 侦查监督

检察机关对侦查活动的监督表现在审查批捕、监督逮捕的执行、审查起诉方面。

3. 审判监督

检察机关对法院审判活动的监督主要包括两个方面:一是对人民法院的判决、裁定进行监督,即对一审未生效判决、裁定提起二审抗诉,或对认为存在错误的已生效判决、裁定提起再审抗诉;二是对人民法院的审判活动本身进行监督。

4. 执行监督

《刑事诉讼法》第二百七十六条规定:"人民检察院对执行机关执行刑罚的活动是否合法实行监督。如果发现有违法的情况,应当通知执行机关纠正。""执行刑罚的活动"包括两个方面:一是把刑事判决、裁定所确定的内容付诸实施;二是解决刑罚执行过程中的刑罚变更问题,如暂予监外执行、减刑、假释等。对这两方面,检察机关都有监督权。人民检察院认为暂予监外执行不当的,应当自接到通知之日起一个月以内将书面意见送交决定或者批准暂予监外执行的机关;人民检察院认为人民法院减刑、假释的裁定不当,应当在收到裁定书副本后二十日以内,向人民法院提出书面纠正意见。

(五) 未经人民法院依法判决,不得确定有罪原则

《刑事诉讼法》第十二条规定:"未经人民法院依法判决,对任何人都不得确定有罪。"该原则于1996年第一次修正的刑事诉讼法中确立,是对我国刑事诉讼制度的重大发展。其基本含义包括:①在刑事诉讼中,确定被告人有罪的权力由人民法院统一行使。其他任何机关、团体和个人都无权行使。人民法院是唯一有定罪权与量刑权的机关。②人民法院确定任何人有罪,必须依法判决,即必须按照程序法经过开庭审理查明事实,以法律为依据作出判决,并正式宣判。③吸收了无罪推定原则的合理内核。无罪推定是现代刑事诉讼制度的基础性原则之一,核心内容为"被告不等于罪犯"。因此,为了确定一个公民有罪,必须满足法定的条件。一般而言,无罪推定原则要求有三:一是任何人在被人民法院依据法律确定为有罪之前应该被认定为无罪;二是证明被告人有罪的责任应当由控诉一方承担,被告人没有证明自己无罪的义务;三是证明被告人有罪必须达到法律规定的要求,不能达到要求的或存在疑问的必须作出有利于被告人的判决,即认定被告人无罪。

我国《刑事诉讼法》吸收了无罪推定原则的合理内核,立法上的体现为:其一,区分犯罪嫌疑人与刑事被告人,受到刑事追诉的人在侦查和审查起诉阶段,一律称为"犯罪嫌疑人",而从检察机关提起公诉之后,则称为"被告人";其二,除法律有特别规定以外,追诉机关对被告人有罪承担证明责任,并应使这一证明达到确实充分的程度,而被追诉者则没有证明自己无罪的责任;其三,确立了疑罪从无的原则。对于二次补充侦查的案件,人民检察院仍然认为证据不足,不符合起诉条件的,应当作出不起诉的决定;合议庭经过开庭审理,认为案件事实不清、证据不足,不能认定被告人有罪的,应当作出证据不足、指控的犯罪不能成立的无罪判决。

[相关案例]

1996年1月2日晚,22岁的陈兴会在巧家县城郊红卫山一块草地上遭人奸淫后被勒昏,被刀割开颈部死亡。1月3日,21岁的孙万刚被收容审查。1996年9月20日,孙万刚因涉嫌强奸、杀害女友陈兴会,被昭通市中级人民法院判处死刑。孙万刚不服判决,立即向云南省高级人民法院提起上诉,云南省高院裁定"事实不清,证据不足"发回重审。1998年5月,昭通中院维持原判,判处孙万刚死刑。孙万刚再次上诉至高院。1998年11月,云南省高院终审判决认为,"原审判决定罪准确,审判程序合法",但同时却"根据本案的具体情节"而撤销原判,改判孙万刚死刑,缓期两年执行。孙万刚及其家人此后不断申诉。2003年8月,该案被定为最高人民检察院四大督办案件之一。2004年1月15日,云南省高级人民法院认为原判"证据不足",最终认定孙万刚无罪。对此,云南高院副庭长向凯解释道,本案因为确实存在其他的可能性,不能绝对证明就是孙万刚杀害了陈兴会;在真凶并未归案的前提下,孙万刚得以被宣告无罪,是极其罕见的。

(六)具有法定情形不予追究刑事责任原则

《刑事诉讼法》第十六条确立了具有法定情形不予追究刑事责任原则。根据该条规定,有下列情形之一的,不追究刑事责任:①情节显著轻微、危害不大,不认为是犯罪的;②犯罪已过追诉时效期限的;③经特赦令免除刑罚的;④依照刑法告诉才处理的犯罪,没有告诉或者撤回告诉的;⑤犯罪嫌疑人、被告人死亡的;⑥其他法律规定免予追究刑事责任的。

贯彻具有法定情形不予追究刑事责任原则,应根据案件的不同情况和诉讼的不同阶段作出不同的处理。具体而言,对于公诉案件,在立案阶段,如果认定具有上述六种情形之一时,公安、检察机关应作出不立案决定,法院决定不予受理;在侦查阶段,侦查机关应当作出撤销案件的决定;在审查起诉阶段,应由检察机关作出不起诉的决定;在审判阶段,对于上述第一种情形,人民法院应当判决宣告无罪,对于其余五种情形一般应裁定终止审理,但是根据已经查明的案件事实和认定的证据材料,能够确认已经死亡的被告人无罪的,人民法院应当判决宣告被告人无罪,还被告人以清白。

三、刑事案件的管辖

指人民法院、人民检察院、公安机关对直接受理刑事案件职权范围的分工,以及人民法院组织系统内部对受理第一审刑事案件的权限分工。我国刑事案件的管辖包括立案管辖和审判管辖。审判管辖又包括：级别管辖、地域管辖、指定管辖和专门管辖。

（一）立案管辖

立案管辖指公安机关、人民检察院和人民法院在直接受理刑事案件职权范围上的分工。我国《刑事诉讼法》对立案管辖的规定如下：

（1）公安机关的受案范围。公安机关直接受理除法律另有规定以外所有刑事案件。所谓"法律另有规定的"，是指法律规定人民检察院、国家安全机关、军队保卫部门、监狱机关立案管辖的刑事案件，以及人民法院直接受理的自诉案件。

（2）人民检察院的受案范围。人民检察院在对诉讼活动实行法律监督中发现的司法工作人员利用职权实施的非法拘禁、刑讯逼供、非法搜查等侵犯公民权利、损害司法公正的犯罪，可以由人民检察院立案侦查。

（3）人民法院的受案范围。人民法院直接受理自诉案件。自诉案件分为三类：一是告诉才处理的案件，包括侮辱罪、诽谤罪、暴力干涉婚姻自由罪、虐待罪、侵占罪五种；二是被害人有证据证明的轻微刑事案件；三是被害人有证据证明对被告人侵犯自己人身、财产权利的行为应当依法追究刑事责任，而公安机关或者人民检察院不予追究被告人刑事责任的案件。

（二）审判管辖

审判管辖指人民法院之间受理第一审刑事案件的分工和权限。它分为级别管辖、地域管辖、指定管辖和专门管辖。

1. 级别管辖

级别管辖指各级人民法院审判第一审刑事案件的权限划分。

（1）基层人民法院管辖第一审普通刑事案件，但是依照刑事诉讼法由上级人民法院管辖的除外。

（2）中级人民法院管辖下列第一审刑事案件：①危害国家安全、恐怖活动案件；②可能判处无期徒刑、死刑的普通刑事案件。

（3）高级人民法院管辖的第一审刑事案件，是全省（自治区、直辖市）性的重大刑事案件。

（4）最高人民法院管辖的第一审刑事案件，是全国性的重大刑事案件。

2. 地域管辖

地域管辖指同级人民法院之间审判第一审刑事案件的权限划分。①刑事案件由犯罪地的人民法院管辖，如果由被告人居住地的人民法院审判更为适宜的，可以由被告人居住地的人民法院管辖。②几个同级人民法院都有管辖权的案件，由最初受理的人民法院审判。在必要的时候可以移送主要犯罪地的人民法院审判。

四、辩护与代理

（一）辩护制度

1. 辩护人的范围和职责

辩护人，是指接受犯罪嫌疑人、被告人的委托或人民法院的指定，帮助犯罪嫌疑人、被告人行使辩护权,以维护其合法权益的人。根据《刑事诉讼法》第三十三条,下列人员可以被委托为辩护人:①律师;②人民团体或者犯罪嫌疑人、被告人所在单位推荐的人;③犯罪嫌疑人、被告人的监护人、亲友。《最高人民法院关于适用〈中华人民共和国刑事诉讼法〉的解释》第三十五条规定,下列人员不得被委托担任辩护人:①正在被执行刑罚的人;②依法被剥夺、限制人身自由的人;③无行为能力或者限制行为能力的人;④人民法院、人民检察院、公安机关、国家安全机关、监狱的现职人员;⑤人民陪审员;⑥与本案审理结果有利害关系的人;⑦外国人或者无国籍人。上述④⑤⑥⑦项规定的人员,如果是被告人的近亲属或者监护人,由被告人委托担任辩护人的,人民法院可以准许。

辩护人的责任是根据事实和法律,提出证明犯罪嫌疑人、被告人无罪、罪轻或者减轻、免除其刑事责任的材料和意见,维护犯罪嫌疑人、被告人的诉讼权利和其他合法权益。

2. *辩护的种类*

(1) 自行辩护。自行辩护指犯罪嫌疑人、被告人自己针对指控进行反驳、申辩和辩解的行为。犯罪嫌疑人、被告人实现其辩护权的最基本方式,贯穿于刑事诉讼过程的始终。

(2) 委托辩护。委托辩护指犯罪嫌疑人或者被告人为维护其合法权益,依法委托律师或者其他公民协助其进行辩护。犯罪嫌疑人自被侦查机关第一次讯问或者采取强制措施之日起,有权委托辩护人;在侦查期间,只能委托律师作为辩护人。被告人有权随时委托辩护人。侦查机关在第一次讯问犯罪嫌疑人或者对犯罪嫌疑人采取强制措施的时候,应当告知犯罪嫌疑人有权委托辩护人。人民检察院自收到移送审查起诉的案件材料之日起三日以内,应当告知犯罪嫌疑人有权委托辩护人。人民法院自受理案件之日起三日以内,应当告知被告人有权委托辩护人。犯罪嫌疑人、被告人在押期间要求委托辩护人的,人民法院、人民检察院和公安机关应当及时转达其要求。犯罪嫌疑人、被告人在押的,也可以由其监护人、近亲属代为委托辩护人。辩护人接受犯罪嫌疑人、被告人委托后,应当及时告知办理案件的机关。

(3) 指定辩护。指国家为因经济困难或者其他原因而无力聘请辩护人的被告人指定承担法律援助义务的律师进行辩护。指定辩护分为强制辩护和任意指定辩护。下列犯罪嫌疑人、被告人没有委托辩护人的,人民法院、人民检察院和公安机关应当通知法律援助机构指派律师为其提供辩护:①犯罪嫌疑人、被告人是盲、聋、哑人;②尚未完全丧失辨认或者控制自己行为能力的精神病人;③未成年人;④可能被判处无期徒刑、死刑的案件。犯罪嫌疑人、被告人因经济困难或者其他原因没有委托辩护人的,本人及其近亲属可以向法律援助机构提出申请。对符合法律援助条件的,法律援助机构应当指派律师为其提供辩护。

3. *辩护人的权利和义务*

辩护人的权利主要有:

(1) 独立辩护权。辩护人是具有独立地位的诉讼参与人,依自己意志依法进行辩护活动,独立于犯罪嫌疑人、被告人的意志之外,不受犯罪嫌疑人、被告人意志的左右。

(2) 会见、通信权。辩护律师可以同在押的犯罪嫌疑人、被告人会见和通信。其他辩护人经人民法院、人民检察院许可,也可以同在押的犯罪嫌疑人、被告人会见和通信。辩护律师持律师执业证书、律师事务所证明和委托书或者法律援助公函要求会见在押的犯罪嫌疑人、被告人的,看守所应当及时安排会见,至迟不得超过48小时。危害国家安全犯罪、恐怖活动犯罪、特别重大贿赂犯罪案件,在侦查期间辩护律师会见在押的犯罪嫌疑人,应当经侦查机关许可。上述案件,侦查机关应当事先通知看守所。辩护律师会见在押的犯罪嫌疑人、被告人,可以了解案件有关情况,提供法律咨询等;自案件移送审查起诉之日起,可以向犯罪嫌疑人、被告人核实有关证据。辩护律师会见犯罪嫌疑人、被告人时不被监听。

(3) 阅卷权。辩护律师自人民检察院对案件审查起诉之日起,可以查阅、摘抄、复制本案的案卷材料。其他辩护人经人民法院、人民检察院许可,也可以查阅、摘抄、复制上述材料。

(4) 调查取证权。辩护律师经证人或者其他有关单位和个人同意,可以向他们收集与本案有关的材料,也可以申请人民检察院、人民法院收集、调取证据,或者申请人民法院通知证人出庭作证。辩护律师经人民检察院或者人民法院许可,并且经被害人或者其近亲属、被害人提供的证人同意,可以向他们收集与本案有关的材料。

(5) 参加法庭调查和法庭辩论权、经被告人或者其法定代理人同意后的上诉权及一定条件下的拒绝辩护权等权利。

辩护人的主要义务有:

(1) 不得帮助犯罪嫌疑人、被告人隐匿、毁灭、伪造证据或者串供,不得威胁、引诱证人作伪证以及进行其他干扰司法机关诉讼活动的行为。

(2) 辩护律师对在执业活动中知悉的委托人的有关情况和信息,应予以保密,但是,辩护律师在执业活动中知悉委托人或者其他人,准备或者正在实施危害国家安全、公共安全以及严重危害他人人身安全的犯罪的,应当及时告知司法机关。

(3) 辩护人收集的有关犯罪嫌疑人不在犯罪现场、未达到刑事责任年龄、属于依法不负刑事责任的精神病人的证据,应当及时告知公安机关、人民检察院。

(4) 参加法庭审判时遵守法庭规则、无正当理由不得拒绝辩护等义务。

(二) 刑事代理

刑事诉讼代理,是指诉讼代理人接受公诉案件的被害人及其法定代理人或者近亲属、附带民事诉讼的当事人及其法定代理人、自诉案件的自诉人及其法定代理人的委托,以被代理人的名义,在被代理人授权的范围内,为维护其合法权益所进行的诉讼活动。

刑事代理有三种:①公诉案件中的代理。公诉案件的被害人及其法定代理人或近亲属自案件移送审查起诉之日起,有权委托诉讼代理人。人民检察院自收到移送审查起诉的案件材料之日起三日内应当告知这项权利。②自诉案件中的代理。自诉案件的自诉人及其法定代理人,有权随时委托诉讼代理人。人民法院自受理自诉案件之日起三日以内,应当告知这项权利。③附带民事诉讼中的代理。公诉案件附带民事诉讼当事人及其法定代理人,自案件移送审查起诉之日起,有权委托诉讼代理人;自诉案件附带民事诉讼的当事人及其法定代理人有权随时委托诉讼代理人。人民检察院自收到移送审查起诉的案件材料之日起三日内或者人民法院自受理自诉案件之日起三日以内,应当告知附带民事诉讼的当事人及其法定代理人有权委托诉讼代理人。

刑事诉讼中的代理人可以是律师,也可以是律师以外的其他公民。但是,正在被执行刑罚,或者依法被剥夺、限制人身自由的人,不能充当代理人。诉讼代理人的责任是根据事实和法律,维护被害人、自诉人或者附带民事诉讼当事人的合法权益。

五、刑事诉讼强制措施

(一) 强制措施的概念和特点

我国刑事诉讼中的强制措施,是指公安机关、人民检察院和人民法院为了保证刑事诉讼活动的顺利进行,依法对犯罪嫌疑人、被告人所采取的在一定期限内限制或剥夺其人身自由的各种法定强制方法。刑事诉讼强制措施具有如下特点:①强制措施只能由法定的专门机关适用;②强制措施适用对象是犯罪嫌疑人、被告人,对于诉讼参与人和案外人不得采用强制措施;③强制措施的内容是限制或剥夺犯罪嫌疑人、被告人的人身自由,而不包括对其财产权和隐私权的强制;④强制措施的性质是预防性措施,而非惩罚性;⑤强制措施必须依照法律规定的种类、条件、程序、期限等适用;⑥强制措施是一种临时性措施,应当根据案件的进展情况而予以变更或解除。

(二) 强制措施的体系

我国刑事强制措施按照强制力度从轻到重的顺序排列依次为:拘传、取保候审、监视居住、拘留、逮捕。

1. 拘传

拘传指公安机关、人民法院、人民检察院强制未被羁押的犯罪嫌疑人、被告人到指定地点接受讯问的一种强制方法。《刑事诉讼法》第一百一十九条规定:传唤、拘传持续的时间不得超过12小时;案情特别重大、复杂,需要采取拘留、逮捕措施的,传唤、拘传持续的时间不得超过24小时。不得以连续传唤、拘传的形式变相拘禁犯罪嫌疑人。传唤、拘传犯罪嫌疑人,应当保证犯罪嫌疑人的饮食和必要的休息时间。"

2. 取保候审

取保候审指在刑事诉讼过程中,公安机关、人民检察院、人民法院责令犯罪嫌疑人、被告人提出保证人或者交纳保证金,保证犯罪嫌疑人、被告人不逃避或妨碍侦查、起诉和审判,并随传随到的一种强制方法。人民法院、人民检察院和公安机关对有下列情形之一的犯罪嫌疑人、被告人,可以取保候审:①可能判处管制、拘役或者独立适用附加刑的;②可能判处有期徒刑以上刑罚,采取取保候审不致发生社会危险性的;③患有严重疾病、生活不能自理,怀孕或者正在哺乳自己婴儿的妇女,采取取保候审不致发生社会危险性的;④羁押期限届满,案件尚未办结,需要采取取保候审的。公、检、法三机关均可作出取保候审的决定,但是必须由公安机关执行。取保候审保证方式有二,即保证人保证和保证金保证,两种保证方式不能同时并用,只能择一用之。

3. 取保候审

监视居住是指人民法院、人民检察院、公安机关在刑事诉讼过程中对犯罪嫌疑人、被告人采用的,命令其不得擅自离开住处或指定的居所并对其活动予以监视和控制的一种强制方法。人民法院、人民检察院和公安机关对符合逮捕条件,有下列情形之一的犯罪嫌疑人、被告人,可以监视居住:①患有严重疾病、生活不能自理的;②怀孕或者正在哺乳自己婴儿的妇女;③系生活不能自理的人的唯一扶养人;④因为案件的特殊情况或者办理案件的需要,采取监视居住措施更为适宜的;⑤羁押期限届满,案件尚未办结,需要采取监视居住措施的。另外,对符合取保候审条件,但犯罪嫌疑人、被告人不能提出保证人,也不交纳保证金的,可以监视居住。被监视居住的犯罪嫌疑人、被告人应当遵守以下规定：①未经执行机关批准不得离开执行监视居住的处所；②未经执行机关批准不得会见他人或者通信；③在传讯的时候及时到案；④不得以任何形式干扰证人作证；⑤不得毁灭、伪造证据或者串供；⑥将护照等出入境证件、身份证件、驾驶证件交执行机关保存。监视居住由公安机关执行，最长不得超过六个月。

4. 拘留

拘留指公安机关、人民检察院在侦查过程中遇到的法定的紧急状况，对现行犯或重大嫌疑分子所采取的临时剥夺人身自由的强制措施。公安机关对于现行犯或者重大嫌疑分子，如果有下列情形之一的，可以先行拘留：①正在预备犯罪、实行犯罪或者在犯罪后即时被发觉的；②被害人或者在场亲眼看见的指认他犯罪的；③在身边或者住处发现有犯罪证据的；④犯罪后企图自杀、逃跑或者在逃的；⑤有毁灭、伪造证据或者串供可能的；⑥不讲真实姓名、住址，身份不明的；⑦有流窜作案、多次作案、结伙作案重大嫌疑的。拘留后，应当立即将被拘留人送看守所羁押，至迟不得超过 24 小时。除无法通知或者涉嫌危害国家安全犯罪、恐怖活动犯罪通知可能有碍侦查的情形以外，应当在拘留后 24 小时以内，通知被拘留人的家属。有碍侦查的情形消失以后，应当立即通知被拘留人的家属。公安机关对被拘留的人，应当在拘留后的 24 小时以内进行讯问。在发现不应当拘留的时候，必须立即释放，发给释放证明。

5. 逮捕

逮捕指公安机关、人民检察院和人民法院，为防止犯罪嫌疑人或者被告人逃避侦查、起诉和审判，进行妨碍刑事诉讼的行为，或者发生社会危险性，而依法剥夺其人身自由，将其羁押起来的一种强制措施。逮捕适用于下列情形：其一，被取保候审、监视居住的犯罪嫌疑人、被告人违反取保候审、监视居住规定，情节严重的，可以予以逮捕；其二，对有证据证明有犯罪事实，可能判处十年有期徒刑以上刑罚的，或者有证据证明有犯罪事实，可能判处徒刑以上刑罚，曾经故意犯罪或者身份不明的，应当予以逮捕；其三，对有证据证明有犯罪事实，可能判处徒刑以上刑罚的犯罪嫌疑人、被告人，采取取保候审尚不足以防止发生下列社会危险性的，应当予以逮捕：①可能实施新的犯罪的；②有危害国家安全、公共安全或者社会秩序的现实危险的；③可能毁灭、伪造证据，干扰证人作证或者串供的；④可能对被害人、举报人、控告人实施打击报复的；⑤企图自杀或者逃跑的。逮捕犯罪嫌疑人、被告人，必须经过人民检察院批准或者人民法院决定，由公安机关执行。公安机关逮捕人的时候，必须出示逮捕证。逮捕后，应当立即将被逮捕人送看守所羁押。除无法通知的以外，应当在逮捕后 24 小时以内，通知被逮捕人的家属。逮捕犯罪嫌疑人、被告人后，提请批准逮捕的公安机关、决定逮捕的人民检察院或者人民法院，应当在逮捕后 24 小时进行讯问。在发现不应当逮捕时，必须立即释放，发给释放证明。

六、刑事诉讼程序

（一）立案与侦查

立案是刑事诉讼活动的开始，必须具备两个条件：第一，有犯罪事实发生；第二，依法需要追究刑事责任。

侦查是指公安机关、检察院在办理案件过程中，依照法律进行的专门调查工作和有关的强制性措施,分为侦查破案和预审两个阶段。

侦查措施主要有:讯问犯罪嫌疑人;询问证人;勘验、检查;搜查;扣押物证、书证;鉴定;技术侦查措施;通缉。侦查机关在认为案件事实、证据已经清楚的,可以结束侦查,并对案件作出结论和处理。对于需要人民检察院审查起诉的案件,写出起诉意见书,连同案卷材料、证据一并移送同级人民检察院审查决定。

（二）起诉

刑事诉讼中的起诉是指法定的机关或者个人,依照法律规定向有管辖权的法院提出控告,要求该法院对被指控的被告人进行审判并予以刑事制裁的一种诉讼活动。以起诉的主体为标准,它分为公诉和自诉两种,我国采行公诉为主、自诉为辅模式。

人民检察院对于公安机关移送起诉的案件,认为犯罪嫌疑人的犯罪事实已经查清,证据确实、充分,依法应当追究刑事责任的,应当作出起诉决定,按照审判管辖的规定,向人民法院提起公诉,并将案卷材料、证据移送人民法院。犯罪嫌疑人没有犯罪事实,或者有《刑事诉讼法》第十六条规定的不予追究刑事责任情形之一的,人民检察院应当作出不起诉决定。对于犯罪情节轻微,依照刑法规定不需要判处刑罚或者免除刑罚的,人民检察院可以作出不起诉决定。对于二次补充侦查的案件,人民检察院仍然认为证据不足,不符合起诉条件的,应当作出不起诉的决定。

提起自诉必须具备以下条件:①自诉人是本案的被害人或者其法定代理人、近亲属;②属于《刑事诉讼法》所确定的自诉案件范围;③属于受诉人民法院管辖;④有明确的被告、具体的诉讼请求和能证明被告人犯罪事实的证据。

在刑事诉讼过程中,为解决因被告人的犯罪行为所造成的物质损失的赔偿问题,被害人等有权提起附带民事诉讼。提起附带民事诉讼必须满足以下条件:

（1）提起附带民事诉讼的原告人适格。《刑事诉讼法》第一百零一条规定:"被害人由于被告人的犯罪行为而遭受物质损失的,在刑事诉讼过程中,有权提起附带民事诉讼。被害人死亡或者丧失行为能力的,被害人的法定代理人、近亲属有权提起附带民事诉讼。如果是国家财产、集体财产遭受损失的,人民检察院在提起公诉的时候,可以提起附带民事诉讼。

（2）有明确的被告人。附带民事诉讼的被告包括以下情形:①刑事被告人;②未成年刑事被告人的监护人;③未被追究刑事责任的其他共同致害人;④已被执行死刑的罪犯的遗产继承人和共同犯罪案件中案件审结前已死亡的被告人的遗产继承人;⑤其他对刑事被告人的犯罪行为依法应当承担民事赔偿责任的单位和个人。

（3）有具体的诉讼请求和事实根据。

（4）被害人的物质损失是由被告人的犯罪行为造成的。首先,附带民事诉讼的赔偿范围限于因被告人的犯罪行为造成的物质损失,对于被害人因犯罪行为遭受的精神损失而提起的附带民事诉讼,人民法院不予受理。其次,被害人遭受的物质损失与被告人的犯罪行为之间必须存在因果关系。

（5）附带民事诉讼应当在刑事案件立案以后,第一审判决宣告以前提起。在侦查、预审、审查起诉阶段,有权提起附带民事诉讼的人向公安机关、人民检察院提出赔偿要求,已经公安机关、人民检察院记录在案的,刑事案件起诉后,人民法院应当按附带民事诉讼案件受理。有权提起附带民事诉讼的人在第一审判决宣告以前没有提起的,不得再提起附带民事诉讼。但可以在刑事判决生效后另行提起民事诉讼。

(三)审判

1. 第一审程序

第一审程序是指人民法院对人民检察院提起公诉或者自诉人提起自诉的刑事案件进行初次审判的程序。其任务是法院开庭审理公诉案件,通过法庭调查和辩论,查清案件事实,依法对被告人是否有罪、应否承担刑事责任及如何承担作出判决。第一审程序可以划分为第一审普通程序和简易程序两大类。普通程序法庭审判可划分为开庭、法庭调查、法庭辩论、被告人最后陈述、评议和宣判五个阶段。

基层人民法院管辖的案件,符合下列条件的,可以适用简易程序审判:①案件事实清楚、证据充分的;②被告人承认自己所犯罪行,对指控的犯罪事实没有异议的;③被告人对适用简易程序没有异议的。适用简易程序审理案件,不受普通程序中关于送达期限、讯问被告人、询问证人、鉴定人、出示证据、法庭辩论程序规定的限制。但在判决宣告前应当听取被告人的最后陈述意见。

2. 第二审程序

第二审程序亦称上诉审程序,是指上一级人民法院根据上诉或者抗诉,对下一级人民法院所作的尚未生效的第一审判决、裁定进行重新审判的诉讼程序。

启动第二程序的方式包括上诉和抗诉两种。上诉,是指法定的诉讼参与人不服地方各级人民法院第一审判决、裁定,依照法定程序要求上一级法院重新审判的诉讼行为。有权提出上诉的人员主要是被告人、自诉人和他们的法定代理人。不服判决的期限为10日。该期限从接到判决书的第二日起算。抗诉,是指地方各级人民检察院认为同级人民法院尚未生效的判决、裁定确有错误,依照法定程序提请上一级人民法院重新审判的诉讼活动。不服裁定的上诉和抗诉的期限为5日。该期限从接到裁定书的第二日起算。

根据我国刑事诉讼法的规定,第二审人民法院对不服一审裁判的上诉、抗诉案件经过审理后,应当分别作出以下处理:一是维持原判;二是变更原裁判;三是发回重审。第二审人民法院审理被告人或者他的法定代理人、辩护人、近亲属上诉的案件,不得加重被告人的刑罚。第二审人民法院发回原审人民法院重新审判的案件,除有新的犯罪事实,人民检察院补充起诉的以外,原审人民法院也不得加重被告人的刑罚。但人民检察院提出抗诉或者自诉人提出上诉的,不受前述规定的限制。

3. 死刑复核程序

死刑复核程序是指最高人民法院或高级人民法院(含中国人民解放军军事法院)对判处被告人死刑的案件进行审查核准的一种特别审判程序。死刑复核程序适用的范围包括判处死刑立即执行和判处死刑缓期二年执行的案件。中级人民法院判处死刑缓期二年执行的案件,由高级人民法院核准。死刑立即执行由最高人民法院核准。最高人民法院复核死刑案件,应当作出核准或者不核准死刑的裁定。对于不核准死刑的,最高人民法院可以发回重新审判或者予以改判。

4. 审判监督程序

审判监督程序又称再审程序,是指人民法院、人民检察院对已经发生法律效力的判决和裁定,发现在认定事实或适用法律上确有错误,依法提起并对案件进行重新审判的一项特别审判程序。它是我国刑事诉讼制度的重要组成部分,但不是每个案件必经的程序。

当事人及其法定代理人、近亲属,对已经发生法律效力的判决、裁定,可以向人民法院、人民检察院提出申诉。申诉不必然启动再审程序，不能停止判决、裁定的执行。各级人民法院院长对本院已经发生法律效力的判决和裁定，如果发现在认定事实上或者在适用法律上确有错误，必须提交审判委员会处理。最高人民法院对各级人民法院已经发生法律效力的判决和裁定，上级人民法院对下级人民法院已经发生法律效力的判决和裁定，如果发现确有错误，有权提审或者指令下级人民法院再审。最高人民检察院对各级人民法院已经发生法律效力的判决和裁定，上级人民检察院对下级人民法院已经发生法律效力的判决和裁定，如果发现确有错误，有权按照审判监督程序向同级人民法院提出抗诉。

人民法院按照审判监督程序重新审判的案件，由原审人民法院审理的，应当另行组成合议庭进行。如果原来是第一审案件，应当依照第一审程序进行审判，所作的判决、裁定，可以上诉、抗诉；如果原来是第二审案件，或者是上级人民法院提审的案件，应当依照第二审程序进行审判，所作的判决、裁定，是终审的判决、裁定。

（四）执行

刑事诉讼中的执行，是指人民法院、人民检察院、公安机关及刑罚执行机关等将已经发生法律效力的判决、裁定所确定的内容依法付诸实施及解决实施中出现的变更执行等问题而进行的活动。由于刑罚的种类不同，执行的机关和方法也有所不同：①人民法院负责对无罪、免除刑事处罚、罚金、没收财产和死刑立即执行判决的执行；②监狱和未成年犯管教所负责对无期徒刑和有期徒刑判决的执行，除此之外监狱还负责对死缓判决的执行；③对于被判处有期徒刑的罪犯，在被交付执行刑罚前，剩余刑期在三个月以下的，由看守所代为执行；④公安机关负责对判处拘役、被判处剥夺政治权利的罪犯的执行；⑤对被判处管制、宣告缓刑、假释或者暂予监外执行的罪犯，依法实行社区矫正，由社区矫正机构负责执行。人民检察院对执行机关执行刑罚的活动是否合法实行监督，如果发现有违法的情况，应当通知执行机关纠正。

第三节 行政诉讼法

一、行政诉讼法概说

（一）基本概念

1. 什么是行政诉讼

行政诉讼指行政相对人认为行政主体的行政行为侵犯了其合法权益，依法向法院提起诉讼，法院依法定程序对行政行为的合法性进行审查，并作出裁决的诉讼活动。

这一概念表明了行政诉讼的特征：首先，行政诉讼是解决行政争议的一种诉讼活动。所谓行政争议，是指因行政机关行使职权、实施公务活动而发生的法律争端。其次，它是由行政机关之外的国家司法机关，即法院来解决行政争议，从而与行政机关自身解决行政争议的行政复议相区别。第三，行政诉讼原被告的恒定性。行政诉讼的原告恒定为行政相对人，包括公民、法人和其他组织；被告恒定为行政主体，包括行政机关和法律、法规授权的组织。行政诉讼原被告的恒定性是由行政管理中公权力的性质所决定的，如吴咸桃等诉邗江县太安乡政府征收计划外生育费决定案；张宝珍诉上海市社会保险管理局养老保险裁决案；刘文国诉大连市金州区卫生局医疗事故处理决定案;成都市未来号商场诉成都市拆迁管理处拆迁安置行政裁决案;邢元顺诉天津市交管局河东区支队中山门大队不履行交通事故处理职责案等。

2. 行政诉讼法

行政诉讼法有广义和狭义之分。广义的行政诉讼法包括行政诉讼法的所有渊源,主要有:宪法和国家机关组织法、行政诉讼法律制度、法规、法律法规的解释。狭义的行政诉讼法指1989年4月4日第七届全国人民代表大会第二次会议通过,1990年10月1日起施行的《中华人民共和国行政诉讼法》(下简称《行政诉讼法》)。

2014年11月1日,第十二届全国人民代表大会常务委员会第十一次会议通过《关于修改〈中华人民共和国行政诉讼法〉的决定》,修改后的行政诉讼法于2015年5月1日起施行。2017年6月27日,全国人民代表大会常务委员会再次修改《行政诉讼法》,明确人民检察院提起公益诉讼的案件范围。《行政诉讼法》第二十五条增加一款,作为第四款:"人民检察院在履行职责中发现生态环境和资源保护、食品药品安全、国有财产保护、国有土地使用权出让等领域负有监督管理职责的行政机关违法行使职权或者不作为,致使国家利益或者社会公共利益受到侵害的,应当向行政机关提出检察建议,督促其依法履行职责。行政机关不依法履行职责的,人民检察院依法向人民法院提起诉讼。"该条款列举了人民检察院提起行政公益诉讼案件范围,针对行政机关在生态环境和资源保护、食品药品安全、国有财产保护、国有土地使用权出让四个领域的违法行政行为和不作为,检察机关可以首先通过诉前程序发出检察建议要求纠正,对于在诉前程序中行政机关未履职的,检察机关将依法提起公益诉讼。人民检察院提起行政公益诉讼,区别于人大监督、政协民主监督、法院审判监督、新闻媒体以及公众监督,也区别于其他对行政机关的监督,主要在于它以诉讼为本质特征,特别强调他自身的专业性,有专业的司法人员,有专业的办案手段,有专业的办案能力,有专业的办案效果。

需要指出的是,修改后的《民事诉讼法》《行政诉讼法》分别赋予检察机关提起民事公益诉讼和行政公益诉讼的职能,但对于检察机关民事公益诉讼和行政公益诉讼各自的案件范围、起诉条件、程序和职责要求是不同的。检察机关提起民事公益诉讼的职能作用重在制止违法行为人对公共利益的侵害,并通过民事诉讼手段追究其民事责任。检察机关提起行政公益诉讼的职能作用重在督促行政机关履行保护国家利益和社会公共利益的职责,并通过行政诉讼手段纠正违法的行政行为。从案件范围来看,民事公益诉讼和行政公益诉讼的案件范围是有交叉的。特别是在环境和资源保护、食品药品安全等领域消费者保护方面,检察机关既可以通过民事诉讼的手段制止侵害公共利益的违法行为,也可以采用检察建议和行政公益诉讼的手段督促行政机关运用行政管理职权去制止违法行为,二者既可以选择适用,也可以并行不悖。

2017年6月30日,最高人民检察院举行新闻发布会,公布了检察机关提起公益诉讼试点工作典型案例。请看以下两则案例:

案例一:北京市住房和城乡建设委员会不依法履行职责案

基本案情:北京市延庆区人民检察院在履行职责中发现,北京新航建材集团有限公司延庆康庄分公司、北京生辉腾跃园林绿化工程有限公司无资质开设混凝土搅拌站并进行生产。早在2014年4月21日,北京市住房和城乡建设委员会就已经将北京新航建材集团有限公司延庆康庄分公司、北京生辉腾跃园林绿化工程有限公司列入无预拌商品混凝土专业企业资质的搅拌站名单,并曾在2015年对其采取过关停措施。但由于关停措施执行不到位,从2016年3月起,两企业又在未办理任何资质审批与环保验收的情况下暗自恢复生产,严重污染环境。根据《北京市大气污染防治条例》等相关规定,市住建委作为关闭不符合要求混凝土搅拌站的主责机关,对已被关停的无资质搅拌站重新非法生产销售预拌商品混凝土,存在未依法履行职责的情形。

诉前程序:经北京市人民检察院指定,延庆区人民检察院于2016年11月14日向市住建委发出诉前检察建议,要求市住建委依照相关法律、法规及规范性文件,积极履行法定职责,对北京新航建材集团有限公司延庆康庄分公司、北京生辉腾跃园林绿化工程有限公司依法进行查处,并在日常执法工作中加大对混凝土搅拌站的查处力度,对违法行为及时发现、及时处理,通过依法履行监管职责,切实落实北京市清洁空气行动计划,为首都大气污染治理尽到应有的责任。

行政机关整改情况:2016年12月14日,市住建委回函表示,收到检察建议后,市住建委领导高度重视,并按照《北京市人民政府关于印发北京2013—2017年清洁空气行动计划重点任务分解2016年工作措施》和《北京市大气污染综合治理领导小组办公室关于进一步做好混凝土搅拌站治理整合与绿色生产管理工作的通知》要求,于2016年11月23日向延庆区政府发送《关于关停无行政许可搅拌站的函》,要求对两个站点非法生产销售预拌商品混凝土的行为进行调查处理,限期关闭,确认为违法建设的应予以拆除。两家搅拌站已于12月1日停止生产并拆除主要生产设备。

案件意义:检察机关在提起行政公益诉讼之前发出检察建议,就是督促负有监督管理职责的行政机关积极履行职责,保护国家利益和社会公共利益。本案中,从检察建议送达到行政机关积极采取有效措施督促两家无资质搅拌站全部拆除主要生产设备,仅仅一个月的时间,充分体现了诉前检察建议的监督效果,体现了检察机关在促进首都环境治理和保护中的作用。

案例二:广东省清远市清新区人民检察院诉清新区浸潭镇人民政府公益诉讼案

基本案情:广东省清远市清新区人民检察院在履行职责中发现,2004年6月起,清新区浸潭镇人民政府在没有规划审批,没有环评及工程竣工验收审批等手续的情况下,在浸潭镇白花塱旺洞口村山谷间建设使用垃圾填埋场,底部未做防渗处理和相关防污染设施,也未按标准流程长时间进行填埋垃圾,已经对周边环境造成了较为严重的污染。

诉前程序:清新区人民检察院于2016年3月23日向浸潭镇政府提出检察建议。浸潭镇政府在收到检察建议后,停止使用白花塱垃圾填埋场并作封场,但并未对之前违法填埋的垃圾进行处理。经清新区人民检察院委托环保专家进行环境评估,认为浸潭镇政府虽然采取了一定的补救措施,但仍然存在对周边环境的污染风险。

诉讼过程:清新区人民检察院于2016年10月9日对浸潭镇政府提起行政公益诉讼,请求确认浸潭镇政府建设、使用白花塱垃圾填埋场的行政行为违法,判令浸潭镇政府依法履行职责,防止白花塱垃圾填埋场对周边环境继续造成污染。2017年1月10日,清新区人民法院公开开庭审理本案。2017年3月20日,清新区人民法院作出判决,支持了检察机关的全部诉讼请求。

案件意义：该案的成功办理对清远市行政公益诉讼乃至整个行政检察监督工作产生了积极的意义：一是以公益诉讼为推力，破除外部阻力，最终促进整改措施落实。清新区院对该案立案审查后，即受到来自被监督机关及一些政府部门的"软抵制"。将责任推卸给上任领导，因经济负担大不愿意彻底整改。检察机关引导镇政府从抵触到全力配合整改。镇政府最终彻底关停白花塱垃圾填埋场，投入了将近二千万元进行整改。二是持续监督与精准监督相结合，提升检察机关行政法律监督效果。检察机关通过发出诉前检察建议书，随后又根据行政机关未对检察建议书完全履职提起诉讼，案件判决生效后继续赴现场督促镇政府认真执行判决。检察机关通过持续监督与精准监督相结合，修复了受损的公益，推动了政府依法履职，取得了良好的法律效果和社会效果。

（二）行政诉讼的基本原则

1. 合法性审查原则

指人民法院通过审理行政案件，对被诉的具体行政行为是否合法进行审理并作出裁判。该原则指明了法院审理行政案件的基本任务，概括了法院审理行政案件的基本特点。

合法性审查的标准分为两类：第一，合法的具体行政行为标准有三个：证据确凿；适用法律、法规正确；符合法定程序。第二，违法的具体行政行为的标准有：主要证据不足，适用法律、法规错误，违反法定程序，超越职权，滥用职权，不履行法定职责或拖延履行法定职责。

但下列两种情况下，法院可以审查行政决定的合理性：第一，系争行为属于行政处罚。《行政诉讼法》第七十七条规定："行政处罚明显不当，或者其他行政行为涉及对款额的确定、认定确有错误的，人民法院可以判决变更。"因此，法院有权审查行政处罚的合理性问题。第二，被诉行政决定不合理，并具有主要证据不足、适用法律、法规错误、超越职权、滥用职权和违反法定程序情形的，在这种情况下，法院可以通过合法性审查达到解决合理性问题的目的。如最高法院公布的陈煜章诉上海市工商局企业名称驳回通知案中，二审法院就认为："行政诉讼中，司法对行政裁量行政行为的合法性审查只有一个标准，即自由裁量权是否被滥用并达到令正常人无法容忍的程度。如果达到了令正常人无法容忍的程度，则可构成滥用职权，法院可以判决撤销裁量性行政决定"。

2. 具体行政行为不因诉讼而停止执行

行政行为一旦作出即应推定为合法，即具有先定力。合法的具体行政行为相应地也就有拘束力、确定力及执行力。但行政诉讼法同时也考虑到在某些特殊情况下，具体行政行为应当停止执行，否则将可能造成难以弥补的损失。以下三种情况下，可以停止具体行政行为的执行：①被告认为需要停止执行的；②原告申请停止执行，人民法院认为该具体行政行为的执行会造成难以弥补的损失，并且停止执行不损害社会公共利益，裁定停止执行的；③法律、法规规定停止执行的。

3. 不适用调解原则

《行政诉讼法》第六十条规定："人民法院审理行政案件，不适用调解。但是，行政赔偿、补偿以及行政机关行使法律、法规规定的自由裁量权的案件可以调解。"也就是说，法院审理行政案件不能把调解作为行政诉讼过程中的一个必经阶段，因为在行政诉讼中适用调解，会造成行政机关法定职权的性质与调解的前提之间相互矛盾。但行政赔偿、补偿以及行政机关行使法律、法规规定的自由裁量权的案件可以调解。这给行政诉讼在总体上不适用调解的情况下,开了一个口子,对涉及赔偿、补偿、自由裁量的案件可以调解,为老百姓坐下来和政府部门协商解决纠纷提供了途径。

请看一则案例:

重庆首例调解结案环境行政诉讼案

原告重庆双庆产业集团有限公司诉称,2016年1月29日,被告重庆市环境监察总队在现场检查中发现原告摩托车测功房旁边的生活垃圾中混有1只油手套和1只废油漆桶,认为此种临时储存危险废物的行为不符合环境保护要求,属于环境违法行为。随后,原告按照被告要求立即予以整改。

4月29日,被告仍然作出〔2016〕148号《行政处罚决定书》,决定对原告罚款3万元。5月6日,原告向重庆市环境保护局申请行政复议,要求撤销被告重庆市环境监察总队作出的《行政处罚决定书》。8月5日,重庆市环境保护局作出〔2016〕11号《行政复议决定书》,维持该处罚决定。8月23日,原告起诉到渝北区法院,要求撤销二被告作出的《行政处罚决定书》及《行政复议决定书》。被告重庆市环境监察总队和重庆市环境保护局辩称,本案违法事实清楚,处罚决定程序合法,适用法律法规正确。同时也考虑到原告违法情节轻微,已经依法进行了从轻处罚。

审理过程中,原告提交了资产负债表等企业困难情况的书面材料和员工联名请求最低限处罚的申请,承办法官及时向被告通报了相关情况,并就该案调解的可能性进行磋商。被告考虑到原告经济确实困难、原告承认并整改违法行为态度较好、违法行为没有造成社会危害后果等情节,符合进行最低限处罚的条件,经报告上级法院,该院随即主持调解,最终将渝环监罚〔2016〕148号《行政处罚决定书》中的处罚金额变更为罚款1万元。

评析:该案调解严格遵循了自愿、合法的原则,同时综合考虑违法事实、情节与社会危害性,在不损害国家利益、社会公共利益和他人合法权益的前提下,依法适用调解结案,达到了法律效果与社会效果的统一。此外,运用调解方式审结行政诉讼案件,不仅能够体现环境执法司法的人文关怀,也有利于保护企业发展,缓解干群关系,促进社会和谐稳定。

二、行政诉讼的受案范围

指人民法院受理行政案件,解决行政争议的范围。受案范围对于法院来说,意味着法院的审判权限范围;对于公民、法人或者其他组织而言,意味着相对方当事人行使行政起诉权的范围;对于行政主体而言,意味着哪些行政行为要受人民法院的司法审查和监督。

(一)法院受理的行政案件

根据《行政诉讼法》第十二条规定,行政诉讼的受案范围是:

1. 行政处罚案件

行政处罚案件指公民、法人或者其他组织对行政拘留、暂扣或者吊销许可证和执照、责令停产停业、没收违法所得、没收非法财物、罚款、警告等行政处罚不服的,可以提起行政诉讼。

2. 行政处罚案件

行政强制措施案件指公民、法人或者其他组织对限制人身自由或者对财产的查封、扣押、冻结等行政强制措施不服的,可以提起行政诉讼。举例说明:2014年3月5日,某市工商局以李林违法经营为由扣押了其经营的货物。李林虽然不服,但是想等工商局作出处罚决定后再起诉。但是,一直到2014年11月5日,工商局既没有解除扣押也没有作出处罚决定。所以,李林向法院起诉,要求解除工商局采取的扣押措施。对此,法院裁定驳回李林的起诉。理由是:行政行为尚未完毕,扣押只是行政行为的一个阶段。在行政处罚决定作出之前,李林不是合格的原告。那么,法院的裁定是否正确?法院的裁定是错误的。因为,工商局的扣押行为属于行政强制措施。已经对李林的财产权产生了法律效力。如果李林认为该强制措施侵犯了他的合法权益,可以根据《行政诉讼法》第十二条第一款第(二)项的规定提起行政诉讼。原告不必等到工商局作出行政处罚决定后再提起诉讼。法院应当受理原告对行政强制措施不服提起的诉讼。

3. 行政许可不作为案件

行政许可不作为案件公民、法人或者其他组织认为符合法定条件申请行政机关颁发许可证和执照,行政机关拒绝颁发或者不予答复的,法院应依法受理。本项所规定的案件属于行政许可不作为案件。本项所称的许可证、执照,不限于行政许可,还包括非许可类证照,如结婚证和五保供养证等。

4. 不服行政裁决的案件

不服行政裁决的案件指对行政机关作出的关于确认土地、矿藏、水流、森林、山岭、草原、荒地、滩涂、海域等自然资源的所有权或者使用权的决定不服的。

5. 对征收、征用决定及其补偿决定不服的

近年来,征收拆迁纠纷频发,该类纠纷相对敏感,也容易引发矛盾和冲突,许多法院对征收拆迁案件也是唯恐避之不及,民庭、行政庭互相推诿。司法实践中,有的地方作为行政案件受理,有的地方作为民事案件受理,有的地方法院不受理,加大了被征收人维权难度。2014年修改后的《行政诉讼法》第十二条第一款第(五)项及(十一)项将"对征收、征用决定及其补偿决定不服的"和"认为行政机关不依法履行、未按照约定履行或者违法变更、解除政府特许经营协议、土地房屋征收补偿协议等协议的"的案件作为行政案件受理。从法律上对此类案件进行了性质确认,有效避免互相推诿和不作为情况的发生。

6. 有关人身权、财产权保护的行政不作为案件

例如罗某家中被盗后去当地的公安分局报案,但是公安分局以"该案不属于我们管"为由拒绝立案侦查。罗某向法院提起行政诉讼,要求公安分局立案侦查。根据行政诉讼法的规定,对行政机关不履行保护公民人身权财产权的法定职责的,公民有权起诉。该案中对罗某家被盗公安机关有法定职责立案侦查,对其不履行法定职责的行为,公民有权起诉,对罗某的起诉,法院应当受理。

7. 侵犯经营自主权的案件

公民、法人或者其他组织认为行政机关侵犯法律规定的经营自主权的,法院应依法受理。

8. 认为行政机关滥用行政权力排除或者限制竞争的

9. 违法要求履行义务的案件

此类案件在实践中,多表现为违法征收、征用,如违法征收、征用税款、超计划生育费、土地、劳务、管理费、集资款等。举例说明:某乡地处偏僻,为改善本乡的交通,乡政府决定凡在

本乡范围内居住的人包括外来经商的人,每人集资1 000元修建公路。但是,不少乡民认为自己无力承担集资款并认为乡政府的集资行为属于违法要求履行义务。在乡政府拒绝改变集资决定时,部分乡民决定推举代表人向法院提出行政诉讼。该案件中涉及的行政行为是乡政府作出的产生法律效果的具体行政行为,现在该行政行为的相对人也就是乡民认为该行政行为侵犯了他们的合法权益,他们有权提起行政诉讼,要求法院撤销被诉具体行政行为。

10. 行政给付不作为案件

司法实践中已受理没有依法发给养老保障金、医疗保障金和最低生活保障费等案件。

11. 认为行政机关不依法履行、未按照约定履行或者违法变更、解除政府特许经营协议、土地房屋征收补偿协议等协议的

本项规定明确将行政合同纳入受案范围,纠正了认为行政行为只是行政机关单方行为的错误看法。

12. 认为行政机关侵犯其他人身权、财产权等合法权益的

这是兜底条款。本项中"等合法权益"的规定,说明新行政诉讼法保护行政相对人的合法权益已不限于"人身权、财产权",意义非凡。

13. 法律、法规规定的可诉案件

指除前述案件外,单行法律、法规规定可以起诉的案件,也属于行政诉讼的受案范围。例如,《中华人民共和国行政复议法》(下简称《行政复议法》)第六条第九项规定,不履行保护受教育权的行为属于行政复议的受案范围。这样,此类案件也就属于行政诉讼的受案范围。另外,除法律、法规规定的可诉案件以外,现在规章规定的可诉案件也属于行政诉讼的受案范围。举例说明:舒某对上海市黄浦区人事局拒绝公开信息的起诉、上诉案,正是基于《上海市政府信息公开规定》第三十三条关于"公民、法人或者其他组织认为行政机关在政府信息公开工作中的具体行政行为侵犯其合法权益的,可以依法申请行政复议或者提起行政诉讼"之规定。

总之,我国的司法实践正在不断突破、扩大可以受理的行政案件范围,《行政诉讼法》对受案范围的规定现在已经不具有太多意义。相反,更重要的是法院不受理的争议行为范围。一般说来,只要不属于法院不受理的争议行为范围,法院都可以受理。

(二) 法院不受理的案件

1. 国家行为

国家行为指国务院、中央军事委员会、国防部、外交部等根据宪法和法律的授权,以国家的名义实施的有关国防和外交事务的行为,以及经宪法和法律授权的国家机关宣布紧急状态、实施戒严和总动员等行为。国家行为因具有高度的政治性,不适宜由法院予以裁断。

2. 刑事司法行为

刑事司法行为指公安机关、国家安全机关和监狱等机关依照刑事诉讼法的明确授权实施的行为。如拘传、取保候审、监视居住、拘留、逮捕等刑事强制措施,以及搜查、扣押等行为。但是,公安机关以刑事侦查为名,越权干预经济纠纷的案件,属于行政诉讼的受案范围。例如张晓华诉磐安县公安局限制人身自由、扣押财产案,二审法院就认为:"上诉人磐安县公安局以刑事侦查为名将被上诉人张晓华强行关押12天,侵犯了其人身权。嗣后,又强行拉走被上诉人的原煤,给磐安县燃料公司抵作货款,其行为属具体行政行为。"

3. 行政调解行为

行政调解行为指行政主体居间调解民事纠纷或民间纠纷的行为引起争议的,如公安对

违反治安管理的行为的调解处理,工商部门对市场监管中合同纠纷、消费纠纷的调解等,不属于行政诉讼受案范围。因为行政调解所遵循的是自愿原则,双方若对调解协议不满,应将原始的民事争议交人民法院裁判。但是,行政主体强制相对人接受调解协议,或者调解过程中以强制为后盾的,属于行政诉讼受案范围。

4. 行政指导行为

行政指导行为指行政机关采取鼓励等非强制性手段促使行政相对人来履行的行政管理方式。行政指导不具有强制性和拘束力,引起的争议不属于法院受理范围。

5. 驳回当事人对行政行为提起申诉的重复处理行为

重复处理行为指行政机关在法定救济程序以外作出的没有改变原有行政法律关系、没有对当事人的权利义务产生新的影响的行为。例如,张某与李某为土地使用权产生争议,找到县政府予以确权裁决。县政府确权为张某。事隔一年后,李某向法院提起诉讼。但因诉讼时效已过,法院不能受理,李某又找到县政府要求处理,县政府驳回李某的申诉,李某对申诉不服提起行政诉讼,此类即属于重复处理行为,法院不应受理。

6. 不产生实际影响的行政事实行为

对公民、法人或者其他组织权利义务不产生实际影响的行政事实行为,但对相对权利义务产生实际影响的行政事实行为除外。它主要是指尚未最终发生法律效力的行政行为,未向当事人送达的行为或者虽然已经送达又很快被撤销或被收回的行为,与公民、法人或者其他组织没有直接利害关系的行为等。

7. 行政机关作出的设计该行政机关公务员权利义务决定的行为

行政机关作出的设计该行政机关公务员权利义务决定的行为可称为内部行政行为,指行政主体针对行政组织系统内部的机构或公务员所作的行政决定。

8. 法定行政终局裁决行为

法定行政终局裁决行为指全国人民代表大会及其常务委员会在其制定、通过的规范性文件中规定由行政机关最终裁决的行政决定。法律规定的终局裁决有:《行政复议法》第十四条关于国务院的复查裁决,第三十条关于省、自治区、直辖市人民政府确认土地、矿藏、水流、森林、山岭、草原、荒地、滩涂、海域等自然资源的所有权或者使用权的行政复议决定;《中华人民共和国出境入境管理法》第六十四条关于不服处罚的复议决定。其中,除了《行政复议法》第三十条的规定外,法律规定当事人可以在复议和诉讼中进行选择,选择了复议的则为终局裁决。除法律可以规定终局裁决外,法规和规章等不得规定总局裁决。

9. 法定行政仲裁行为

法定行政仲裁行为指劳动争议和人事争议仲裁,行政仲裁决定,既不属于行政复议的范围,也不属于行政诉讼的范围。

三、行政诉讼管辖

指人民法院之间受理第一审行政案件的职权分工。

（一）级别管辖

指划分上下级人民法院之间受理第一审行政案件的分工。根据《行政诉讼法》的规定,行政诉讼的级别管辖包括:

1. 基层人民法院管辖第一审行政案件

即行政诉讼案件的第一审以基层法院管辖为原则。

2. 中级人民法院管辖的案件,包括:

(1) 对国务院部门或者县级以上地方人民政府所作的行政行为提起诉讼的案件;

(2) 海关处理的案件;

(3) 本辖区内重大、复杂的案件;

(4) 其他法律规定由中级人民法院管辖的案件。

3. 高级人民法院管辖本辖区内重大、复杂的第一审行政案件。

4. 最高人民法院管辖全国范围内重大、复杂的第一审行政案件。

(二) 地域管辖

指同级人民法院之间受理第一审行政案件的权限分工。

(1) 一般地域管辖。根据《行政诉讼法》第十八条第一款规定:"行政案件由最初作出行政行为的行政机关所在地人民法院管辖。经复议的案件,也可以由复议机关所在地人民法院管辖。"

请看一则案例:

> 原告刘某和邻居李某因琐事争吵,继而互相厮打,二人都有轻伤,但李某受伤稍重。县公安局接到李某报案后,即对刘某以行政拘留15天的处罚。刘某不服,依法向市公安局申请复议。经复议,市公安局作出了将15天拘留改为拘留5天的复议裁定。在这种情况下,刘某对市公安局的复议裁决不服,可以向哪个法院提起诉讼?该种情况属于经复议改变了原具体行政行为的行政案件,形成了共同管辖局面,作出具体行政行为的行政机关所在地法院和复议机关所在法院对该案都享有管辖权,即县法院和复议机关市公安局所在地法院有权管辖。在此情形下,原告可以选择其中一个法院提起诉讼,原告向两个以上有管辖权的法院提起诉讼的,应由最先收到起诉状的法院管辖。

行政审判面临的症结性问题就是行政的干预,一些基层法院因人、财、物受制于地方和行政机关,导致一些案子不能判、不好判、不敢判。为了解决行政案件审理难问题,减少地方政府对行政审判的干预,根据党的十八届三中全会关于探索建立与行政区划适当分离的司法管辖制度的精神,《行政诉讼法》第十八条第二款规定:"经最高人民法院批准,高级人民法院可以根据审判工作的实际情况,确定若干人民法院跨行政区域管辖行政案件。这在很大程度上可以解决法院的"地方化"问题对公正审判造成的影响,从体制层面给行政审判注入了一剂十分有效的"强心针"。

请看一则案例:

山东首例"异地审理"行政案件

2013年6月3日,山东枣庄市市中区人民法院开庭审理了一起23名村民共同诉某人民政府不履行信息公开法定职责的行政诉讼案件。这是山东省开展行政诉讼案件集中管辖试点工作以来,首起异地审理的行政诉讼案件。从2013年4月开始,山东省在枣庄市、济宁市两个中级人民法院试行"民告官"行政诉讼案件集中管辖,试点中级法院根据辖区情况确定2—3个基层法院为集中管辖法院,管辖辖区内其他基层人民法院管辖的行政诉讼案件。集中管辖法院不宜审理的本地行政机关为被告的案件,可以将原由其管辖的部分或者全部案件交由其他集中管辖法院审理,以避开各种干扰,确保司法公正。

(2) 特殊地域管辖。《行政诉讼法》第十九、第二十条规定了下列两种特殊情况:

第一,对限制人身自由的行政强制措施不服提起的诉讼,由被告所在地或者原告所在地人民法院管辖。原告所在地包括原告户籍所在地、经常居住地和被限制人身自由地。这样规定主要是考虑到被限制人身自由的公民本身具有流动性,其经常居住地、被限制人身自由地与其户籍所在地以及被告所在地之间常不一致,如果严格按照一般地域管辖的规则来确定管辖,往往会给起诉人造成不便。举例说明:一个外地公民到北京出差期间,被北京市有关行政机关限制人身自由,他如果对此不服,提起诉讼,但由于是短期出差,在诉讼期间,衣食住行都不方便。再比如北京市的某公民被行政机关限制人身自由,如劳动教养,行政强制措施一经作出,即送往外地实施,此时如不服起诉,必须到北京市才行。这两种情况下,由于管辖限定在被告所在地,客观上对原告极为不利,考虑到此,法律规定被告所在地和原告所在地法院都有权管,有原告选择确定。

第二,因不动产提起的行政诉讼,由不动产所在地人民法院管辖。因土地、矿产资源等自然资源的所有权和使用权而引起的行政案件,以及因房屋的所有权、使用权和拆迁等而引起行政案件,都属于有不动产所在法院管辖的案件。

适用此条必须是行政争议本身涉及不动产,实践中注意区分。

请看一则案例:

位于某市北港区的东方化工厂的排水管道年久失修,致使大量腐蚀性废水外溢,严重污染了该区A村的30亩鱼塘和大片水稻田。给A村造成严重损失。A村向环保局投诉,市环保局经查证后作出行政处罚。对东方化工厂罚款2万元并限期重建排水管道。东方化工厂不服该处罚决定,向市环保局所在的市南法院提起行政诉讼。问:市南区法院是否应当受理该案?

分析:本案是因化工厂废水污染A村的鱼塘和稻田引起行政处罚的,起因虽然是不动产,但行政处罚的内容没有涉及不动产,不属于《行政诉讼法》第二十条规定的"因不动产提起的行政诉讼,由不动产所在地人民法院管辖"的规定。本案应由市南区法院行使管辖权。

(三) 裁定管辖

指根据人民法院的裁定而不是法律直接规定而确定的管辖。

1. 移送管辖

指人民法院对已经受理的案件经审查发现不属于本法院管辖时,将案件移送给有管辖权的人民法院管辖的制度。例如在温彦彬诉惠州市工商行政管理局变更登记行政纠纷案中,二审法院认定:"被上诉人温彦彬不服上诉人惠州市工商局的变更登记行为,于2002年2月5日向惠城区人民法院提起行政诉讼。因上诉人惠州市工商局和上诉人友信公司提出管辖权异议,惠城区人民法院经审查后,认为管辖权异议成立,遂将案件移送惠州市中级人民法院审理。"

2. 指定管辖

指上级人民法院用裁定的方式,将某一案件交由某个下级人民法院进行管辖的法律制度。例如王福英诉扬中市公安局拒绝履行保护人身权财产权法定职责案,本应由扬中市人民法院管辖,但因被告是扬中市公安局,可能影响本案的公正审理。经镇江市中级人民法院指定,本案由丹徒县人民法院管辖。

3. 管辖权的转移

指由上级人民法院决定或者同意,把案件的管辖权由上级人民法院移交给下级人民法院,或者由下级人民法院移交给上级人民法院的法律制度。举例说明:在最高法院公布的典型案例"上海远洋运输公司诉宁波卫生检疫所行政处罚案"中,就存在管辖权的转移。该案原告本来是向浙江省宁波市海曙区人民法院提起行政诉讼,但海曙区人民法院受理后,鉴于该案在宁波市影响较大,依照《行政诉讼法》第二十三条第二款的规定,报请宁波市中级人民法院审理,宁波市中级人民法院决定审理该案。

四、行政诉讼参加人

行政诉讼参加人是因起诉或者应诉参加行政诉讼活动的人,包括原告、被告和第三人以及他们的诉讼代理人。行政诉讼参加人与行政诉讼参与人不同。行政诉讼参与人的范围更为广泛,不仅包括行政诉讼参加人,还包括证人、勘验人、鉴定人、翻译人员。

(一)原告

行政诉讼原告是指对具体行政行为不服,依照行政诉讼的规定向法院起诉的利害关系人。原告的构成要件是起诉人必须是自己的合法权益受到侵害的人。起诉人与具体行政行为之间具备法律上的利害关系,这是确认公民、法人或者其他组织是否能够成为行政诉讼原告或者第三人的一个必要条件。如某城建部门批准公民甲使用土地,而批准的用地面积和位置却与公民乙的合法用地部分重合。从形式上看,行政机关的批准行为针对的是公民甲,并未涉及公民乙,但是实质上或者说具体行政行为的内容上对公民乙已经产生了实际影响。在这种情况下,公民乙可作为原告提起诉讼。

请看一则案例:

郭某系精神病患者,其夫张某持离婚协议书在农场计划生育办公室(受县民政局委托办理婚姻登记)办理了离婚登记。郭某的父亲以郭某是无民事行为能力人,协议离婚不是其真实意思表示,农场为其登记离婚是不合法的为由,将农场作为被告向县法院提起行政诉讼,要求撤销离婚登记。该如何看待原告的诉讼行为?是否有错误?

分析:婚姻登记是婚姻管理机关的法定权力,属于行政权力。离婚结婚登记均涉及当事人的人身权等,因此婚姻登记行为应该是具体行政行为。相对人认为婚姻登记行为侵犯了他们的合法权益时,有权依照行政诉讼法的规定提起行政诉讼。但是,因农场是受委托的组织,原告不应该以农场为被告而应该以县民政局为被告,但由于郭某是无行为能力人,其父是其法定代理人。

(二) 被告

指作出原告认为侵犯其合法权益并向法院提起诉讼的具体行政行为，而由法院通知应诉的行政机关或者法律、法规授权的组织。在特定案件中，原告必须确定适当的被告，其所提起的诉讼才有可能被法院受理。确定被告的原则和标准主要有：

(1) 原告依法直接向法院起诉的，作出具体行政行为的行政机关是被告。

(2) 经复议的案件，复议机关决定维持原行政行为的，作出原行政行为的行政机关和复议机关是共同被告；复议机关改变原行政行为的，复议机关是被告。复议机关在法定期限内未作出复议决定，公民、法人或者其他组织起诉原行政行为的，作出原行政行为的行政机关是被告；起诉复议机关不作为的，复议机关是被告。

之前的实践中复议机关为了不当被告，维持原行政行为的现象比较普遍，导致行政复议制度未能很好发挥作用。复议机关维持具体行政行为将作为共同被告这一修改有利于改变长期以来行政复议因许多地方和部门复议机关做"维持会"而导致复议公信力严重下降的现实困境。

(3) 两个以上行政机关作出同一具体行政行为的，共同作出具体行政行为的行政机关是共同被告。

(4) 由行政机关委托的组织作出的具体行政行为，委托的行政机关是被告。

(5) 行政机关被撤销的或者职权变更的，继续行使其职权的行政机关是被告。

请看一则案例：

> 2011年12月23日，A县国土局以廖音违法占地修建房屋为由，决定没收廖音所修的房屋计193平方米。不久廖病故。2012年2月，A县与B县合并成立C市。3月，廖音的儿子廖民以廖音的名义向C市法院起诉，要求撤销原A县国土局没收廖音的房屋的决定。分析本案的当事人的情形如下：原告应该是廖民而不是廖音。因为，廖音已经死亡，按照行政诉讼法的规定，有权提起诉讼的公民死亡的，其近亲属可以提起诉讼。因此，廖民是合格原告。被告是C市国土局。由于A县与B县合并成立了C市，因此，原A县国土局的职权已由C市国土局承受。A县国土局已经被撤销，根据行政诉讼法的规定，行政机关被撤销的，继续行使其职权的行政机关是被告。所以，C市国土局是合格被告。

(三) 第三人

指同提起诉讼的具体行政行为有利害关系，为了维护自己的合法权益而参加诉讼的个人或组织。行政诉讼实践中常见第三人有以下几种情形：

(1) 行政机关对实施同一违法行为的两个以上相对人给予行政处罚，其中一部分人对行政处罚不服，向人民法院提起行政诉讼，另一部分人不起诉。法院应通知没有起诉的其他被处罚人作为第三人参加诉讼。

(2) 一方当事人对行政机关有关民事争议所作的处理或者裁决不服提起诉讼，争议另一方当事人未起诉。法院应通知另一方当事人作为第三人参加诉讼。

(3) 行政相对人对行政机关与非行政机关的组织共同署名作出的处理决定不服，向人民法院提起行政诉讼。非行政机关的组织因不具备行政主体资格，不能成为被告，法院应通知其作为第三人参加诉讼。举例说明:经 A 区规划局、国土局、城建局批准,甲市 A 区农业银行开始修建宿舍工程。修建过中,甲市建委认为该宿舍工程是违章建筑,对农业银行作出处罚限期拆除该处宿舍,农业银行对处罚决定不服,向法院提起行政诉讼。该涉案单位在行政诉讼中的诉讼地位分别如下:A 区农业银行是原告,甲市建委是被告。A 区规划局、国土局、城建局处于第三人地位,不是行政诉讼的被告。

五、行政诉讼证据与举证责任

(一)行政诉讼的证据

指能够用来证明案件真实情况的一切材料或手段。根据《行政诉讼法》第三十三条的规定,证据有以下八种:书证、物证、视听资料、电子数据、证人证言、当事人的陈述、鉴定意见、勘验笔录、现场笔录。

(二)举证责任的分配

指由法律预先规定的,在案件真实情况难以确定的情况下,一方当事人不能提供证据予以证明时所要承担的败诉风险及不利后果的制度。

1. 被告的举证责任

《行政诉讼法》第三十四条规定:"被告对作出的行政行为负有举证责任,应当提供作出该行政行为的证据和所依据的规范性文件。被告不提供或者无正当理由逾期提供证据,视为没有相应证据。但是,被诉行政行为涉及第三人合法权益,第三人提供证据的除外。"由被告负举证责任,有利于保护原告一方的诉权,充分发挥行政主体的举证优势,促进行政主体依法行政。

被告的举证责任在于证明行政决定的合法性,即证明行政决定所认定的基本事实清楚,适用法律、法规正确,符合法定程序,没有超越职权和滥用职权,或没有不履行、拖延履行法定职责。如果被告不能证明或者拒绝证明行政决定的合法性,则将承担败诉的风险或不利后果。例如,在最高法院公布的典型案例"隆胜石材厂不服福鼎市人民政府行政强制措施案"中,法院认定:"本案被告福鼎市人民政府收到起诉状副本后,在法定期限内仅提交了答辩状,没有提供作出鼎政办〔2001〕14 号文件的事实根据和法律依据,不能证明该文件是合法的,依法应予撤销。"

被告应当在收到起诉状副本之日起 10 日内,提供据以作出被诉行政决定的全部证据和所依据的规范性文件。被告不提供或者无正当理由逾期提供证据的,视为被诉行政决定没有相应的证据。在陈莉诉徐州市泉山区城市管理局行政处罚案中,法院就认定:"被告城市管理局在收到原告起诉状副本后的法定期限内,未向法庭提交暂扣原告陈莉物品的证据和依据,……应认定该暂扣行为无证据和依据,属于违法行政行为,应予撤销。"

此外,根据《行政诉讼法》第三十五条规定:"在诉讼过程中,被告及其诉讼代理人不得自行向原告、第三人和证人收集证据。"

请看一则案例:

> 某市环保局根据环保法的有关规定对 A 工厂的违法行为进行处罚,A 工厂不服向法院提起行政诉讼。经审理,第一审法院变更了环保局的行政处罚决定。对法院的判

决,双方当事人均不服。在收到判决书之日,环保局就开始收集有关的材料,向有关证人进行调查,并对有关数据进行复核。一方面为上诉作准备,一方面也为以后更好地进行管理收集材料。但是,一审法院却禁止了环保局的上述行为。因为根据《行政诉讼法》第三十五条的规定,在诉讼期间,被告不得自行向原告和证人收集证据。本案虽然法院已经作出一审判决,但是判决尚未生效。环保局对该案涉及的证人和有关问题的调查均是受到限制的。

2. 原告的举证责任

被告对行政决定负有举证责任,并不意味被告对行政诉讼中的所有事实都负有举证责任。"民告官"的老百姓作为原告同样要担负一定的举证责任,需提供符合起诉条件的证据材料。在起诉行政机关不作为案件中,应提交自己曾经向行政机关提出申请的相关材料,要求索赔时,提交行政机关造成损害事实的证据。

六、行政诉讼程序

(一)起诉和受理

1. 起诉的条件与方式

按照《行政诉讼法》第四十九条规定,起诉必须具备以下条件:①原告是认为具体行政行为侵犯其合法权益的公民、法人或其他组织;②有明确的被告;③有具体的诉讼请求和事实根据;④属于法院的受案范围和受诉法院管辖。

关于起诉的方式,《行政诉讼法》第五十条规定:"起诉应当向人民法院递交起诉状,并按照被告人数提出副本。书写起诉状确有困难的,可以口头起诉,由人民法院记入笔录,出具注明日期的书面凭证,并告知对方当事人。"

2. 法院对起诉的受理

2014年《行政诉讼法》修改后改革了法院案件受理制度,变立案审查制为立案登记制,对人民法院依法应该受理的案件,做到有案必立、有诉必理,保障当事人诉权。

《行政诉讼法》第五十一条规定:"人民法院在接到起诉状时对符合本法规定的起诉条件的,应当登记立案。对当场不能判定是否符合本法规定的起诉条件的,应当接收起诉状,出具注明收到日期的书面凭证,并在七日内决定是否立案。不符合起诉条件的,作出不予立案的裁定。裁定书应当载明不予立案的理由。原告对裁定不服的,可以提起上诉。起诉状内容欠缺或者有其他错误的,应当给予指导和释明,并一次性告知当事人需要补正的内容。不得未经指导和释明即以起诉不符合条件为由不接收起诉状。对于不接收起诉状、接收起诉状后不出具书面凭证,以及不一次性告知当事人需要补正的起诉状内容的,当事人可以向上级人民法院投诉,上级人民法院应当责令改正,并对直接负责的主管人员和其他直接责任人员依法给予处分。"

同时,《行政诉讼法》还增加了对规范性文件的审查。原告认为行政行为所依据的国务院部门和地方人民政府及其部门制定的规范性文件不合法,在对行政行为提起诉讼时,可以一并请求对该规范性文件进行审查。这是对规章以下的规范性文件的附带审查,扩大行政诉讼的审查范围,非常有利于保护原告的合法权益,意义非凡。

请看一则案例：

> 福建平和县规定没有初中毕业证不能办结婚证案
>
> 2007年3月《平和县人民政府办公室关于落实政府行为加大执法力度严格控制初中辍学的通知（摘要）》显示：乡镇、村和教育、劳动、工商、公安、民政、土地等部门对未取得初中毕业证书青少年不得开具劳务证明，不给予办理劳务证、结婚证、驾驶证等。

根据当时的行政诉讼法规定，对这样荒唐的"红头文件"不能提起行政诉讼。2015修改后的行政诉讼法将"红头文件"等纳入审查对象，在对行政行为提起诉讼时，可以一并请求对该规范性文件进行审查。

2011年，户籍在乐昌市北乡镇茅坪村的沈某某等人以照顾独居老人的生活为由，向乐昌市公安局廊田派出所申请入户，投靠居住在乐昌市廊田镇马屋村的祖母，廊田派出所登记后为沈某某等人办理户籍迁入手续。

2013年，乐昌市公安局根据广东省公安厅《关于进一步加强和规范户政管理工作的通知》第三条第三款和《广东省公安机关警务规范化建设汇编》的规定，认为可以办理入户的情况只有三种：夫妻投靠入户、父母投靠子女入户、子女投靠父母入户，故发出《关于将沈某某等3人户口迁回北乡镇的通知》，认为沈某某等人"市内移居"的迁移不符合条件，要求廊田派出所将其户籍迁回原址。同日，廊田派出所注销沈某某等人的户籍登记。沈某某等人诉请撤销该注销行为。

乐昌市人民法院一审判决，驳回沈某某等人的诉讼请求。沈某某等人不服，提起上诉。

韶关市中级人民法院二审认为，《国务院批转公安部关于处理户口迁移的规定的通知》并没有限制农村之间的户籍迁移，只要理由正当，行政机关应当准予落户，并且乐昌市公安局也无法提供其他法律、法规、规章作为其限制农村之间迁移户口的依据。乐昌市公安局所依据的规范性文件，即广东省公安厅《关于进一步加强和规范户政管理工作的通知》和《广东省公安机关警务规范化建设汇编》的规定，由于缩窄了农村之间迁移户口的条件，限制了行政相对人的合法权益，不能作为乐昌市公安局行政行为合法的依据。乐昌市公安局的行政行为不合法。据此，法院判决撤销乐昌市公安局注销沈某某等人户籍登记的行为。

【评析】

规范性文件俗称"红头文件"，它并不属于"依法行政"中之"法"而仅为"依法行政"中之"行政"，即行政机关根据法律、法规、规定所作出的行政行为，学理上习惯称之为"抽象行政行为"。

中共十八届四中全会决定明确指出，"行政机关不得法外设定权力，没有法律法规依据不得作出减损公民、法人和其他组织合法权益或者增加其义务的决定。"这段话应成为考察规范性文件可否获得行政审判认可的重要标准。

本案中《国务院批转公安部关于处理户口迁移的规定的通知》并没有限制农村之间的户籍迁移，而广东省公安厅《关于进一步加强和规范户政管理工作的通知》却限制了相关户籍的迁移，这种对相对人权利的限制，因缺乏法律法规的依据而不能成为认定行政行为合法的依据。

（二）行政诉讼案件审理程序的特点

我国行政诉讼与民事诉讼的审理程序基本相同，包括第一审程序、第二审程序及审判监督程序。但行政诉讼与民事诉讼相比，在审理程序上也有自己的特点：

1. 法院审理行政案件一律实行合议制，不实行独任制

合议制是合议原则的具体体现，它要求人民法院审理行政案件一律使用组织合议庭进行审理。由于行政案件一般都比较复杂，审理难度大，因此不适用独任审判，需要组成合议庭，依靠集体的智慧，集思广益，保证办案质量。

2. 被诉行政机关负责人应当出庭应诉

《行政诉讼法》第三条规定："被诉行政机关负责人应当出庭应诉。不能出庭的，应当委托行政机关相应的工作人员出庭。"例如，2014年浏阳一村民状告市政府，分管副市长出庭应诉。2014年12月3日上午8时30分，该起行政诉讼案在浏阳市人民法院大审判庭开庭审理。与以往不同的是，这场官司的被告是浏阳市人民政府，而代表市人民政府出庭应诉的是市委常委、副市长熊清溪。虽然此案没有当庭宣判，但对于原告、63岁的七宝山乡升平村西岭片朱家组的村民廖伟兴而言，"能与副市长对簿公堂，充分体现了法律的公平公正。"

3. 可适用简易程序

《行政诉讼法》第八十二条规定，人民法院审理下列第一审行政案件，认为事实清楚、权利义务关系明确、争议不大的，可以适用简易程序：①被诉行政行为是依法当场作出的；②案件涉及款额二千元以下的；③属于政府信息公开案件的；④当事人各方同意适用简易程序的。同时规定，适用简易程序审理的行政案件，由审判员一人独任审理，并应当在立案之日起四十五日内审结。增加简易程序，有利于提高审判效率，降低诉讼成本。

4. 法院有权裁定停止被诉具体行政行为的执行

一般情况下，被诉具体行政行为不因诉讼而停止执行，但法院在当事人提出申请而经过审查认为有必要停止执行时，有权停止被诉具体行政行为的执行。

5. 强化行政诉讼解决纠纷的功能

《行政诉讼法》第六十一条规定："在涉及行政许可、登记、征收、征用和行政机关对民事争议所作的裁决的行政诉讼中，当事人申请一并解决相关民事争议的，人民法院可以一并审理。"此条规定要求行政法官兼做民事法官或行政执法官。因为法官一并审理的民事争议，含原先由民事法官审理的民事争议，和一直由行政执法官审理的民事争议二种。审理前者是兼做民事法官，审理后者是兼做行政执法官。

请看两则案例：

案例一：甲违法搭建房屋侵犯乙合法权益一案，甲的房屋与乙的房屋之间有1.5米的空间，甲未经乙同意和有关部门批准，私自在两房之间搭盖卫生间和杂物房，把乙的后窗挡住，使乙的房屋光线不足，乙投诉后，行政机关对甲进行了处罚。该案中，甲未经相邻房主同意和有关部门批准，私自搭建卫生间、杂物房，影响了乙房屋的采光、通风，该行为既是违反有关房屋建设管理的违法行为，又是一种民事相邻关系侵权行为，两个纠纷的处理可以并行。

案例二：孙某某诉马鞍山市水利局林业行政征用案

基本案情：孙某某于2004年10月15日与某乡三联村签订协议，承包三联村长江

边滩地栽种林木。2009年3月26日,马鞍山市水利局(以下简称市水利局)组建长江马鞍山河段江心洲段河道整治工程建设管理处,负责上述工程项目前期及工程建设管理工作。孙某某承包滩地上种植的部分林木位于该河道整治工程削坡护岸范围内,双方就林木补偿事宜协商未果后,为赶在长江枯水期和霜冻到来之前,完成削坡和基槽浇筑工程任务,工程施工单位受上述工程建设管理处的指派,安排挖掘机对孙某某栽种的位于削坡范围内的林木进行砍伐清除。孙某某遂起诉要求判决确认马鞍山市水利局强制征收其承包林地的行为违法。

裁判结果:马鞍山市雨山区人民法院经审理认为,马鞍山市水利局在未履行任何法定征收程序的情况下实施的强制征用、征收行为,不受法律、行政法规的保护,判决确认被告市水利局强制征收原告孙某某承包林地行为违法。

马鞍山市水利局不服一审判决,提起上诉。

马鞍山市中级人民法院经审理认为,案涉滩地系长江自然冲刷形成,根据《中华人民共和国物权法》第四十八条的规定属于国有土地,不存在征收问题,马鞍山市水利局因河道整治工程需要征用的是滩涂上的林木。根据《中华人民共和国物权法》第四十四条规定,个人的动产或不动产因紧急需要被征用后毁损、灭失的,应当给予补偿。故,孙某某对于林木的毁损可以获得合理的补偿,但要求确认马鞍山市水利局征收林地行为违法的理由不能成立。故判决撤销一审判决,驳回孙某某的诉讼请求。同时,委托第三方评估机构,就孙某某被毁损林木的价值出具评估报告,并以此为基础,在判决后促成双方当事人达成补偿协议,一举解决了孙某某多年来历经民事、行政诉讼判而未决的实质诉求。

评析:新修改的《行政诉讼法》明确将解决行政争议确立为立法目的之一,故人民法院在行政诉讼中应更加注重涉案纠纷的实质性化解。本案诉讼标的虽是林地征收行为,二审法院亦通过对涉案林地性质的认定驳回了孙某某的诉讼请求,但并未囿于就案办案,而是将视角及于孙某某的实质诉求,以诉讼过程中的评估报告为基础,在判决后对涉案林木的补偿问题进行调解,最终促使历时多年的矛盾纠纷得以化解,有效实现了"案结、事了、人和"。本案对人民法院实质解决行政争议及关联争议,通过行政审判依法保障行政相对人合法权益具有一定的示范意义。

(三) 行政诉讼的判决

这里仅介绍一审判决的几种情况。

1. 判决驳回原告诉讼请求

行政行为证据确凿,适用法律、法规正确,符合法定程序的,或者原告申请被告履行法定职责或者给付义务理由不成立的,人民法院判决驳回原告的诉讼请求。本条将原来作为类案件的维持判决改为驳回诉讼请求判决,并将不作为类案件的驳回诉请的内容融入。

2. 撤销与撤销并重作判决

行政行为有下列情形之一的,人民法院判决撤销或者部分撤销,并可以判决被告重新作出行政行为:主要证据不足的;适用法律、法规错误的;违反法定程序的;超越职权的;滥用职权的;明显不当的。新增的"明显不当的"情形,意味着具体行政行为的适当性也即合理性,也被有条件地纳入司法审查的范围。

请看一则案例:

原告刘某在非法香烟市场购买非法进口香烟一箱共50条,在无准运证的情况下,用自行车将香烟运往他处。途中被烟草专卖局的执法人员拦获。烟草专卖局以刘某非法经销进口香烟为由,决定没收其携带的50条非法进口香烟,开具了编号的没收物品清单,但未制作处罚决定书也没有告知刘某处罚的依据和其应享有的权利。刘某不服向法院起行政诉讼。经查原告的行为不属于非法经销而是非法运输。根据法律规定并结合案情,这种情形下,法院应当判决撤销被告的具体行政行为。因为被告的行政行为对原告行为的认定有错误,定性不准,属于事实不清,适用法律错误。同时,被告作出行政处罚的程序和形式也是违法的。因此,应当撤销其作出的行政处罚。但由于原告违法运输香烟的行为违反了烟草专卖法的有关规定应当予以制裁,所以在判决撤销行政处罚的同时应当判令烟草专卖局重新作出具体行政行为。

3. 给付判决

给付判决根据审判实际需要规定,人民法院经过审理,查明被告依法负有给付义务的,判决被告履行给付义务。

4. 限期履行判决

限期履行判决适用于:被告不履行或者拖延履行法定职责。

请看一则案例:

不履行拆除违法建设法定职责案

基本案情:2006年10月,某干休所新建一栋建筑,温某以该建筑临近其住宅并侵犯其权利为由向某市规划局举报。某市规划局经调查确认该建筑未取得建设工程规划许可,遂于2012年11月作出《限期拆除决定书》,限其三日内将该违法建筑自行拆除,同时向某市某区人民政府(以下简称某区政府)发出《关于提请依法组织强制拆除违法建筑的函》,提请某区政府组织强制拆除,但某区政府一直未组织实施。温某不服,诉至法院。

裁判结果:烟台市中级人民法院一审认为,根据《中华人民共和国城乡规划法》的规定,某区政府在接到某市规划局作出的限期拆除决定后,应当在法定期限内责成有关部门对违法建筑予以拆除,但其在收到函后三年多的时间里未对案件作进一步处理。某市规划局在下达《限期拆除决定书》、发出《关于提请依法组织强制拆除违法建筑的函》后,亦未对案件进行监督检查。二者均已构成怠于履行法定职责。遂判决某市规划局、某区政府对涉案违法建筑问题依法继续作出处理。某区政府不服提起上诉,山东省高级人民法院二审判决驳回上诉,维持原判。

评析:本案是一起典型的行政不完全作为的案例。行政不作为的表现形式,既包括行政机关应当履行而未履行或拖延履行法定职责的情况,也包括行政机关应当履行全部职责而无正当理由仅履行部分法定职责的情况,后者即属于行政不完全作为。相较于其他行政不作为的表现形式而言,行政不完全作为具有更大的隐蔽性和欺骗性,会对行政相对人的合法权益、社会公共利益以及行政机关的公信力造成损害,行政执法实践中应当予以重视。行政机关行使行政职权应当做到合法、合理、到位,既不越权,亦不失权。

5. 确认违法判决

行政行为有下列情形之一的,人民法院判决确认行政行为违法:一是行政行为依法应当撤销,但撤销该行政行为将会给国家利益、社会公共利益造成重大损害的;二是行政行为违法,但不具有可撤销内容;三是行政行为程序轻微违法,但对原告权利不产生实际影响;四是被告不履行或者拖延履行法定职责,判决履行没有意义;五是被告改变原违法行政行为,原告仍要求确认原行政行为违法的。

6. 确认无效判决

行政行为有实施主体不具有行政主体资格或者没有依据等重大且明显违法情形,原告申请确认行政行为无效的,人民法院判决确认无效。

同时,《行政诉讼法》第七十六条规定:"人民法院判决确认违法或者无效的,可以同时判决责令被告采取补救措施;给原告造成损失的,依法判决被告承担赔偿责任。"举例说明:某市城市规划局批准建设的居住小区整体结构设计违反了国家的有关法律规定,给原告甲村的利益造成严重损害,但是房屋及其配套设施等已经建成交付使用。撤销批准建设的具体行政行为将会给公共利益造成重大损失,法院此时应该这样处理:判决确认被诉具体行政行为违法并判决被告对原告承担赔偿责任,同时,责令被诉行政机关采取相应的补救措施。

7. 变更判决

行政处罚明显不当,或者其他行政行为涉及对款额的确定或者认定确有错误的,人民法院可以判决变更。人民法院判决变更,不得加重原告的义务或者减少原告的利益。但利害关系人同为原告,且诉讼请求相反的除外。

(四) 执行程序

1. 执行申请人

根据《行政诉讼法》的规定,申请执行人可以是行政主体,也可以是相对人。举例说明:夏昌志诉龚场镇人民政府一案,原告因收养弃婴被被告处罚,处罚决定为人民法院判决所维持。判决生效后,原告仍不履行该判决。龚场镇人民政府遂申请人民法院强制执行。在覃家国诉远安县公安局案中,法院判决被告向原告支付赔偿金 3 267.76 元,但判决生效后被告公安局并未履行。覃家国遂申请法院强制执行。

2. 执行机关

行政诉讼裁判的执行机关一般是第一审人民法院。根据《行政诉讼法》第九十五条的规定:"公民、法人或者其他组织拒绝履行判决、裁定、调解书的,行政机关或者第三人可以向第一审人民法院申请强制执行,或者由行政机关依法强制执行。"也就是说基于生效裁判,对公民、法人或者其他组织的强制执行有两种,即司法强制执行和行政强制执行。

3. 明确行政机关不执行判决责任

行政机关不执行法院判决的问题仍较为突出,为增强法律规定的可执行性,行政诉讼法规定:行政机关拒绝履行判决、裁定、调解书的,一审人民法院可以采取下列措施:一是对应当归还的罚款或者应当给付的款额,通知银行从该行政机关的账户内划拨;二是在规定期限内不履行的,从期满之日起,对该行政机关负责人按日处五十元至一百元罚款;三是将行政机关拒绝履行的情况予以公告;四是向该行政机关的上一级行政机关或者监察、人事机关提出司法建议。接受司法建议的机关,根据有关规定进行处理,并将处理情况告知人民法院;五是拒不履行判决、裁定、调解书,社会影响恶劣的,可以对该行政机关直接负责的主管人员和其他直接责任人员予以拘留;情节严重,构成犯罪的,依法追究刑事责任。这一规定对于促进执行还是比较有力度以及威慑力的。

第四节　非诉讼程序法

一、非诉讼程序概述

（一）非诉讼程序的界定

非诉讼程序（alternative dispute resolution，ADR）是对诉讼以外的其他各种纠纷解决方式、程序或制度的总称,也称"替代性（选择性）纠纷解决""审判外（诉讼外或法院外）纠纷解决"等。非诉讼程序是一个总括性、综合性的概念,目前,国际上对非诉讼程序应包括哪些程序制度仍存在较大分歧,因此,其定义尚不十分严密和统一。但非诉讼程序作为诉讼程序的对称,强调的是其区别于诉讼程序（判决）的独特内涵,非诉讼程序的判断通常考虑如下几个要素：

（1）替代性,是指对法院审判或判决的代替。非诉讼程序是一系列多样化的纠纷解决程序的统称,每一种非诉讼程序都是对法院判决的一种替代。

（2）选择性,即这种纠纷解决方式以当事人的自主合意和选择为基础。非诉讼程序的存在和运作,以法院和诉讼程序的存在以及当事人的诉讼权利和处分权为前提,当事人根据其自由意志,在法院判决和各种非诉讼方式之间进行选择。

（3）解决纠纷,是非诉讼程序（ADR）的基本功能。非诉讼程序区别于一般组织或行政机构的管理性、职能性活动,其旨在通过促成当事人的和解和妥协来达到纠纷解决。

（二）非诉讼程序的功能和优势

非诉讼程序的基本功能是以相对平和的方式解决纠纷。其相对于诉讼程序的优势表现为：①能充分发挥作为中立调解人的专家在纠纷解决中的有效作用；②以妥协、而不是对抗的方式解决纠纷,有利于维护需要长久维系的合作关系和人际关系,乃至维护共同体的凝聚力和社会的稳定；③使当事人有更多的机会和可能参与纠纷的解决；④有利于保守个人隐私和商业秘密；⑤当处理新的技术和社会问题时,在法律规范相对滞后的情况下,能够提供一种适应社会和技术的发展变化的灵活的纠纷解决程序；⑥允许当事人根据自主和自律原则选择适用的规范,如地方惯例、行业习惯和标准等解决纠纷；⑦经过当事人理性的协商和妥协,可能得到双赢（win-win）的结果。

（三）非诉讼程序的分类

非诉讼程序形式多样,依据不同标准可作如下分类：

（1）以主持纠纷解决的主体为依据,可将非诉讼程序分为以下五种：①法院附设的非诉讼程序,该类非诉讼程序区别于诉讼程序,但又与法院的诉讼程序存在一种制度上的联系,可以通过立法将其确立在诉讼程序的前置阶段,如日本的民事和家事调停、美国各种法院附设的 ADR;②国家行政机关或准行政机关所设或附设的非诉讼程序,如行政申诉、消费者协会协调、劳动仲裁等;③由民间团体或组织进行的非诉讼程序,如日本的交通事故纠纷处理中心、美国的邻里司法中心和我国的人民调解;④由律师主持的专业咨询或法律援助性质的非诉讼程序;⑤国际组织所设纠纷解决机构的非诉讼程序,如世界贸易组织(WTO)和世界知识产权组织(WIPO)所建立的纠纷处理机构。

(2) 以非诉讼程序的启动程序为依据,可分为合意 ADR、半强制 ADR 和强制 ADR。①合意 ADR,即当事人双方合意决定通过非诉讼程序解决纠纷,包括通过事先约定对纠纷解决达成合意,或在纠纷发生后,经过协商合意选定非诉讼程序;②半强制 ADR,即 ADR 机关或组织根据一方当事人的申请即可进行纠纷处理,但一般并非诉讼的必经阶段,当事人亦可直接提起诉讼;③强制 ADR,即根据法律规定,把 ADR 设定为解决某些类型纠纷的前置程序,如劳动争议的处理。所谓"强制"仅限于程序参加的强制,而不是指当事人必须接受处理的结果,也不意味着剥夺当事人的诉权。

(3) 以非诉讼程序处理结果的效力为标准,可区分为处理结果有拘束力或终局性的非诉讼程序和处理结果无拘束力或非终局性的非诉讼程序。前者处理结果产生强制性法律效力,如果一方不自觉履行,对方当事人可向法院申请强制执行,并可产生既判力;后者处理结果不具有强制执行效力,当事人在纠纷解决未达成合意或达协议后的一定期限内,仍可以提起诉讼。

(4) 以 ADR 机构在纠纷解决中的作用为标准,可区分为中立性 ADR 和指导性 ADR。中立性 ADR 主要为当事人提供一种对话的渠道,调解者尽量不提供意见或方案;指导性 ADR 则侧重为当事人提供最接近判决的法律意见,如律师或法官的调解。

(5) 以非诉讼程序所处理的纠纷类型为依据,可划分为解决一般民事(包括经济)纠纷的非诉讼程序和解决特定纠纷的非诉讼程序。前者包括民事调解和仲裁等,后者包括劳动纠纷、消费者纠纷、医疗纠纷、环境纠纷等等。

(6) 以非诉讼程序的起源和运作方式为依据,可分为传统型 ADR 和现代型 ADR。前者指以调解和仲裁为代表的从传统资源发展而来的非诉讼程序,如商事仲裁和我国人民调解等;后者指 20 世纪后半叶以来获得迅猛发展的,主要用于解决特定类型纠纷的,或法院新创立的纠纷解决程序,如劳动仲裁、消费者协会的调解等。

二、协商

在纠纷存在的任何阶段,当事人一方都可以向对方提出通过协商来解决争议的意思表示,从而在互谅互让的基础上达成谅解并和解。

协商成功的基本条件包括:①有解决纠纷的愿望或诚意。②当事人具有进行判断和权衡的理性或能力。协商要取得成功,当事人应对自己的利益和理由以及对方的优势和弱点作接近合理的判断,从而使讨价还价在一个可能达成一致的限度内进行。当事人在协商中的理性取决于其对局势的判断把握能力和实事求是的权衡能力,并不一定与其文化教养或精明程度成正比。一方在道德和法律上的优势,可以使其在协商活动中居于主动地位,但得理不饶人、寸土必争的心态并不是协商所要求的理性。当事人相互宽容、互谅互让、从现实出发会增加协商成功的可能性。

协商通常并无规定的程序,一般要经过以下几个环节:①计划与分析,即对通过协商解决纠纷的利弊进行分析估计,对自己在协商中的主张和策略作出决策。②交换信息,也就是当事人双方相互交换主张、理由和证据,并进行出价,这是一个在提出自己信息的同时,了解对方的机会。③让步和承诺,这是协商的实质阶段。通常,双方要进行一番讨价还价,出价的一方或双方在原有的出价基础上作出一定让步,最终达成双方可以接受的方案。④达成协议,一般而言,涉及较大标的额或需要分阶段履行的和解协议,最好采用要式契约形式,并以公证的方式加以确认,使其具有严格的法律效力。在一些国家,谈判达成的和解协议还可以以合意判决或法院登记等方式加以确认,目的同样是为了加强其效力。

三、调解

我国的调解主要有非组织的民间调解和法定的调解。非组织性的民间调解是由纠纷双方当事人的同事、亲友、邻居等自发的、临时性的调解,是一种无组织的纯粹的民间调解。法定的调解又可以细化为人民调解、行政调解、仲裁调解等,已经构成了比较完整的调解体系,并上升为国家法律制度中的一部分。

(一) 人民调解

1. 人民调解委员会和人民调解员

人民调解,是指人民调解委员会通过说服、疏导等方法,促使当事人在平等协商基础上自愿达成调解协议,解决民间纠纷的活动。根据第十一届全国人民代表大会常务委员会2010年8月28日通过的《中华人民共和国人民调解法》,村民委员会、居民委员会设立人民调解委员会;乡镇、街道、企业事业单位以及社会团体或者其他组织根据需要设立人民调解委员会。人民调解委员会由委员三至九人组成,设主任一人,必要时,可以设副主任若干人。村民委员会、居民委员会的人民调解委员会委员由村民会议或者村民代表会议、居民会议推选产生;企业事业单位设立的人民调解委员会委员由职工大会、职工代表大会或者工会组织推选产生。人民调解委员会委员每届任期三年,可以连选连任。人民调解委员会是依法设立的调解民间纠纷的群众性组织。人民调解员由人民调解委员会委员和人民调解委员会聘任的人员担任。

2. 人民调解的原则和当事人的权利、义务

人民调解委员会调解民间纠纷,应当遵循下列原则:①在当事人自愿、平等的基础上进行调解;②不违背法律、法规和国家政策;③尊重当事人的权利,不得因调解而阻止当事人依法通过仲裁、行政、司法等途径维护自己的权利。当事人在人民调解活动中享有下列权利:①选择或者接受人民调解员;②接受调解、拒绝调解或者要求终止调解;③要求调解公开进行或者不公开进行;④自主表达意愿、自愿达成调解协议。当事人在人民调解活动中履行下列义务:①如实陈述纠纷事实;②遵守调解现场秩序,尊重人民调解员;③尊重对方当事人行使权利。

3. 人民调解的程序

(1) 受案。当事人可以向人民调解委员会申请调解;人民调解委员会也可以主动调解。当事人一方明确拒绝调解的,不得调解。基层人民法院、公安机关对适宜通过人民调解方式解决的纠纷,可以在受理前告知当事人向人民调解委员会申请调解。

(2) 指定或选定人民调解员。人民调解委员会根据调解纠纷的需要,可以指定一名或者数名人民调解员进行调解,也可以由当事人选择一名或者数名人民调解员进行调解。人民调解员根据调解纠纷的需要,在征得当事人的同意后,可以邀请当事人的亲属、邻里、同事等参与调解,也可以邀请具有专门知识、特定经验的人员或者有关社会组织的人员参与调解。

(3) 调解、劝导。人民调解员根据纠纷的不同情况,可以采取多种方式调解民间纠纷,充分听取当事人的陈述,讲解有关法律、法规和国家政策,耐心疏导,在当事人平等协商、互谅互让的基础上提出纠纷解决方案,帮助当事人自愿达成调解协议。

(4) 达成协议或终止调解。经人民调解委员会调解达成调解协议的,可以制作调解协议书。当事人认为无需制作调解协议书的,可以采取口头协议方式,人民调解员应当记录协议内容。调解协议书自各方当事人签名、盖章或者按指印,人民调解员签名并加盖人民调解委员会印章之日起生效。调解协议书由当事人各执一份,人民调解委员会留存一份。口头调解协议自各方当事人达成协议之日起生效。人民调解员调解纠纷,调解不成的,应当终止调解,并依据有关法律、法规的规定,告知当事人可以依法通过仲裁、行政、司法等途径维护自己的权利。人民调解员在调解纠纷过程中,发现纠纷有可能激化的,应当采取有针对性的预防措施;对有可能引起治安案件、刑事案件的纠纷,应当及时向当地公安机关或者其他有关部门报告。

(5) 协议的履行和申请司法确认。经人民调解委员会调解达成的调解协议,具有法律约束力,当事人应当按照约定履行。人民调解委员会应当对调解协议的履行情况进行监督,督促当事人履行约定的义务。经人民调解委员会调解达成调解协议后,当事人之间就调解协议的履行或者调解协议的内容发生争议的,一方当事人可以向人民法院提起诉讼。经人民调解委员会调解达成调解协议后,双方当事人认为有必要的,可以自调解协议生效之日起三十日内共同向人民法院申请司法确认,人民法院应当及时对调解协议进行审查,依法确认调解协议的效力。人民法院依法确认调解协议有效,一方当事人拒绝履行或者未全部履行的,对方当事人可以向人民法院申请强制执行。人民法院依法确认调解协议无效的,当事人可以通过人民调解方式变更原调解协议或者达成新的调解协议,也可以向人民法院提起诉讼。

【相关案例】

2012年5月14日,兰州市城关区甘南路住户孙某来到白银路街道正宁路社区调委会反映,她家楼上住户经常往下水管道内乱倒垃圾,导致她家下水管道经常堵塞污水横流,严重影响了她及家人的正常生活。为了彻底杜绝类似事情的再次发生,她找楼上住户协商改造下水管道,但楼上部分住户不愿分摊费用。于是,她将上水阀门关闭,致使楼上住户无法供水,生活也同样受到影响,由此邻里间发生了矛盾。

接到反应后调解员马上赶到现场进行调解。动之以情,晓之以理,劝大家换位思考,同心协力,共同出钱改造下水管道,为的是方便小家,更是为方便大家。经过两个多小时的耐心劝导和说服,终于,大家意见一致,同意改造下水管道,产生的费用由大家分摊。现场立即请来施工人员做预算,马上收取费用当天开工,到晚上八时左右工程完工。下水管道畅通,供水恢复,事情得以圆满解决。

（二）其他类型的调解

除了人民调解外，调解人还可能是仲裁机构、行政机构、行业协会、律师以及任何当事人之外的第三人，这些调解形式灵活多样，并没有严格的程序规则的约束。

1. 仲裁调解

仲裁调解是把仲裁程序和调解程序联合起来，在仲裁程序之内进行的调解。可以细分为两种：仲裁机构的调解和仲裁员的调解。仲裁机构的调解指在仲裁委员会受理仲裁案件之后，在组成仲裁庭之前，如果双方当事人要求调解，仲裁委员会即指定其秘书长或副秘书长负责调解。如果调解成功，当事人申请撤销案件，仲裁委员会秘书长作出做销案件的决定。案件即告结束，不必组成仲裁庭进行审理；如果调解失败，则组成仲裁庭进行审理。仲裁员的调解是指在组成仲裁庭之后，双方当事人在仲裁庭开庭审理时要求的，而由仲裁庭在仲裁程序进程中进行的调解。

2. 行政调解

行政机关依照法律调解纠纷的一种行政行为。具体地说就是行政机关主持的，以国家政策法律为依据，以自愿为原则，通过说服教育的方法，促使双方当事人友好协商、互让互谅、达成协议，消除纷争的诉讼外调解活动。由于行政机关掌握广泛的行政管理权，在解决纠纷过程中可以通过不同的资源调配，实现纠纷之有效解决。行政调解具有效率高、成本低、专业性强、综合性地解决纠纷的优势。

3. 行政裁决

行政裁决对于不同内容的纠纷具有不同的意义，对于某些纠纷，行政裁决是提起诉讼的前置条件，在这类案件中，行政裁决结果并没有终局性，但具有程序上的意义。如《中华人民共和国土地管理法》第十六条的规定，土地所有权和使用权争议，由当事人协商解决；协商不成的，由人民政府处理。单位之间的争议，由县级以上人民政府处理；个人之间、个人与单位之间的争议，由乡级人民政府或者县级以上人民政府处理。当事人对有关人民政府的处理决定不服的，可以自接到处理决定通知之日起30日内，向人民法院起诉。对于有关行政补偿和行政赔偿的纠纷，一般也是由补偿或赔偿机关的上级行政机关处理，当事人对处理决定不服的才可以向人民法院起诉。对于大多数纠纷而言，行政裁决一般只是纠纷解决的可选择方式之一，不经过这一程序也不影响当事人向法院起诉。

四、仲裁

仲裁又称公断，是指双方当事人在纠纷发生前或发生后达成仲裁协议，自愿将纠纷交给仲裁机构进行审理，作出对双方当事人均有约束力的裁决，从而解决争议的一种方法。仲裁是一种最接近审判的纠纷解决方式，二者区别主要在于判决由法官代表国家作出，而裁决由仲裁员作出，不体现公权力；判决可以上诉，而仲裁虽允许进行司法审查，但从其目的和实际结果看，是以终局性为原则。

（一）仲裁的基本原则

仲裁应遵循以下几项原则：①当事人意思自治原则，即当事人自愿仲裁原则。《中华人民共和国仲裁法》（下简称《仲裁法》）第四条规定："当事人采用仲裁方式解决纠纷，应当双方自愿，达成仲裁协议。没有仲裁协议，一方申请仲裁的，仲裁委员会不予受理。"仲裁不实行级别管辖和地域管辖,仲裁委员会应当由当事人协议选定。需要说明的是,劳动仲裁与此处的商事仲裁不同,我国的劳动仲裁具有强制性,《劳动法》第七十九条规定:"劳动争议发生后,当事人可以向本单位劳动争议调解;调解不成,当事人一方要求仲裁的,可以向劳动争议仲裁委员会申请仲裁。当事人一方也可以向劳动争议仲裁委员会申请仲裁。对仲裁裁决不服的,可以向人民法院提起诉讼。"②以事实为根据,以法律为准绳原则。仲裁应当根据事实,符合法律规定,公平合理地解决纠纷。③独立公正裁决原则。根据仲裁法第八条,仲裁依法独立进行,不受行政机关、社会团体和个人的干涉。④一裁终局原则。裁决作出后,当事人就同一纠纷再申请仲裁或者向人民法院起诉的,仲裁委员会或者人民法院不予受理。⑤先行调解原则。仲裁庭在作出裁决前,可以先行调解。当事人自愿调解的,仲裁庭应当调解。调解不成的,应当及时作出裁决。调解达成协议的,仲裁庭应当制作调解书或者根据协议的结果制作裁决书。调解书与裁决书具有同等法律效力。

(二) 仲裁的范围和仲裁协议

1. 仲裁的范围

是指依法设立的各种仲裁委员会可以受理的当事人之间哪些类型争议或纠纷的事项。我国仲裁法规定,平等主体的公民、法人和其他组织之间发生的合同纠纷和其他财产权益纠纷,可以仲裁。但下列纠纷不能仲裁:①婚姻、收养、监护、扶养、继承纠纷;②依法应当由行政机关处理的行政争议。

2. 仲裁协议

仲裁协议是指双方当事人所达成的关于请求通过仲裁解决其纠纷的意思表示,是启动仲裁程序的前提条件。《仲裁法》规定,没有仲裁协议,一方申请仲裁的,仲裁委员会不予受理。当事人达成仲裁协议,一方向人民法院起诉的,人民法院不予受理,但仲裁协议无效的除外。仲裁协议一般要求采用书面地方,包括合同中事先订立的"仲裁条款"和以其他书面形式在纠纷发生前或纠纷发生后达成的同意通过仲裁解决纠纷的"仲裁协议书"两类。

仲裁协议应当具有下列内容:①请求仲裁的意思表示;②仲裁事项;③选定的仲裁委员会。仲裁协议独立存在,合同的变更、解除、终止或者无效,不影响仲裁协议的效力。有下列情形之一的,仲裁协议无效:①约定的仲裁事项超出法律规定的仲裁范围的;②行为能力人或者限制民事行为能力人订立的仲裁协议;③一方采取胁迫手段,迫使对方订立仲裁协议的。当事人对仲裁协议的效力有异议的,可以请求仲裁委员会作出决定或者请求人民法院作出裁定。一方请求仲裁委员会作出决定,另一方请求人民法院作出裁定的,由人民法院裁定。当事人对仲裁协议的效力有异议,应当在仲裁庭首次开庭前提出。

(三) 仲裁的申请和受理

当事人申请仲裁应当符合下列条件:①有仲裁协议;②有具体的仲裁请求和事实、理由;③属于仲裁委员会的受理范围。当事人申请仲裁,应当向仲裁委员会递交仲裁协议、仲裁申请书及副本。仲裁委员会收到仲裁申请书之日起五日内,认为符合受理条件的,应当受理,并通知当事人;认为不符合受理条件的,应当书面通知当事人不予受理,并说明理由。

当事人虽然已经达成仲裁协议,但一方当事人直接向人民法院起诉的,人民法院受理后,另一方在首次开庭前提交仲裁协议的,人民法院应当驳回起诉,但仲裁协议无效的除外;另一方在首次开庭前未对人民法院受理该案提出异议的,视为放弃仲裁协议,人民法院应当继续审理。

（四）仲裁庭的组成

仲裁庭可以由三名仲裁员或者一名仲裁员组成。由三名仲裁员组成的，设首席仲裁员。当事人约定由三名仲裁员组成仲裁庭的，应当各自选定或者各自委托仲裁委员会主任指定一名仲裁员，第三名仲裁员由当事人共同选定或者共同委托仲裁委员会主任指定。第三名仲裁员是首席仲裁员。

（五）开庭和裁决

仲裁程序相对灵活，可以根据当事人的协议对既定程序进行变通。《仲裁法》规定，原则上"仲裁应当开庭进行。当事人协议不开庭的，仲裁庭可以根据仲裁申请书、答辩书以及其他材料作出裁决。在仲裁开庭过程中，当事人可以互相质证，有权进行辩论。辩论终结时，首席仲裁员或者独任仲裁员应当征询当事人的最后意见。仲裁裁决应当按照多数仲裁员的意见作出，少数仲裁员的不同意见可以记入笔录。仲裁庭不能形成多数意见时，裁决应当按照首席仲裁员的意见作出。裁决书自作出之日起发生法律效力。

（六）对仲裁的司法审查

法院对仲裁的司法审查，主要体现在申请撤销裁决的程序上。当事人提出证据证明裁决有下列情形之一的，可以向仲裁委员会所在地的中级人民法院申请撤销裁决：①没有仲裁协议的；②裁决的事项不属于仲裁协议的范围或者仲裁委员会无权仲裁的；③仲裁庭的组成或者仲裁的程序违反法定程序的；④裁决所根据的证据是伪造的；⑤对方当事人隐瞒了足以影响公正裁决的证据的；⑥仲裁员在仲裁该案时有索贿受贿，徇私舞弊，枉法裁决行为的。

裁定不予执行仲裁裁决也是司法审查的一种方式。《仲裁法》规定，当事人应当履行裁决，一方当事人不履行的，另一方当事人可以依照民事诉讼法的有关规定向人民法院申请执行。受申请的人民法院应当执行。被申请人提出证据证明裁决有《民事诉讼法》第二百三十七条第二款规定的情形之一的（如裁决的事项不属于仲裁协议的范围或者仲裁机构无权仲裁的），经人民法院组成合议庭审查核实，裁定不予执行。

五、特定纠纷非诉讼程序举要

（一）劳动争议非诉讼程序

1. 劳动争议概念及处理劳动争议的基本方式

劳动争议是指劳动关系双方当事人因劳动的权利与义务引起的纠纷。劳动争议具体包括：①因确认劳动关系发生的争议；②因订立、履行、变更、解除和终止劳动合同发生的争议；③因除名、辞退和辞职、离职发生的争议；④因工作时间、休息休假、社会保险、福利、培训以及劳动保护发生的争议；⑤因劳动报酬、工伤医疗费、经济补偿或者赔偿金等发生的争议；⑥法律、法规规定的其他劳动争议。

劳动争议处理的基本方式是协商、调解、仲裁和诉讼。例如，《劳动法》第七十七条规定：用人单位与劳动者发生劳动争议，当事人可以依法申请调解、仲裁、提起诉讼，也可以协商解决。调解原则适用于仲裁和诉讼程序。《中华人民共和国劳动合同法》（下简称《劳动合同法》）、《中华人民共和国劳动争议调解仲裁法》（下简称《劳动争议调解仲裁法》）、《企业劳动争议处理条例》中也有类似规定。其中，《劳动争议调解仲裁法》第五条规定："发生劳动争议，当事人不愿协商、协商不成或者达成和解协议后不履行的,可以向调解组织申请调解;不愿调解、调解不成或者达成调解协议后不履行的,可以向劳动争议仲裁委员会申请仲裁;对仲裁裁决不服的,除本法另有规定的外,可以向人民法院提起诉讼。"因此,劳动争议非诉讼程序,是指采用法院诉讼以外方式解决劳动争议的各种程序的总称,主要包括协商、调解、劳动仲裁。

2. 劳动争议调解

发生劳动争议,当事人可以到下列调解组织申请调解:①企业劳动争议调解委员会;②依法设立的基层人民调解组织;③在乡镇、街道设立的具有劳动争议调解职能的组织。企业劳动争议调解委员会由职工代表和企业代表组成。职工代表由工会成员担任或者由全体职工推举产生,企业代表由企业负责人指定。企业劳动争议调解委员会主任由工会成员或者双方推举的人员担任。

当事人申请劳动争议调解可以书面申请,也可以口头申请。调解劳动争议,应当充分听取双方当事人对事实和理由的陈述,耐心疏导,帮助其达成协议。经调解达成协议的,应当制作调解协议书。调解协议书由双方当事人签名或者盖章,经调解员签名并加盖调解组织印章后生效,对双方当事人具有约束力,当事人应当履行。自劳动争议调解组织收到调解申请之日起十五日内未达成调解协议的,当事人可以依法申请仲裁。达成调解协议后,一方当事人在协议约定期限内不履行调解协议的,另一方当事人可以依法申请仲裁。因支付拖欠劳动报酬、工伤医疗费、经济补偿或者赔偿金事项达成调解协议,用人单位在协议约定期限内不履行的,劳动者可以持调解协议书依法向人民法院申请支付令。人民法院应当依法发出支付令。

3. 劳动争议仲裁

(1)劳动争议仲裁委员会的设立和组成。劳动争议仲裁委员会按照统筹规划、合理布局和适应实际需要的原则设立。省、自治区人民政府可以决定在市、县设立;直辖市人民政府可以决定在区、县设立。直辖市、设区的市也可以设立一个或者若干个劳动争议仲裁委员会。劳动争议仲裁委员会不按行政区划层层设立。劳动争议仲裁委员会由劳动行政部门代表、工会代表和企业方面代表组成。劳动争议仲裁委员会组成人员应当是单数。劳动争议仲裁委员会负责管辖本区域内发生的劳动争议。

(2)申请和受理。申请人申请仲裁应当提交书面仲裁申请书,书写仲裁申请确有困难的,可以口头申请,由劳动争议仲裁委员会记入笔录,并告知对方当事人。劳动争议申请仲裁的时效期间为一年。仲裁时效期间从当事人知道或者应当知道其权利被侵害之日起计算。劳动关系存续期间因拖欠劳动报酬发生争议的,劳动者申请仲裁不受上述规定的仲裁时效期间的限制;但是,劳动关系终止的,应当自劳动关系终止之日起一年内提出。劳动争议仲裁委员会收到仲裁申请之日起五日内,认为符合受理条件的,应当受理,并通知申请人;认为不符合受理条件的,应当书面通知申请人不予受理,并说明理由。对劳动争议仲裁委员会不予受理或者逾期未作出决定的,申请人可以就该劳动争议事项向人民法院提起诉讼。

(3)开庭和裁决。劳动争议仲裁委员会裁决劳动争议案件实行仲裁庭制。仲裁庭由三名仲裁员组成,设首席仲裁员。简单劳动争议案件可以由一名仲裁员独任仲裁。仲裁庭应当在开庭五日前,将开庭日期、地点书面通知双方当事人。当事人有正当理由的,可以在开庭三日前请求延期开庭。是否延期,由劳动争议仲裁委员会决定。申请人收到书面通知,无正当理由拒不到庭或者未经仲裁庭同意中途退庭的,可以视为撤回仲裁申请。被申请人收到书面通知,无正当理由拒不到庭或者未经仲裁庭同意中途退庭的,可以缺席裁决。

当事人申请劳动争议仲裁后,可以自行和解。达成和解协议的,可以撤回仲裁申请。仲裁庭在作出裁决前,应当先行调解。调解达成协议的,仲裁庭应当制作调解书。调解书由仲裁员签名,加盖劳动争议仲裁委员会印章,送达双方当事人。调解书经双方当事人签收后,发生法律效力。调解不成或者调解书送达前,一方当事人反悔的,仲裁庭应当及时作出裁决。裁决应当按照多数仲裁员的意见作出,少数仲裁员的不同意见应当记入笔录。仲裁庭不能形成多数意见时,裁决应当按照首席仲裁员的意见作出。

仲裁庭裁决劳动争议案件,应当自劳动争议仲裁委员会受理仲裁申请之日起四十五日内结束。案情复杂需要延期的,经劳动争议仲裁委员会主任批准,可以延期并书面通知当事人,但是延长期限不得超过十五日。逾期未作出仲裁裁决的,当事人可以就该劳动争议事项向人民法院提起诉讼。

(4)裁决的效力。《劳动争议调解仲裁法》第四十七条规定,对用人单位而言,下列劳动争议仲裁裁决为终局裁决,裁决书自作出之日起发生法律效力:①追索劳动报酬、工伤医疗费、经济补偿或者赔偿金,不超过当地月最低工资标准十二个月金额的争议;②因执行国家的劳动标准在工作时间、休息休假、社会保险等方面发生的争议。对于上述两类劳动争议的裁决,用人单位无权向法提起诉讼,但用人单位有证据证明本上述裁决有下列情形之一,可以自收到仲裁裁决书之日起三十日内向劳动争议仲裁委员会所在地的中级人民法院申请撤销裁决:①适用法律、法规确有错误的;②劳动争议仲裁委员会无管辖权的;③违反法定程序的;④裁决所根据的证据是伪造的;⑤对方当事人隐瞒了足以影响公正裁决的证据的;⑥仲裁员在仲裁该案时有索贿受贿、徇私舞弊、枉法裁决行为的。人民法院经组成合议庭审查核实裁决有前述情形之一的,应当裁定撤销。仲裁裁决被人民法院裁定撤销的,当事人可以自收到裁定书之日起十五日内就该劳动争议事项向人民法院提起诉讼。第四十七条规定的仲裁裁决,对劳动者而言,并非终局裁决,劳动者对上述仲裁裁决不服的,可以自收到仲裁裁决书之日起十五日内向人民法院提起诉讼。

当事人(发生劳动争议的劳动者和用人单位)对第四十七条规定以外的其他劳动争议案件的仲裁裁决不服的,可以自收到仲裁裁决书之日起十五日内向人民法院提起诉讼;期满不起诉的,裁决书发生法律效力。当事人对发生法律效力的调解书、裁决书,应当依照规定的期限履行。一方当事人逾期不履行的,另一方当事人可以依照《民事诉讼法》的有关规定向人民法院申请执行。受理申请的人民法院应当依法执行。

(二)消费者纠纷非诉讼程序

1. 消费者纠纷的性质和解决途径

消费者纠纷主要是指"为生活消费需要购买、使用商品或者接受服务"的消费者与经营者之间发生的与消费者权益有关的争议。消费者纠纷的特点是,当事人一方是消费者,另一方则是经营者。经营者一方可能是生产者、销售者、服务者、营业执照持有人、展销会举办者、柜台出租者以及虚假广告主,广告经营、发布者等等。消费者纠纷一般是由于经营者的行为侵犯了消费者的合法权益,或是由于双方就有关消费者权益问题认识不同而发生。消费者纠纷属于民事纠纷,包括消费者财产争议和消费者人身权益争议;合同纠纷和侵权纠纷;单一性纠纷和集团性纠纷。

我国《消费者权益保护法》规定,消费者和经营者发生消费者权益争议的,可以通过下列途径解决：①与经营者协商和解；②请求消费者协会或者依法成立的其他调解组织调解；③向有关行政部门申诉；④根据与经营者达成的仲裁协议提请仲裁机构仲裁；⑤向人民法院提起诉讼。这五种途径构成了我国现行消费者纠纷解决的多元化机制，其中前四种都属于非诉讼程序的范畴。

2. 协商和解

协商和解，是指消费者与经营者在发生争议后，就与争议有关的问题进行协商，达成和解协议，解决纠纷的活动。消费纠纷大多是涉及标的不大、案情比较简单的争议，协商和解所具有的及时、便利、经济、平和以及即时履行等优点，使其成为解决消费纠纷最常用的方式。通过协商和解解决消费者纠纷必须遵循以下基本原则：

（1）自愿原则。是否进行协商和解、和解的具体条件、能否最终达成和解，都必须由当事人双方自主决定，任何一方都不能进行胁迫和强制。和解协议达成之后，由当事人自觉履行；如经协商无法达成和解或达成和解协议后反悔的，可以重新协商或结束协商，当事人可以继续寻求其他途径解决纠纷。

（2）处分原则。当事人对于通过协商解决的争议应有处分权，即允许当事人自行处分。双方当事人在纠纷解决过程中可以根据具体情况对自己的权利义务进行权衡、交易、选择和放弃，但对涉及犯罪行为的争议以及涉及公共利益的争议，当事人不得进行和解。

（3）协商和解不得损害第三方的利益，即不得损害国家、社会公共利益和第三人的利益，和解的内容不得违法。否则，所达成的和解协议即为无效，由此对第三方造成的损害需要承担相应的法律责任。

3. 消费者协会调解

消费者纠纷发生之后，双方当事人可以通过第三方的调解达成和解，解决纠纷。其中消费者协会调解是最规范、最具权威性和有效的一种非诉讼程序。

（1）消费者协会是一种受国家主管行政机关支持和指导的半官方组织，具有较严密的组织形式、较强的经济力量和权威的地位，足以代表消费者与经营者抗衡，因此，经营者在消费者一方向消费者协会投诉后，一般能够采取配合态度，很少断然拒绝调解。

（2）消费者协会聘请各领域的专家作为顾问，其调解人员多为有关领域的专家，因此，他们熟知行业惯例、商品及服务方面的专门知识及国内总体情况，对于特定的纠纷易于查明事实、判断是非，并能够酌情提出合理的解决方案。一般而言，在调解达成后，当事人即使提起诉讼，调解书也具有一定的证据效力。

（3）消费者协会的组织遍及全国各地，与消费者比较接近，其调解程序简便、不收费，相对于诉讼程序具有成本低、便利、保密和非对抗性等优点。

[相关案例]

2009年1月31日，消费者孙某投诉，称其在搬家的过程中，原价值6 000元的电视机被搬家公司摔坏，故要求赔偿。经当地消费者协会工作人员调查，情况属实，于是耐心做双方当事人的工作，甚至牺牲中午的休息时间为双方调解。经多次协商调解，双方于2月2日下午达成协议，由搬家公司程某赔偿孙某人民币2 000元，同时免搬家费160元，双方均表示满意。

消费者协会的调解属于民间性非诉讼程序,既不具有司法或准司法功能,也不属于行政机关的职权活动。而且,消费者协会的调解与它的其他职能在性质上是有所区别的,在调解程序中,消费者协会应当充当中立第三方的角色,而不是行使管理权的准行政机关或者支持诉讼的消费者代表角色。

消费者协会在调解中必须遵守以下几个基本原则:①自愿原则。消费者协会必须尊重当事人的意思自治和其处分权,在调解的开始、和解的达成以及和解的具体内容上都应完全由当事人自己决定,消费者协会在调解中可以提出解决方案,但不得越俎代庖,不得强迫当事人接受调解协议。调解协议达成后,亦应由当事人自动履行,消费者协会可以督促当事人履行,但不得强迫。②不妨碍当事人行使诉权的原则。调解不是解决消费者纠纷的必经程序,当事人不接受调解、调解不成或达成调解协议后一方反悔的,都可以通过仲裁或诉讼程序解决,消费者协会不得对此进行干预或妨碍。③消费者协会对属于其受理范围的争议不得拒绝调解以及依法公正地进行调解的原则。调解消费者纠纷是消费者协会的法定职责,对属于其受理范围的争议,在消费者提出请求时消费者协会不得拒绝调解。在调解过程中应当妥善处理好保护消费者权益与公正调解的关系,不得利用消费者的信任及弱势地位劝诱其接受不利的条件。

4. 消费纠纷的行政解决

(1) 投诉。《消费者权益保护法》第三十九条规定:"消费者和经营者发生消费者权益争议的,可以向有关行政部门投诉。"为了规范处理消费者投诉程序,及时处理消费者与经营者之间发生的消费者权益争议,保护消费者的合法权益,原国家工商行政管理总局(现为国家市场监督管理总局)于2014年2月发布了《工商行政管理部门处理消费者投诉办法》(简称《办法》)。根据《办法》,消费者投诉由经营者所在地或者经营行为发生地的县(市)、区市场监督管理部门管辖。消费者因网络交易发生消费者权益争议的,可以向经营者所在地市场监督管理部门投诉,也可以向第三方交易平台所在地市场监督管理部门投诉。市场监督管理部门及其设立的12315消费者投诉举报中心,应当对收到的消费者投诉进行记录,并及时将投诉分送有管辖权的市场监督管理部门处理,同时告知消费者分送情况。据统计,2019年北京市市场监督管理局12315综合信息采集服务平台共接收各类诉求信息92.74万件,挽回消费者损失3.06亿元。北京市市场监督管理局12315热线自2019年6月28日起正式并入北京市政府服务热线管理中心12345热线平台,相关诉求统一由12345热线平台负责接听和转办。

市场监督管理部门受理消费者投诉后,当事人同意调解的,市场监督管理部门应当组织调解。市场监督管理部门在处理消费者投诉中,对于经营者存在欺诈等侵害消费者权益行为的,依照《侵害消费者权益行为处罚办法》处理;发现经营者有违法行为的,或者消费者举报经营者违法行为的,依照《工商行政管理机关行政处罚程序规定》另案处理。

(2) 行政调解与行政裁决。行政机关在处理消费者纠纷中,对民事争议所作出的调解一般不具有强制执行的效力,不能直接作为人民法院强制执行的根据,作出决定的国家行政机关也不得直接采取强制措施强迫当事人履行。经调解不成的,或者调解书生效后无法执行的,消费者可以按照国家法律、行政法规的规定向有关部门申请仲裁或者提起诉讼。对属于民事性质的纠纷,当事人对行政机关处理不服的,不属于行政复议案件,可以直接向法院起诉,法院则作为民事案件受理。

行政机关在处理消费者纠纷过程中对经营者的违法行为依职权进行处罚的,属于行政裁决范畴。行政裁决行为具有准司法行为的性质,是行政机关解决特定的带有民事性质的争议案件的活动,属于行政裁判行为的一种类型,被处罚者与国家行政机关之间构成行政法律关系。被处罚者如果不服,可依法申请行政复议或向人民法院提起行政诉讼。

行政处理相对于协商和消费者协会的调解而言,具有特殊的优势。由于其主持者是具有管理权限的行政机关,一旦消费者提出申诉,行政机关在进行处理时,经营者一方不得拒绝;同时,行政机关在处理中还拥有对违法活动的调查权、管理权和对违法经营者进行行政处罚的权力。因此,其性质与一般意义上的非诉讼程序有所不同,具有一定的准司法性质。

本 章 小 结

民事诉讼法是规定人民法院和诉讼参加人在审理民事案件中进行各种诉讼活动所应遵循的程序制度的法律规范的总称。民事诉讼管辖主要解决法院之间对民事案件的内部分工。当事人制度涉及各诉讼参加人的诉讼地位及诉讼权利与义务。民事证据是民事诉讼的核心制度。第一审普通程序民事诉讼的基础程序,第二审程序是第一审程序的继续与发展。而审判监督程序则不是一个必经程序,而是一个纠错程序。刑事诉讼是国家专门机关在当事人及其他诉讼参与人的参加下,依照法律规定的程序,追诉犯罪,解决被追诉者刑事责任问题的活动。刑事程序包括立案、侦查、起诉、审判和执行五个阶段。行政诉讼主要解决行政机关作出的具体行政行为的合法性问题,行政诉讼的受案范围是行政诉讼的基础性问题,行政诉讼中程序问题、不同于民事诉讼的举证责任规定以及法律适用中的规定。非诉讼程序是对诉讼以外的其他各种纠纷解决方式、程序或制度的总称。

本 章 关 键 词

二审终审制度　管辖　当事人　诉讼代理人　民事证据　简易程序　刑事诉讼　强制措施　审判监督程序　死刑复核程序　合法性审查原则　行政诉讼被告　非诉讼程序　人民调解　劳动仲裁

案 例 评 析

(一)

【基本案情】

甲与乙由于装修店铺门面发生纠纷,乙起诉至法院要求甲赔偿损失2 000元。鉴于该案事实清楚,争议金额不大,法院受理后适用简易程序。开庭当日,甲和乙到庭,审判员丙也到庭,但书记员丁因突发急病不能到庭。当事人双方均认为该纠纷标的不大,要求丙开庭了结此案。丙见双方都同意,于是决定自己多辛苦一点,自己一边审问,一边记录。

第一次开庭审理后,乙申请追加装修公司为共同被告。第二次开庭时,考虑到案情发生变化,法庭将审判组织改为合议庭,由丙任审判长,戊和己两人任审判员,书记员由病愈后的丁担任。在未征求对合议庭成员回避意见的情况下,当天法庭宣判由装修公司赔偿原告乙500元,装修公司不服提出上诉。另据查,书记员丁与乙是小学同学。

二审审理后裁定撤销原判发回重审。原审法院更换戊担任审判长,庚任审判员,与陪审员辛一起组成合议庭,重审此案。审理过程中,审判长戊的意见与审判员庚和陪审员辛两人一致的意见不一致。最后决定依审判长戊的意见作出判决,判决中注明此判决为终审判决,不得上诉。问题:该案审理过程中有哪些违法之处?

【法律分析】

(1) 本案中,审判员丙一人独任审判合法,但他同时又担任书记员,自己审自己记,这是不合法的。

(2) 由独任审判转为合议庭审判时,未征求当事人的回避意见,即未告知当事人回避的权利,这属于违法行为。回避制度是民事诉讼法的一项重要制度,申请回避是当事人的民事权利,法院应当予以保障。

(3) 发回重审的案件,原审人民法院应当按照第一审程序另行组成合议庭,陪审员可以参加。本案中原审法院虽组成了合议庭,但原合议庭成员戊又参加重审案件的合议庭且担任审判长,违反了民事诉讼法的规定。

(4) 合议庭评议案件时违反了少数服从多数的原则。合议庭成员享有同等的权利,意见不一致时,多数人的意见为合议庭的意见。

(5) 发回重审的判决注明不得上诉,违反了民事诉讼法规定。发回重审的案件,不是终审判决,可以上诉。

(二)

【基本案情】

甲、乙、丙、丁、戊五人是同事。一日,甲得知某储蓄所保卫工作非常松懈,就约乙、丙、丁、戊四人同去"弄点钱用"。戊说:"你们要弄你们弄。"甲说:"你不去,我们四人去。"四人在作案中,杀死两名储蓄所工作人员,杀伤一人,抢得现金16万元,后被公安机关抓获归案,并立案侦查。问题:

(1) 乙要求委托余某、肖某、戊三人共同为自己辩护,因为三人都是乙的好朋友。余某:男,无固定职业,三年前因妨碍害公务罪被判处有期徒刑三年。余某不服一审判决,上诉后二审法院维持二审判决。余某仍然不服,屡次申诉减免。经查,对余某的定罪量刑完全正确,但余某不思悔改,现刑满刚释放,又到处告状,成了告状专业户。肖某,女,人称"肖铁嘴",该人能说会道,但心术不正,一年前因煽动群众拒不缴纳税款,也构成妨碍公务罪,被判处管制两年,至今尚未执行完毕。人民检察院认为,余某有前科劣迹,又喜欢胡缠乱搅;肖某正在被执行刑罚;戊只能作证人,所以,不允许三人为乙辩护。问:你对此有何看法?

(2) 丙在公安机关第一次讯问时,就提出要委托其在法院工作的哥哥高某为自己辩护。公安机关认为,丙的案子将来要由高某所在的法院审判,高某在法院工作多年,各方面关系都比较熟,如果由高某担任丙的辩护人,将难免影响案件的公正处理,于是要求犯罪嫌疑人丙另行委托辩护人。请问,你对此有何看法?

(3) 丁在检察院收到移送审查起诉的案件材料后的第5天被告知可以委托辩护人。丁委托律师雷某为自己辩护。雷某接受委托后即要求与丙会见和通信,并查阅、摘抄、复制本案的诉讼文书、证据、案卷材料和技术性鉴定材料,检察机关均未批准。检察机关的做法是否正确?为什么?

(4) 检察院提起公诉以后,法律援助机构指派律师赵某为甲辩护。甲认为自己死罪已定,拒绝别人为其辩护。人民法院认为此案影响很大,旁听群众很多,坚持为甲指定辩护人。

人民法院的做法是否正确？

(5) 甲的律师赵某在被指定后，径直向证人和被害人调查取证，证人和被害人不予合作，拒绝提供有关情况。问：赵某的做法是否正确？为顺利调查取证，赵某该采取哪些诉讼措施？

【法律分析】

(1) 关于乙要求委托余某、肖某、戊三人共同为自己辩护，涉及以下法律问题：①一名犯罪嫌疑人、被告人只能委托一至两人作为自己的辩护人，乙要求同时委托三人作为自己的辩护人，不符合法律的规定。②余某虽然有前科劣迹，刚执行完刑罚，又是个"告状专业户"，但他是犯罪嫌疑人乙的朋友，又受乙的委托，同时，他既没有正在被执行刑罚，又没有被剥夺人身自由，所以符合《刑事诉讼法》第三十三条的规定，可以担任乙的辩护人。检察机关不允许其为乙辩护的理由不能成立。③肖某正在被执行刑罚，不具有担任辩护人的资格，所以，检察机关不允许肖某为乙辩护的做法符合法律的规定，是正确的。④在本案当中，戊了解案件的部分情况。按照《刑事诉讼法》的规定，凡是了解案件情况的人都有作证的义务。因而戊必须作证人；同时，因为辩护人与证人职责各不相同，一人不能身兼两任，因此，检察院不同意乙委托戊作辩护人是正确的。

(2) 按《刑事诉讼法》第三十四条的规定，犯罪嫌疑人在侦查阶段只能委托律师为其辩护人。丙在公安机关第一次讯问时就要求委托非律师辩护人的要求不符合法律的规定。如果移送审查起诉后，丙要求委托其在法院工作的哥哥高某作辩护人，应该得到司法机关的同意，一般情况下，司法机关的工作人员不能担任辩护人，因为司法人员的职责与辩护人的职责互相冲突。但是，当司法工作人员同时又是犯罪嫌疑人的监护人、亲友时，应允许其作为辩护人。但这时以亲友身份担任辩护人的司法工作人员不得参与办理此案。

(3)《刑事诉讼法》第三十四条规定，人民检察院自收到移送审查起诉的案件材料之日起三日以内，应当告知犯罪嫌疑人有权委托辩护人。本案中，检察院在收到移送审查起诉的案件材料后的第5天才告知犯罪嫌疑人可以委托辩护人，违反了《刑事诉讼法》的规定。《刑事诉讼法》第三十九条规定，辩护律师可以同在押的犯罪嫌疑人会见和通信，不需要司法机关批准。本案中检察机关不同意辩护人雷某与犯罪嫌疑人丙会见和通信，没有法律根据。《刑事诉讼法》第四十条规定，辩护律师自人民检察院对案件审查起诉之日起，可以查阅、摘抄、复制本案的案卷材料。本案辩护人雷某除了要求摘抄、复制本案诉讼文书、技术性鉴定材料外，还要求摘抄、复制本案证据和案卷材料，符合法律规定，检察机关的做法没有法律根据。

(4) 本案是抢劫银行案，且甲可能是主犯，因而甲有可能被判处死刑。按照《刑事诉讼法》第三十五条的规定，被告人可能被判处死刑而没有委托辩护人的，应当通知法律援助机构指派律师为其提供辩护。强制辩护的被告人，拒绝人民法院指定的辩护人为其辩护，如果没有正当理由，人民法院不予准许；如果有正当理由，人民法院应当准许。人民法院准许时，被告人可以另行委托辩护人；在被告人没有委托辩护人的情况下，由于是强制辩护，因而人民法院应当为其另行指定辩护人。本案属于强制辩护情形，人民法院指定承担法律援助义务的律师为甲辩护，甲某以自己死罪已定为由，拒绝律师辩护，其理由不正当，人民法院应不予准许，但本案中法院坚持为甲指定辩护的理由不正确。

(5) 按《刑事诉讼法》第四十三条规定，辩护律师向被害人或者其近亲属、被害人提供的证人调查取证必须先经人民检察院或者人民法院许可,并且经被害人或者其近亲属、被害人提供的证人同意。本案中,甲的辩护律师赵某未经人民检察院或人民法院许可,就直接向被害人取证,违反法律规定。辩护律师向证人或者其他有关单位或个人调查取证必须征得他们同意。在证人不予合作,拒绝提供有关材料时,根据《刑事诉讼法》第四十三条的规定,辩护律师取证确有困难的,可以申请人民检察院、人民法院收集、调取证据或者申请人民法院通知证人出庭作证。

(三)

【基本案情】

某市规划局批准该市的税务机关在某居民小区旁建造了一栋高层办公楼,由于距离过近,致使小区内30户居民的住宅无法采光,于是该30户居民将市规划局诉至人民法院。问:(1)市规划局的行为该如何认定?(2)该30户居民是否有权提起行政诉讼,为什么?(3)如果该30户居民有权提起行政诉讼,人民法院应作出何种判决?

【法律分析】

(1)市规划局的行为是违法的,因其作出批准行为时未考虑建房的间距问题,导致税务机关的办公楼建好后严重影响了其他居民的采光权。

(2)该30户居民有权对市规划局的批准行为提起行政诉讼。因为该30户居民虽然不是市规划局批准行为所直接针对的对象,但其相邻权却受到了该行为的侵害,因此与市规划局批准行为有法律上的利害关系,具有原告资格。

(3)法院应作出确认违法判决,并责令行政机关采取措施对该30户居民所受到的损失予以补救。因为市规划局的行为违法理应撤销,但撤销将给国家利益造成重大损失,因此从维护国家利益的角度出发,法院应确认市规划局的行为违法,同时判令作为被告的市规划局采取相应的补救措施。

复习思考题

1. 什么是一般地域管辖与特殊地域管辖?
2. 简述民事诉讼的当事人的权利与义务。
3. 如何理解民事诉讼简易程序的特点?
4. 简述提起上诉的条件。
5. 刑事诉讼法规定哪些情形不予追究刑事责任?
6. 如何理解未经人民法院依法判决,不得确定有罪原则?
7. 简述辩护人的权利和义务。
8. 简述适用逮捕的法定情形。
9. 简述法院受理的行政案件与不受理的案件。
10. 如何理解行政诉讼举证责任分配的特点?
11. 简述人民调解委员会调解达成的调解协议的效力。
12. 简述劳动争议仲裁裁决的效力。

图书在版编目(CIP)数据

法学通论/熊进光,易有禄主编. —2版. —上海：复旦大学出版社，2021.3（2021.8 重印）
信毅教材大系.通识系列
ISBN 978-7-309-14676-9

Ⅰ.①法… Ⅱ.①熊… ②易… Ⅲ.①法学-高等学校-教材 Ⅳ.①D90

中国版本图书馆 CIP 数据核字(2019)第 245522 号

法学通论(第二版)
熊进光　易有禄　主编
责任编辑/方毅超

复旦大学出版社有限公司出版发行
上海市国权路 579 号　邮编：200433
网址：fupnet@fudanpress.com　http://www.fudanpress.com
门市零售：86-21-65102580　团体订购：86-21-65104505
出版部电话：86-21-65642845
上海四维数字图文有限公司

开本 787×1092　1/16　印张 27　字数 657 千
2021 年 8 月第 2 版第 2 次印刷

ISBN 978-7-309-14676-9/D·1012
定价：60.00 元

如有印装质量问题,请向复旦大学出版社有限公司出版部调换。
版权所有　侵权必究